作者简介
··

张　以　1952年生。

1958年-1968年在株洲电力机车厂职工子弟学校学习

1968年知青下乡到湖南省浏阳县小河公社。

1972年回城到株洲市空压机厂工作。

1980年-1983年在湖南广播电视大学机械专业学习。

1983年电大毕业后回厂从事技术工作。

2005年因病退休。

因对历史感兴趣，退休后潜心于历史研究并著写此书。

中国
社科 大学经典文库

人类文明演变史

张 以／著

经济日报出版社

图书在版编目（CIP）数据

人类文明演变史 / 张以著 . —北京：经济日报出
版社，2016.11
ISBN 978 – 7 – 5196 – 0033 – 4

Ⅰ . ①人… Ⅱ . ①张… Ⅲ . ①世界史—文化史—通俗
读物 Ⅳ . ①K103 – 49

中国版本图书馆 CIP 数据核字（2016）第 269797 号

人类文明演变史

作　　者	张　以
责任编辑	温　海
出版发行	经济日报出版社
地　　址	北京市西城区白纸坊东街 2 号（邮政编码：100054）
电　　话	010 – 63567683（编辑部）
	010 – 63516959　83559665（发行部）
网　　址	www. edpbook. com. cn
E – mail	edpbook@ 126. com
经　　销	全国新华书店
印　　刷	北京天正元印务有限公司
开　　本	710 × 1000 毫米　1/16
印　　张	37. 5
字　　数	673 千字
版　　次	2017 年 1 月第一版
印　　次	2018 年 6 月第二次印刷
书　　号	ISBN 978 – 7 – 5196 – 0033 – 4
定　　价	98. 00 元

目 录
CONTENTS

一　人类的起源 …………………………………… 1

二　农业文明的起源和传播 ……………………… 21

三　游牧民族的起源与发展概述 ………………… 39

四　四大文明古国之古中国 ……………………… 49

五　四大文明古国之古印度 ……………………… 71

六　四大文明古国之巴比伦 ……………………… 83

七　四大文化古国之古埃及 ……………………… 97

八　海洋民族的起源与发展概述 ………………… 111

九　开启欧洲文明历程的古希腊 ………………… 124

十　古罗马的兴衰与基督教的起源 ……………… 141

十一　结束中国封建社会制度的秦朝 …………… 154

十二　确立中国官僚集权制度的汉朝 …………… 164

十三　匈奴西征与欧洲进入封建社会 …………… 177

十四　中国从汉末到隋朝的长期分裂动乱 ……… 185

十五　繁荣而强盛的中国唐朝 …………………… 199

十六　伊斯兰教的起源和阿拉伯人的崛起 ……… 213

十七　中世纪的欧洲 ……………………………… 222

十八　文明臻于鼎盛的中国宋朝 ………………… 230

十九　蒙古的崛起与征服世界 …………………… 249

二十　十字军东征与欧洲文艺复兴运动 ………… 265

二十一　中国明朝的建立与郑和大航海 ……………… 277

二十二　西方发现新航线与大航海时代的来临 ……… 287

二十三　美洲的古代文明与西班牙的血腥殖民 ……… 298

二十四　西班牙的霸权与欧洲宗教改革运动 ………… 313

二十五　荷兰成为世界上第一个资本主义国家 ……… 318

二十六　英国成为世界上第二个资本主义国家 ……… 324

二十七　中国明朝的复兴与覆灭 ……………………… 340

二十八　法国的霸权与欧洲启蒙运动 ………………… 355

二十九　俄罗斯的起源与崛起 ………………………… 375

三十　　美国的独立与崛起 …………………………… 394

三十一　法国的大革命与欧洲封建制度的崩溃 ……… 407

三十二　英国的工业革命和世界霸权 ………………… 426

三十三　满清统治下的黑暗中国 ……………………… 440

三十四　从普鲁士开始崛起的德国 …………………… 470

三十五　日本的起源与崛起 …………………………… 483

三十六　清朝的灭亡与中华民国的建立 ……………… 522

三十七　第一次世界大战 ……………………………… 551

三十八　第二次世界大战 ……………………………… 559

后记：敢问路在何方 …………………………………… 589

一　人类的起源

　　稚嫩的孩子可能会问爸妈:"我是从哪里来的?"如果告诉他:"是妈妈生的。"那么他会疑惑地追问:"那么妈妈又是从哪里来的呢?"好奇的学生可能会问老师:"人是从哪里来的?"如果告诉他:"是从猿猴变来的。"那么他会打破砂锅问到底:"那么猿猴又是从哪里来的?"人类学家也在追问:"人类是从哪里来的? 是来自欧洲? 非洲? 还是亚洲?"古人也一直在问:"人是神仙造出来的吗?"我们是从哪里来的? 这是一个自远古以来就始终困扰人类的古老问题。

　　近代科学研究揭示,约在 50 亿年以前,在浩瀚的宇宙空间的银河系中,存在着一片螺旋状的太阳星云,它是由宇宙碎片、尘埃、气体等物质构成。在引力的作用下,星云的大部分物质逐渐向自转轴中心收缩、聚合,形成了太阳。而残留在外围空间的剩余物质则逐渐聚合成为了环绕太阳运行的一些行星,地球就是这些行星中的一颗。

　　地球大约在 46 亿年前开始形成,因为在聚合过程中引力能的释放,最初地球是个炽热的火球,后来表面慢慢冷却下来,逐渐形成了大气、海洋和陆地。大约在36 亿年前,在宇宙辐射、太阳光照、风雨雷电、岩石风化等各种自然力的作用下,经过了漫长的演化过程,地球上的有机元素如氢、碳、氧、氮、磷、硫等,逐渐形成了一些有机分子。这些有机分子进一步化合,形成了生物单体,生物单体的进一步聚合,形成了生物聚合物如核酸、蛋白质等。蛋白质出现后,最简单的生命也就诞生了,由此也开始了地球上物竞天择、适者生存的生命进化过程。

　　在生命的进化过程中,地球所特有的两种最重要的物体——大气和海洋,起了关键作用。因为正是有了大气层的保护,地球上才有了有利于生命生成的温度环境。海洋则为地球提供了大量的水,而任何生命活动都离不开水,最初的生命就是诞生于海洋。

　　生命在海洋中诞生后,开始生成一些单细胞的细菌和藻类等生物。经过漫长的演变,这些简单的单细胞生物逐渐进化出了多细胞生物,由多细胞生物又逐渐进化出多种植物和动物。在风浪和海啸的作用下,一些海洋中的生物被冲到岸上和海边的沼泽里,它们逐渐在那里生存了下来,于是有了陆生动植物。

在距今约5.3亿年的一个被称为古生代寒武纪的地质年代,地球上经历了一次寒武纪生命大爆发。因为地球生态环境的变化,在短短的几百万年里,各种各样的动物突然迅速地大量涌现,节肢动物、腕足动物、软体动物、脊索动物等等一系列与现代动物形态基本相同的动物,在地球上不约而同地迅速起源,形成了多种门类动物同时存在的繁荣景象。

但是地球生物的进化和繁荣也并非一帆风顺,有大爆发也有大灭绝。因为在漫长的地质年代里,地球的生态环境处于不断的变化中,它有温暖期,也有冰河期,还有灾难期。由于地壳的运动,地球上经常会有火山爆发和地震发生,大规模的地震和火山爆发会给地球造成毁灭性的生态灾难,导致地球生物大灭绝。另外,宇宙空间的大陨石和小行星撞击地球,也会给地球生态环境造成毁灭性的大灾难。因此,在漫长的生物进化过程中,地球生物经历过多次的繁荣期,也经历过多次的灭绝期。寒武纪生命大爆发也是因为当时地球出现了一个非常适合于生物进化发展的生态环境。近代地质研究表明,在寒武纪以前,地球的气候非常寒冷,寒武纪开始后,地球气候逐渐转暖。

古生代在寒武纪后还经历了:奥陶纪——距今约5.1亿至4.38亿年,鱼类出现,海生藻类繁盛;志留纪——距今约4.38亿至4.1亿年,陆生裸蕨类植物出现;泥盆纪——距今约4.1亿至3.55亿年,鱼类繁荣,两栖动物、昆虫、种子植物出现;石炭纪——距今约3.55亿至2.9亿年,昆虫繁荣,爬行动物出现,煤炭森林、裸子植物出现。

古生代的最后一个纪是二叠纪——距今约2.9亿至2.5亿年。二叠纪地球发生了两件最重要的事件:一是地球上所有的陆地,经过漂移、碰撞,这时逐渐聚集到了一起,形成了所谓的"盘古大陆";二是在二叠纪末期,地球上的生物发生了有史以来最严重的大灭绝,估计当时地球上95%的生物在这一时期遭到灭绝。

科学家认为,二叠纪生物大灭绝可能与当时地壳活动激烈有关,由于在形成盘古大陆的过程中,各陆地板块之间发生的激烈碰撞、挤压,导致了频繁而剧烈的地震和大规模的火山爆发,从而严重地破坏了地球的生态环境,因此,发生了前所未有的生物大灭绝。

盘古大陆(英文Pangaea的音译)意为所有的大陆。但是盘古大陆形成后地壳的活动并没有停止,距今约1.8亿年时,盘古大陆又开始分裂。距今约1.5亿年时已分裂成南北两部分,北部的称为劳亚大陆,南部的称为冈瓦纳大陆。此后继续分裂,到距今6500万年时已分裂成了互相分离的6大板块,即北部的劳亚大陆分裂成亚欧板块和北美板块,南部的冈瓦纳大陆分裂成南美板块、非洲板块、印度板块和南极板块。此后各板块继续漂移,印度板块不断地北漂移,在距今约5500万年时开始与亚欧板块相撞,由此造成了喜马拉雅山脉和青藏高原的隆起。而南极板块又分裂出了澳大利亚板块,并且不断地向北漂移形成了后来的澳洲大陆。非洲板块也发生向北的漂移,同时非洲板块的东北部也发生了分裂,形成了红海和阿拉伯半岛。在红海的张裂作用下,阿拉伯半岛向北移动,逐渐碰撞到亚欧板块,从而形成了从亚欧大陆经阿拉伯半岛到非洲大陆的大陆桥。南美板块和北美板块也在后来的漂移过程中发生了连接。至此,基本形成了我们今天所见到的大陆分布状况。

距今2.5亿年至6500万年是地球的中生代,地球生物在中生代又逐步开始繁盛。中生代是爬行动物的世界,各种爬行动物大量出现,而其中占统治地位的就是恐龙,因此,中生代也被称为恐龙时代。中生代分为三叠纪、侏罗纪和白垩纪。

三叠纪——距今约2.5亿年至2亿年,恐龙出现,卵生哺乳动物出现。侏罗纪——距今约2亿年至1亿年,有袋类哺乳动物出现,鸟类出现。白垩纪——距今约1亿年至6500万年,有胎盘的哺乳动物出现。

但是在中生代白垩纪的末期,即距今约6500万年时,地球上又发生了一次生物大灭绝事件,45%的地球生物在这次事件中遭到灭绝,而恐龙在这次事件中却被完全灭绝。这次生物大灭绝事件,有科学家认为是小行星撞击地球所引起的地球生态灾难。

白垩纪出现的有胎盘哺乳动物是个比较重要的事件,因为人类也是有胎盘类哺乳动物,因此它被认为是人类最原始的始祖。但是近年来的地质考古发现表明,有胎盘类哺乳动物在侏罗纪就已经出现。中国地质科学院的季强,于2009年在中国辽宁的建安县发现了距今1.6亿年的有胎盘类哺乳动物化石,中国和美国的古生物学家组成了合作团队对此进行了研究,并把它命名为"中华侏罗兽"。而此前发现的最早的有胎盘类哺乳动物化石是在2002年发现于中国辽宁的凌源市,这种有胎盘类哺乳动物的化石距今约1.25亿年,中美两国科学家组成的研究小组把它命名为"攀援始祖兽",因为它长长的足趾表明它善于攀爬。

中生代以后,从距今6500万年起直至今天,是地球纪年的新生代。新生代开始后不久,人类的直接始祖——灵长类动物就开始出现了。1977年,在中国安徽的潜山县发现了距今6000多万年的娇齿兽化石,这是地球上最早的灵长类动物化石。1994年,在中国湖南衡东县,考古学家胡耀明在衡阳盆地进行野外考察时,幸运地发现了一个包裹在岩石里的头骨化石。该化石起先并没有引起考古学家的注意,后来经过考古研究所的高级技师精心修复,露出了它的真面目,这是一个距今5500多万年的真灵长类动物几近完整的头骨。在做了大量深入细致的分析研究后,2004年正式向外公布,它被命名为"亚洲德氏猴"。这是出现在地球上的最早的猿猴。

1985年,中国科学院古人类学家林一璞在中国江苏溧阳市上黄镇做野外调查时,发现了许多距今4500万年的高等灵长类动物化石,这些发现引起了美国古人类学家的注意。1992年,中美两国的科学家组成联合研究小组,在上黄地区开展了进一步的野外考察,发现了至少4种高等灵长类动物化石,其中一种被命名为"中华曙猿",曙是曙光,意思是人类起源的曙光。1994年,中国、美国、加拿大三国科学家联合提出了"人类起源于中国"的论断,这一论断得到了许多世界知名科学家的认同。

不久后,这一论断就得到了进一步的证实。1996年,中国山西省垣曲小浪底水库工程正在热火朝天地进行时,一支中美联合科考团在工地上进行了抢救性挖掘。发现了一种比中华曙猿略大的猿类化石,生活在距今约4000万年前,从而为人类起源于中国提供了新的证据。它被命名为"世纪曙猿"。

灵长类动物在中国出现后,逐渐开始向世界各地迁徙扩散:向西,灵长类动物到达了欧洲,在德国法兰克福东南地区,发现了一具非常完整的、距今约4700万年的灵长类动物骨骼化石,它是在1983年由一个业余爱好者在麦塞尔化石遗迹中发现而收藏起来,20年后才被德国古生物学家得到,并对它进行了研究,后被命名为"艾达";向南,灵长类动物到达了东南亚,1999年法国古生物家在缅甸蒲甘地区发现了距今约3700万年的灵长类动物化石,该化石略晚于中国山西的世纪曙猿,属于高等灵长类动物,因此被命名为"邦塘巴黑尼亚猿";灵长类动物到达非洲的时间比较晚,因为非洲大陆早在中生代就已经与亚欧板块分离,从而被大海隔开,直到新生代开始后,在距今大约3600万年时才与亚欧板块重新相连,因此,在非洲发现的最早灵长类动物化石距今3000多万年,它是在紧邻亚洲的北非埃及法尤姆地区发现的,被称为"原上猿"。近年来在非洲的乌干达也发现了距今约2000万年的古猿化石。另外,在北美洲也有古灵长类动物化石被发现,科学家一般认为它们是从东北亚经西伯利亚到阿拉斯加的大陆桥过去的。

在灵长类动物开始向世界各地迁徙扩散的同时,猿类动物在中国又开始了它漫长的进化过程。1956年,在中国云南开远县小龙潭煤矿的第三纪褐煤层中,先后两次发现了距今约 1500 万年的古猿牙齿化石。前一次发现的 5 颗是同一下颌骨上的,左、右前臼齿和臼齿;后一次发现的 5 颗是下颌右侧的前臼齿和臼齿。开远这次发现的古猿化石数量很少,可以说是凤毛麟角。

然而不久后,1975 ~ 1980 年,在云南禄丰石灰坝煤矿的褐煤层中发现的古猿化石数量却非常惊人,共发现:头骨 5 个、下颌骨 10 个、颅骨破片 6 件、上下颌破片 41 件、上下牙列 29 件、单个牙齿 650 颗、指骨 2 根、肩胛骨和锁骨各一块,其年代距今约 800 万年。

紧接着,1986 年,在离禄丰不远的云南元谋县小河村,也发现了大量的古猿化石。经多年的发掘,出土了包括头骨、上颌骨、下颌骨、牙齿在内的大批化石,光牙齿就有 1266 颗。这些古猿化石出土于元谋盆地的沉积地层中,年代距今约 500 万年 ~ 400 万年。

另外,1992 年,在云南保山市羊邑煤矿的煤层中也发现了距今约 400 万年的古猿化石。化石为相当完好的带有 6 颗牙齿的左下颌骨及一颗单个的前臼齿,下颌骨的形态很像禄丰古猿,但臼齿上的齿冠更宽而短,显示出了它的进化过程。

以上的发现都是在云南,这说明云南的古气候和地理环境非常适合于古猿类的生存。从化石的发现地大都在煤层中来看,当时云南的气候应该是温暖湿润,植被茂盛,森林密布,而古猿就生活在这些茂密的森林里。

根据现代分子生物学的研究,人类与猿类的分离变异大约开始于 500 万年 ~ 400 万年前。人类学家认为,在那以后,类人猿开始出现,并逐渐学会了使用石块、木棒等工具捕猎野兽和攫取食物。在长期的用上肢抓握使用工具的过程中,类人猿逐渐产生了手和脚的分工,并在距今约 200 万年前开始站立起来,成了"直立人"。云南元谋县和保山市发现的古猿类化石正是属于这一分离变异时期,而这一时期以后的古人类化石在中国也有大量的发现,而且年代越往后的越多。

2000 年,在中国安徽淮南市的八公山地区,考古学家发现了距今约 300 万年的两颗古猿化石。发现地属喀斯特丘陵地貌,受新构造运动的影响,该地层富含古脊椎动物化石。

1968 年,在中国湖北建始县,中科院的一个野外考察组在一个中药材收购站收购的"龙骨"和"龙齿"中,挑选出了 200 多颗古猿牙齿化石,并根据其来源,一路寻找到了一个被称为"巨猿洞"的大山洞。洞长 120 米,内有 10 个支洞,洞里有大量的古生物化石,当地农民经常来这里挖掘这些被称作"龙骨"的化石卖给中药材收购站。1970 年开始,考古工作者对巨猿洞进行了数次考古发掘,出土了包括巨猿在内的 87 种古哺乳动物化石,632 件石器和石制品、65 件骨器。其中有 5 颗牙齿化石经鉴定为直立人的牙齿，因此被命名为"建始人"，年代在距今 215 万年 ~ 195 万年之间。

在距建始县仅 80 公里之遥的重庆巫山县，考古人员循着当地农民挖掘龙骨的踪迹，找到了一个叫龙骨坡的地方。1985 ~ 1986 年，中科院组织的考察队对龙骨坡进行了考察发掘，发现了大量古人类的生活遗迹。在龙骨坡一个洞穴里的堆积层中，发掘出了古人类的一块带有两颗牙齿的左下颌骨和 3 颗门齿，以及古人类加工使用过的石器和骨器。经鉴定为直立人化石，并被命名为"巫山人"。后经美、英等国科学家用最先进的电子自旋共振法测定，年代在距今 204 万年 ~ 201 万年之间。

2003 年，中国和法国科学家组成的联合考察队，对龙骨坡遗址进行了三次联合考察，弄清了遗址的地质文化分层。在 8 米厚的角砾层下面，是厚达 12 米的化石文化层，文化层分 20 个文化带，年代约为距今 200 万年 ~ 180 万年，跨度约为 20 万年。考察队发现了一个 3 平方米左右的化石层，重叠堆积着大量的大型动物的前后腿骨化石，并发现了许多加工过的石器，这些化石的年代距今约 200 万年。动物骨化石上有明显的石器砸削痕迹，证明了这里曾有古人类活动。这种堆积方式可能是古人类食用动物后，把剩下的骨头遗弃在那里，经长期累积而成。这些动物骨化石大都是前后腿骨则说明了古人类在野外捕猎到大型动物后不便搬回，因此只能把肉最多的前后腿切割下来，搬回洞中储藏食用。这些动物化石主要来自于象、牛、羊、鹿、麂子等大型食草类动物。

1965 年，在云南元谋县，地质工作者在进行第四纪地质考察时偶然发现了两颗古人类牙齿化石，为一左一右的上内侧门齿。经中科院古人类所鉴定，是直立人的牙齿，同属一男性成年人个体，年代距今约 170 万年，被命名为"元谋人"。伴随元谋人牙齿出土的还有 17 件石器，其类型包括尖状器、刮削器、砍砸器。同时还发现了有人为加工痕迹的骨骼和大量的炭屑，炭屑分布的上下界约 3 米左右，在发掘的探沟底还发现了两块烧骨。这说明元谋人不仅会制造工具，而且还学会了使用火。这是世界上最早的古人类用火痕迹，它在人类发展史上具有里程碑式的重大意义。

人类与动物的第一个分野是使用和制造工具，人类与动物第二个分野就是火的使用。火的使用太重要了，首先，它使人类告别了茹毛饮血的野兽生活，开始食用加工过的熟食，这极大地促进了食物的消化和营养的吸收，从而使人类的体质和智力都得到了极大的改善，身体长得更高大，智力趋于更发达，从而在自然界的生存斗争中取得了更大的优势，最终成了生物界的主宰。其次，火能使许多原来无法食用的食物,经过火的加工能够食用了,这极大地增加了人类食物的来源。第三,火可以用来御寒,在寒冷的冬季里,古人类在他们居住的洞穴了生上一堆火,那么再寒冷的气候他们也可以舒适地度过,这使人类的生存活动空间得到了极大的扩展,他们可以从温暖地带逐渐迁移到更寒冷的地带去生活了。第四,火可以用来防御和攻击野兽,这使古人类在捕猎动物和防御野兽攻击时有了更得力的武器。另外,火还可以用来照明,这方便了古人类在夜间和在洞穴深处的活动。

学会用火以后,古人类开始从温暖的中国南方向较寒冷的北方迁移扩散。在中国北方的陕西蓝田县,考古学家发现了多处古人类遗址。1954 年,在蓝田县的公王岭地区,考古工作者发现了一个破碎了的古人类头骨和一些石器,并发现了多处用过火的炭灰遗迹,头骨经复原后鉴定是一个年龄在 30 多岁的女性,年代距今约 115 万年,被命名为"蓝田人"。1981 年,在蓝田县秦岭山区的一个叫锡水洞的洞穴里,考古学家又发现了更为明显的古人类用火遗迹。在洞中的古人类遗址堆积层里,发现了厚达 1.6 米的灰烬层,其中有炭屑、烧骨、烧角、烧石、烧土块,同时遗址中还发现了一大批石器、骨器以及大量的哺乳动物化石,年代鉴定为距今约 90 万年。另外,在蓝田县的陈家窝,考古学家也于 1963 年发现了一处古人类遗址,出土了一个老年女性的下颌骨和大量的石器,这些石器包括尖状器、砍砸器、刮削器和石球,年代鉴定为距今约 65 万年。

在紧邻蓝田县的陕西洛南县,近年来,考古人员在田野调查时也陆续发现了许多古人类活动遗迹。1995 年以来,中国科学院和加拿大、澳大利亚等国的考古人员在洛南县对洛南盆地的花石浪龙牙洞、孟洼、张豁口等遗址进行了重点考古发掘,共发现旧石器旷野点 480 多处,发掘出旧石器 10 万多件,其年代跨越了从距今 80 万直至距今 3 万年的漫长历史阶段。其中对龙牙洞遗址的发掘持续了 3 年,洞穴中出土了各类石器 77000 多件,器物类型有石核、石片、砍砸器、刮削器、尖状器、雕刻器等等,出土了象、牛、马、鹿、貘、野猪、熊猫、河狸等哺乳动物、鸟类、水生动物的化石 20 余种。在发掘的 140 多平方米的遗址面积中,清理出了 3 层古人类居住踩踏面,并发现了灰烬层、烧骨、烧石等古人类用火遗迹,在遗址附近的旷野点还采集到了丰富的手斧、手镐、薄刃等石器。

孟洼遗址在洛南盆地的西部,2010 年 8 月进行了抢救性发掘,出土各类石器 1700 余件,还发现了石器制造和修理工具。这些修理工具中既包含有重型的砍砸器、手镐、薄刃斧、石球等器物,又有轻型的刮削器,尖状器等器物。孟洼遗址的年代距今约 15 万年。

张豁口遗址在洛南县城东南 2 公里处,2011 年 3 月对遗址的旷野点进行了发掘,遗址不同年代形成的堆积层中出土了各类石制品 16000 余件。除此之外,还在遗址周围陆续采集到脱层石制品数百件,包括用于石器制造的石料、石锤、石砧、石核、石片,以及经过二次加工的工具等。在修理工具类型中有手斧、手镐、薄刃斧、砍砸器、石球、大型石刀、三棱手镐、刮削器、尖状器等。张豁口遗址的年代大约距今 25 万年至 7 万年。

中国气候的南北分界线是秦岭和淮河。蓝田县和洛南县虽然在秦岭的北面,属于中国北方,但是它紧靠秦岭,因此气候并不十分寒冷。然而古人类的步伐也并没有在这里停止,他们继续向更寒冷的北方迁徙扩散,考古学家在那里也找到了许多古人类的活动遗迹,这其中最著名的是北京的周口店。20 世纪 20 年代,考古学家在北京郊区的周口店做出了震惊世界的重大发现。

1921 年,中国北洋政府的矿政顾问——瑞典地质学家安特生和美国古生物学家格兰杰及奥地利古生物学家师丹斯基来到了周口店的龙骨山,在当地民众的带领下找到了一个叫"猿人洞"的天然石灰岩大溶洞。该洞有 140 米长,洞内最宽处有 40 多米,最高处也有 40 多米。他们在这里进行了多次试发掘,出土了一批古动物化石和两颗古人类的牙齿。由于这一发现,中外考古学家组成了联合工作组,从 1927 年开始进行大规模的系统发掘,当年又发现了一颗古人类牙齿。考古学家对已发现的 3 颗牙齿进行了鉴定,确认为直立人牙齿,年代距今 70 多万年,因此被命名为"北京人"。

1929 年 12 月 2 日,中国考古学家裴文中在周口店遗址中发现了一个完整的北京人头盖骨,这一发现震动了世界学术界。进化论学者们认为,这一发现为"从猿到人"的伟大学说提供了明确而有力的证据。1937 年,由于日本发动全面的侵华战争,周口店被日军占领,发掘人员被杀,发掘工作被迫中断。这时,已经发现的完整头骨已有 5 个,此外,还有头骨碎片、面骨、下颌骨、股骨、肱骨、锁骨、月骨等,以及 147 颗牙齿。可惜这些记录着人类起源的无比珍贵的化石,在这场日本发动的罪恶侵略战争中不知去向。

1949 年新中国建立以后,周口店的发掘工作得到恢复。经多年的发掘,后来又发现了一个头骨、一具下颌骨、5 颗牙齿、一段上臂骨、一段胫骨等。如果把前后发现的都计算在内,那么总共得到了 6 个头骨、15 件下颌骨、157 颗牙齿以及大量的身体其他部位骨骼,它们属于 40 多个不同的北京人个体化石。同时,还发现了超过 10 万件的石器和石制品,以及丰富的骨器、角器和用火遗迹,还有大量的其他古生物化石。遗址堆积层厚达 40 米,数量巨大,经数十年的发掘,至今还只发掘一半。近年来经最先进的方法测定,遗址内化石的年代是从距今约 78 万年延续到距今约 20 万年,也就是说,北京人在这个山洞里祖祖辈辈延续不断地生活了 58 万年。北京人遗址是世界上材料最丰富、最系统、生物化石门类最齐全,而且是研究最深入的古人类遗址,在全世界古人类研究中具有不可替代的地位。

北京人的平均脑量为 1088 毫升,介于猿与现代人之间(现代人为 1400 毫升)。据推算北京人男性身高约 156 厘米,女性身高约 150 厘米。因为生活条件极其艰苦,北京人平均寿命比较短,野兽、疾病、饥饿、灾害,常常使他们丧失生命,能够活到 30 岁以上的只是少数,超过 1/3 的人都死于 14 岁以前,能活到 50 岁以上的不超过 5%。

北京人遗址中发现了很多用火留下的灰烬层,较大的灰烬层有 4 个,最厚的灰烬层厚度超过了 6 米,灰烬层中发现有烧石、烧骨、烧土块和大量烧焦的朴树籽。成堆的灰烬说明他们已经能够很好地保存火和管理火。

北京人遗址中发现的石器数量巨大,已超过 10 万件。这些石器有打砸器、砍斫器、刮削器、尖状器、雕刻器、钻具及球形器,材料多为脉石英、石英岩、燧石、砾石和砂岩,也有从两公里外的花岗岩山坡上找来的水晶。水晶的硬度极高,其硬度相当于现代的钢锉,是一种极好的加工工具。北京人根据材料的不同分别采用砸击法、碰砧法和敲打法制作石器。他们挑选扁圆的砂岩和石英砾石,用砸击法把它们打成石片,再从一面或两面敲打出刃口制成砍斫器,这类石器一般尺寸较大。而刮削器的尺寸却有大有小,而且形状多种多样,有直刃、凸刃、凹刃、多边刃、盘状刃,是石器中数量最多的一类。尖状器和雕刻器数量较少,但制作非常精致,尺寸也比较小,反映出很高的工艺技术水平。在世界已知的同时期遗址中,还从没有过精致程度可与之匹敌的同类石器。在遗址中还发现了用于制作石器的一些石锤和石砧,可以看出,北京人已经有了用于制作石器的加工作坊和专业的工匠。另外,遗址中还出土了大量的骨器,北京人用野兽的头盖骨做盛水的容器。

北京人的食物主要来源于狩猎动物和采集植物,捕猎的动物有鹿、羚羊、野猪、野狗、野牛、野马等等,种类繁多,他们也会捕食一些蛙、鼠、蛇、鸟等小动物以及昆虫。采集的主要是一些植物的果实、茎叶、块根,朴树籽是他们的重要食物,烧焦的朴树籽在遗址的灰烬中成层的被发现,这种野果美洲印第安人至今还在食用。

北京人遗址北面是重叠的高山,西面和西南有低缓的群山环绕,东南是广阔的平原,遗址的东边有一条河流。他们生活在这里的几十万年里,这里的气候和自然环境曾屡经变化。早期气候比较冷,还曾经经历过冰河期,这一时期的动物化石中,显示出喜冷的动物如狼獾、洞熊、大角鹿、披毛犀等等比较多。中、晚期的气候较温暖,化石显示喜暖的动物如竹鼠、硕猕猴、德氏水牛、无颈鬃豪猪等比较多。而发掘出安氏鸵鸟和巨副驼等动物化石则说明,这里有过干旱时期,甚至出现过沙漠化。而水獭、河狸等喜水动物化石的发现,则说明这里曾有过潮湿多水的环境。但无论气候环境如何变化,北京人始终没有离开这里,这得益于他们的穴居生活方式,因为山洞里冬暖夏凉,无论是炎热的夏天,还是寒冷的冬天,洞内的温度都能保持在20℃左右,即使是在酷寒的冰河期,在山洞的深处生上几堆火也能使温度维持在20℃以上。

遗址中的堆积物还显示,北京人居住的猿人洞里还曾经发生过多次塌方,而他们在距今约20万年时之所以离开这里,也可能是因为当时发生了较大规模的持续不断的洞顶塌方,为安全起见,他们迁居到别处去了。但是他们不会走远,因为古人类和自然界的许多其他动物一样,都有领地意识,每一个族群都有自己固定的生活地盘,为了保护自己领地内的食物资源,他们都会与侵入自己领地的异族群发生打斗甚至战争。在已发现的北京人头盖骨上都有被暴力击打过的痕迹,研究者曾经对此百思不得其解,甚至怀疑原始人是不是自相残食,敲破头颅,吸食脑髓。其实这些头骨都不是普通人的头骨,它们有两种可能:一种可能是,敌对部落重要首领的头骨,在部落战争中被己方捕获或打死,把他的头颅作为战利品带了回来(这种情况在古代部落战争中十分常见);另一种可能是,本部落的威望非常高的首领的头骨,他或是在部落战争中或是因其他原因死亡后,被本族人作为偶像,供奉于洞中。而部族一般成员的遗体是不会被留在洞中的,但也不会随意遗弃,因为古人类是具有高度智慧和丰富情感的高级动物,同伴死后,他的亲属和朋友会把他掩埋起来,以防野兽的撕咬吞噬。

果然,在20万年前北京人居住的猿人洞出现塌方后,他们并没有走远,1967年,就在离猿人洞仅80米远的一个地方,发现了一个山洞,考古人员在那里发现了他们的遗迹。1973年开始对这个新洞遗址进行正式发掘,出土了一颗古人类的牙齿和许多石器,在他们用火留下的厚厚的灰烬层中发现了烧过的石头、骨头和朴树籽,遗址中还发掘出40多种哺乳动物的化石,经鉴定,年代大约在距今17.5万年~13.5万年前,他们被称为"新洞人"。但是,这还并不是全部,因为周口店地区像这样的山洞还有很多,后来又陆续发现了几处北京人的遗址,这些遗址现在仍处于发掘研究中。2001年,在离猿人洞遗址西南6公里处,田园林场的工作人员偶然发现了北京人的一处洞穴遗址。2003年考古人员对田园洞遗址进行了发掘,出土了一大批古人类骨骼化石,经放射性碳14检测,年代约为距今4.2万年~3.85万年前,他们被称为"田园洞人"。但是可以肯定,还有一些北京人遗址未被发现,因为现已发现的遗址之间在年代上还有断层。

另外,早在1930年,在猿人洞遗址的山顶上,发现了一个山洞,洞中出土了三具完整的古人类头骨和他们的一些躯干骨,他们被称为"山顶洞人"。近年来用最先进的方法对这个遗址的化石进行了年代测定,被确认为距今约3.4万年~2.7万年前。山顶洞人的体质、形态、面貌与现代人已基本无异,脑量已达到1300~1500毫升,男性身高约为1.74米,女性约为1.59米。发现的三具骨骼埋藏于洞中的一个下室里,经鉴定为一个老年男性、一个中年女性和一个青年女性。在老年男性的左侧,发现了用穿了孔的介壳和穿了孔的狐狸犬齿做的装饰品,在他的骨盆和股骨周围发现有赤铁矿粉和赤铁矿石,这反映出在他安葬时曾举行隆重的宗教仪式。他可能是部落的一个非常重要的领袖,那两个女性可能是他最宠爱的两位妻子,也可能是地位显赫的女祭司。

在山顶洞人的遗址中发现了石质的箭矢和标枪头,这说明他们已经在使用弓箭和标枪进行狩猎。在遗址中还发现了鱼骨化石,这说明他们不仅会在陆地上捕猎,而且已经会下水捕鱼,食物的来源扩大到了水域。而如此大量的鱼骨化石说明他们可能已经会制作渔网和舟筏,捕捞已成为了他们重要的食物来源。在遗址中还发现了骨针,这说明他们已经会缝制衣物。衣物不仅可以掩护身体、抵御风寒,而且还可以装饰美化人体的形态,在原始社会里衣物和装饰品是一种身份和地位的象征。遗址中还发现了4根用鸟腿骨制成的骨管,管体摩擦得非常光滑,可能是他们的骨笛,这说明当时已经有了音乐活动。遗址中发现的装饰品非常多,共达141件,说明山顶洞人已经有了明确的审美意识。装饰品中有穿孔的石珠、穿孔的各种兽牙,还有穿孔的海蚶壳。海蚶壳来自海洋,而周口店离海洋甚远,这说明他们与远方的其他部族之间已经有了物品交换或者是易货贸易。

古人类一个群落,据估计会有几十至几百个人,而一个群落所拥有的领地估计也不会少于几十至几百平方公里。因为根据当时的自然条件,一般来说,平均一平方公里土地上的植物和动物资源,所能提供的自然食物最多只能够养活一个人。而在自然条件贫瘠的地区,养活一个人则需要几平方公里甚至更多的土地。因此原始人的群落在人口出现增长,且达到一定数量以后,会分出一部分人,在一个新首领的带领下,去寻找和开辟新的生存领地。而对于分离出来的北京人来说,他们要寻找新的领地,更多的可能是往北方迁徙,因为他们是发源于中国南方的长江流域,但那里已人满为患。中国现已发现的古人类遗址有300~400处,其中80%以上是在长江流域。

北京人往北可以向辽河流域发展,那里近年来也发现了许多古人类遗址,比如辽宁营口的金牛山人。1984年,考古学家在金牛山的一个山洞里发现一具距今约28万年的古人类骨骼化石。再往北他们可以向兴安岭山脉和黑龙江流域发展,那里森林密布,自然资源丰富。然后进入西伯利亚,再沿着西伯利亚的森林地带向西迁徙,那里的森林一直到达了欧洲。但是他们不会向北方的荒漠草原上发展,因为在空旷的大草原上他们没有藏身之地,无法抵御冬季的冰雪严寒,也无法防御猛兽的袭击,而且在荒漠草原上也难以找到足够的食物。在没有学会畜牧以前,古人类无法在草原上生存。

在距北京西北100多公里外的河北省阳原县,近年来中国的考古工作者在那里也做出了重大的考古发现。在阳原县的泥河湾盆地,考古人员发掘出了古人类活动遗址80多处,被统称为"泥河湾遗址群"。泥河湾遗址群已经揭示出,从距今200万年前一直延续到近代的古生物和古人类连续不断的活动遗迹,从发掘和地质情况来看,可以把这一时期上推到距今300万年前。因为泥河湾盆地在300万年前是个古湖泊,经不断沉积而形成了盆地,它记录了300多万年以来古湖变迁的完整过程,地层中包含了大量的古湖时期的动植物化石和古人类活动遗迹,成了一个天然博物馆,是研究古生物、古人类、古地理、古气候及地质新构造运动学的宝地。泥河湾地层是中国与世界进行第四纪地层对比的标准剖面,它包含了早更新世、中更新世和晚更新世的跨时代地层,在国际地质界和考古界享有盛誉。

最先在泥河湾发现古人类活动遗迹的是个法国人。1936年,法国考古学家步日耶来到阳原县,在称为更新世早期的泥河湾地层下部发现了一些石器,其中有一个粗糙的手斧。与石器相伴的还有许多哺乳动物化石,其中有些骨骼上还有人工打击的痕迹,有些鹿角像是人工有意识地制成了匕首。于是他将这些材料整理成论文,发表在法国出版的古人类学杂志上。文章推断,泥河湾一带曾经生活过北京猿人,甚至有更早的人类。但是另一个法国古生物学家在看了这些标本后不同意这些观点,并也在这个杂志上发表了文章,予以反驳。因此,这一发现后来没有再引起人们注意。

直到1972年,中国科学院古人类研究所的两名年轻研究人员,在阳原县沿桑干河调查旧石器遗址时,在泥河湾地层的粗沙层内找到了一件具有清晰的人工打击痕迹的石器。此后,又进行了针对性发掘,在不远的同一层位中,找到了数件小型长薄石片和若干曾经人工打击但尚未成型的石器,与之伴生的动物化石有披毛犀、马、鸵鸟、鼠、兔等等。由此也引起了一场争论,但争论的焦点不在石器,这些石器没有任何疑问,只是从与之伴生的动物化石来看,无法断定这些石器是比北京猿人更早的类型。不过人们仍然认为,在华北地区能够寻找到比北京猿人更早的古人类活动遗迹。

1978年8月,古人类研究所第四纪组的研究人员又进入泥河湾盆地考察,在官厅村附近的小长梁找到了一处内涵极为丰富的旧石器时代遗址,位于泥河湾地层的下部。在小长梁遗址发现了2000多件石器,若干有打击和刻划痕迹的骨片,以及吃剩丢弃的三趾马、三菱齿象、披毛犀、羚羊、牛、鹿等动物的残骨和牙齿。三趾马是第三纪标志性动物,可延续到第四纪早期,从伴生的这些古老的动物化石来看,确实比北京猿人的时代要早得多。小长梁遗址后来发现了大量的现今世界上最早的细小石器,重量大约在5～10克之间,包含有尖状器、刮削器、雕刻器、锥形器等类型,这是一种需要镶嵌在骨质或木质的手柄上使用的石器。这些石器经过古地磁专家测定,年代距今约有160万年。在160万年以前即有如此进步的石器,远远超过了人们的想象。

1992年,河北省文物局考古人员在泥河湾盆地岑家湾村的马圈沟发现了一处旧石器时代遗址,出土了数百件石器。经过连续的发掘,2001年出现了惊人的发现:在发掘探方的南部区域,散落着一组以象的骨骼为主,间有石制品、动物遗骨和天然石块构成的古人类集体进食的场面。多数骨骼上都有砍砸和刮削的痕迹,生动地展现了古人类群食大象,刮骨食肉、敲骨吸髓的情景。马圈沟遗址的层位更低,年代更早,距今约有200万年。

另外,中国科学院的古人类学家贾兰坡和卫奇,在泥河湾盆地西北部的侯家窑,发现了一处旧石器中期的遗址,从中出土了古人类骨骼化石18件,包括头顶骨11块,枕骨2块。年代在距今10.4～12.5万年之间。侯家窑遗址出土的石器有14000多件,其中最具代表性的器物是出土的数以千计的石球。这些石球最大的超过1500克,最小的不足100克,它是古人类用于打猎的"飞索石",举世罕见。

泥河湾地层保存完整,在世界上同类地层中它的剖面最多。泥河湾遗址群没有年代断层,经多年的发掘,已发现有:距今200多万年的马圈沟遗址;160多万年的小长梁遗址;136万年的葡萄园、广梁遗址;100多万年的麻地沟、东谷坨、山祖庙咀、霍家地、许家坡、飞梁、东梁、照坡、后土山、岑家湾等遗址;78万年的马梁、雀儿沟遗址;12万年的侯家窑、细弦子、山兑遗址;10万年的曼流堡遗址;7.8万年的板井子遗址;2.8万年的上沙咀、新庙庄遗址;1.16万年的虎头梁、油房、西沟、西白马营遗址等等。泥河湾遗址群于1988年开始对外开放,应中国科学院的邀请,美国加利福尼亚大学的学者前来考察,从而拉开了泥河湾对外开放的大门,至今,已经接待了来自30多个国家的500多位专家和学者,发表了有关泥河湾的各类论文700多篇。

　　中国其他地区已发现的旧石器时代以前的古人类遗迹比较重要的还有:郧县人,湖北郧县龙骨洞,1989 年发现两个头骨化石,年代距今约 100 万年～80 万年;沂源人,山东沂源县下崖洞,1981 年,发现头骨碎片 4 块、牙齿 8 颗、肱骨、股骨、肋骨各一段,年代距今约 50 万年;南京人,南京江宁县葫芦洞,1993 年当地工人在采石时意外发现一具较完整的头骨化石,后又发现一具,化石年代距今约 35 万年;和县人,安徽和县龙潭洞,1980 年发现一个头骨化石,年代距今约 20 万年;大荔人,陕西大荔县,1978 年发现了一个约 30 岁的男性头骨化石,年代距今约 15 万年;丽江人,云南丽江市木家桥,1956 年发现一女性头骨化石和 3 根股骨,年代距今约 10 万年;许昌人,河南许昌市灵井镇,2005 年发现一破碎的头骨化石和大量石器,年代距今约 8 万年;官渡人,重庆巫山县官渡镇大石洞,发现头骨碎片、牙齿、肋骨、听骨、指骨、肢骨,年代距今约 3 万年;河梁人,重庆巫山县河梁区迷宫洞,1999 年巫山县商人在开放旅游资源时,在迷宫洞深处发现大量古动物化石,后经考古学家发掘,出土了古人类头顶骨化石一件和石器 40 余件,经碳 14 测定,年代距今约 1.5 万年。在距今 1.5 万年以后,人类开始进入新石器时代,农业文明的曙光已在中国出现,人类将告别洞穴,住进自己建造的居所。

　　从以上的叙述,我们可以清晰地看到人类在中国的大地上生成进化的全过程。从距今 1.6 亿年前的中生代侏罗纪时期,在辽宁建安县出现的人类最原始的始祖——有胎盘类哺乳动物"中华侏罗兽",到新生代开始后距今 6000 多万年前在安徽潜山县出现的人类直接始祖——世界上最早的灵长类动物"娇齿兽",再到距今 5500 万年前在湖南衡东出现的世界上最早的真灵长类动物"亚洲德氏猴",再到距今 4500 万年前在江苏溧阳市出现的世界上最早的高级灵长类动物"中华曙猿"。以及此后在云南连续不断出现的古猿,如距今 1500 万年的云南开远古猿、距今 800 万年的云南禄丰古猿、距今 400 万年的云南元谋古猿,人类进化的足迹一步步从中国的北方走到南方。然而,在南方的亚热带丛林中完成了从灵长类动物到古猿的进化过程后,它们又开始向北面的温带发展。在四季分明的长江流域,它们完成了从古猿进化到直立人的分离变异过程,并逐步扩展到中国南北各地。最终,古人类在中国的大地上完成了从直立人进化到智人,再到现代人的人类进化全过程。

　　人类在中国大地上不断进化的同时,也在不断地向世界各地迁徙扩散。在欧洲和非洲都能够发现古猿类动物和直立猿人的遗迹,尤其是在热带的非洲,那里发现的古猿类和直立猿人的化石比较多,寒冷的欧洲却比较少,而美洲和澳洲则因为与亚洲大陆远隔大海,因此几乎没有。不过,有许多人类学家认为,那些迁徙扩散到世界各地的古猿类和直立猿人与现代人类其实并没有什么关系。因为科学研究显示,现代人类的基因是如此的相似,以致他们只有可能是在近10万年以内,由某地的某一个族群发展并扩散至世界各地而形成。

也有科学家注意到,距今6万年前,在东南亚赤道附近的群岛中,曾经发生一次规模巨大的火山爆发,火山喷发出来的大量灰尘弥漫了整个地球的上空,给地球生态造成了巨大的灾难,这次灾难再一次造成了地球生物的大灭绝。科学家们认为,当时大多数的古代动物,包括古人类都在这次大灾难中死去了。然而,在某地,也有少数古人类幸存了下来,他们逐渐向各地扩展,直到布满全世界。不过在发生这样一场大规模火山爆发的情况下,能够躲过这场灾难的一定是离赤道较远的,穴居在山洞深处的那些古人类。

这次火山大爆发不仅造成了当时的生物大灭绝,而且,因为火山灰长期滞留在大气层中,遮挡了太阳光,从而导致了地球再一次出现冰河期。这次冰河期延续了近5万年,直到距今约一万年前,才逐渐结束。因为冰河期一旦形成,就很难消除,在冰河期形成时,地球上不仅南北两极的冰圈扩大,而且所有海拔较高的山脉和高原都会被冰雪覆盖。这些白皑皑的冰雪会将太阳光反射回宇宙,从而减少了地球对太阳热量的吸收。因此当时像青藏高原(平均海拔3000米以上)那样的世界高原地区,都已被终年不化的冰雪所覆盖。而当时的海平面要比现在低130多米。

关于人类的起源地,达尔文在提出"从猿到人"的进化论后,曾经提出过人类可能起源于非洲。但达尔文的设想没有任何考古证据,只是因为非洲的猩猩等猿类动物比较多,而它们与人类的血缘关系最亲近。此后,欧洲人从考古学入手,开始了这方面的研究。最初,在白人至上主义的思想下,他们认为人类的起源应该是在欧洲。但是欧洲实在找不到能够证明这一观点的古猿类和古人类活动的化石,因此,他们不得不放弃人类起源于欧洲的设想,把目光投向非洲。

1924年,在南非约翰内斯堡附近的汤恩,考古学家发现了一个距今约250万年的幼年古猿头骨化石,它被认为是最早发现的人科动物化石,并被命名为"汤恩幼儿"。1959年,在东非坦桑尼亚的奥杜瓦伊峡谷,英国考古学家路易斯·利基夫妇,在荒野山谷中历经20多年的寻找,终于发现了一个距今约175万年的古猿头骨化石,它被命名为"东非人"。1972年,路易斯·利基的儿子理查德,在东非肯尼亚的特卡那湖发现了与"东非人"同一类型的一些遗骸化石,并在那里发现了一些简单的石制工具。1974年,一个由美国、英国、法国考古学家组成的科考队在东非北部的埃塞俄比亚历尽两年的寻找,在一处沟壑中发现了一具距今约370万年的女性古猿骨架化石约 40% 的残片，它被命名为"露西女士"，从骨骼来看，她已经可以直立行走，因此被当作人类起源于非洲的证据。1994 年，美国考古学家在埃塞俄比亚阿瓦什河谷发现了一些约 440 万年前的古猿骨骼化石，被称为地猿始祖种。2002 年，考古学家在中非的乍得发现了距今约 600 万年～700 万年的古猿化石，被称为乍得撒海尔人。

因为非洲发现的这些古猿遗迹多是在非洲东部，那里在距今 1000 万年前因地壳的隆起，逐渐形成了高原，因此气候逐渐变得干燥，原来的森林环境大多变成了草原和沙漠。因此有人认为，正是因为这种从森林变为草原的环境，使猿类改变了生活习性，从树上来到了地上生活，从而进化成为直立人，并据此认为人类起源于东非高原。

其实这种人类起源于草原的观点并不成立，因为猿类不是食草动物，在草原上无法找不到足够的食物，根本无法生存，因此在森林退化时，猿类动物会发生迁徙，迁移到适合他们生活的森林地区去。而且东非发现的古猿化石也并非在草原上，而是在峡谷里，世界上还有那么多的大草原也从未发现过古猿类的化石。实际上近代大量的考古发现都已证明，古人类是居住于山林洞穴里的穴居动物，而并不是生活在草原上的露宿动物。在学会建造帐篷以前，在空旷的草原上他们无处藏身，无法躲避夏季的狂风暴雨和冬季的冰雪严寒，更无法躲避猛兽的袭击。

地处热带的非洲其实并不适宜于人类的生存进化，直至今天，对人类来说，那里的生存环境仍然还是十分恶劣。非洲酷热的气候非常不利于人类的劳作，而劳动是猿类进化成人类的一个极为重要的因素。人类的皮肤没有体毛，因此难以抵御非洲强烈的光辐射和烈日暴晒。非洲的热带气候有利于疟蚊和毒虫的滋生，而人类没有体毛的皮肤也无法抵御这些蚊虫的叮咬，因此会染上疟疾和各种热带瘟疫，在没有现代医疗条件的情况下，人类在那里的存活率非常低。

而地处温带的中国长江流域和黄河流域却非常适宜于人类的生存发展，特别是长江中下游，那里气候温暖湿润，多山脉和丘陵，森林密布，四季分明，植物在夏季生长繁茂，冬季枯萎。古猿类在地处亚热带的云南繁衍增殖后，随着气候环境的变化，他们迁徙扩展来到长江流域。在这里，夏季他们有充足的植物和小动物可供食用，冬季天寒地冻时他们能够藏身于山林中的洞穴深处躲避严寒。因为这里的冬季树木都已枯萎，难以寻觅到可供食用的植物，小动物也难寻觅，因此，这一方面促使他们学会了在冬季到来之前采集储存坚果类及其他各种食物供冬季食用；另一方面他们不得不在冬季冒着生命危险去捕食大型动物，这些因素反而造就了他们从事劳动和使用石块、木棒等工具的能力。在长期的劳动和使用工具与野兽搏斗的过程中,他们站立了起来,成了直立人。为抵御冬季的严寒,特别是冰河期到来时的漫长冬季酷寒,他们学会了使用火。这一点特别重要,因为火的使用在人类进化的过程中起到非常关键的作用。而长期的洞穴生活和烤火取暖也使他们的体毛逐渐退化,这也是他们有别于其他林栖和树栖猿类动物的一个显著特点。在冬季,他们用火加热冰冻的食物,在这个过程中,他们发现烧熟的食物更好吃,于是他们开始食用熟食,这极大地改善了他们的体质和智力。随着智力的提高,他们不断地加工改进工具,以提高捕猎的效率,并学会了更多的生产和生活技能,最终进化为现代人。

反观非洲,那里找不到古人类长期聚居的洞穴遗址,找不到任何像中国古人类洞穴遗址中那样成堆的、厚达几米的、确凿无误的古人类用火的灰烬遗迹。能够找到的只有一些零零散散的炭屑和灰烬,那可能只是森林野火和物体自燃留下的痕迹。虽然,非洲也找到了一些石器,但也只是找到了一些零零散散的石器,完全无法与北京猿人遗址中一个山洞里就出土10多万件石器相比。至于作为人类起源于非洲的所谓证据——能够直立行走的古猿"露西女士",其实我们都知道,猩猩和许多其他猿类也都可以直立行走。而且非洲最初的猿类动物就是从亚洲迁徙而来,后来也会有其他的古猿甚至类人猿不断的迁往非洲。但是,真正进化成为人类的只有那种居住于洞穴中的穴居猿类。这种穴居古猿中国很多,欧洲也可以找到,而唯独非洲没有,因此,最不可能进化出人类的恰恰就是非洲。

其实非洲更为适宜于猿猴类动物的生存。因为猿猴类动物是以植物的果实、茎叶、块根为食,偶尔也会捕食一些昆虫和小动物。而地处热带的非洲一年四季都绿树如茵,草木繁茂,硕果累累。终年都不缺乏可供食用的植物和昆虫及小动物,因此那里的猿类没有必要冒着酷暑去劳动,不辞辛苦的采集储存食物,也根本用不着冒着生命危险去捕食大型野兽。看看现在的非洲,野生动物成群,至今仍然是野生动物的乐园。反观中国大地,野生动物难觅踪影,许多大型野生动物在几万年前甚至几十万年前就已绝迹。而且生活在非洲炎热气候里的猿类动物也完全没有烧火取暖的需要,反而会因为惧怕火焰的高温,而唯恐避之不及。因此,非洲猿类动物根本没有进化成为人类的必要外部环境因素。

实际上造成人类与猿类分离的决定因素还是地理气候环境,而中国的温带气候,是产生这种演变的关键。正是因为古猿类从中国南部的亚热带丛林迁徙到中部的温带山林地区后,为渡过温带气候的冬季严寒,进入了山林的洞穴中生活,从而改变了他们的生活习俗,成了有别于林栖和树栖猿类的穴居古猿。而生活在炎热非洲的猿类动物并没有躲避严寒的需求,因此也没有产生穴居的需要。也正是因为中国温带冬季的严寒使树木枯萎,生活资源匮乏,才迫使那里的古猿们储存坚果和捕猎野兽,从而使他们学会了劳动、使用武器和制造工具,并产生了手与脚的分工,成了直立人。而地处热带的非洲一年四季都不缺乏可供食用的植物,那里的猿类没有储存坚果、捕猎野兽、使用武器和制造工具的需求,因此也不会产生手与脚的分工而成为直立人。同样也是因为中国温带冬季的严寒,使古猿人产生了取暖和用火的需要,而用火又使他们学会了熟食,从而改善了他们的体质,并最终使他们产生了从猿到人的彻底变化。而生活在炎热非洲的猿类并没有取暖和用火的需求,因此也不会产生用火而带来的这些进化。

近几十年来,随着中国考古工作的开展,大量的古人类生活遗迹在中国被发现,一个愈加全面的古人类进化过程全貌,在中国大地越来越清晰地展现出来。因此世界上也有越来越多的古人类学家认识到,人类是起源于中国。人类在中国大地进化的同时,他们也在不断地向世界各地迁徙扩散。当距今 6 万年前的那次地球大灾难发生后,地球上的生物很多都被灭绝,而灾难造成的冰河期,也使古人类可以获得的食物大为减少,因此他们不得不加快了向四周迁移扩散的步伐。这时他们已完成了人类进化的几乎全部过程,与现代人已基本无异。他们已学会了制造弓箭、渔网、舟筏、缝制衣物等等这些农业文明出现前的几乎所有人类生产和生活的技能。这些技能的掌握使他们能更有效的战胜困难和获取食物,他们凭借自己掌握的这些先进生存技能,克服艰难险阻,逐渐向世界各地迁徙扩散,最终布满了全世界。

古人类走出中国向世界各地迁徙的路线主要有三方向:往西、往南、往东。他们在中国本来皮肤是黄色的,属黄色人种,迁徙到世界各地后,因各地的地理气候环境的不同,他们的肤色和体貌特征都发生了不小的变化,形成了不同肤色的人种。

往西的路线有两条:一条是从中国西北经中亚,到达西亚和欧洲;另一条是从中国东北沿西伯利亚森林地带越过乌拉尔山脉到达欧洲。向西迁徙的古人类由于长期生活在高纬度地区,那里的太阳紫外线辐射较弱,因此皮肤逐渐变白,而寒冷的气候也使体貌特征发生了一些变化,成了白色人种。后来白种人有些经西南欧的伊比利亚半岛越海达到了北非,也有些经中东到达了北非和阿拉伯半岛。

往南的路线也有两条:一路从亚热带的中国南方,进入热带的东南亚半岛,然后越海来到地处赤道的东南亚群岛。另一路经中国西南和缅甸进入了酷热的南亚。这些地区都在热带,太阳紫外线辐射非常强烈,因此他们的皮肤逐渐变黑,成为棕色人种或称小黑人种。当时地球还处于冰河期,海平面比现在要低 130 多米,因此,西太平洋和印度洋中的一些海脊和海岭都露出了海面,形成了一些海岛和大陆桥,因此古人类可以通过这些海岛和大陆桥逐步迁徙到达澳洲和非洲。另外,生活在东南亚群岛上的古人类有很多以出海打鱼为生,而海上的风暴、季风和洋流常常会使他们漂流到澳洲和非洲海岸,他们也可能因此而在那里定居生活了下来,成了澳洲人和非洲人。非洲因为地处赤道,太阳紫外线辐射特别强烈,所以生活在那里的人皮肤变得更黑,他们成了黑色人种。而澳洲地处亚热带,太阳紫外线辐射不是特别强,因此澳洲人仍然是棕色皮肤。据已有的考古资料来看,人类到达澳洲的时间比较晚,大约是在距今4万年~5万年。

往东的路线是:从中国东北,经西伯利亚越过白令海峡到达美洲。人类到达美洲的时间最晚,据考古发现大约只有2万年的历史。因为美洲与亚洲远隔浩瀚的太平洋,唯一距离较近的白令海峡也是处于极寒冷的北极圈内,古人类很难到达。估计是在距今约两万多年前人类学会了用野兽毛皮缝制成厚厚的御寒皮袄,生活范围扩大到了寒冷的西伯利亚北极圈内,然后在酷寒的冬季,越过冰封的白令海峡到达北美的阿拉斯加。也可能是在最后这个冰河期海平面很低时,白令海峡或阿留申群岛露出了海面,形成了连接西伯利亚与阿拉斯加的大陆桥,古人类通过那里到达了北美洲,然后逐渐扩散到了美洲各地。因为人类到达美洲的时间不长,而且美洲大部分地区都不是很热,太阳紫外线辐射也不是很强,因此他们基本上还是保持了原来的黄色皮肤,都属黄种人。

越海到达非洲后皮肤越来越黑的黑色人种,逐步扩散布满了以撒哈拉大沙漠和红海为界的非洲东部、中部、南部和西部,形成了所谓的黑非洲。而从欧洲和西亚南下的白种人却占据了撒哈拉大沙漠以北的北非和红海以北的阿拉伯半岛。撒哈拉大沙漠和红海成了黑种人与白种人之间明显的自然分界线,这也是我们今天看到的现实情况。而持人类起源于非洲说的人却认为,非洲黑人是沿红海进入阿拉伯半岛和中东,然后一路往北到达欧洲而形成白种人,另一路往东到达亚洲,然后经亚洲到达美洲和澳洲而形成黄种人和棕种人的。如果真是那样,那么在红海和撒哈拉大沙漠以北,应该有人种的肤色从黑种逐渐变为较浅色的棕种或黄种,然后再到白种的过渡,但现实情况显然与此完全不相符。因此,从人类肤色的分布情况来看,也完全否定了人类走出非洲说。

近年来人类学家运用了基因检测的方法来研究人类的起源地。他们在全球范围内进行了大量的人类基因检测,结果发现:非洲人的基因变异最大,基因多样性最多,其中尤以埃塞俄比亚为最。而东亚的中国人基因变异最小,基因多样性最少。在非洲与东亚之间呈现有规律的递减。这一结果再一次充分证明了,现代人类是起源于东亚的中国。因为，人类在迁徙的过程中基因会发生变异，以适应环境的变化。迁徙得越远，地理和气候环境的变异就越大，他们的基因变异也就越大。另外在迁徙的过程中，与他们交配的族群也更复杂多变，这也使他们基因多样性越来越多，在遗传学上这称为杂合体。而留在原地没有迁徙的族群，他们的生存环境基本没有改变，他们交配的族群也比较单纯，在遗传性上这称为纯合体。

因此，在人类发源地的中国，人类的基因变异最小，基因多样性最少。而非洲的迁移路线离中国最远，所以他们的基因变异最大，基因多样性最多。为什么埃塞俄比亚的基因变异尤其大呢？因为非洲北部被撒哈拉大沙漠隔绝，只有通过地处东北非的埃塞俄比亚，西亚的白种人才能到达东非。因此，一些来自西亚的白种人从这里进入了东非，并与这里的黑种人发生了交配，这两种截然不同的，而且都是基因变异最大的人种交配在一起，他们的基因变异当然是最最大的。

其实在整个人类社会的发展历史中，这种从东亚往世界各地的人口迁移和文明传播一直没有停止过，有关于此，我们在后面的历史中还可以清楚地看到。直到16世纪大航海时代来临以后，这种人口和文明的迁移传播方向才开始有所改变。但基本上都遵循着，人类从强势地区向弱势地区迁徙扩张，人类文明从发达地区向落后地区传播扩散的规律。

二 农业文明的起源和传播

1993 年,在中国长江流域的湖南省道县,考古学家做出了震惊世界的发现——在道县玉蟾岩的洞穴里,他们发现了距今 1.8 万多年的碳化水稻谷粒,与之相伴的还有锄型石器和大量的陶器碎片。这是世界上迄今发现的最早的农作物和农耕工具,也是世界上最早的陶器。它标志着人类即将告别千万年来的野蛮生活,开始进入人类进化史中的第一个文明——农业文明时代。

2004 年,中美两国考古学家组成的联合考古队,再次对道县玉蟾岩遗址进行了深入的考察发掘和研究,又出土了一批碳化水稻谷粒、陶器及石器。经过用最先进的方法检测,遗址的年代测定为距今约 2.1 万年 ~ 1.75 万年,碳化水稻谷粒距今约为 1.8 万年。

农业的出现,标志着人类开始自己生产食物,而不再仅仅是在自然界攫取食物。在此之前,人类的采集、狩猎、捕捞等活动,都是在索取自然界现有的食物资源,依赖上天的赐予而生存。但是自然界的食物资源是有限的,因此它极大地限制了人类的发展。而且自然界还有风雪雷雨、洪水、干旱,各种自然灾害来临时植物和动物都会大量死亡,因此人类也会因缺少食物而大批死去,人类的食物来源毫无保障。农业出现后,人类不再只是依靠自然界的恩赐而生存,他们能够自己生产食物,从而摆脱了对自然界的依赖。农业生产不仅极大地增加了人类的食物来源,也使食物的来源更为稳定,从而为人类开创了广阔的发展空间,从此,人口开始快速增长,人类的生活方式也发生了根本性的改变。

陶器是与农业的起源相伴而生的,它是农业民族为煮食谷物而做出的伟大发明。可以说没有陶器,也就没有农业,甚至可以说是先有陶器后有农业。因为在没有陶器以前,人类可能已经开始采集野生谷物,但是却无法很好地食用,因为生吃不易消化,用火烧烤又容易烧焦。但是在发明了陶罐后,谷物就成了香甜可口易于消化的美食。从此,人们不仅开始大量采集野生谷物,而且逐渐开始尝试种植谷物,于是,促成了农业的诞生,谷物也成了人类最主要的食物来源。

同时,陶器也是人类文明发展史中的一个极为重要的标志,它标志着人类告别了旧石器时代,进入了新石器时代。陶器改变了原有材料的性质,制造出了一种新材料,它使人类摆脱了对自然界现有材料的依赖。从此,人类不但会制造工具,而且还会改变材料的性质,制造出制作工具的新材料。在此基础上,人类后来又学会了制造青铜、钢铁等重要材料,而每一种重要新材料的使用,都会使人类文明向前迈进一大步。

继湖南道县发现了距今 18000 年的碳化水稻谷粒和陶器后,在湖南的洞庭湖平原地区,又相继发现了大量的距今 9000 多年的远古水稻种植遗迹,包括大量的碳化水稻谷粒,夹杂在陶器碎片中的谷壳,世界上最早的水稻田,以及世界上最早的农田灌溉系统。其分布范围之广,遗址数量之多,充分说明这里已经发生了大规模的农业革命。如果说道县的水稻种植是农业文明的星星之火,那么,洞庭湖平原的水稻种植就已经是农业革命的熊熊烈火。这些发现无可辩驳地证实了——水稻种植及农业革命起源于中国的湖南。

为什么农业革命会起源于中国的湖南?这并非只是个偶然事件,而是有它的必然原因。众所周知,人类是地球生物,它的所有进化和发展过程都必然受到地球环境因素的影响。大自然的鬼斧神工造就了地球上千变万化的山川地貌和各不相同的地理环境。不同的地理纬度造成不同的气候带。不同的地壳运动造就了不同的大陆和海洋,不同的地理环境衍生出了不同的物种。不同的自然条件造就了人类在世界各地各不相同的,和具有某些地域特殊性的进化和发展过程。而中国的湖南就是这么一个特殊的地方——它具有得天独厚的发生农业革命的天然条件。

首先,湖南地处中国的长江流域,而长江流域是地球上最适宜于人类生存、进化和发展的地区,正因此,它才能成为人类的起源地。长江流域地处地球上最适合于农耕的北纬 25°～35°气候带之间,地球上的四大远古农业文明:古中国文明、古印度河文明、古中东两河文明、古埃及尼罗河文明,都是在这一气候带上。而这四大文明古国的地理气候条件又尤以中国长江流域为最优,长江流域温暖湿润,而其他三地都干旱少雨。其次,湖南又是长江流域的一个特殊地点,这里气候温暖,光照充足,雨量充沛,河川密布,土地湿润,特别适宜于水稻的生长,在湖南发现的野生水稻品种竟有数百种之多。而在古代所能种植的所有农作物中,水稻的能效比是最高的,种植单位面积的水稻所能产生的热量,是种植单位面积的粟、黍、小麦、大麦和所有其他农作物所能产生的热量的五倍以上。水稻拥有无可比拟的优势,所以,农业革命要取得突破,非它莫属。这就是为什么农业的发明者,在中国被称为"农神"的炎帝神农氏,就是产生于湖南的原因。同时,这也是为什么创造了现代农业神话的杂交水稻之父——袁隆平,也是产生于湖南的原因。

实际上神农氏所指的是一个氏族,是一个在湖南率先创造出农业文明的氏族。炎帝是他们的一个首领,他死后葬于湖南的炎陵县,陵墓被敬仰他的人们跨越千古保存至今。袁隆平是湖南农学院的一名研究员,他从在湖南农校的水稻田中发现野生的杂交水稻开始,利用众多的野生水稻品种,经过几千次的杂交试验,培育出了高产的杂交水稻优良品种。在世界水稻平均亩产还只有两百多公斤的时候,他培育出了平均亩产高达八百多公斤的优质高产杂交水稻,把水稻的亩产提高了数倍,为解决世界的粮食短缺问题做出了巨大的贡献。湖南至今仍然是中国水稻产量最多的省份。大自然赐予了湖南这么优越的条件,因此湖南能发生这么多奇迹,农业革命起源于中国湖南,也是大自然造就的必然结果。

古人类学家认为,其实在农业革命发生以前,原始人类不仅已经掌握了除农业生产以外的所有原始生产和生活技能,而且已经有了一些种植活动。人类学家曾对世界上一些仍处于原始状况的土著原始部族作过考察,发现他们对领地内各种动物和植物都非常了解。他们不仅知道自己领地有哪些动物,并且对各种动物大约有多少头,有多少是已成年动物,有多少还是幼崽都非常清楚。他们会有计划地捕食成年动物,而将幼崽保护起来,以备将来捕食。他们对领地内各种植物也了如指掌,知道它们哪些是可以食用的,哪些是有毒的,哪些是可以治病的。知道它们什么时候发芽,什么时候开花,什么时候结果,什么时候可以收获食用。他们会有意识地保护那些可以食用和药用的植物,甚至已经开始尝试种植一些植物食用。但因为种植的效率不高,产量微不足道,所以这些种植并不是他们主要的食物来源。这是因为他们没有能找到能效比较高的植物品种,加上种植方法又过于简单,所以一直不能产生较好的经济效果。他们仍然是男人外出狩猎捕鱼,而女人则在家操持家务带孩子,并从事一些采集活动,偶尔也会进行一些简单的种植。但男人却不屑于做这些事,男人们喜欢外出狩猎和捕鱼,那些活儿需要体力和勇敢,惊险而且刺激。他们就是这样,千万年来,一年又一年,一代又一代,重复着这种生活,而一直不能在农业上取得突破,不能迈进文明社会。

湖南的远古先民是如何实现这个突破的呢?我们可以想象一下:在湖南草木繁茂、溪流潺潺、鸟语花香的山林间,男人们踏着清晨的露珠,怀着兴奋而忐忑的心情,匆匆而行,他们忙着出去狩猎。留下来的女人们也没有闲着,她们年长体弱者留在居所操持家务带孩子,年轻体健的出去采集食物。她们采集回来鲜美的水果,嫩绿的茎叶和粗壮的块茎,这些都是先民们的主要食物。到了秋季,她们会采集一些坚果,因为坚果易于保存,可以在冬季食物短缺时食用。但是随着人口的增长,采集到的食物越来越不够食用,特别是遇到灾荒年,能够采集到的坚果很少,于是她们把目光盯上了比坚果更小的水稻谷粒。她们把溪水边,河滩上,水洼地里的野生稻谷采集回来。心灵手巧的湖南女人,耐心地把细小的水稻谷粒舂打筛分,去除谷壳,为了便于煮食稻米,她们还发明了陶器。稻米不但吃起来味道香甜可口,而且易于保存,这对先民们度过青黄不接的春夏之交或灾荒之年有极大的帮助。为了获得更多的稻谷,聪明的湖南女人们尝试着在溪流边的水洼地里撒下一些谷粒,以便秋天能采集到更多。她们发现水稻种植的效率非常高,春天只要撒下一点点谷种,秋天即可收获大量的稻谷。在有了一定的种植经验后,敢开风气之先的湖南女人,开始在溪流和河岸边开辟稻田,引水灌溉,开始了有意识的人工种植,并不断地扩大种植面积。于是,餐桌上的米饭越来越多,稻米在先民们的食物中所占比例也越来越大,从10%,到20%,30%,40%,再到50%,女人们在氏族中的地位也越来越高。这时,每到农忙季节,男人们不得不暂时停止狩猎和捕鱼,帮助女人忙农活。当稻米在食物中的比例超过50%,达到了60%甚至70%时,男人们不得不放下尊严,改操农业。有了身强力壮的男人参加,稻田的面积得到不断地增加,稻米的产量得到迅速的增长,先民们的生活方式得以彻底的改变。敢为天下先的湖南人,终于告别了原始生活,率先迈入了农业文明社会。

距今约一万年前,地球结束了它的最后一次冰河期。气候开始变暖,万物开始焕发出勃勃生机,植物茂盛地生长,动物兴旺地繁殖。这时在亚洲东部的中国大地上,一场大革命悄然掀起,它从此改变了世界的面貌,把人类从野蛮带入了文明。

湖南的地形三面环山,中部是典型的丘陵地貌,北部是洞庭湖平原。地势南高北低,湘、沅、资、澧,四大水系从南往北注入洞庭湖。道县位于湘江上游的湖南南部山区,农业在那里出现后,逐渐开始了它的传播扩散。水稻种植离不开水,因此农人们沿着江河而迁徙,他们顺湘江而下,来到了洞庭湖平原。平原上宽广而平坦的土地,为他们提供了发展农业的广阔空间。冰河期的结束,气候的转暖,带来了农业爆发式的增长。仅仅数百年时间后,农业文明就已经扩展到了整个洞庭湖平原和与之一江之隔的长江对岸的江汉平原(古云梦泽所在地)。考古学家在这些地区发现了大量的距今远达9000多年前的水稻种植遗址,如:澧县彭头山遗址、八十垱遗址、临澧县的杉龙岗遗址,等等。

农业在平原地区出现后,远古先民们的生活方式也发生了根本性改变。他们已经告别了在洞穴中居住的生活,开始在平原地区建房而居,遗址中发现的有规则的房址柱洞充分证明这一现象。建房而居的出现,一方面是因为从事农耕后,他们逐江河而迁徙,寻平原而耕作,生活的环境发生了改变,但是平原上并无山洞可居,因此他们只能想办法自己修建居所。另一方面也是因为远古先民们工具制造技术有了极大的提高,他们已经能够制造砍伐和加工树木以及挖掘土地的工具,如磨制的石斧、石刀、石锛、石凿、石锄等,能够开挖地基,能够加工木材搭建房屋了。

因为技术条件的限制,早期的房屋都很简陋,面积也不是很大,只能容下几个人居住。在这种情况下,一般都是血缘关系最亲近的父母和他们的孩子住在一起,这实际上就促成了家庭的形成。与此同时,以家庭为单位的生产方式也逐渐开始形成,而父亲则成了家庭生产的最主要劳动力。从此,人们开始告别群居生活,进入了以家庭为单位的家居生活,在此基础上再形成以亲缘关系相维系的家族聚居,和以氏族关系相维系的氏族部落。

因此,住房的出现说明了一个非常重要的现象,那就是人类在进入农业社会后,他们的生产方式已发生了根本的变化,劳动生产率已大大提高,他们已经能够以单家独户的方式进行生产活动了,而不必像从前穴居生活和狩猎生活时那样,群居在山洞里,依靠整个氏族的集体围猎行动来获取食物。此外,家庭的形成也必然会导致私有财产的出现,虽然土地、山林、河流等等,这时仍然是公共所有,土地将在氏族中定期分配,但是住房、生活用品、生产工具和家庭劳动所获得的产品,还是会逐渐成为私有财产。因此,人类建房而居标志着,因农业文明而带来的,家庭和私有财产的出现。

农业在平原地区的出现,也说明农业种植已经从在山区开始的小面积、小规模的耕作,发展到大面积、大规模的耕作,农业文明已经取得了革命性的进展。平原交通便利,有利于人们的交流往来,有利于信息和物质的流通,有利于文化的发展和繁荣,在澧县彭头山遗址发现的世界上最早的城市充分证明了这一事实。彭头山发现的古城距今至少有 6000 多年的历史,这是一座大型古城,占地面积达 8 万多平方米,古城围有高达 5 米的城墙,城墙厚度达 13 米,城外围有宽达 35~50 米的护城河,城里有街肆、居民住宅、手工业作坊和祭祀场所。这种古城遗址在洞庭湖平原和江汉平原已发现了十几个,充分显示出这里的远古先民们已经具有高度发达的文明和繁荣的文化。另外,古城高大的城墙和宽阔的护城河也说明,远古时期,这里的战争也非常频繁。而远古时期国家的最主要象征就是城市,拥有如此大的城市和如此完备而坚固的防御工事,说明这些城邦国家已经相当强大。

　　农业传播到洞庭湖平原和江汉平原后,并没停止它的脚步。向东,它继续沿长江向下游传播,一直传播到东部沿海。近年来考古学家在这些地区发现了大量的远古农耕遗址,其中最具代表性的是河姆渡文化遗址。河姆渡文化遍布浙江宁绍平原直至舟山群岛,现已发现的遗址有 47 处,因为于 1973 年最先发现的遗址是在余姚市河姆渡镇,因此被命名为河姆渡文化。河姆渡镇遗址据放射性碳素断代并经校正,确认年代距今已有 8000 多年。遗址中发现了成堆的稻谷、多达 150 吨的稻谷壳、大量干栏式建筑房屋构件、各种动植物遗骸,以及陶器、石器、骨器、木器等各种材质制成的生产工具、生活用品和装饰工艺品,出土文物数量近 7000件。这些文物曾多次出国展览,深深地震撼着整个世界。

　　河姆渡遗址是长江流域古文化遗址中保存最好的,它之所以能得到如此好的保存,得益于当时地球气候变暖,导致海平面上升,因此,在一次突然而至的大海啸中,河姆渡被淹没在大海的淤泥之下。海水含有盐分,有防腐作用,因此那些木质的干栏式建筑构件,以及木质和骨质的农具得以保存至今。而在长江流域的其他地方,因为中国南方都是酸性土壤,这种木质和骨质的农具,以及木质房屋构件都早已被腐蚀得无影无踪。当时在长江流域的水稻种植区,木质和骨质的农具使用得非常多,比如他们用牛的肩胛骨做成的骨耜,这种工具在水田松软的泥土里还是非常适用。这与中国北方有显著的不同,北方干燥少雨,因此大都是耕种旱地作物,使用的也多为硬度较高的石制农具。

　　河姆渡遗址的干栏式建筑是先往地里打入木桩,然后在木桩上架梁,在梁上铺上木板,构成高于地面的地板基础。再在地板上立柱、搭屋,最后用芦席和树皮封盖四壁和房顶。在房屋所有垂直相交的构件结合处,都是使用榫卯结构技术,制作工艺精湛,能够用石器工具建造出如此精湛的木结构,实在是令人不可思议。这种房屋高离地面,下面通风,能够防范潮湿和水患。

　　河姆渡遗址中的一个非常重要发现,是在遗址中发现了大量的人工饲养的家畜遗骨,比如狗、猪、牛、羊等,在陶器中还发现了猪和羊的造型。这说明人类已开始了畜养业,这是人类继农业后的又一个伟大发明。而这个发明是伴随农业革命而发生的,因为在农业革命发生前人类是穴居在山洞里,因此无法饲养牲畜,特别是像牛、羊等大型食草类动物。农业革命发生后人们走出了山洞,居住在平地上,从而为发展畜养业开辟了广阔空间。他们不但可以饲养像狗、猪等杂食类动物,还可以饲养像牛、羊等食草类动物。而且人类吃剩的食物残渣和收获谷物以后的秸秆都是家畜很好的饲料,同时,狗能帮人类狩猎、看家,牛还是人类农耕的很好帮手。畜养业的发展为人类提供了又一种重要的食物来源。

　　说到动物的饲养,有必要特别说一下狗,因为近年来有关狗的起源的研究透露出了很多重要信息。狗是人类最早开始饲养的动物,也是最通人性的动物,它被认为是人类最忠实的朋友。但是近年来有关狗的基因的研究揭示,现在世界上的各种狗,都是由原产于中国南方的灰狼经驯化后人工饲养演变而来。狗温顺忠诚,狼凶残羁傲,但是狗与狼的本质区别是:狗是杂食动物,而狼是肉食动物。俗话说,狗行千里吃屎,狼行万里吃人,这是因为狗拥有消化淀粉类食物的基因,而狼没有这种基因。狗的这种基因是狼被农业民族驯化后,长期食用农业民族的谷物类食物残渣和排泄物而逐渐演化出来的,这种基因的演化过程至少需要经历几个世纪。基因研究还揭示,狗的饲养大约是开始于15000年以前,而当时正值农业文明在中国南方开始兴起。这也从一个侧面印证了:一、狗和动物的饲养是伴随着农业文明的发生而开始出现;二、农业文明最早是在中国南方开始出现,然后传播到了中国和世界各地。而随着农业文明的传播和农业移民的迁徙,狗和动物的饲养也被传播到了世界各地。

　　河姆渡的另一个重要发现是它发达的纺织技术。遗址中发现了种类繁多的纺织工具,出土的纺轮有陶质的、石质的和木质的,共有300多个。织布的工具有经轴、分经板、绕纱棒、机刀、齿状器、梭型器等等,纺织专家们认为这是原始踞织机的部件。这是中国也是世界上最早的纺织机器,河姆渡无疑应该是世界纺织业的起源地,驰名世界的中国丝绸极有可能也是起源于这里,而且这里至今仍然是中国丝绸纺织业最发达的地区。

　　另外,河姆渡人的文化艺术生活也很丰富,发现有象牙雕刻、玉石雕刻、木器雕刻,还有陶制的猪、羊和人头。陶器上的刻画作品内容丰富多彩,包括太阳、月亮、花草树木、鱼虫鸟兽,画面简洁而舒展,风格朴实而生机盎然,还发现有生漆涂制的漆器。

　　中国的气候,以长江流域与黄河流域之间的淮河和秦岭一线为界,分为南方与北方。南方湿润多雨,适宜于喜水的水稻生长,因此,长江流域种植的谷物主要是水稻,此外还种植菽(豆类,包括红豆、黑豆、绿豆、黄豆、豌豆等)、蜀黍(高粱)等谷物。而北方则干旱少雨,很多地方都无法种植水稻,因此农业传播到黄河流域后,种植的主要谷物是耐旱的粟(小米)。此外还种植黍(黄米,俗称糜子)、菽等谷物,在水利条件较好的地区也种植水稻。农业从洞庭湖平原向北首先传播到紧挨江汉平原的淮河上游地区,那里发现了距今9000多年前的贾湖文化遗址。然后到达黄河流域,在黄河流域中下游的中原地区发现了距今约9000～8000多年的裴李岗文化遗址和磁山文化遗址。再往北是辽河流域,在辽河流域上游发现了距今约8000~7000多年的兴隆洼文化遗址。

　　贾湖遗址位于河南舞阳县贾湖村，正好处于南北气候过渡处的淮河流域，因此种植的谷物主要是水稻，但也种植粟。贾湖遗址最初由文物工作者偶然发现于1961年，但是直到1983年才正式开始发掘，发现了房址、窖穴、陶窑、墓葬、兽坑、壕沟等各种遗迹近千处，出土了石器、骨器、陶器和各种材质的文物数千件，碳化稻谷数千粒。贾湖人使用的农具有骨器，也有石器。石器种类繁多，有石耜、石镰、石斧、石刀、石矛、石凿、石钻、石锤、石砧、石杵、石磨盘、石磨棒等等，制作相当精致。还出土了很多精美的石质装饰工艺品。用于加工谷物的石磨盘有近一米长，有四只脚，用整块砂岩琢磨而成。石磨盘和石磨棒的发现说明他们也在种植粟，因为石磨盘和石磨棒是用于粟和黍类谷物脱壳的工具，而稻米的脱壳是用臼和杵。贾湖人居住的房屋是半地穴式建筑，因为北方气候寒冷干燥，无潮湿之虞，而半地穴式房屋还有利于防寒保暖。饲养的家畜种类也更多，有狗、猪、羊、水牛、黄牛、马（这是世界上已发现的最早的人工饲养的马）等等。可见畜牧业所占的比重明显比南方的长江流域增大。另外，野生动物、鱼类骨骸和野生植物果核发现得也很多，可见渔猎采集仍然是他们非常重要的食物来源。

　　贾湖遗址一个最重要的发现是出土了十几块刻有原始符号的龟甲和兽骨，这是中国甲骨文的雏形，也是世界上现已发现的最早原始文字，距今已有8000多年的历史。

　　贾湖遗址另一个重要发现是出土了30多根骨笛，这是世界上已发现的最早的乐器，距今已有9000多年。骨笛用鹤鸟的腿骨做成，30余根骨笛年代跨越2000多年，骨笛的音孔从最初的4个，增加到5个、6个、7个、8个，音阶也从最初的四声，增加到五声、六声、七声、八声，清楚地显示出了音乐的发展过程。这些骨笛至今还能吹奏歌曲。贾湖遗址还有许多重要的发现，比如用稻米、山楂、葡萄和蜂蜜酿造而成的世界上最早的酒等等，这些发现显示出，当时贾湖的文化已经达到了相当发达的水平。

　　裴李岗文化是指广泛分布于中原地区的早期农业文明，现已发现的遗址多达150多处，遍布于河南省各地。这些遗址开始出现的年代都在距今9000~7000年之间。因为最先在河南新郑市裴李岗村发现，因此被命名为裴李岗文化。裴李岗文化区种植的主要谷物是粟，种植粟虽然亩产量远远低于水稻，能效比非常低，但是中原地区从淮河流域到整个黄河中下游都是一望无际的黄淮大平原，能够耕种的土地非常的多，因此人们能够用增加种植面积的办法来弥补种植效率的不足。另外，黄河流域因气候的原因，森林比较少，草地比较多，有利于畜养牛、羊等食草类动物,发展畜牧业,这也可以弥补谷物生产的不足。据考古工作在裴李岗文化遗址中发现的大量兽骨和渔猎工具来看,畜牧和渔猎在他们的食物来源中所占的比例还是非常大,有的地区甚至超过50%。饲养的家畜有狗、猪、羊、牛、鹿,还有鸡。烧制的陶器中还有陶猪、陶羊、陶人等艺术品。居住的房屋也是半地穴式建筑。人死后安葬在氏族的公共墓地里,随葬品有死者生前用过的生产工具和生活用具。

磁山文化是指在裴李岗文化的北面,广泛分布于河北省南部的早期农耕文明。磁山文化年代比裴李岗文化稍晚,这里的农耕文明开始的年代大都在距今8500～7500年前后。因为最先发现的遗址在河北武安市磁山村,因此被命名为磁山文化。磁山文化与裴李岗文化基本相同,谷物种植也是以粟为主,在发现的近200个地穴式的粮窖里还存放着数十吨粟。饲养的家畜也是狗、猪、羊、牛、鹿、鸡等,有趣的是出土的大都是雄鸡,这说明他们在8000多年前就已经开始饲养雄鸡打鸣报时了。我们可以想象他们当时的田园生活场景,鸡鸣狗叫,日出而作,日落而息。磁山人居住的房屋也是半地穴式建筑,而且发现了许多两、三间房连在一起的套间,这说明当时这里可能已经出现了一夫多妻制的家庭。

在河北省北部以北京为中心的广阔地区,发现了许多农业蕴育期(新石器早期)的文化遗址,比如北京门头沟区东胡林遗址、北京怀柔区转年遗址、河北徐水县南庄头遗址等等。这些遗址的年代大都在距今9000多年前后,遗址的主人可能都是北京猿人的直系后裔。遗址中发现了墓葬、打制石器、磨制石器、陶器,以及加工谷物的石磨盘和石磨棒,但没有发现农具和农耕遗迹。发现石磨盘和石磨棒说明他们已经在加工谷物,发现陶器说明他们已经在煮食谷物,没有发现农具和农耕遗迹说明他们还没有开始种植谷物。这是一种农业蕴育期的文化,他们已经开始采集野生谷物进行加工煮食。而陶器的出现是人们从采集食用谷物到生产种植谷物并发展成农业的关键,因为没有陶器炊具谷物是无法食用的。他们最初的陶器可能是通过易货贸易得到。

在紧挨河北北部的辽河流域上游地区,包括内蒙古赤峰市和辽宁省阜新县,发现了以兴隆洼文化和赵宝沟文化为代表的早期农业文明。兴隆洼遗址开始于距今约8000多年前,遗址中发现了陶器、石磨盘、石磨棒和锄型石器,但没有发现石耜。这说明他们已经开始了原始的锄耕,但还没有开始耜耕。锄耕就是所谓的刀耕火种,先放火把荒草烧掉,然后用锄型器挖洞,再播上种子盖上土,这种原始的种植方法产量很低。赵宝沟遗址的年代要晚一些,距今约7000年,遗址中不仅发现了陶器、石磨盘、石磨棒和锄型石器,还发现了石耜,这说明他们已开始了耜耕。耜耕是用宽刃的铲型器把土地翻一遍,然后再播种,这种种植方法更先进,产量也高得多。从河北北部的农业蕴育期文化,到辽河流域兴隆洼文化的锄耕农业,再到赵宝沟文化的耜耕农业,我们可以看到农业文明的逐步形成和发展过程。这些地区都在燕山山脉周围,在文化上有同源性,他们可能都是北京猿人的后裔。

兴隆洼遗址是一个规模相当大的远古居民聚落,被誉为"华夏第一村"。遗址中发现了近百座远古居民房址,房址排列有序,分成10余排,每排约10个。房屋建筑为半地穴式,深入地面下一米多,房屋的面积都很大,一般有50~80平方米,大的有140多平方米。房中均有灶坑,但均无台阶和门道,估计是以梯子出入,这可能是因为他们在屋里饲养了很多家畜。聚落的周围挖有宽2米,深有1米多的壕沟,估计是远古居民们为防止猛兽袭击或者是为防止饲养的家畜跑掉而修建。在房址的居住面上和墓葬的陪葬品中发现了大量的猪和鹿的骨骸,这说明他们畜养的主要是猪和鹿,畜养业在他们的生活中占有重要位置。遗址中还发现了大量的渔猎工具、野生动物骨骸、野生植物籽实和果壳,而遗址周边地区森林密布,这说明渔猎、采集仍然是他们主要的食物来源。

兴隆洼文化中最引人注目的是他们的玉器,在很多墓葬的尸骸头骨两旁都发现了玉耳环(玉玦),尸骸的胸前则发现了很多他们佩戴的匕形和弯条形玉器,另外还出土了许多玉管、玉斧、玉锛、玉凿等玉制品。这些玉器光滑圆润,采用了先进的钻孔、砂绳切割和抛光技术,制作精美。材质为闪石玉,色泽有深绿、淡绿、黄绿、黄白、乳白色等。据考证,玉器原料来源于相距很远的辽东半岛上的辽宁岫岩县,这些原料可能是通过易货贸易而得到。兴隆洼文化是中国玉文化的重要起源地之一。

赵宝沟文化广泛分布于内蒙古赤峰地区、辽宁西部地区和河北北部地区。赵宝沟文化是兴隆洼文化的直接传承和发展,因此更为进步。这不仅表现在农耕方法已从最原始的刀耕火种过渡到了耜耕,而且在石器制作、陶器制作和玉器制作上也都有明显的进步,聚落的规模也有明显扩大。石器不仅种类和型制增多,而且大都是磨制石器。陶器出现了泥质陶和夹砂磨光陶,陶器上还出现了精美的纹饰,在一个打磨光滑的尊形器上,饰有极为精美的飞鹿、猪龙和神鸟等灵物图。还出土了一个凤鸟造型的碗,形象逼真,栩栩如生,被誉为"中华第一凤"。玉器的制作也更精美,还出现了中国最早的玉雕龙。但是在经济方面,从遗址的发掘情况来看,仍然是以渔猎、采集和畜牧业为主,农业虽然有进步,但发展得非常缓慢。他们种植的谷物主要是粟和黍,但在这些遗址中鲜有这些谷物的实物出土。这些地区都已经在北纬40°线以北,气候比较寒冷,并不太适宜于农耕,因此农业在那里发展得比较慢。再往北是黑龙江流域,那里的气候更寒冷,在远古的技术条件下基本上无法开展农耕,因此那里的农业不仅出现得更晚,而且也只是出现了一些刀耕火种式的原始种植。

在湖南的南面有一条南岭山脉,它是中国的又一条气候分界线,南岭以北的气候温暖,属温带气候;南岭以南的气候炎热,属热带气候。岭北属长江流域,岭南属珠江流域。岭南的珠江流域植物四季常青,森林茂密,动植物资源非常丰富,生活在那里的古人类一年四季都能够从自然界获得充足的食物,而且气候非常炎热,太阳光照强烈,不适宜于人类劳作。因此对于那里的古人来说,不是为什么不去从事农业劳动,种植谷物,而是为什么要去冒着烈日的暴晒和酷热,去从事艰苦的劳动,种植谷物。在现代人的想象中,原始人一定是终日劳累,仍然得不到充足的食物,过着食不果腹的生活。实际上人类学家对原始部落的大量考察资料表明,在那些自然资源丰富的地区,依靠狩猎和采集而生存的原始人,不仅一年四季都能获得充足的食物,而且他们还享有大量的空闲时间,过着悠然自得的满足生活。如果人口的增长超过了自然界食物的供给,他们还会有意识地抛弃或杀死一些身残体弱的婴幼儿,以控制人口的增长。因此,生活在岭南珠江流域的远古先民们,因为一年四季都能从自然界获得足够的食物,他们并没有从事农业生产劳动的动力和需要,所以,农业文明在那里出现得也比较晚。

珠江流域年代最早的水稻遗迹是发现于广东省英德市的牛栏洞遗址,这个洞穴遗址的年代跨度在距今约 1.2 万年~0.8 万年之间。遗址中发现了水稻硅质体,但没有发现水稻谷粒,还发现了陶器,但没有发现农具。判断一个遗址是否出现了农业要有三个要素:一是要有谷物,二是要有煮食谷物的陶器,三是要有耕作谷物的农具。遗址发现了水稻和陶器但没有发现农具,说明他们已经开始采集野生稻谷用陶器煮食,但还没有开始农业耕种。

水稻在珠江流域的农业耕作开始于距今约 5000 多年前,现已在珠江流域发现了被命名为石峡文化的远古农业文明。石峡文化广泛分布于广东省北部,因最先在曲江县石峡地区发现而命名为石峡文化。在这些遗址中发现了许多距今约 5000 多年前的稻谷和稻壳,以及大量的石制农具和陶器,石器均为制作水平非常高的磨制器。据估计,这些突然出现的高水平农业文明应该是来自岭北长江流域的农业移民所建立。遗址中还发现了许多精美的玉器,如:玉琮、玉钺、玉玦、玉环、玉璜、玉璧等。玉琮、玉钺都是礼器,玉琮是神权的象征,玉钺是王权的象征,显示出他们当时的社会组织已出现了神权和王权。墓葬流行二次葬,因此随葬品往往有两套,一套是随人骨一起从原墓迁移过来的,一套是重新埋葬时新放入的。

在一些墓葬中还发现了成套的木工工具,这说明当时已出现了专业的木匠,而且他们的社会地位还很高,不仅墓葬规模大,随葬品多,而且还有贵重的玉器。

在中国西北地区,也发现了被命名为大地湾文化的远古农业文明遗址,年代比裴李岗文化稍晚,距今约有8000多年。大地湾文化遗址分布于西北地区的陕西、甘肃等省区,现已发现的遗址有数十处。最先发现的遗址在陕西华县老官台,但出土的文物不多,后因甘肃天水市大地湾遗址出土的文物最丰富,因此被命名为大地湾文化。大地湾文化的谷物种植以黍和稷(油菜籽)为主,其中稷的种植是它有别于其他地区的重要特点,稷后来成为中国古代五大主要谷物之一。出土的农具有骨耜、石铲、石刀、石斧、石磨盘、石磨棒等。陶器的特点是带有红色彩绘,早期的彩绘以变体的鱼纹和鸟纹为主,反映出渔猎在他们的经济生活中还占有非常重要的位置。房屋建筑与中原的裴李岗文化基本相同,也是半地穴式的,但是室内面积普遍较小,只有6~7平方米,仅能容数人蜗居。后来逐渐发展成平地起建的建筑,这种建筑以木柱为骨架,筑有厚度约25厘米的泥墙,地面铺以礓石渣和细沙混合而成的混凝土式材料。到晚期(距今约5000多年)甚至出现了面积达420平方米的宫殿式的大型建筑,显示出他们文明程度的提升,社会组织形式也发生了很大的变化。

农业文明能够如此迅速地传遍中国大地,其中有两个主要原因:一个主要原因是因为远古农业先民们的原始种植方式,即所谓的"刀耕火种"。当然,用这个名词来形容已经取得农业革命后的农耕方式并不十分恰当,而能正确表达他们耕作方式的学术名称叫作:"休耕轮作制"。因为远古的农业先民并不懂得深耕和施肥,因此土地耕种一两年后就会因肥力耗尽而导致谷物产量急剧下降,特别是在那些种植旱地作物的地区(水稻田的地力比较持久)。所以他们不得不抛荒,一般土地要抛荒十多年地力才能恢复,因此他们只能不断地去寻找和开辟新的土地。另一重要原因是因为农业革命带来了人口的大量增长,增长的人口带来了对土地的更多需要。因此在人口增长很多的氏族里,他们会分离出一部分人口,在一位新首领的带领下,往远方迁徙,去寻找开辟新的可耕地。这种人口的迁徙,不仅直接带来了农业的传播,而且使农业文明更迅速地传播到了更遥远的地区。因为农业耕作不仅需要有水源,而且需要有平坦的土地,所以他们会去寻找河流和平原,而最理想的土地就是河流造成的冲积平原,因为冲积平原上的土地既松软又肥沃。因此,农业文明迅速传遍了中国的各条大小江河,特别是冲积平原地区。

然而,农业文明的传播并没有止步于中国大地,在中国的适耕土地都被广泛开发的同时,中国的农业先民们也开始走出中国,向世界各地迁徙扩散,去寻找河流和肥沃的冲积平原,同时,他们也把农业文明传播到了世界各地。

在中国的西北有一条古商道,通往广阔的亚欧大陆西部,此即后来闻名于世的古丝绸之路。远在农业文明开始传播以前,远古的商人们就不辞艰辛地沿着这条古商道往来于中国与亚欧大陆的西部之间,进行着易货贸易,他们也为中国远古的先民们带来了远方的信息。从这些信息中远古的先民了解到,在中国以西还有广阔的天地,那里有广袤的土地和数不尽的大小河流。在得到这些商人们带来的有关远方河流和平原信息后,中国的远古农业先民们沿着这条古商道陆续向西迁徙,去寻找适合农耕的河流和肥沃的冲积平原。他们经新疆(新疆远古时有很多河流和绿洲)到达了中亚的阿姆河流域和锡尔河流域。然后,他们中有些人从这里南下越过兴都库什山脉进入巴基斯坦境内的印度河流域。另有一些人继续西行,经伊朗高原,到达了中东的两河流域。还有一些人从里海北岸进入了欧洲东部多河流的平原地区,再经黑海北岸到达了多瑙河流域和欧洲中部。

印度河是世界著名的大河之一,它处于地球上最适宜于农耕的北纬 $25° \sim 35°$ 之间,流域内有广阔的冲积平原,非常适宜发展农业。中国的农人们把农业文明带到了这里,在这里创造出了灿烂的古印度河文明。古印度河农业种植的谷物主要是小麦和大麦,饲养的家畜主要有狗、猪、牛、驴、骆驼等,象可能也已被驯养,象牙的使用很普遍,这里还发现了最早的棉花种植。因为印度河流域经常洪水泛滥,所以他们的房屋大都是用烧制的火砖建造。古印度河农业文明开始于何时已无法考证,他们在距今约 4000 年时达到鼎盛,当时这里出现了许多建造得相当先进的城市。但是,在距今约 3500 年时遭到来自北方的游牧民族的入侵而被彻底毁灭,从此消失在历史的尘埃之下,直到 20 世纪,才被西方考古学家偶然发现,从而部分地揭开了它的面貌。然而,西方考古学家对这些从天而降、突然出现在印度河流域的农业文明感到非常困惑,不知道这些远古的农人来自哪里,但是有一点他们认为能够肯定——这些人是从北面进入印度河流域的。

中东幼发拉底河和底格里斯河组成的两河流域,也是处于北纬 $25° \sim 35°$ 之间,非常适宜农耕。在中国农人来到这里之前,在两河流域上游的北部山区,当地的土著居民已经有了一些原始的种植。中国的农人们来到了两河流域下游的冲积平原地区,在这里开挖沟渠,兴建水利灌溉系统,开展大面积的农业种植。这里被称作“美索不达米亚”,意即:两河之间的土地。这些中国农人被当地土著称为“苏美尔人”,但是,他们却称自己为“黑头”,意为:黑头发人。因为中国农人是黑头发的黄种人,他们与当地土著的白种人最显著的区别之一就是头发的颜色。苏美尔人种植的谷物主要也是来自中亚的小麦和大麦,饲养的家畜主要有牛、羊、猪、驴等。他们用驴和牛来驮运重物,后来发明了车则用它们来拉车。因为在冲积平原上很难找到石头和木材,因此他们的房屋一般都是用晒干的泥土砖建造。

苏美尔人在美索不达米亚建立的农业文明为他们带来了富裕的生活,同时,也吸引来了周围土著蛮族垂涎的目光,但是他们居住的平原地区四周光秃秃的没有任何天然的屏障,因此他们极易遭受到周围土著蛮族的入侵劫掠。为了防御土著蛮族的入侵,他们建造起了有高大城墙的城市。苏美尔文明大约开始于距今6000多年前,到距今约5000年时,苏美尔人已建立起了10余个城邦国家。但是,苏美尔人在距今约4300多年时仍然被蛮族阿卡德人的入侵所征服。虽然他们不久后推翻了阿卡德人的统治,但是因为地理位置的不利,四周蛮族环视,因此,后来又经历了反复多次的蛮族征服和不断地王朝变换,最终,他们融合于中东地区的各民族之中。

西方历史学家对苏美尔人来自何方一直大惑不解,著名的美国历史学家斯塔夫里阿诺斯在他的著作《全球通史》中说道:"最早的美索不达米亚文明的伟大创建者——苏美尔人,似乎既不是印欧人的一支,也不是闪米特人的一支,这一点很奇怪。他们的语言和汉语相似,这说明他们的原籍可能是东方某地。但不管怎样,是苏美尔人在美索不达米亚南部开掘沟渠,依靠复杂的灌溉网,成功地利用了底格里斯河和幼发拉底河的湍急河水,从而创造了第一个文明。"①西方历史学家因为对中国远古的历史缺乏了解,所以他们会感到大惑不解,但是,如果他们了解到农业文明是起源于中国,也就不会感到奇怪了。

再往西还有一条世界著名的大河——尼罗河,尼罗河下游地区也是处于北纬25°~35°之间,非常适宜于农耕,因此,这里也出现了著名的古埃及农业文明。古埃及农业文明出现得比两河流域稍晚,一般认为是两河流域的美索不达米亚地区开发以后,由那里的苏美尔人迁徙过去发展起来的。他们种植的谷物主要也是大麦和小麦,饲养的家畜也是牛、羊、猪、驴等。但是古埃及一直没有出现有城墙的城市,因为埃及四周都是由沙漠、高地和海洋构成的天然屏障,没有外来的入侵威胁。古埃及人创造的最惊人的成就是闻名于世的金字塔,这些被称为世界奇迹的巨大金字塔,是为他们的统治者"法老"建造的陵墓。

以上三个大河流域的远古农业文明与中国远古文明一道,构成了世界著名的四大文明古国。当然,农业文明的传播并不仅限于大河流域,只是在一些较小的江河流域以及地理条件和气候条件较差的地区没能产生如此辉煌灿烂的文明成

---

①　(美)斯塔夫里阿诺斯:《全球通史》,吴象婴等译,北京大学出版社2009年版,第40页。

果。比如从里海北岸进入东欧和中欧的中国远古农人,在那里的伏尔加河、顿河、第聂伯河、多瑙河等地都开辟了农业区,但是因为那里的气候较寒冷,谷物产量较低,因此,他们在从事农业的同时也要从事畜牧业和渔猎采集,他们即后来的斯拉夫人。斯拉夫人后来在欧洲的分布范围一直扩展到了中欧的奥德河东岸,形成了以奥德河为界,河岸以东是以农耕为主的斯拉夫人,河岸以西是以渔猎采集和畜牧为主的土著日耳曼蛮族。

实际上据考古发现,陶器在距今9000多年以前就已经传入西亚和中东(最初可能是通过易货贸易得到),与此相伴的是,在这些地区也已经出现了一些原始农业,但是这些原始农业因自然条件和耕作技术所限,发展得比较缓慢,因而不能取代渔猎和采集成为他们的主要食物来源。三大流域农业文明的成功开发,特别是地处亚、非、欧三洲交界处的中东两河流域的成功开发,为农业文明在西方广大地区的发展做出了榜样,此后,农业文明在西亚、北非和欧洲都得到了更广泛的传播和发展。

农业从中国往南传播的路线有两条,一条是从中国西南的古商道到达南亚;另一条是从中国南方到达东南亚地区。但是,农业传播到这些地区的时间比较晚,大约出现在距今4000多年前后。因为这些地区都处于热带,气候炎热,太阳光辐射强烈,不适宜于人类劳作。而且这些地区森林草木四季常青,可供食用的动植物资源非常丰富,人们通过采集和渔猎即可以从自然界获得足够的食物,因此没有从事艰苦的农业生产劳动的动力和需要。

南亚北部的恒河流域气候湿热多雨,非常适宜于水稻生长,而且恒河也是一条水流量丰富的著名大河。据考古资料,水稻种植在距今大约4000多年前开始在恒河流域兴起。西方考古学家曾经在恒河流域发现距今四千多年前的水稻,据此他们曾经错误地认为,水稻种植是在四千多年前起源于印度,然后传至世界各地,却不知水稻在中国已经种植了一万八千多年。

水稻种植之所以能在这时传播至恒河流域,是因为在距今约5000多年前游牧民族已经在中国北方的大漠草原上崛起,并占据了西域(今新疆)和中亚。游牧民族惯于杀戮和劫掠,因此,他们不仅切断了中国农人向西方的迁徙路线,而且也切断了中国通往西方的古商道。但是,当时中国的丝绸纺织业已经非常发达,并已经开始风靡世界,因为北方古商道已被游牧民族切断,因此中国商人在西南开辟了一条经缅甸到达恒河流域的新商道,即南丝绸之路。中国的商品和丝绸通过这里销往印度河流域,然后经海路或经陆路销往中亚、西亚、中东和地中海地区。据考古发现,在中国西南部四川省的距今四千多年前的著名三星堆远古文化遗址中,发掘出了大量来自印度洋的贝壳和来自古印度的象牙,这显然是通过与南亚和古印度的贸易得到。公元前2世纪中国汉朝的汉武帝打败北方游牧民族匈奴,打通西域后,曾派使者出访中亚和西亚,使者在那里发现了许多产自四川的丝绸——蜀绢和蜀锦,询问之下,得知这些蜀绢和蜀锦来自印度。而在汉武帝打通西域通往西方的商道之前,古希腊的商人也是通过在印度买到来自中国四川的丝绸,才知道东方有个盛产丝绸的"丝国"。

随着南丝绸之路的开通,不仅有中国的商人来到恒河流域,而且也有许多中国的农业移民来到了这里,他们为这里带来了农业文明。因为地处商道上,再加上水稻种植的高能效性,因此恒河流域的经济发展得很快,并很快就取代了印度河流域而成了古印度的经济、文化和政治中心,古印度所取得的许多重要文化成就大都产生于这里。

东南亚地区都属于热带,同样也是因为气候炎热,自然资源丰富等原因,人们没有从事艰苦农业生产劳动的动力和需要,因此农业的发展非常缓慢。比如说,直到20世纪60年代的越战时期,中国派军队赴越南支援越南人民抗美,结果中国军人发现越南还有很多地方都还是妇女种田,男人基本不做农活。而且越南人不会种菜,他们都是采摘野菜吃,但是那里一年四季都有野菜。后来中国军人带去菜籽教越南妇女种菜,这使她们感到又惊奇又高兴。世界上有很多人都称赞中国人勤劳,其实并非中国人有什么特别,地理气候环境是其中的主要因素。中国的年平均气温在10℃左右,这种气温适合于人们劳动。而在热带,气温常年都是在30℃以上,人们一活动就大汗淋漓,更不要说在露天的烈日暴晒下劳动。寒带的气温又太低,冬季漫长,气温低到零下几十度,冰天雪地,不便于人们户外活动,只能躲在家里猫冬。

东南亚地区远古农业发展方面的历史资料非常少,但是据中国最古老的史书——《尚书》记载,在距今4000多年前的尧舜时期,中国就已经派人在东南亚的交趾(今越南)建立了天文气象观察站,以收集天文资料为农业生产制定准确的历法(《尚书·尧典》"申命羲叔,宅南交,平秩南讹,敬致。日永,星火,以正仲夏"[1])。估计当时这些人已经将农业生产技术带到了那里,以便在那里立足生存发展。到中国唐宋时期,交趾的水稻种植已相当发达,并出现了优良的水稻品种——占城稻,这是一种生长周期很短的早稻品种,仅种植60余天就可以收获,非常适合于双季连作,后来被中国各地大量引种。

---

① 《尚书》,罗庆云、戴红贤译注,内蒙古呼和浩特市,远方出版社2007年版,第2页。

农业从中国往东的传播路线也有两条:一条路线是粟、黍之类的北方旱地作物,经由辽宁传入朝鲜半岛;另一条路线是南方的水稻种植,从中国东部沿海地区越海传入朝鲜半岛的南部和日本。

旱地作物传入朝鲜半岛的时间比较早。大约在距今 5000 多年前,就已经有掌握了农业种植技术的中国移民陆续来到朝鲜半岛,他们在一些海岸和河流沿岸地区开始了农业种植。据中国史书记载,第一次较大的移民潮发生在周武王灭商时期(公元前 1066 年),当时有大批地商朝难民为逃避战乱而来到朝鲜半岛。商朝王室贵族、著名的政治家箕子,在获得周武王的分封后,也带领他的族人,举族从中原迁徙到辽宁和朝鲜半岛,在这里建立了一个周朝的诸侯国。箕子把中国的农耕文明和先进文化带到了朝鲜半岛,使这里较早地进入了农业文明社会。

稻谷种植传入朝鲜的时间比较晚,大约是在距今 3000 多年前。而且最初传入的不是水稻,而是种植在旱地里的旱稻,据信旱稻是从中国北方沿山东半岛到辽东半岛,再传播至朝鲜半岛的。而水稻种植的大规模传入则是发生在秦始皇发动统一战争灭亡六国时期(公元前 230~221 年),当时遭到灭亡的六国贵族和难民纷纷逃亡海外,其中有很多都来到了朝鲜半岛。据中国史书记载,当时楚国贵族韩终带领众多的楚国难民,泛舟渡海来到朝鲜半岛的南部(战国时楚国已吞并吴国和越国,因此中国东部沿海一带都属楚国)。楚国位于中国南方的水稻种植区,因此他们带来的是发达的水稻种植技术,使半岛南部的水稻种植业迅速发展起来。秦朝末年中国发生大战乱,又有大批的秦人为避战乱来到了朝鲜半岛。

日本的农业文明开始于公元前 3 世纪的秦灭六国时期,当时大批的六国难民也渡海来到了日本,日本的气候非常适宜于种植水稻,因此他们在这里发展起了稻作农业。另外,据中国史书记载,秦始皇统一中国后,曾派东海人徐福带领 3000 童男童女,携带五谷、百工,并派武士随同保护,渡海前去开发日本列岛,想把这些岛屿纳入秦朝的版图。但是不久后秦始皇病逝,秦王朝也随即灭亡,而徐福也一去不返,后来有人报告汉朝皇帝,徐福已在日本自立为王。据考古发现,在中国移民到来之前,日本列岛还只有原始的渔猎采集经济,而完全没有农业,中国移民的到来迅速把日本列岛从原始蛮荒带入了农业文明社会。由于水稻种植的高能效性,而且当时中国早已进入了铁器时代,移民带来的是高度发达的铁器时代文明,所以,日本的农业起点很高,发展很快。

在中国的北面,因为地处内陆,干旱少雨,因此是面积广阔的草原荒漠地带(包括漠南的内蒙古地区和漠北的蒙古高原);在草原荒漠地带的北面,是寒冷的西伯利亚草原地带;在草原地带的北面,则是严寒的西伯利亚森林地带;再往北,则是终年积雪的北极冰原。农业在草原荒漠地带是无法开展的,因为如果把那里的草地开辟成农田,那么土地会很快沙化,而土地一旦沙化,在风的作用下会快速蔓延开来,导致更大面积的沙化,因此农业始终无法在草原荒漠地区得到发展。再往北,西伯利亚的草原地带和森林地带因为过于寒冷,不利于谷物生长,而且那里人迹罕至,农耕种植更是难觅踪迹。

三 游牧民族的起源与发展概述

从上面的叙述中我们可以看到，农业文明从它的起源地——中国南方的湖南，一步步向北方传播和发展的过程。在这个传播过程中，随着地理气候条件的变化，不仅种植的谷物品种在发生变化，种植业在经济活动中所占的比重也在发生变化。我们可以明显地看到，从南到北，种植业所占的比重在逐渐减少，与之相反，畜养业所占的比重却在逐步增加。在长江流域，是以种植水稻的农业为主，畜养业很少。到了黄河流域，因为气候较干旱，种植的主要是旱地作物，同时因为北方的草地比较多，所以畜养业所占的比重也随之大大增加，有的地区已超过了50%，畜养的家畜种类也在增加。到了辽河流域，则已经是以畜养业和渔猎采集为主，农业种植所占的比重已经非常小。再往北，到了黑龙江流域，那就基本上没有种植业，而只有渔猎采集和畜养业了。在中国北方的草原荒漠地区，那就更不用说了，根本无法进行农业种植，而只能畜养一些食草类动物。因此，随着农业文明和畜养业的传播和发展，在那些不宜发展种植业的地方，作为渔猎采集经济的补充，也逐步发展起来了一种畜牧业经济。但是，这还只是畜牧，而并不是真正的游牧，因为他们还遵守原始的领地原则，居住和放牧的地方都在部族的领地内，比较固定。而游牧民族是指那些打破了原始的领地原则，逐水草而迁徙，居无定所的民族。真正的游牧民族，还是在人类征服了性情猛烈，奔跑迅速的野马以后才开始出现。

在中国的北面，是面积辽阔的被称为大漠的荒漠草原，因为地处内陆，干旱少雨，那里形成了一种荒漠和草原相间的恶劣地理环境。在这种荒漠和草原相间的特殊地理环境中，孕育出了一种性情猛烈奔跑迅速的特殊动物，它就是野马。因为经常要在这些草原和荒漠之间进行长距离的奔跑转移，寻觅食草，它们进化出了这种特殊的快速奔跑能力。现在遍布世界各地的各种现代马，都是由原产于这里的野马经驯化后人工饲养演变而来。在中国北部的这些草原荒漠地区，直至近代(20世纪中期)仍然还有原始野马,这在世界上也是绝无仅有的。大约在距今6000~5000多年时,在这片草原荒漠地带南部边缘地区从事狩猎采集和畜牧业的人们,征服了这些野马,并把它们驯化成了人类的得力交通工具。有了这些马匹的帮助,他们就能够赶着温顺的羊群,用牛车拉着帐篷,在这些草原和荒漠地区或更遥远的草原之间不断的迁徙转移,寻找水草丰茂的草场。于是,游牧民族诞生了,人类社会也因他们的出现而发生了巨变。

因为游牧民族的生存环境十分恶劣,干燥、寒冷、居无定所,不断游动的生活使他们无法携带过多的生活用品和物资,因此他们始终处于物资匮乏的状态。但是这种艰苦的生活也造就了他们吃苦耐劳的能力和彪悍骁勇的性格。他们仍然保留着原始狩猎生活时与野兽搏斗所造就的勇猛野性。而且,大自然是慷慨的,因为从中国北部的大漠草原地带一直到西伯利亚森林地带之间,都是茫茫的草原,其阔度超过2000公里。而西伯利亚的草原地带则是从中国的东北地区一直延伸到了欧洲的中部,其长度超过一万公里。这为游牧民族的发展提供了无限广阔的空间,因此他们迅速地发展壮大起来。

但是,大自然带给他们的也并非都是恩赐,无尽的灾难也会随时降临。比如,干燥的气候和持续的干旱会使草原枯萎,牛羊无处觅食;蝗灾来临,铺天盖地的蝗虫会把草原上的牧草吞噬殆尽;夏季的暴风骤雨和洪水的来临,会驱散甚至淹死他们的羊群;更可怕的是冬季的严寒和大雪灾,会使他们的牛羊大批的冻饿而死。这些自然灾难严重时,会使他们一无所有,无以生存。因为这些草原都是处于高纬度的严寒地区,因此,为躲避严寒,他们冬季都会回到大漠的南面,那里比较温暖,他们在那里度过冬季。春季再追随着牧草逐步往北迁徙。在他们的南面,则是过着定居生活的农业民族。

但是,放牧并非他们唯一的经济来源,他们另一个非常重要的经济来源是劫掠。因为他们仍然保留着原始狩猎的勇猛野性,抢劫和杀戮对于他们来说就如同狩猎,是一种勇敢而光荣的英雄行为。在这些游牧民族中,每一个人都必须是一名勇敢的战士,比如在游牧民族斯基泰人的习俗中:每个年轻人在成为成年人之前必须杀死一个敌人,才能为他举行改换发饰的成人仪式,每个年轻女人也必须杀死一个敌人后才有资格结婚。游牧经济的单一性,使他们物资非常匮乏,天灾人祸又使他们收入毫无保障,因此,劫掠是他们的传统习俗也是他们的生存需要。

对于游牧民族来说,通过劫掠来获得生活物资和财富,风险很小,成功率很高。因为马匹使他们拥有了无可比拟的机动性和军事优势,他们可以发动迅雷不及掩耳的突然袭击,得手后,又可以迅速地消失得无影无踪。如果有必要,他们可以逃遁到几百公里，甚至几千公里以外，人们对他们毫无办法。在力量对比占有绝对优势时，他们就会占领对方的领地，征服那里的人民，把他们作为供自己驱使的奴隶，役使他们进行生产劳动。而生活在他们南面的农业民族，成为了他们天设地造的劫掠和征服对象。因为农业民族在放弃了原始狩猎生活改操农业后，男耕女织，生活安定，谷物满仓，手工业品丰富，各种生活物质都十分充裕。而且农民们已经失去了原始狩猎生活的野性，长期面朝泥土背朝天的农业劳作使他们失去了勇猛搏杀的能力，性情变得温顺而善良，他们已经习惯了任劳任怨的劳作与和平安宁的生活，生性懦弱而且害怕战争，因此，游牧民族能够轻易地战胜和征服他们。

如果说自然界的狮子和老虎等猛兽因为拥有凶猛的性格和尖牙利齿等利器，从而处于了动物界食物链的顶端。那么游牧民族则因为拥有勇猛彪悍、嗜杀好斗的野性和马匹、弓箭，能骑善射，全民皆兵等军事优势，从而处于了人类食物链的顶端。他们可以轻易地打败并奴役农业民族。我们在后面的世界历史中可以看到，游牧民族的入侵劫掠和对农业民族的征服，始终是世界古代历史中的最主要篇章。

强悍而好劫杀的游牧民族在中国北部的崛起带给世界的第一个重要影响是，他们切断了中国通往亚欧大陆西部的西北商道，从此，中国通过西北商道对西方的农业移民完全被终止。东西方之间的商业往来也基本被切断，唯一可能的商业往来也被游牧民族所垄断。

游牧民族带给人类社会的第二个重大影响是，他们创建了种族奴隶制度和奴隶社会。因为游牧民族不仅好杀戮劫掠，而且还经常对农业民族发动征服战争，在侵占的土地上，他们会杀掉所有有反抗能力的成年男性，只留下妇女和儿童作为供他们役使的奴隶。他们自称"高贵人"，把被征服的农业居民当作下贱的奴隶，对他们进行种族压迫，实行种族奴隶制统治，役使他们进行生产劳动，从而给人类带来了种族奴隶制度和奴隶社会。

游牧民族在人类历史中造成的第三个重大影响是，使人类的迁徙速度明显加快，特别是往亚欧大陆西部的大迁移。造成这种大迁移的原因：一方面是因为游牧民族天生有四处征伐劫掠的习俗；另一方面是因为游牧民族在中国北部的大漠地区崛起后，随着人口的增长，那里的草场已无法满足需要，他们必然要寻找新的草原。另外，还有一个重要原因是因为中国北部地区的草原，包括漠南、漠北以及中亚，都因为地处内陆干旱少雨，草场并不好，放牧羊和马还可以，但不宜于放牧食草量更大的牛群。而往西，从里海以西到黑海两岸，包括伊朗高原和东欧草原一直到欧洲中部平原,因气候比较湿润,因此草场更为肥美,不但可以放牧羊和马,也可以放牧牛群。因此我们在世界历史中也可以看到,来自东方的游牧民族一波一波潮水般的向西迁移,不断地发动西征,后来的把先来的往西驱赶,他们有的经伊朗高原到达西亚,然后进入中东,甚至到达了北非的埃及;有些经里海北岸进入东欧,然后再进入中欧,再往前一直迁徙到欧洲大陆的尽头,甚至越过直布罗陀海峡到达了非洲北部;还有些则从中亚南下,进入了印度河流域和南亚次大陆。

早期开始向西迁徙的是生活在中亚草原的游牧民族,他们受到来自中国北部大漠的游牧民族的排挤和攻击,被迫向西迁移。因为他们后来广泛分布于从印度到西亚以及东欧和中欧等广阔地区,因此他们被称为印欧语系游牧民族。据历史资料,最早西迁到中东的游牧民族是胡里特人,公元前 25 世纪,胡里特人从中亚开始一路征伐,向西迁徙,最终占据了中东两河流域上游的草原地区,后来他们与当地土著融合成为了阿卡德人。公元前 2335 年,阿卡德人侵入美索不达米亚,灭亡了苏美尔人的城邦国家,建立了阿卡德帝国。而随后来到这里的游牧民族是库提人,他们于公元前 23 世纪到达伊朗高原西部,公元前 2191 年,库提人侵入两河流域打败了阿卡德人,占领了美索不达米亚。但是他们在美索不达米亚统治的时间并不长,70 年后他们被苏美尔人发动的起义所推翻,苏美尔人恢复了自己的国家。

大约在公元前 20 世纪,游牧民族喀西特人从中亚西迁来到伊朗高原,公元前 18 世纪他们开始越过伊朗高原西部的扎格罗斯山脉不断侵袭美索不达米亚,并逐步占领了那里的大片领土。公元前 17 世纪他们占领了整个美索不达米亚,建立了喀西特王国。喀西特人统治美索不达米亚地区直到公元前 12 世纪,后来在埃兰人和亚述人的两面夹击下被灭亡。

在喀西特人之后从中亚来到伊朗高原的游牧民族是米底人,到公元前 16 世纪,他们已经占据了伊朗高原的大部分地区。公元前 7 世纪,米底人打败了强大的亚述帝国,把势力扩展到了小亚细亚东部,建立起了面积包括伊朗高原和小亚细亚东部的米底帝国。但是到了公元前 6 世纪,米底帝国被波斯人推翻。

波斯人也是来自中亚的游牧民族,他们大约是在公元前 12 世纪开始从中亚西迁到伊朗高原,后来他们占据了伊朗高原的南部地区,而米底人在伊朗高原北部。在米底人强大时,波斯人一直臣服于米底人,是米底人的附属部落。公元前 6 世纪,波斯人开始崛起,他们推翻了米底帝国,并建立起了面积更为庞大的波斯帝国,波斯帝国的统治范围从伊朗高原一直扩展到了中东和埃及。

游牧民族进入欧洲的历史记载出现得比中东晚,不过据考古发现,最先进入东欧的游牧民族是赫梯人,他们曾经到达北高加索地区和黑海北岸。但是大约在公元前20世纪时,因为遭受到其后从中亚西迁而来的游牧民族的攻击,赫梯人有的越过高加索山脉进入了小亚细亚,并以小亚细亚为基地,在中东地区四处攻杀掳掠,后来他们以小亚细亚为中心建立了强大的赫梯帝国。有的则从黑海北岸继续西迁到了多瑙河流域,然后越过多瑙河南下进入了巴尔干半岛,公元前20世纪侵入巴尔干半岛南部希腊地区的游牧民族亚该亚人可能是他们的一个分支。根据有记载的历史文献,公元前20世纪由中亚西迁进入东欧的是多利安人,他们打败了赫梯人,占领了黑海北岸和南俄平原,并把原来在伏尔加河流域和第聂伯河流域从事农业的斯拉夫人赶到了北面的森林地带。

继多利安人之后从中亚迁移而来的游牧民族是斯鲁伯人,他们首先占据了伏尔加河流域,公元前14世纪开始继续往西迁徙,从而把多利安人驱赶到了多瑙河流域。多利安人后来越过多瑙河进入了巴尔干半岛,并继续南下侵入了希腊地区,占领了那里的一些大大小小的城邦,把那里原来的居民作为奴隶,建立起了许多奴隶制国家,他们即后来希腊人的主体。还有些多利安人继续西迁,后来越过了阿尔卑斯山脉进入了亚平宁半岛,在半岛北部的平原地区从事游牧。

公元前12世纪辛梅里安人西迁来到东欧,他们打败了斯鲁伯人,占据了黑海北岸的广阔草原地带。公元前8世纪,来自中国北方大漠草原地区的斯基泰人(也称西徐亚人)打败了辛梅里安人,占领了黑海北岸。从斯基泰人开始,此后的游牧民族西迁至欧洲的情况,在中国和欧洲国家的历史文献中都有了比较详细的记载。

从历史资料中我们可以发现,公元前10世纪以前西迁的大都是来源于中亚的所谓"印欧语系"游牧民族,而公元前10世纪以后西迁的则都是起源于东亚的非印欧语系游牧民族。斯基泰人最初生活在阿尔泰山以东的大漠草原,他们的南面就是农业文明高度发达的富饶的中国,因此他们不断对中国发动侵袭劫掠。从这些侵略活动中,他们不但可以获得丰富的物质财富,而且通过掳掠工匠,他们还可以获得中国的先进技术,特别是兵器制造技术,这对他们来说是最重要的。中国古代各王朝为了打击游牧民族的入侵,经常对他们发动强大的攻势,迫使他们远离中国边境。公元前9世纪,中国周朝的周宣王发动了一次大规模的西征攻势,斯基泰人因此被迫西迁。

公元前8世纪斯基泰人西迁进入欧洲东部,占据了从里海直到黑海北岸的广阔草原,他们以这里为基地,四处劫掠。斯基泰人越过高加索山脉侵入中东地区,巴比伦、亚述、米底、波斯、叙利亚等都深受其害。最远时远征到了北非的埃及,埃及第二十六王朝法老萨姆提克一世被迫与他们签订纳贡条约,以避免他们继续南侵。他们还侵入巴尔干半岛,兵锋直至希腊,希腊的城邦国家被迫每年向他们纳贡以免遭受劫掠。但是到了公元前4世纪,萨尔马特人的到来使他们遭到沉重的打击,斯基泰人因此开始衰弱,他们有的被迫西迁至中欧,有的逃入了斯拉夫人的森林地区,剩下的逃到了黑海中的克里木半岛上。

　　萨尔马特人与斯基泰人操同一种语言,他们属同一个种族,也是来源于中国北部的草原,他们的西迁可能与周朝的秦国有关。公元前8世纪,周平王把抗击游牧民族侵略有功的秦君封为公侯(即秦襄公),并把西部的土地封赐给他,秦襄公从此建立秦国。此后秦国致力于打击游牧民族,在西部开疆拓土。公元前7世纪秦缪公在位时,发动了强大的攻势,大败游牧民族,把秦国的疆土向西北拓展了一千多里,那里的游牧民族被迫向西迁移。

　　公元前6世纪,萨尔马特人从中亚地区开始向欧洲迁徙,公元前5世纪,萨尔马特人西迁到了乌拉尔河与顿河之间的草原。公元前4世纪开始越过顿河攻击斯基泰人,到公元前2世纪,他们已经占领了从顿河一直到多瑙河的整个欧洲东部草原。同样,萨尔马特人也从这里出发,四处出击,不断发动侵袭掳掠,他们越过高加索山脉在亚美尼亚、小亚细亚和中东等地区制造毁灭。在多瑙河流域蹂躏罗马帝国的北部省份,并沿多瑙河向西推进,占据了欧洲中部的潘诺尼亚平原。他们统治欧洲东部的平原地区直到公元4世纪,但是匈奴人的到来使他们彻底崩溃,在匈奴人狂风暴雨般的攻势下,萨尔马特人被迫西逃,后来在匈奴横扫欧洲所造成的民族大迁移浪潮中,他们迁移到了伊比利亚半岛,最终,他们越过直布罗陀海峡到达了非洲北部。

　　匈奴人原来也是生活在中国北部的大漠南北草原上,中国汉朝为消除他们的入侵威胁对他们发动了强大的攻势,汉朝骑兵进入草原深处,对他们进行纵深袭击,把他们逐离漠北草原,匈奴人被迫逃往西西伯利亚和中亚。后来汉朝为打通通往西方的商道,对中亚的匈奴人继续进行打击,他们被迫向西迁徙。匈奴人在与中国人的作战中学会了使用被称为“中国靴子”的马镫,这使他们拥有了比其他游牧民族更高的骑术。马镫使他们与马匹更紧密地结合了起来,他们可以灵活自如地在马背上做出各种高难度动作,转身、站立、挥刀、射箭,尽全力使用各种兵器而不用担心坠落马下。因此他们能一路西征,所向披靡。匈奴人进入中欧后占据了潘诺尼亚平原,后来这里也因此而被称为“匈牙利”,意即匈奴之地。匈奴以这里为基地四处袭击,横扫了整个欧洲,并因此而造成了欧洲的民族大迁移。但是匈奴人在他们的伟大首领阿提拉去世以后陷入分裂,他的几个儿子为争夺王位而打起了内战,他们也因此而逐渐衰弱,后来在欧洲销声匿迹。

在匈奴人之后来到欧洲的是阿瓦尔人。阿瓦尔人也是来自东亚,他们原来是居住在中国东北大兴安岭山脉的鲜卑人中的一个北部分支,中国古籍称他们为柔然。中国汉朝把匈奴人驱离漠北草原后,鲜卑人走出大兴安岭山脉来到漠北大草原,他们在那里逐渐发展壮大。公元3世纪汉朝崩溃后,中国北方陷入了长达几个世纪的大动乱和军阀割据战争。在这段时期,鲜卑人大部分都趁乱进入了中国境内参与割据战争,后来逐渐融入了汉族。但是柔然人因为位置靠北所以留在了草原上,成了漠北大草原的主人。柔然人屡屡侵入中国境内进行劫掠,后来遭到中国北方割据政权北魏的打击而衰弱。公元6世纪,突厥人在中国西北部崛起,他们进入漠北草原打败了柔然人,占领了漠北大草原。柔然人被迫逃到了西西伯利亚,后来他们与那里的北匈奴人联合,并开始进行西征。欧洲人称他们为阿瓦尔人,他们一路西征直到中欧的匈牙利平原,并统治那里直到公元9世纪。

公元7世纪,中国唐朝崛起。唐朝对屡犯其边境的突厥人进行打击,突厥人被迫逃往中亚,此后他们开始向西发展,有些进入了东欧;有些则进入了西亚、中东和小亚细亚,并皈依了伊斯兰教,他们成了伊斯兰军队的中坚力量。突厥人后来从小亚细亚越过了博斯普鲁斯海峡进入了欧洲,他们攻陷了世界上最坚固的城堡——东罗马的首都君士坦丁堡,并灭掉了东罗马帝国。在小亚细亚和东罗马帝国的废墟上,他们建立了奥斯曼土耳其帝国。

公元9世纪,生活在西西伯利亚的北匈奴后裔又发动了新一轮的西征,欧洲称他们为马扎尔人。他们首先占据了顿河与第聂伯河之间的草原,因受到突厥人的攻击,他们继续西迁,最终占据了匈牙利平原。和他们的先辈一样,马扎尔人以这里为基地四处侵扰劫掠,意大利、德意志、勃艮第、法兰克等周边国家的城市都遭到他们的洗劫。欧洲人惊呼,阿提拉匈奴时代又来了。但是后来他们皈依了基督教,并开始改操农业。此后他们成了"基督教之盾",为欧洲民族抵抗来自亚洲的突厥人和蒙古人的入侵奋勇作战。匈奴人、阿瓦尔人和马扎尔人构成了现代匈牙利人的主体,他们至今仍保留着一些东亚人的文化习俗,比如他们的姓和名的排列顺序与中国人一样,也是姓在前,名在后,这与欧洲的其他民族都不一样。

13世纪的蒙古人使游牧民族的侵略扩张达到了极盛,整个亚欧大陆几乎都被他们占领。蒙古原是柔然的一个小部族,6世纪突厥人把柔然人赶出漠北草原时,他们逃回到大兴安岭山脉以北,突厥人遭到中国唐朝的打击离开漠北草原后,他们回到了草原上。12世纪时他们发展壮大起来,13世纪初统一了漠北草原,漠北草原也因此而得名为蒙古草原,从此,他们开始了侵略扩张和征服世界的历程。

　　蒙古人在侵略中国北方的金国时获得许多中国工匠,并学到了许多中国的先进军事技术,比如中国人发明的火药、火铳、火炮和火箭等。有了这些先进技术的帮助,他们在发动西征时无坚不摧,所向披靡。蒙古骑兵战术灵活,在与强大的敌人对阵时,他们会主动撤退,以吸引敌人追击。因为蒙古的荒漠草原是野马的原产地,所以蒙古马都具有野马的特性,这些马虽然体型并不高大,但是能够适应各种恶劣的环境,而且耐力特别好。因此,敌人在对他们进行长途追击时,往往会因马匹的耐力不支,队伍越拉越长,这时他们就会反过来将分散的敌人分割包围而歼灭。在攻城时,他们会用火炮轰击城墙,如果火炮轰不垮城墙,他们还会用工兵挖地道到城下,用火药炸开城墙,然后蜂拥入城,把城里的人杀戮殆尽。

　　蒙古人先后进行过三次西征,足迹遍及亚欧大陆,并建立起了庞大的帝国。第一次西征开始于 1219 年,先后占领了中亚和伊朗高原,然后他们越过高加索山脉占领了南俄草原。第二次西征开始于 1235 年,蒙古人征服了广阔的欧洲东部和中部地区,包括俄罗斯、乌克兰、波兰、立陶宛、捷克、匈牙利、罗马尼亚、保加利亚、塞尔维亚、克罗地亚等地。第三次西征开始于 1253 年,这次蒙古人原来是准备继续征服欧洲西部的,但是从收集到的情报看,西欧当时太贫困,物质匮乏,而中东当时却非常富裕繁荣,物产丰富,于是他们决定先攻取中东。蒙古人首先占领了整个伊朗,然后攻陷了中东最繁荣的城市巴格达,接着他们又征服了小亚细亚、叙利亚、巴勒斯坦,直到埃及边境。

　　通过这三次大规模的西征,蒙古人建立起了从东亚直到东欧和中东,地跨万里的庞大帝国。但此后他们因内部权力之争而发生分裂,从而导致力量削弱,因此没有能力再次发动西征战争了。蒙古人的西征战争是来自中国北部草原的游牧民族的最后一次西征,此后,那里的游牧民族开始衰弱。

　　侵入南亚的游牧民族也有很多,比如:公元前 15 世纪从中亚越过兴都库什山脉侵入印度河流域,毁灭了那里的农业文明的游牧民族雅利安人。雅利安人是他们的自称,意为高贵人,而那些被他们征服的当地农业居民则被称为下贱人,成了他们的奴隶。雅利安人对他们实行种族奴隶制统治,并制定了严格的种姓制度,对他们实施种族歧视和种族压迫,这种种姓制度直至近代仍然存在于印度社会。

　　公元前 2 世纪,生活在中国西北草原地区的游牧民族大月氏被匈奴人打败后,他们西迁至中亚阿姆河流域,此后他们在中亚发展壮大。公元 1 世纪,大月氏侵入印度河流域和南亚次大陆,建立起了地跨中亚和南亚的贵霜帝国,贵霜帝国统治南亚直到公元 4 世纪。另外,侵入南亚的游牧民族还有:公元 10 世纪,突厥人侵入南亚,建立了地跨中亚和南亚北部的伽色尼帝国(公元 10～12 世纪);公元

16 世纪,蒙古人侵入南亚,建立了几乎囊括整个南亚次大陆的莫卧儿帝国(公元 16～18 世纪),等等。

　　游牧民族的侵略和掠夺不仅给人类社会带来了巨大的灾难,而且对人类文明的发展造成了极大的破坏。无数的无辜人民死于他们的烧杀掳掠之下,无数的古代文明国家惨遭他们侵略战争的蹂躏,许多曾经辉煌灿烂的古代文明被他们的血腥征服而毁灭,有的因此而彻底消失在历史的尘埃之下,有的则因此而文明发展进程被中止,社会发生严重的倒退,以致数百年后都得不到恢复。比如:古印度河的农业文明、中东两河流域的苏美尔文明、北非尼罗河流域的古埃及文明、欧洲的古希腊文明、古罗马文明等等,都曾遭到游牧民族不同程度的毁灭和破坏。

　　中国紧挨大漠草原这个游牧民族的起源地,因此,所遭受的游牧民族入侵和破坏就更多。在中国的远古历史中就有大量遭受游牧民族侵扰的记载。为防御游牧民族的入侵,中国人从远古时期就开始在北部修筑长城,这些长城越修越长,以致延绵长达万里。因为中国地域辽阔,并且很早就形成了力量强大的统一政权,再加上有长城的防护,所以远古以来游牧民族对中国的入侵只能在中国北部地区造成灾难和破坏,而一直不能占领整个中国。但是,火药被应用于战争后,情况发生了改变,长城和城墙再也不是游牧民族进攻的障碍,他们可以轻易地用火炮和火药炸开城墙,长城因此失去了它的防御作用。公元 13 世纪,掌握了火药和火炮技术的蒙古人,在征服了欧洲、西亚和中东后,最终也灭亡了南宋,占领了整个中国。蒙古人毁灭了宋朝的文明,毁灭了城市和村庄,把农田变成了放牧的草场,对中国人民实行种族奴隶制统治,执行近似印度种姓制度的种族歧视和种族压迫制度,把中国带入了野蛮的黑暗社会。宋朝是中国历史上经济和文化最繁荣的朝代,拥有发达的工商业和繁华的城市文明,但是,蒙古人的入侵使文明的发展戛然中断,社会倒退回原始和野蛮。

　　在蒙古人演绎了征服世界的最后疯狂后,游牧民族开始衰败。而导致游牧民族最终衰败的直接原因是俄罗斯的崛起。公元 15 世纪,俄罗斯摆脱了蒙古人长达 240 年的统治取得了独立。16 世纪,因为新航线的开辟和美洲新大陆的发现,使欧洲的经济开始繁荣,在欧洲经济发展的影响下,俄罗斯也开始发展强大起来。而蒙古人西征时把火药、火枪、火炮等热兵器带到了欧洲后,火炮、火枪等热兵器制造技术在欧洲的不断发展和进步,也使游牧民族所擅长的弓马骑射相形见绌。

　　公元 16 世纪,俄罗斯打败了南俄草原上的蒙古、突厥等游牧民族,占据了整个乌拉尔山脉以西的南俄土地。17 世纪,俄罗斯人越过乌拉尔山脉开始向东推进,从而进一步压缩了游牧民族的活动空间。俄罗斯人沿着西伯利亚的森林地带向东挺进,一直推进到了太平洋海岸,而且控制了中亚地区。而中国在14世纪就推翻了蒙古人的统治,把他们驱回了蒙古高原,并控制了东北地区。这样就形成了,俄罗斯从北面和西面,中国从南面和东面,对蒙古高原的包围,从而把游牧民族限制在了蒙古高原这片狭小空间。而在此前,游牧民族有着从太平洋海岸直到欧洲中部的数千万平方公里的广阔活动空间,当中国人深入草原对他们进行打击时,他们可以向北逃到西伯利亚的辽阔森林地带,向西逃到中亚或遥远的欧洲草原,向东逃入东北的山野森林地区,中国人撤回去后,他们又卷土重来。但是,现在他们被夹在中俄两个强大的邻国之间,再也无处逃遁,而蒙古高原最多也只能养活100多万游牧人口,游牧民族从此衰弱,再也不能对农业民族构成威胁。人类历史上这场延续了几千年的农业民族反抗游牧民族侵略的斗争,最终,以农业民族的胜利而告终。

游牧民族虽然给人类社会造成了巨大的灾难和破坏,但是,另一方面,他们的迁徙和征战活动也产生了一些有益的作用。因为正是他们不断地长途迁徙和征战,推动了人类的人口和民族的大迁移,客观上促进了人类的民族融合。而他们的四处征战,也打破了国家和地域之间的边界限制,客观上促进了文明的传播和各地区人民之间的交往。同时,他们的远距离长途迁徙征战还加快了文明的传播速度,例如蒙古人的西征,在数月内就从东亚到达了西欧,从而把东方的先进文明带到了数万里之外的西方,而如果没有他们,中华文明要跨越这么多国家和地域之间的边界限制而辗转传播到西欧,至少需要数百年以至上千年的时间。因此,也可以说,他们改变了人类文明在世界各地不均衡发展的历史进程。

四　四大文明古国之古中国

　　人类在原始的渔猎采集时代过的是群居生活,因为生产力低下,氏族成员只能集体劳动,获得的食物大家共同分享,氏族领地内的山川、河流、森林、土地、动植物资源是大家的共同的财产,氏族内人人平等,没有阶级,这是一种原始共产主义制度。进入农业社会后,家庭产生了,于是有了家庭私有财产,但是,这只是住房、生活用品和家庭劳动产品的私有,而土地、河流、森林等生产资料和自然资源仍然是氏族公共所有。然而,随着生产力的进一步发展,人们的劳动有了剩余产品,这种公有制和原始共产主义制度就开始解体,人类开始出现分工,人的社会地位也开始出现贵贱之分,土地等生产资料也开始出现私有,阶级开始出现。近代以来,人类学家通过对一些原始落后地区的氏族部落进行长期跟踪考察,揭示了人类从原始共产主义社会一步步过渡到阶级社会的这一瓦解过程。比如,人类学家对马达加斯加岛上的塔纳拉人的考察,就为我们提供了了解这一过程的一个范例。

　　人类学家拉尔夫·林顿对塔纳拉人进行了长期观察,把他们的社会转变经历全都记录了下来。塔纳拉人在过渡到阶级社会以前,是用刀耕火种的方法种植旱稻。第一年他们可以得到好收成,但是第二年产量就开始下降,因此,每当土地肥力耗尽,他们就得往别的土地上迁移,重新建立村庄。经常的迁移使他们不可能长期占用土地而实行土地私有制,因此,土地的所有权归村社掌握,村社的长老会通过民主商议的方法,尽可能公平地把土地分配给每一个同堂家族,每一个家族都由若干个家庭组成,这些家庭一起劳动,然后按需分配产品。这是典型的原始公社制度,人们的政治、经济、社会地位都没有什么大的差别。但是,当他们中有些家庭仿效东面的邻居改种水稻时,这一切开始改变。

　　天然的水稻田面积有限,因此无须投入整个家族的劳动力,所以这些水稻田就会由某些家庭单独经营。因为种植水稻的产量要高得多,而且水稻田的产量不会逐年下降,因此可以长期耕种,他们也就不再把这些田地归还给村社重新分配。由于适合于种植水稻的田地非常少,于是塔纳拉人的社会开始出现分裂,少数人成了这种土地的所有者,而绝大多数人则没有希望得到这种能生产更多粮食的土地。当种植旱稻的农民被迫定期地向新的地方迁移,而种植水稻的农民仍然留在原来的小块土地上时,这种社会的分裂就更明显了。为防御那些野蛮人的抢劫侵扰,这些长期定居的村民现在不惜花费人力物力,努力建造坚固的城堡。他们把那些在战争中抓获的俘虏用做奴隶,以前用刀耕火种的方法种植旱稻时,使用奴隶没有什么价值,因为奴隶劳动生产的粮食也仅仅只能够满足奴隶自己食用,而种植高产的水稻,使用奴隶劳动能产生大量的剩余价值,因此,奴隶的使用成为可能。于是,阶级产生了,新的社会关系开始形成,原始的民主制度也遭受到破坏。在这种新的社会里,地位最高的是国王,国王下面是贵族,他们拥有国王分配给他们的好土地,然后是占人口大多数的平民,他们自给自足地耕种较差的土地,社会的最下层还有奴隶。①

　　人类学家拉尔夫·林顿最后写道:"从塔纳拉村社到塔纳拉王国,中间有一段很长的距离。在经常迁移,自给自足的塔纳拉村社,没有阶级,只有牢固的同堂家族;而到了中央集权,臣民定居的塔纳拉王国,社会由于经济差别而分裂为阶级,门第有如礼仪被看作是极为重要……当一步步地追溯塔纳拉人的整个转变过程的来龙去脉时,我们可以发现,转变的每一步都是由种植水稻引起的。"②

　　中国的南方也是种植水稻,而且中国的湖南是世界上最早开始种植水稻的地方,因此,可以想象他们当时所经历的社会变革,当然,情况会有很大的不同,因为他们的社会变革在距今一万多年以前就已经开始发生。考古学家在湖南洞庭湖平原地区发现的那些距今6000多年前的远古城市,拥有大规模的城墙和护城河以及完善的生活设施,这说明那里的人们在很早以前就已经进入了城邦国家时代。而且,城市能到达那样的规模和那样的程度,必然已经经历了一个很长时期的发展过程,但是因为年代太久远,缺乏文字记载,因此,我们现在只能通过考古发掘和历史上留下的远古传说来了解。

　　据中国古籍记载的一些远古传说,开创农业文明的是中国湖南的神农氏,神农氏传70世而有天下。在中国古代"有天下"一词的意思,是指拥有或者说统一

---

①　应该指出,塔纳拉虽然有奴隶,但并不是奴隶社会,因为奴隶只占人口的极少数,占人口绝大多数的平民仍然是自耕农。

②　(美)斯塔夫里阿诺斯:《全球通史》,吴象婴等译,北京大学出版社2009年版,第34页。

了天下,成了天下的最高管理者——"天子"。古代中国人认为,天下的最高管理者是上天的儿子,是上天授权他来管理天下的。古籍上还记载道:第一位天子是"神农",神农传8代,历时530年而至"炎帝"。这8代分别是:神农、临魁、承、明、直、犛、哀、榆罔,榆罔即炎帝。炎帝以后,中国的历史就有比较明确的记载了。

中国历史上有关神农的传说非常多。传说他发明了很多农具,教会了人们各种农作物的种植方法;他遍尝百草,以自己的身体试验各种植物的性质,以致曾经70余次中毒,但他也因此掌握了各种植物的食用性和药性,并教会了人们如何用中草药治病;他还教会了人们种植麻和用麻来织布,使人们能够穿上布衣,从而告别了赤身裸体和穿草裙兽皮的原始生活。人们奉他为"农业神",中国历朝历代的帝王都要祭拜这位农业神,并在每年开春时由皇帝亲自执犁,举行农耕仪式,以示对他的崇敬和对农耕的重视。

神农的"有天下",可能是指他利用神农氏族的强大力量和他本人的威望,成了天下各氏族部落或城邦国家所结成的大联盟的盟主。这种联盟的体制即所谓的氏族共和制,而各氏族部落和城邦国家都成了在联盟领导下并拥有自治权的"诸侯国"。而神农拥有的"天下",刚开始时地域有多大现在已很难知道,但是,到炎帝时,他们已经统一了中国的南方和北方,形成了从长江流域直到黄河流域的庞大联盟。

农业民族结成如此规模庞大的强大联盟,并非只是为了抵御野蛮民族的入侵和劫掠,他们还有一个更重要的原因——水利。因为农业种植需要用水,用水就离不开江河,而江河是跨越地区和各诸侯国领地的,因此,如果某一地区或某一诸侯国单独对江河进行利用和治理,必然会影响到上下游的其他地区。如果为了自己防旱而把上游的水引走,那么可能会导致下游干旱;如果为储存更多的水而修筑拦河大坝,那么可能会引起上游遭受水淹。更大的问题是洪水的治理,它牵涉到了整个流域甚至是跨流域的问题。因为,如果一个地方用堵的方法防治洪水,那么可能会给相邻的地区造成水患,甚至会造成跨流域的洪水泛滥。所有这些,势必会引起各地区部落和各诸侯国之间的矛盾纷争,甚至会引发战争。因此,为了利用好江河,防御水患,并制止各诸侯国之间的战争,必须对整个流域进行综合的规划和治理,有时甚至要进行跨流域的综合治理。这就要求整个流域内的各部族和诸侯国结合成一个团结统一的大同盟。神农氏承担了这个缔造同盟的使命,并成功地完成了天下的统一。而他的后继者,则完成了包括长江流域和黄河流域的更大范围的统一,形成了一个庞大的氏族共和制帝国。这一帝国的最高领导者被称为"帝",因为这位"帝"是来自炎热的南方,南方属火,所以被称为"炎帝"(也有一说认为神农氏族的 8 位天子都被称为炎帝)。

据中国史料记载,炎帝所处的年代是公元前 26 世纪,那么再往前推 530 年,我们可以得知神农氏统一天下的时间是在公元前 31 世纪,也就是说距今已有 5000 多年。

中国的北方因气候原因都是种植旱地作物,因此在农业革命后的初始阶段,也是实行"刀耕火种"式的休耕轮作制,人们为了让土地的肥力得到恢复,不得不抛荒土地,并不断地迁移。这种原始初级的耕作制度生产率非常低,因此制约了社会的发展,使得黄河流域的社会发展远远落后于种植水稻的长江流域。但是到了距今约 5000 多年时,这种情况发生了改变。随着神农氏对中国的统一,许多先进的种植方法传入了北方,使北方的耕作制度发生了新的革命,黄河流域开始进入农业革命的第二阶段——多作物轮作制。因为人们发现,在同一块土地上种植同一种植物,第二年会明显减产,但是种植不同的植物却不会发生减产现象。于是他们开始不再抛荒土地,而是用不同的谷物进行轮流种植。这种方法使土地的利用率提高了 4～5 倍,因为在此之前,一处土地至少要抛荒 10 多年才能恢复地力。为此,黄河流域开发出了数量众多的旱地谷物,如:粟、黍、稷、菽、蜀黍、燕麦、荞麦、小麦等等。另外,还种植麻、桑等纺织业的经济作物。

多作物轮作制的实行,使黄河流域的经济和社会得到了迅速的发展,因为中国北方拥有面积广阔的冲积大平原,其可耕地面积比多山脉丘陵的中国南方要多得多。所以北方的经济实力和社会发展逐渐开始超越南方,人口激增,北方的发展潜力得到全面的释放。到公元前 26 世纪,也就是炎帝的时代,北方的许多诸侯国越来越强大,他们为了扩大自己的领地和势力范围而互相攻打,而炎帝的力量已经无法管束他们了。这时,在华北地区有一个城邦国家开始崛起,他们的首领叫"轩辕"(轩辕古城遗址在今河北省涿鹿县)。

据中国汉代的伟大史学家司马迁在他的历史巨著《史记》中记载:"轩辕之时,神农氏世衰,诸侯相互侵伐,暴虐百姓,而神农氏弗能征。于是轩辕乃习用干戈,以征不享,诸侯咸来宾从。而蚩尤最为暴,莫能征。"[1]

在中国氏族联盟制帝国时代,联盟内是有规则的,"征伐自天子出"。也就是说,如果联盟内有诸侯国不守道义,破坏法规,那么只能由天子来兴兵征讨,诸侯之间是不能互相征伐的。但是,轩辕作为一个诸侯,不仅擅自征伐别国,而且要求别的诸侯国都服从他,向他纳贡,显然有与天子分庭抗礼的意思。于是,炎帝亲率

---

[1] 司马迁:《史记》,北京,中国戏剧出版社 2006 年版,第 1 页。

大军去向轩辕兴师问罪,但是三战而不能胜,炎帝只能与轩辕和谈,双方达成和解,轩辕仍然承认炎帝为天子和拥有的帝位,炎帝也不再追究轩辕,并默认了轩辕在北方各诸侯国中的权威。

中国东部各诸侯国中也有一个强悍的霸主,他就是轩辕"莫能征"的蚩尤。蚩尤英武强悍,能征惯战,被中国民间誉为"战神"。蚩尤善冶炼,他的军队使用的都是青铜武器,他还发明了许多新式兵器,因此所向无敌。但是,因为他也擅自征伐诸侯,扩充自己的势力,并与炎帝分庭抗礼,因此炎帝率领军队前去征讨,但是被蚩尤打败。炎帝于是求助于轩辕,轩辕召集北方各诸侯国的军队,与蚩尤交战,先后经历了9次激战,最终在华北逐鹿之野打败了蚩尤。轩辕因此名声大震,受到天下各诸侯国的拥戴,于是,炎帝把帝位禅让给轩辕,由其"代为天子",自己回到了故乡湖南,在那里终老一生,死后葬于湖南炎陵县。

据中国苗族的历史传说,蚩尤是苗族人的祖先,他战败后率领族人来到了多山的南方,后来在南方生存发展,死后葬于湖南武陵县武陵山区。因为是战败者,并被人们认为是十恶不赦的恶魔,因此苗族人不敢把他埋葬的具体地点让人知道,他的陵墓没有留下痕迹,人们只知道他埋葬在武陵山区。而"武陵"的意思即:"武神之陵",苗族人至今仍然是在深夜才悄悄地对蚩尤举行祭拜。

轩辕成为天子后,被称为"黄帝"。从此,中国的政治、经济和文化的中心开始转移到了北方。这种转移是必然的,它也是因为地理因素而造成。因为中国南方多山,平原极少,在当时的农耕工具和技术条件下,可以开垦的耕地并不多,而北方则有广阔的平原,可耕地极多,发展潜力巨大,一旦耕作技术取得了突破,北方的人口和经济实力就会大大超过南方。而自此以后,南方因为远离了政治和文化中心,逐渐与中央政权疏远,后来反而被中原人认为是偏僻之地。但是,现代的中国人都认为,炎帝和黄帝都是自己的祖先,因此他们都称自己为"炎黄子孙"。

中国历史上有关黄帝的传说也很多,传说他发明了许多兵器,还发明了指南车,乘坐指南车在山林和大雾中行驶时不会迷失方向(指南车可能应用了指南针的原理)。他命令仓颉造字,使中国有了成熟的文字(仓颉造字可能只是把各诸侯国原有的不同文字进行了归纳整理,编制出了统一的文字)。黄帝还非常擅长医学,他为我们留下了中国最早的医学经典《黄帝内经》。黄帝留下的另一部经典是论述治国安邦之策的《黄帝四经》。黄帝还制定了中国最早的太阴历法。在《黄帝四经》中有这样的记载,黄帝问力黑曰:"大庭氏之有天下也,不辨阴阳,不数日月,不志四时,而天开以时,地成以财,其为之若何?⋯⋯"①其中大庭氏应指炎帝,从中可以看出黄帝时才开始制定按日月分四季的太阴历法。而在炎帝时期,中国还只有以20天为一个月的太阳历法。黄帝非常长寿,活了100多岁,死后葬于桥山(在今陕西黄陵县)。

黄帝生有25个儿子,但继任他帝位的却是他的一个孙子——高阳,高阳被称为颛顼帝。《史记》中有关颛顼的记述是:"静渊以有谋,疏通而知事,养材以任地,载时以像天,依鬼神以制义,治气以教化,洁诚以祭祀。北至于幽陵(今阴山),南至于交趾(今越南),西至于流沙(今内蒙古居延海),东至于蟠木(东海中的岛屿),动静之物,大小之神,日月所照,莫不砥属。"②从这段记述中我们可以了解到,颛顼是一个具有杰出才能的帝王,在他的领导下氏族联盟得到了更大的发展。从记述中我们也可以看到,当时中华帝国的地域之辽阔,帝国内大大小小的诸侯国数以千计。

颛顼去世后,继任的是帝喾,帝喾也并非颛顼的儿子,因为在当时的氏族共和制帝国中,仍然保留着一定程度的原始民主制度,帝的继承人是由各诸侯国代表民主推荐才德兼备的人选,然后由帝考察认可后,实行禅让而产生。帝喾去世后继位的是帝挚,但是帝挚在位的时间不长,在中国历史上的影响也不大。帝挚去世后继位的是帝尧,帝尧去世后继位的是帝舜,尧和舜都是中国历史上最著名的明君,被作为中国后来历代帝王的表率。

据中国现存的最古老的史书《尚书》记载,舜本是一个普通的平民,尧在位达70年时寻求接班人,众人把才德兼备的舜推荐给尧。舜20岁时,就因孝而闻名于世。据说,在他继母的策划下,他的父亲和继母以及继母生的弟弟,多次阴谋害死他,但是,舜每次在机智地死里逃生后,仍然对父亲和继母孝敬有加,对弟弟也十分友爱。30岁时,人们把他推荐给尧做接班人。尧招来舜并委以重任,以考察他的才能和德行。三年后,舜以优异的表现赢得了尧和人们的一致信任。尧决定把帝位禅让给舜,但是舜认为自己的才能和资历都还不够,因此坚推不受。17年后,尧已老,舜接受尧的要求,代他摄政。舜摄政8年后,尧去世。舜为他治丧3年后才即帝位。

尧舜之际,中国经常发生大洪水,频繁的水灾给各地区人民造成了极大的损失,人们急切盼望朝廷能够把水治理好。在群臣的推荐下,尧派鲧前往全国各地

---

① 《黄帝四经》(十大经,顺道,第十四)。
② 司马迁:《史记》,北京,中国戏剧出版社2006年版,第1页。

治理水患,但是鲧治水 9 年,仍然没能消除水患。

舜即帝位后,到各地去考察。发现鲧不但没有把水患治理好,反而因为采用了"堵"的错误治水方法,造成了很多灾难。舜追究鲧的责任,将其处死,但是在群臣的推荐下,他还是任用了鲧的儿子大禹来治水。其实鲧治水失败也是有原因的,因为有些诸侯国为了自己的利益并不愿意与鲧配合,有的甚至还会顽固地进行武力抗拒,鲧不得已只有采取堵的方法,结果导致治水失败。大禹接受了父亲的教训,身体力行,鞠躬尽瘁,舍家离子,历经十三年,三过家门而不入。他采取疏通河流、开渠排淤、引流入海、修建运河等方法,对水患和水利进行综合治理。对那些不愿配合的诸侯,他不惜动用武力,其中因三苗氏族拒不配合,顽固地进行武力抗拒,大禹请求舜派出军队进行了讨伐,并把他们流放到西北的三危山去了。大禹治水取得了巨大的成功,全国各地的大小江河都得到了有效的治理,从此中国各地水调雨顺,大量的以前不能耕作的土地现在可以耕作了,许多以前的干旱土地现在有了水灌溉,许多以前的低洼地、沼泽地,在他开挖渠道排干积水后也变成了极好的可耕地。后来大禹受到了舜的重用,他也再接再厉,为朝廷完成了一系列的重要工作。

据《尚书》记载,帝尧以前,中国划分为东、南、西、北四方,分别以四岳,即:东岳泰山、南岳衡山、西岳华山、北岳恒山,为四方的中心。天子定期到各方去巡视,并分别在各岳上召集诸侯大会,举行祭祀仪式,以实施行政管理。帝舜时,仍然保留了以四岳为中心的巡视祭祀制度,但是,舜把全国又细分为了 12 个州。大禹治理好水土并担任管理国家的重要职务后,依据全国山川河流的走势,把全国重新划定为九个州,即:冀州、兖州、青州、徐州、扬州、荆州、豫州、梁州、雍州,以便管理。他还巡视考察各地,依照各地不同的地理条件和不同的物产,为各地的诸侯国规定了不同的贡赋物品和贡赋标准。并依据离朝廷距离的远近,制定了五档不同的服役标准,即:五百里内甸服(向国都提供粮食),五百里至一千里侯服(为国都提供劳役和护卫),一千里至一千五百里绥服(进行道德教育和军事训练,以备征战),一千五百里至两千里要服(进行道德教育,遵纪守法,和睦相处),两千里至二千五百里荒服(为国家守卫边疆,不必进贡)。这一整套的管理制度,使朝廷对全国五千里江山的中央集权管理得到了有效地加强。

因为大禹功劳极大且有极强的管理能力,舜年老时把大禹立为了接班人,并要他代为摄政。大禹摄政十七年后舜去世,治丧三年后,大禹即帝位。即帝位后,大禹铸造了九个青铜大鼎,在鼎上铭记了各方治水的功绩,并把它们作为祭祀天地祖宗的国之重器,从此"九鼎"就成了国家和帝王权力的象征。

据中国古籍记载,在上古时期,中国仍然保留着许多公有制的社会制度。中国古籍《礼记·礼运》中记载了中国古代伟大的思想家和教育家——孔子,对上古社会情况的描述:"大道之行也,天下为公。选贤与能,讲信修睦。故人不独亲其亲,不独子其子。使老有所终,壮有所用,幼有所长,矜寡孤独废疾者皆有所养。男有分,女有归。货恶其弃于地也,不必藏于己。力恶其不出于身也,不必为己。是故谋闭而不兴,盗窃乱贼而不作,故外户而不闭。是谓大同。"①即当时天下的物产都为公有,人们互相关爱,老幼孤独人人皆有所养,衣食无忧。人们爱惜财物,但不必把财物收藏为己有。人们各尽所能地劳动。没有人偷盗也没有人犯罪,是一种人人平等的"大同"社会。但是,到了大禹之后的夏、商、周三代,就开始盛行私有制了,孔子对当时的情况描述道:"今大道既隐,天下为家,各亲其亲,各子其子,货力为己,大人世及以为礼。……是谓小康。"②即从夏朝开始,天下的物产就已经开始为私家所有,人们各为其家,各为其子,天子和诸侯们把财产和权力的父子世代相传和兄终弟及等规则作为礼制,并用礼仪制度来规范君臣、父子、兄弟、夫妻之间的关系,在这些礼仪制度的规范下,形成了以家族关系相维系的所谓"小康"社会。

其实中国在进入氏族共和制帝国时代以后,实行的仍然是氏族公社制度。土地公有,氏族内定期分配,虽然氏族内已经出现了某种阶级分化,有贵族,有平民,可能也有奴隶,但是人口的绝大多数都是在氏族内分配有土地的平民,他们都是小土地经营者,因此是一种氏族公社制的小农社会。但是,大禹即帝位后,为了加强对全国的管理,树立自己的权威,在南方的会稽召集了全国所有的诸侯开大会,对协助他治水和治国的有功人员论功行赏,并把因治水后而开辟出来的大量新耕地赏赐给他们,作为他们的封地,这些封地属于他们家族私有,此举,可以视为土地私有制和中国封建制度的开端。

这些受封有大片土地的封建领主,当然,仅仅依靠他们自己的劳动是不可能耕种这么多土地的,因此他们四处招揽农人,把土地租佃给他们耕种。据古籍记载,当时的地租一般都是按九一收取,但并非实物地租,而是劳役地租。具体的办法是实行"井田制",即把大块土地划分为井字形的九块,每块100亩,周边的八块分给八户农民,称为"私田",中间的一块留给封建领主自己,称为"公田"。这八户农民在耕种周边八块私田的同时,要合力耕种中间的那块公田,私田的收成归

---

① 《礼记》,周何编著,北京,中国友谊出版社2012年版,第196页。
② 同上。

农户,公田的收成归领主。

封建领主们为了招揽更多的农户,会为他们提供一些物资条件,比如提供住房、农具、种子等等,并为他们提供保护。在"井田制"下,农户与领主的关系实质上是租佃关系,他们都是佃农,是享有人身自由的自由民,对领主感到不满时,他们可以自由离开,另择明主。因此这种封建制度应称之为"封建佃农制",它与后来欧洲中世纪的"封建农奴制"有很大的区别。欧洲的封建农奴是没有人身自由的,他们不能离开领主,如果逃离,将遭到抓捕和严厉惩罚。在封建农奴制度下,农奴们没有增产的积极性,因为生产的粮食再多,领主们也只会给他们留下仅够生存的口粮。而在封建佃农制度下的佃农们增产的积极性却比较高,因为在分给他们的那 100 亩私田里,生产的粮食全都是他们自己的,他们会努力想办法提高产量,因此,封建佃农制相对于封建农奴制来说,更有利于生产技术和生产率的提高。

大禹进入老年时曾将皋陶立为接班人,但是没想到皋陶竟死在他之前。于是大禹改立益为接班人,并让益摄政。益摄政十年后,大禹去世,按例,治丧三年。但是三年期满后益并没有能即帝位,因为大禹的儿子启野心勃勃,启认为自己无论是才能还是威望都在益之上,执意要将帝位强占。益不愿与他争夺,主动退避到箕山之阳,启因此而得以登上帝位。但是启对益仍然不放心,还是把益杀害了。启破坏禅让制的做法引起了许多诸侯的不满,有扈氏公然带头兴兵反对,启利用他父亲的威望和他掌握的权力,调动军队,把反对势力镇压了下去。启死后将帝位传给了他儿子太康,从而开始了中国历史上的这种父子相传的权力世袭制,而氏族共和制帝国的禅让制度从此被破坏。但诸侯们对他们这种破坏共和制度和民主制度的做法非常不满,因此,从此以后不再称他们为"帝"而只承认他们是"王"。所以此后几个朝代的这些统治者虽然还是贵为"天子"但都只被称为"王",比如:夏启王、夏桀王、商汤王、商纣王、周文王、周武王等等。

大禹即帝位被认为是中国夏王朝的开始,同时也是中国氏族公社制度瓦解和封建制社会的开始。中国从此告别了氏族共和制的帝国时代,进入了封建制的王朝时代。

封建制在夏朝建立后得到了很快的发展,在发展中逐渐形成了很多严格的制度。被朝廷册封的封建领主有公、侯、伯、子、男,五个等级,各等级都有数量不等的封地,并享受等级不同的封建特权。而各诸侯国的国君们又对他们的儿子和大臣进行分封,封赐给他们土地做"食邑",并授予他们大夫、卿、士等不同等级的地位。从而形成了一整套等级森严,礼仪烦琐的封建等级制度。封建制在中国延续了近两千年,历经了夏、商、周三个朝代。

夏朝(公元前21世纪~前17世纪)的夏启王在位只有10年,死后传位给他的儿子太康,但是太康的地位并不稳定,因为在外部,有许多诸侯国对他们破坏禅让制度不服,因此经常有反叛发生;而在内部,太康的五个兄弟也在与他争夺权力。终于,在一次太康外出狩猎时,有穷氏趁机攻占了他的国都,史称"太康失国"。有穷氏国君叫"羿",他把太康之弟仲康立为夏朝的傀儡王,挟天子以令诸侯。仲康在位13年,死后传位给儿子"相",当然,相仍然还只是个傀儡王。这期间羿的臣子寒浞弑羿自立为君,接着他又欲杀害相的儿子少康,少康逃奔有虞氏。在那里他发愤图强,积蓄力量。相继位28年后,少康在有虞氏的帮助下终于打败了寒浞,夺回了政权,史称"少康中兴"。失国40年后而复国,少康感受到了深刻的教训。因此他励精图治,进行了一系列的政治改革,从而为夏朝后来的统治打下了基础,使夏朝得以延续了四百多年。

夏朝的最后一代王是亡国之君"桀"。但是在桀之前数代,夏朝就已危机四伏,地方诸侯逐渐强大,各诸侯之间纷争不断,叛乱也不断发生。夏桀王是个重武功而轻视德治的君王,古籍上说他身材高大,力大无比,手弯铁钩,足追驷马,勇武善战。他四处征讨那些不服管束相互侵伐和反叛的诸侯,威震四方,在位时间长达52年。但是因为他一味地注重武力征伐,而不知道改善政治,而长期的征战又要征调各诸侯国的兵力和大量的物资,这使得各诸侯国苦不堪言,民众怨声载道。而且他性格暴虐,听不进良臣的谏言,特别是到了晚年,宠爱妃子妹喜,荒淫无道。大臣关龙逢向他力谏说:如果再不改善政治将会遭到灭亡。他竟然怒而将其杀死。他自比太阳,并说,太阳会灭亡吗? 而老百姓则说,这个太阳什么时候灭亡,我愿与你一起灭亡("时日曷丧? 予及汝皆亡"①)。终于,他被以德治国而强大起来的商汤王,联合其他的诸侯国而推翻,夏朝也从此被商朝取代。

商朝(公元前1600~前1046年)的开创者叫成汤,而商的上祖是帝舜时主管教育的大臣契,所以商一贯重视以德治国。而成汤更是以仁慈爱民而闻名于天下,各地的民众纷纷前来投靠他,所以国势日见强盛。成汤是个很有政治抱负的人,他的邻国——葛国政治昏暗,国君昏庸无道,经济一团糟,不仅老百姓没有饭吃,连国君也没有祭品去祭祀天地祖宗。成汤知道后派人给他们送去牛羊做祭品,但是葛国君把牛羊都吃掉了却没有去祭祀。成汤知道后派人去询问,葛国君说连吃饭的谷物都没有哪还能去祭祀。成汤派农夫去帮助他们耕种庄稼,并派妇

---

① 《尚书》,罗庆云、戴红贤译注,呼和浩特市,远方出版社2007年版,第49页。

孺去为农夫送饭,但是送去的饭往往被饥饿的葛国人抢去,有一次竟把一个送饭的孩子打死了。成汤大怒,率兵攻入葛国,推翻了葛国君的统治。夏桀王也意识到了成汤的危险,他派人招成汤进朝。成汤知道此去必定会被夏桀王抓起来,但是抗拒不去则会被夏桀王得到借口派大军征讨,而以成汤当时的力量是无法与之抗衡的。成汤与他的臣下谋划好,他去了以后尽量表现出顺服,而臣下们则想办法去贿赂夏桀王的亲信,让他们去说好话,经多方努力,终于使成汤得以放回。

成汤回来以后即暗中准备力量,并四处联络对夏桀王统治不满的诸侯,当时机成熟,成汤起兵发动了反对夏桀王的战争。成汤起兵时得到各地民众的热烈欢迎和大力支持,商原是在夏的东面,当成汤在东方进攻时,西方的民众说,怎么还不到我们这里来呢,当成汤进攻到南方,北方的民众也会抱怨说,怎么不先到我们这里来呢。在各诸侯国的支持下,成汤终于推翻了夏桀王的暴虐统治。夏桀被放逐到了南方的南巢,三年后死在那里。

成汤联合各诸侯国推翻了夏桀王后,召开了全国诸侯大会,民主商议重新推选出一位天子。大家一致推选成汤作为新天子,成汤从此成了天下的共主,建立起了商朝。但是因为当时封建制度已得到了各诸侯国的认可,所以后来共和制和禅让制都没能得到恢复。

近代以来,考古工作者发现了许多商朝的遗址,从而把商朝繁荣的文化和辉煌的文明真实地展现了在我们面前。商朝文明最令人感到震撼的是它灿烂的青铜文化。美国著名历史学家斯塔夫里阿诺斯在他的《全球通史》中说道:"商朝的青铜冶铸技术尤其值得注意,它在世界上居于遥遥领先的地位。"[1]

中国在距今约6700~5600年前的半坡文化遗址中就已经有铜器出现,比如陕西临潼姜家寨遗址就出土了做工精美的两片半圆形黄铜片,年代距今已有6000多年。在甘肃东乡县林家村遗址则出土了距今约5000多年的一把青铜刀,这把青铜刀是由锡青铜模铸而成,刀身厚薄均匀,长12.5厘米,短柄长刃,这说明当时的青铜制造技术已相当成熟。到公元前26世纪的炎黄时代,青铜兵器已被广泛地用于战争,比如黄帝与蚩尤的战争中,蚩尤的军队就是使用青铜兵器。公元前21世纪大禹建立夏朝时,用青铜铸造了九个大鼎,把它们作为祭祀天地祖宗的国之重器。而能够铸造体积巨大的青铜大鼎,说明当时的青铜冶铸技术已相当高超。到了商朝,中国的青铜制造技术已发展到了鼎盛,并遥遥领先于世界。

从已经出土的青铜器来看,无论是它的冶铸技术还是它的造型艺术都是世界

---

[1] (美)斯塔夫里阿诺斯:《全球通史》,吴象婴等译,北京大学出版社2009年版,第52页。

其他地区无法比拟的。它有用于祭祀的礼器、有用于战争的兵器,还有造型奇特的生活用器,品种繁多,形式多样。它们有的上面布满了多姿多彩的动物形象和几何图形,有的整个器具的造型就是一个形象逼真的动物,艺术性极高,工艺精湛。在已出土的器物中还有一个世界最大的古代青铜器——后母戊鼎,鼎高133厘米,长110厘米,宽78厘米,重达875公斤。鼎上刻铸的铭文表明,它是商王祖庚(公元前1195年继位)为祭祀他的母亲而铸造。商代青铜器上大多都刻铸有铭文,这为我们研究商朝历史,以及确认这些青铜器的主人和制作者提供了准确的信息。现已发现的商代遗址虽然很多,但可惜的是大多数遗址和墓葬都已被历代的盗墓者盗掘和破坏,导致了许多珍贵文物的流失。

1976年,中国考古工作者发现了一座完整的商王室贵族墓,这是迄今发现的唯一一座保存完整,未经扰动的商朝王室墓。墓主人叫妇好,是商王武丁(祖庚的父亲,公元前1254年即位)的一位妃子,她也是中国已知的最早的一位女将军。她曾多次为武丁带兵东征西讨,屡立大功,武丁对她十分宠爱。从她的墓中出土了各类随葬品多达1929件,有青铜器、玉器、陶器、石器、骨器和象牙器。从用途上分则有礼器、兵器、生活用品、装饰用品。其中青铜器有468件,重达一千多公斤。兵器有130多件,其中两把青铜钺分别重达8.5公斤和9公斤,可见这位女将军的臂力之大。玉器共有750件,大都是些礼器和佩戴装饰用品,雕刻技艺精湛,其中有许多各种形象的小动物和小人物,形态生动,栩栩如生,精美绝伦,可见这位英武的女将军也十分爱美。

商代遗址中另一个最有价值的发现是出土了大量的甲骨文,这为我们研究中国远古历史提供了可靠的文字资料。据中国古籍记载,黄帝令仓颉造字后中国就有了统一的文字,从那以后,中国历代朝廷就开始有典有籍,典是法典,即法律文书,籍则是记载历史的文书。但是,因为当时的文书都是书写在木片或竹片上的,时间长了会腐烂,因此年代久远未能保存下来。而商朝人喜欢用龟甲和兽骨来占卜,以预测事情的凶吉,并把所预测的事情和结果刻写在龟甲和兽骨上,这些耐腐蚀的龟甲和兽骨有幸为我们保存下来了三千多年前的文字和大量的远古信息。通过解读这些甲骨上的文字,以及铭刻在青铜器上的铭文,中国古籍上的许多以前认为只是传说的记载得到证实。

商朝的王位继承制度与夏朝有很大的不同,夏朝一般是父子相传,而商朝一般是兄终弟及,即兄长去世后首先传位给其弟,然后再传子。商朝曾经多次迁都,但是自从第19代王盘庚,迁都到"殷"这个地方以后,历时两百多年都没有再迁都了,直至商朝灭亡,因此,盘庚以后也称"殷朝"。

商朝传至第30代王辛时遭到灭亡,辛被称为纣王,被认为是与夏桀一样的暴君。他勇武有力,能徒手与猛兽搏斗,他率军东征西讨,所向无敌。与夏桀不同的是他不但勇武而且很有文才,他思维敏捷,知识广博,能言善辩,大臣们向他进谏他能够强词反驳,因此他恃才自傲,自认为才高天下,一意孤行。商纣王在位33年,晚年因骄奢淫逸,大兴土木,荒废政事而导致亡国。周朝取而代之。

周的上祖是帝舜时主管农业的大臣弃,姓姬。夏初时弃的儿子不窋,因为对夏启王破坏禅让制不满,率姬氏一族迁徙至西北发展,在那里逐渐开辟出一片富裕的农耕区,各地民众纷纷来投靠他们,姬氏因此渐渐兴旺起来,建国都于豳(今陕西彬县)。到商朝后期时,传位至古公。这时中国北部草原的游牧民族已经非常强大,不断对他们发动入侵和劫掠。每次遭受入侵都城被包围,古公都要给予入侵者大量的财物以求得他们退兵。豳民众愤怒不已,欲与入侵者决一死战,古公不忍心民众们因战争而流血牺牲,因此决定南迁至岐山下的周原。豳人扶老携幼,尽都跟随古公来到周原,从此他们开始称为周。古公有个孙子叫昌,极得古公喜爱,认为将来周的兴旺强大必定在昌。因此他传位给了昌的父亲季历,而季历的两个哥哥太伯和虞仲为避免发生争执而双双远走南方去发展,后来在东南沿海建立了吴国。

季历死后传位给了昌,此时已是商纣王的父亲乙在王位。姬昌遵循先辈遗训,笃行仁义,敬老慈少,礼下贤者。各地民众和很多有才能的贤者纷纷来投奔他,周因此日渐强盛。各国的诸侯也都对他非常敬重,纣王继位后也非常看重他,聘他入朝为官,位列三公之一,三公是商朝级别最高的官。但是后来奸臣崇侯虎进谗言于商纣王说:"姬昌积善累德,诸侯皆乡之,将不利于王。"①纣王遂囚禁姬昌于羑里。姬昌被囚禁在羑里期间不失其志,著作了传承至今的著名哲学经典《周易》。

后经多方努力,纣王释放了姬昌。姬昌被释放后为取得纣王的信任,把大片的洛西之地献给了纣王。纣王从此消除了对姬昌的顾虑,完全信任了姬昌,并赋予了他管理西部各诸侯并带领他们抵御西北境外游牧民族入侵的职权。姬昌以他杰出的才能,成功地完成了纣王赋予他的这些职责。他首先率领西部各诸侯国打败了屡屡入侵的北方游牧民族犬戎,一年后又打败了西北部的游牧民族密须。对一些不守规矩的诸侯,比如耆国、邘国等,他也进行了征讨。后来还讨伐了崇国(崇侯虎的封国),报了当年遭陷害之仇。

_____

① 司马迁:《史记》,北京,中国戏剧出版社2006年版,第13页。

在德治方面,史书上记载有这样一个故事:虞国和芮国因为边界上的一片土地发生纠纷,双方争执不下,于是去找姬昌裁决。这两个国君进入周国后,看见周人耕者皆让畔,行人皆让道,路上遇见老人携带重物都会去帮助他们携拿。人人都彬彬有礼,谦恭礼让。他们感到非常惭愧,还未见到姬昌就赶快掉头回去,他们说为这点事去找姬昌岂不被人耻笑。回去后他们互相礼让,和平地把事情解决了。诸侯闻之此事,无不佩服。姬昌在位50年后去世,后被人尊称为周文王。

姬昌死后其子姬发继位,姬发决心推翻纣王的暴虐统治,他励精图治,积聚力量,并暗中联络对纣王不满的诸侯,准备伺机打败纣王。

而纣王这时正在大兴土木,在国都的南面扩建新都城——朝歌。新都规模宏大,他调集了各诸侯国的大量民力,耗时七年才完成。城内建有一个高大的台地,叫作鹿台,鹿台上建有豪华的宫殿,供他和他宠爱的妃子妲己享乐。纣王自从得到妲己后就沉溺于声色,荒废了政事。他令乐师作靡靡之音,整日里在鹿台上轻歌曼舞,饮酒作乐。这还没完,他又在远离都城的沙丘建一个大型的苑园,内置各地敬献的珍禽异兽和大量的野生动物,作为王室的野生动物园以供他打猎玩乐。苑内还建有倾宫、琼室、台榭等,作为他的离宫。

这些长期的大规模工程,耗费了大量的民资和民力,致使各诸侯国民众怨声载道,各地诸侯多有反叛。因为他性格暴虐,大臣们向他进谏多遭杀害,因此人们敢怒不敢言。最后只有让他的叔叔比干和两个哥哥微子和箕子去进谏。结果比干被杀,箕子被囚禁,微子被迫逃奔姬发。姬发见时机成熟,趁纣王派大军去镇压东部反叛的诸侯时,率领西部各诸侯向商朝新都城朝歌进军。纣王闻讯急忙调集附近各诸侯国的剩余兵力前来迎战,但是这时纣王已失去人心,众叛亲离,这些军队都无意为纣王卖命,结果一触即溃,在商郊牧野被打得大败,纣王见大势已去,登鹿台自焚而死。

姬发灭商以后建立了周朝(公元前1066~前256年),史称姬发为周武王。周武王为巩固周朝的统治,把王室宗亲和灭商的功臣分封到各地,以加强对全国的控制。武王还妥善地安置好商朝的遗臣和遗民,赐予他们封地,以平息他们的不满和反抗。微子被封于宋,箕子也被从狱中放了出来。因为箕子是有名的贤人,是商朝著名的政治家,武王把他奉为上宾,虚心向他请教治国之策。箕子毫无保留地向武王传授了一整套治国安民的策略(其文见《尚书·洪范》)。其后,箕子离开了令他伤心的中原地区,带领他的族人远走辽宁,在那里建立了他的封国,后来向东发展来到了朝鲜半岛,箕氏在朝鲜半岛立国长达900多年,把蛮荒的朝鲜半岛开发成了富庶的农业文明社会。而周王朝依据箕子的治国方略建立了一套完备的政治制度,从而使周朝的统治得以在中国历史上罕见地延续了800多年。

周朝的第12代王是个著名的昏君,史称周幽王。幽王得一美女名叫褒姒,幽王十分宠爱,但褒姒却从来不笑。幽王对臣下说:谁能够使褒姒笑一笑就赏他一千金。但人们使尽了各种办法仍然不能博得褒姒一笑。有个叫虢石父的佞臣出了一个主意,因为当时中国北方的游牧民族经常对中国进行入侵和劫掠,周朝为防止他们的入侵在北部地势险要的山区修建了连绵千里的长城,并且在长城上每隔一定距离的高山处都建有烽火台,并驻兵警戒,无论哪里发现游牧民族入侵,立即点燃起有狼粪的烽火并击鼓报警,这样火光、狼烟和鼓声就会从一个烽火台传至另一个烽火台直至千里之外,而各诸侯国接到报警就会立即率军前来支援。这时就会出现一个千军疾奔,战车飞驰的壮观场面。虢石父为逗褒姒开心一笑,建议幽王开了一个玩笑,在没有敌人入侵时点燃了烽火。结果火光冲天,狼烟四起,战鼓雷鸣,战车飞驰,千军疾奔的壮观场面确实博得了褒姒一笑。然而当大汗淋漓、神情紧张、疲惫不堪的各诸侯国军队赶到时,却不知道发生了什么事。当他们知道了是怎么回事的时候都气愤不已,大骂幽王是个昏君,把军机当儿戏。

后来褒姒生了一个儿子,幽王于是废掉了原来的太子宜臼和宜臼的母亲申王后,改而立褒姒为王后并立褒姒的儿子为太子。申王后带着宜臼逃奔到了她父亲申国君申侯那里,申侯大怒,暗中勾结北方的游牧民族犬戎对周都镐京发动偷袭。这一回狼真的来了,烽火台上的警卫们再次点燃了烽火,但是各国诸侯以为又是幽王在开玩笑,所以有的干脆没来,有些则不紧不慢地姗姗来迟,等他们赶到时,犬戎已攻陷镐京,杀死了幽王,并在大肆烧杀抢劫一番后,掳掠妇女和儿童包括褒姒和她儿子,扬长而去。

国不可一日无君,各方诸侯们经过商议,决定接回旧太子宜臼,拥立他为王,史称宜臼为周平王。周朝崛起于西部,所以立都在西部的关中平原,关中有八百里平川,土地肥沃,是个好地方。但是,从北方的草原到关中平原之间没有很好的防御屏障,很不安全,游牧民族屡屡攻入关中平原。所以平王在与诸侯们商议后决定把都城东迁至中原的洛邑(今河南洛阳)。周平王把周王室在西部的大片土地封赐给了抵御游牧民族入侵并保卫王室有功的西部小诸侯秦君,并封他为公爵(秦襄公),让他担负起西北部边陲的防御重任,由此,秦襄公建立起了秦国,并在与北方游牧民族的斗争中逐渐壮大,从而成了周朝的一个强大诸侯国。中国历史上把周平王迁都以前的周朝称为西周(公元前1066~前770年),而把东迁洛邑以后的周朝称为东周(公元前770~前256年)。

周朝都城东迁至洛邑后,王室实力大为削弱,而这时周朝的许多诸侯国经过几百年的发展后都已经非常强大,其中有些诸侯的实力已经大大超过周王室,周王室已经无法对他们进行有效的制约了。因此就出现了诸侯之间相互攻伐,实力强大的诸侯国以各种借口侵吞兼并实力弱小的诸侯国的现象。而在各诸侯国内部,因为国君经常赐封土地给王子和功臣作封邑,而这些封邑都享有自治权,当这些拥有封邑的领主实力超过国君时,他们有的会控制国家的政治权力,有的甚至会杀死国君取而代之,也有的会分裂国家自立为王。社会秩序开始出现混乱,当时著名的思想家和政治家——孔子,对这种混乱现象的评论是"礼崩乐坏"。

而此时中国在科技的发展上又取得了许多新的重大成就,而其中最重要的是生铁的制造,这在世界上也是遥遥领先的,比欧洲早了近 2000 年。中国使用铁的最早记载是在公元前 21 世纪,据《尚书·禹贡》记载,梁州应向朝廷进贡的贡品中有一项就是铁。而从古籍上记载的夏桀王能够"手弯铁钩,足追驷马"我们也可以知道,夏朝已经在使用铁器和四匹马拉的战车。但是从夏桀能够"手弯铁钩"也可以看出,那时的铁还是熟铁,而不是生铁,因为生铁性脆,不能够被弯曲。熟铁是锻造铁,而生铁是铸造。锻造铁所需的温度较低,而铸造铁所需的温度要高得多,因为冶炼生铁要使铁矿石完全溶化,而纯铁的熔点高达 1537℃,这是远古时期的技术水平无法达到的(青铜的熔点只有 700℃~900℃)。

因为远古时的金属冶炼水平还不高,还不能够使铁矿石熔化,而只能用平炉把铁矿石烧红,然后反复捶打,再反复烧红,反复捶打,把铁矿石中的杂质捶打出来,从而形成多孔的所谓海绵铁,也就是熟铁。这种反复的烧红和捶打要经过成千上万次,才能去除杂质,因此费工费时造价昂贵。而且熟铁的强度和韧性都不高,用它打造的刀具很容易卷刃,受力过大时还会发生塑性变形。这种铁在冶金技术落后的西方国家和中东地区使用得比较多,在中国却使用得较少,因为当时中国的青铜制造技术极高,它的强度和韧性都超过了熟铁。从近年出土的东周青铜剑我们可以看到,它不仅坚硬锋利,而且有极强的韧性,即使是把它扳弯成弧形,一松开它又恢复了原状,不会变形。例如在秦始皇陵兵马俑坑发现的一把青铜剑,发现时被一具重达 150 公斤的陶俑压住处于弯曲状态,弯曲超过了 45 度,但是当陶俑移开的一瞬间,青铜剑立即反弹平直,恢复了原状。所以那种强度和韧性都不高,而且锻造费工费时价格昂贵的熟铁,在中国并没有得到广泛应用。

东周能够在冶炼技术上取得突破的原因主要是发明了高炉,它使炉温得到大幅度提高,因此可以使铁矿石完全熔化,这样就冶炼出来了高强度的生铁。生铁有两个重要的优点:其一是它的造价低廉,因此能够广泛地应用于制造工具、农具、生活用具等各个领域;其二是可以铸造,因此可以很容易地制造出各种形状复杂的器具,并可以使用范模进行大批量生产。但是因为生铁性脆,不宜直接用来制造刀剑,因此,中国工匠后来又发明了用退火的方法把生铁制造成可锻铸铁和以生铁为原料制造钢的技术(近年来在湖南长沙就出土了一把东周时期的中碳钢剑),而制钢技术的出现,最终使铁器完全取代了青铜器。

湖南长沙杨家山出土的东周生铁鼎,是中国也是世界上最早的生铁铸件。已出土的东周其他铸铁实物还有铁条、铁块、铁削、铁锸、铁锛等,分别出土于湖南、江苏、河南、山西等地。湖南长沙出土的战国铲型器,器身厚度仅1~2毫米,可见当时的铸造技术已达到了相当高的水平。另外,近年来还发现了大量的东周时期的生铁铸造遗址,以及用于铸造的陶范和铁范。河南登封阳城铸造遗址出土的陶范器型有锄、镰、斧、刀、削、戈、带钩等,河北兴隆出土的战国铁范共有87件,器型有锄、镰、斧、凿、钁、车具等等。铁范可反复使用,减少了工作量,提高了工作效率。

因为生铁的造价大大低于以前的锻造铁和青铜,因此它在民间得到了广泛的应用。而铁制农具的使用,使农业生产技术也发生了新的革命。用新式铁犁铧进行深耕,再辅以人们逐渐掌握的施肥技术,使中国进入了农业革命和农耕制度的第三阶段——单作物连作制。这时人们可以依据各地不同的气候条件和不同的土质,选用最合适的农作物进行连作,而无须使用多作物进行轮作,使土地得到了更有效的利用。另外,铁制农具的广泛使用,也使许多原来无法开垦的土地得到了开发利用,这些都促进了农业生产率的提高和粮食的增产,因此也带来了人口的大幅增长。人口的增长带来了经济和社会的繁荣,但也带来了人们对土地的更多需求,于是,各诸侯国之间的战争更加频繁,各国为争夺土地扩大自己的势力范围而互相攻打,中国进入了所谓的"战国时代"。

周朝非常重视教育,设有从乡村小学到国都太学的塾、庠、术、太学四级公办学校,为学龄儿童提供免费教育。所以周朝的文化非常发达,拥有许多学问高深的知识分子。而且从东周中期开始,很多有学问的思想家、哲学家、教育家都创办了自己的私立学校进行讲学,宣传自己的哲学思想和政治观点,教授各种技能,他们进一步促进了思想文化的发展,使中国思想文化界出现了"百家争鸣"的繁荣局面。而社会的大动乱也促使了这些思想活跃的知识分子开始思考,怎样才能建立一个安定繁荣的社会。他们纷纷提出自己的观点,推出自己的方法来拯救社会。于是各种思想,各种人物,诸子百家纷纷出现。这一时期也是中国古代思想最活跃的时期,诞生了中国古代史上的一大批伟大的思想家、哲学家、军事家、政治家、改革家和科学家。而其中最著名的有老子、孔子、孙子、墨子、孟子、庄子等,他们的著作至今仍然被中国乃至世界各国作为经典而广为传播。

老子(公元前 580～471 年)是人类历史上最伟大的哲学家。据统计老子的《道德经》一书是世界上仅次于《圣经》的出版数量最多的书,考虑到《圣经》的传播是经由传教士和信徒们的人为推行,而《道德经》的流行完全是人们的自觉选择,可见他对世界的影响之大。老子是周王朝掌管文书典籍的守藏史,因此得以博览群书,博古通经,知识渊博,是个大学问家。即使是孔子那样有学问的人也不远千里的来向他请教,拜他为师。孔子为老子天马行空的思想所震撼,后来他对学生说:"至于龙,吾不能知其乘风云而上天,吾今日见老子,其犹龙邪!"①以此来形容老子学识的深厚和思想的广博。老子在告老辞官后经过函谷关,守关将军将他留下,向他讨教,于是他写下了《道德经》一书。该书充满智慧,也充满玄奥。篇幅不长,但大至宇宙万物之生成,小至思维辩证之微妙,上至为君治国之策,下至为人处世之道,无所不包,无所不有。自从该书问世以来,上至帝王将相,下至黎民百姓,无不从中受益。中国汉朝把它作为立国之策,唐朝则把它立为国教。近代以来更是受到了世界各大国领导人的推崇,对老子的"治大国,如烹小鲜"、"无为而治""无为而无不为"的治国之道深为赞赏。《道德经》一书分为道经和德经两部分,其精髓是"道"。道的含义有两个方面:一个是指物质的本性,即道是宇宙万物的本源。"有物混成,先天地生,……吾不知其名,强字之曰道",②"道生一,一生二,二生三,三生万物",③即道生成了宇宙,宇宙生成了天地,天地孕育了生命和世上万物;道的另一个含义是指事物变化的规律,即道理、伦理、法理、物理、方法、途径等等。而"德"是"道"在人类思想和行为中的表现形式,具体到人,则指的是人的秉性。但是老子的政治观点却是比较消极的,他认为世风日下,主张复古。他认为人们才智的增长,技术的进步,虽然带来了物资的富裕和繁荣,但也带来了社会的堕落和动乱。所以他主张去智弃巧,返璞归真。回归到上古氏族公社时期那种民风淳朴,社会安宁的生活状态。"甘其食,美其服,安其居,乐其俗。邻国相望,鸡犬之声相闻,民至老死不相往来。"④这是老子对上古时期那种田园诗般的理想社会的描述。但是人类文明毕竟还是要不断向前发展,不会永远停留在原始的氏族社会。老子后来被人们尊奉为道家学派和道教的祖师。

孔子(公元前 551～前 479 年)是一个积极致力于拯救社会的政治家和思想

---

① 司马迁:《史记》,北京,中国戏剧出版社 2006 年版,第 241 页。
② 《道德经》,第 25 章。
③ 《道德经》,第 42 章。
④ 《道德经》,第 80 章。

家,也是一个伟大的教育家,他一生都在为拯救社会而奔走呼号。孔子出身于一个家道中落的贵族家庭,曾担任鲁国的司法大臣,后来因为不满国君的政治腐败愤而辞职。他提出的救世方法的主要思想是以德治国,提高人们的道德修养,规范社会秩序;提倡仁爱,"仁者爱人","己所不欲,勿施于人";提倡为政者要爱护人民,如果人人都互相关爱,谦恭礼让,遵守礼仪,那么社会就会和谐安定。孔子学识渊博,知书达理,以通晓礼仪制度而闻名于世。他开办了自己的学校,许多人慕名而来,他一生教育过的学生有 3000 多人,其中事业有成而被誉为贤人的就有 70 多个。孔子的政治思想和伦理思想,来源于中国社会自远古以来一脉相承的传统伦理道德思想体系,他是中国传统思想的正统继承人。后来他的学生也继承了他的思想,并广为传播,发扬光大,最终形成了对中国政治思想和伦理思想影响最大的儒家学派。最能体现孔子思想精髓的经典著作是《论语》,中国古代的政治家曾经说"半部《论语》治天下",由此可见孔子和儒家思想对中国古代政治思想的影响之大。但是孔子对解决当时社会问题提出的政治主张却是保守的,他希望维持现有的社会制度,在此基础上再通过提高人们的道德操守来达到社会和谐。然而封建制度已不能适应当时中国社会因铁器的广泛使用而带来的生产力的高速发展,所以仅靠提高人的思想道德并不能解决社会问题。孔子的政治主张在他周游列国进行游说时也未能被各国君主所采纳,但是他的一些伦理思想却得到了人们的普遍认可,后来成了中国社会的正统伦理道德。近代以来更是得到了世界思想界的广泛赞同,孔子提出的"己所不欲,勿施于人",已成为了世界公认的人类行为准则。1998 年,世界 100 多个宗教组织聚会,共同研讨能为所有宗教组织认同的伦理准则,会议后发表的《普世伦理宣言》认为,这条共同的准则应该是儒家的"己所不欲,勿施于人"。

孙子(公元前 550 年~?)出身一个军事世家,祖孙三代为将,而东周时期的乱世,也为涌现出他这样的伟大军事家提供了土壤。孔子说"春秋无义战"(中国历史学家把东周分为前半期的春秋时期和后半期的战国时期),由于周王室的衰弱,无力管束各诸侯,所以各诸侯国之间为扩张自己的势力而战乱不断,孙子就是在这样的环境中成长起来。他所著的《孙子兵法》是中国也是世界上现存最早的一部兵书,自从它问世以来就被历代兵家奉为至宝,今天更是成为世界各国军界和军事院校的必读之书。拿破仑曾经读过该书,对它推崇备至,对中国人的智慧佩服不已,该书对他成为一个享誉世界的军事家产生过不小的影响。而德国皇帝威廉二世在第一次世界大战以后才读到它,读后大为感叹,后悔为什么没能在 20 年前读到它,否则欧洲的格局将为之改观。其实在孙子之前中国就有不少兵书出现,如西周时期的《军政》《军志》,与他同时代的也有不少,但大多都已经失传。《孙子兵法》之所以能流传至今而长盛不衰,是因为他的军事思想实在是太高明,以致至今都无人能超越。该书完全超越了一般军事家的视野,他从国家政治、民心向背、经济实力、天时地理、敌我力量的分析、人才将领的使用、战争的策略、计谋的运用等方面,不是仅仅从战术的角度,而是站在全面的战略高度来分析战争。书中运用了大量中国古代的哲学思想,使它的应用范围已远远超过军事范畴,今天它被人们广泛地应用于政治、军事、外交、商业、企业、体育等各行各业,成为各行皆尊的制胜宝典。

墨子(公元前 468~前 382 年)是继孔子之后最有影响力的思想家,在当时以他的思想为主而形成的墨家学说,其影响已超过了以孔子的弟子为代表的儒家学派。墨子出身于没落贵族,他本人原是工匠,而且是个颇有成就的高级工程师,在工程技术方面有很多发明创造。在他留下的众多著作里,有许多是关于力学、几何学、光学和物理学方面的论述,因此他也是中国古代的一个伟大科学家。墨子早年非常崇尚儒学,并从师于儒门,但后来形成了自己的思想,对儒学持批判态度,从而形成了自己的学派。他主张兼爱,即无贵贱亲疏之分的平等的爱,反对封建等级制度。而孔子是承认封建等级制度的,孔子的仁爱里包含有封建等级的贵贱亲疏思想。墨子主张非攻,即反对封建诸侯国之间的战争,认为这些战争都是非正义的,只会给民众带来祸害。为此他团结许多义勇之士组成了一个半军事性质的组织,专门去帮助那些遭受侵略的国家进行防御。他还发明了许多用于防御的军事装备,以帮助弱小的国家抵抗侵略,制止战争。墨子为该组织制定了一套严格的制度和保密规则,墨子去世后该组织逐渐演变成了中国民间的秘密武侠组织,后演变为活跃于江湖的武侠义士。

在墨子之后出现的思想家中影响比较大的有儒家人物孟子,道家人物庄子,以及法家人物李悝、吴起、慎到、商鞅、李斯、韩非子等。孟子对儒家学说的影响仅次于孔子,孔子被后世尊称为"圣人",孟子被尊称为"亚圣",在孔子去世后是他使儒家学派重新崛起,成为战国时期百家学说中的"显学",从而为后世的发扬光大打下了基础。孟子在继承了儒家传统思想的同时,也顺应了时代的发展,他的政治思想中已经有了很多反对封建君主专制的成分,比如他提出了"民为贵,社稷次之,君为轻",①反对君主专制,主张把人民的利益放在首位。他还认为恶法非

---

① 《孟子》,古典编辑组编注,北京,中国财政经济出版社 2012 年版,第 256 页。

法,暴君非君,"君之视臣如草芥,则臣视君如寇仇",①"君有大过则谏,反复之而不听则易位",②"闻诛一夫纣矣,未闻弑君也",③明确地指出了面对恶法和暴君,人民有反抗和推翻他们的权利。而道家人物庄子,则是个著述颇丰的大哲学家,他被认为是最得老子思想精髓的道家代表人物。但是,最终成功解决东周封建诸侯战乱不断的社会问题的,还是以李悝、吴起、慎到、商鞅、李斯、韩非子等为代表的,主张改革封建社会制度的法家学派。因为东周社会战乱不断的根本原因,是因为封建制度已不能适应中国进入铁器时代以后的生产力发展水平。而法家顺应了历史形势的发展,提出了一个彻底推翻封建制度,建立官僚集权制度的全新政治主张。

以商鞅在秦国的改革为例,法家的主要政治主张有:一、取消封建分封制,已分封的土地三代以后都收归国有;二、所有的家庭在儿子成年后,无论是父子或是兄弟,都必须分家,不允许有两个以上的成年男子同为一家。此举意在打破以大家族和血缘关系而形成的势力集团,使人们都成为国家直接管辖下的公民;三、国家分配土地给每一个成年男性公民,并按谷物的收成征收什一的实物税;四、实行郡县制,在全国设置郡、县、都、乡、邑、聚的多级行政管理机构,由国家委任官员管理。此举意在消灭封建分权自治制度,实现以官僚制度为基础的中央集权管理;五、奖励军功,把爵位分为二十级,将士每杀敌一人,就加爵一级并加一级俸禄,以提高军队的战斗力。此举意在削弱封建旧贵族的世袭荣誉地位;六、禁止学习封建礼仪制度和百家学说,推行法制教育,向法官学习法律。法家认为,封建礼仪制度和儒家的以德治国思想并不能消除社会动乱制止人们的犯罪,必须加强法制,制定严厉的法律,以法治国。而儒学和百家学说只会搅乱人们的思想,造成思想混乱,从而导致社会的不稳定和社会的动乱,因此必须禁止。

我们可以看到,这些政策的实行从两个方面彻底改变了封建制度:一、从上层来讲,变封建分权制为统一的中央集权制,用各级官僚取代各级封建领主,实行对全国的统一管治。二、从下层来讲,变依附在封建领主门下的封建佃农,为国家直接管理的公民和自耕农。另外,从土地制度来说,它也把原来的土地为封建领主私有,变为了国有。显而易见,这种制度对加强君主的权力,增强国家的实力,有着封建分权制度无法比拟的优势。因此,最彻底地实行了这一改革的秦国,成了

① 《孟子》,古典编辑组编注,北京,中国财政经济出版社2012年版,第135页。
② 同上书,第188页。
③ 同上书,第27页。

战国诸雄中最强大的国家,它于公元前249年灭掉了东周王朝,在随后的20多年里它又灭掉了战国诸雄,于公元前221年统一了中国,建立了中央集权的强大秦帝国。

封建制度的瓦解,标志着中国社会进入了一个新的历史阶段。至此,从原始社会以来,随着技术的进步和生产力的发展,中国社会制度的发展已经经历了三个阶段:

一、陶器的发明和新石器的使用,导致了农业革命的发生,从而使以渔猎采集为生依靠集体劳动的原始社会趋于解体,中国进入了以农业生产和家庭劳动为基础,土地为氏族共有的氏族公社制社会。神农氏的"有天下",标志着中国建立了以氏族公社制度为基础的氏族共和制帝国。

二,青铜器的发明和广泛使用,导致了氏族公社制度和氏族共和制帝国的瓦解,夏王朝的建立,标志着中国进入了以土地为封建领主占有为基础的封建社会。中央政权的权利被分散,封建领主在自己的领地内享有政治、经济、军事等,广泛的自治权。

三、生铁的发明和铁器的广泛使用,导致了封建领主占有土地并享有广泛自治权的封建社会的瓦解,秦帝国的建立,标志着中国进入了土地为国家所有,由国家分配土地给农民耕种,以官僚管理为基础中央高度集权的官僚集权社会。各级官僚取代了各级封建领主,而帝王则成了最大的官僚。官僚集权制在中国延续了两千多年,直到公元1911年才被民主共和制的中华民国所取代。

五　四大文明古国之古印度

　　我们在讲述古印度文明时,其范围并非只是今天的印度,而是喜马拉雅山脉以南的整个南亚次大陆,包括今天的巴基斯坦、印度、孟加拉、尼泊尔等国。古印度的农业文明分为两种,它们分别来源于两个不同的方向:一种是从西北方向进入现巴基斯坦境内的印度河流域,以种植小麦、大麦等谷物为主的麦作农业;另一种是从东北方向进入南亚次大陆的恒河流域,以种植水稻为主的稻作农业。也正是因为游牧民族不断的侵略和征服活动,把这两种文明和两大流域联系到了一起。

　　在 20 世纪 20 年代以前,历史学家都认为古印度文明的历史是从公元前 15 世纪雅利安人的入侵开始,直到 1921 年,考古学家在印度河上游发现了巴拉哈遗址,他们才认识到自己观点的错误。1924 年,考古学家又在印度河下游发现了摩亨佐·达罗遗址,经测定,这两处遗址的年代都在公元前 2300～1750 年之间。令考古学家感到震惊的是,这些遗址的文明程度是如此之高,与之相比,雅利安人带来的简直就是一个野蛮黑暗的时代,他们使古印度河文明至少倒退了一千年。

　　巴拉哈和摩亨佐·达罗都是城市文明遗址,这两个城市的周长都在 4.8 公里以上,其居民各自约有 3.5 万人。两城相距 644 公里,形成两个中心,这显然是两个彼此独立的国家的都城。此后,考古学家又陆续发现了与此相似的大大小小的遗址数百处,年代都在公元前 1000 年以前,其分布的地域比中东两河流域和埃及的古文明遗址范围都要大几倍。但是,它是个被人遗忘的文明,如果说苏美尔人的文明还能从神话传说中找到影子的话,那么,古印度河文明连个神话传说的影子也没有留下。好在考古学家发现了它们,使这些在地下埋藏了数千年的遗址得以重见天日,也使我们能够对这些文明有个大概的了解。

　　古印度河流域种植的农作物主要有小麦、大麦、豆类、芝麻,饲养的家畜有狗、猪、牛、驴、骆驼等。此外,他们还种植蔬菜、椰枣、果树以及棉花,这里是世界上最早种植棉花和使用棉织品的地方。他们的工具还是以石器为主,但已经掌握了青铜制造技术,并能够对金、银、铅、锡等金属进行加工,甚至还能用焊接的方法对金属进行加工。铜制品有刀、斧、凿、锯子、镰刀、鱼钩等生产工具,还有匕首、箭镞、矛头等武器。

他们的手工业也非常发达,制陶业和纺织业都有较高的水平。陶器是用陶轮制作,陶窑的设计也非常合理,火焰可以烧到顶层,有些陶器上还绘有精美的图案。纺锤和纺轮在许多遗址中都有发现,染缸的存在说明当时已掌握了纺织品的染色技术。此外,手工艺品的制作也有很高的水平,如项链、耳环、戒指、手镯、臂镯、足镯等装饰品,既有金银制品,也有象牙和宝石制品。出土的一个青铜雕塑的舞蹈少女,佩戴着手镯、臂镯,梳着披肩长发,身材婀娜,造型优美,显示出他们优雅的艺术风格。

商业贸易也非常兴旺,他们通过印度河的出海口,经由波斯湾与中东两河流域进行贸易,在美索不达米亚公元前2300多年的废墟中就发现有印度河流域的印章。同样,在印度河流域的遗址中也发现有美索不达米亚的圆形印章和金属制品。另外,在波斯湾的巴林岛上也发现有印度河流域的产品,这说明当时巴林岛是印度河流域与美索不达米亚之间进行商业贸易的一个中转站。在他们的南部沿海地区还发现了远古时期的港口和造船台。

最能体现古印度河文明发达程度的是他们发达的城市及其建筑艺术。在这些数量众多的城市遗址中,最大的是巴拉哈和摩亨佐·达罗,而且摩亨佐·达罗保存较好,因此,我们可以通过了解摩亨佐·达罗来洞悉古印度河流域城市文明的概况。

摩亨佐·达罗城占地面积266公顷,城的西部是建筑在高台上的卫城,卫城有高厚的城墙和塔楼。东部是生活区,生活区内有居民住宅和贸易集市。整个城市有一道宽厚砖墙围护,使其形成一体,城内公共设施完善。城市中心有一个长方形的大浴池,长12米、宽7米、深2.4米,用砖砌成,涂有沥青以防漏水。浴池附近有供水的水井,并有排水沟。历史学家认为,这个浴池不单纯是为了用来洗澡,可能也是举行某种宗教祭祀仪式的场所。浴池的西面是个大型粮食仓库,浴池的东面、南面、北面都是富丽堂皇的大型建筑物,这些建筑可能是议政厅和政府官员办公的地方。城区是按规划建造的,大街笔直,有东西向,有南北向,垂直相交。主要大街宽达10米,街道十字路口的建筑物墙角砌成圆形,以方便交通,街道上还有许多分布均匀的灯柱,供夜间照明用。在街道下面,有一整套下水道网络,其设计之精巧合理令人赞叹。下水道用砖砌成,上面盖有石板,还有些楼房上用陶管连接通往街道下的下水道。街道两边都是建筑物,但是建筑物的窗户都不临街开,而是开向自己的院子,门大多也都是临小巷子而开。

从摩亨佐·达罗城的街区建筑物来看,社会显然有贫富差别,因为有的街区街道整齐,建筑物豪华,还有楼房,并备有水井和浴室。有的街区则街道狭窄,房屋简陋,室内无浴室,街道下无下水道,因此,有些学者认为他们已经进入阶级社会。但有些学者却对此持不同意见,因为摩亨佐·达罗城里并没有发现宫殿式建筑,而且在已发现的大多数其他城市遗址里,都没有发现明显的贫富差别,似乎都是一视同仁的平民房屋,也没有发现任何象征地位高贵的豪华物品,人们的地位都是平等的。因此,他们的社会结构可能仍然是氏族公社性质的平等社会,虽然有政府官员,也有较富裕者,但是,政治上人人都是平等的。

可以看出,古印度河流域在这些时期非常和平,没有战争,因为他们的大多数城市都没有任何军事防御设施,城里也几乎没有兵器。而从他们所处的地理环境来看,印度河流域三面都是大山脉,一面是海洋,形成了天然的防御屏障。在游牧民族没有出现以前,他们还是比较安全的。因为一般的野蛮原始部落是很难通过远途跋涉,越过这些屏障来威胁到他们。然而,游牧民族出现以后情况就不一样了。

印章是古印度河流域的一个重要文化特点,那里现已发掘出土近三万枚印章。印章上的图案五花八门,有动物图形,也有象形文字,文字约有四、五百个符号,但是这些文字至今都没有人能释读。这些印章可能是他们在与别人打交道时的信用凭证,也可能是他们用来领取粮食或其他物质的。他们的城市中间都有一个非常大的粮食仓库,不知他们是不是把平时收获的粮食都交到仓库里共同保存,需要的时候再带印章去领取。

古印度河文明的建筑物与美索不达米亚和古埃及都有明显的不同,三地都有各自的特点。美索不达米亚的建筑物是使用晒干的泥砖建造,古埃及是使用石材,而古印度河流域是使用砖窑烧制的火砖建造。这与当地的自然环境有关,因为印度河流域经常发生大面积洪水,房屋经常遭受大水淹浸,而火砖砌的房屋在遭受到水浸时不会倒塌。但是,遭受到特大洪水时仍然难以幸免灾难,因为大洪水会把房屋冲倒,建筑物将被汹涌的洪水卷走,比如,从遗址发掘的情况来看,摩亨佐·达罗城就曾经5次被洪水摧毁,然后又在原址上重建。

古印度河文明在公元前2000年前后达到鼎盛,当时农业文明的分布范围达到1000公里长,1000公里宽的广阔地域,远远超过了埃及和美索不达米亚。但此后就再没有发展了,甚至开始逐渐衰弱。衰弱的原因有学者认为可能是频繁的洪水,但实际上更有可能是因为农业的过度开发而造成的土地沙化。看看现在遍布印度河流域的大片沙漠我们就可以知道,印度河流域的生态其实很脆弱,因为这里的气候炎热而且干燥,降雨量很少,印度河主要依靠来自喜马拉雅山脉的夏季融雪。但是自然界的生态一旦被破坏,靠河水的灌溉是不可能恢复的,它只能依靠自然环境的逐渐改变。在远古时期农人们刚来到这里的时候,这里的生态环境应该是非常好的。农人们开辟耕地,发展灌溉农业,创造出了辉煌的农业文明,但也带来了人口的快速增长。人口的增长就要求开垦出更多的农田,最终超过了当地气候条件下土地的承受能力,结果导致了土地沙化。这种现象在中国干旱的西北部也经常发生,比如在新疆,那里的许多文明古国都被风沙逐步吞噬,许多都已经消失在茫茫沙海之中,其中就有著名的楼兰古国。

古印度河文明被发现,使考古学家感到无比惊奇,这些辉煌灿烂的文明是谁创造的?又是如何毁灭的?而且毁灭得如此彻底,以致在历史上没有留下任何痕迹,甚至是一个神话传说也没留下。现在比较一致的看法是毁灭于游牧民族的入侵,游牧民族从公元前约1500年开始,一批又一批地越过北面的兴都库什山脉侵入印度河流域,毁灭了这里的文明。考古发现表明,最后一个被毁灭的城市是罗塔尔,它被毁灭于公元前1000年前后。

游牧民族人人都是勇猛的战士,因此他们很容易就征服了这些和平的居民。入侵者摧毁了这里的城市、村庄和农田,把土地变成了他们的牧场。他们自称雅利安人(意为高贵人),而把这些居住在城市和村庄里从事农业的人称为下贱人,他们藐视农耕文明,认为游牧才是高贵的生活。他们杀掉了所有敢于反抗的成年男子,把妇女和儿童留下来做奴隶。雅利安人的社会还处于原始野蛮状态,文明落后,没有文字,但是,在他们的祭司口口相传的赞美史诗中,还是讲述了这些入侵的历程。在这些后来被编入《吠陀经》的赞美史诗中,那些创造了丰功伟绩的先辈们都是高大英武的勇士,这些勇士一人一次就可以吃下几头牛。

雅利安人建立起了种族奴隶制社会,在这种社会里,雅利安人是高贵种族,而那些被征服的当地人民都是下贱种族,只能世世代代给他们做奴隶,而且高贵种族与下贱种族之间是严格禁止通婚的。雅利安人还保留着氏族社会的原始民主制度,他们有贵族会议,也有雅利安平民的民众会议,军事和政治领导人由选举产生。但是奴隶没有任何政治权利,而且不受法律保护,可以任意的驱使、打骂甚至是杀害。雅利安人并没有在整个印度河流域建立起一个统一的国家,而是以氏族部落为主体建立起了众多互相独立的小国。

雅利安人最初只是从事游牧业,但是随着人口的增长,畜牧经济已经不能养活那么多人口,因此,慢慢地他们也开始经营那些下贱人所擅长的农业。这时雅利安人内部的社会组成也发生了分化,形成了婆罗门、刹帝利、吠舍三个阶层,也称三个种姓。婆罗门是最高种姓,他们由掌管宗教神灵和文化的祭司组成;其次是刹帝利,他们由掌管军事和政权的军事将领和行政官员组成,刹帝利虽然名义地位在掌管神权的婆罗门之下,但是由于他们掌握了军队,因此,婆罗门有时也不得不屈服于他们;再其次就是吠舍,由普通雅利安平民构成,他们大多数都是劳动者,从事畜牧业、农业、手工业、商业等职业,他们在氏族村社中能够分配到土地耕种,但是要缴纳赋税和服劳役。当然,最下层的还有由原土著居民构成的奴隶阶层,他们被迫从事苦力劳动和下贱的工作,他们也成为一个种姓,被称为"首陀罗"。这样就构成了印度四个等级的种姓制度,各个种姓的职业都是固定的,世代相传。种姓制度在印度后来的发展中越来越等级森严,各种姓之间界限分明,不能在一起吃饭,不能在一起活动,不能通婚,如果实在要通婚,也只能是高种姓的男人娶低种姓的女人,而低种姓的男人是绝对不能娶高种姓的女人的。如果违反了这些规定就会沦为各个种姓都不接纳的最下贱人,被称为"不可接触者"。不可接触者甚至不能和其他人一样住在村庄里,只能远远地住在村外,他们只能从事一些最下贱的工作,如埋葬死人、清理粪便、屠宰牲畜等等。

刹帝利不从事任何生产劳动,他们利用所掌握的军权和政权占有大量的土地,并拥有大量的奴隶为他们劳动。婆罗门也不从事任何劳动,他们也拥有大量的土地和奴隶,而且他们还是最富裕的阶层,因为他们掌握着宗教神灵和寺院,人们为了获得神灵的护佑,不断向他们捐赠土地和财物。吠舍凭借自己的劳动能够致富,但也可能陷入贫困,富有的吠舍也拥有许多奴隶为他们劳动。首陀罗则只能从事苦力劳动,没有政治权利,不受法律保护,而且不允许参加宗教仪式,他们是"一生族",即死后不会有来世,而由雅利安人组成的其他三个种姓是"再生族",死后可以来世再生。

大约从公元前9世纪开始,雅利安人越过印度河流域东面的高原地区,开始入侵恒河流域。因为地处从中国和缅甸通往印度河、西亚和中东的古商道上,公元前20世纪前后,水稻种植开始传入恒河流域,由于水稻种植的高能效性,那里的经济发展得更快,因此比印度河流域更加富庶。入侵的雅利安人征服当地的土著人民,掠夺了他们的财产,霸占了他们的土地,把他们沦为奴隶(即首陀罗)。不过这时的雅利安人已经开始经营农业,因此他们没有再毁掉农田,而是役使这些首陀罗为他们耕种土地。雅利安人逐步地向东扩张,直至征服了整个恒河流域,从此,恒河流域也处于了雅利安人的种姓奴隶制度统治之下。

　　雅利安人在入侵恒河流域的过程中社会制度也开始发生变化,这时分封制开始流行,入侵的军事统帅们把被征服的土地大量分封给那些随同他们出征的有功将领,于是封建制度开始出现,这些分封有土地的领主们建立起了众多互相独立的封建王国。但是,印度后来并没有形成像中国那样等级森严的封建等级制度,取而代之的是印度特有的等级森严的种姓制度,而且农村原来的氏族村社体系基本上仍然得以保持。封建领主们在他们的直辖领地里是使用奴隶来进行生产劳动,但是在直辖地之外则主要以收取租税的方式来进行统治。

　　恒河流域在印度的北部,而印度南部的半岛上多山脉和丘陵,不易进攻,而且那里的经济也比较落后,因此雅利安人并没有能够侵入到那里。但是,种姓制度却在某种程度上逐渐影响了南部的半岛,在那里的氏族村社里,土著祭司成了婆罗门,部落首领成了刹帝利,氏族平民成了吠舍,一些地位低下的穷苦人则因债务或其他原因成了有权势者和富人的奴隶,即首陀罗。不过半岛南部基本上都还是氏族公社制度,奴隶很少。

　　公元前6世纪古印度进入了一个战乱不断的列国时代,各国为争夺土地扩大势力范围互相攻打。此时,古印度的经济、文化和政治中心已经东移到恒河流域。而印度河流域不仅因经济落后而失去了原来的重要地位,而且在公元前518年被波斯人占领,成了波斯帝国的一个行省。这时的古印度有16个大国和众多的小国,而大国之中最为强大的是位于恒河流域东部的摩揭陀。据说摩揭陀有8万个村社,每个村社都设有村长和村议会,国王之下有大批的官吏,分管行政、司法和军事,还有由村长组成的全国大议会。但王位的产生方式已发生改变,民主制度名存实亡,有5个国王都是通过弑父登上王位的。摩揭陀王国还不断地进行扩张,据文献记载,摩揭陀王国到难陀王朝时期已经有2万骑兵、20万步兵、2千战车、3千头战象。公元前4世纪,摩揭陀难陀王朝基本上统一了恒河流域。

　　列国时代古印度的经济有了许多重要的变化,铁器已经开始使用,农业生产水平和产量都有了很大的提高。手工业已非常发达,据文献记载当时已有18种手工行业,重要的手工行业还组织有行会,行会的头领通常都是能接近国王的有权势的人物。商业贸易也非常兴旺,当时有8个大城市,贸易在各城市的市场进行,各城市之间有商路连接,商人还组织商会,他们控制物价,谋取厚利,易货贸易已被淘汰,用银或铜铸成的货币开始通行。对外贸易也很活跃,与缅甸、中国、斯里兰卡、西亚、中东等地都有商业往来,商人通常结成商队,由保镖护送,商队的规模也比较大,通常都有几百人。

　　古印度的列国时代有如中国的春秋战国时代,社会动荡,各种思想激烈碰撞,也出现了一个"百家争鸣"的场面。但是,他们是宗教思想的百家争鸣,而不是世俗思想的百家争鸣。此时的印度,竟出现了96个不同教派,其中影响较大的有耆那教、佛教等教派。他们争论的核心问题是如何避世,逃避现实,而中国的百家争鸣时期争论的问题是如何救世,改变现实,两者处理社会问题的方式大相径庭。不过,有些宗教也有劝人行善和通过说教促使人们改变思想和行为方式,从而达到改良社会的目的。

耆那教的创始人是筏陀摩那(公元前599~前527年),他被尊称为摩诃毗罗,意为伟大的英雄,简称"大雄"。但是正统的耆那教认为在大雄之前还有23个教祖,大雄是第24个,也是最后一个教祖。筏陀摩那出身于刹帝利种姓,父亲是贝拿勒斯一个小王国的君主,但他并不感到幸福。筏陀摩那婚后育有一女,大约30岁时,他立志出家苦行,寻找解脱痛苦的途径。他游历了许多地方,途中艰难困苦,衣衫破烂不堪,从此他裸体行乞。当他苦行修炼12年后,终于在一株沙罗树下觉悟成道。此后他四处传教,组织教团,宣传教义长达30余年,直至72岁去世。

耆那教认为不存在宇宙创造神、保护神和破坏神,世界是由极微物质(原子)构成,不由神创造。耆那教否定婆罗门教主张的吠陀天启、祭祀万能、婆罗门至上,针锋相对地提出吠陀并非真知,祭祀杀生只会增加罪恶,婆罗门是言行不一的祭司。耆那教宣传种姓平等,反对种姓制度和婆罗门教的神灵崇拜,用耆那教经典对抗吠陀经,强调苦行和戒杀以对抗婆罗门教的祭祀万能。耆那教主张灵魂解脱,业报轮回和非暴力,认为一切生物都有灵魂,都是神圣的,都不能伤害。人的灵魂在未解脱前为业所束缚,并无限轮回,只有通过修炼,使灵魂摆脱业的束缚,才能获得最后的解脱。要获得解脱必须实行五戒:不杀生、不妄言、不偷盗、不奸淫、戒私财。耆那教认为,只有严格实行戒律,经过苦行修炼,才能清除旧业的束缚,达到"寂静",并将禁欲和苦行视为解脱的最佳途径。

佛教的创始人是乔达摩·悉达多(公元前566~前486年),他被称为释迦牟尼,意即释迦族的圣哲,也称为佛陀(大雄和佛陀与中国的老子和孔子是同时代人)。乔达摩·悉达多是迦毗罗卫国(今尼泊尔境内)的王子。据说他结婚较早,但29岁才得子,也就在这一年他离家出走,过起了禁欲主义的苦行僧生活,苦行6年后,在一次长达7天7夜的冥思苦想中,他终于大彻大悟,得道成佛。此后他在恒河流域传教40多年,直至80岁去世。

佛教的主要教义是四谛,即四条神圣的真理。四谛为:苦谛、集谛、灭谛、道谛。苦谛是说人生有各种痛苦,如生、老、病、死等;集谛是说人之所以有各种痛苦,其根源是因欲望而造成;灭谛是说既然苦因是产生于欲望,那么灭苦因就要灭欲望,这样才能达到超脱的理想境界,即达到"涅槃";道谛是指达到涅槃境界的具体方法,即修道的8种方法,又称8正道,即:正见(正确的信仰)、正思(正确的思维)、正语(正确的言论)、正业(正确的行动)、正命(正确的生活)、正进(正确的努力)、正念(正确的思想)、正定(正确的自我专心)。佛教的其他教义还有因果说、来世说等等,由因果关系就构成了,前世、现世、来世之间的前世因与现世果,现世因与来世果的二重因果业报轮回。生死轮回不息,因此,只有皈依佛教,才能得到解脱,超越轮回,达到"涅槃"的理想境界。

耆那教和佛教产生的原因都与反抗雅利安婆罗门的宗教专制压迫有关。婆罗门拥有至高无上的地位,他们垄断了宗教神权以及政治、思想和文化。刹帝利、吠舍,以及印度土著民族的宗教、土著人民,都受到他们的压制,因此,人们创建不同的宗教来与之抗衡。耆那教公开的反对婆罗门至上和种姓制度,佛教也强调"众生平等"和"普度众生"。这些教义对广大中下层人民很有吸引力,因此耆那教和佛教都很快得到了广泛的传播。

耆那教和佛教后来都得到了很大的发展,公元前3世纪时,取代了摩揭陀王国的孔雀王国还把佛教奉为了国教。耆那教和佛教还走出了印度传播到了亚洲各地,特别是佛教,后来成了世界三大宗教之一,现在仍流行于东亚和东南亚地区。但是公元8世纪以后,它们在印度开始衰弱,当时婆罗门教为适应形势的变化,进行了一些改革,使婆罗门教在印度重新占据了宗教统治地位,成了印度的国教——印度教。公元12世纪以后,随着信仰伊斯兰教的突厥人的入侵,伊斯兰教传入印度,他们对耆那教和佛教进行了大肆镇压,大批的僧侣被杀,寺庙被捣毁,耆那教从此处于衰微状态,佛教更是在印度几乎消失。

公元前4世纪,马其顿王国在巴尔干半岛北部崛起,它先后征服了半岛南部的希腊各城邦国家,力量逐渐强大。公元前336年亚历山大继承了马其顿王位,不久后他开始发动对波斯的进攻。经过近10年的艰苦征战,亚历山大打败了强大的波斯帝国(当时波斯帝国的疆域包括伊朗高原、中东、埃及、中亚部分地区及印度河流域),公元前326年,亚历山大攻占了印度河流域,完成了他征服波斯帝国的辉煌历程,建立起了地跨欧亚非三洲的庞大马其顿帝国。但是马其顿人在印度河流域的统治并没有维持多久。公元前325年,亚历山大在这里建立了一个行省并留下一支军队后,率军撤退。一年后,一个名叫旃陀罗笈多·孔雀的年轻印度人带领印度人民发动起义,赶走了马其顿人,解放了印度河流域。随后,旃陀罗笈多又趁势挥师向东进入恒河流域,打败了摩揭陀王国,建立了印度历史上第一个统一印度河流域和恒河流域的王国——孔雀王国。

据说旃陀罗笈多是摩揭陀王国一个王子的后代与女仆的私生子,少年时因被摩揭陀国王放逐而远走他乡。马其顿人侵占印度河流域时他曾去拜见亚历山大,当时,亚历山大没有把这个小青年放在眼里。然而,一个叫考底利耶的婆罗门却看中了他的身世和才能,决定帮助他成就一番事业。考底利耶帮助他组织了一支军队,发动了反对马其顿人的起义,起义得到了广大人民的积极响应,马其顿人的统治很快被推翻。旃陀罗笈多趁胜进攻摩揭陀王国,推翻了难陀王朝,占领了首都华氏城(即今:巴特那),建立起了孔雀王国,统一了包括印度河流域和恒河流域在内的印度北部地区。

公元前323年亚历山大病逝,马其顿帝国随即分裂为以帝国在欧、亚、非各洲的领地为主体的三部分,从而分别建立了三个王国。亚洲部分被他的部将塞琉古据有并建立了塞琉西王国。公元前305年,塞琉古率军进攻孔雀王国,欲夺回印度河流域,但是被旃陀罗笈多打败。之后双方签订了友好条约,塞琉古把他的一个女儿嫁给了旃陀罗笈多,旃陀罗笈多则赠送了塞琉古500头大象。

旃陀罗笈多晚年皈依了耆那教,他把王位传给了他的儿子宾头沙罗,自己前往森林中去修苦行,以求得到灵魂的解脱,最后遵照耆那教的解脱方式绝食而死。

宾头沙罗继位后继续进行扩张,把领土推进到了孟加拉湾和印度半岛中部的德干高原。公元前273年宾头沙罗病逝,王族子弟们为王位而展开了激烈的争夺,互相残杀,经过长达4年的血腥争夺,最后阿育王夺得了王位。

阿育王18岁时被任命为阿般提省总督,后来在镇压旦叉始罗城的叛乱中立下大功。父王宾头沙罗病重时,阿育王回来争夺王位,传说他杀了99个兄弟后才坐稳了王位。这个传说可能有些夸张,但由此也可见当时王位争夺的激烈血腥程度。杀人无数的阿育王即位后仍不改他凶狠嗜杀的性格,他挑选最凶恶的酷吏,并设立"人间地狱"来残害反对者,因此他被认为是一个残忍的暴君。

阿育王继位后继续发动扩张战争,先后征服了湿婆罗、羯陵伽等国。规模最大的一次战争是公元前261年发动的征服孟加拉沿海的羯陵迦国之战,这次战争使孔雀王国基本上统一了除印度半岛南部以外的南亚次大陆绝大部分地区,但也造成了10多万人被杀,15万多人被掳的惨烈结果。这一战是阿育王人生的转折点,阿育王被尸积如山,血流成河的场面所震撼,深感后悔,他从小相信佛教,但是被权欲所迷惑走上了杀戮的道路。在与高僧伏波毯多次长谈后他终于醒悟,决心皈依佛门,彻底改变统治方法。

阿育王宣布他将不再主动发动战争,即使是不得已的战争也要尽量减少伤亡。阿育王宣布佛教为国教,并将他倡导的正法精神和有关诏令刻写在伫立于全国各地的石柱上。他倡导的正法主要内容有:对人要仁爱慈悲、要孝敬父母、善待亲戚朋友和众生,对动物也要尊重它们的生命,因为它们也是"众生平等"的一部分;要多做有助于公众的好事,如修路架桥、种树建亭等;要对其他宗教宽容,给予耆那教、婆罗门等宗教应有的地位,禁止不同教派之间互相攻击。这些正法的内容体现了佛教的基本精神。

　　阿育王还亲自到各地去朝礼佛教圣迹,修建佛塔,访问有名的大德高僧,修建了许多大寺院供他们讲经。又在国内的名胜地方,把佛经刻写在大石崖上,使人们都知道佛的教诲。有些崖壁石刻和阿育王的石柱法敕至今仍然得到保存。阿育王在全国修建的佛舍利塔多达 84000 座,并多次对佛教僧团施舍大量地土地和财物。阿育王还聘请佛教高僧在华氏城结集,举行了一次盛大的法会,重新整理佛教经典,并编纂了《论事》。这是佛教创建 300 年以来的第三次结集。结集后,阿育王又派许多大德高僧到全国,乃至外国去传教,使佛教传播到了缅甸、斯里兰卡、中亚、西亚、中东,甚至包括埃及(佛教后来在公元 2 世纪时经中亚开始传入中国)。当时佛教徒都认为他是个理想的国王,尊他为"护法名王"。

　　阿育王不仅是宣传佛教,他还身体力行的做善事,他在印度各地修建了发达的道路系统,道路沿途设立驿站,还在道路两旁种树,每隔几里挖一口井,设立行人休息的亭所。并在交通要道处建立国家粮食仓库,以供紧急时使用。为提高农业产量,他还在各地修建了运河和水库,兴建了一系列水利灌溉系统。

　　孔雀王国的政治体制已经具有了中央集权的君主专制性质,阿育王本人拥有行政、军事、司法方面的绝对权威。但是,孔雀王国中央集权的程度并不高,因为它实行的是帝国行省制,全国分为若干个行省,行省的总督通常由王子担任,而行省内部仍然保持自治,甚至还保留着许多独立的部落和一些半独立的小邦国。因此,这种帝国制度很容易分裂,省总督可能会据地为王摆脱中央的控制,行省内的部落或半独立的小邦国也可能闹独立。这与中国秦朝建立的中央集权制度还是有很大的区别,秦朝建立的是郡、县、都、乡、邑、聚,六级行政管理,中央通过各级官僚把管辖一直延伸到每个农户家庭。

　　孔雀王国的土地从理论上来说是属于国有,但实际上原来的土地制度并没有改变,因为国家对土地的管理只是税收,即按收获物的 1/6 征收土地税。而婆罗门、寺庙僧侣,刹帝利贵族等,仍然占有大量的土地,而且他们仍然不用交税。原来的农村公社所有的土地也没有改变,但是这些土地的使用者(大都是吠舍)都要向国家缴纳土地税。原来的种姓制度和奴隶制度也没有改变,奴隶仍然大量的使用。另外王室宗亲和功臣武将也受封有大量的土地,这些土地可以世袭,但不能买卖,他们也都不用交税,这些土地大都是使用奴隶耕种,但也有的是租佃给农民耕种。

据认为,古印度在远古印度河文明时期是有文字的,但雅利安人入侵后,那些文字随同那些文明一起毁灭了。从公元前 6 世纪的列国时代开始,印度又开始出现文字,这是一种采用从波斯传入的字母改造成的婆罗谜文。婆罗门用这些文字来记录他们世代口口相传的赞美史诗,把它们编撰成了《吠陀经》。书写材料是经过处理的树皮,因为这种书写材料不耐腐蚀,所以当时的文书都没有实物保存下来,现流传下来的印度最古老文字是阿育王的那些石刻铭文。婆罗谜文由 47 个字母构成,是近代印度字母的原型,语法结构与古波斯语相似,公元 7 世纪时这种文字发展成梵文。《吠陀经》也是印度最早的文学作品,而其中最古老,最有文学价值的是《梨俱吠陀》,它是一部诗歌总集,共有 1028 首诗歌,以歌颂神为主,也有世俗诗歌。因此它并不单纯是宗教的经典作品,也有哲学、法学、历史、社会、以及各种科学方面的内容,反映了当时雅利安人和印度社会的各方面情况。

孔雀王国的贸易非常发达,当时丝绸、香料、珠宝、象牙等商品的贸易都已经非常兴旺,他们与东方的中国以及希腊化的中东和埃及等地都有频繁的贸易往来,因此,古印度的文化呈现出多元性,比如古印度的建筑物和艺术中就融入了不少希腊风格。

公元前 232 年阿育王去世后孔雀王国很快就陷入了分裂,王国内战乱不断,尽管王国后来的几位统治者仍然定都于华氏城,并继续保留孔雀王国的称号,但是其势力仅及恒河流域的部分地区。公元前 185 年,孔雀王国的最后一位国王被他的部将巽伽杀死,孔雀王朝灭亡,巽伽王朝取而代之,印度又回到了四分五裂的地区性独立小王国分治的局面。

孔雀王朝是印度历史上少有的统一王朝,此后的印度一直分多合少,而后来几个比较统一的王朝也只是统一了印度北部的部分地区,南部的半岛上一直是处于众多的部落邦国分治状态。游牧民族也不断地从西北山口越过兴都库什山脉侵入印度,例如安息人(属斯基泰人)、大月氏人、匈奴人、突厥人、蒙古人等等,印度北部的几个比较统一的王朝也大都是游牧民族建立的。比如公元 1~4 世纪由大月氏人建立的贵霜王朝,公元 10~12 世纪由突厥人建立的伽色尼王朝,公元 16~18 世纪由蒙古人建立的莫卧儿帝国等。

　　印度位于东亚、西亚与南亚的交汇处,同时,这里也是世界三大人种的交界处,而且历史上又屡遭外族入侵,因此它的人种特别复杂,既有南亚土著的小黑种人,又有来自中亚和西亚的白种人,还有来自东亚的黄种人。虽然印度有界限森严的种姓制度限制各种姓之间的通婚,但是仍然不能阻止各人种之间的融合,因此,印度可以说是人种的大熔炉。

六　四大文明古国之巴比伦

　　用巴比伦来命名中东两河流域的远古文明并不十分恰当,因为两河流域最初的文明是由苏美尔人开创的苏美尔文明,而在此后长达数千年的文明史中也只有两个短短的王朝被称为巴比伦,现在这个地方则被称为伊拉克。苏美尔文明发源于两河流域下游的美索不达米亚,后扩展到整个中东和西亚,并对欧洲文明的发展产生了重大影响。

　　在 19 世纪以前,西方历史学家还对苏美尔文明一无所知,而只知道亚述、巴比伦和阿拉伯人的伊斯兰文明。19 世纪的考古发现把这些已被历史湮没了几千年的远古文明揭示了出来,人们惊奇地发现,在欧洲还是一片蛮荒的时候,这里已有了繁华的城市和成熟的文字,人们不知道这些城市文明是怎么突然出现,又是怎么消失了,当这些世界上最早的文字被破译出来以后,苏美尔人创造的辉煌文明才被人们逐渐了解。

　　大约在公元前 4000 多年以前,苏美尔人从东方来到了两河流域下游的这片两河之间的土地。他们在这里开挖渠道,修建系统的灌溉网络,引来了幼发拉底河和底格里斯河的河水,开辟了发达的灌溉农业。这里是广阔的冲积平原,土质肥沃,非常适宜于农作物的种植,因此,他们很快就发展了起来,生活富裕,人口迅速增长。因为这里地处亚、非、欧三大洲的交界处,交通四通八达,有利于物资的流通和商业的发展,因此他们可以用自己生产的农产品和手工业品与往来四面的商人进行贸易。优越的地理位置,使他们的经济很快繁荣起来,物资丰富。但是,经济的繁荣和物资的丰富也引起了周围贫困而物质匮乏的野蛮民族的垂涎和觊觎,因此,只要有机会,蛮族就会发动侵袭来掠夺财物。而美索不达米亚是开阔的平原,周围没有任何天然屏障,极易遭受入侵,因此苏美尔人只能建造起城市,并修筑起高大的城墙来防范侵袭,保护自己。

　　到公元前 3000 年时,苏美尔人已形成十几个城邦国家,其中比较大的有埃利都、基什、乌鲁克、拉格什、乌尔、尼普尔等。为了抵抗野蛮民族的入侵，这些城邦国家结成了国家联盟，实力最强大的国家成了盟主，从而被授予王权，但王权会随着各国实力之间的此消彼长而易手。在考古发现的《苏美尔王表》中，有关于苏美尔王权变更情况的记载。苏美尔人与中国人一样，认为王权是天授，"王权自天而降"。苏美尔人的第一个王权是在埃利都。埃利都是美索不达米亚最南面靠海边的城市，苏美尔人最早的王权就是在那里，但是后来埃利都衰落了，王权转移到巴德提比拉。王表把苏美尔人的历史分为大洪水前和大洪水后，大洪水后苏美尔人的社会情况发生了很大的变化。大洪水之后，王权再次从天而降，王权在基什。后来基什被乌鲁克打败，王权转移到乌鲁克。约在公元前 26 世纪乌鲁克被乌尔打败，王权转移到了乌尔。此后，王权的转移更加频繁，因为这些城邦国家之间经常会因为水利、贸易利益、土地等问题发生争执和战争。

　　苏美尔人虽然很早就进入了城邦国家，但仍保持着氏族公社制度，虽然有君主，有富人，也有奴仆，但人口的绝大多数都是平民，人们从氏族分得土地，并向国家缴纳税赋。一些原始的民主制度也仍然存在，有长老会议，国王也并非世袭。后来随着城市经济和商业的发展，苏美尔人的社会形态逐渐发生了分化，城市中出现了大批的手工业者和商人，这些手工业者有石匠、木匠、制陶工匠、金属工匠、宝石工匠、首饰工匠、皮革工匠等等，他们在市场上出售自己生产的手工业品，同时还有大批的商人，他们贩卖着来自外地和遥远的外国的各种奢侈品或日用商品。农村的许多土地也逐渐以大地产的形式归属到了国王、祭司、神庙和一些富人手里，他们将土地分配给农民耕种，并向农民提供种子、农具和耕畜，农民们把劳动所获除去自己的消费后，剩余的都缴纳给土地所有者。

　　苏美尔人种植的谷物主要是小麦和大麦，蔬菜有洋葱、蚕豆、豌豆、大蒜、韭葱、萝卜、莴笋、黄瓜等，水果有甜瓜、耶枣、石榴、无花果、苹果等。饲养的牲畜有猪、牛、羊、驴等，家禽有鸭子和鹅。苏美尔人的商业非常发达，他们与西亚、小亚细亚、叙利亚、黎巴嫩、埃及，都有贸易往来，他们还通过海路与波斯湾和阿拉伯海沿岸国家进行贸易，在波斯湾的巴林岛和南亚的印度河流域，考古学家都曾发现过许多苏美尔人的物品。

　　苏美尔人的房屋建筑和城墙大都是用晒干的泥砖建造，因为美索不达米亚是冲积平原，很难找到石材和木材，而且那里气候干燥，用晒干的泥砖建造房屋也不会因受潮而坍塌。苏美尔人最雄伟的建筑是用于宗教祭祀的塔庙，在每个城市的中心都建有庙宇和塔庙。最高的塔庙高达 90 多米，塔庙呈金字塔形，四个底边长也各有 90 米。

　　苏美尔人的宗教思想很多都与中国人相似,比如,他们也是多神论者,认为有天神、地神、水神、雨神、太阳神、月亮神……在地下"流着清冽泉水之处"还有"冥神"。天上每一个星辰,也都对应着一个神,因为这些神都是在高高的天上,因此苏美尔人要修建高高的塔庙来对它们进行祭祀,以便更近距离地与神沟通。

　　苏美尔文明最伟大的成就之一就是他们的文字,这些文字因为被刻写在泥板上然后烤干,因而得以在地下保存至今。在很早以前,因为经济的发展,苏美尔人就开始用画图的形式来记录账目和一些商业契约,后来逐渐发展成为一种象形文字。据苏美尔史诗《恩美卡和阿拉塔之王》的记载,最早把文字刻写在泥板上的人,是乌鲁克国王恩美卡,而在他之前"这样的事情从未遇见过"。考古发掘似乎也证实了这一说法,因为在乌鲁克古城发现了公元前3200年左右的,刻有图形文字的泥板文书,这是迄今已发现的最早的苏美尔泥板文书。用泥板做书写材料虽然很笨重,但是将它烤干以后却非常有利于长期保存,从而使苏美尔文字有幸成为能够保存至今的世界上最早的成熟文字。现已发掘出土的苏美尔泥板文书有几十万块,一般每块重量约1000克,最大的一块有2.7米长、1.95米宽,堪称巨书。这些出土的泥板文书大都是一些经济账目和行政方面的文书,也有少量的对话、谚语、赞美诗和神话传说等。

　　苏美尔人的文字也经历了一个从图形文字到象形文字,再到表意和表音文字的长期发展过程。大约到公元前26世纪,苏美尔人的图形文字已逐渐简化成了一些象形符号,这时,在他们的泥板文书上已看不到图形,它们被一些象形符号取代,从而形成了象形文字。因为苏美尔人习惯用削尖的芦苇杆做笔来在泥板上刻写,这使文字的笔画形成了一头大,一头尖的楔形,因此后来被人们称为"楔形文字"。

　　随着社会的发展,人际交往和国家之间的往来越来越多,要表达的事物也越来越复杂,但是有很多事物用一个简单的象形符号却无法表示,于是人们就用多个象形符号来表达它们的意思。比如用"天"加"水"表示"下雨",用"眼"加"水"表示"哭"等等,这就形成了表意文字。而一些抽象的概念用表意的方法也很难表达出来,于是人们借用发音相近的象形符号来表示它们的发音,并逐渐形成了一些专门用于表示发音的表音符号,这些表音符号就是后来的拼音字母的原型。楔形文字的符号最初有2000多个,后来经过书吏们的改进,简化成了约500多个规范的符号。在此后的2000多年里,楔形文字一直在两河流域和西亚地区广泛使用,并且成了西亚、埃及等地区商业和国家间官方往来的通用文字,即使是在苏美尔人国家灭亡后,其他国家和民族也是采用苏美尔人的楔形文字体系来书写他们的语言,直到公元前4世纪两河流域被马其顿帝国占领后,楔形文字才逐渐消失。

大约在公元前25世纪,一支来自中亚的游牧民族胡里特人西迁到两河流域上游,占领了那里的草原。他们是来到中东地区最早的骑马的游牧民族,他们的到来为中东地区带来了游牧文明,从而使两河流域上游、叙利亚高原、阿拉伯半岛等中东地区的草原和荒漠地带都逐步游牧化。胡里特人原属印欧语系,但后来他们与当地操塞姆语的土著居民发生了融合,形成了独特的阿卡德语言,因此被称为阿卡德人。公元前2371年,萨尔贡成为阿卡德人的领袖,不久后他创建了阿卡德王国。而此时,两河流域下游的苏美尔人城邦国家因内部的争夺,王权发生多次转移,并再次转移到了乌鲁克,当时,乌鲁克的国王是卢加尔扎克西,他于公元前2359年打败基什取得了苏美尔王权。

公元前2335年,萨尔贡率领阿卡德人发动对苏美尔人的征服战争。他首先打败了卢加尔扎克西占领了乌鲁克,接着他趁胜挥师南下征服了乌尔、基什、拉格什等等苏美尔人的所有城邦,"洗剑于波斯湾",昔日繁华的苏美尔城邦几乎尽遭摧毁。萨尔贡继续进行他的征服,向东,他打败了伊朗西南部的埃兰人;向北,他不仅征服了两河流域北面的苏巴尔图,还进军到了小亚细亚的陶鲁斯山区;向西,他征服了叙利亚地区的古国埃布拉,并进军黎巴嫩山脉一带直到地中海东海岸。萨尔贡建立了一个地域广阔的王国,自称"天下四方之王",但是直接统治的地区主要还是两河流域的阿卡德和苏美尔。东面的埃兰、北面的苏巴尔图、西面的埃布拉等,都只是其属国,黎巴嫩山脉一带则仅是他所征服的边远地区。

萨尔贡在阿卡德和苏美尔建立起了阿卡德帝国,帝国下设若干行省,由王室宗亲分别担任行省总督。但是帝国的统治并不稳固,苏美尔人的反抗和边境各属国的反叛不断发生,因此,萨尔贡和继承他王位的儿子和孙子都要在对内进行镇压的同时继续对外进行征战。他孙子纳拉姆辛在位时,阿卡德国势达到最强。纳拉姆辛进行了大规模的征战,在南方,他征服了波斯湾的马干,在东北山区,他战胜了卢卢比人。纳拉姆辛死后,阿卡德帝国开始衰弱,内部的叛乱,边疆的独立,周边民族的侵袭,不断削弱帝国的统治。公元前2191年,来自伊朗高原的游牧民族库提人的入侵,最终摧毁了阿卡德帝国。

库提人也是来自中亚的印欧语系游牧民族,他们大约在公元前23世纪开始西迁至伊朗高原西部。《苏美尔王表》记载了21位库提人君主在美索不达米亚的统治,但是时间都不长,共约70余年。库提人统治时期鲜有历史遗存,历史学家据此认为库提人对美索不达米亚文明并未造成大的影响。实际上阿卡德帝国在库提人的入侵下崩溃后,苏美尔人原来的许多城邦都获得了自治权,而拉格什的地位尤其突出,公元前2140年,拉格什的统治者古地亚修建起象征独立的神庙,建立了拉格什第二王朝。公元前2120年乌鲁克的乌图西加尔率兵起义,并自立为乌鲁克王,在南方的苏美尔盟友帮助下,他们将库提人驱逐出了苏美尔,并俘虏了库提人的末代君主梯里根,成功地实现了苏美尔人的复兴。历史学家把此后这一时期称为"新苏美尔时期"。

乌图西加尔于公元前2112年去世后,由他任命的乌尔总督乌尔纳姆继承了他的王位,公元前2110年,乌尔纳姆打败了拉格什王纳马哈尼,统一了苏美尔各城邦,由此开始了乌尔第三王朝。乌尔纳姆在位期间,把乌尔城扩建至70公顷,并修建了巨大的城墙,开凿了新的运河,修复和新建了遍布全国的神庙。其中最大的,也是迄今保存最好的是献给月神南纳的大金字塔形神庙——吉库拉塔。乌尔纳姆还制定了迄今发现有实物的世界上最古老的成文法典——《乌尔纳姆法典》,可惜现在出土的泥板文书中只发现了部分法律条文的残片,但还是能从中看出苏美尔人社会的平等精神,比如,强调不许富者虐待贫者,禁止欺凌孤儿寡妇等等。乌尔王朝的政治制度与以前的苏美尔时期已有明显不同,他们沿袭了阿卡德帝国的中央集权制和王位世袭制,王朝下设行省,乌尔纳姆死后,王位由他儿子继承。

乌尔第三王朝时期,苏美尔人面临内忧外患,内忧的主要问题是,因土地的盐碱化导致农作物产量大幅下降,从而经常引起饥荒。因为美索不达米亚地区干旱少雨,农业只能依靠引水灌溉,但是,长期的引水灌溉,降雨量少于蒸发量,导致了盐分的累积,土地出现盐碱化。据出土的泥板文书记载,有很多地方的土地已经不能种植小麦,而只能种植耐盐碱的大麦,有些土地甚至已经无法种植,这种情况后来也导致了美索不达米亚地区农业的逐渐衰败。外患是因为所处的不利地理位置使他们不断遭受到来自四周野蛮民族的入侵威胁,东面的埃兰人和西面的阿摩利人对他们构成的威胁尤其严重。公元前2004年,埃兰人攻陷了乌尔第三王朝的首都乌尔城,并掳走了末代君主伊比辛。

乌尔城陷落末代君主伊比辛被掳走后,苏美尔人群龙无首,再次陷入了城邦纷争。这时,南部的主要城邦有伊辛和拉尔萨,北部的主要城邦有亚述和马里。内部的分裂削弱了他们的力量,这给他们西面叙利亚高原上的阿摩利人制造了机会。阿摩利人是中亚游牧文明传入后,在中东的草原荒漠地区形成的塞姆语系的土著游牧民族,阿摩利游牧民不断越过苏美尔人修建的名为"阿摩利人的抵御者"的防御长墙,侵入美索不达米亚地区。公元前1932年,阿摩利人占领了拉尔萨,建立了他们在美索不达米亚地区的第一个王国。公元前1894年,阿摩利人的雅赫茹茹姆部落在其首领苏穆阿布带领下征服了伊辛,他们以小城巴比伦为中心,建立了巴比伦王国(古巴比伦)。公元前1813年,两河流域上游的游牧民在他们的首领沙姆希·阿达德率领下征服了亚述和马里,在美索不达米亚北部建立起了亚述王国。他们在亚述古城重修神庙,并将神庙供奉的苏美尔人的恩利尔神改为亚述尔神。从此在两河流域形成了南部以农业为主的巴比伦地区(被称为巴比伦尼亚)与北部以畜牧业为主的亚述人地区。此后再也没有苏美尔人的政权出现,苏美尔人也逐渐融入其他民族而在历史中消失,但是在此后的巴比伦和亚述时期,苏美尔语和楔形文字一直都被使用,苏美尔人开创的文明也一直被延续。

亚述人是由印欧语系与塞姆语系融合而成的游牧民族,他们的语言与阿卡德语十分相似。有关他们的历史,考古方面的发现很少,但是在小亚细亚的中部还是发现了古亚述商人的定居点,根据出土的泥板文书得以知道了一些当时的商贸情况。亚述商人用驴队将锡和布匹运到安纳托利亚,并换回白银。他们还以8倍于黄金的价格换回铁,因为当时还不能从铁矿石冶炼出铁,铁仅仅来自陨石。

公元前1792年,古巴比伦王国第六位国王汉谟拉比继位。他在位的前30年主要工作是修建神庙、灌溉渠和防御墙,但是在他的强大邻邦拉尔萨背盟后,汉谟拉比向它发起了挑战,并在一年内击败了拉尔萨。在接下来的十年里,汉谟拉比使用他强大的军队,控制了包括马里、尼尼微和亚述在内的两河流域上游地区(但亚述仍保持半独立状态),使古巴比伦王国达到鼎盛。巴比伦城也由此成了两河流域的政治、经济和文化中心。

汉谟拉比留给后世最重要的遗产是他所颁布的《汉谟拉比法典》,这部法典被刻在高2.25米的黑色玄武岩石柱上,这个石柱于公元1901年在伊朗南部的苏撒古城遗址出土。它是迄今已发现的,而且是保存完整的世界上最早的成文法典。这部法典为我们了解当时的社会情况和社会制度提供了第一手资料。《汉谟拉比法典》有282条法律条文,从法典的条文来看,古巴比伦王国把臣民分为"人"和"非人"。"人"包括有公民权的自由民和无公民权的自由民,有公民权的自由民是指居于统治地位的民族——阿摩利人中的贵族和平民;无公民权的自由民是指外来的商人、手工业者、游民和其他外国人。"非人"即奴隶,他们包括被征服的苏美尔人和一些其他的奴隶,"非人"是奴隶主的财产,身份等同于牲口,法律规定杀死某人的一个奴隶与杀死某人的一头耕牛,所获得的赔偿是一样的,贵族和自由民都拥有奴隶。由此我们可以看出,古巴比伦是典型的由游牧民族入侵征服而建立的种族主义的奴隶社会,阿摩利人为统治民族,被征服的苏美尔人是被统治民族,他们不仅沦为了奴隶,而且遭到严重的种族歧视,受到非人的待遇。

《汉谟拉比法典》中有许多法律非常有趣,它的许多法律原则还非常原始,比如说他们采取的"以眼还眼,以牙还牙"的同态复仇原则。即:倘人毁人之目,则毁其目;倘人断人之骨,则断其骨。法律并不考虑当初造成伤害的原因是否纯属意外,而只是看似合理的坚持原态复仇。从"让买方小心提防"的原则,可以看出他们对商人利益的保护,法律不惩罚卖方的行诈,而要求买方自己小心不要上当。法律还规定:倘自由民宣誓揭发其他自由民之罪,控其杀人而不能证实,揭发者应处死;自由民在诉讼案中提供罪证,而所诉无从证实,倘案件有关生命,应该处死。这是一种强调诉讼证据的原则,这一原则后来被许多西方国家的法律采用,并发展成为近代的无证据不能定罪原则。

汉谟拉比统治时期是古巴比伦王国的鼎盛时期,汉谟拉比死后,王国逐渐开始衰弱,周围的野蛮民族不断对他们进行侵袭,劫掠财物,亚述人也摆脱了他们的控制而独立。到公元前1595年,来自小亚细亚的赫梯人攻陷了巴比伦城,但他们并没有久留,一番血腥的烧杀掳掠,洗劫完巴比伦城后离去。随后而来的喀西特人占据了巴比伦尼亚,灭掉了古巴比伦王国,结束了古巴比伦300余年的历史,喀西特人在美索不达米亚建立了喀西特王国。

喀西特人(也称加喜特人)也是来自中亚的印欧语系游牧民族,大约在公元前20世纪来到伊朗高原。公元前18世纪他们开始越过扎格罗斯山脉不断侵袭巴比伦,在赫梯人攻陷巴比伦城以前,他们就已经攻占了巴比伦东北部的大片领土,在赫梯人打败巴比伦人之后,他们趁机占领了整个美索不达米亚,建立了喀西特王国。

喀西特人占领美索不达米亚后,把侵占的土地分配给本族的功臣、贵族和官吏,由此形成了大地产主和贵族政治。喀西特人接受了当地原有的宗教、文化和语言,其国王还修缮和重建了尼普尔、拉尔沙、乌尔、乌鲁克等地的神庙,但他们始终被认为是异族人。他们统治美索不达米亚长达400多年,历史上将这一时期称为黑暗时期或称衰落时期,但是在他们统治的中后期,社会经济还是有所发展,巴比伦、尼普尔、西巴尔等城市的经济相当繁荣。

喀西特王国的历史遗存不多,这一时期的主要遗存是界碑,实际上界碑是国王所授地产的凭证,因此喀西特人统治时期也被称为"界碑时代"。界碑的右面或上部刻有神像或神的象征,左面或下部的铭文多为国王授予土地的情况。界碑一般保存在神庙里,并将泥板抄本交与领受地产者。喀西特王国后期的大量官方文件已被考古学家发现,其中有尼普尔城总督的档案、神庙地产的租赁、官吏的津贴文书、证书、司法程序文献等。喀西特王国由于地处富饶而不利于防御的美索不达米亚平原,所以也不断遭受到周边野蛮民族的入侵,领地不断被蚕食侵占,实力逐渐被削弱。

大约从公元前18世纪开始,大批胡里安人游牧民从北高加索侵入中东地区,他们凭借马拉战车的威力打败了亚述人,占领了两河流域上游地区。到公元前16世纪,他们已占领了包括美索不达米亚北部和叙利亚高原的广阔地带,建立了强大的米坦尼王国。他们在继续向南扩张到巴勒斯坦地区时与埃及发生了冲突,当时的埃及第十八王朝也把他们的势力扩张到了巴勒斯坦地区。双方在巴勒斯坦地区进行了长期的争夺,发生过多次激烈的战争。米坦尼与埃及的争夺,使盘踞在小亚细亚的赫梯人得以趁机向南不断扩张领土,从而对米坦尼和埃及都构成了严重的威胁。

到公元前15世纪末期,为了对付强大的赫梯帝国,米坦尼与埃及结束敌对,并通过联姻关系结成了联盟(米坦尼的公主嫁给了埃及法老),共同抵御赫梯人的入侵。但是,这并没有能阻止赫梯人的扩张,赫梯人还是打败了米坦尼和埃及,占领了巴勒斯坦地区。米坦尼的衰弱使亚述人得到机会重新崛起,公元前1350年,亚述人与赫梯人结盟,两面夹击米坦尼,米坦尼因此遭到灭亡,国王被杀,亚述与赫梯瓜分了米坦尼的领地。从此,亚述重新成为两河流域北部的一大强国,他们不断攻击两河流域下游的喀西特王国,把领土逐步向南扩张,北面则与赫梯帝国进行争夺。

公元前1157年,喀西特人被埃兰人打败,喀西特末代国王恩利尔纳丁·阿基被埃兰人掳走。亚述趁机占领了两河流域下游,喀西特王国灭亡。公元前12世纪末期,赫梯在与亚述进行争战的同时,又遭到来自小亚细亚西部的弗里吉亚人的攻击,在两面受敌的情况下,赫梯被弗里吉亚人打败,赫梯从此没落。亚述因此成了中东地区最强大的国家,他们把势力扩展到了小亚细亚和地中海沿岸直到黎巴嫩地区。

但是,他们随后即受到来自叙利亚边缘沙漠地区的塞姆语系的游牧民族阿拉米人的侵扰,大批的游牧部落不断的侵入叙利亚草原和两河流域上游地区,在那里建立了许多小王国,其中最强大的王国是大马士革。阿拉米游牧民的不断入侵使亚述王国经历了长达两个多世纪的低迷期。

公元前911年,亚述国王阿达德·尼拉里二世开始发动西征,他和他的后继者驱逐了这些游牧民族,恢复了亚述200多年来丢失的领土。这一时期中东地区的形势也正是亚述发展的大好时机,因为周边并无强敌,唯一较强的对手只有北面的乌拉尔图王国,因此亚述趁机大肆进行扩张。亚述的征服战争以残暴闻名,军队所到之处城镇被焚烧捣毁,财物被掠夺殆尽,人口被屠杀和掳走,所过之处一片荒凉。这些残酷无情的征服者以抢劫、屠杀、掳掠和镇压的方式,不断威慑和征服邻国,将大片新的土地纳入自己的版图。

但是长期的征服战争也耗费了大量的人力物力,再加上对乌拉尔图王国的战争屡遭失败,因此引起了本族人的不满。同时,被征服的人民也不满亚述的压迫,纷纷起来反抗,起义和反叛不断发生。内部矛盾导致亚述的军事实力被削弱,因此,一些被征服的地区又重新独立,巴比伦尼亚也在埃兰人的支持下摆脱了亚述的统治。这些动乱也造成了亚述国内经济的衰退,宫廷内部也发生了内讧,亚述再次陷入危机。

公元前 746 年,军事将领提格拉·帕拉萨取得王位。为了摆脱危机,他实行了一系列改革,加强中央集权,并开始实行募兵制,对军队进行改组。他把常备军分为战车兵、骑兵、重装步兵、轻装步兵、攻城兵、辎重兵、工兵等专业兵种,建立了当时最优良的军事体制。改革后重新开始了大举扩张,但是对被征服的地区不再实行大屠杀,而是把被征服的人民分散迁移到语言不同的地方,使他们不便交往,并把他们作为奴隶分配给王室家族、军队将士、行政官员和宗庙祭司。这些奴隶没有人身自由,从事农业生产,产品交给奴隶主。提格拉·帕拉萨三世以及他的后几位继任者萨尔贡二世、辛那赫里布、伊萨尔哈东,先后征服了小亚细亚东部、叙利亚南部和巴勒斯坦地区,并吞了巴比伦尼亚,并最终摧毁了强大的敌人乌拉尔图王国,使亚述进入了全盛时期。到公元前 7 世纪,亚述又毁灭了埃兰、并侵入到阿拉伯半岛,甚至征服了非洲的埃及和埃塞俄比亚,亚述国王伊萨尔哈东从而获得了埃及和埃塞俄比亚之王的称号。亚述成了横跨亚非两大洲的空前强大的帝国。

征服战争为亚述人带来了大量的奴隶,这使他们的生产规模大幅增加。因为奴隶主的土地往往并不集中在一地,而是分散在几个地方,因此他们有的还需聘请管理人员去管理。另外,还有许多经营工商业的奴隶主,特别是在一些城市里,奴隶主大量的经营着各种工商业。而这一时期也正是铁器开始得到广泛使用的时期,有利于改进生产工具,提高生产效率。这一切为亚述创造了有利于经济发展的大好条件,因此亚述的经济得到了快速的发展,帝国进入了鼎盛时期。

亚述的国王们以修建豪华的宫殿来彰显他们的财富和权威,他们先后迁都于亚述古城、尼姆鲁德、豪尔萨巴德和尼尼微,在那里修建大型宫殿。继伊萨尔哈东而即位的国王亚述巴尼拔(公元前 668~前 627 年在位),在尼尼微城建造了巨大的亚述巴尼拔王宫,在宫内设置了泥板图书馆,该图书馆收藏了当时亚述人所知道的世界各地的书籍,其中有大量的楔形文字泥板文书,内容包括语言、历史、文学、宗教、医学、天文等各方面的知识。亚述巴尼拔在位时亚述的人口达到了690万。

但是,亚述过度的扩张也为他们带来了危害,他们并没有实力控制如此广阔的地域,各地的反叛不断发生。巴比伦尼亚和埃及的起义削弱了亚述的力量,来自伊朗高原的游牧民族米底人也不断对亚述发动攻击。公元前626年,亚述派驻巴比伦尼亚的总督——伽勒底人那波帕拉沙尔发动反叛自立为王,建立了新巴比伦王国,他与米底人结成联盟,共同对抗亚述帝国。公元前614年米底人攻陷了尼姆鲁德和亚述尔城,公元前612年,巴比伦人与米底人组成联军,对亚述都城尼尼微进行了长达3个月的围攻,终于攻陷了尼尼微,但是亚述在西部还有一些残余力量。公元前605年,巴比伦王储尼布甲尼撒在西部的卡尔凯美什打败了亚述的残余势力和埃及的军队,消灭了亚述的最后力量,亚述帝国彻底灭亡。

亚述灭亡后,新巴比伦王国与米底王国瓜分了亚述的地盘,两河流域、叙利亚和地中海东岸的巴勒斯坦、腓尼基都归新巴比伦,但是独立后的埃及也一直觊觎巴勒斯坦和腓尼基。公元前604年,新巴比伦王国尼布甲尼撒二世继位,为巩固与米底王国的联盟以稳固后方,他迎娶了米底公主阿米蒂斯为妻。公元前597年,他出兵巴勒斯坦,攻占了耶路撒冷,并扶持犹太人齐德启亚为犹太王来统治这一犹太人地区。

公元前590年,埃及出兵巴勒斯坦,犹太王齐德启亚和巴勒斯坦地区各小王国又纷纷倒向埃及。而此时新巴比伦王国因为与米底王国关系已经恶化,因此无力顾及埃及,为防御米底人,新巴比伦还修筑了一道长城。但是不久后,来自外高加索的游牧民族斯基泰人的入侵,使米底人受到沉重打击,从而使他们也自顾无暇。因此,尼布甲尼撒二世得以抽出兵力于公元前587年再次进军巴勒斯坦。他围困了犹太人的圣城耶路撒冷,齐德启亚企图突围,但失败被擒,他被挖去双眼后送往巴比伦尼亚。18个月后,耶路撒冷陷落,犹太居民全部被俘,他们都被送往巴比伦尼亚成了奴隶,犹太史将此称之为"巴比伦之囚"。尼布甲尼撒二世又围攻腓尼基人的推罗城,但一直未能攻克。公元前574年,推罗国王同意向尼布甲尼撒二世称臣,以求保持自治地位。推罗以这种方式保持了自治权后,巴勒斯坦地区的其他小王国也纷纷仿效,向尼布甲尼撒二世表示了臣服。公元前569年,埃及发生内讧,尼布甲尼撒二世趁机进军埃及,迫使埃及放弃了对巴勒斯坦地区的野心。

尼布甲尼撒二世在巩固国家疆域的同时,对巴比伦城进行了大规模建设。巴比伦由两道城墙围绕,外墙之外还有一道注满了水的壕沟和一道土堤。城内的主干道用各种颜色的石板铺成,全城有 8 个城门,其中北门是著名的伊丝达尔门,门的表面用青色琉璃砖装饰,砖上有许多神话中的鬼神怪物等浮雕。巴比伦城建设得宏伟壮观,它是当时中东的商业中心,也是当时世界上最繁华的城市之一。

为了使王后——这位来自米底的公主不再有思乡之苦,尼布甲尼撒二世为她建造了著名的"空中花园"。花园位于底格里斯河边,呈正方形,每边长 120 米,花园内种满了奇花异草,用螺旋水泵不断地从底格里斯河取水灌溉。这个花园建在高处,看起来就像在天空中一样,因此被称为"空中花园"。花园内还建有富丽堂皇的宫殿,尼布甲尼撒二世和王后在宫殿里就可以饱览全城景色。新巴比伦的"空中花园"被誉为古代世界奇观之一。

新巴比伦王国时期的奴隶制度也有很大的变化,显著的特点是让奴隶更多独立经营。奴隶可以租佃土地,可以经商,从事手工业,甚至可以开钱庄放债。有些奴隶还相当富有,他们除了给主人管理行事外,还经营自己的经济,甚至他们还拥有自己的奴隶。但是不管他们是否富有,他们仍然是主人的财产,主人可以随意将他们买卖、转让,或者作陪嫁物。他们的身上要被烙上主人的名字,从国外买来的奴隶还要烙上两种语言的名字,买卖奴隶时,卖主还必须向买主保证奴隶不逃亡。除奴隶外,社会中的主要生产者还有自由民,他们租佃王室、神庙、大地产主的土地,有时还有租用牲畜和农具。

公元前 562 年尼布甲尼撒二世去世,此后,新巴比伦王国政局不稳,5 年里换了 3 个国王,前两个上台不久即被赶下了台,最后是阿拉美亚人部落领袖那波尼德当上了国王。但是那拉尼德把阿拉美亚人的月神当作巴比伦的主神的做法引起了祭司们的不满,双方产生了尖锐的矛盾。于是,那拉尼德让他的儿子伯沙撒摄政,自己离开了巴比伦城。但是,不久后,伊朗高原上的波斯人开始崛起,他们的崛起结束了新巴比伦王国的命运。

波斯人原是中亚的游牧民族,属印欧语系,大约在公元前 12 世纪他们从中亚迁徙至伊朗高原西南部,米底人在他们的北面,米底人强大时,波斯人臣服于米底王国。到公元前 6 世纪初,波斯人形成 10 个部落,其中有 6 个部落已经从事农耕,4 个从事畜牧。波斯人的领袖冈比西斯迎娶了米底国王的一个公主,后来生下了儿子居鲁士。公元前 559 年,居鲁士继承父业成了波斯人的领袖,他统一了波斯的 10 个部落。公元前 553 年,居鲁士开始反叛他的外祖父,起兵攻打米底王国。公元前 550 年,居鲁士攻陷了米底王国的都城艾克巴坦那,灭亡了米底王国,建立起了波斯王国。因为居鲁士属于波斯人的阿契美尼德家族,所以他创立的王国也被称为阿契美尼德王朝，或称波斯第一帝国。

居鲁士建立起波斯帝国后继续向西进军，灭掉了小亚细亚半岛上的强国吕底亚，并征服了小亚细亚半岛西海岸的许多希腊人的殖民城邦，占领了小亚细亚。然后挥师向东，征服了伊朗高原的东部地区，并继续向东，征服了中亚大片地区。公元前539年，居鲁士开始进攻新巴比伦王国，强大的波斯军队势如破竹，很快就进军到巴比伦城下。巴比伦城虽然城墙坚固，但是，对国王那拉尼德不满的巴比伦祭司们却沟通波斯人，打开了城门放波斯军队进城。居鲁士入城时手捧巴比伦的主神马尔杜克的塑像，以示尊重巴比伦人的宗教。随后，摄政伯沙撒被杀，国王那拉尼德被俘，新巴比伦王国不战而亡。繁盛一时的新巴比伦王国仅仅存在了87年（前626～前539年）。

居鲁士在文化和宗教上采取十分宽容的态度，他下令修复巴比伦、亚述、埃兰，以及犹太人的神庙，准许历代被强行迁至巴比伦尼亚的被征服国人民重返各自的国家。释放"巴比伦之囚"，使犹太人得以复国，这件事被犹太人铭记在《圣经》中，居鲁士被歌颂为耶和华眼中的正义之君。居鲁士把巴比伦城作为他的行宫，他接受了"巴比伦之王、众国之王"的尊号。公元前529年，居鲁士在出征中亚的游牧民族马萨格泰人时，战败被杀。

居鲁士死后，其子冈比西斯二世继位。公元前525年，冈比西斯二世率军征服了埃及，把波斯帝国的疆域扩大到了北非。此后，他还率军远征北非的利比亚和努比亚，但因遇到了沙漠风暴，出师不利。而此时波斯国内发生了高墨塔起义。高墨塔自立为王，号召人民抛弃冈比西斯二世而拥护他，并宣布免除人民3年的赋税和兵役。高墨塔的起义引起了强烈反响，各地人民纷纷响应。冈比西斯二世闻信急忙班师回朝，但是却在归途中不幸死去。王族将领大流士继续率兵回国，并成功平定了叛乱，杀死了高墨塔，大流士也因此获得了王位，成为大流士一世（前522～前486年在位）。

大流士一世上台后，采取严厉的措施继续对各地的反叛进行镇压，并采取一系列改革措施，逐步稳定了局势。他将镇压高墨塔暴动和各地叛乱的情况用波斯、埃兰、巴比伦3种语言的楔形文字，刻写在贝希斯吞山崖上，以彰显自己的功绩，并警告后人，此即后来被考古学家在山崖上发现的著名的贝希斯吞铭文。

大流士一世在稳固国内局势后，继续积极对外扩张。向东，他成功地把阿富汗地区和印度河流域纳入了波斯帝国的版图。然后，他又挥师向西，占领了整个小亚细亚半岛。公元前492年，大流士一世派他的女婿马多尼奥斯越过博斯普鲁斯海峡，占领了巴尔干半岛上的色雷斯和马其顿，把波斯帝国扩展成了首个跨越亚非欧三大洲的庞大帝国。

公元前490年,波斯军队越海对希腊发动进攻,但是在马拉松战役中遭受失利。公元前486年,大流士一世去世,他的儿子薛西斯一世继承了他的王位(前485~前465年在位)。薛西斯一世决定继续进行对希腊的征服战争,公元前480年,他再次派出军队经巴尔干半岛北部从陆路对希腊发动进攻,占领了希腊北部的大片地区。但是因为波斯海军被希腊的海军打败,失去了制海权和后勤供应,因此在后来进行的几次战役中波斯都遭受到失利,马多尼奥斯也在普拉提亚一役中战死,波斯在巴尔干半岛占领的色雷斯等地也相继失去。

此后,波斯与希腊进行了长达半个多世纪的战争,在波希战争期间,埃及和巴比伦等地曾多次爆发反对波斯统治的起义,使波斯的军事力量受到牵制,最终,貌似强大的波斯帝国还是被英勇捍卫自己独立的希腊城邦联盟击败,波斯征服希腊的企图一直未能得逞。长期的征服战争也大量消耗了波斯的人力物力,使波斯帝国的内部矛盾日益加剧。

公元前465年薛西斯一世去世后,波斯国内的矛盾越来越严重,帝国境内被征服的各国频频发生起义和反叛,帝国宫廷内部也经常发生争夺王位的政变,王位变更频繁。兼任军事首长的各行省总督,往往独揽军政大权,据地为王,中央集权逐渐变得有名无实。

公元前404年即位的阿达薛西二世还算有所作为,他利用希腊城邦国家之间的矛盾,成功策动了希腊两强——雅典与斯巴达的战争,从而得以插手希腊事务,并最终签署了《国王和约》,取得了对希腊地区事务的主导和优势地位。但是公元前358年阿达薛西三世继承了他的王位后,因为拒绝帮助雅典抵抗巴尔干半岛北部新崛起的马其顿的入侵,致使希腊的局势趋于恶化。结果马其顿打败了雅典和希腊各城邦国家,统一了整个巴尔干半岛,从而建立起了强大的马其顿王国,并成了波斯帝国更强大的敌人。

公元前338年阿达薛西三世去世,其子阿尔塞斯继位,但两年后阿尔塞斯即死去,王室宗亲大流士三世继承了王位。大流士三世继位后,发现他所面临的是一个即将四分五裂的帝国,帝国内各行省的总督都心怀异志,帝国统治下的各被征服民族也时刻在寻找机会发动反叛,但是,他已经没有时间来改变这一切了。公元前334年,马其顿王国在年轻的新国王亚历山大率领下,开始对波斯帝国发动进攻,英勇善战的亚历山大多次击败了大流士三世率领的人数占优的波斯军队,并于公元前331年攻陷了波斯帝国的首都波斯波利斯。亚历山大继续对大流士三世的残军进行追击,大流士三世在逃亡至波斯东部行省巴克特里亚时被反叛的行省总督贝苏斯杀害,波斯帝国灭亡。

亚历山大继续进军,在接下来的几年里征服了整个波斯帝国,建立了西起巴尔干半岛,东到印度河流域,南括埃及,跨越欧亚非三大洲的庞大马其顿帝国。但是马其顿帝国的寿命并不长,公元前324年,亚历山大征服了印度河流域后返回巴比伦,意图把巴比伦作为新帝国的都城,然而,第二年他即因患上急病突然去世,死时年仅32岁。因为没有合适的继承人,不久后帝国即陷入分裂,经过内部的激烈争夺,马其顿帝国分裂成了分别以它的亚洲部分、非洲部分和欧洲部分为主的三个国家,并分别为亚历山大的三个部将所据有。

马其顿帝国分裂后,亚历山大的部将塞琉古占据了包括两河流域在内的亚洲部分,建立了塞琉古王国。马其顿人受希腊文明的影响很大,占领希腊后,他们以希腊文明的继承者自居。因此塞琉古致力于在他的王国里推行希腊文化,并在两河流域上游建造了一个希腊化的新都城塞琉西亚。塞琉古死后,他的继任者于公元前275年把巴比伦城的全部居民迁移到了塞琉西亚,以塞琉西亚来取代巴比伦城的政治、经济和文化地位,巴比伦城因此成了废墟。后来塞琉古王国进一步把都城迁移到叙利亚北部的安条克,致使美索不达米亚地区逐渐荒芜。因为塞琉古王国推行希腊文化和希腊文字,苏美尔人创造的楔形文字也被弃用,并逐渐在人类历史中消失。而在塞琉古王国灭亡之后的波斯安息王朝(公元前141年~公元224年),以及其后的萨珊王朝(224~651年)统治时期,美索不达米亚都是边缘地区,曾经辉煌的文明被沙土掩埋,并逐渐被人们遗忘。

七　四大文化古国之古埃及

在非洲的北部有世界最大的沙漠——撒哈拉大沙漠,那里气候炎热干燥,终年无雨,完全不适于人类生存,是一片人迹罕至的死亡之海。发源于非洲东部高原的尼罗河从高原上奔腾而下,从撒哈拉大沙漠的东部边缘地区流过,注入了地中海,它给沙漠带来了一线生机,在茫茫的沙漠中形成了一条带状的绿洲,从而成就了埃及。但是,在远古的农业移民来到这里以前,埃及还只是一片蛮荒,鲜有人类活动的踪迹。

大约在公元前 4000 年前后,远古的农人发现了这条大河,他们从美索不达米亚来到了这里,并沿河而上,在尼罗河两岸开辟了灌溉农业。尼罗河每年 7～11 月都会定期泛滥,洪水会淹没两岸的土地,但也带来了饱含腐殖质的肥沃土壤覆盖在土地上,使农田能够保持肥力,因此,这些农人们年年都能获得高产,农业迅速发展,很快就富裕了起来。古埃及的诗人是这样赞美尼罗河的洪水的:"瞧,它信守诺言多么按时,馈赠礼物多么大方! 向上埃及,向下埃及,穷人,富人,强者,弱者。不加区别,毫不偏袒。这些就是它的礼物,比金银更贵重……"①可以说:没有尼罗河,也就没有埃及,那里将只是一片荒无人烟的沙漠。

埃及属炎热干燥的沙漠气候,因此,尼罗河在埃及境内并无支流,农业区只能沿着尼罗河两岸几公里范围内从南到北呈带状分布,只是在北部的下游入海口处,因为河泥淤积使尼罗河产生了分叉,形成了三角洲,才有一片较大的冲积平原。远古的农人们来到这里以后,在这条狭长的带状土地上,形成了数十个氏族部落,依靠尼罗河馈赠的肥沃土壤,他们丰衣足食,过着田园诗般的氏族公社生活。因为每年的洪水泛滥后田地的界线都会被淤泥掩盖,因此,他们每年都要重新丈量和分配土地,氏族的酋长和长老们,会尽可能公平地把土地分给每个家族。

---

① 　(美)斯塔夫里阿诺斯:《全球通史》,吴象婴等译,北京大学出版社 2009 年版,第 46 页。

农耕生产是半年辛苦半年闲,他们有足够的时间从事其他的活动,因此手工业也很快发展起来,制陶、织布、皮革、金器、珠宝、象牙等产品的制作都有很高的水平。他们还利用尼罗河的船运之便从事商业活动,用自己生产的丰富农产品和精美的手工业制品,与外界进行贸易,换回所需要的各种物资。

从考古发掘的墓葬来看,远古时期埃及的社会还是相当平等的。一般都是砖砌的长方形墓,有的墓葬虽然较大,随葬品较多,但并没有显示出王者的特别尊贵,那可能只是大家族的族长或者富者的墓葬。考古还发现,一些真正有可能是王者的墓葬反而还更小。

随着经济和社会的发展,埃及产生了统一的需要,因为水利设施、道路交通、商业贸易等的发展,都需要在跨氏族的范围内进行协调和交往。因此,到公元前32世纪时,基本形成了上埃及和下埃及两个氏族联盟。公元前31世纪,上埃及的法老(国王)美尼斯统一了上、下埃及,定都孟菲斯,建立了埃及的第一个统一王朝。而原来的几十氏族则成了几十个州,氏族的酋长则成了州长。埃及古代历史学家曼涅托,曾列出从美尼斯统一埃及一直到马其顿帝国的亚历山大大帝统治埃及时期的埃及王朝世系表,世系表把古埃及历史分为30个王朝(一个王朝对应于一次统治家族的变换)。其中美尼斯登基是在公元前3050年,第一王朝是从公元前3050～前2890年,历经了7位法老。

埃及的地理位置非常封闭,它西面是利比亚大沙漠,东面除了沙漠还有红海,北面是地中海,南面有努比亚沙漠和陡峭的峡谷以及一连串的大瀑布,入侵者很难进入。实际上这时埃及周围地区都还非常荒凉,杳无人烟,根本就没有能够威胁到他们安全的民族和部落。因此,古埃及是个非常安全而和平的国家,极少发生战争。古埃及没有一个城市建有城墙和军事防御设施,甚至连稍大的城市也没有,只有村庄和小城镇。因为很少有战争,所以古埃及的王权并不发达,从而形成了由掌管宗教的祭司拥有最大权力的特殊政治形态。实际上埃及的国王都被称为"法老",他们拥有宗教权威和行政权威的双重身份,集神权和政权于一身。但是,埃及的法老并不是居住在宏伟奢华的王宫里,他们的居所规模都不大,而且都是与神庙在一起。

从第一王朝到第六王朝,是埃及历史的古王国时期(前3050～前2191年)。在古王国时期,埃及建立的是中央集权制的政府,法老下设一个统管全局的宰相,宰相下设几个分管具体事务的大臣,各州设有州长,州长之下也设有行政官员。土地制度也发生了微妙的变化,从原来的氏族公有,变为了国家所有,国家把土地分配给每户农民耕种,农民向国家缴纳税赋并承担劳役。国家每隔1～2年要对土地进行一次重新丈量和重新分配,农民可以对分配给自己的土地进行转让,甚至买卖,但是所有的这些土地的变更都必须到政府机关进行登记,并办理严格的手续,因为这关系到国家的税收。而且国家税收的比率还相当高,占到收成的3/10(中国商周时期是1/9,汉朝是1/15),但是,国家的福利待遇也非常高,可以说实行的是高税收高福利政策。农民如果遭遇到天灾人祸而导致减产,可以减免税收,如果绝产,国家可以提供生活物资补助。政府在全国各地都设有大型仓库,负责征收税赋,仓库里储满了谷物、布匹、牲畜等各种物质,这些物质除了用来支付国家的耗费外,也用作荒年的储备,年景不好时给人民发放生活物质,还负责分配种子和牲畜。也有考古资料显示,国家实际上控制了农业和手工业的大部分生产,而且还负责产品的分配,"所有人的食物供给都由国王负责"①。

埃及人也是多神崇拜,神的形象多种多样,有的具有人的形象,有的具有动物的形象,天地、水火、太阳、月亮、星辰、动物、植物等等,所有自然物和自然现象都有可能成为他们崇拜的神灵。每一个不同的地区都有不同的神祇,也有一个地区崇拜多个神祇或多个地区崇拜同一个神祇的现象,据考证,古埃及的神多达上千个。埃及统一后,各王朝法老们都推出自己出生地的神,使其成为埃及的主神,由全埃及人共同崇拜,但在各州,各个地方仍然有自己崇拜的地方神。另外,神祇也有不同的属性,有的是农业的神,有的是工匠的神,有的是阴间的神。而法老则是神的化身,是神的代言人,他们被称为神王,拥有行政、司法、军队的最高权力,同时也是主神的大祭司。法老手执生命之符,表示有生杀大权。

统一后的埃及各王朝不断加强中央集权,法老的权力越来越大,同时王国的财力也逐渐增强,积聚的财富也越来越多。因此,这也助长了法老的奢华之心,但是这种奢华并不是表现在世俗生活上,而是表现在修建死后居住的陵寝上。为了使死后的灵魂能够得到更舒适的永久的安宁,法老们开始建造坚固而巨大的陵墓,这些陵墓一般都是从法老登基即开始修建,往往要修建几十年,一直到法老去世,这些巨大的陵墓也就是后来被誉为古代世界奇迹之一的埃及金字塔。

金字塔的建造始于第三王朝的第一位法老左塞尔,他在位的时间大约是公元前2686~前2650年。左塞尔统治时期曾对西奈半岛发动过数次远征,征服了当地的土著,并派人前往该地开采绿松石等矿产。他还向南方尼罗河上游的努比亚地区进行扩张,征服了那里的土著黑人。左塞尔任命的宰相叫伊姆霍泰普,伊姆霍泰普虽然出身贫寒,但是有过人的智慧和渊博的学识,因而受到重用,正是他别

---

① (美)斯塔夫里阿诺斯:《全球通史》,吴象婴等译,北京大学出版社2009年版,第47页。

出心裁地为左塞尔建造了这种新陵墓。

左塞尔的陵墓是这样建造的，伊姆霍泰普先在岩石上打了一个 28 米的深井，在井下建造了墓室。然后在地面上用巨石围成高达 10 余米的高台，中间填满碎石和泥土。但是左塞尔和伊姆霍泰普都不太满意，觉得不够宏伟，于是又加盖了一层 10 余米高的稍小的平台，但他们觉得还是不够宏伟，于是再加盖一层 10 余米高的再稍小点的平台，这样一连盖了 6 层，于是就形成了高 61 米，底边东西长 123 米、南北长 107 米，6 层阶梯式的金字塔形的宏伟陵墓。由此，开创了埃及建筑史上的一个奇迹时代，后世法老纷纷仿效。

第四王朝的第一位法老斯涅弗鲁（前 2575～前 2551 年在位）建造了 3 座金字塔。第一座建造在麦杜尔，本来也是阶梯形的，斯涅弗鲁想把阶梯填平，于是就填成了近似于角锥形。后来他要人在达淑尔建造一座真正的角锥形金字塔，但由于设计上出了误差，建造到一半时发现角度不对，于是就改变角度，结果建成了弯曲的角锥形金字塔。斯涅弗鲁因此仍然不满意，于是他又要人在达淑尔另建了一个标准的角锥形金字塔。

继承斯涅弗鲁王位的等四王朝第二位法老——胡夫（前 2551～前 2528 年在位），建造了古埃及历史上最大的金字塔。该金字塔建在孟菲斯附近的尼罗河西岸的沙漠中，塔呈四方角锥体形，高 146 米，每条底边长 230 米。墓的入口在塔的北面离地面 13 米高处，墓室原建在塔底，后来又在塔内的中部修建了墓室。金字塔的附近还建造了一个石雕的巨大狮身人面像，埃及人认为狮子是守护神，因此建此石雕狮子守护陵墓。据估计该金字塔用了 230 多万块大小不等的石块，平均每块重约 2.5 吨，大块的有几十吨重。现代的人们很难想象，在远古的技术条件下，他们是怎么把那些巨大的石块搬到那么高的地方去的。

对于为什么要建这么高大的金字塔，人们也有许多猜测，有人认为，埃及人相信人死后灵魂会升天，金字塔是法老灵魂升天的天梯。也有人认为，建造如此高大而坚固的金字塔主要还是为了防止盗墓，因为法老的墓葬里都会随葬有许多贵重的宝物。据统计古埃及法老共建造了 80 多个金字塔，建造年代是从公元前 27 世纪～公元前 18 世纪，前后约经历了 900 多年。但是，此后的法老就再也没有建造金字塔式的陵墓了，转而选择在偏僻而隐秘的山谷深处，挖掘深深的岩石墓穴来埋葬，因为高大雄伟的金字塔惹人注目，因此并不利于防止人们盗墓。

历史学家曾认为埃及当时是奴隶社会，那些金字塔都是法老强迫奴隶建造的。但是近年来根据考古的情况和出土的纸草文献等资料的研究来看，埃及当时并不是奴隶社会，而是以自耕农民为基础的中央集权制社会，那些金字塔都是为国家服劳役的自耕农民建造的。他们分批的来自全国各地，每批服役三个月。而且从埃及历史的发展情况来看，当时也不可能是奴隶社会。因为我们知道古代奴隶社会的出现，都是因为游牧民族或者其他的野蛮民族对农业民族进行侵略和征服，然后对他们实行种族奴役而形成的。但是在公元前18世纪以前，埃及并没有遭受过大规模的游牧民族入侵，更没有被野蛮的外族征服过。

在古埃及的中央集权制社会里，政府对全国有强大的掌控力。法老通过"全国的管家"——宰相，来管理国家事务。宰相领导着一个由大臣和官员组成的官僚机构，他们通过地方各州的政府，掌管着全国的水利治理、交通运输、财政税收、物质仓储、农业生产、手工业生产、土地分配，甚至还负责产品的分配。国家和地方政府的仓库里，装满了谷物、布匹和各种物质，用来支付国家的各项开支和作为荒年的物质储备。耕种国家土地的农民们除了要缴纳赋税外还要服劳役。为国家修水利、修道路、兴建公共工程、开矿……包括为法老建造陵墓。那些宏伟壮观的金字塔就是这些为国家服劳役的农民辛苦劳动的成果。

远在第一王朝建立以前，埃及各地就已经有了图形文字，美尼斯统一埃及后，在国家书吏的努力下，埃及形成了系统的成熟象形文字。埃及人还发明了一种用芦苇制成的书写材料，被称为"纸草"。他们把芦苇切成细条放在水里浸泡，然后将浸透的芦苇条横直重叠压成一块块的，风干后就成了书写用的纸草。埃及人用水、黑烟灰和胶浆调制成墨水，用芦苇秆做笔来写字。埃及的沙漠气候非常干燥，而纸草也非常耐腐蚀，所以考古学家现在仍然能在埃及的古遗址和沙漠中找到许多古代纸草文献，这些文献为我们提供了丰富的古埃及人民的生活、社会、宗教、法律等等，各方面的第一手资料。

古埃及的司法部门分为国家的高等法院和地方的州法院，高等法院设一名院长，并由一些祭司和官吏担任审判，主要处理危害国家安全的重要案件，比如政变、叛国、盗墓等等。地方法院负责本州的案件审理，主要审理民事案件，国家法律在地方也是适用的。可惜古埃及的成文法典未能发现有遗存，不过从出土的纸草文献中，也可以了解到一些古埃及的法律情况。在古王朝时期，政府对不能完成税收的农民的惩罚是鞭打，但是政府也会根据年景的好坏来调整税收的数量，遭遇到严重的天灾时，税收会全免。在某些特殊的情况下法律也允许合理的税收拖欠，比如，某纳税人如果遭受到抢劫使他无法正常纳税，纳税人会被宽恕。州长、法官、祭司等官吏也可以得到税收减免，减免的理由是用税收来冲抵俸禄。州长等各级官员的任免权，从理论上来说属于法老，但是因为古埃及还保留有氏族社会的传统和子承父业的习俗，所以很多情况下都变成了家族世袭，法老因此也不得不认可。

古埃及有关家庭、离婚、继承等方面的法律案例也常见于纸草文献。离婚完全自由,男女双方均有主张离婚的同等权力,不能生育是提出离婚的一个比较普遍的原因。离婚时妻子可以获得夫妻共同财产的 1/3,并可以带走婚前带过来的所有嫁妆和男方送给女方的财礼,如果这些嫁妆和财礼已经不在,那么丈夫要偿还价值相当的财物。继承法存在有遗嘱继承和无遗嘱继承两种情况,如果有遗嘱则按遗嘱办理,如果无遗嘱,全体子女可以平均继承遗产。长子在继承方面享有一定的优先和特权,但同时他也必须承担父母的祭祀。如果死者没有子女,则由其兄弟姐妹继承遗产,如果死者既没有子女又没有兄弟姐妹,则由其父母继承。一般来说,妻子和丈夫都不能继承对方的遗产,因此,在丈夫去世后,妻子仍然可以依靠自己的嫁妆和夫妻共同财产的 1/3 来维持自己的生活。

中央集权制度下的古埃及社会非常稳定,但是因为地方各州长经常都是世袭,这为地方家族势力的壮大造成了机会,因此也为中央政府的集权统治埋下了隐患,在延续了 8 个多世纪的稳定统治后,国家的统一出现了危机。古埃及第六王朝的第五位法老佩皮二世 6 岁继位(公元前 2281 ~ 前 2187 年在位,继位之初由他母亲摄政),他活了 100 岁,在位时间长达 94 年,因为在位时间实在太长,晚年时他已无力治国,而此时因人口的增长,埃及已出现粮食短缺和饥荒,导致国家出现经济和政治危机。在他统治的后几十年里,埃及已基本处于无政府状态,地方各州各自为政。佩皮二世死后,他的儿子安蒂姆萨夫二世继位,但是继位一年后即去世。在找不到足以服众的新法老的情况下,只好由他的女儿尼托克丽斯继位,但她也只在位 2 年,此后因为没有了合适的继承人,法老被别的家族继承,第六王朝至此终结。虽然此后以孟菲斯为首都的王朝仍然存在,但是许多地方州长已经自立为王,埃及已经陷入了分裂。第六王朝的终结也被认为是埃及古王国时期的结束。

古埃及的这次分裂延续了一个多世纪,史称第一中间期。在这一时期里,群雄并起,诸侯争霸,王朝不断变换,以致曼涅托的王朝世系表里这一时期的王朝记录也很混乱,他大致列出了第七、第八、第九、第十,共 4 个王朝。到公元前 21 世纪,埃及又形成了以底比斯为都城的上埃及与以耶拉孔波利斯为都城的下埃及相对峙的两个强大政权,两者的冲突不可避免。公元前 2060 年,在门图霍特普家族统领下的上埃及打败了下埃及,再次统一了全埃及,建都底比斯,门图霍特普家族建立的王朝是古埃及的第十一王朝。埃及的历史也从此结束第一中间期,进入了中王国时期(前 2060 ~ 前 1785 年)。

统一后的埃及恢复了政治稳定,政府大力兴修灌溉水渠,拓展耕地面积,提高粮食产量,经济也重新繁荣起来。公元前1985年,宰相阿蒙涅姆赫特通过政变成了法老,建立了古埃及第十二王朝。阿蒙涅姆赫特一世为了提高农业产量,实行了一个富有远见的垦荒计划——开发法尤姆绿洲。位于沙漠深处的法尤姆是埃及地势最低洼的地区,那里有湖泊和大片的沼泽地,湖泊的水面低于海平面45米。阿蒙涅姆赫特一世把首都迁移到法尤姆绿洲的伊塔威,并开挖渠道,沟通了尼罗河水与那里的湖泊的联系,使法尤姆地区成了一个盛产粮食的农业区。

中王国时期埃及的外部环境已没有了古王国时期的和平安宁,因为随着游牧民族向西亚的不断迁徙和发展,这时他们的势力已遍及中东,中东的草原和沙漠地区都已经游牧化,他们通过西奈半岛不断侵袭埃及的东北部。而且此时的南方也不再安宁,努比亚的土著黑人部落受埃及文明的影响也已经开化,他们结成军事联盟,也经常对埃及南部地区进行抢劫。第十一王朝统一埃及后,曾再次对南方的土著黑人进行征服,打击他们的侵扰,并占领了努比亚地区的大片土地。在东北方面,为防止游牧民族的入侵,在尼罗河三角洲的东部修建了被称为"大公墙"的防御工事。为加强军事力量,埃及开始建立训练有素的常备军,而在古王国时期,埃及只有以州为单位临时征集的民兵。

公元前1785年,因为无嗣,第十二王朝终结,继之而起的第十三王朝统治力非常弱小,无力控制整个埃及。位于三角洲西部的克索伊斯地区首先宣告独立,建立了第十四王朝,其他地区也纷纷据地自立,埃及又重新陷入分裂的局面。分裂削弱了埃及的实力,致使埃及更加无力抵御来自东北方向游牧民族的侵犯。公元前1720年,一个被称为喜克索人(埃及语,意为异族统治者)的游牧民族从西奈半岛大举侵入下埃及,占领了整个三角洲地区,在那里建立了一个牧羊王国。

喜克索人可能是公元前18世纪侵入中东的胡里安人的一支,他们使用马拉战车、复合弓、青铜战斧、金属盔甲等先进的军事技术,这些先进军事技术的任何一项埃及都无法相比。喜克索人与所有的游牧民族入侵者一样,首先是大肆地烧杀掳掠,杀掉所有有反抗能力的成年男人,留下妇女和儿童做奴隶,然后毁掉农田,把三角洲平原变为了他们放牧的草场。他们在下埃及建立起种族奴隶制统治,从而为埃及带来了奴隶社会。

被迫迁都底比斯的上埃及统治者为避免被消灭,不得不向喜克索人纳贡称臣。而这时,南方的努比亚土著黑人也趁机摆脱他们的控制,并与他们为敌,努比亚人与喜克索人结成盟友,使上埃及人陷入了两面受敌的困境。埃及人经历了一个多世纪的困难时期,在这期间,王朝虽然又经历了几次更替,但是他们逐渐学会了使用马拉战车等先进军事技术,并励精图治,不断增强军事力量。他们首先打败了南方的努比亚人,南方的问题解决后,他们已经有力量向喜克索人发起反攻了。

喜克索人对下埃及人民实行残酷的种族奴隶统治,因此也激起了他们的强烈反抗。下埃及曾多次爆发奴隶起义,但均被武力镇压。上埃及发动对喜克索人的进攻后,得到了下埃及人民的响应,在他们的支持下,经过近30年的反复争战,公元前1570年,埃及第十八王朝的雅赫摩斯一世终于打败了喜克索人,解放了三角洲平原,统一了全埃及。

从公元前1785年第十二王朝终结后埃及出现分裂,到公元前1570年第十八王朝打败喜克索人恢复埃及的统一,这段时期被称为埃及历史的第二中间时期(前1785~前1570年)。统一后,埃及进入了新王朝时期(前1570~前1085年)。

埃及人再一次恢复统一后,接受了教训。为了防止野蛮民族的再度入侵,他们开始主动出击,扩大自己的疆域。埃及军队占领了西奈半岛,并进一步沿地中海东岸向北推进,当他们推进到巴勒斯坦地区时,终于与胡里安人建立的米坦尼王国发生了冲突,双方爆发了激烈的战争。埃及与米坦尼的冲突时断时续持续了近2个世纪,他们之间曾多次达成和议,又多次重开战争,双方的争夺主要集中在叙利亚地区。

胡里安人是在战胜亚述人之后,占据了叙利亚高原和两河流域的上游地区,从而建立起了强大的米坦尼王国。他们的北面是占据小亚细亚的赫梯王国,米坦尼王国与埃及的长期战争给了赫梯人扩张的机会,他们从北面不断侵吞米坦尼的领地,使米坦尼的实力大为削弱。因此,这使埃及在与米坦尼王国的争夺中占据了有利地位。为了对付赫梯人,米坦尼不得不设法与埃及和解,米坦尼国王把公主嫁给了埃及法老,以通过联姻关系与埃及结成联盟,共同对付不断扩张的赫梯王国。

新王国时期是古埃及历史上国力最强盛的时期。在南方,他们通过对努比亚人的征服,把疆域推进到了尼罗河上游第四瀑布。在中东地区,埃及一度占领了叙利亚高原,并把疆域推进到了两河流域的幼发拉底河边。埃及还建立了海军,控制了地中海的东部海域。通过对中东地区的扩张战争,特别是与米坦尼的联姻,埃及获得了大量的中东地区的先进技术和各种人员。埃及曾一次就从米坦尼获得8.5万个具有各种不同技能的人员,他们被充实到埃及的各行各业,这些人员和技术的引进极大地促进了埃及的技术进步和经济发展。

新王国时期埃及的手工业和商业都非常繁荣,手工业品和奢侈品的制造都有很高的工艺水平,在国外享有极高的声誉,而玻璃制品更是埃及人独特的发明。他们与海外建立了广泛的贸易关系,产品销往中东、西亚、地中海的沿岸国家,以及努比亚以南的非洲地区。埃及还开辟了经由红海而与印度洋沿岸国家进行的海上贸易,并通过在红海与地中海之间的商品贩运沟通了东西方之间的贸易和文化往来。红海贸易航道的开辟也带动了红海两岸的文明发展,红海东岸的阿拉伯半岛和西岸的非洲埃塞俄比亚、苏丹等地区都相继出现一些商业城市。非洲东北部的原始部落也因此而得到开化,并逐渐进入了文明社会,埃塞俄比亚和苏丹等地也因此开始出现了一些黑人部落联盟国家。

但是米坦尼与埃及的结盟并没有能阻止赫梯人的扩张,米坦尼王国在赫梯人的打击下越来越衰弱,这使亚述人得到机会重新崛起。公元前1350年,米坦尼王国在赫梯人和亚述人的联合打击下灭亡,国土被他们瓜分。米坦尼王国灭亡后,埃及就直接面对着了强大的赫梯帝国的扩张势力,为争夺对叙利亚地区的控制权,埃及与赫梯又展开了争夺战争。

赫梯被认为是世界上最早发明制铁技术的国家之一,大约在公元前15世纪,他们就开始使用铁制兵器。但是他们的制铁方法并非熔炼,而是锻造。因为他们还不能把铁矿石溶化,而只能是把铁矿石通过成千上万次的反复烧红和锻打,去除铁矿石中的杂质,从而形成熟铁。用这种方法制铁费力又费时,因此造出的铁器非常昂贵,据史料记载是当时黄金价格的60倍。但是铁制兵器的使用,使他们拥有比其他国家更强的军事实力,因此他们对这种制铁技术严加保密,直到公元前12世纪,赫梯王国灭亡后,这种制铁技术才传播到中东各地。

公元前1285年,埃及第十九王朝法老拉美西斯二世为夺回对叙利亚的控制权,与赫梯国王穆瓦塔尔进行了一次著名的卡迭石战役,考古学家从出土的赫梯楔形文字泥板文书中了解到了这次战役的经过。

卡迭石是赫梯在叙利亚的军事重镇,扼守着通往北叙利亚的交通要道。拉美西斯二世集结了4个军团,共2万余人的军队,亲自率领这支军队出征叙利亚。赫梯国王穆瓦塔尔通过布置在埃及的谍报人员,早已获悉了埃及将进攻的情报,并做好了军事准备。赫梯集结了3000多辆战车,2万多人的兵力,隐秘布置在卡迭石城堡内外。

埃及军队经过一个多月的急行军,到达了距卡迭石8英里的奥伦特河边。驻营一夜后,次日清晨,拉美西斯二世率军渡河直抵卡迭石城下。赫梯伏兵蜂拥而出,立即将埃及军队包围。拉美西斯二世在卫队的保护下左冲右突,始终无法突出重围,幸亏一支落在后面的后续部队赶到,打破了赫梯军队的包围圈。突围后拉美西斯二世组织军队连续发动了 6 次进攻,但一直未能攻下卡迭石城堡。此次战役双方都损失惨重,拉美西斯二世无功而返。

此后双方仍然战争不断,但是双方势均力敌,胜负难分。这时,形势已经对赫梯不利,因为亚述已经重新崛起,从而对赫梯构成了严重的威胁。因此,公元前1269 年,赫梯国王穆瓦塔尔去世后,继任的国王哈吐什尔向埃及提出了和议。长期的战争消耗使埃及也筋疲力尽无力再战,因此,拉美西斯二世同意了和议,双方缔结了和平条约。条约规定:双方实现永久的和平,永远不再发生敌对,永远保持美好的兄弟关系等等。这个条约被刻在了底比斯的神庙里的墙壁上,考古学家在赫梯王国的遗址中也发现了这一条约的楔形文字泥板文本。赫梯王国后来在亚述人和来自小亚细亚半岛西部的弗里吉亚人的两面夹击下灭亡,叙利亚地区因此被日益强大的亚述人夺取。

拉美西斯二世统治时期的埃及国势非常强盛,他在位时间长达 60 多年,活了96 岁,公元前 1213 年,拉美西斯二世去世。他死后埃及开始衰弱,此后几位继任者在位时间都不长,宫廷内乱,政局不稳。不久后又发生叛乱,一个叫伊苏尔的叙利亚人夺取了王权。伊苏尔强迫全国向他纳贡,但各地方的统治者拒不服从,各自为政。公元前 1186 年,"神的儿子"——塞特那克特,推翻了伊苏尔,恢复了叛乱之前的全国秩序,建立了第二十王朝。

第二十王朝时期(前 1186～前 1085 年)埃及的外部环境已经更加恶化,地中海上的"海上民族"活动猖獗,他们不断入侵埃及的沿海地区,埃及在地中海东岸的领地也被他们夺去。南方努比亚以南的库施地区(今苏丹境内)也出现了一些黑人部落联盟,他们对埃及南方地区开始形成威胁。西面的利比亚沙漠地区也出现了游牧民族,他们也不时地劫掠尼罗河三角洲的西部。埃及国内也动乱不断,盗墓者猖獗,官员腐败,地方官僚贵族和神庙祭司积聚了大量财富,分裂势力在膨胀。

公元前 1085 年,埃及发生动乱,国家陷入分裂,下埃及贵族斯门德斯夺取了王权,他建立了埃及第二十一王朝,建都塔尼斯。但是他仅能统治下埃及,埃及的南方则被底比斯阿蒙神庙的大祭司霍里赫尔控制,他仅在名义上承认斯门德斯的法老地位,埃及再次形成了分裂混乱的局面,进入了埃及历史的第三中间期(前1085 年～前 664 年)。

分裂的埃及无法抵御外族的入侵,利比亚沙漠中的游牧民族不断入侵下埃及的三角洲地区,他们开始在那里定居。公元前 945 年,利比亚人的首领舍顺克一世推翻了埃及第二十一王朝,建立了所谓的"利比亚王朝"(即埃及第二十二王朝)。舍顺克一世还进军上埃及,控制了埃及南方。舍顺克一世把他的儿子任命为阿蒙神庙的最高祭司,以此控制南方僧侣集团的势力。在稳固了埃及国内以后,舍顺克一世还出兵巴勒斯坦地区,攻占了耶路撒冷等地,并建立了与腓尼基等地中海沿岸国家的贸易。

利比亚人在埃及的统治并不稳固,反抗他们统治的力量一直存在。公元前817年,埃及南方阿蒙神庙的僧侣们摆脱了利比亚人的控制,在底比斯建立了第二十三王朝,埃及再一次分裂为南北两部分。北方的利比亚人王朝也存在分裂倾向,地方总督经常拥兵自立。公元前730年,三角洲地区掌握大批军队的特夫拉赫特自立为王,建立了第二十四王朝。

这时,南方库施地区的黑人部落也已经形成了统一的库施王国,并日益强大。公元前727年,特夫拉赫特率领北方的第二十四王朝军队进攻南方的第二十三王朝,底比斯的僧侣们无力抵抗,求助于库施国王皮耶。皮耶率军击退了特夫拉赫特的进攻,接着他又向三角洲进军,特夫拉赫特被迫投降,承认皮耶为"上下埃及之王",埃及落入了黑人国家库施的统治之下。皮耶留下部分驻军后,撤回了库施,但是不久后特夫拉赫特即发动反叛,恢复了他对下埃及的统治。公元前715年,皮耶的继任者夏巴卡再次进军埃及,彻底摧毁了第二十四王朝,建立了埃及第二十五王朝。

库施人在埃及的统治时间也并不很长,公元前671年,强大的亚述帝国开始向埃及发动进攻,库施人虽然顽强抵抗,但终究实力太弱。公元前667年,亚述国王亚述巴尼拔率军把库施人赶出了埃及,使埃及成了亚述帝国的一个行省。但是亚述巴尼拔并没有在埃及久留,他任命了一些地方行政官员,留下了一些驻军,就撤离了埃及。

亚述人任命下埃及三角洲地区的一个贵族——尼科,担任舍易斯城的总督(尼科后来被认为是埃及第二十六王朝的第一位法老)。尼科死后他儿子普撒美提克一世继位为舍易斯总督,普撒美提克一世不甘心于对亚述人俯首称臣,决心奋起反抗亚述人的统治。他首先制服了亚述帝国在埃及三角洲地区任命的官员,然后集中力量将亚述帝国的势力驱赶到了巴勒斯坦。接着他进一步进军上埃及,实现了对埃及全境的控制。但是,作为亚述任命的总督和对亚述帝国实力的畏惧,他在名义上仍然不得不承认亚述的宗主国地位。直到公元前612年,亚述帝国被新巴比伦王国和米底王国的联合进攻所灭亡,埃及才恢复了彻底的独立。至此,埃及终于摆脱了延续了3个多世纪的外族统治,走上了民族复兴之路。

普撒美提克一世建立的埃及第二十六王朝被认为是埃及后王朝时期的开始

（前 663 年～前 332 年）。普撒美提克一世死后由他的儿子尼科二世继位。尼科二世为争夺对巴勒斯坦和叙利亚地区的控制权，与新巴比伦王国爆发过多次战争，双方各有胜负。尼科二世还组建了地中海舰队和红海舰队。为发展贸易，尼科二世还开凿了从尼罗河通往红海的运河，沟通了从印度洋经红海和尼罗河到达地中海的航道（这条运河可能当时并没有完成，后来波斯占领时期才得以完成）。

为开发与南部非洲的贸易，尼科二世还曾派遣腓尼基水手驾船沿着非洲海岸去非洲南方探险。腓尼基探险船从红海出发，沿非洲东海岸向南航行，第二年春天他们上岸种植谷物，待成熟收获后他们再继续沿着海岸向前航行。终于，有一天他们发现太阳已经是从船的右边升起，这说明他们已经绕过了非洲大陆的最南端开始向北方航行了。最后，他们经过直布罗陀海峡和地中海回到了埃及，全部航程用了将近 3 年的时间。

埃及摆脱外族统治取得独立，从而走上民族复兴之路的第二十六王朝统治时期，也正是古希腊在地中海开始崛起的时期。这一时期地中海地区到处都有希腊的商人、海盗和殖民者，他们给地中海沿岸国家带来了贸易和经济的繁荣，也带来了杀戮、战争和灾难。但是埃及第二十六王朝的统治者比较好地处理了与这些希腊人的关系，在与这些希腊人的交往中，他们获得的利益大于遭受的灾难。早在普撒美提克一世继位后，他就开始大量雇佣希腊海盗和殖民者加强他的军事实力，建立雇佣军，这些凶残而勇猛的希腊人组成的雇佣军为他反抗亚述人的统治和统一全埃及发挥了极其重要的作用。

埃及取得独立和统一后，这些雇佣军被分别派驻在下埃及三角洲的东部和西部，以及上埃及的南部，分别防御来自中东、利比亚和努比亚三个方面的外族入侵。有了这些安全保障，埃及进入了一个和平发展时期。这时，埃及又非常妥当地处理了与希腊商人的关系。

为了避免希腊商人与埃及本地民众发生冲突，第二十六王朝的统治者选择三角洲地区尼罗河入海口的一条分支——卡诺皮克河东岸的瑙克拉提斯城，作为希腊商人的集结地和商品中转站。这里离埃及都城舍易斯 10 英里，离海岸 50 英里，而且卡诺皮克河水很深，大型海船也能够到达。瑙克拉提斯原是个小村庄，后来发展成为了一个繁荣的工商业城市，同时，它也成了一个希腊人的殖民城市。希腊人在这里享有很大的自治权，他们可以自由地立法、选择官员、评论政府的管理等。

瑙克拉提斯城不仅吸引来了大批的希腊商人，希腊的手工业者、无业人员和社会各界人士也大批的来到这里谋生。他们为埃及带来了希腊的手工业技艺和不同的文化,促进了埃及的经济发展和文化繁荣。与此同时,希腊人也通过这些与埃及人的交往,吸收了大量的埃及先进技术和文明。

埃及文明的起源远远早于希腊,它数千年的辉煌文明一直深深地吸引着希腊人,因此,许多希腊的学者和志士纷纷来到埃及访问、学习、游历、考察,把埃及的先进文化带回希腊。希腊著名的思想家和改革家梭伦就曾到访过埃及,后来他在雅典进行的政治改革就是借鉴了当时埃及法老阿玛西斯的治国方法。泰勒斯被誉为古希腊数学、天文、哲学之父,他年轻时也曾来到埃及学习,深受埃及数学、天文和宗教思想的影响,阿玛西斯时期,他到埃及进行访问,并应用相似三角形的原理测算出了金字塔的高度。

据古希腊历史学家希罗多德记载:阿玛西斯对来到埃及的希腊人非常友好,可以说是有求必应,他不仅把瑙克拉提斯城作为居住地送给了在埃及长期居住的希腊人,并专门划出土地供他们设置神庙祭坛,以供奉希腊人各自城邦的主神。其中规模最大也最有名的是赫拉尼奥宗教社区,它是由9个希腊城邦合力修建而成,所以,这个区域就归这9个城邦共有,他们在此设立管理公共事务的官员,希腊其他城邦的人则无权享受这里的利益。

第二十六王朝实现了埃及的民族复兴,可以说是古埃及经济和文化最繁荣的时期,但是,历史留给埃及人的时间已经不多,这是他们最后的辉煌。因为世界形势已经大变,周边的荒漠地区也已经开化,强邻环视,埃及再也不是从前那个封闭而安全的孤独王国。随着文明和技术的发展,周边的地理环境已不再是安全屏障。西面的利比亚,南面的库施和埃塞俄比亚,北面的海上民族,都能够对埃及构成威胁。特别是东面,空前强大的波斯王国正在崛起,它正在图谋建立横跨亚、非、欧三大洲的庞大帝国。作为农业国,埃及的地域毕竟太狭小,没有能够发展得更强大的空间,等待着它的将是灭亡的命运。但是相比于苏美尔人来说,埃及人还是幸运得多,苏美尔人早在公元前20世纪就被游牧民族灭亡了,古印度河农业文明也远在公元前15世纪就被游牧民族毁灭了。

公元前525年,波斯帝国国王冈比西斯二世率军征服了埃及,在埃及建立起了第二十七王朝(也称为波斯王朝)。自此以后,埃及一直处于外族的统治之下,只是在公元前404年摆脱了波斯人的统治取得了短暂的独立,但是公元前343年又被波斯占领(这期间埃及经历了第二十八王朝、第二十九王朝和第三十王朝)。不久后,公元前332年,马其顿帝国的历山大大帝率军打败了波斯,埃及落入了马其顿人的统治之下。埃及历史的后王朝时期也以此作为结束,从此埃及进入了希腊化时代。亚历山大死后,马其顿帝国分裂为三部分,非洲部分被其驻埃及总督托勒密所据有。托勒密在埃及建立了托勒密王朝,定都在港口城市亚历山大里亚。托勒密在埃及推行希腊文化和希腊文字,埃及文明因此而希腊化,埃及的象形文字也逐渐消失,被希腊文字所取代。

公元前 30 年,罗马帝国灭亡托勒密王朝,埃及又落入了罗马人的统治之下。公元 395 年,罗马帝国分裂为东、西两个帝国,埃及被东罗马帝国统治。在所有这些外族的统治下,埃及人民一直都是处于被奴役的地位,从出土的埃及纸草文献中我们可以看到,这些时期埃及奴隶制盛行,各种有关奴隶的管理、惩罚、买卖等法律法规,频频见于文献。

公元 7 世纪,伊斯兰教和阿拉伯人崛起。阿拉伯人迅速扩张,并打败了东罗马人,占领了埃及,此后埃及开始伊斯兰化和阿拉伯化。到公元 12 世纪,埃及人已经普遍使用阿拉伯语,并皈依了伊斯兰教。古老的埃及文明最终被伊斯兰教和阿拉伯文明所取代。

八　海洋民族的起源与发展概述

"海洋民族"也被称为"海上游牧民族",从这个称呼我们就可以知道,他们具有某些与游牧民族相似的特性。比如,与游牧民族一样,他们也具有极强的机动性、掠夺性和侵略性。不过海洋民族的机动性不是来源于马匹,而是来源于海船。依靠这种交通工具,他们在海洋上就像游牧民族在草原上一样,能够纵横驰骋,肆无忌惮地进行劫掠,可以对数百海里外的目标进行长途奔袭,发动突然的侵扰掠夺,得手后又可以迅速逃入茫茫的大海,消失得无影无踪。实际上海洋民族具有比游牧民族更大的机动性,因为游牧民族受到海洋的限制,他们的行动基本上被局限在亚欧大陆上。而海洋民族则没有任何限制,他们既可以下海,也可以登陆,而且通过海洋,他们可以到达世界上的任何地方。

海洋民族来源于海岛、半岛和土地资源有限的濒海地区。这些地区因为地理条件的限制,生存空间狭小,土地资源匮乏,当人口出现增长时,有限的土地使他们无法依靠农业和畜牧业来维持生计,但是,他们却拥有面向海洋的便利,因此他们能够向海洋发展,从海洋获取生活资源,到海外去寻找新的生存空间。最初,他们只是依靠从事捕捞业和出海打鱼来弥补生活资源的不足。后来,随着人类文明和社会的发展,各地区之间的人员、物资交流和贸易往来越来越多,于是他们就发现了两个新的生财之道,或者说得到了两个新的职业:一个是利用自己的船运之便来贩运货物,获取利润,即从事商业;另一个则是直接利用海船在海洋中的机动性来抢劫财物,杀人掠货,做无本生意,即做海盗。对他们来说,海盗也是一种职业,因为古人的思想还很原始,他们还遵循着弱肉强食的丛林法则,并不认为抢劫和杀戮是不道德和违法的。对于这些海洋民族来说,海盗劫掠只是他们获取生活物资的一种方式,而且,因为从事海盗劫掠能够迅速暴富,所以它还是一种令人羡慕的职业。

海洋民族兴起后,他们将海盗业和商业结合起来,既做海盗又经商,他们有时是以商人的身份出现,但是一有机会他们就成为了杀人掠货的海盗。他们往往以经商为幌子,进入陆地上的村庄和城市,一边做生意一边探查情况,掌握情况后,大批的武装海盗会突然蜂拥而至,一番疯狂的烧杀掳掠后,迅速登上海船,消失在茫茫的大海之中。

海洋民族进一步的发展就是建立海外殖民地。他们已经不能满足于商业贸易和海盗劫掠给他们带来的财富,因为人口的增长和土地资源的匮乏,迫使他们不得不到海外去开辟新的生存空间。他们首先是在海外一些经商便利的地方建立商业殖民据点,然后,大批渴望发财的移民和无业游民纷至沓来,依靠强悍的海盗武装和宗主国的军事力量,他们不断地扩大占领区,在海外建立起一个又一个的殖民国家。

海洋民族起源于地中海,因为地中海的特殊地理环境特别适合于航海和贸易,它位于亚洲、非洲和欧洲之间,有利于往来于三大洲之间的商业贸易,而且地中海东岸有经济和商业高度繁荣的中东两河流域,南岸有农业和手工业兴旺发达的古埃及。它四周为陆地环绕,像个内湖,因此海中的风浪不会很大。在航海技术还不发达的远古时代这一点特别重要,因为直到 15 世纪末大航海时代开始以前,真正能够在外海大洋的惊涛骇浪中风雨无阻地航行的,只有造船技术高超的中国郑和船队。

最早出现在世界历史中的海洋民族,是地中海东部海域中克里特岛上的克里特人。克里特岛距农业文明高度发达的文明古国苏美尔和古埃及都很近,大约在公元前 3000 多年前后就有农业移民从那边来到克里特岛,到公元前 2000 多年时,克里特岛已进入了发达的农业文明社会,岛上的经济有农业、渔业,还有手工业。克里特岛的地理位置非常优越,居于地中海东部的海洋中,四周都是大陆,驾船无论向那个方向航行都可以见到陆地。向东可以到达中东地区和经济繁荣的两河流域,向南可以到达北非大陆和农业文明发达的埃及,向北可以到达欧洲大陆还可以进入黑海,向西可以到达地中海西部的岛屿以及西北非洲和伊比利亚半岛。这种优越的地理位置特别适合发展商业,当然,也特别有利于进行海盗劫掠,因此,他们发展起了发达的商业和海盗业。而海洋环绕的岛屿环境也使他们拥有天然的安全屏障。从考古发掘的情况来看,岛上非常的和平安宁,只有村庄和小城镇,没有高大的城墙和任何防御工事,因为他们从来不用担心外来的侵略。

克里特岛的经济非常繁荣。因为土地资源有限,所以他们除了农业外主要发展商业和手工业。岛上有发达的陶器制造业、金属制造业、纺织业、葡萄酒酿造业和橄榄油加工业。岛上的山坡地可以用来于种植葡萄和橄榄树这些经济作物。

产品销往地中海周边的埃及、中东、小亚细亚、南欧、北非等地区。岛上多山,山区森林茂盛,这为他们提供了建造海船的上好木材。他们驾驶着单桅海船,从埃及运回粮食、象牙和玻璃,从爱琴海群岛运回银、铜、大理石,同时把自己生产的橄榄油、葡萄酒、陶器等产品运往地中海各地。

克里特的社会基本组织是氏族村社,国家体制是氏族共和制。首都是克诺索斯城,城中有大规模的王宫,王宫里包括手工业作坊和仓库共约有1500间房屋。因为是依山坡而建,里面的道路和阶梯错综复杂,生人进去了很容易迷路,所以被称为迷宫。希腊史诗《奥德赛》中记述了一段他们的国王和客人的对话,国王客气地问道:"你是商人还是强盗?"①显然国王对从事这两种职业的人都很尊重。岛上并没有很大的神庙,只有一些很小的祭祀礼堂,祭祀的是被称为大地之母的女神,而一些重要的大型祭祀都是在旷野和高山上进行。克里特受苏美尔文明影响很大,他们有根据苏美尔楔形文字改造而成的线型文字,在米诺斯王统治时期还制定了立法,其法律对后来的迈锡尼文明和古希腊文明都产生了深远的影响。

克里特的海盗业最初可能只是民间行为,但是后来明显的已经发展成为国家行为。因为在后期他们建立起了强大的海军,这是世界上第一支海军。他们在地中海建立起了海上霸权,征服了地中海上的一些岛屿和沿海城邦,并在地中海沿岸的一些地区建立了殖民据点。那些被征服的城邦,比如欧洲巴尔干半岛南部地区(即希腊半岛)的迈锡尼、雅典、底比斯等城邦,都被迫向他们纳贡。

克里特文明在公元前17世纪达到鼎盛,但是公元前16世纪的一次火山大爆发使他们遭受了灭顶之灾。火山爆发发生在离他们60英里的桑托林岛,但爆发时喷出的火山灰和引起的大海啸吞噬了整个克里特岛,几乎毁灭了那里的一切,克里特因此而衰落。而这时在他们的北面,希腊半岛上的迈锡尼等城邦却逐渐强大,他们开始向海上发展。公元前15世纪,迈锡尼城邦联盟征服了克里特岛,并把它变成了自己的殖民地,从此,克里特的海上霸权被希腊半岛上的迈锡尼人所取代。

希腊半岛多山脉丘陵,可耕地非常少,所以,迈锡尼人除了从事农业外,还经营畜牧业,种植葡萄、橄榄等经济作物。受克里特人的影响,迈锡尼人也发展起了橄榄油制作,葡萄酒酿造等经济产业,以及陶器、纺织、金属制作、宝石加工、化妆品制造等等手工业,并与海外发展起了繁荣的商业贸易。

迈锡尼人取代了克里特人的海上霸权后,他们把势力扩展到了地中海东北部

---

① （美）斯塔夫里阿诺斯:《全球通史》,吴象婴等译,北京大学出版社2009年版,第49页。

的整个爱琴海地区。迈锡尼的商人、海盗和殖民者遍布爱琴海海域,占领了爱琴海中的几乎所有岛屿,并在爱琴海周边的沿海地区建立了大批的殖民城邦,使整个爱琴海地区都被迈锡尼化,因此,迈锡尼文明也被称为爱琴海文明。

迈锡尼人还进行了更大规模的殖民活动和更疯狂的海盗活动。向北,他们穿过博斯普鲁斯海峡进入黑海,在黑海沿岸建立了一系列殖民据点;向东,他们侵入小亚细亚,在那里的沿海地区建立起了许多殖民国家;向南,他们远征埃及,埃及沿海和尼罗河三角洲屡屡遭受到迈锡尼海盗的入侵掳掠;向西,他们侵入亚平宁半岛,在半岛的东海岸和南部地区建立了许多殖民地。他们还向地中海西部海域扩张,在西西里岛、撒丁岛等地建立殖民地。

迈锡尼人的海盗活动和殖民活动给地中海沿岸国家造成了恐惧。这些来自海上的袭击者被人们称为"海上民族",人们不知道他们会在什么时候发动突然的袭击,捣毁城市和村庄,给人们带来杀戮、劫掠和毁灭。但是,公元前12世纪末期,从巴尔干半岛北面入侵的游牧民族多利安人打败了迈锡尼各城邦,征服了希腊半岛。多利安人捣毁了那里的城市,把农田变为了放牧的草场,迈锡尼文明因此被毁灭。希腊半岛陷入了一个漫长的黑暗时代,从而在地中海销声匿迹近四个世纪。

迈锡尼各城邦灭亡后,腓尼基人开始在地中海崛起,取代了迈锡尼人的海上霸权。腓尼基也并不是一个统一的国家,它是泛指分布在地中海东岸的叙利亚、黎巴嫩和巴勒斯坦沿海地区的一些商业城邦,其中也有些是迈锡尼人建立的殖民城邦。这些地区面向地中海,背后是富饶的两河流域,南面是埃及,北面是小亚细亚和黑海,非常适合于经商,因此自远古以来那里就是商人的聚居地。腓尼基人以这些商业城邦为据点,在海上从事商业贸易和海盗活动。由于地处东方与西方之间,因此他们不仅能经营地中海沿岸的贸易,还能经营东西方之间的中转贸易,把来自西亚、印度洋和远东的商品销往西边的地中海地区,把地中海地区的商品销往东方。腓尼基人都是精明的商人,有历史文献记载说,他们可以用一船油与别人换一船银子,银子重得几乎都要把船压沉了。他们拥有的金银堆积如山,多得简直就如同沙土一般。但同时他们也是凶残的海盗,他们不但杀人劫货,而且还掳掠人口,贩卖奴隶。他们在海上遇到货船,往往是把船上的人和货物都抢光,然后凿沉货船,把人口当奴隶卖掉。

腓尼基人的活动范围比迈锡尼人更广阔,他们建立了雄霸地中海的强大海军,并且在地中海沿岸到处建立商业据地和殖民地,其势力远达地中海西部的北非和伊比利亚半岛,地中海西部的岛屿和整个西北非洲都成了他们的殖民地。

腓尼基人还越过直布罗陀海峡把他们的活动范围扩展到了大西洋沿岸,最北面他们到达过不列颠岛。腓尼基人还沿非洲西海岸南下与非洲土著进行贸易。古希腊历史学家希罗多德对此记载道:"他们到达了那个地方并卸下了他们的货物,而在把货物陈列停妥后,点起有烟的火,然后返回船上。当地土著看见烟火后,便来到货物边放下换取货物的黄金,然后从停货的地方退去。于是腓尼基人便下船检查黄金,所得黄金的数量对他们的货物来说价格公平的话,他们就收下黄金,走他们的路。如果不公平的话,他们就再到船上去等着,而那里的人们便回来把更多的黄金加上去,直到使他们满意时为此。"①

腓尼基人还是勇敢的航海家,受埃及法老的雇请,腓尼基水手曾经成功地进行过绕过非洲南部环绕非洲大陆的探险航行。腓尼基人对世界文明的最大贡献是他们成功地把楔形文字中的表音符号简化成了 22 个字母,从而发明了拼音文字系统。后来这种用拼音方法组成的文字系统广泛被世界各国采用。

到公元前 8 世纪,多利安人统治下的希腊地区经过近 4 个世纪的发展,逐渐走出了黑暗,重新开始崛起。多利安人也就是后来希腊人的主体,因为生活环境的改变,他们已经改变了游牧民族的生活习俗,开始兼营农业、手工业和商业。因为希腊半岛多山少耕地,他们也采取了迈锡尼人的生活方式,大量种植葡萄和橄榄,发展葡萄酒酿造和橄榄油加工业,并依托面向海洋所拥有的贸易上的便利,发展起了纺织、制陶、制革、雕刻、造船、青铜器制造、宝石加工、化妆品制作等等多种多样的手工业。

随着人口的增长,地域狭小的希腊半岛已经满足不了他们的发展需要,因此他们开始走出希腊向海外发展。希腊的商人和海盗活跃于地中海各地,他们建立了强大的海军,打败了雄霸地中海数百年的腓尼基人,控制了地中海的东部地区。腓尼基人在地中海东部的领地几乎丧失殆尽,但是他们在地中海西部还是拥有强大的势力。西西里岛、科西嘉岛、撒丁岛、巴利阿里群岛、伊比利亚半岛都有腓尼基人的殖民地,特别是北非的西部,腓尼基人在那里以迦太基(在今突尼斯境内)为首都建立起了一个强大的国家。

重新崛起的希腊地区各城邦联盟雄霸地中海东部,他们垄断了整个东地中海的贸易,希腊的海盗和殖民者遍布地中海。公元前 8 世纪至公元前 6 世纪被称为希腊人的"大移民时代",希腊人纷纷涌向海外,爱琴海中的岛屿都被他们占领。他们还在小亚细亚沿岸、巴尔干半岛北部沿海、黑海沿岸、克里米亚半岛、北非的

---

① (古希腊)希罗多德:《历史》,周永强译,西安,陕西师范大学出版社 2008 年版,第 284 页。

埃及和利比亚、亚平宁半岛的南部、西西里岛、科西嘉岛、伊比利亚半岛，到处建立商业据点和殖民地。

遍布海外各地的商业据地和殖民地为希腊带来了商业的繁荣，也带动了希腊手工业的发展，希腊的经济兴旺发达。此时的希腊不仅拥有大批的富商，而且手工业作坊遍布城乡，涌现出了大批的手工业资产者。这些手工业作坊都是使用奴隶劳动，大的作坊里做工的奴隶有几百个，较小的家庭作坊做工的奴隶也有十几个或者几十个。

以繁荣的海港城市雅典为首都的雅典城邦，是希腊工商业最兴旺发达的城邦国家。雅典的海港是当时地中海最大的贸易中心，粮食、牲畜、木材、香料、珠宝、象牙、布匹等，来自各地的商品在这里云集，还有从各地输入的奴隶。这些商品除供应雅典本身的需要外，大部分都被转卖到外地，运往其他的城市和国家。雅典输出的商品则有他们自己生产的各种各样的手工业制品，以及橄榄油和葡萄酒。

雅典等希腊城邦虽然拥有强大的海军，雄霸地中海，但是在陆地上他们仍然面临着各种威胁，北面有来自巴尔干半岛北部和欧洲大陆的野蛮民族和游牧民族，经常对他们发动侵扰。东面亚洲大陆上的强大波斯帝国，也不时地对他们发动入侵。公元前 4 世纪，巴尔干半岛北部的蛮族马其顿人开始崛起，而此时的希腊各国却因为内部的争端陷入了长期的内战。当希腊各城邦因内战而分裂衰弱时，强大起来的马其顿开始向他们发动进攻。他们打败了希腊各城邦，占领了整个希腊，希腊落入马其顿的统治之下，文明因此衰落。

公元前 3 世纪，罗马人统一了亚平宁半岛，并开始了向海外的扩张。为争夺对西西里岛的控制权，罗马与迦太基发生了冲突，迦太基是腓尼基人在地中海西部建立的强大王国，他们在西西里岛上拥有殖民地。在冲突的开始阶段，因为在陆地上崛起的罗马还没有海军，而腓尼基人建立的迦太基王国是西地中海地区的海洋霸主，拥有强大的海军，罗马人因此吃尽苦头，在争夺中处于劣势。为扭转局势，罗马人赶紧组建起了海军，并不断加强海军建设，终于扭转了局面。经过数十年的战争，建立起了强大海军的罗马终于打败了迦太基，夺取了迦太基在地中海西部除非洲本土以外的全部岛屿以及在伊比利亚半岛的领地。

打败迦太基后，拥有强大海军的罗马人开始转而向东发展，越海对马其顿人发动进攻。公元前 168 年，罗马打败了马其顿，占领了希腊和整个巴尔干半岛。为解后顾之忧，罗马再次转向迦太基，越过地中海对迦太基的非洲本土发动进攻，灭掉了迦太基，占领了非洲的西北部，从而控制了整个地中海西部。然后，罗马再转向地中海东面，相继占领了小亚细亚和地中海的东岸地区。公元前 30 年，罗马又占领了埃及,于是,整个地中海变成了罗马帝国的内湖。至此,海洋民族以地中海为竞争舞台的发展时期基本结束,在罗马帝国的统一管辖下,地中海风平浪静,此后,海洋民族在世界历史中陷入了长期的沉寂。

罗马帝国于公元395年分裂为以君士坦丁堡为首都的东罗马和以罗马为首都的西罗马。公元5世纪,在匈奴西征造成的欧洲民族大迁移浪潮中,西罗马被一批又一批不断涌入的日耳曼蛮族所摧毁。西罗马灭亡后,日耳曼蛮族在西欧建立起了一系列的封建制王国,西欧从此进入了中世纪漫长的封建时代。

其实从地理上来看,整个西欧都是一个半岛,而且这个半岛还是由一个大半岛和众多的小半岛组合而成,在西欧这个大半岛的周围分布出的小半岛有:巴尔干半岛、亚平宁半岛、伊比利亚半岛、日德兰半岛、斯堪的纳维亚半岛等等。但是在地中海的海洋民族发展时代结束后的很长一段时期里,西欧国家并没有表现出海洋民族的特性。中世纪是西欧大陆的农业发展阶段,原来以渔猎采集和畜牧业为主的日耳曼等蛮族都开始转向从事农业,西欧进入了封建社会,封建农奴制盛行,因此,这时的西欧表现出的是它的大陆性而非海洋性,而且更像一个农业民族。不过到了公元8世纪,来自西欧北部的日德兰半岛和斯堪的纳维亚半岛上的诺曼海盗,还是开始表现出了半岛国家的海洋特性。

"诺曼"意为北方人,他们生活在北欧的日德兰半岛和斯堪的纳维亚半岛,那里的气候非常寒冷,谷物产量极低,生活环境非常艰苦,社会发展极为落后。公元8世纪,制铁技术传到了北欧,因此他们的武器和工具制造技术都有了很大的改进。有了更好的工具,他们的造船技术也得到了极大的提高。诺曼人造出了一种平底的,吃水浅、速度快的海船。这种海船能够登上海滩,也可以在水浅的内河航行。乘上这种海船,带上锋利的铁制武器,他们开始了杀人掠货,一夜暴富的海盗生活。

最初,诺曼人主要是以海盗劫掠为主,在欧洲沿海袭击村庄、城镇和港口,烧杀掳掠,并顺河流深入欧洲内地,洗劫城镇、村庄和修道院。他们迅速地登陆发动突然的攻击,得手后携带掳掠来的财物又迅速登船离去。但是在积累了一定的财富后,他们也开始兼营商业,在面对强大的对手时,他们就以商人的面貌出现,与对方进行贸易,遇到弱小的对手则实施杀戮和劫掠。

诺曼人的足迹遍及欧洲沿海和大陆内地,甚至到达了黑海。他们顺河流进入东欧腹地,四处掳掠,然后携带掳掠来的物资顺第聂伯河而下进入黑海,到黑海对岸与东罗马人进行交易。他们在君士坦丁堡把掳掠来的人口做奴隶贩卖,然后购回香料、丝绸等各种商品。他们还沿欧洲西海岸进入地中海,对地中海沿岸国家进行海盗掠夺。

进入公元 9 世纪后,诺曼人的力量越来越强大,他们开始组成大规模武装集团深入内陆去进攻城市。他们曾经沿塞纳河逆水而上,把法国的都城巴黎围困了两年之久,在勒索到足够多的金钱和物质之后才解围而去。他们还曾以 2000 艘战舰和 8 万人的军队进攻君士坦丁堡,东罗马皇帝被迫付出巨额赎金,并给予他们最优惠的贸易条件。另外,包括汉堡、卢昂、乌特勒克等在内的许多欧洲重要城市也都遭受过他们的洗劫。

强大起来的诺曼人也不再只是抢了就跑了,他们开始占领土地,建立起商业据地和殖民地。在东欧前往黑海的商道上,他们分别在北方的诺夫格罗德和南方第聂伯河岸的基辅等地建立了殖民地。公元 10 世纪,诺曼人侵入法国,占领了法国北部的大片土地,建立起了他们的殖民国家——诺曼底公国。在地中海,诺曼人占据了西西里岛和亚平宁半岛的南半部,把它们合并建立起了西西里王国。公元 11 世纪,诺曼底公国的威廉大公率兵征服了不列颠岛上的英格兰王国,使英国也成了他们的殖民地。不过,在建立了这一系列的殖民国家后,诺曼人的海盗活动也逐渐平息了下来。

欧洲进入封建社会后,随着农业的发展,人口开始快速增长,到公元 11 世纪时,西欧的人口已经达到了饱和。但是西欧寒冷的气候并不太适宜于谷物的生长,谷物产量普遍较低,农业发展的潜力有限。因此,人口的增长造成了土地的严重匮乏,粮食短缺,人们陷入了饥饿和贫困之中。为了给越来越多的人口寻找出路,教皇号召西欧的骑士们发动十字军东征,去东方夺取土地。1095 年,教皇乌尔班二世在法国克勒芒城的露天广场上发表了演讲,他代表上帝要求人们立即行动起来,去东方夺取肥沃的土地,并承诺参加十字军的士兵死后可以升入天堂,而不必受地狱的熬炼。乌尔班二世的演讲激起了人们前往东方的狂热,西欧大批饥饿的穷苦农民,抱着改变命运的愿望纷纷加入十字军,许多因为没有财产继承权因而没有土地的封建骑士们,也渴望去东方攫取财富和土地,在他们的带领下,西欧开始了大规模的十字军东征。

第一次十字军东征开始于 1096 年,由于当时伊斯兰教阿拉伯国家正处于分裂状态,不能有效地组织抵抗,十字军取得了一系列胜利,攻占了地中海东海岸的大片地区,并于 1099 年攻陷了耶路撒冷。他们在地中海东岸建立起了耶路撒冷王国、安条克王国、特里波利伯王国和爱德萨伯王国,这四个基督教国家。

然而这些基督教国家并不稳固,他们不断遭到伊斯兰教国家的攻击。1130 年,塞尔柱突厥人攻克了十字军在叙利亚的重要据点阿勒颇,1144 年,又占领了爱德萨伯王国。耶路撒冷王国也遭受到伊斯兰教国家的频繁攻击,他们向法兰西国王和德意志皇帝求援,于是,法王路易七世和德皇康德拉三世亲自率领他们组织的十字军,于1147年发动了第二次十字军东征。但是德意志十字军在小亚细亚被塞尔柱突厥人击败,法国十字军企图进攻叙利亚的大马士革也遭到失败,因此,第二次十字军东征以失败告终。

此后,在教皇的鼓动下,西欧国家又组织过多次十字军东征。但是,因为中世纪时西欧的文明发展还非常落后,他们无论是经济力量还是军事技术与阿拉伯人相比都有很大的差距,因此,尽管当时阿拉伯人处于分裂状态,但他们的综合实力还是要强于西欧国家,所以,十字军后来的东征基本都是以失败而结束。最终,他们被阿拉伯人彻底赶出了中东。

但是西欧毕竟是个三面环海的半岛,虽然在中世纪漫长的封建时期,西欧处于农业发展阶段,因而表现出的是大陆性,但是它的海洋特性终将还是会要表现出来。到了11世纪以后,因为农业发展的完成和人口的增长,它的海洋民族特性已经开始显现,十字军东征就是它海外扩张的开始。不过,它要真正成功地进行海外扩张,还必须具备两个条件:一个是要有足够强大的军事力量;另一个是要有高超的远洋航海技术。在此之前,因为航海技术所限,西欧国家所有的海洋活动都是在地中海和欧洲近海进行,然而这些地区并没有他们能够扩张的空间,通过地中海向东方的扩张又遭到阿拉伯人的遏制。但是,如果掌握了远洋航海技术,他们就可以避开阿拉伯人通过外海大洋向世界其他地区扩张,去征服那些军事技术和文明发展比他们落后的地区和民族。

13世纪以后,因为蒙古人的西征,中国的火药、火枪、火炮等热兵器制造技术传到欧洲。欧洲国家之间战争频仍,所以热兵器得到广泛的使用。经过长期的应用和不断的改进,西欧的热兵器制造技术和军事技术都有了极大的提高,从而为他们向海外进行扩张提供了军事保障。但是航海技术仍然是他们向海外发展的瓶颈,直到15世纪,中国的郑和船队七下西洋,揭开了世界大航海的序幕,同时也把中国先进的造船技术和远洋航海技术传播到了西方。有了这些先进的航海技术,西欧人终于可以走向远洋,从此,他们的海洋民族特性得以充分的展现,他们开始了远洋探险,走出了欧洲,在世界各地大肆扩张。

最先开始远洋探险的是位于欧洲最西南端的濒临大西洋的葡萄牙人,他们在越过直布罗陀海峡向北非扩张,但遭到阿拉伯人的抵抗而失败后,打听到在撒哈拉沙漠以南还有绿色非洲,于是试图寻找一条海上通道绕过阿拉伯人,向绿色非洲扩张。另外,他们还想找到一条绕过阿拉伯人通往东方的新航线,去寻找盛产香料的印度和盛产丝绸的中国。葡萄牙人尽力收集航海资料,学习来自东方的航海技术,搜罗来自世界各地的造船工匠和有经验的水手,并开办了一所航海学校,努力提高自己的造船技术和航海能力。同时,他们开始沿着非洲西海岸进行航海探险。

到15世纪中叶,葡萄牙人已沿着非洲西海岸到达了撒哈拉大沙漠以南的绿色非洲,并开始从掠夺象牙、黄金,以及掳掠黑人做奴隶贩卖到欧洲而获得厚利。看到葡萄牙人获得厚利,与它相邻的西班牙人也开始加入了海外探险。西班牙的探险船队驶入了大西洋,并发现了大西洋中的一系列岛屿,西班牙人占领了这些岛屿,把它们变为自己的殖民地。

通过对造船技术的不断改进和航海经验的积累,到15世纪末,他们终于在远洋航海上取得了突破。1492年,由哥伦布率领的由三艘海船组成的西班牙探险船队越过了大西洋,到达了中美洲的巴哈马群岛,从而发现了美洲新大陆。1498年,由达·伽马率领的由四艘海船组成的葡萄牙探险船队历尽千辛万苦,绕过了非洲南端,越过了印度洋,终于到达了印度,从而发现了通往东方的新航线。

新航线的发现为葡萄牙人带来了滚滚的财富,葡萄牙的武装商船源源不断来到东方,把印度的珠宝、棉布,东南亚群岛的香料,中国的丝绸、瓷器、茶叶……,源源不断地运回欧洲,销往各地,获取高额利润。葡萄牙人还利用他们掌握的火枪、火炮等新式武器的军事优势,通过军事征服,在非洲沿海、印度半岛沿海和东南亚的群岛上建立了一系列贸易据地和殖民地,对殖民地人民进行疯狂的掠夺和残酷的压迫。为了垄断对东方的贸易,他们对欧洲国家严守新航线的秘密。

西班牙人则把美洲新大陆当作了他们冒险的乐园,大批的冒险家组织起武装船队和远征军,源源不断地来到美洲,他们对混沌未开、淳朴而善良的美洲土著人,施以欺骗、恐吓、屠杀等手段,大肆掠夺他们的黄金、白银和各种财富。随后而来的是西班牙的殖民者,他们利用所掌握的火枪、火炮、钢刀、马匹等军事优势,疯狂屠杀、驱赶美洲土著人民,强占他们的土地,在美洲开辟牧场和种植园,把美洲变为了西班牙人的殖民地。

葡萄牙人从东方运回来的丰富而精美的各种商品和西班牙人从美洲运回来的大量黄金和白银,带动了西欧的市场繁荣和商品经济的发展。而最先从经济发展中受益的西欧国家是地理位置优越的荷兰。因为新航线的开通使欧洲的商业重心转移到了大西洋沿岸,而荷兰位于地中海和大西洋通往北海和波罗的海的必经之道旁,境内还有多条河流通往西欧内陆,极为适宜发展商业。荷兰人原来就习惯于在海上贩运,被称为"海上马车夫"。西欧商业开始繁荣后,他们通过在这两大海域之间的转手贸易和与内陆的贸易,迅速地富裕起来,荷兰涌现出了一大批商业资本家和银行家,成了西欧最富有的国家。

但是荷兰人并不满足于只是在欧洲沿海作转手贸易,他们想方设法探听葡萄牙人的货物来源。1595 年,荷兰人终于知道了被葡萄牙人封锁了近一个世纪的秘密,了解到了通往东方的新航线。从此,大批的荷兰武装商船队也沿着新航线前往东方,他们在沿途的非洲海岸和亚洲各地到处建立殖民地,并与葡萄牙人展开了竞争。他们成了继葡萄牙和西班牙之后的第三个世界殖民大国。

与荷兰隔着一条英吉利海峡的是大不列颠岛,荷兰人的富裕引起了岛上英国人的觊觎,英国海盗开始抢劫荷兰人的商船。海盗职业的一夜暴富激起了更多的英国人加入海盗行列,其中不乏声名显赫的贵族。在力量逐渐强大起来后,英国的海盗们不满足于仅仅只是劫掠荷兰人的商船,他们进入了大西洋,去袭击西班牙人从美洲返回的满载黄金和白银的船队。英国海盗们的行为还得到了英国政府的支持,这令西班牙人无法容忍。西班牙派出了他们名闻世界的"无敌舰队",北上进攻英国,但是被以海盗为主的英国联合舰队打败。西班牙"无敌舰队"几遭全军覆灭,西班牙海军一落千丈。从此英国人更加肆无忌惮,他们开始在美洲抢占西班牙人的殖民地,并开始在世界海洋大肆扩张,到世界各地去抢占殖民地。后来在与欧洲其他的殖民大国的争夺中,英国人凭借其岛国的特殊地理环境和海洋民族特性,取得了竞争优势,最终,成为了世界上最大的殖民帝国。

疯狂的海外掠夺为英国人带来了大量的财富,这些暴富的英国人也知道,有必要把资金投资于正当的行业。但是,英国气候非常寒冷,并不适合于发展农业。英国的谷物种植产量极低,在封建领主的土地上耕作的农奴们,辛苦一年种植的谷物,几乎只够维持农奴自己的基本生存,封建领主所得无几,在英国经营农业完全无利可图。因此,他们只能把资金投入到商业或工业。英国的毛织品在欧洲比较受欢迎,而且此时欧洲的经济正在繁荣,市场对毛织品的需求非常大,羊毛价格上涨。为了发展高利润的羊毛纺织业,英国的封建领主们不惜把农奴们从土地上赶走,把土地圈起来放养绵羊。这就是英国历史上臭名昭著的血腥"圈地运动"。在世界历史上,这一运动只在英国发生过,它是英国特殊的地理环境与人类文明发展进程相碰撞的产物。英国的地理气候条件不适合于发展农业,因此,他们只能够放弃农业,选择经营羊毛生产和羊毛纺织业,从而走上了发展工业的道路。

法国也是个大西洋沿岸的海洋性国家,因此,新航线开辟后,法国的工商业也得到了极大发展。同时它也致力于海外扩张,并在世界各地抢占了许多殖民地。但是法国也是欧洲大陆上的一个传统大国,因此它更注重于在欧洲大陆上的霸权争夺。频繁的大陆争霸战争不仅消耗了法国的力量,同时战争也对法国的经济和工商业发展造成了极大的破坏。英国为了与法国争夺世界海洋霸权,极力挑动欧洲大陆上的其他国家与法国展开无休无止的大陆争霸战,打击法国的势力,并趁机夺取法国在海外的殖民地。因此,法国在海外殖民地的开拓上和工商业的发展上都远远落后于英国。

英国开拓了广阔的殖民地后,从殖民地输入了大量的棉花,从而为英国的纺织业提供了新的纺织原料,英国的棉纺织业也迅速发展起来。遍布世界的殖民地不仅为英国的工业生产提供了大量的原材料,也为英国的工业产品提供了无比广阔的销售市场。18世纪以后,为适应广阔的海外市场的需要,英国的工业生产开始向规模化经营发展。规模化的大批量生产带来了对机器的需求,于是,各种纺纱机、织布机、蒸汽机等机器应运而生。特别是蒸汽机的使用,为机器化的大规模生产提供了强大的动力。而机器的大量使用,也促使英国发生了工业革命,从而成为世界上第一个实现工业化的国家。

英国的工业化带动了欧洲的工业发展,法国、德国、比利时、意大利等西欧国家纷纷仿效英国发展工业,使西欧迅速进入了工业化。但是这些后进入工业化的国家,有些在海外还没有多少殖民地,为了争夺海外的原材料和产品销售市场,他们也纷纷涌向海外去抢夺地盘,从而在世界上掀起一股新的殖民扩张浪潮。因此到20世纪初,世界已基本上被欧洲殖民者瓜分完毕。

海洋国家在海外的拓殖活动中,完全无视当地土著居民的权益,因此他们给人类社会带来了深重的灾难。世界上那些文明发展落后地区的民族,遭到了他们的疯狂掠夺和血腥杀戮,许多地方的土著人民几乎被他们的血腥杀戮所灭绝,比如美洲的印第安人和澳大利亚、新西兰、太平洋岛屿上的土著人,而非洲的黑人不仅遭到他们的屠杀,而且被他们大批地掳掠贩卖到欧洲和美洲做奴隶。但是海洋民族在给世界带来灾难的同时,也带来了文明的传播,他们创造的工业文明最终改变了世界的面貌,把人类带入了现代文明社会。

海洋国家之所以能够后来居上发展出更先进的工业文明,是因为拥有面向海洋的地理优势。而海洋的优势在于它特别有利于商业的发展。首先,海洋方便于交通。陆上的交通因为有国界的限制,人们的行动自由和货物的流通都会受到国界的阻碍,但是海洋是没有国界的,完全没有任何限制,通过海洋人们可以自由地到达全球任何地方。其次,海洋有利于货物运输。因为海船载货量大,运输成本低廉。实际上,从古至今的所有运输方式中,船运都是最经济的,即使是在拥有了汽车、火车、飞机等先进运输工具的今天,船运仍然是最为经济的运输方式,现在世界上绝大多数的大宗商品仍然都还是通过海船来运输。所以,海洋民族的发展,虽然最初大多是通过掠夺来进行,但是最终还是要回归到商业,依靠商业贸易来实现海洋民族的发展。因此应该说,海洋民族的文明实质上是商业文明,而工业文明实质上是商业文明的延伸,工业革命也是商业文明发展的必然结果。

九 开启欧洲文明历程的古希腊

　　希腊半岛位于欧洲南部巴尔干半岛的南端,濒临地中海。因为距离远古农业文明发达的中东两河流域和埃及较近,这里较早地进入了农业文明。大约从公元前3000年开始,就有一些农业移民来到了这里,他们在半岛上的一些小河谷平原和沿海地区建立定居点,从事农业和渔业。但是在公元前约2000年前后,一批被称为亚该亚人的游牧民族从巴尔干半岛北部侵入希腊地区,征服了这里的农业居民,把他们沦为了奴隶,建立起了种族奴隶制统治。征服者毁掉了农田,把土地变为了放牧的草场,从事他们习惯的游牧业。但希腊地区的地理环境和自然条件并不适宜于游牧,生活环境的改变使他们不得不改变游牧生活的习俗,后来逐渐接受了农业文明,转向兼营农业、畜牧业、种植业和手工业,并逐渐发展起来。因为整个巴尔干半岛都遍布着崇山峻岭,希腊地区也被纵横交错的山脉所分割,交通极不方便,因此,他们在这里形成了许多相互分离的、各自独立的小邦国。为防御遭受攻击,这些小邦国都修筑有防守坚固的城堡,其中比较大的城邦国家有迈锡尼、底比斯、梯林斯、雅典等等。因为后来考古学家在发现这一时期的文明遗址时,最先发现的是迈锡尼古城遗址,因此,历史学家把这一时期希腊地区的文明称为迈锡尼文明。

　　迈锡尼等城邦的处境并不安全,因为北面仍然有野蛮民族和游牧民族对他们虎视眈眈,不时对他们发动侵袭。南面则有难以对付的海洋民族克里特人,来自克里特岛的威胁不但有出没无常的凶残海盗,而且克里特王国还拥有强大的海军,他们是当时地中海上的海洋霸主。克里特海军经常对他们发动攻击,强迫他们称臣纳贡。所以迈锡尼诸城邦的城堡大都是建造在易守难攻的险要地势上,并建有极其坚固的城墙,城墙用巨大的蛮石建造,高达八米,厚度达五米,有的甚至厚达十几米,很难攻破。

　　公元前16世纪地中海发生的一次火山爆发引起的大海啸,几乎毁灭了克里特岛,克里特因此衰败。而这时的迈锡尼人却逐渐强大起来了,他们开始向海上发展,占领周边的岛屿建立殖民地。公元前 15 世纪,迈锡尼城邦的联盟征服了克里特岛,从而取代了克里特的海洋霸权。从此,迈锡尼人开始了疯狂的海外扩张,爱琴海中的岛屿和周边海岸地区,都布满了他们的商业据点和殖民地。在他们鼎盛时,整个东地中海都是他们的势力范围。埃及的历史文献中有关于他们肆虐海洋的记载,他们不仅侵扰尼罗河三角洲、夺取埃及在地中海东岸的领地,还在地中海南岸的利比亚建立了殖民地。他们还把势力扩展到了黑海沿岸,在那里建立了许多商业据点。另外,在西西里岛和亚平宁半岛的东部和南部,他们也建立了一系列殖民地。这些殖民地城邦虽然采取母邦的制度并与母邦保持宗主国关系,但在经济上和政治上都是相对独立的。

迈锡尼文明受克里特文明的影响很大,而克里特文明又主要受到的是古埃及文明的影响,因为驾海船可以很容易地来往于埃及与克里特岛和爱琴海之间。迈锡尼和爱琴海地区出土的文物显示出了当时埃及文明的巨大影响力,比如迈锡尼的短剑、壁画,以及其他文物上所描绘的尼罗河场景。迈锡尼的雕塑和绘画也明显受到了埃及艺术的影响,与埃及的艺术品类似,注重人和物的写实。

迈锡尼的文字是线性文字 B,它来源于克里特岛的线性文字 A,它是由线性文字 A 改用迈锡尼的发音而形成。而线性文字 A 则是来源于苏美尔人的楔形文字,由苏美尔人的楔形文字改造而成。迈锡尼的线性文字 B 现已被成功解读,因此从出土的迈锡尼带有文字的文物中,历史学家可以了解到许多当时的社会情况。

希腊半岛的地理条件并不优越,多山,少平原,而且气候条件也不太好,冬季多雨,夏季则干热少雨,并不利于农业的发展。因此,迈锡尼的经济与克里特岛非常相似,也是依托海洋,向海外发展。迈锡尼人主要种植谷物、葡萄和橄榄树,饲养的牲畜主要有绵羊和山羊。工商业很发达,橄榄用来榨油、葡萄用来酿酒、羊毛用于纺织。手工业有纺织业、金属制造业、制陶业、橄榄油制作、葡萄酒酿造、宝石加工、化妆品制造等等。纺织业和青铜器制造业规模都相当大,大的作坊有几百工人。手工业产品主要用于出口贸易,当时地中海上的贸易完全被他们垄断。

迈锡尼人使用青铜武器,主要兵器有刀剑、长矛、标枪、弓箭,防护的器具有盾牌和盔甲。盾牌用木材和皮革制成,盔甲是用皮革缝上青铜片制成,重要的作战装备还有马拉战车。武器装备平时存放在国库里,战时拿出来使用。

希腊盲人说唱艺人荷马在他传唱的古代史诗中,讲述了一个迈锡尼人与小亚细亚的特洛伊人之间的战争故事。战争发生在公元前十二世纪,战争的起因是特洛伊王子诱拐走了迈锡尼人的一个城邦国家——斯巴达的王后,因而导致了战争的爆发。迈锡尼人发动猛烈的进攻并包围了特洛伊城,但是却久攻不下,于是撤走了攻城的军队。特洛伊人出城观看,发现了一匹迈锡尼人未能带走的大木马,于是把木马拉回了城。到了深夜,木马里钻出来了几个勇士,打开了城门,迈锡尼军队立刻蜂拥而入,特洛伊城终于陷落。其实说唱艺人传唱的史诗大都是根据历史传说加工创作而成,实际上这场战争可能只是迈锡尼人在向小亚细亚扩张的过程中发生的众多战争之一。

也就是在公元前 12 世纪末期,大批被称为多利安人的游牧民族从多瑙河流域南下,越过了巴尔干半岛北部的丛山,侵入了希腊地区,征服了迈锡尼各城邦,毁灭了迈锡尼文明。征服者杀掉了所有有反抗能力的成年男人,把妇女和儿童沦为奴隶,摧毁了城市和村庄,把耕地变为放牧的草场,从而使希腊地区重归蛮荒。多利安人摧毁了迈锡尼文明后,希腊在地中海地区沉寂了近四个世纪,历史学家把这一时期称之为希腊的黑暗时代。

迈锡尼衰落后,起源于地中海东岸沿海地区的腓尼基人开始在地中海崛起,他们取代了迈锡尼人,成了地中海上的新霸主。腓尼基人都是天才的商人和航海家,他们的活动范围比迈锡尼人更广阔,不仅垄断了东地中海的贸易,还把势力范围扩展到了西地中海,在他们鼎盛时,整个地中海西部海域都布满了他们的殖民地。他们甚至越过了直布罗陀海峡,把贸易扩展到欧洲西海岸和非洲西海岸。

到了公元前八世纪,希腊又开始在地中海舞台上活跃起来。多利安人征服希腊地区后,因为生活环境的改变,他们也逐渐改变了游牧生活习俗,接受了农业文明。经过近 4 个世纪的发展,多利安人逐渐从野蛮走进了文明社会,农业、手工业和商业都得到发展,经济开始繁荣。这时的希腊仍然是小城邦国家林立,因为希腊地区多山的地理环境使他们很难形成统一的大国。历史学家把这些多利安人建立的城邦国家统称为希腊(这也是希腊这一名称的来历),并认为希腊的历史以至整个欧洲的文明历史都是从他们开始。

希腊的这些城邦国家仍然保留着由氏族公社制度发展而来的政治体制和民主制度,有贵族会议,也有公民会议。多利安人本族的平民享有公民权利,那些外来的商人、手工业者和其他移民也有平民地位,但是不享有公民权利。被征服的原住民族则是奴隶,奴隶被视为主人的财产,地位等同于主人的牲口,可以被出售、出租或赠送,没有任何政治权力。国家的执政官员由选举产生,但当选者有出身门第和财产资格的限制,实际上也就是只有贵族和富有者才能当选。希腊的奴隶制形式一般是,每户公民分配有 7 户奴隶,并分配有一定量的土地。但贵族和富有者通过各种方式,往往占有大量的土地和奴隶。

经济的发展使希腊的人口大为增长,而多山的地理环境能为他们提供的可耕地又非常有限,因此出现了人口过剩,很多人因此失去了土地,生活无着。这些失去了土地的人们只能利用面向海洋的有利条件,到海外去冒险,从事海盗活动和商业贸易。当他们的海上力量越来越强大以后,他们开始了殖民扩张,在海外建立商业据点和殖民地。这些行动也得到了军事贵族的支持和参与,因为通过这些海盗劫掠和扩张战争,他们不仅可以获得大量的财富和奴隶,而且他们中有很多人也经营着手工业工场和商业,需要到海外去开辟市场和获取原料。因此从公元前八世纪中期开始,希腊人纷纷涌向海外,爱琴海中的大小岛屿,小亚细亚沿岸、巴尔干半岛北部沿海、黑海沿岸和克里米亚半岛、北非的埃及和利比亚、亚平宁半岛的南部、西西里岛、科西嘉岛,远到伊比利亚半岛,到处都有希腊人的商业据点和殖民城邦。希腊的海军称霸地中海,腓尼基人的海洋霸主地位被希腊人取代,腓尼基人在地中海东部的领地丧失殆尽。但是腓尼基人在地中海西部仍然有相当大的势力,在那里他们以西北非的迦太基为首都建立了一个强大的殖民国家。公元前 8 世纪到公元前 6 世纪,被称为古希腊历史上的"大移民时代"。

希腊最强大的两个城邦国家分别是雅典和斯巴达,但它们的特点相差很大。斯巴达境内有大片平原,是个以农业为主的国家,使用奴隶进行农业生产劳动。公元前 8 世纪时,仅有 9000 户左右约 5 万人口的斯巴达公民统治着 25 万多奴隶。为了维护对奴隶的统治,斯巴达公民的子弟从小就要接受严酷的体育锻炼和军事训练,目的是要把他们都培养成强壮的武士。斯巴达人的孩子生下来如果身体不好,将会被抛弃或扔入河中溺死,儿童从 7 岁起就被送入国家的教育机构,接受严酷的身体训练和思想灌输,以使他们拥有强健的体魄、顽强的意志,以及勇敢、顺从、爱国的品质。教育的主要内容有赛跑、跳跃、掷铁饼、投标枪、角力等五项竞技,此外还有肉搏术、骑马、游泳、音乐、舞蹈等。18 岁后送到士官团接受专门的军事训练,30 岁正式获得公民资格。而且,斯巴达人还非常重视女子的教育,女孩同样也要接受体育和军事训练。

斯巴达的国家机构是由国王、长老会议、公民大会和监察官组成。国王有两人,分别由两个家族世袭,平时负责主持国家祭祀和政事,战时,一个国王带兵出征,另一个主持内政。公民大会由年满 30 岁以上的男性公民组成,长老会议成员和监察官由公民大会选举产生。长老会议是国家的最高权力机关,成员共 30 人,除两位国王外,其余都是 60 岁以上的长者。一切国家大事先由长老会议讨论决定,然后交公民大会表决通过。监察官共 5 人,由公民大会选举产生,一年一选,年满 30 岁的公民都可以当选,他们的职责是监督国王、监察公民、审理民法案件和镇压奴隶的反抗。斯巴达人对待奴隶是非常残忍的,为了防止奴隶的反抗,每当新的监察官上任时,他们都要杀死一些奴隶中的健壮者和优秀者,以此威慑恐吓奴隶,警告那些敢于反抗者。而在战争中则把奴隶组成轻装步兵,放在战场的最前面为他们冲击敌人,用奴隶的鲜血为他们铺就胜利之路。

雅典是个靠海港的城邦,手工业和商业非常发达。雅典有人口约30万,其中公民约有3万~4万。雅典的教育略有不同,其目的不仅仅是把奴隶主的子弟培养成身体强健的武士,而且希望他们成为有头脑的商人和有文化知识的社会活动家。因此,雅典的教育除了重视体育、军事训练和道德教育外,还重视智育和美育的培养。孩子7岁进入学校,学习读、写、算和音乐、唱歌、朗诵等等;13岁后接受体育和军事训练,18岁后可以升入士官团深造,被培养成军事领导人;20岁授予公民资格,可以成为国家的正式官吏。雅典和斯巴达的教育方式都对后来欧洲的教育发展产生了很大的影响。

雅典不设国王,最高权力机构是全体公民大会,但执政中枢机构是战神山议事会(即:元老院,因地址设在战神山而得名),议事会设有9名执政官(后来有所增加),执政官的选拔是以门第的高贵和富有为依据。贵族们借助战神山议事会这个权力中枢机构来操纵国家的立法、行政、司法大权。

希腊其他的城邦都不大,人口一般在几万至十几万不等,社会情况和政治制度也各不相同。希腊公民不参加生产劳动,所有的劳动都是使用奴隶进行。他们的日常生活除了对奴隶和城邦进行管理外,就是体育锻炼、军事训练和娱乐活动,也有许多爱思考的智者把精力用在了智力活动和文化知识的研究上。因为希腊公民不用参加劳动,有充分的时间享受生活,因此他们的节日特别多,一年中竟有近一半的日子是在节日的狂欢中度过。也因此,他们的戏剧文化非常繁荣,每个城市都有大剧院,天天都有戏剧在上演,并产生了许多著名的戏剧作家。比如著名的悲剧作家索福克勒斯,据说他一生写了130多部悲剧,但后来只有7部传世。著名的喜剧作家则有米南德,相传他写过100多部剧本,但现今存下的仅有若干残篇。与这些娱乐文化相适应的是建筑艺术和雕刻艺术,在这一时期希腊建设起了许多独具风格的建筑物,也出现了许多极具艺术价值的精美雕刻品。希腊的雕刻艺术受埃及的影响非常大,特别是人物雕刻,非常注重写实,形象栩栩如生,但是后来逐渐形成了自己的风格。

除了节日狂欢和观看戏剧外,希腊人生活的另一个重要活动就是体育竞技比赛,因为这不仅是娱乐,而且还能够强身健体培养勇敢的武士,有利于维护他们的种族奴隶制统治。希腊人经常开展竞技比赛,并经常组织各个城邦之间的各种比赛活动。著名的古希腊奥林匹克运动会就是他们这些竞技比赛活动中最重要的一个。运动会往往是在节日庆典和重大的祭祀活动期间进行,古希腊奥林匹克运动会也是为了祭祀天神宙斯,而定期举行的重大祭典活动中举行的体育竞技比赛。历史学家研究发现,古代奥林匹克运动会是从公元前776年开始的,每隔四年举行一次。

进入公元前6世纪后,希腊社会开始发生一些变革,产生的原因主要有两个方面:一方面是,经过长期的发展,希腊的公民社会已经产生了分化,本来就因为人口的增长而土地缺乏,但是有限的土地又被富人大量兼并,致使许多公民不仅因失去土地陷入了贫困,而且很多贫穷的公民因欠债而沦为了富人的债务奴隶;另一方面是,不少平民通过参与海外冒险,不仅增长了见识而且经济上也富有强大起来,他们迫切希望获得政治权利以维护他们的利益。这种情况以雅典最为典型,因为雅典是个靠海港的城邦,参与海外冒险和经商的人比较多,工商业比较发达,而这些变革也以雅典的梭伦领导的改革最为著名。

公元前594年,雅典人找到梭伦,希望他担任首席执政官,调解已经白热化的穷人与富人之间的冲突。当时因贫富悬殊,许多贫穷的公民欠下了富人的债,有的因还不起债而成为债务奴隶,有的被迫逃亡,因此引起民怨沸腾。愤怒的贫困公民希望平分富人的土地和财富,冲突似乎不可避免,而一旦发生内战雅典将遭到毁灭性破坏。

梭伦早年经商,经常往来于埃及各地,受埃及文明和治国方法的影响很大。梭伦的改革主要有:一、废除债务奴隶制度,禁止以人身作抵押借债,禁止把欠债的公民变为奴隶,由国家出钱把因无力还钱而被卖到异邦为奴的人赎回;二、废除世袭贵族的垄断特权,不再按出身,而是改为以财产来划分公民等级,按一年的财产总收入把公民分为4个等级,各等级的政治权利依其财力的大小而定,第一等级的可以担任任何官职,第二等级的可以担任除财政官以外的高级官职,第三等级的可以担任低级官职,第四等级的公民不能担任公职,但有权参加公民大会和陪审法庭;三、设立400人会议作为公民大会的常设机构和最高行政机关,400人会议由雅典的4个部落各选100人组成,除第4等级外,其他公民都能当选。四、设立陪审法庭作为最高司法机关,陪审法庭的陪审员由所有等级的公民经抽签方式选出,陪审法庭受理并裁决公民投诉和上诉的案件;五、制定新法典,取代原来的严酷法律,使法律更具人道性;六、承认私有财产的继承权,消除了所有制上的氏族公有制残余;七、限制富人占有土地的最高数量;八、发展工商业,提倡公民学习手工业技术,奖励外地工匠移民雅典,给予他们雅典公民的身份,推行一系列有利于工商业发展的政策。

梭伦的改革缓解了穷人与富人之间的矛盾,削弱了贵族元老院(战神山议事会)的特权,并促进了雅典工商业和社会的发展,也使雅典原始的民主制度得到了进一步的改善。但是,他的改革也有局限性,且不说他的改革只顾及到公民以上阶层而并未触及更广大的奴隶阶层,即使是公民阶层也被分成了不平等的四个等级,而且在选举和从政上还受到等级和财产的限制和歧视。因此,这为后来穷人与富人、平民与贵族之间的矛盾和斗争留下了隐患。贵族们希望他们能够独揽大权从而形成了所谓的寡头派,而平民们则希望能分享权力从而形成了所谓的民主派。民主派要求取消当选政府官员的出身和财产资格限制。贵族们往往把不是因为拥有贵族门第和财富,而是凭借得到平民的拥护而取得权力的执政官称为"僭主",意思是说他们取得的权力不符合氏族社会的传统规定,因此是不合法的。也因此,此后雅典社会仍然政治斗争不断,并且还发生过多次较大的政治改革,而后来的这些改革中影响最大的分别有克里斯梯尼和伯里克利领导的民主制度改革。

克里斯梯尼的外祖父曾是一位僭主,他本人也因反对寡头政治而受到广大雅典公民的拥护。公元前508年,克里斯梯尼在平民支持下掌握了权力,并通过公民大会推出了一系列改革措施,主要内容有:一、根据城区、沿海地区和内地,设立10个地区部落,以取代原来的4个氏族部落,用地域关系取代了血缘关系,削弱了氏族贵族利用血缘关系来垄断权力的基础;二、规定10个地区部落每年各选出50名公民,组成500人议事会,取代梭伦的400人议事会。500人议事会作为公民大会各项提案的起草机构,并负责处理国家日常行政事务;三、设立十将军委员会作为最高军事机构,委员会由10个地区部落各选一人组成,轮流统帅军队,一年一任,其中一人为首席将军。另外,克里斯梯尼还创建了"陶片放逐法",放逐那些破坏民主制度或具有过大权力的人,让公民对这些人用陶片进行投票,如果陶片数超过6000片将被放逐出国,十年内不许回国。

克里斯梯尼的改革标志着百余年来平民反对贵族的斗争终于取得了胜利,也标志着雅典清除了氏族部落制度的残余,完成了雅典从氏族部落联盟过渡到公民国家形式的历史进程。但是,克里斯梯尼的改革仍然有局限性,因为财产资格对政治权利的限制仍然存在,第三和第四等级公民的政治权利仍然受到限制,只能出席公民大会,不能担任高级官职。因此,穷人与富人的矛盾和斗争仍然在继续,后来,伯里克利进行了这方面的改革。

伯里克利出身名门,父亲曾是雅典海军舰队的司令,母亲是克里斯梯尼的侄女,他本人也曾连续十几年担任雅典的首席将军。从公元前462年开始,雅典公民大会在伯里克利的推动下,逐步通过了一系列的改革法令和措施。主要内容有:一、剥夺战神山议事会的政治权力,使之分别归属于公民大会、500人会议和陪审法庭,此后战神山议事会只负责审理宗教性质的案件和事务。从此,公民大会、500人会议和陪审法庭摆脱了战神山会议的牵制,完全成了雅典的国家最高权力机构和执行机关;二、除十将军以外,所有各级官职向全体公民开放,雅典全体男性公民都取得了不受财产限制,通过抽签、选举和轮换的方式出任各级官职的权利和机会;三、官员实行公薪制,雅典的官员原来是没有薪酬的,改革后担任公职的都由政府发给薪酬和补贴,这就为贫困的公民参加政治管理提供了一定的物质保障。另外,伯里克利还重视发展文化事业,鼓励人们多参加文化娱乐活动,并给贫困的公民发放观看戏剧的津贴。

伯里克利时期是雅典民主制度发展的鼎盛时期,所有的公民都享有完全平等的政治权利。官职向全体公民开放,人人都有当选的资格,取消了当选人必须拥有多少财产的资格限制。公民大会为最高权力机构,500人会议为常设行政机构,成员由抽签产生。陪审法庭为最高司法机构,其成员也由抽签产生。抽签的方式虽然很原始,但却是人类历史上最公平、最公正的民主方式。但是,作为奴隶社会的民主制度,雅典的民主不可避免地有它的局限性,占人口绝大多数的广大奴隶仍然没有任何政治权利,另外,雅典的民主只限于雅典的男性公民,妇女和外邦迁入的平民也没有民主权利。

改革给雅典带来了工商业的发展和经济的繁荣,雅典的海港成了地中海世界最大的贸易中心,输入的商品有埃及、黑海北岸和西西里岛的粮食,米利都的羊毛,迦太基和波斯的地毯,黑海沿岸的咸鱼、蜂蜜、蜂蜡、皮革和牲畜,东方国家的香料、芳香油、珠宝和其他奢侈品,非洲的象牙,埃及的麻布和帆布,埃特鲁里亚的靴鞋和青铜器,马其顿和色雷斯的造船木材,塞浦路斯的铜,还有源源不断地从各地输入的奴隶。所有的这些商品,雅典本身需要的只有很小部分,其余大部分都就地转卖,换装到别的船上运往其他的国家和城市。转口贸易使雅典大发其财,不论进口还是出口货物,一律征收2%的税金,另外还征收各种交易税。雅典输出的商品则有各种手工业品、橄榄油和葡萄酒。

雅典的改革具有典型的海洋国家特点,也充分利用了海洋国家的地理优势。以梭伦的改革为例:梭伦改革的起因是人口的增长和富人兼并土地而造成的耕地不足,穷人欲发动暴动平分富人的土地和财产。如果当时梭伦顺应穷人的要求,那么就会发生在大陆性国家如中国反复发生的情况一样,穷人发动起义,通过农民战争消灭大量人口,以达到人口与土地的平衡,并打倒富人平分他们的土地和财产,暂时消除了穷人与富人的矛盾。若干年后,当人口增长和土地兼并导致社会矛盾重新爆发,再来一次周而复始的造反轮回和王朝变换。梭伦没有这样做,而是通过保护贫穷公民的人身权利,限制富人占有土地的数量,缓解国内矛盾,并利用面向海洋的有利地理条件,引导土地不足的公民从事手工业和商业,发展海外贸易,向海外发展,到海外去获取财富。

梭伦鼓励工商业的政策使雅典的工业有了蓬勃的发展。到伯里克利时期,雅典的冶金、造船、兵工、制革、制陶、纺织、建筑、雕塑、奢侈品制造等行业已经驰名海外。梭伦改革以后,雅典公民中实际上已经形成一大批新兴的手工业资产者和商业资产者,梭伦以后的克里斯梯尼和伯里克利的民主改革,实际上是这些新兴的资产阶级与传统的氏族贵族和富人阶层,争夺政治权利的斗争,最终这些新兴的资产阶级取得了胜利,得到了完全平等的政治权利。雅典的民主改革可以说是人类历史上最早的资产阶级革命。

经济的繁荣也带动了思想文化的发展。自从希腊人开始走向海外,各种先进的文明和科学文化知识就被源源不断地带回了希腊,特别是两河流域和埃及这些文明高度发达地区的天文、数学和自然科学知识,使他们眼界大开。希腊也有许多喜欢思考问题的学者,因此,他们开始对自然科学知识产生兴趣,通过对这些自然知识的了解,他们对宗教祭司们宣扬的神学和神创造世界的思想产生了怀疑,并提出了对自然界和宇宙的不同认识。从公元前六世纪开始,希腊出现了一些颇为有名的早期自然哲学家,比如泰勒斯(泰勒斯年轻时曾赴埃及学习,精通数学和天文学)、阿里克西曼德、阿那克西米尼等等,他们思考自然现象,并提出了一些哲学问题,比如:人和世上的万物是从那里来的? 世界是由什么组成的? 宇宙的本源是什么? 等等。

这些希腊的早期哲学家虽然没有著作流传于世,但是从后人的言论和著作中可以了解到他们的一些哲学思想。比如,泰勒斯认为组成世上万物的是水,水膨胀而成为气,水收缩而成为土(固体),万物都从水而来,又复归于水,并且整个大地都是漂浮在水上。阿里克西曼德则认为世界万物的本质是一种叫作"无限"的无定形物质,它在干与湿、冷与热的斗争中不断生成各种物体。阿那克西米尼认为万物的本源是气,气的不断稀散和凝聚生成世上万物。这些哲学家与中国古代的哲学家和思想家老子、孔子、孙子等是同时代人(均为公元前 6 世纪),老子在他的哲学著作《道德经》中也提出了对宇宙本源的认识。老子认为世界万物都是由一种被称为"道"的物质组成,"道生一,一生二,二生三,三生万物。"即"道"组成了整个宇宙,而"道"的不断组合变化生成了世上万物。虽然这些远古的哲学家对宇宙本源的认识各不相同,但是巧合的是,同样是在公元前 6 世纪,在亚欧大陆的东方和西方,人类先哲们的思想不约而同地摆脱了愚昧的宗教神学思想的束缚,开始理性地思考我们是从哪里来? 宇宙的本源到底是什么?

在这些希腊早期哲学家之后,是从公元前五世纪至公元前四世纪的另一批希腊哲学家。而其中最为著名的是被称为"古希腊三杰"的苏格拉底、柏拉图、亚里士多德。他们与中国的墨子、孟子、庄子等为同时代人。但是这一时期的希腊哲学家思考的不再仅仅是哲学问题了,他们开始更多地探讨社会问题和伦理问题(这与中国的孔子、墨子、孟子相似),并出现了一些以开办学校,讲授伦理学、政治学、哲学、演说术和辩论术为业的智者。这反映了当时希腊社会已发生了很大的变化,人们已经有了参与政治的要求,特别是在雅典,因为经过梭伦的改革和发展工商业,一大批新兴的工商业资产者已经走上了雅典的政治舞台。

苏格拉底被人们称为哲学家和教育家,实际上把他称为辩论家和演说家更合适,因为他的一生都是在与人们的辩论、交谈、演说和讨论问题中度过,而且从未办过学校。他喜欢在街头、市场、庙宇、广场、运动场等公众场合与各方面的人谈论各种各样的问题,比如:什么是正义? 什么是忠诚? 什么是民主? 什么是真理?什么是美德? 什么是勇敢? 你有什么知识和技能? 你是不是政治家? 关于统治你学会了什么? 你是智慧还是无知……他因为具有杰出的口才和善于辩论而赢得了大批的追随者,许多年轻人也因此而成了他的街头学生。但是他的诡辩也得罪了不少人,特别是他针对政府和民主政治的无情批评和讽刺,最终导致了他的丧生。苏格拉底生活在伯里克利民主改革时代,但是他的思想却是比较保守的,主张精英治国,反对平民化的民主改革。因此,后来他被冠以煽动反民主情绪,宣扬寡头政治,败坏青年思想,给雅典带来了巨大的灾难等罪名,被民主派掌权的雅典法庭判处了死刑。

苏格拉底本人并没有留下什么著作,但是他的许多言论和演说都被他的学生们记录了下来。比如他在法庭上为自己所做的申辩:"现在,雅典人,我要争辩,可不像你们想的那样,为我自己的缘故,而是为了你们……因为你们要是杀死我的话,就不易找到另一个像我这样的人;假如允许我用一个可笑的比喻,我就像一只牛虻,总是整天地、到处地叮着你们不放,唤醒他们、说服他们、指责他们……我要让你们知道,要是杀死像我这样的人,那么对你们自己的损失将超过对我的残害。"①

---

① 　(美)斯塔夫里阿诺斯:《全球通史》,吴象婴第译,北京大学出版社 2009 年版,第 91 页。

　　柏拉图是苏格拉底的街头学生,他出身于雅典的一个贵族家庭,虽然他也为雅典的繁荣而感到自豪,但是对雅典的民主政治却持反对意见。苏格拉底被雅典法庭判处死刑时,他也因受到牵连而被放逐国外。柏拉图的理想是建立起一个既能维护奴隶主贵族的特权,又能使被奴役者和被统治者安守本分的"理想国"。在他的著作《理想国》一书中,把人分为四个等级:统治者、哲学家、武士、劳动者,这种等级划分应该是永久性的,各种人的身份和地位不能改变。书中还充满了种族主义的内容,如要提纯人种、要防止人种退化、统治者要有智慧、劳动者要有节制等等。他在流亡西西里岛的叙拉古时,曾希望叙拉古的统治者能接受他的学说,付诸实践,以实现他的政治理想,但未能如愿。十年后他回到了雅典,并建立了一所学校,此后,他在那里执教了40年,直至去世。

　　柏拉图是西方客观唯心主义的创始人,他认为人的一切知识都是由天赋而来,它以潜在的方式存在于人的灵魂之中,因此,知识不是对世界的物质感受,而是对理念世界的回忆。教学的目的是为了恢复人的固有知识,教学的过程即是"回忆"理念的过程,通过具体事物的感性启发,引起学生的回忆,经过反省和思维,再现出灵魂中固有的理念知识。

　　柏拉图的教学体系是金字塔形的,17岁以前为儿童安排简单的读、写、算、唱歌和体育锻炼,17~20岁接受军事教育,并结合军事的需要学习文化科目,主要有算术、几何、天文、音乐。20~30岁,经过严格挑选,进行10年科学教育,着重发展青年的思维能力,懂得自然科学之间的联系。30岁以后,经过进一步的挑选,再学习5年,主要研究哲学。在教学中,柏拉图特别重视对学生思维能力的培养,认为概念、真理是纯思维的产物。柏拉图的教育目的主要是培养统治国家的奴隶主贵族,因此他极为鄙视劳动者和生产劳动,当有些学者把几何学和力学运用到实际的劳动工具试验中,柏拉图极为愤怒,痛斥他们贬低、败坏了优秀的几何学,让几何学由非物质的、智力方面的事物降为物质的、实用的东西,使几何学成了奴隶们从事的对象。在他的影响下,西方传统的自然哲学和科学研究,主要注重于概念和理论方面的探讨,而轻视物质和实践方面的东西。也因此,古代西方科学往往能在理论研究方面取得杰出成就,实际应用的发明则比较少。这与东方的中国恰好相反,中国往往更注重实践,中国古代的科学发明和技术成就,大多与实践活动和实际应用相关。

　　柏拉图才思敏捷、研究广泛、著述颇丰,以他的名义流传下来的著作有40多篇。柏拉图的著作大多以对话的体裁写成,人物性格鲜明、场景生动有趣、语言优美华丽、论证严密细致、内容丰富深刻,达到了哲学与文学、逻辑与修辞的高度统一,不仅在哲学上而且在文学上也具有极其重要的价值和意义。柏拉图是西方文学传统中最耀眼的作家之一,也是西方哲学史上最有洞察力和影响力最广泛的哲学家。他的作品是西方文化的奠基文献,在西方哲学的各个学派中,很难找到没有吸收过他的著作的学派。在后世哲学家和基督教神学中,柏拉图的思想保持着巨大的辐射力,他被称为西方哲学的奠基人。

亚里士多德是柏拉图的学生。他出生在色雷斯的斯塔基拉,这座城市是希腊人的一个殖民地,与当时正在崛起的马其顿相邻。亚里士多德的父亲是马其顿国王腓力二世的宫廷御医。公元前367年,17岁的亚里士多德迁居雅典,第二年他进入了柏拉图的学校学习。此后20年,他一直住在学校,直至老师柏拉图去世。

柏拉图去世两年后,亚里士多德离开了雅典开始游历各地。公元前343年,亚里士多德受马其顿国王腓力二世的聘请,担任了当时年仅13岁的王子亚历山大的老师。公元前338年,马其顿打败了希腊各城邦国家的联军,征服了整个希腊。2年后,腓力二世被刺身亡,20岁的亚历山大继位成了马其顿国王。亚里士多德也因此辞别了贵为国王的学生,又回到了雅典,并在那里开办了自己的学校。当时,雅典虽然处于马其顿的统治之下,但是那里反对马其顿的潜在势力还是很大。所以,当亚历山大大帝于公元前323年突然病逝,雅典人立即掀起了反对马其顿的狂潮,亚里士多德也因为与亚历山大的关系,因此受到了雅典人的攻击而被迫逃离,一年后,亚里士多德因病去世,终年63岁。

亚里士多德虽然师从柏拉图,但是他并不是一个只会唯唯诺诺崇拜权威的人,他曾经说"我爱我师,但更爱真理"。因此,在学校学习期间,他就经常与老师发生争执。亚里士多德并不赞成柏拉图提出的"知识来源于天赋,它存在于人的灵魂之中的唯心主义观点"。他认为,知识来源于对物质世界的感觉。因此,与大谈玄理的老师不同,他努力收集各种图书资料,勤奋钻研,从而形成了自己独立的思想体系。

对柏拉图提出的所谓"理想国",亚里士多德也并不认同。他主张从国家的现实情况出发,防止国家堕落,促进国家发展。他对人性和理性持怀疑态度,主张法治,对改革持谨慎态度,认为非到万不得已不宜改革。但是,他也是种族奴隶制度的坚定维护者,他认为人类划分为天生的主人和天生的奴隶是天经地义的。他说:"有些人生来就注定应该服从,另有些人生来就注定应该统治;……战争的艺术是一门关于获取的自然艺术,因为它包括狩猎;是一门用来对付野兽和那些生来应该受统治,却不愿服从的人的艺术。这种战争当然是正义的。"①他的学生亚历山大发动的疯狂征服战争,不能说没有受到他的这些种族主义思想的影响。希腊奴隶主阶级的这些种族主义思想流毒于西方思想界长达两千多年之久,并成为后来西方推行种族主义和殖民主义的理论工具。

亚里士多德在雅典开办学校时得到了他的学生亚历山大的大力支持,亚历山大为他提供了大量资金,他建立的吕克昂学园占有广阔的园林和运动场,学园里还有动植物园和图书馆。亚历山大还命令他的部下为老师广为收集来自世界各地的图书资料和动植物标本。因此,亚里士多德在教学的同时,也能致力于各种研究,编写完成了巨量的各学科著作。他的研究涉及逻辑学、政治学、伦理学、天文学、物理学、生物学、地理学、经济学、教育学、心理学、修辞学、美学等。他的著作是古希腊的百科全书,据说有400多种。

作为一个伟大的百科全书式的科学家,亚里士多德对世界的贡献无与伦比。在上古及中古时期他的著作被译成拉丁文、叙利亚文、希伯来文、阿拉伯文、英文、法文及德文,他的思想是中世纪基督教思想和伊斯兰教经院哲学的支柱。他的思想曾经统治整个欧洲,西方的哲学家几乎都受到了他的影响。

公元前6世纪至公元前5世纪是希腊的鼎盛期,依托面向海洋的优势,希腊工商业兴旺,经济繁荣,文化昌盛,军事力量强大,希腊的海军称霸于地中海。但是,与此同时,他们也面临着来自陆地上的各种威胁,在他们的北面,有来自巴尔干半岛北部和欧洲大陆的野蛮民族和游牧民族的不时入侵;在他们的东面,强大的波斯帝国正在伊朗高原上快速崛起;在他们西面,潜在的敌人罗马帝国也开始在亚平宁半岛上蕴量形成。而且,在他们内部,希腊各城邦之间也矛盾纷争不断,这些内部纷争引起的内战越演越烈,最终,频繁的内战导致了他们的衰败。

波斯帝国崛起于公元前6世纪中期,他们通过疯狂的扩张战争占领了伊朗高原、中东、埃及、小亚细亚、中亚西部和印度河流域、形成了一个地域辽阔的大帝国。公元前516年,波斯开始攻打希腊在小亚细亚西部沿海的殖民地,希腊人无力与强大的波斯军队抗衡。这些殖民地很快被波斯人占领。公元前492年,波斯人越过了博斯普鲁斯海峡占领了巴尔干半岛北部的色雷斯和马其顿,建立起了世界上第一个横跨亚、非、欧三大洲的庞大帝国。

希腊在小亚细亚的殖民地上的人民曾经发动起义,反抗波斯人的残暴统治,并向希腊求援。雅典等城邦派出了军队进行援助。起义曾经取得了成功,但不久

---

① (美)斯塔夫里阿诺斯:《全球通史》,吴象婴等译,北京大学出版社2009年版,第96页。

后又被镇压。公元前490年,波斯为了惩罚希腊人,派出一支海军越过爱琴海,在雅典附近的马拉松平原登陆进攻雅典,雅典人动员了全体公民奋勇反击。波斯毕竟只是个陆上强国,海军并不强大。而雅典人为了保家卫国士气高昂,打败了波斯人的进攻。10年后,不甘心失败的波斯人卷土重来,这次他们派出了强大的陆军,不惜绕道巴尔干半岛北部从陆路发动进攻,同时派出海军从海上发动进攻并运送军需给养。希腊各城邦结成联盟,共御强敌,希腊的海军以雅典为主,陆军则以斯巴达为主。强大的波斯陆军势不可挡,他们攻克了希腊半岛的军事要塞温泉关,很快就攻入了雅典,并将全城焚毁。但波斯的海军却被雅典海军一举击溃。失去了后勤供应的波斯人不能久战,只能撤退,希腊各城邦趁机展开反攻,波斯人大败而归。此后,色雷斯、马其顿等地也相继摆脱了波斯人的统治。

波希战争因为雅典拥有强大的海军而取得了胜利,因此雅典也成了希腊各城邦的当然霸主。为了与波斯人抗衡,一个以雅典为盟主的城邦同盟建立了起来,被称为提洛同盟。参加提洛同盟的希腊城邦多达130多个,最多时达到170多个(希腊的城邦约有200多个),雅典人掌握了同盟的所有大权,同盟中的各城邦都要向雅典交纳"同盟金"。但是,雅典的霸主地位引起了希腊另一强国斯巴达的不满,斯巴达位于希腊南部的伯罗奔尼撒半岛,它拥有希腊各城邦中最强大的陆军,在反击波斯的进攻时他们也做出了很大贡献。

斯巴达与雅典之间本来就有很深的矛盾,斯巴达是个以农业为主的国家,实行的仍然是由氏族贵族当权的寡头政治,他们对雅典的民主政治非常反感。斯巴达联合奉行寡头政治的城邦组建了一个伯罗奔尼撒同盟,与提洛同盟对抗。伯罗奔尼撒同盟大都是地处半岛内陆的以农业为主的城邦,而提洛同盟大多是工商业较发达的沿海城邦。两个同盟之间冲突不断,希腊陷入了时断时续的长期内战,而波斯则往往利用希腊两大同盟之间的内战从中渔利。公元前431年提洛同盟与伯罗奔尼撒同盟再次爆发战争,这场战争断断续续打了20多年,斯巴达人在波斯人的帮助下取得了最终的胜利。公元前404年,雅典城在被斯巴达人围困了一年多后,弹尽粮绝,被迫投降,斯巴达成为整个希腊的霸主。

斯巴达的胜利使得它的寡头政治得以在希腊推行,各城邦的民主势力受到打击,民主人士遭到迫害。但是,寡头政治的残暴统治引起了人民的强烈不满,许多城邦起兵反抗,伯罗奔尼撒同盟很快趋于崩溃。希腊又陷入混战,几个强大的城邦为取得希腊的霸主地位而展开了争夺。进入公元前4世纪后希腊仍然无法形成统一的同盟,因此仍然内战不断。这时在他们北方的马其顿人却在悄然崛起,当希腊在长期的内战中将力量消耗殆尽时,强大起来的马其顿开始向他们发动进攻。公元前 338 年,马其顿打败了希腊各城邦,征服了整个希腊半岛,从此希腊落入了马其顿人的统治之下。

马其顿位于巴尔干半岛北部,处于希腊文明的边缘地带,被希腊人视为蛮族。公元前 5 世纪时马其顿虽然已经形成了统一的王国,但王国各部落仍然保持着相对的独立性,拥有各自的部落首领。国王在各部落中选择一些忠于他的贵族组成议事会,平时参与宫廷事务,战时随国王出征。随着与希腊的贸易和文化交往的增多,马其顿逐步进入了文明社会。公元前 4 世纪后,马其顿逐渐开始强大。到国王腓力二世统治时期(公元前 359~336 年),他进行了一系列的政治改革,使国家的实力得到进一步的增强。

腓力二世早年曾在希腊的底比斯作人质,对希腊各城邦的政治、经济、文化、军事等各方面都非常了解,这对他日后的成功影响重大。为了加强军队的作战能力,腓力二世创造了一种战斗力极强的"马其顿方阵"。这种方阵采取的是,由军事贵族组成重装骑兵充当前锋,后面是密集纵深的重装步兵,两翼则配以机动灵活的轻装骑兵和轻装步兵。这种阵型的最主要威力在于它是以强悍好战的军事贵族重骑兵作为前锋,而希腊等奴隶制国家一般都是强迫奴隶打前锋。奴隶是被迫作战,因此战斗力并不强,在强悍好战的马其顿重装骑兵的冲击下很容易溃散。腓力二世的改革使马其顿成了巴尔干半岛的军事强国,腓力二世率领他的强大军队,开始了扩张战争。

他首先征服了马其顿西边的伊利里亚和伊庇鲁斯,接着又征服了东边的色雷斯和北边的派奥尼亚。然后,趁着希腊各城邦的长期内战造成的衰弱,逐渐向南推进。公元前 338 年,腓力二世打败了由雅典和底比斯组建的希腊联军。到公元前 337 年,腓力二世已完全征服了希腊各城邦,控制了整个希腊。正当腓力二世踌躇满志准备进攻波斯时,公元前 336 年,在为女儿举行的婚礼上,他遭到暗杀,被刺身亡。

腓力二世死后,年仅 20 岁的王子亚历山大继承了王位。他首先镇压了希腊各邦趁腓力二世去世而掀起的反马其顿叛乱。在巩固了对这些地区的统治后,亚历山大调集了希腊以及被征服的各地区的军事力量,组织起强大的军队,发动了对波斯的战争。而这时的波斯帝国已现颓势,宫廷内乱不断,地方总督拥兵自立,被波斯人征服统治的各民族国家也在不断地发动反叛。

公元前 334 年,亚历山大亲率大军越过达达尼尔海峡进入小亚细亚,打败了波斯在那里的驻军,很快就占领了整个小亚细亚。公元前 333 年亚历山大挥师南下进攻叙利亚地区,波斯国王大流士三世亲率 10 万大军来迎击。亚历山大以少胜多,大败大流士三世,占领了叙利亚、黎巴嫩等地中海沿岸地区。公元前332年又占领了埃及。亚历山大在埃及尼罗河的入海口处建了一座新城,这就是后来闻名于世的历史名城亚历山大里亚。

公元前331年亚历山大回师北上,在两河流域与波斯军队展开决战,大流士三世调集了近四十万大军,决心与亚历山大一决高下。亚历山大发挥出“马其顿方阵”的威力,再次以少胜多,打败了波斯大军,占领了两河流域和中东最繁华的城市巴比伦。亚历山大乘胜追击,势如破竹地占领了波斯帝国的首都苏萨和旧都波斯波利斯,在掳掠了大量的金银财宝后,将苏萨和波斯波利斯付之一炬。大流士三世战败后在逃亡到波斯东北部省份时,被反叛的总督杀害,波斯灭亡。

亚历山大继续东征,占领了波斯的东北部地区。公元前327年进入了印度河流域,这时,马其顿随征将士因已在外转战多年,人心思归,不愿意再征战,而印度的气候又酷热难耐,士兵大多生病,因此,公元前325年,亚历山大结束了他征程,率军返回了巴比伦。亚历山大准备将巴比伦作为他新帝国的首都,但是,不久后他得了重病,公元前323年,亚历山大因病去世,终年33岁。

亚历山大通过十年征战,建立起了一个跨越欧、亚、非三大洲的辽阔大帝国。但是他死后不久帝国就陷入了分裂,因为他死得早,没有留下合适的继承人,所以,他的部将们为争夺权力陷入了混战。到公元前4世纪末,形成了三个王国:一个是马其顿王国,它主要控制着帝国的欧洲部分,包括马其顿和希腊地区;另一个是部将托勒密建立的托勒密王国,它主要控制着帝国的非洲部分,包括埃及和中东叙利亚以南地区;还有一个是部将塞琉西建立的塞琉西王国,它主要控制着帝国的亚洲部分,包括小亚细亚、叙利亚、两河流域、伊朗高原,及印度河流域和中亚的部分地区。

亚历山大建立的大帝国虽然很快就分裂了,但是分裂后的塞琉西王国和托勒密王国仍然是由马其顿人和希腊人在统治,因此他们在占领地大量引进马其顿和希腊移民,营建移民城市和村庄,推行希腊文化,使这些地区出现了希腊化。塞琉古一世时期就在他的王国建了24个希腊化城市,城市建筑保持希腊的风格,各种制度也保持希腊的特征,如公民大会、议事会、行政官员、财务规定、城市法令,以及体育馆、剧场等公共设施。塞琉古王国所建立的最重要的希腊化城市有底格里斯河边的塞琉西亚和叙利亚的安条克。托勒密王国则有最著名的希腊化城市亚历山大里亚。特别是在进入公元前2世纪以后,希腊和马其顿先后被新崛起的罗马帝国所占领,亚历山大里亚因此成为希腊化文明的中心。

亚历山大里亚是在公元前332年亚历山大大帝占领埃及后建立的,他离开时留下了部将托勒密作为埃及总督驻守在亚历山大里亚。亚历山大死后帝国分裂，托勒密据有了埃及，公元前305年开始称王，建立了托勒密王国，亚历山大里亚因此成了托勒密王国的首都。托勒密王国时期亚历山大里亚是地中海最繁华的城市，经济繁荣，文化达到了希腊化文明的巅峰。波斯统治时期曾经在埃及开挖一条从红海到尼罗河的运河，使船只能够从印度洋经红海、尼罗河一直到达地中海（即苏伊士运河的前身）。因此，托勒密王国时期，这里成了最繁忙的商道，来自东方的丝绸和香料通过这里销售到西方。亚历山大里亚海港在东西方贸易中的地位，直到16世纪绕过好望角的新航线发现后，才被取代。在亚历山大里亚港口建有一座高达135米的为船只导航的法罗斯灯塔，它被称为古代世界的建筑奇迹之一。

亚历山大里亚还建有当时世界上最大的图书馆，图书馆的藏书有70多万卷，收藏了来自世界各地的几乎所有重要著作和典籍。因此它吸引了来自各地的大批学者前往那里学习和研究，探讨数学、力学、天文学、地理学、物理学、生理学等各学科的知识和问题。从这里产生了许多对世界影响深远的学者和早期的科学家，比如，发出豪言"给我一个支点，我可以撬动地球"的物理学家阿基米德，著有《几何原本》的数学家欧几里得，最早提出太阳中心说的天文学家阿里斯塔克等等。这些学者被称为亚历山大里亚学派。

塞琉古王国在公元前3世纪中期即已分裂，伊朗高原的帕提亚王国和中亚的巴克特里亚王国相继独立。公元前188年小亚细亚也被罗马占领。公元前144年美索不达米亚被帕提亚王国夺去。公元前64年，残余的塞琉古王国最终被罗马灭亡。托勒密王国因为有地理屏障，因此得以稳固地维持了近3个世纪，直到公元前30年，托勒密王国才被罗马帝国灭亡，古希腊文明从此被罗马文明取代。可惜的是，继承了古希腊文明精华的亚历山大里亚学派也因此被罗马人灭亡掉了，早期的科学思想被湮没在历史的尘埃之下，直至14世纪的欧洲文艺复兴运动时期才被人们重新发现。

十　古罗马的兴衰与基督教的起源

亚平宁半岛的地形与希腊半岛大不相同,希腊半岛上布满了纵横交错的山脉,它们把希腊地区分割成了许多相互隔离的孤立的地区,所以那里形成的都是一些分离的小国。但是,亚平宁半岛的地势比较平坦,整个半岛只有一条从南到北的不高的亚平宁山脉,因此这里有利于形成统一的大国。

约在公元前十世纪,一些操拉丁语的印欧语系游牧民族从多瑙河流域越过阿尔卑斯山脉进入亚平宁半岛北部的平原地区游牧。约在公元前八世纪,因为遭受到北方蛮族的攻击,他们迁移到了半岛中部的拉提乌姆平原,征服了那里的土著,建立起了一些奴隶制的氏族部落小邦国。这些拉丁人的部落小邦国约有 40 多个,而罗马就是其中之一。

这时他们面临的生存环境非常险恶,北面有从高卢(今法国)入侵半岛北部波河平原的野蛮民族凯尔特人,东南部沿海有希腊人建立的许多殖民城邦。东北部则有来自小亚细亚的埃特鲁斯坎人建立的殖民地,亚平宁山区还有剽悍好斗的山地居民萨莫奈人。同时,拉丁人各部落之间也存在着争斗。生存在这样一个险恶的环境中,也就注定了罗马人必须具有尚武的风俗。

罗马人于公元前 753 年在台伯河左岸修建了罗马城,为了增强实力应对险恶的生存环境,他们首先在拉丁人各部落之间扩张势力,建立起了拉丁人部落联盟。当他们进一步扩张势力时,与向南发展的埃特鲁斯坎人发生了冲突。公元前五世纪,罗马人打败了埃特鲁斯坎人,占领了半岛中部的广阔地区,建立起了一个贵族共和制的统一的拉丁人国家。

公元前 343 年,罗马人与山地居民萨莫奈人爆发战争。战争历经 50 多年,经过与萨莫奈人多次艰难的战斗,到公元前 290 年罗马人取得了最终的胜利,征服了萨莫奈人,这样他们就占有了整个半岛中部地区。经历过这些艰难的战争之后罗马已非常强大,而这时的希腊已经衰弱(希腊已被马其顿占领,而马其顿帝国这时也已经分裂为三个国家），罗马人趁机挥师向南，征服了希腊人在半岛南部建立的殖民地，从而统一了亚平宁半岛的中部和南部。但是当他们进一步进军西西里岛，攻占了希腊人在那里的殖民地后，他们与迦太基人爆发了冲突，因为西西里岛的西部是迦太基人的殖民地。

迦太基是腓尼基人在北非西部建立的殖民国家，腓尼基人曾经称霸于整个地中海，但是当希腊人在地中海崛起以后，腓尼基人在地中海东部的领地就都丧失了。但腓尼基人建立的迦太基仍然是地中海西部的海洋霸主，它占有北非西部、撒丁岛、科西嘉岛、西西里岛的西部、伊比利亚半岛沿海等广阔地域，实力非常强大。罗马人称迦太基人为布匿人，因此罗马与他们的战争也就被称为布匿战争。第一次布匿战争开始于公元前264年。战争初始罗马人很快就在陆地上取得了胜利，但是迦太基的海军却让罗马人遭到了打击，他们攻击罗马的沿海地区，袭击罗马的运输，切断罗马军的后路。为扭转局面，罗马人也开始建立起自己的海军。战争历时23年，长期的战争使双方都精疲力竭，到公元前241年，双方只得休战讲和，不过通过此次战争罗马还是夺得了整个西西里岛。

但是迦太基人并不甘心，他们积极加强在伊比利亚半岛的殖民地，准备从那里进攻罗马。而罗马人也没有闲着，他们挥师北上，花了20多年时间征服了占领半岛北部波河平原的凯尔特蛮族，解除了北部的威胁，并统一了整个亚平宁半岛。

公元前218年，迦太基与马其顿结成同盟，实行对罗马的两面夹击，从而开始了第二次布匿战争。迦太基统帅汉尼拔率军从伊比利亚半岛绕道越过阿尔卑斯山脉，攻入亚平宁半岛北部，给罗马以沉重的打击，取得一系列的胜利。罗马为避免两面作战只能对汉尼拔的军队采取稳固防守的态势，同时在南面与马其顿人展开了第一次马其顿战争（公元前215～公元前205年）。罗马人历时10年，挫败了马其顿的进攻，并与马其顿人达成了和解协议。这时的罗马已经有强大的海军，因此，罗马派军队于公元前204年越过地中海直接在北非登陆，进攻迦太基本土。迦太基政府急令汉尼拔率军回援。而汉尼拔的军队在罗马作战已经很久，因孤悬敌境，路途遥远，给养和兵员都接济不上，已经陷入了困境。因此得到消息后急忙回国，双方在迦太基进行了拼死的决战，到公元前201年，迦太基最终战败，被迫放弃除非洲本土以外的全部领土，并赔款一万塔兰特，第二次布匿战争至此结束。

在结束第二次布匿战争后，紧接着，公元前200年，罗马以马其顿曾经与迦太基结盟为借口，发起了第二次马其顿战争。罗马人在北希腊大破马其顿军队，迫使马其顿放弃在爱琴海和希腊的全部领土，从此希腊被罗马吞并。

此后，马其顿为抵御强大的罗马，努力增强自己的经济和军事实力，并与小亚细亚地区结成反罗马同盟。罗马为了消灭马其顿日益增长的势力,于公元前171年再次派出大军征讨,从而开始了第三次马其顿战争。公元前168年,罗马在马其顿南部沿海大败马其顿军,并征服了整个马其顿王国。

这期间,迦太基经过半个世纪的休养生息后,也逐渐恢复,这引起了罗马的警惕。为防止迦太基东山再起,罗马发动了第三次布匿战争。公元前149年罗马派大军在迦太基登陆,迦太基人虽然进行了顽强的抵抗,但最终还是被征服,迦太基成了罗马的一个行省,居民都成了罗马人的奴隶。

然后罗马转而向东发展,先后征服了小亚细亚、塞琉古王国以及地中海东海岸的其他地区,公元前30年最终征服了托勒密王国,吞并了埃及。这样整个环地中海地区都被罗马征服,地中海成了罗马的内湖。

在欧洲西北部,罗马的南高卢总督恺撒于公元前58年开始大举进攻北高卢,到公元前51年,征服了高卢全境。公元一世纪,罗马人越过了英吉利海峡进攻大不列颠岛,占领了大不列颠岛的南部地区。

罗马人的扩张到此基本结束,这时他们的西面是大西洋,南面是非洲的撒哈拉大沙漠,这些都是天然屏障,不会有什么外来威胁。但是在北面,欧洲的中部和北部还有处于原始氏族部落社会的日耳曼蛮族,欧洲的东部草原则有强悍的游牧民族,他们威胁着罗马的北面边境,经常对罗马发动侵扰,劫掠财物。东面也有强劲的对手——波斯帕提亚王朝(中国古籍称其为安息国)。罗马为了打破波斯人对丝绸贸易的垄断,以便能够建立起与丝绸之国(中国汉朝)的直接联系,曾经于公元前53年,派著名将军克拉苏率领7个军团东征波斯,结果以失败告终,东征军队大部分都被歼灭,克拉苏也战死。而富有传奇色彩的是,这支军队的一个军团逃亡到了中亚的匈奴人那里,后来成了匈奴人的附庸军。然而在公元前36年,在匈奴与中国汉朝军队的战争中又成了汉朝军队的俘虏,后来被汉朝政府安置在中国境内的西北部地区,成了中国汉朝的臣民,他们在那里生活繁衍再也没有能回到罗马。

罗马实行的是中央集权制,在各占领区设置行省。最初行省的总督由占领军的统帅担任,后改为由元老院任命。总督有一定的自治权,但行省的土地和资源都归国家所有,分配权和经营权都由元老院掌握。征服战争不仅使罗马获得了大量的土地,而且被征服地区的人民也都沦为了罗马人的奴隶。每个罗马公民都有权分得土地和奴隶,但所分土地不得多于500犹格(1犹格约为1/4公顷)。

罗马的公民权最初只有拉丁人才享有,但是罗马人在征服亚平宁半岛的过程中,有些非拉丁人部落与他们结成了同盟,并跟随他们参与了征服战争,他们称这些人为同盟者。这些同盟者在罗马社会中的地位是平民,但没有公民权。罗马向海外开疆拓土时,这些同盟者为他们浴血奋战,做出了很大的贡献,但是他们仍得不到公民权,因此也分不到公有土地,不能参加公民会议,更不能担任官职,这使同盟者感到极大的不满。公元前91年,亚平宁半岛爆发了同盟者起义,要求获得公民权。起义席卷半岛的中部和南部,声势浩大。罗马派大军镇压,但历时三年不能取胜,最后只得承诺给予他们完全的公民权,才平息了起义。后来在海外的各行省公民权的授予范围也渐渐扩大。

罗马的政治体制和希腊大体相同,都是由原始氏族社会的民主制度发展而来的贵族民主共和制。他们有由贵族组成的元老院和由公民组成的公民大会,也有代表贵族利益的寡头派和代表平民利益的民主派。不同的是,希腊地区是许多分离的小国,其中有的是贵族势力占优势而形成的寡头政治,有的是平民势力占优势而形成的民主政治。而罗马是个统一的大国,因为是依靠军事征服而强大起来的,所以军事贵族集团一直占有优势,因此大多数时候罗马都是实行寡头政治。

历史学家一般把罗马政治体制分为三个时期,即:早期的王政时期、中期的共和时期、晚期的帝国时期。王政时期罗马的国王由公民大会选举产生,主要职责是征集和统帅军队。到公元前5世纪时,罗马形成拉丁人部落联盟,为平衡各部落利益,罗马建立了氏族共和政体,进入了共和时期。这时罗马已不再设国王,只设两名执政官行使司法、军事等最高行政权,执政官由选举产生,任期1年。国家最高权力机构是元老院和公民大会,但因为元老院对公民大会的决议有否决权,因此国家权力实际上被由贵族组成的元老院所掌握。两名执政官也互有否决权,当两名执政官争执不下时,则召开元老院会议做出决定。为缓解贵族与平民之间的矛盾,又增设了由平民选举的"保民官",负责保护平民的利益不受贵族侵害。

罗马进入共和时期后,公民大会的权力逐渐被削弱,代表贵族利益的元老院逐渐垄断了国家权力,当选的执政官也多为贵族的代表,形成了寡头政治。这一时期代表平民利益的民主派与代表贵族利益的寡头派的斗争很激烈,民主派也有掌权时候,并实行过一些改革,但因为侵犯了贵族的利益,往往都遭到了贵族集团的迫害。比如公元前133年提比略·格拉古的改革。原来罗马贵族拥有的土地数量是不受限制的,他们利用各种手段大量占有土地,导致很多平民失去土地,提比略·格拉古当选保民官后提出改革,限制贵族的土地最高拥有量,并制定了500犹格的最高土地限额,从而使许多平民重新获得了土地。而提比略·格拉古本人后来却遭到贵族的杀害。

公元前82年,寡头派支持的苏拉将军率兵进入了罗马,强迫公民大会选举他为终身独裁官,开创了罗马历史上的军事独裁先例,从此,罗马进入了帝国时期。此后执政官的选举名存实亡,取得国家的执政权靠的是军事实力,实行的是军事独裁统治,被称为"元首政治",军事统帅们为争夺元首的位置常常爆发内战。

进入公元 1 世纪以后,罗马的政体演变得更像是君主制,最高执政官已被称为皇帝。虽然皇帝的位置不是世袭,但是皇位的继承人都是皇帝在位时自己选好,并作为养子来培养,尽管最后仍然要经由元老院来选举的这种程序还是存在,但是那已经只是形式。

罗马是个奴隶制度高度发达的社会。长期的扩张战争为罗马带来了大量的奴隶,所谓的战俘其实都是被征服地区的居民,他们都沦为了罗马人的奴隶。这些奴隶连同土地一起被分配给罗马公民,一般罗马公民家庭拥有的奴隶数从十几个到几十个不等,富有者和贵族拥有的奴隶多达几百个。奴隶的处境十分悲惨,他们被作为一种会说话的工具,没有人身权、没有婚姻权,没有财产权,主人可以随意地打骂、买卖、出租、转送,甚至处死。为防止逃亡和造反,奴隶白天戴着脚镣在监工的皮鞭下劳动,夜里被囚禁在一种半地窖似的房子里。罗马政府也拥有大量的奴隶,他们被用来兴建公共工程,比如公路、桥梁、水渠、城市建筑、神庙、剧场等公共设施。罗马的建筑物规模宏大,公路四通八达。

因为罗马公民都是使用奴隶进行生产劳动,所以他们平时只需娱乐和健身,战时出征。政府为满足公民的娱乐要求,兴建了大量的剧场、竞技场、角斗场、斗兽场等娱乐场所,这些娱乐场所建造得宏伟而辉煌,它们也成了罗马文明的象征。罗马城中能容纳 14 万人的大竞技场,是罗马六大竞技场之一,在这个竞技场中最激动人心的比赛之一是马车比赛,获胜者能获得极高的声誉和巨额奖励。罗马大角斗场有 5 万多个座位,在那里可以观看人与人的角斗,或人与猛兽的搏斗,场面血腥而残忍。罗马人把身体健壮的奴隶训练成角斗士,强迫他们互相拼杀决斗,或者与狮子、熊、犀牛、象等猛兽搏斗。角斗的形式多种多样,有时甚至是几百个手执各种武器的角斗士互相格杀,直至一方被全部杀死。

罗马奴隶主的残酷压迫也经常引起奴隶们的激烈反抗。在罗马帝国各地经常爆发奴隶起义。其中最著名的有西西里岛奴隶大起义和斯巴达克奴隶大起义。西西里岛奴隶大起义爆发于公元前 137 年,起义的领导者是叙利亚籍的奴隶优勒斯,他带领起义者占领了恩那城。不久,克里昂领导的另一支奴隶起义军也加入了他们的队伍,两军会合后声势浩大,人数多达 20 余万。起义席卷了整个西西里岛,起义军所到之处捣毁庄园,解放奴隶,屡次打败了前来镇压的罗马军队。起义军占领了西西里岛东部和中部的许多城市,建立起了自己的国家。起义坚持了 5

年,直到公元前132年才被罗马军队镇压下去,克里昂战死,优勒斯被俘后死在狱中。然而,公元前104年西西里岛再次爆发了奴隶起义,起义军转战西西里各地,屡败罗马军队,各地奴隶纷纷起兵响应,起义军在特里奥卡拉城汇合,并以此为都城建立起国家。这次起义坚持了3年,于公元前101年被罗马军队镇压。

斯巴达克奴隶大起义爆发于公元前73年。斯巴达克是个角斗奴,为了摆脱非人的生活和等待死亡的命运,他密谋策划,带领78名角斗奴逃出了角斗训练营,在维苏威火山上建立了防守坚固的营寨。起义军四出袭击奴隶主的庄园,各地的奴隶和贫民纷纷前来投奔,起义队伍迅速发展到一万多人。罗马统治者派大军包围了维苏威火山,企图把起义者困死在山上。斯巴达克率领起义军冲出了包围圈,向亚平宁半岛南部进军,沿途队伍不断扩大,迅速增加到七万多人,占领了南部的大部分地区。罗马派重兵进行围剿,斯巴达克率部突破围剿北上进入亚平宁半岛北部,队伍扩大到十二万人。然后又南下转战半岛各地。罗马统治者惊恐万状,宣布国家进入紧急状态,调集大军四处围追堵截,终于在公元前71年把这场声势浩大的奴隶起义镇压了下去,斯巴达克壮烈牺牲。

罗马的奴隶制度在公元2世纪以后开始衰落,因为罗马的扩张战争在公元1世纪就已经基本结束,罗马失去了奴隶的主要来源,再加上奴隶起义和奴隶的逃亡,使奴隶的数量逐渐减少。这时奴隶的来源除了原来奴隶的后代以外,主要依靠海盗的掳掠,人口贩子的拐卖,还有就是债务奴隶。这些奴隶都可以用来公开买卖,一个奴隶的价值只相当于一头驴,在罗马城中的奴隶市场上平均每天都有2000多个奴隶成交。在爱琴海中的提洛岛上的奴隶贸易中心,每天成交的奴隶多达一万。

罗马是个以农业为主的国家,但是在奴隶制度下罗马的农业劳动生产率非常低下,亚平宁半岛的气候本来就并不太适宜于谷物生长,而奴隶的劳动又完全没有积极性,因此罗马谷物种植的收获量仅为播种量的4倍(在中国南方的水稻种植区,收获量可达到播种量的近100倍)。所以罗马的农业也主要依靠种植葡萄、橄榄等经济作物,用于生产葡萄酒和橄榄油来出售,再就是饲养牲畜,谷物则依靠从埃及等地输入。奴隶制对生产力发展的不利影响是多方面的,它不仅使奴隶失去了劳动和提高生产率的积极性,而且也使奴隶主失去了改进技术,使用先进工具的意愿,因为他们不愿让奴隶摆脱重体力劳动,工作得太轻松。比如,在罗马皇帝韦斯巴芗统治时期,当时要在圣皮特罗广场竖立一座方尖碑,虽然有位发明者提出了一项省力的新技术措施,但是皇帝不愿意让奴隶们有空可闲,因此宁愿让他们继续进行笨重的体力劳动。水车早在公元前1世纪就已经为帝国东部的行省所知道,但直到公元 4 世纪,奴隶的来源枯竭后,才被罗马人采用。

到公元 3 世纪,罗马的奴隶制经济开始出现危机,因为奴隶来源的减少和奴隶价格的上涨,以及强迫奴隶劳动的效率低下,致使奴隶主的收益微弱。经济作物的种植也因产品销售市场的萎缩而无利可图,大多数奴隶主都入不敷出,有些小奴隶主甚至破产。大地产主有的把土地改为了牧场,有的则改为把土地分租给隶农耕种。隶农制逐渐开始盛行,隶农的来源也逐步扩大,除了奴隶和破产平民外,还有外来的移民。另外,许多贫困的小农也向大地产主寻求庇护,他们把土地卖给大地产主,然后从大地产主那里租地种,以此躲避政府的繁重税赋,他们被称为"庇护制"下的"庇护户"。这样,以剥削奴隶劳动为基础并与市场有紧密联系的奴隶制,就逐步转变为了以剥削隶农为基础,具有自给自足能力的大庄园制。这些大庄园一般都拥有能满足自身需要的手工业作坊、自己的市场,甚至自己的军队。

经济的衰退和大庄园制的逐步盛行,使罗马政府的财政收入大为减少,而多年形成的冗杂官僚机构和宫廷的巨额开支使帝国的财政陷入了窘境。为改变这种状况,公元 330 年,罗马皇帝君士坦丁把帝国的首都从罗马城迁到了东部的商业重镇拜占庭,并把拜占庭更名为君士坦丁堡。当时帝国的财政收入主要来源于与东方的贸易,特别是丝绸贸易,罗马人从贵族到平民都十分喜爱中国的丝绸,丝绸的贸易量非常大。据罗马历史学家马尔切利努斯记载:"昔日仅限于贵族使用的丝织品,现在已不加区别地扩大流传到社会各等级中,甚至包括最低的等级。"①这种情况可能与中国汉武帝打通西域丝绸之路有关,因为在此之前,中国西北通往西方的古商道因游牧民族的兴起而被阻断,中国丝绸只能通过四川和云南的西南丝绸之路,再经缅甸、印度、波斯辗转输往罗马,因此价格昂贵,只有贵族才使用得起。但是汉武帝打通西北丝绸之路后,中国丝绸只需经中亚和波斯就可以直接到达罗马了。后来汉朝还开通了南方海上丝绸之路,丝绸经南中国海和印度洋也可到达印度和波斯,海船载货量大,运输成本低,因此丝绸价格大为降低,罗马平民也穿得起了。

但是罗马与中国之间的丝绸贸易却被波斯人所垄断,公元 97 年,中国汉朝曾派使者甘英前往罗马(古时中国称罗马为"大秦"),但当他经中亚到达波斯湾时,波斯官员告诉他:"大海浩瀚无边,顺风时可能 3 个月能到达,不顺风时可能要 2

---

① (美)斯塔夫里阿诺斯:《全球通史》,吴象婴等译,北京大学出版社 2009 年版,第 77 页。

年,因此出海必须备足 3 年的粮食。"①甘英因此只得放弃了前往罗马的打算,返回了中国。罗马商人也不甘心波斯人垄断丝绸贸易从中谋取暴利,他们从埃及经由红海渡过印度洋前往印度,从那里获得中国丝绸。公元 166 年还有罗马人经海路到达了中国汉朝的首都,他们自称是罗马皇帝安东尼派来的使者,因此受到了汉朝皇帝的热情接待。

首都迁到君士坦丁堡以后,罗马帝国的政治、经济和文化中心从此转移到了东方,罗马城失去了帝国中心的作用。君士坦丁死后,为争斗皇位,帝国又发生混战。此后,帝国经常形成东面的君士坦丁堡与西面的罗马城两个中心,后来狄奥多西夺得了皇位,他恢复了帝国的短暂统一。公元 395 年,狄奥多西去世,死前把帝国分给了他的两个儿子,一个在君士坦丁堡,一个在罗马城。从此罗马正式分裂为东、西两个帝国,东罗马帝国的首都在君士坦丁堡,西罗马帝国的首都在罗马城,统一的罗马帝国不复存在。西罗马帝国于公元 476 年,在匈奴和日耳曼蛮族的打击下灭亡。东罗马帝国则凭借君士坦丁堡的险要的地形和用巨大的蛮石建造的,世界上最坚固的城墙,抵御住了无数次的强大进攻,顽强地维持了一千多年。直到火炮出现后,才于公元 1453 年,被来自东方的重型火炮轰垮城墙,君士坦丁堡被突厥人攻陷,东罗马帝国也因此灭亡。

罗马在建立起囊括地中海的大帝国后,虽然也吸收继承了希腊文明,但因其地域辽阔,规模宏大,所以也形成了自己的独特风格。但是从文化上来看,他并没有超越希腊化时代,在罗马帝国统治时期并没有产生超过希腊时期的哲学家、思想家和科学家。在自然科学方面甚至还出现了倒退,希腊化时代科学思想活跃的亚历山大里亚学派在罗马统治下完全消失,早期的科学思想也被中断。与希腊人注重抽象概念和理论研究不同,罗马人更注重实际,所以,虽然他们在理论科学方面没有什么建树,但是在实用的工程和建筑方面还是做得非常出色。罗马的建筑物规模宏大,雄伟壮观,比如万神殿、罗马竞技场、君士坦丁凯旋门等,展现出了大帝国的气魄。公路和桥梁的建造也有极高的水平,公路的底层铺垫上大石块,中间层铺垫沙砾,上层是大石板,路面仔细的打造成中凸形,使路面的水能排入两边的沟渠。这些公路因为坚固耐用,后来一直使用到中世纪,有些甚至现在还能使用。罗马的雕刻艺术自然而逼真,表现了罗马人务实的作风。在雕刻上最有代表性的作品是图拉真石柱,它是为纪念公元 2 世纪初罗马皇帝图拉真征服多瑙河流域的达西亚人而建的记功柱。柱高 38 米,上面雕刻了征服达西亚人时的战斗、进

---

① (美)斯塔夫里阿诺斯:《全球通史》,吴象婴等译,北京大学出版社 2009 年版,第 77 页。

军、渡河、攻城、牺牲、谈判等一系列场景,共有人物2500多个,是一幅长达200多米的连环画式大型浮雕,雕刻技术娴熟,极有艺术价值。

　　罗马的教育可以分为共和与帝国两个时期,在共和时期,因为战争频繁,因此以军事教育为主,培养尚武的精神和英勇强健的战士,以传统的家庭教育为主要教育形式。到了帝国时期,因为受到希腊文化和教育方法的影响,罗马的学校教育得到很大的发展。当时存在两种学校,一种是希腊语学校,一种是拉丁语学校。罗马的拉丁文字与希腊文字一样,都是采用腓尼基人的字母改造而成的拼音文字。拉丁语学校有中等教育性质的拉丁文法学校,还有高等教育性质的拉丁修辞学校。拉丁修辞学校主要招收文法学校的毕业生,学习的内容有古代作家的著作和修辞学,以及哲学、历史、法律、数学、几何、天文学、伦理学和音乐等科目。希腊的文化和教育方法经过罗马的吸收和改造后形成的教育制度,对后来欧洲的教育产生了很大影响。

　　罗马给欧洲留下很大影响的另一个方面是法律,罗马在法律的制定上取得了很高的成就。罗马最早的法典是于公元前五世纪的共和时期制定的《十二铜表法》,它是产生于罗马氏族社会的传统习惯法。该法典的许多法律条文还非常原始,比如同态复仇法,父对子的生杀予夺绝对权力,债权人可以把债务人处死或变卖为奴的权力等等。它保留了氏族社会的残余,也反映了罗马奴隶社会的早期情况。这部成文法典的出现打破了贵族对法律的垄断,限制了贵族的特权,法律面前人人平等,所以它在一定程度上保护了平民的利益。

　　制定这部法典时罗马还很小,民族比较单一。但是当罗马四处开疆拓土而成了一个跨越欧亚非三大洲的庞大帝国时,它的民族成分变得非常繁杂,各地的风俗、习惯、道德、法律大不相同,再加上罗马经济繁荣起来以后,世界各国来罗马经商的越来越多,因此原来的那部按罗马人的风俗习惯制定的法律已完全不能适应变化了的情况。后来经过多次的修改,到帝国时期形成了一部《万国法》,它大量吸收了外来各民族和世界各国普遍适用的法律条文,因此有很广的适应性,对后世产生了深远的影响,它成了欧洲拉丁国家,甚至后来的美洲殖民地国家的法律基础,至今仍在起作用。

　　在罗马帝国时期发生的另一件对后世影响巨大的事情就是基督教的兴起。基督教起源于犹太教,它原是犹太教的一个教派(拿撒勒派),因此它的教义大都是来源于犹太教,它与犹太教有着共同的上帝——耶和华。基督教的创始人是耶稣,他出生在拿撒勒,父亲约瑟是木匠,母亲玛利亚是犹太祭司的女儿。大约在30岁时(即公元30年),他开始带领12个使徒在巴勒斯坦地区四处传教,因为他善于表演一些起死回生的魔法,并能为人驱鬼除邪,医治疾病,所以赢得了许多信徒。当时犹太人正处在罗马帝国的种族奴役之下(公元前63年犹太人被罗马征服),民间弥漫着反罗马情绪,经常爆发反抗罗马统治的暴动和起义。犹太教徒们在暗中进行反抗罗马的宣传,耶稣也在传教中传播一些反抗罗马统治的思想。

拿撒勒教派的信徒多为下层的贫苦民众,耶稣主张平等、博爱,反对犹太教上层权贵与罗马统治者相勾结压迫犹太人民,因此与犹太教上层及主流教派产生了冲突。公元36年,耶稣带领他的信徒去耶路撒冷布道,与犹太教权贵做斗争,结果他被犹太教大祭司拘捕,并以"谋叛罗马"的罪名送交给罗马驻犹太的总督。罗马统治者以"犹太人的王"的罪名将他判处极刑,钉死在十字架上。后来他的信徒们宣称,耶稣死后三天又起死回生了,复活40天后升天而去。并宣称耶稣是上帝耶和华唯一的儿子,是上帝派到人间来拯救世界的救世主。基督一词即古希腊语救世主的意思,所以耶稣这一教派后来被称为基督教。

耶稣死后,他的信徒们组成了与犹太教不同的教会,虽然他们基本上仍然是采用犹太教的教规和教义,但是他们容许没有受割礼而愿意受洗礼的非犹太人入会,他们被称为基督徒。在耶路撒冷发生迫害耶稣及其信徒的事件后,他们已经无法在那里容身,只得逃出巴勒斯坦地区,游走到外地去谋生和传教。这样他们就走出了犹太人社会,逐渐扩展到了罗马帝国各地,后来,基督教发展成为了遍布西方的世界性宗教组织。

犹太民族是个灾难深重的民族,历史上饱受外族的征服和长期统治,他们虽然不断地进行反抗,但是因为力量太弱小,往往以失败告终。所以他们对现世非常失望,希望现存的世界秩序灭亡,新的世界秩序产生,寄希望于救世主的出现。犹太教是个古老的宗教,在它的长期发展过程中,逐步形成了自己成熟的教规和教义,以及一套比较完整的宗教礼仪制度,但是它只在犹太人中传承。犹太人后来失去了国土,游走于世界各地,但是他们继承了腓尼基人的商业才能,非常善于做生意。

基督教徒们在走出巴勒斯坦以后,为适应新的环境,他们开始在非犹太人中广泛传教。他们认为,仁爱的上帝派他唯一的儿子耶稣来到人间是为了拯救全人类,而不仅仅是拯救犹太人。基督教徒们对人们宣称,世界的末日即将来临,上帝耶和华将派救世主耶稣来拯救世界上苦难的人们,相信上帝的人将会升入天堂,不相信上帝的人将会坠入地狱。基督教徒们反对人压迫人,反对奴隶制度,他们劝人行善,爱人如己,主张不分贵贱,人人平等,人人皆兄弟。他们在基督教内部实行财产共有,共同劳动,共同聚餐,奉行财富共享的原始共产主义。他们的这些思想在社会下层民众中得到了广泛的认同,所以很多穷苦的平民、奴隶、和社会中下层民众都成了他们的信徒。

罗马统治者最初是将基督教视为对自己统治的威胁,因为它反对奴隶制度,主张人人平等,因此对基督教徒进行了坚决的镇压和残酷的打击。而且当时在罗马帝国各地还有着几百种不同的宗教,各有各自信奉的神,相互排斥,相互攻击。在这种艰难的环境中,基督教凭借他们能够得到广大中下层民众认同的平等和共产思想,以及源自于犹太教的教规教义和一套比较成熟的宗教礼仪制度,逐渐赢得了越来越多的信众。

到公元2世纪,基督教已经得到了很大的发展,这时他们的信徒已经不仅仅是中下层民众,许多富裕阶层的人也成了基督教的信徒。出现在教堂里的不仅有衣着破烂的穷人,也有衣着华丽的富人。基督教的教会内也开始发生变化,因为富人向教会捐赠的钱财和资产更多,成了教会收入的主要来源,所以教会对富人信徒表现得更为尊重。信徒进入教堂后,衣着华丽的富人会被请到上座,而穷人则只能站着或坐在旁边的板凳上。

公元3世纪以后,随着富有者对教会的影响越来越大,基督教的思想也从原来的反抗贵族的统治演变为服从贵族的统治,从反对奴隶制度到承认奴隶制度的合理性。他们劝导信众甘当顺民,认为这一切都是上帝的安排,他们否认信徒对现世社会的理想追求,要求他们把希望寄托在死后升入虚幻的幸福天堂。教会的组织也开始发生变化,出现了执事、长老、财务监督等官职,很多富有家庭出身的人也开始进入教会担任神职。而富有信徒的进入教会,更增加了富人对教会的财产捐赠,教会已经变得越来越富有。一些大贵族不但向教会大量捐赠土地,还向教会大量捐赠奴隶,这就使教会实际上也成了奴隶主。教会的组织也进一步的开始向贵族化发展,出现了集财权和神权于一身的主教,以及一系列不同教阶的官职,形成一套等级森严的教阶制。基督教已经从原来的被压迫阶级的宗教逐渐演变成了统治阶级的宗教。这使罗马统治者对基督教的态度发展了改变,公元260年,罗马皇帝加里安努宣布基督教为合法,准许其活动,并归还了其被没收的财产。但是,罗马统治者对基督教的戒心并没有完全消除,公元284年,德克里先成为皇帝后,又禁止基督教活动,没收教会的财产,销毁基督教的经书,直到公元305年他退位。

基督教会的上层人士为了争取得到罗马政府的承认和保护,他们在思想上不断向罗马统治阶级靠拢,神化罗马皇帝。他们在理论上论证罗马帝国统治的合理性,充当起罗马政府统治人民的思想工具,并在行动上表示效忠罗马政府。他们所做的这一切终于得到了罗马统治者的认可,公元 312 年,罗马皇帝君士坦丁宣布皈依基督教,成了罗马历史上第一个基督徒皇帝。第二年,君士坦丁颁布《米兰饬令》宣布基督教为合法宗教,在法律上承认了基督教会合法拥有财产,从此结束了对基督教的迫害。10 年后,君士坦丁又进一步颁布规定,要求政府官员主要由基督徒来担任。此后的罗马皇帝都扶持和利用基督教,而基督教也利用政府的力量压倒了罗马的其他宗教。

罗马皇帝为了给自己的统治披上神圣的光环,他们与基督教相互利用,制造君权神授的思想,大搞君权神授的隆重宗教仪式。通过这些仪式,能使罗马皇帝的专制统治显得更具合法性,因为他们的权力是神授予的,而不是人民授予的,他们是代表神对人民行使统治。而从前罗马的执政官须经过公民选举产生,他们的权力是公民授予的,必须服从公民的意志。但是通过大搞君权神授的仪式后,皇帝开始高高在上,显得遥不可及,在宫廷的仪式上,皇帝头戴饰满宝石的皇冠,身穿镶金的紫绸长袍,所有的臣民都必须拜倒在皇帝面前,只有少数权贵才能在得到允许时,亲吻皇帝长袍的边缘。

公元 392 年罗马皇帝狄奥多西正式把基督教定为罗马国教,而且是罗马唯一合法的宗教,并下令关闭一切异教的神庙,禁止向各种神献祭。从此基督教在罗马帝国取得了至高无上的地位,基督教会遍布帝国各地,包括叙利亚、小亚细亚、马其顿、希腊、亚平宁半岛、伊比利亚半岛、高卢、埃及、北非等地。并发展成为了教阶森严的宗教帝国,其教阶神职包括主教、大主教、都主教、枢机主教、宗主教、教皇,罗马教皇神圣不可侵犯。他们还拥有自己的宗教法庭,并建立了培养教士传授宗教思想的神学院,从而逐渐取得了对西方思想和文化的统治地位。即使是在西罗马帝国于公元 476 年被日耳曼蛮族毁灭后,基督教宗教帝国也没有倒掉,它以顽强的生命力继续生存了下来,并逐渐从精神上征服了野蛮的日耳曼人,使他们后来都皈依了基督教。在此后中世纪漫长的一千多年里,基督教会一直牢牢统治着欧洲的思想和文化,教皇的神权甚至高于帝王的王权。

在后来欧洲文明的发展过程中,基督教产生的影响可分为正反两个方面:一方面,因为基督教对欧洲思想和文化的控制,导致中世纪的欧洲陷入了极端迷信宗教神学的漫长黑暗时代,人们思想愚昧,社会发展迟滞。直到 16 世纪欧洲发生了宗教改革运动,欧洲才摆脱了基督教会和宗教神学对人们思想的控制,走上了理性和科学的发展道路。另一方面,因为有基督教神权和教皇权威的存在,使欧洲封建国家的世俗王权受到了制约,欧洲形成了二元化的社会结构,神权与王权、教皇与帝王、教会与官府、宗教法与世俗法,他们互相争夺权力、互相利用、起到了互相监督、互相制约的作用。所以,欧洲国家的王权大都不是很发达,君王们的专制程度也远远低于东方的帝制国家,这使他们后来向民主宪政演变的过程来得更容易。另外,因为基督教主张平等和博爱,其内部还保留了某些原始的民主制度,教皇和许多主教也都是由选举产生,这对欧洲国家的资产阶级后来走上自由平等的民主道路也产生了一定的影响。

16世纪发生宗教改革运动以后,基督教神权趋于崩溃,欧洲开始走向政教分离,基督教因此逐渐被边缘化。此后基督教转向了关注社会慈善和道德问题,并为被世俗生活所困扰的人们提供精神慰藉。

十一　结束中国封建社会制度的秦朝

秦国原是周王朝的一个小诸侯国,秦的先祖是舜禹时期的朝廷官员大费,大费帮助大禹治水有功,被舜帝赐姓嬴,并委任他主管畜牧。周孝王时因大费的后人非子善于养马,周孝王委任非子主管养马,并在西北地区赐封秦地给他为附庸(周朝爵位分为公、侯、伯、子、男、共五级,最低一级的男爵封地为方圆五十里,封地小于五十里的封臣称为附庸),非子在秦地建起了城邑,从此称为秦。秦的西面和北面都是惯于侵扰劫掠的游牧民族,秦就是在这种险恶的生存环境下逐渐成长强大起来了,并因此而形成了自己尚武的民风。

秦在反抗游牧民族的入侵和保卫周王朝西北边陲的斗争中屡立大功,因此他在周朝的地位逐步提高。到周幽王时期,叛臣申侯勾结游牧民族犬戎攻陷了周朝的都城镐京,周朝各诸侯国因周幽王烽火戏诸侯的原因大都姗姗来迟,但是秦却积极前来救援。周幽王被犬戎杀死后,继位的周平王为避开游牧民族的频繁侵扰,决定把都城东迁至洛邑,秦君也一直率兵护送周平王到洛邑。因此周平王加封秦君为公爵(即秦襄公),并把周王室原来在西部的大片土地赐予了秦。同时要求秦担负起西北边陲的防卫重任,打击日益猖獗的游牧民族。从此秦正式成为与各诸侯国并立的秦国。此后,秦国经过几代人的努力,逐步夺回了周朝在西部失去了的土地。到公元前七世纪秦穆公在位时,更是大败西北部游牧民族,广地千里,成了周王朝西北部的一个强大诸侯国。

周王朝迁都到洛邑后史称为东周,以区别此前的西周时期。这时的中国,因生铁的发明,铁器得到了广泛的应用,劳动生产率得到极大的提高,因此,东周各诸侯国的实力也都越来越强大。而迁都后,东周王室的实力却被极大削弱,它已无力管束各诸侯国。因此导致各诸侯国群雄并起,他们为扩大势力,夺取土地,争战不休,竞相谋求称霸。秦国也开始凭借自己逐渐强大起来的实力逐步向东发展,参与到与各诸侯国的争霸战争。

公元前361年秦孝公即位,这时东周已进入了社会动荡不安的战国时代,政治改革之风也已经在东周各诸侯国之中渐渐兴起,比如法家人物李悝在魏国的改革、著名的改革家吴起在楚国的改革等。许多诸侯国在各种改革派人物的帮助下,经过改革,国家实力都得到了加强。秦孝公也是个雄心勃勃的人,他一即位就发布诏令,向各国广招贤士,希望能得到有才能的人士,以帮助自己实现强国的愿望。

卫国公子卫鞅,自幼好学,而且尤其喜好法家学说。成年后来到魏国,魏国的丞相把他推荐给魏惠王,说卫鞅虽然年少,但有奇才。魏惠王却不以为然,一直没有重用他。卫鞅听说秦孝公下令招贤,于是来到秦国,通过秦国人景监的引荐,前去面见秦孝公。

卫鞅第一次与秦孝公会见,向孝公大讲"帝道",孝公听得毫无兴趣,不知不觉打起了瞌睡。几天后卫鞅又一次要求景监带他去会见孝公,这一次他向孝公大讲"王道",孝公听着听着又打起了瞌睡。又过了几天,卫鞅再一次找到景监,景监颇有怨言,说孝公已经责怪他了,说他带来的客人没有什么才能"不足用",但是景监还是再一次带卫鞅去见了孝公。这次卫鞅给孝公讲起了"霸道",孝公听得来了精神。战国时中国还没有开始使用座椅,人们都是席地而坐,孝公不知不觉间在座席上不断向卫鞅挪近,最后竟肩并肩的和卫鞅坐在了一起。卫鞅因此知道了孝公的兴趣所在,此后他连续给孝公讲了几天的"霸道"。

所谓"帝道"其实就是指上古氏族共和制帝国时期的黄帝、尧帝、舜帝,所奉行的治世之道。那时民风淳朴,帝王与普通民众之间也没有尊卑之分,大家同甘共苦的劳动,社会"大同",国家政治也比较开明,尊贤任能,帝位的继承实行禅让;所谓"王道"则是指夏、商、周三代封建王朝时期所执行的治国之道。这时民风已开化,社会的尊卑地位和封建等级制度已形成,治理国家主要靠礼仪制度和道德教化;而"霸道"则是在当时中国进入铁器时代后,民智已开化,各种新技术不断出现,农业生产力得到了极大的提高,经济日益繁荣,社会的动乱也越来越严重,靠道德教化已无法维持,必须改革制度加强法制,因此法家人物提出来的一种全新的政治制度。即废除封建制度、建立中央集权、加强王权、加强法制,以消除社会动乱。并提出了一系列有利于加强王权的措施,如推行郡县制、推行自耕农制度、改革税收、取消封建贵族特权、严肃法律,奖励军功等等。以使国家的力量得到加强。

秦孝公对法家思想大为赞赏,对卫鞅委以重用,令他在秦国推行变法。卫鞅首先制定了新的法律制度,开始在秦国推行。新法律一反封建制度传统的刑不上大夫,实行同罪同罚,不分贵贱一视同仁。同时推出奖励制度,有奖有罚,奖罚分明。但是法律公布后,秦国人都对他是否能执行新法律持怀疑态度。为了证明新法律的严肃性和自己是有法必行。卫鞅在城南门口立了一根长木头,然后对人们说:如果谁能把这根木头从城南门扛到城北门就奖他十金,但是这么高的奖励谁也不敢相信会是真的。于是他把奖金提高到二十金,仍然没有人相信。当他把奖金提高到五十金时,有个人试着把木头扛到了北门。卫鞅当众拿出五十金奖给了那个人,从此人们开始相信卫鞅执法是言而有信的。但是贵族们仍然不以为然,不久后,太子违反了法律,卫鞅对秦孝公说:"法之不行,自于贵戚,君必欲行法,先于太子。太子不可黥,黥其傅师。"①于是,秦孝公同意对太子的师傅执行了黥刑(在脸上刺字)。从此,再也没有人敢于违法,新法律得到了人们的遵守,政治改革也得到了顺利推行。

卫鞅改革的主要措施有:一、取消封建分封制,已分封的土地三代以后都收归国有;二、所有的家庭在儿子成年后,无论是父子还是兄弟都必须分家,分别立户,不允许有两个以上的成年男子同居一室;三、国家分配土地给每一个成年男性公民,并按谷物的收成征收什一的实物税;四、实行郡县制,在全国设置郡、县、都、乡、邑、聚的多级行政机构,由国家委任官员管理;五、奖励军功,把爵位分为二十级,将士每杀敌一人,就加爵一级并加一级俸禄,以提高军队的战斗力;六、制定严厉的法律,用重典来遏制犯罪,并禁止学习封建礼仪制度和诗、书及百家学说,只能向法官学习法律。

因为卫鞅的新法律非常严厉,初推行时人们颇有怨言。但是推行十年后,秦民大悦,秦国风气也大为改变,道不拾遗,山无盗贼,家给人足。民勇于公战,怯于私斗,乡邑大治,秦国实力大为增强。当时正值秦国的东邻魏国被齐国打败,卫鞅向秦孝公建议,趁魏国战败后军力疲弱,趁机进攻魏国。孝公采纳了他的建议,并派他率军去攻打魏国,夺得了魏国的大片土地。秦孝公为奖励卫鞅,把商地封赐给他作食邑,因此,后来人们称他为商鞅。

商鞅在秦国变法 19 年后秦孝公去世,太子继位,是为秦惠王。因为商鞅的变法侵害到了封建贵族的利益,因此秦国的封建贵族们早已对他恨之入骨。加之商鞅变法之初曾经惩治过太子的犯罪,太子对商鞅也怀恨在心。所以秦孝公去世以后,商鞅很快就遭到了封建贵族们的报复,被处以车裂之刑。但是商鞅的各项变法措施却得到了秦惠王和他的后继者的采纳,改革得以一直延续。改革使秦国的

---

① 司马迁:《史记》,北京,中国戏剧出版社 2006 年版,第 28 页。

经济实力和军事力量都得到了极大的增强，因此秦国变得越来越强大，在与各诸侯国的争夺中不断扩大地盘。而同时期虽然许多其他的诸侯国也进行了改革，却因来自国内封建贵族们的阻力太大，或半途而废，或改革不彻底。

公元前 249 年秦庄襄王即位。这时东周各诸侯国经过长期的战争兼并，剩下的国家已经不多，形成了秦、魏、赵、韩、燕、楚、齐，七大强国争雄的局面。而秦国已经成为其中最强大的国家，各诸侯国无不对它感到畏惧。东周王室也感到了来自秦国的极大威胁，周王室企图暗中联合各诸侯国共同对抗秦国。秦庄襄王知道后令丞相吕不韦率军讨伐，吞并了东周王室的全部领地，并把东周王室也迁到了秦地，但给予了他们一处安身的土地，以供奉其祭祀。东周至此已名存实亡。

公元前 246 年秦庄襄王去世，13 岁的嬴政继位成为秦王。因为太年少，由丞相吕不韦摄政。在此期间，奸人嫪毐利用与太后的暧昧关系，培植起了他的势力，门下有食客千余人，权势极大，阴谋篡夺嬴政的权力。公元前 238 年，嬴政已经 22 岁，眼见嬴政已经长大成人，嫪毐开始暗中策划欲将其杀害。嬴政得到消息，采取了先发制人的断然行动，一举消灭了嫪毐和他的所有势力。嬴政开始亲理朝政，他罢免了丞相吕不韦，起用法家人物李斯为丞相，并用了几年时间治理内政，巩固了政权。从公元前 230 年起，秦王嬴政开始了他灭亡六国、统一天下的征程。

秦首先灭掉了较弱的韩国。秦国因为地处西北边陲，经常与北方游牧民族作战，这种与异族的战争非常野蛮残忍，所以秦军的战斗作风非常凶悍。而中原各诸侯国之间的战争残酷性却比较低，往往被称为君子之争，战斗作风也远没有秦军顽强。公元前 230 年，秦军攻入韩国都城新郑，俘获韩王，尽取韩地，设置颍川郡，韩国灭亡。

第二个被灭掉的是魏国，魏国在战国初期原是强国，但是自从在与齐国的马陵之战中落败后，国势一落千丈，后又多次被秦国打败。公元前 225 年，秦王嬴政命秦国将军王贲率军攻伐魏国，攻陷国都大梁，俘虏魏王，尽取其地，魏国亡。

第三个被灭掉的是楚国，楚国是中国南方的一个很古老的诸侯国，商朝末年曾跟随周武王讨伐商纣王。楚国很强大，经过历代的扩张兼并，它已是战国诸雄中疆域最大的强国，囊括了整个长江中下游地区和淮河流域，吴国和越国也都先后被他们兼并，因此其边境直到广阔的东部沿海。最初楚国的都城在郢（今湖北江陵），后迁至陈（今河南淮阳），最后迁至寿春（今安徽寿县）。公元前 223 年，秦国派名将王翦和蒙武率军进攻楚国，陷寿春，楚军主帅项燕战败自杀，楚王被俘，楚国贵族和大批难民逃往海外，楚国灭亡。

第四个被灭掉的是赵国，赵国是秦国的老对手，两国曾发生多次大规模战争，互有胜负。其中最著名的一次是发生在公元前 260 年的长平之战，秦国名将白起把 40 万赵军围困在深山峡谷之中达 46 天之久，赵军因断粮导致大批士兵被饿死而不得不投降，后来白起下令全部活埋了投降的俘虏。长平之战使赵国实力大损，从此开始衰弱。公元前 228 年，赵国都城邯郸被秦军攻破，赵王被俘，赵国公子嘉退守代郡，自立为代王。公元前 222 年，秦将王贲攻克代郡，俘虏代王嘉，赵国至此灭亡。

　　第五个被灭掉的是燕国，燕国是周朝初年分封给周王室宗亲召公的封国，建都在蓟（今北京）。燕国的东面是箕子的封国朝鲜，朝鲜国原来在辽西，后来向东发展到辽东和朝鲜半岛。而燕国也不断向东发展，侵吞箕子朝鲜的辽西领地，到战国时，辽西和辽东的领地都已经被燕国占领，朝鲜因此完全成了一个半岛国家。燕国虽然很强大，但是它仍然无法抵挡秦国的虎狼之师。公元前 226 年，为回避秦国的威胁，燕国迁都至辽东。公元前 222 年，秦将王贲率军攻陷辽东，燕王被俘，燕国贵族和大批难民逃往朝鲜，燕国亡。

　　最后被灭掉的是齐国，齐国是周朝初年分封给功臣姜太公的封国，位于东部，离秦国较远。秦灭六国前奉行的是远交近攻策略，与齐国保持友好关系。在灭掉了其他诸侯国后，公元前 221 年，秦国大将王贲率军从燕地出发，攻入齐国，俘虏齐王，齐国亡。

　　秦王嬴政用了不到十年的时间，以势不可挡的强大军事实力，先后灭掉了韩、魏、楚、燕、赵、齐六国，统一了中国，从而结束了东周以来的诸侯国长期混战局面，建立起了一个中央集权制的秦帝国。嬴政认为自己统一中国所建立起的功绩已超过了中国上古时期的三皇和五帝，所以自取称号为"皇帝"。因为他是中国历史上第一个皇帝，因此被称为"始皇帝"，后继者则称为二世皇帝、三世皇帝……，他希望能够传之万世，直至无穷。中国史书称他为秦始皇。

　　统一中国后，秦始皇在丞相李斯等法家改革派人物的帮助下，开始在全国全面推行法家的政治制度，以巩固政权的统一，其措施主要有：一、在全国范围内全面废除封建制度，建立起郡、县、乡、亭、里，五级行政管理的中央集权体系；二、全面改革官僚制度，从中央到地方设立各级行政官员，取消官僚的世袭制，取消官吏的"食邑"、"食封"制，实行俸禄制；三、改革土地制度，让百姓向政府自己报告占有多少田地，承认他们对土地的使用权，然后按亩纳税；四、鼓励人们开垦荒地，并用免除徭役的办法，奖励人们迁移到边疆地区和劳动力不足的地方去从事农业；五、为了大力发展农业生产，把原来的"重农抑商"政策进一步改为"重农除商"，对不事农业而从事商业的人进行严厉打击；六、在原秦国法律的基础上参考、吸收其他各诸侯国的法律,制定出全国统一法律;七、为了消除因各诸侯国长期分治而造成的文字混乱现象,对全国的文字进行了统一规范和简化;八、统一全国的货币,统一全国度量衡制度,统一规定全国驰道的宽度为 50 步,车辆的轨距为 6 尺(车同轨)。另外,对其他一些因诸侯国分治而形成的不利于统一和经济发展的制度也进行了改革。

秦始皇在改革派的帮助下采用法家学说,用郡县制取代封建分封制,用各级官僚取代各级封建领主,建立起官僚集权的新政治体制后,各种保守派人物和守旧势力仍然企图恢复旧制度。朝廷中经常有守旧派官员费尽心机的对秦始皇进行劝说,社会上也有各种思想学派和代表封建旧贵族的势力对新政议论纷纷,发出各种反对意见。公元前 213 年,秦始皇在宫中大宴群臣,博士淳于越再次建议秦始皇遵从古道,分封子弟,以防出现功臣篡权。丞相李斯严厉地驳斥了他,并认为倡导从古,非议朝政,会使人心浮动,社会动乱,无事生非。李斯提出建议,收缴并焚毁除农书、医书和卜筮书以外的所有诸子百家学说和民间书籍,此后如有私藏百家之书,私议百家之说者,严惩不贷。秦始皇采纳了李斯的建议,于是一场大规模的收缴和焚毁书籍的行动在全国展开,中国民间的书籍、百家著作和原来六国的书籍,都被销毁殆尽,大批的儒生(这里儒生泛指持百家学说的知识分子)也因非议朝政而遭到杀害。秦始皇曾经一次就坑杀了 460 多名儒生,因此,中国历史上把秦始皇的这些残暴行为称为"焚书坑儒"。此举对中国的史学和文化的传承造成了极大的损害,因为绝大多数的中国古代书籍都因此而被毁灭,"焚书坑儒"后来遭到了中国历代文人的强烈谴责。

秦始皇灭亡六国时年仅 38 岁,年轻气盛,因此他仍然好大喜功,胸怀大志。他工作非常勤勉,亲理朝政,每天批阅的文书多达 120 斤。统一中原后他就制定了北拒匈奴、南征百越的战略。经过准备,公元前 218 年,秦始皇派大将屠雎和赵佗率领 50 万大军,发动了征服中国南方珠江流域的战争。

秦军越过南岭山脉,沿北江而下,直达珠江三角洲,很快就占领了番禺(今广州)。但因为南岭山脉的阻隔,运输困难,粮食和物质供应不上,使秦军在岭南陷入了困境。越人趁机不断进行袭扰,秦军伤亡惨重,主将屠雎也被杀。为摆脱困境,公元前 217 年,秦始皇派水利工程师史禄,设法在南岭山脉上开凿一条沟通珠江支流漓江与长江支流湘江的河渠,史禄出色地完成了这一使命,这条全长仅 34 公里的河渠设计得非常巧妙,被称为"灵渠",它成功地沟通了珠江流域和长江流域这两大水系。很快,秦军的大批粮食和军用物资以及补充人员,源源不断地运到了岭南,有了运输和物质保障的秦军势如破竹,迅速征服了整个珠江流域。

　　征服了岭南百越后,秦始皇决定对北方的匈奴发动大规模反击,而此前秦军无暇北顾,对匈奴一直采取防御。匈奴是中国北方草原上的强悍游牧民族,战国时经常对秦、赵、燕等北部诸侯国发动袭扰劫掠。战国末期趁秦国忙于中原战事,南下占领了黄河河套地区。为了解除匈奴的威胁,公元前214年,秦始皇令大将蒙恬率领30万大军北击匈奴。秦军以重型战车为主,车上载有各种威力强大的弩箭,特别是连弩,发射起来箭矢如雨。战斗中秦军以战车突前冲击,步骑兵随后掩杀,匈奴不敌,大败而逃。秦军收复了黄河河套地区,沿河置44个县,移民垦守。因匈奴又复来袭扰,次年秋,秦始皇复令蒙恬率军渡黄河进击匈奴,在蒙恬大军的打击下,匈奴溃败,望风而逃,蒙恬率军追击了700余里,此后匈奴向北迁徙,再也不敢南面而望秦。

　　西南地区各族原来臣属于楚国,公元前316年秦在取得蜀地后,与西南各族建立起了交往。灭六国后,为开发西南地区,秦始皇派常頞修筑了一条从蜀地通往西南的栈道,因为西南地区多高山峻岭和悬崖峡谷,修路很困难,因此,栈道只有五尺宽,被称为"五尺道"。栈道开通后,秦朝的势力直达且兰、夜郎、邛都、昆明等地,并在这里设官置史,建立起了行政机构,把西南地区纳入了秦朝的管辖之下。

　　经过多年的征战,秦朝的国势达到了极盛,其疆域东到朝鲜和东海,西到羌中及临洮(今甘肃岷县),北据阴山至辽东,南到交趾(今越南中部)。

　　在开疆拓土的同时,秦始皇还不惜民力,大力兴建各种工程。统一的第二年开始,秦始皇就开始大力修筑以都城咸阳为中心,通往全国各地的宽广驰道,道宽均达50步,相当于现代的高速公路。(据近年来的考古发现,秦朝修建的驰道是铺有轨道的,类似现代的铁路,但道轨使用的是质地坚硬的木材,所以秦朝有"车同轨"的规定。轨道是双向的,上面跑的是马车,轨道能有效地减小车轮的阻力,提高运输效率。)著名的驰道有上郡道、临晋道、东方道、武关道、西方道、秦直道,另外还有通往蜀地的秦栈道和通往西南的五尺道等等。这些道路的开通有利于秦朝加强对全国的管理,也方便了各地区人民的交往和物资流通,有利于经济的发展。秦始皇还每年沿着驰道前往全国各地巡视。

　　因为多年的战乱,原来各诸侯国的水利设施大都已年久失修或遭到破坏。统一后,秦始皇为尽快恢复农业生产,调动大批人力修复灌渠,疏通河道,兴建新的水利工程。为方便交通运输,还开凿了一些新的运河如灵渠等。这些水利设施对发展农业生产和水上运输都发挥了积极作用。

　　为了防御长期危害中国北方的游牧民族如匈奴、东胡等的入侵,秦始皇在原来北方各诸侯国修建长城的基础上，进行了大规模的修整和改建，把原来各国的长城连接了起来，使长城从西部的临洮一直延续到了东部的朝鲜，长达万里。因为长城多修建在崇山峻岭上，工程浩大而艰难，为修建长城，秦朝从全国各地调动了大批的劳役，工程中死伤的人也难以计数。但是，长城的修建非常有必要，因为中国北方的草原地区是危害亚欧大陆的游牧民族的策源地，而万里长城的修建，对中国历朝历代防御游牧民族的入侵发挥了极为重要的作用。

如果说以上工程虽然耗费民力民资，增加了人民的负担，但终究还是有利于国计民生。但是，以下这些工程则完全于民生无益，纯粹只是为了满足帝王的骄奢私欲。比如修皇陵，骊山皇陵从嬴政十几岁登基就开始修建，前后历时30余年，统一后加大了工程量，每年使用的劳役达70余万人。现存的秦始皇的陵墓高55米，周长2000多米，据说内部注以水银，并以铜铸顶，且至今还未被打开过。近年来在秦始皇陵墓的外围发现了大规模的兵马俑坑，坑道中布满了陶制的兵马俑，这些兵马俑身着军装，手执兵器，大小和形态与真人真马相似，形象逼真，已发现的兵马俑有7000多个，在地下组成威武雄壮的军阵，气势磅礴，体现出了秦朝强大的军事实力。这些遍布于秦始皇陵周围数公里的地下军阵，是秦始皇用来在地下保护自己的皇家卫队。

秦始皇另一项骄奢的大工程是修建被称为阿房宫的宫殿。秦始皇在灭亡六国时，每灭亡一国，就命令工匠按照该国的王宫模样，在秦都咸阳重建一套，因此，咸阳的王宫也越来越大。但是他觉得还不够气派，公元前212年，秦始皇又下令在渭水南岸的上林苑（今西安附近）修建新的宫殿。先开始建造的是宫殿的前殿，即阿房宫，宫殿的规模巨大，使用的劳役达70余万人。前殿阿房宫宽500步，长50丈，可坐万人。宫前树立有12个铜人，各重24万斤，宫门用磁石做成，以防私带兵器入宫。但是新王宫还没有建成，秦始皇就去世了。秦始皇统一全国后年年出兵征战，还不惜民力大肆兴建各种工程，耗费了大量的人力物力。这些都极大地加重了百姓的负担，征战和工程劳役还造成了大量的人员死亡，给人民造成了极大的痛苦。

秦始皇希望他的帝国能传之万世，直至无穷，然而秦帝国并没有维持多久，在帝国建立的第12年，即公元前210年，秦始皇在到东部地区巡视的途中突然病逝。当时，陪同秦始皇东巡的有他年幼的小儿子胡亥和胡亥的师傅赵高，还有丞相李斯。阴谋家赵高为了取得权力，与丞相李斯密谋篡改了秦始皇的遗诏，矫诏杀害了太子扶苏，拥立胡亥做了皇帝。此后赵高通过控制年幼的胡亥从而控制了朝廷大权，胡亥成了他手中的傀儡。此举引起了朝廷中大臣们的不满，于是赵高利用所掌握的权力在朝廷中大肆迫害异己,滥杀无辜,李斯不久也被他杀害,从而导致朝廷政局大乱。

秦始皇死后的第二年,即公元前 209 年,被征发赴北方边境戍守的 900 名楚地戍卒,走至蕲县大泽乡(今安徽宿县)时遇到连日的暴雨,耽误了行程,预计已经不能按时到达。按照秦朝的严厉法律,误期者一律当斩。戍卒的屯长陈胜与吴广商议,反正是死,不如造反一搏。陈胜和吴广带领戍卒杀死了负责押解的两名将尉,树起了造反的大旗。他们以赵高拥立胡亥为秦二世皇帝的名分不正,为公子扶苏鸣冤的名义来号召人们起义。民众纷纷响应,队伍迅速壮大,陈胜占领了蕲县,自称楚王。

在陈胜起义的鼓舞下,苦于秦朝苛法暴政的各地人民纷纷揭竿而起,被推翻的各国旧贵族也趁机起兵造反。陈胜的起义军虽然不久后遭到朝廷派来的大军镇压而被消灭,但是,全国各地的其他起义军却如燎原之火,越烧越烈,朝廷军队已无力应对。局势的恶化导致朝廷内部更加纷乱,为自保,赵高逼迫秦二世胡亥自杀,另立皇室宗亲子婴为皇帝,结果赵高反被子婴设计杀死。公元前 206 年,起义军攻至都城咸阳,子婴投降,秦朝亡。

秦是一个后起的小诸侯国,在反抗北方游牧民族的入侵中逐步壮大。也正是因为它是后起的诸侯国,所以秦国的封建贵族势力不是很强大,因而在战国时期的法家政治改革浪潮中秦国的阻力比较小,改革进行得比较彻底。而东周其他许多建国早,原本实力很强的诸侯国,因封建贵族势力根深蒂固,改革阻力很大,都没能进行彻底的改革,所以秦国后来居上取得了优势。而秦帝国之所以很快就崩溃,直接的原因是因为秦始皇死得太突然,未能妥善地安排好权力的继承,导致政局大乱。但是深层次的原因还有很多。

首先,秦朝的法律过于严酷。法家实行轻罪重罚,希望以此把犯罪消灭在萌芽状态,但是法律过于苛刻则成了暴政,因此招致了人们的强烈不满。其次,秦朝刚刚从长期的大战乱中走过来,社会破坏严重,人们极需休养生息,但是秦始皇却是个好大喜功的人,他不停地发动征服战争,南征百越,北伐匈奴,大肆兴建各种大型工程,修驰道、修长城、修水利、修阿房宫、修陵墓……。秦朝的徭役异常繁重,而且服役期特别长,经常是长达一年,给人民造成了沉重的负担,民间怨声载道。另外,被推翻的各国贵族也并没有甘心失败,他们也在心怀叵测,蠢蠢欲动。有这么多的不安定因素,虽然在秦始皇的威望和强有力的统治下还能够维持下去,但是秦帝国建立还不久,根基还不稳固,所以,一旦继任者的能力不够或者政策失当,局面就会马上失控,帝国的崩溃就在所难免。

　　秦朝是中国历史上的一个具有重要意义的朝代,因为它结束了中国延续了近2000 年的封建社会制度和封建诸侯国分治局面,开创了中央集权的官僚政治体制。在这种政治体制中,郡县制取代了封建分封制,各级行政官僚取代了各级封建领主,皇帝通过各级官僚把他的专制统治延伸到国家的每一个地方。皇帝是最高的专制统治者,在他之下的各级行政官员,也都成了他们所管辖地区的专制统治者。也就是说,他用各级行政官员的官僚专制统治取代了原来的各级封建领主的君主专制统治。在当时的历史条件下,这种官僚集权的政治体制有利于消除封建分治造成的诸侯国战乱,有利于维护国家的统一,也有利于增强国家的实力。秦朝虽然存在的时间不长,但是它所开创的官僚集权制度(也可以称为:官僚帝制。欧洲称这种政治制度为:绝对君主制)却在中国延续了 2000 多年。

十二 确立中国官僚集权制度的汉朝

在秦末的农民和封建旧贵族大起义共同推翻秦帝国的各路大军中,有两支起义军的功劳最大。一支是由出身于原楚国的旧贵族项羽(项羽是项燕的孙子)所领导,他带领的起义军经过一场关键的激烈战役,一举打败了秦帝国的主力军队。另一支是由平民出身的刘邦(刘邦原是秦朝的基层小吏泗水亭长)所领导,在项羽与秦军的主力展开生死激战之时,刘邦带领他的军队避实就虚,突飞猛进,乘虚占领了秦帝国的都城咸阳,直接导致了秦王子婴的投降和秦朝的灭亡。但是功劳最大、军事实力最强的还是项羽,因此项羽成了各地起义军共推的霸主,被称为西楚霸王。

项羽出身于封建旧贵族,他代表的是封建旧贵族的势力,因此在项羽的主持下,对原来六国的封建旧贵族和各路起义军的功臣进行了大分封,分土封王,恢复了封建制度和诸侯国分治局面。刘邦被封为汉王,据有汉中地区。但是刘邦并不满足于做偏安一隅的汉王,他利用各诸侯王与项羽的矛盾,展开了与项羽的争霸战争。经过四年的艰苦争夺,刘邦终于打败了项羽,取得了全国的政权,重新统一了中国(公元前206年)。

刘邦取得全国政权后,面对建立官僚集权制度与分封诸侯国的两派意见,他采取了一个折中的办法:一方面,在全国范围内采取中央集权的郡县制;另一方面,为了安抚那些功臣和旧贵族,刘邦给他们封王建国,但是对这些封王的权力却加以限制,这些封建国的国相必须由中央政府任命,在封国内也必须实行郡县制。然而这只是刘邦的权宜之计,因为他知道这些封王是靠不住的,将来必定会成为国家的不稳定因素。因此他在把全国政局稳固后的十几年里,寻找机会,以各种罪名把这些封王都杀掉了。取而代之的是把他的儿子和刘姓宗亲分封为王,希望这些刘姓封国将来能帮助朝廷控制各地方的局面。但是与他的愿望相反,在刘邦死后的几十年内,正是这些刘姓封国,不断地制造不安定因素,甚至发动武装叛乱,图谋篡夺皇权,直到汉武帝时,才采取严厉措施,打击削弱了他们的势力,并制定了新的遏制政策致使封建制度逐步消亡。

刘邦取得全国政权后,汲取了秦朝灭亡的教训,他深知多年的战乱给人民带来的苦难,在儒者的建议下,他推行了一系列休养生息的政策,减轻人民的负担。他让大批的士兵解甲归田,回去发展农业生产,并把农民的税收降低到十五税一。面对乘虚而来的北方游牧民族匈奴的侵扰,刘邦一再忍让,他赠予匈奴大量的财物,还把王室公主嫁给匈奴单于以求和亲,以避免发生大的战争。刘邦死后他的妻子吕后执掌政权时,以及后两位继任者他的儿子汉文帝和孙子汉景帝执掌政权时,也都继承了他的休养生息政策。特别是在汉文帝和汉景帝时期,国泰民安,被称为"文景之治"。

文景时期奉行的治国思想是"黄老学说"。"黄"即黄帝,其经典是《黄帝四经》,"老"即老子,其经典是《道德经》。"黄老学说"治国思想的核心是敦朴恭俭,无为而治。"我无为而民自化,我好静而民自正,我无事而民自富,我无欲而民自朴。"①要让人民自然的发展,自由地发挥他们创造财富的能力,政府不要用行政手段干预百姓的生产和生活,更不可多事多欲,劳民伤财。在汉文帝时期更是把黄老思想发挥到了极致,汉文帝不仅以身作则倡导节俭,自己常穿粗布衣裳,而且令宫中衣不得曳地,帏帐不得文绣,以示敦朴。宫中曾欲作一露台,召工匠计之,需百金,汉文帝说:"百金中民十家之产,吾奉先帝宫室,常恐羞之,何以台为。"②为了减轻农民负担,他先是把税收降低到三十税一,后来干脆免收田税。为了不劳民伤财,他在位期间从未进行过大的工程。对于匈奴的频频入侵,只是采取防御的态势。为避免发生大战争,他也是采取赠送财物和尽力与匈奴和亲的怀柔政策。对法律也进行了许多仁慈化的改革,减轻了很多刑法,还废除了连坐法和肉刑,而且允许对人心不服的案子进行重审,以免出现冤案。为了能通治道,来谏者,闻过失,他废除了妖言诽谤之罪,以使百姓和臣下敢于尽情谏言。汉景帝在位期间也继续执行前辈的休养生息政策,轻徭薄赋,发展农业生产,毋烦民。所以,在文帝和景帝执政的 40 年里,海内殷富,府库充盈,家给自足,吏治严肃,社会安定。

继承汉景帝而登上帝位的是雄才大略的汉武帝。他 16 岁登基(公元前 140 年),年轻气盛,立志干一番大事业。匈奴的野蛮骄横和前辈对匈奴的软弱忍让使

---

① 《道德经》,第 57 章。
② 司马迁:《史记》,北京,中国戏剧出版社 2006 年版,第 76 页。

他刻骨铭心。所以他一登基就抛开黄老哲学的无为而治思想,决心要振兵强国。他采纳儒家思想,积极进取,有为而治,在儒生的帮助下推出了一系列改革措施。但是当时他祖母窦太后还掌握着权力,窦太后反对他的改革,坚持休养生息无为而治的黄老之道。他的改革措施遭到窦太后的严厉打击,一些帮助他改革的大臣因此被杀。

六年后窦太后去世,掌握了权力的汉武帝开始大力推行他的改革计划。在儒生董仲舒的建议下,他"罢黜百家,独尊儒术",从而使儒家学说受到重视。他广开才路招贤纳士,并首创用考试的方法来选拔人才,这使得许多社会下层的人士也能因此而得到了升迁的机会。他采用大臣主父偃的建议,使用"推恩令"的办法来削弱直至消灭封建势力,推恩令规定:诸侯王除嫡长子继承王位外,其余诸子都要在原封国内分封土地受封为侯,新受封的侯国不受原王国管辖,而直接受各地郡政府的管辖。这样一来,就一步步地把各诸侯王国分割成了越来越小的封国,实力越来越小。以后他又用各种罪名剥夺了这些小王侯的爵位,收回封地,逐步地消灭封建势力。

汉武帝一改前辈对匈奴的被动防御和屈辱的和亲政策,开始主动进攻,决心彻底地打败他们,消除北部边境的威胁。汉初几代皇帝的休养生息政策,使国家殷富实力大增,这为汉武帝实行对匈奴的反击战争打下了坚实的基础。公元前127年,汉朝发动对匈奴的河南之战,一举夺回了自秦末中国战乱即被匈奴占领多年的黄河河套地区。公元前121年发动的河西之战,把匈奴赶出了西域,并在西域驻扎军队移民屯守,从而首次把西域纳入了中国的版图。同时,也打通了中国通往亚欧大陆西方的古商道,即后来闻名世界的丝绸之道。这条古商道自从游牧民族公元前3000多年前在中国北部崛起以来,就一直被他所阻断。公元前119年的漠北之战,汉军骑兵长途奔袭,深入大漠腹地,彻底打垮了匈奴,匈奴远远的逃往了西西伯利亚。但是汉族是农业民族,而漠北的草原无法进行农业生产,因为缺水,一旦把草原开垦为耕地就会很快沙化,因此占领漠北也不能在那里进行屯垦驻守和农业开发。所以中国历代对待北方游牧民族的办法也只能是安抚、防御、打击和驱离。

漠北之战后,匈奴衰败,虽然因物质匮乏,经济困难,他们仍然还会不时地侵入汉朝北部边境掠夺生活物资,但已经不能对汉朝构成威胁,汉朝也一直没有放松对匈奴的防御和打击。后来汉宣帝时期匈奴发生分裂,呼韩邪单于之兄呼屠吾斯自立为郅支单于,并率部击败了呼韩邪单于,占据了漠北王庭(公元前54年)。呼韩邪单于战败后南下归顺了汉朝,愿为汉朝防守边境,并与汉朝联合共同打击郅支单于,在呼韩邪单于与汉朝军队的联合进攻下,郅支单于大败,率部众退居到中亚康居(今哈萨克斯坦)。呼韩邪夺回了漠北王庭,并与汉朝政府一直维持友好关系,汉朝北部边境也因此获得了安宁。公元前36年,为解除匈奴郅支部对西域的威胁,汉朝派出军队远征中亚康居,打败了匈奴郅支部,击杀了郅支单于,把汉朝的管辖区域延展到了中亚的里海边。

汉武帝在漠北打败匈奴解除了北部边境的威胁后,开始转而向南方用兵。秦末爆发农民起义导致中原大战乱时,南方边远地区的守将和一些旧贵族也起兵自守,割据一方,秦朝灭亡后他们也开始自立为王。比如岭南地区的南越国,东南沿海的闽越国,西南地区的夜郎国等等。汉初因为执行休养生息的政策,对他们只是安抚,承认臣属于朝廷即可,实际上他们都处于中央政府控制之外的独立状态。汉武帝决心把他们也统一于中央政府。

南越国是秦朝驻岭南的南海郡守将赵佗所建。秦末中原战乱时,赵佗为防止中原战乱波及岭南,派军队布防南岭各关口,秦朝灭亡后他自立为"南越武王"。刘邦建立汉朝后,赵佗承认汉朝的宗主国地位,南越国成为汉朝的诸侯国。赵佗死后,经过四代,传至赵兴。公元前113年,汉武帝派使者赴南越国,要求南越王赵兴按照朝廷对诸侯王制定的规则进京朝见皇帝。南越国内部在这个问题上发生分歧,南越王赵兴愿意去,但大权独揽的丞相吕嘉反对。公元前111年,丞相吕嘉发动兵变,杀死赵兴,另立赵兴的异母兄赵建德为南越王。汉武帝得知情况后大怒,派军赴岭南攻破南越国,擒获吕嘉和赵建德,南越国亡。汉朝廷在岭南设置了9个郡,管辖地包括了今天的海南岛和越南北部。

闽越国为无诸所建。无诸是古越国国王勾践的后裔,楚灭越国后,越国余部退至闽地。秦末无诸起兵参加反秦起义,秦亡后又参加了刘邦反对项羽的战争,为刘邦战胜项羽贡献了力量。公元前202年刘邦登上皇帝位后,立无诸为闽越国王。汉武帝时,无诸的后代闽越王余善起兵反汉,割据一方,自立为帝。公元前110年,汉武帝调集数十万大军围攻闽越国,闽越国贵族杀余善降汉,闽越国亡,汉朝廷在闽越设置郡县,行使统一管辖。

西南地区原来在秦朝的管辖之下,秦末以后失去了控制,夜郎等均自立为国。公元前135年,汉武帝采纳唐蒙的建议,派唐蒙去夜郎国说服其国王归顺了汉朝。汉朝在夜郎设郡置吏,使夜郎王之子为郡令。公元前111年汉武帝征伐南越国时,夜郎王曾出兵10万相助。南越国灭亡后,西南地区的其他各小国纷纷归顺,汉朝在西南设置5个郡,把西南地区都纳入了汉朝的统一管辖。

另外,汉武帝还把朝鲜也统一于汉朝的管辖之下。朝鲜原为周朝初年箕子的封国,但是据考证,箕子最初是被周武王封于燕国的东面,约在今天河北的东北部和辽宁的西部,因境内有两条河,分别称为潮水(即今河北潮河)和鲜水(即今河北唐山陡河的古名),因此被称为朝鲜国,后向东发展至辽东和朝鲜半岛。战国时受到燕国的攻击,燕昭王令燕将秦开进攻箕氏朝鲜,取地两千余里,因此箕氏退至朝鲜半岛,成了一个完全的半岛国家。秦灭亡六国后朝鲜臣属于秦朝。汉初刘邦封功臣卢绾为燕王,复建燕国,后来刘邦因为要消灭异姓诸侯王,借口卢绾谋反,派兵征讨燕王卢绾,灭亡了燕国。燕将卫满率领败军逃往了朝鲜,被箕子朝鲜的第四十代国王箕准收留,安置在朝鲜西部边境地区。卫满后来在朝鲜西部地区逐渐发展壮大,公元前193年卫满发动政变,夺取了箕氏的政权,箕氏族人及大批难民逃往了朝鲜半岛南部,卫满在半岛北部建立了卫氏朝鲜。汉武帝在平定了南方各分离政权后,于公元前108年派军分别从陆路和水路渡海进攻朝鲜,消灭了卫氏政权,把朝鲜并入了汉朝的统一管辖之下,在朝鲜设置了4个郡。

　　至此,汉武帝不仅统一了秦帝国时期的全部领地,还开辟了西域的大片疆土,并把朝鲜也纳入了中央政府的统一管辖之下,从而为中国开创了一个史无前例的强盛时期。

　　在国内的工程建设上,汉武帝也大有作为。为促进农业生产的发展,汉武帝在全国各地大量兴建水利工程。比如,公元前129年,命水工徐伯率民夫开挖槽渠,自长安引渭水通黄河,以便漕运关东的粮食进入长安,同时还可以灌溉万顷农田。公元前113年前后,在今内蒙古、甘肃、河南、安徽、山东等地,先后兴修了一大批水利工程,从黄河和其他河流引水灌溉农田。在关中又开凿龙首、灵轵、成国等河渠,大渠可灌溉农田万余顷,小渠数量众多灌田不可胜数。后来,在中大夫白公的建议下又修建了白渠,引泾水,首起谷口(陕西淳化),尾至栎阳(陕西潼关),注入渭水,全长200余里,灌溉农田4500多顷。在其他的一些土木工程建设上汉武帝也是不惜民力的大力投入。另外,汉武帝每年都要兴师动众地出巡,不惜耗费大量的人力物力,巡视全国各地。

　　汉武帝抛弃前辈奉行的敦朴恭俭、无为而治的思想,好大喜功、不惜民力,使国家渐渐陷入了危机。这些战争和工程都需要大量的财力和人力,前辈积累的财富都被耗尽,他不得不增加税收,这使人民的负担不断加重。汉武帝在位的中后期,年年有征战,岁岁有出巡,同时还大搞迷信活动,招来大批巫师术士,求神仙,觅仙药。这些事情都要耗费大量的钱财和劳役,各级官吏为满足朝廷的要求,保全自己,也不断地增加征调,把各种灾祸转嫁到老百姓的头上,致使民间反抗渐起,盗贼日多,各地暴乱不断,大者数千人,小者也以百计,攻城掠邑,声势浩大。

面对这些暴乱,汉武帝逐步走向暴政,他派兵剿灭,大肆杀戮,但暴乱者此伏彼起,散而复聚,令官兵无可奈何。历史上那些恃才自傲、好大喜功、滥用武力和民力的帝王,往往都没有好下场。近的就有秦始皇,远的则有商纣王、夏桀王,他们都落了个国破家亡的结局。但是汉武帝却躲过了这一劫,因为他晚年认识到了自己的错误,认识到好大喜功滥用民力是扰劳天下,而非优民。他发布"罪己诏",向全国臣民作出了道歉。他反省自己的过失,并宣布自今以后,将禁止苛政暴政,减轻税赋,不再做劳民的事了。汉朝廷重新回到了休养生息,无为而治的安民之道。

汉武帝之后的几代皇帝也基本上是实行休养生息的政策,致力于内政,发展农业生产,很少对外用兵。因此,在此后的汉昭帝和汉宣帝统治的几十年里汉朝社会安定,经济繁荣,被称为"昭宣中兴"。但是在繁荣中也酝酿着危机,而这种危机是中国这种以小农经济为基础的农业社会不可避免的,它在中国历史上呈周期性发生。而发生的原因:其一,是因为人口的增长超过了土地的承载能力;其二,是因为土地兼并造成的小农制经济的破坏。

汉朝建立后仍沿用秦朝的小农自耕制度,土地国有,由国家授田给农民自耕。近年来大量出土的秦汉简牍,使我们对了解秦汉时期的各种制度有了可靠的资料。秦至商鞅变法后规定,男子成年后必须分家自立户籍,不允许两丁共一室,由国家授予田地和宅地给农民耕种和居住,并向国家缴纳税赋。每丁授田一顷,即100亩(秦汉时期一亩约为现在0.7亩),收取实物税,缴纳谷物三石,即什一税(当时100亩约能收获谷物30石)。授田人死后土地收回,另授予其他人耕种。为了奖励军功,对有功者论功加爵,爵位有20级,有爵者按级加授土地。最低一级的爵位是公士,授田1.5顷,依次递增,最高的第20级是彻侯,授田105顷。但是这些田在他们死后国家都要收回,而对于他们的后人则降级授爵,成人后即另立户籍,并另行授予田地和宅地。比如第18级的大庶长,有田90顷,而他的嫡长子授爵为第8级的公乘,授田20顷。他的第二子授爵为第4级的不更,授田4顷。其他儿子授爵为第2级的上造,授田2顷。秦朝的这些措施保证了土地的回收和流转。秦朝禁止田地和宅地的买卖,只有在极少的特殊情况下才可以买卖,比如某人所授的田未达到他应授的田宅数,而与他田宅相邻的人,愿意把自己的部分田宅让给他,才允许买卖。但是不相邻的田宅不能买卖,并且,如果把自己的田宅卖给了别人,国家将不再给予补偿田宅。秦朝的法律苛刻严厉,所以这些制度都能得到严格的执行。

汉初虽然基本上沿用了秦朝制度,但是吸取了秦朝灭亡的教训,实行了比较宽仁的政治。为了予民休养生息,实行轻徭薄赋,法律也比较宽松,取消了秦朝时的严刑酷法。所执行的制度也有许多不同，比如税收就较轻，虽然仍然是每丁授田100亩，但是税收只有谷物二石，即什五税一，汉文帝时更是减至三十税一，即只收一石。对男子成年也不再要求分家立户，可以仍然跟随父母居住。对土地买卖的禁止也有所放松。因为经过秦末的大规模农民战争，汉初人口大减，耕地比较多，所以对一些功臣勋贵、皇亲国戚超过规定多占有土地也不追究。但是也正是因为这种在制度和法律上的宽松，使社会的隐患得以滋生发展。

　　汉朝致力于发展农业，促进了人口的增长，而随着人口的增长，耕地逐渐感到不足。而那些皇亲国戚、官僚权贵却依仗所掌握的权势超过规定的大量占有土地。因为不再要求成年男子分家立户，所以一些有权势的人家可以聚族而居，从而形成一些豪强大族，他们依仗权势大肆兼并土地，这就使土地问题更为严重。汉武帝时曾下诏限田，禁止田地和宅地逾制，但是在各地方官僚的具体执行中，因为他们与权贵豪强的利益互相关联，所以这些禁令就打了折扣。而到了西汉后期问题就变得更为严峻了。一方面是权贵豪强土地兼并毫无节制，另一方面是无权无势的大量平民百姓根本分不到足额的土地，有的只有二三十亩，有的甚至只有五亩、十亩。然而他们却仍然要承担国家按人头摊派的各种税赋和徭役。所以他们不得不弃田逃亡，逃避到异乡去做依附于豪强大族门下的佃农，即当荫庇户，以逃避国家强加的税赋和徭役。而他们逃亡后给国家造成的税赋损失和徭役负担，官府又用摊派的方式转嫁到未逃亡的农户身上，这就造成了一种恶性循环，于是未逃亡的农民也只得逃亡，有些则铤而走险成了绿林大盗，或聚众暴动，造成了严重的社会危机。朝廷中也经常会有一些有识之士提出一些改革措施以抑制权贵豪强的土地兼并，但是这些既得利益者的反抗势力太大，最后都不了了之。到公元1世纪初，改革派政治家王莽利用他外戚的身份，逐步取得了朝廷大权，并最终篡夺了帝位。为了缓和社会矛盾，他推出了一系列重大改革措施。

　　王莽是汉成帝的母亲王太后的侄子，父亲早丧，自幼发奋读书，饱读儒家经典，因行事清正廉洁而颇得时人好评。汉成帝即位时年少，王太后把握朝政，王莽因此得到重用。汉成帝早逝，汉哀帝继位，但汉哀帝在位仅6年即死去，因为汉哀帝无子，王太后从汉室宗亲中挑选了一个9岁的小孩继位（即汉平帝），由王莽代理政务，至此，朝廷大权完全被王氏掌握，百官听命于王莽。王莽执掌朝政后，大兴儒学，征招大批儒家学者到京城研学儒家经典，以此博得了士大夫的拥护。同时他还颁行了许多惠民的措施，做了许多有利于民生的事，这些都为他赢得了不少民心。5年后汉平帝去世，王太后和王莽立年仅2岁的汉室宗亲刘婴为太子，由王莽摄政，自称为"摄皇帝"，（即代理皇帝）。3年后，王莽在拥护者的劝进下，于公元 8 年正式称帝,从而篡取了汉朝的政权,并改国号为"新"朝。

王莽称帝后,开始实施他的一系列改革。因为王莽本就是一个崇尚儒学的儒家学者,同时也是为了给他的改革提供理论根据,所以他把这些改革都打上了崇儒和仿古的标签。依据儒家经典和《周礼》中的制度,托古改制。

王莽最重要的改革当然是土地改革。他根据《诗经》中的"普天之下,莫非王土",宣布全国的土地都是"王田",即土地国有。又根据周代的"井田制",规定每个丁男授田 100 亩,所有那些超过限额占有的土地必须退回,由政府再分配给无地和少地的农民,并且禁止买卖土地。此举无疑会使那些豪强大族的利益受到极大的损害。

王莽第二项重要的改革是解放奴婢。他根据儒家思想中的"天地之性人为贵",宣布所有的奴婢"复其身",即恢复奴婢的自由平等身份。愿意离开主人回家的,给予自由回家。不愿离开的也只能称为"私属",不得虐待,如受虐待可以告官,并宣布禁止买卖奴婢。这应该是世界历史上最早的废奴宣言,比林肯的废奴宣言足足早了 1800 多年。

王莽第三项重要改革是对工商业进行管理的经济改革,即所谓"五均六管"。五均主要是均衡控制物价,在各地设立五均司市师,评定物价,人们必须按评定的物价进行交易。在物价下降时国家用平价买进货物,在物价上涨时国家再用平价卖出货物,以抑制物价的大起大落。六管是把盐、铁、酒、铸钱、山泽中的物产、赊贷款,这六大商业项目的经营权收归国家专营。这是市场上交易量和利润率最大的六个商业项目,国家专营可以极大地增加国家财政收入,同时也可以抑制商人对民众的盘剥和对国家资源的侵占。实际上,这些措施只不过是中国这个农业国历来奉行的抑商政策的延续。

而王莽还有些所谓的托古改制,则完全是毫无意义的,甚至是倒行逆施。比如说他为了模仿周代的等级制度而大封爵位,因为周朝有公、侯、伯、子、男,这五个等级的诸侯共 1800 多个,他也在全国大封诸侯,一度封了 1600 多个爵位。他废掉汉朝的官制,而改用周代的官制,把大臣们的官名都改为周代的官名。又把原汉皇室的亲王的封号改为公,说称王不合周制。而且还把周边各民族已归附的四夷君王的封号由王改为侯。此举令四夷君王大为不满,认为这是要贬低他们的身份,有的甚至因此而兴兵造反。特别是北方的匈奴,本来已经归顺多年,安宁无事,从此又开始骚扰边境。

不可否认,王莽有些重大改革还是符合广大人民的利益,也有社会进步的意义。但是王莽自从登上皇位以后,就滋生了骄横的心理,高高在上,再也没有耐心听取大臣的谏言,对于有些官员提出的,不可操之过急,宜逐步推行改革的建议置之不理,急切地推出了一系列重大改革,造成了社会的激烈动荡。而他的这些改革也并未能得到切实的执行,因为汉代的官僚大多出身于豪门大族,他们和豪强权贵的利益是纠缠在一起的,因此他们并不愿意认真执行这些改革。而利益受到损害的豪强大族们也群起进行强烈反抗,他们有的甚至聚众兴兵与朝廷对抗。而他们对抗王莽废奴令的办法是,把那些已经老弱病残丧失劳动能力的奴婢赶出家门,于是大批老弱病残无依无靠的奴婢只得聚集到官府衙门前,要求朝廷停止执行废奴令。而利益受到损害的富商大贾也对朝廷大为不满,在市场上到处制造谣言和动乱。内忧外患的局面使王莽终于支撑不住了,新政实行的第四年,王莽只得宣布停止执行"王田令"和"废奴令",并在全国征调大军去打击匈奴的入侵和四夷的反叛。但是停止改革又使他失去了民众的信任,对外用兵更是加重了民众的负担,于是下层民众也纷纷起来造反,王莽的新朝政权岌岌可危。

王莽在北方陷入了与匈奴的大规模战争,在南方又要镇压西南夷的反叛。各地因朝廷对外用兵大量征调人力物力,增加税收,致使人民逃亡,土地荒芜,连年饥馑。民众纷纷起义造反,绿林军、赤眉军等农民起义军相继而起,声势浩大。而王莽取得帝位的行为也并不正当,这也给了人们反对他的理由。许多人趁机打着反对王莽篡夺汉朝政权的旗号起兵,一些刘氏宗亲也打着恢复汉室的旗号在各地起兵造反。公元23年起义军攻入长安,王莽被杀,短命的新朝只延续了15年即告灭亡。

取代王莽而夺得政权的是汉室宗亲刘秀。刘秀原是一个大豪族,见王莽政权大势已去而起兵造反。利用自己的汉室宗亲身份和过人的政治谋略扩大势力,取得了官僚权贵和豪强大族的支持。他联合各派力量,并运用软硬兼施的手段,或兼并或打败各路起义军,最终夺取了政权。公元25年刘秀称帝(光武帝),定都洛阳。因为洛阳是在原都城长安的东面,所以史称为东汉,而原来以长安为都城的汉朝则称为西汉。称帝后,刘秀又用了十多年的时间才逐步消灭了各地的割据势力,统一了全国。

刘秀也深知土地兼并和社会不公平是造成社会大动乱的根本问题所在,所以他在取得政权并巩固政权后继续进行改革。他称帝后的第二年就下诏废奴,给所有奴婢以自由身份,如本人要求回归父母家,须听其自由,主人如拘执不放,或虐待奴婢,即依法治罪。14年后,当已基本消灭了各地的割据势力,稳固了政权,他发布了度田令,下令各地方官员重新度量核实土地和户口数,清退豪强大族多占的土地。然而豪强大族势力强大,盘根错节,有些还是当朝官僚和皇亲国戚。很多地方官员根本就不敢核查他们,在豪强大族的威胁利诱下,他们也只能采取虚报的方式,为其隐瞒。刘秀知道度田不实后,严厉处置了作弊的官吏,一些官员被处死,并另派官员重新严格清查。结果引起了豪强大族的强烈反抗,他们聚众暴动,造反四起,给东汉政权造成了极大的震动。刘秀只得软硬兼施,一方面派兵镇压,一方面停止清查,把反抗平息了下来。虽然这使刘秀对豪强的土地清退并不彻底,度田令也打了折扣,但是西汉末年的近二十年大战乱造成了人口大量减少,因此,他还是能有足够多的土地来实现耕者有其田。这就为此后东汉近200年的统治打下了基础。

西汉末年以来的大战乱,使匈奴又得到机会不断对汉朝的北部发动入侵劫掠,匈奴因此又强大起来。东汉初年国力大衰,内乱未定,刘秀无力抵御匈奴。匈奴常常深入东汉境内大肆烧杀掳掠,致使东汉北部各郡的民众纷纷往南内迁逃避,北部各郡的居民大减。刘秀政权建立20多年后,经济逐渐恢复,国力大增,但是刘秀对匈奴仍然采取防御和安抚的政策。因为游牧民族的经济单一,生活物质匮乏,他们入侵的目的就是为了夺取财物,刘秀每年都赠给他们大量的财物以避免发生战争。后来匈奴内部发生了分裂,大漠以南的南匈奴见汉朝已恢复强大要求与汉朝通好,请求内附,奉藩称臣,并愿为汉朝防守北部边境。刘秀给予他们丰厚的赏赐,并把他们安置在人口大减的北部边郡。这时东北边境外的乌桓和鲜卑等民族因长期受到匈奴的欺压,也纷纷要求和东汉通好内附,愿奉藩称臣,愿协助东汉抵御漠北的北匈奴。刘秀封他们的各部首领为王侯,赐予他们大量钱币和财物,并允许他们迁入人口大减的北部各边郡居住。此后,乌桓各部大批进入汉朝境内居住,成了汉朝的臣民,乌桓骑兵为汉朝防守边境,并逐渐融入了农耕文明。

刘秀去世后汉明帝继位。从汉明帝在位的末期开始,为了解除北匈奴对北部边境的长期侵扰,东汉改变了对北匈奴的防御策略,采取主动进攻。因为北匈奴行踪不定,来无影去无踪,所以东汉联合内附的南匈奴和鲜卑、乌桓各部的骑兵,采取长途奔袭的方式,深入大漠以北,主动寻敌,并对其进行长途追击,由于东面有鲜卑和乌桓各部的配合攻击,北匈奴只得向西逃遁,退出漠北,逐渐西迁。而鲜卑则取而代之,成了漠北草原的主人。

北匈奴被赶出漠北后仍控制着西域,阻断了东汉通往西方的丝绸之道,并频频对东汉西部边郡发动侵扰。东汉为夺回西域打通商道,开始对西域用兵。公元91年的金微山(阿尔泰山)之战大败北匈奴,北匈奴向西逃往中亚,西域重回汉朝的版图。此后匈奴从中亚频频侵扰西域,东汉联合西域和中亚各族,继续对中亚的匈奴进行打击,匈奴无法在中亚立足,逐渐西迁。到公元二世纪末期,匈奴已从中亚消失,后来进入了欧洲。而匈奴对欧洲的入侵导致了欧洲的民族大迁移,并最终导致了西罗马的崩溃和欧洲封建制度的建立。

东汉在西汉的基础上取得了进一步的发展,国势更加强盛,但是它也不能避免小农社会的周期性危机。经过近2个世纪的发展,危机开始发生,随着人口的增长和土地兼并的加剧,社会矛盾也日益严重。公元184年的黄巾军大起义,标志着周期性危机的爆发,东汉政权从此陷入了风雨飘摇之中。在镇压农民起义军的过程中,各地的官僚权贵、豪强大族也趁机拥兵自立,割据一方,互相争战。各方经过多年的争战,最终形成了魏、蜀、吴三大军事集团,东汉的末代皇帝汉献帝处于魏王曹操的保护之下。公元220年,曹操死,其子曹丕继任魏王,汉献帝被迫退位,向魏王曹丕"禅让"出了皇权,东汉灭亡。

汉朝是中国经济和文化的大发展时期,同时在科学技术上也取得了很大的成就,这一时期中国所作出的科技发明,对世界文明的发展进程产生了极为深远的影响。造纸术的发明就产生在汉朝(造纸术的发明人是湖南耒阳人蔡伦,生卒于公元61~121年),它对世界文明的传播和发展所起的作用是不言而喻的。在东周发明生铁铸造的基础上,西汉时期又发明了"炒钢法"。这种方法用生铁做原料,把生铁溶化后,加入矿石粉,同时不断地搅拌,以脱掉生铁中的碳,从而炼制出优质的钢。这种方法工艺简单,造价低廉,适应于大批量生产优质钢。这就使得钢铁能够大量地应用于武器制造和农业生产中。这不仅提高了汉朝军队的国防实力,更重要的是它极大地促进了农业技术的发展。在此基础上,西汉又发明了带壁犁铧,这是农耕技术上的一次重大突破,装有犁壁的犁铧不仅能够深耕,还能够翻土、碎土、开沟、作垄、中耕、培土和除草,使农业生产率得到了极大的提高。带壁犁铧和炼钢技术直到18世纪才传到欧洲。汉代中国的对外贸易中,优质钢铁是仅次于丝绸的第二大出口商品。

汉朝在军事技术上取得的最重要成就是发明了马镫,这也是汉朝为什么能够对匈奴发动主动进攻和长途奔袭,并最终把匈奴完全赶出漠北的关键原因。在此之前农业民族能够掌握好骑马技术的人极少,所以只能使用战车兵和步兵作战,骑兵很少。中国古代的战车是使用四匹马拉车,车上三个人,一个驾驭手,一个弓手,一个持戈手,速度非常快,冲击力极强。但是战车受道路和地形的限制,机动性和灵活性显然不如骑兵。而游牧民族从小在马背上长大,骑马的本领是与生俱来,具有天生的军事优势,游牧民族的骑兵具有极强的机动性,来无影去无踪,农业民族对他们是防不胜防,更无法对他们进行主动进攻。但是马镫的发明使情况发生了根本的改变,因为有了马镫,一个士兵只需经过几个月的训练即可熟练地掌握骑马技术,所以汉朝只要有了足够多的马匹,就能建立起强大的骑兵对匈奴进行主动进攻和长途追击,游牧民族的骑兵优势不复存在。而汉朝在兵器制造上却具有极大优势,如在东周和秦代时就广泛使用的各种弩兵器。弩是一种使用方法像步枪一样的,利用扳机击发的兵器。其中一种用于近距离作战的连弩,一次可装 20 支箭矢,作战时可连续发射,箭矢密集,威力强大。另有一种用于远距离作战的强弩,是利用机械力来拉开弓,其射程是弓箭的三倍,穿透力极强,可以射穿铁制铠甲。在此前与匈奴的战争中,这些都是匈奴最害怕的兵器。而汉朝钢制兵器的大量使用更增加了在兵器上的优势。另一方面汉朝军队在兵法的运用上也大大强于匈奴,并拥有雄厚的人力和物质资源,所以打败匈奴是必然的结果。

汉朝著名的科学家张衡在天文学和地震学上都做出了杰出的贡献,他制作的浑天仪可以准确地把天文现象演示出来。而他制作的地震仪可以准确测量出发生在千里之外的地震。在中国古代,一般人都认为地是在一个平面上,而天像一个圆盖,即所谓的"盖天说"。但是主管天文历法制定的天文学家却不这样认为,他们通过对天文现象的观察提出了"浑天说"。最早提出浑天说的是东周时期的慎到和惠施,后来又有许多天文学家对浑天说进行过论证,张衡更是在前人研究的基础上制造出了浑天仪。张衡在他的《浑天仪图注》中指出:"浑天如鸡子,天体圆如蛋丸,地如鸡中黄,孤居于内。天大而地小,天表里有水,天之包地,犹壳之裹黄。"明确地指出了大地是一个孤居于宇宙中的圆球体。在他的《灵宪》一书中,又指出:"宇之表无极,宙之端无穷",阐述了宇宙是无限的观点,并对月食等天文现象做出了解释,他是世界上第一个科学地揭示月食成因的人。张衡的浑天仪用漏水为动力,利用漏壶的等时性,通过齿轮系统传动使浑天仪运转,即时地表现出天文现象。他还写了《漏水转浑天仪注》,说明了它的原理和用法。

汉朝在医学上也取得了很大的成就,其代表人物是东汉的医学家华佗。华佗是有史记载的世界上最早把麻醉剂用于外科手术的医生。他不仅能做开腹手术,还能做开颅手术。麻醉术后来传入阿拉伯医界,经阿拉伯然后传入欧洲。另外,张仲景所著的《伤寒杂病论》也是医学史上的一部不朽著作,成为日后中医学的"医方之祖"。

汉武帝打通西域丝绸之路以后,罗马帝国曾有人于公元前 108 年来到汉朝。但汉代与西方的商道并非只有西域这一条,在西南还有一条经缅甸和印度通往西方的西南丝绸之路。另外在南方还有一条海上丝绸之路,罗马皇帝安东尼曾派使者经海上丝绸之路,于公元 166 年来到汉朝。汉代的海上贸易已经非常繁荣,在航海技术上也有许多重大发明,如指南针、船尾舵和航海制图法等,这些都对世界文明的进程产生了深远的影响。

十三　匈奴西征与欧洲进入封建社会

据《史记·匈奴列传》记载："匈奴,其先祖夏后氏之苗裔也,曰淳维。"①淳维是夏桀王之子,商灭夏,淳维逃到北边,随畜而徙,后成为游牧民族。但是在中国史书上,匈奴这个名称是在战国时才出现,它并不是单一的民族,而是由活跃于中国北方的犬戎、林胡等游牧民族合并而成。到汉朝时,匈奴"灭月氏,尽斩杀降下之。定楼兰、乌孙、呼揭及其旁二十六国,皆以为匈奴。诸引弓之民,并为一家。"②即匈奴打败它的最大竞争对手大月氏,统一了北方引弓射箭的各部游牧民族。

中国北方有大片的草原荒漠地带,那里是马的原产地,也是游牧民族的起源地。因生存环境艰苦,经济单一,物质匮乏,所以他们经常对南面物资富裕的农业民族发动侵略,抢劫财物,因此一直是中国北部边防的重患。司马迁在《史记·匈奴列传》中说:"其俗,宽则随畜,因射猎禽兽为生业,急则人习战攻以侵伐,其天性也。"③至于作战方法"利则进,不利则退,不羞遁走。"④

东周时,犬戎被秦国驱赶到了黄河河套地区以北。当时在犬戎的东面还有林胡、楼烦、山戎等游牧部族,他们与周朝的北部诸侯国——赵国和燕国相邻。战国后期,匈奴这个名称开始出现,犬戎与林胡、楼烦、山戎等已合并成匈奴,赵国大将赵牧曾经大败入侵的匈奴。

到战国末年,秦国致力于灭亡六国,因忙于中原战事,其北部的大片土地包括黄河河套地区又被匈奴占去。秦统一中国后派大将蒙恬夺回了河套地区,并把匈奴往漠北驱离了 700 余里。秦末中国大乱,匈奴又卷土重来,攻城掠邑,烧杀掳

---

① 司马迁:《史记》,萧枫主编,黑龙江哈尔滨,北方文艺出版社 2007 年版,第 838 页。
② 同上。
③ 同上。
④ 同上。

掠,势力日益强大。

汉朝初年,匈奴在冒顿大单于统治下达到鼎盛。西面他们打败了强敌大月氏,占据了广阔的西域(大月氏被打败后逃到了中亚,后南下侵入印度河流域,建立了地跨中亚南部和印度河流域的贵霜帝国),南面他们占领了汉朝北部的黄河河套地区,东面势力达到了大兴安岭山脉以东,北面直达贝加尔湖和西伯利亚。整个大漠南北草原26部游牧民族皆已为匈奴,诸引弓之民并为一家。冒顿大单于还对他统治下的匈奴,进行了带有等级封建制性质的政治改革,把他的子弟和部下分封为王、侯、将、尉等各种等级的官爵,各有封地,共分为24部,24部之下又有千长、百长、什长等等。这些改革使原来松散的游牧部族社会变成了有组织的等级封建社会,匈奴的实力得到了极大的加强。

冒顿单于及其之后的老上单于和军臣单于统治时期(公元前209年~128年),是匈奴的全盛时期。到汉武帝继位时,西汉经过了70余年的休养生息,已国力大增。因匈奴长期危害汉朝北部边郡,汉武帝决定对他们进行打击。通过公元前127年的漠南之战和公元前121年的河西之战,西汉不仅夺回了被匈奴占领的黄河河套地区,而且把匈奴赶出了西域,打通了通往西方的古商道。公元前119年的漠北之战,汉军深入漠北2000余里,彻底击溃了匈奴。匈奴因此衰弱,再也不能对西汉边境构成威胁。此后匈奴分裂为南北两部,南部的匈奴南下归顺了汉朝,愿为汉朝防守边境,汉朝北部边境因此而得到了安宁。

西汉末年中国大乱,匈奴复又反叛,趁机大举入侵,汉朝北部边郡人民纷纷南逃,造成北部各边郡赤地千里,人口大减。匈奴因此而重新强大,大漠南北,西到西域,东到东北,都被匈奴控制。刘秀建立东汉后,国力逐渐恢复强大,开始对匈奴进行打击,匈奴的势力受到遏制。受到匈奴欺压的东北地区乌桓和鲜卑等部族纷纷向东汉要求内附,愿奉藩称臣。东汉朝廷给他们诸部首领封王授爵,并将内附的乌桓各部安置在人口大减的北部各边郡,协助东汉防御匈奴。

公元48年,匈奴因境内遭遇严重自然灾害,人畜大量死亡,经济陷入困境,因而发生再次分裂。8个匈奴部落南下要求内附于汉朝,东汉朝廷把他们安置在河套地区,他们被称为南匈奴。留在漠北的被称为北匈奴。

北匈奴仍然不断侵扰东汉北部边郡并控制了西域。公元73年,东汉经过几十年的经济发展,已经国力大增,在南匈奴、鲜卑、乌桓的协助下,开始向北匈奴主动发动进攻。东汉首先派出大军出击西域,与匈奴在西域展开争夺,夺回了伊吾城(今新疆哈密),并打通了经西域通往西方的商道。公元87年,鲜卑从东面猛攻北匈奴,杀死了匈奴优留单于。优留单于死后,北匈奴大乱,内部冲突不断,东汉趁此机会,联合南匈奴、鲜卑、乌桓夹击北匈奴。

公元 89 年,东汉联军在稽落山(今蒙古额布根山)大败北匈奴,北匈奴向西逃走。公元 91 年,东汉军在金微山(今阿尔泰山)再次大败北匈奴,因漠北已被鲜卑占据,北匈奴只能继续向西逃至中亚康居(今哈萨克斯坦)。

北匈奴到中亚后仍然不断侵扰西域,出没于天山南北,实施攻杀掠夺。公元 119 年,匈奴攻陷西域伊吾城,杀汉军守将索班。为打击北匈奴,东汉任命班勇为西域长史,屯兵西域。班勇于 124 年和 126 年两次打败北匈奴,稳定了西域的局势。此后,东汉派驻西域的军队联合西域各属国和中亚各族继续对匈奴进行打击,以维护通往西方的商道。至公元 2 世纪末匈奴已完全退出了中亚,逃往了西西伯利亚,并逐步向西迁徙。从历史上来看,一般东亚的游牧民族到达中亚后都会继续向西迁徙,因为相比于地处内陆的中亚和大漠南北,那边的气候更湿润,草原上的牧草比干旱的中亚等荒漠草原更肥美。

公元 3 世纪匈奴进入里海北岸,公元 290 年匈奴开始与阿兰人争夺南俄草原。到公元 350 年,匈奴已彻底征服了阿兰国,杀阿兰国王,占领了从里海北岸直到顿河以东的广大地区。公元 374 年,匈奴渡过顿河开始了对欧洲的征服。匈奴首先洗劫了顿河西岸的东哥特人,东哥特人逃入西哥特(哥特人原为北欧的日耳曼蛮族,公元 1 世纪南下来到多瑙河下游和黑海北岸,哥特人以勇武强悍而著称于欧洲)。西哥特人在德涅斯特河西岸摆开阵势准备迎击匈奴。匈奴趁夜从上游渡过德涅斯特河,从背后猛烈攻击西哥特人,西哥特人大败。战败的西哥特人逃过多瑙河进入罗马帝国境内,要求避难,后得到罗马帝国的同意在罗马境内居住下来。西哥特人被安置在罗马帝国的东北部边境内(今保加利亚)。不久后西哥特人因为不满罗马的压迫而发动造反,当地的奴隶和贫苦农民也加入了他们的造反队伍,造反军声势浩大,罗马皇帝瓦连斯带兵镇压,结果皇帝瓦连斯战死。罗马政府被迫做出了让步,给予西哥特人以同盟者的地位和自治权,从而使事态平息了下来,但是西哥特人从此成了罗马帝国境内的一大隐患。

匈奴占领了哥特人的地盘后,暂时停止了西进,他们在这里休养生息,并以这里为据点四处出击劫掠。波斯帝国和罗马帝国都成了他们劫掠的目标,中东地区也未能幸免。公元 384 年,匈奴骑兵入侵到美索不达米亚,攻陷了爱德沙城。

公元 400 年,经过多年休整而兵强马壮的匈奴,又开始了西进,发动了更大规模的征服战争,匈奴骑兵一路扫荡多瑙河流域直至欧洲中部,兵锋所至,望风披靡,东欧和中欧的各蛮族部落纷纷逃亡,举族向西迁移,整个欧洲为之震动。蛮族部落大批的涌入罗马帝国境内,也引起了他们与罗马人的冲突。

　　在匈奴的冲击下,西哥特人继续西迁,他们越过阿尔卑斯山进入亚平宁半岛,但遭到了西罗马军队的阻击,公元403年,在伯罗尼亚战役中被西罗马军队打败。公元408年,西哥特人再次越过阿尔卑斯山,沿亚得里亚海岸南下,进入亚平宁半岛包围了罗马城,迫使罗马政府交出5000磅黄金求和。西哥特人撤围后,移师北上,又包围了拉温那,要求割让行省。这一要求被罗马人拒绝后,西哥特人于公元410年再次南下包围了罗马城。亚平宁半岛有4万多奴隶加入了西哥特人的队伍,城内的奴隶也发动起义来响应,他们打开了罗马城门,近千年从未被攻陷的罗马城陷落于西哥特人之手。在洗劫完罗马城后西哥特人继续西迁,进入高卢地区和伊比利亚半岛。欧洲中部的日耳曼蛮族汪达尔人和勃艮第人在匈奴的冲击下也纷纷涌入了高卢。

　　匈奴人在扫荡了中欧以后,停止了西进,他们以潘诺尼亚平原为中心建立起了匈奴大帝国,王庭建立在今布达佩斯附近,后来这里也因此被称为匈牙利(意为匈奴之地)。匈奴建立起了统治欧洲中部的大帝国后,并未就此安宁,他们以此为中心,四处出击,烧杀掳掠,整个欧洲都处于匈奴铁骑杀戮劫掠的恐怖之中。匈奴在罗马境内肆意践踏,并几度攻到东罗马帝国的首都君士坦丁堡城下,强迫东罗马向他们纳贡,东罗马皇帝被迫每年向他们交纳黄金350磅。

　　罗马人对匈奴非常恐惧,把匈奴人的入侵称为上帝之鞭,认为这是上帝对欧洲人的惩罚。当时的罗马历史学家阿米阿努斯这样描写匈奴人:"几乎粘在了马背上……体态奇形怪状,相貌其丑无比,不由使人认为他们是双足野兽……一经激怒,他们就奋起作战,排成楔形队形,发出各种狂叫声,投入战斗。他们敏捷灵活,有意分散成不规则的队形,兵锋所至,杀戮骇人。"[1]罗马人视他们为洪水猛兽。

　　与匈奴人相比,罗马人无论在战略战术上,还是在武器装备上,甚至政治制度上都有很大的差距。罗马还是奴隶制度,而匈奴已引入了许多封建化制度。匈奴人与文明高度发达的中国打了几百年的交道,他们已经大量吸收了中国的文明。匈奴人吸收了中国的许多军事技术,他们的战术灵活多变。在武器装备上匈奴人使用的是经高炉冶炼的优质钢刀,而罗马人还只是平炉锻造的普通铁刀。匈奴人不仅有射程更远的弓箭,而且还装备了威力强大的各种弩弓。更重要的是匈奴骑兵已经使用了被称为中国靴子的马镫,它使人与马匹更紧密地结合在了一起,使骑兵的威力大大增强。这也是为什么在罗马人看来,匈奴人似乎是粘在了马背上

---

[1] (美)斯塔夫里阿诺斯:《全球通史》,北京大学出版社2009年版,第145页。

的原因。而罗马的重装骑兵是穿着笨重的铠甲,骑在没有马镫的马背上,这使他们在战斗中不仅不能全力作战,而且还很容易从马背上掉下来。而曾经被广为吹嘘的所谓威力强大的战车兵,实际上并没有什么威力。因为西方古代的马拉战车根本不能用于激烈的战斗,他们用来牵引马车的挽具是套在马颈上的,使用这种挽具会造成马匹在奔跑激烈的战斗中,因呼吸不畅而窒息致死。这种战车只能在行军途中用来运兵,或在与速度不快的步兵作战时使用。当时整个西方都是使用这种颈环挽具,它使马的力量只能发挥出来不到一半。而中国古代的战车兵使用的是胸带挽具,套在马的胸部,它使马能全力拉车而不会影响呼吸。这些文明和技术上的差距注定了罗马人的劣势。

公元 434 年,匈奴人的伟大首领阿提拉登上了大单于的宝座,他把匈奴人的征服战争推向了鼎盛。阿提拉当上大单于后首先发动了对东罗马的战争,在扫荡了东罗马帝国的大批城市后,阿提拉来到君士坦丁堡城下,他要求东罗马把年贡从 350 磅黄金增加一倍,每年纳贡 700 磅黄金。东罗马皇帝无奈,只得从命。然后,阿提拉把征服的矛头转向了北欧和东北欧,在匈奴铁骑的扫荡下,北欧的日耳曼人纷纷逃亡,法兰克人逃入高卢,盎格鲁·撒克逊人逃到了不列颠岛,东北欧的斯拉夫人纷纷降服归顺,向匈奴称臣纳贡。

巩固了自己的后方以后,阿提拉再次把侵略的矛头转向东罗马。公元 441 年,阿提拉洗劫了东罗马境内许多重要城市,满载而去。公元 443 年阿提拉再次攻入东罗马境内,沿着多瑙河东进,一路摧城拔寨,在菲利普城歼灭了东罗马的主力军队后,直抵君士坦丁堡城下。因为君士坦丁堡三面环海,城墙是用大蛮石建造,易守难攻,是世界上最坚固的城堡,因此阿提拉一直无法攻破。在索要了 6000 磅黄金赔偿后,又回师加里波利半岛,全歼了东罗马守军残部。公元 447 年,阿提拉又一次率军攻入东罗马境内,一直攻到达达尼海峡和希腊的温泉关。东罗马皇帝被迫求和,与匈奴签订割地纳贡的合约,东罗马帝国除了割让多瑙河南岸的土地外,给匈奴的年贡也从每年 700 磅黄金增加到每年 2100 磅黄金。至此,匈奴帝国的疆域已东起里海,西到莱茵河,北濒波罗的海,南到阿尔卑斯山。而东罗马帝国的财富也已经被阿提拉榨取干净,于是阿提拉把目光转向了西罗马。

公元 450 年阿提拉派使者到西罗马,要求迎娶西罗马皇帝瓦伦丁三世的妹妹荷诺利亚公主为妻,并要求西罗马帝国拿出国土的一半作为嫁妆。如此无理的要求,西罗马当然无法接受。于是阿提拉集结了 50 万大军,开始了他的军事打击行动,匈奴渡过莱茵河,对西罗马的高卢地区发动扫荡。高卢的城市一个接一个地被摧毁,在扫荡了莱茵河西岸后,匈奴直入高卢中部,包围了高卢重镇奥尔良。

这时,面对被毁灭的命运,高卢境内的西哥特人停止了他们与西罗马人的争斗,开始与西罗马人联合起来,共同抗击匈奴。西罗马也集结起重兵,派出了他们最熟悉阿提拉的杰出将领阿埃丘斯,并联合逃入高卢境内的法兰克人等其他日耳曼蛮族军队,前来迎战匈奴。这回阿提拉遇到了他最强劲的对手,阿埃丘斯此前在匈奴做过人质,从小与阿提拉一起长大,与阿提拉是挚友。在匈奴的长期生活使他对匈奴的习俗、文化、制度、作战方法都了如指掌。他也是西罗马皇帝瓦伦丁三世最倚重的将军,被称为"最后一个罗马人"。而西哥特人则是与匈奴打了70多年仗的老对手,双方也可谓是知根知底。

阿提拉得知消息后,立刻撤除了对奥尔良的包围,命令各部在香槟平原集结,迎战西罗马联军。公元451年6月20日,双方在沙隆附近相遇,展开了欧洲古代史中规模最大的,最惨烈的"沙隆之战"。双方投入的兵力共有100多万,战斗只进行了6个小时双方死亡的人数就已超过了16万。这时天已黑,在黑暗中混战的双方已不辨你我,只能停止了战斗。第二天天亮,阿埃丘斯发现阿提拉已率军离去,清点人马后发现联军方面伤亡惨重,西哥特王也已经战死。阿埃丘斯知道,匈奴人善于打运动战,如果去追击很可能中他们的圈套,因此只得就此休战。这场战役罗马联军保住了高卢地区,避免了遭受更大的损失,这也是罗马人在与匈奴人的战争中唯一一次没有被打败的战斗。

第二年,阿提拉卷土重来,矛头指向了亚平宁半岛,发动一场规模更大的,令整个西罗马极度恐惧的入侵。亚平宁半岛北部的所有城市都被夷为平地,难民大批的逃往半岛南部和沿海岛屿。阿提拉在扫荡了亚平宁半岛北部和中部后,兵锋直抵罗马城下。此时西罗马皇帝瓦伦丁三世早已逃离了罗马城躲避到别处,城内实际上是由教皇利奥一世在管辖。身披神权光环的教皇利奥一世临危受命,出城与阿提拉谈判,极力说服阿提拉不要攻城。而当时亚平宁半岛正瘟疫流行,匈奴军中也正在闹瘟疫,而且罗马城又非常坚固,易守难攻,因此阿提拉在索要了大量的黄金和财物后领军退去。临走时还扬言,如果不把皇帝的妹妹荷诺利亚送来,他明年还要来。但是第二年(公元453年)阿提拉在迎娶一个日耳曼蛮族公主时,死在了新婚之夜。

阿提拉死后,他的几个儿子为争夺王权打起了内战,匈奴因此而陷入分裂,分裂使匈奴的力量逐渐衰弱,被征服的蛮族部落也趁机开始反叛,后来匈奴在欧洲的历史上逐渐销声匿迹。但是,匈奴的衰弱并未能挽救摇摇欲坠的西罗马帝国,反而使日耳曼蛮族与西罗马的斗争更为激烈。公元476年,日耳曼蛮族雇佣军攻占了罗马城,蛮族雇佣军首领奥多亚克废黜了6岁的西罗马小皇帝罗慕洛斯,西罗马帝国因此灭亡。

匈奴虽然最终衰败,但是他们却彻底改变了欧洲的面貌,匈奴人的大规模侵略战争造成了欧洲的民族大迁移,从而开启了日耳曼蛮族部落的大迁徙、大转战和建立蛮族国家的历程,并最终导致了西罗马帝国灭亡。其中西哥特人从多瑙河下游进入罗马帝国东部,后来一路转战西迁,越过了阿尔卑斯山进入亚平宁半岛,并一度攻下罗马城,然后再转战高卢,后来进入西班牙建立了西哥特王国。东哥特人在其首领迪奥多里克率领下从多瑙河上游进入亚平宁半岛,打败了灭亡西罗马后统治亚平宁半岛的蛮族雇佣军首领奥多西克,并征服了亚平宁半岛中部和南部,建立了东哥特王国。伦巴德人则进入了亚平宁半岛北部,后来建立了伦巴德王国。

汪达尔人原居住在奥得河中上游,在匈奴的冲击下开始西迁,他们冲破罗马帝国的防线,渡过莱茵河进入高卢,后转徙至伊比利亚半岛,并与从东欧逃亡过来的阿兰人结盟在伊比利亚半岛建立了汪达尔·阿兰王国。后来因为受到西哥特人的攻击而渡过直布罗陀海峡进入北非,经过 10 年征战他们夺得了罗马帝国在北非的阿非利加行省。公元 439 年又占领了迦太基城,并以此为首都建立了汪达尔王国。后来又渡海占领了科西嘉岛、撒丁岛、西西里岛,公元 455 年,汪达尔人曾一度侵入亚平宁半岛并攻陷了罗马城,城陷后大掠 14 天,无数的艺术珍品包括图书文献都毁于兵燹,从而致使古罗马的文明灰飞烟灭。

法兰克人原居住在莱茵河下游,在匈奴人的冲击下进入了罗马帝国的高卢北部,西罗马帝国灭亡后他们击败了驻高卢的西罗马军队,夺取了塞纳河和罗亚尔河之间的土地,建立了法兰克王国。勃艮第人原居住在莱茵河上游,在民族大迁移的浪潮中他们进入了高卢南部,后建立了勃艮第王国。而原居住在日德兰半岛的盎格鲁人和原居住在萨克森地区的撒克逊人,在匈奴人的打击下,渡海逃亡到了大不列颠岛,这两个民族结合而形成了盎格鲁·撒克逊人,他们在岛的东部和南部建立了一些小部落公国。

一些斯拉夫人也在民族大迁移的浪潮中,越过了多瑙河进入了巴尔干半岛,他们占据了除希腊南部、伯罗奔尼撒半岛和少数沿海城市外的巴尔干半岛大部分地区,当地的居民也逐渐被斯拉夫人所同化,他们在那里先后建立了几个斯拉夫人国家。

匈奴带给欧洲的另一个重要改变是欧洲的封建化,西罗马帝国被潮水般涌入境内的日耳曼蛮族部落占领后,西罗马帝国和它的奴隶制度一起都被摧毁。日耳曼蛮族在西罗马帝国的废墟上建立起了一个又一个封建王国,国王把土地分封给手下的军事贵族和作战有功的将士,建立起了土地私有的封建制度。日耳曼蛮族原来是以渔猎采集和畜牧业为主,现在开始转向以经营农业为主,被占领地区的居民和原来的奴隶,现在成了封建领主的农奴,他们被束缚在土地上,为封建领主耕作。

在中欧和北欧的日耳曼蛮族原来的领地上,随着封建制度的出现,日耳曼蛮族的氏族公社制度也开始瓦解。军事贵族们开始占有土地,氏族成员也不再把土地交回公社定期重新分配,他们开始世袭占有,但是山川、河流、森林等仍然公共使用。氏族社会也开始分化,产生了贵族、自耕农和农奴,贵族占有大量的土地而成为领主,他们使用农奴进行生产劳动,有些氏族成员则成了自耕农。

但是,欧洲的封建制度与中国的封建制度制相比还是有很大的不同,在中国的封建制度下,为封建领主耕作的农民是有人身自由的佃农,他们只需向领主缴纳九一的地租,有权离开领主。而在欧洲封建制度下,为封建领主耕作的农民是没有人身自由的农奴,他们被束缚在土地上,无权离开领主,任何领主都有责任将逃离的农奴捕捉并送回,逃离者将受到严惩。欧洲的封建制度是在罗马奴隶制的基础上,经过蛮族的战争征服而建立起来的,因此带有奴隶制度的残余。

在匈奴人肆虐欧洲和欧洲民族大迁移的浪潮中,罗马帝国的土地和它的城市都曾遭受到匈奴人和蛮族部落的反复洗劫和蹂躏,仅罗马城就先后四次遭到蛮族的洗劫。在这些洗劫中,罗马的文明,罗马的建筑,罗马人的艺术珍宝,罗马人的书籍文化等等,都被蛮族人的战火和兵荒毁灭殆尽。古罗马的辉煌文明因此而湮没,日耳曼蛮族在西罗马帝国的废墟上建立起一系列封建农奴制的王国后,欧洲进入了黑暗而漫长的中世纪。

十四　中国从汉末到隋朝的长期分裂动乱

在东汉末年的农民大起义时期,各地的官僚权贵和豪强大族也趁机拥兵自立参与割据战争,最终形成了魏、蜀、吴三大军事集团。其中曹操领导的魏占有中原和中国北方的广大地区,并把东汉皇帝置于了自己的保护之下;刘备领导的蜀占据了中国的西南地区;孙权领导的吴占据了中国的东南地区。曹魏虽然地域最大,但是汉末的战乱主要在中原和北方进行,因此造成了这里的人民大批的死亡和流失。很多人为躲避战乱都已迁移到中国南方,这些南迁的人民为南方带来了中原的文化,同时也促进了南方的经济发展。而北方则满目疮痍,经济拮据,所以曹魏虽然地域辽阔,但是却并无实力赢得对南方的统一战争。

在北方局势混乱的情况下,北部边郡地区的那些东汉时期归附的南匈奴、乌桓、鲜卑等游牧民族,以及西北的羯、氐、羌等野蛮民族也趁汉末的战乱起兵叛乱,他们侵入内地,攻城略邑。曹操在掌握了北方政权后,派军队对他们进行了征讨,征服了这些叛乱的游牧民族和野蛮民族,并把这些重新归顺的民族大批地安置在北方各郡,以充实北方人口。此后曹魏只能暂时休养生息,发展经济,积聚力量,等待时机。公元220年曹操去世,其子曹丕逼东汉皇帝汉献帝"禅让",代汉称帝,建立了魏国,东汉至此灭亡。其后刘备和孙权也相继称帝,建立了蜀国和吴国,形成了中国的三国鼎立局面。

曹丕称帝建立魏国后重新制定了许多制度,其中对后世影响最大的是由吏部尚书陈群制定的选官制度,即"九品中正制"。汉武帝时期虽然已经开始用考试的方法来选取人才,但并未形成制度。汉朝官员的选拔主要还是沿袭先秦以前的举荐法,由下级官员和地方举荐有才能、有道德的人才。汉武帝时为保证选用的人才有真才实学,决定亲自对被举荐上来的人才进行考试,他的这一做法被后代皇帝所沿用。但是能够向皇帝举荐人才的多是朝廷的官员,因此能够被他们举荐上来的也大都是官僚权贵的子弟。他们互相举荐,这样就出现了官僚家总有人当官,强者恒强的变相世袭权贵制,形成了所谓的门阀士族和门阀政治。而曹丕时期制定并开始实行的"九品中正制"更是加剧了这种门阀政治。其具体做法是:在各州郡设中正官,由中正官负责考察本州郡士人的德行和才能,写成评语,称为"状";再把士人出身的门第高低分为九个等级,称为"品"。吏部根据士人的"状"和出身的"品"级来选官,品级高的任高级官,品级低的任低级官。这样就形成了世代相传的"公门有公,卿门有卿",等级森严的门阀制度,助长了世家大族势力的形成,为政权的稳固留下了隐患。司马氏就是在这种制度下,在魏国形成了权倾朝野的家族势力,最终导致了曹魏政权的易手。

魏国经过几十年的休养生息后实力大增,从而开始了统一战争,公元263年,魏灭蜀。然而不久后曹魏也遭受到了汉献帝同样的命运。司马氏家族在魏国的势力越来越大,公元265年,掌握了魏国军政大权的司马炎逼迫魏元帝"禅让",代魏称帝,改国号为晋,魏国亡。司马氏建立晋国后于公元280年灭亡了吴,重新统一了中国。

司马炎篡魏建晋后,认为魏之所以能被轻易篡夺,是因为曹魏没有对曹氏宗亲分封王侯,建立封国,致使曹氏宗室孤弱,没有宗亲封国的辅助。所以他建晋后数次对司马氏宗亲封王授土,先后受封的子弟和司马氏宗亲有57个,封国遍布全国各地,同时许多封王还兼任了地方军政大员。司马炎原以为这些宗亲封国能辅助司马氏家族牢牢掌握国家大权,使皇权不致旁落,却不想为日后的动乱留下了祸根。公元290年,司马炎去世。不久后,这些封国的王公们为了争夺皇权,展开了无情的战争,同宗兄弟互相残杀,从而爆发了"八王之乱"。封国之间的战争经久不息,波及全国各地。

军阀混战,百姓遭殃,王族的战乱导致民不聊生,民众流离失所,于是农民起义开始爆发,起义军规模越来越大。各地的世家大族和地方官府也拥兵自保,割据一方。而东汉时期和曹魏时期大批迁入内地的游牧民族和蛮族,虽然有些已融入了农耕文明,但是也有许多仍然保留着部族习俗和骠勇尚武的民风。这时他们中的贵族头领也不甘寂寞,趁乱兴兵造反,夺地称王,中国再次陷入了大战乱之中。

公元301年,益州人李特率领益州流民起义,蜀中民众纷纷响应,声势浩大。李特死后,其子李雄率领起义军攻陷成都,于306年在蜀中称帝,国号大成,后改国号为汉,史称成汉。公元304年,南匈奴单于於扶罗之孙——时任晋朝五部大都督刘渊,聚众20万,攻城略地,于公元308年在平阳(今山西临汾)称帝,国号汉。刘渊死后,其养子刘曜于公元316年率军攻陷晋朝都城长安,晋帝降,晋朝亡。

晋都长安被攻陷后,在相对安宁的南方,晋皇室宗亲琅琊王司马睿在建康(今南京)称帝,承继晋朝,史称东晋(此前的晋朝称西晋,西晋历时52年)。东晋一直偏安南方,北方则陷入了由少数民族首领和汉族门阀士族主导的长期割据战争,先后有匈奴、鲜卑、羯、氐、羌等少数民族首领在北方建立了近二十个政权。政权更迭频繁,社会动荡不安,经济衰落凋敝。但是这些少数民族政权的首领也都已经半汉化,他们在汉族地区维持统治主要也是依靠汉族的世家大族,他们大量起用这些门阀士族为官,实行的也都是汉族的制度。这客观上也促进了各少数民族与汉民族的融合。这期间东晋虽然有过多次北伐,北方的少数民族政权也有过数次南征,但都以失败告终。因为北方军队多以游牧民族的骑兵为主,在北方的平原地区他们有优势,但是进入南方多河流和山林的地区,骑兵就失去了优势。而南方以步兵和水军为主,在南方他们有优势,但是进入北方的平原地区,他们就处于了劣势。所以力量的平衡还难以被打破,而且北方的民族融合也还没有完成,统一难以形成。

北方的刘曜攻陷长安灭亡西晋后,将都城迁至长安,并把国号由"汉"改为"赵",史称"前赵"。不久,原刘渊部将,驻守河北的大将军石勒与刘曜决裂,石勒以襄国(今河北邢台)为都城,另立赵国,史称"后赵"。石勒是羯族人,出身贫寒,投奔刘渊后因英勇善战而逐步提升为大将军。石勒建立"后赵"后,大量启用汉族门阀士族人士为官,改善政治,发展农业生产,从而使国力大增。公元329年,石勒率领"后赵"军打败了"前赵",攻陷长安,杀刘曜,"前赵"亡。

公元333年,石勒死,其子石弘继位。翌年,石勒的侄子石虎杀石弘夺其帝位。石虎性暴虐,生活荒淫奢侈,为政苛暴嗜杀,官吏皆惶恐,民众多因不堪暴政而逃离。公元349年,石虎死,太子石世继位,随后,石家兄弟为争夺帝位展开了一场血腥的斗争。石遵杀石世自立为帝,石遵怀疑石闵,欲杀之,石闵先发制人,杀石遵。石闵又名冉闵,其父是石虎的养子,所以冉闵是石虎的养孙。石遵死后,冉闵拥立石鉴即帝位,石鉴以冉闵为大将军,然而石鉴并不信任冉闵,派人暗杀冉闵,未成。公元350年,冉闵杀石鉴及石氏一族,自立为皇帝,改国号为大魏,史称冉魏。后赵亡。

当时在北方还有两个政权,一个是在西晋末年战乱时,在中国西北由凉州刺史张轨拥兵自保建立的凉州政权,史称前凉。张氏子孙世代据守凉州,并接受东晋的授官封爵,在张氏的管辖下,河西地区人民生活安定,西域诸国也都归附于凉州政权。另一个是鲜卑人慕容皝在辽河流域建立的燕国,史称前燕,前燕原来藩属于后赵。冉闵灭后赵建立冉魏后，因冉闵是汉族人，引起后赵羯族人的不满，不久，羯人和其他胡人发动叛乱，致使冉魏局势大乱，前燕趁机出动大军进攻冉魏，杀冉闵，并吞魏地，冉魏亡（公元352年）。

早在公元333年，石虎迁秦陇地区氐族和羌族十万余户于关东（迁入地在今河南汲县），以氐族酋长符洪为都督。石虎死，符洪率众欲返回关中未果。符洪死，符键继领其众，自称大都督、三秦王。冉魏灭后赵，符键趁机率军返回关中攻陷长安，占据关陇，公元352年以长安为都城开始称帝，国号为秦，史称前秦。前燕灭冉魏后，前秦与前燕展开了激烈的争夺，双方征战不休。公元355年，符键死，其子符生继位。两年后，符生的堂兄符坚杀符生自立为帝。符坚即帝位后励精图治，前秦国势渐强，符坚胸怀大志，准备统一北方。

偏安南方的东晋一直受到门阀政治的困扰，各地的世家大族形成了强大的地方势力，他们往往利用所掌握的军权，直接干涉朝政，使皇权受到极大的削弱。东晋有大批为避战乱从北方南迁而来的门阀世家，他们之中也不乏忠勇刚烈之士，主张收复北方的失地，实现国家的统一。东晋初年，名将祖逖曾率军北伐，与石勒苦战4年，收复了黄河以南的大片土地，石勒慑于祖逖北伐军的威力，转而采取守势。但不久祖逖病逝，北伐也因此而终止。

继祖逖之后东晋又一个力主北伐的名将是桓温。公元345年，桓温率军入蜀伐成汉，于347年攻陷成都，灭成汉，收复蜀中。公元349年，后赵石虎死，桓温上表想趁机北伐，朝廷惧怕桓温权势膨胀，遂派兖州刺史殷浩主持北伐。殷浩任用从北方归降而来的羌族酋长姚襄为先锋，不料姚襄中途反叛，率部返回中原，殷浩追击，反被姚襄所败。后来殷浩又几次尝试北进，但都遭到失败，于是朝廷只得起用桓温。

公元354年，桓温率军北伐前秦，北伐军深入前秦腹地，多次击败阻击的秦军，直逼秦都长安。前秦采取坚壁清野的策略，坚守不出，时间一久，桓温军粮不继，只得撤退。前秦军趁机追击，结果反而造成东晋军损失惨重。

桓温退回到荆州，很快恢复了元气。这时，反叛的姚襄占据了许昌，而洛阳亦被叛将周成占领。桓温连续上表10余次，要求进军黄河，攻取洛阳，但朝廷一直不许，后来终于同意桓温讨伐姚襄。公元356年，桓温进军到洛阳附近，与姚襄展开激战，把以智勇闻名的姚襄打得大败，并一举收复了洛阳。姚襄战败后投奔前秦，不久，因有异心，被符坚所杀。

桓温收复洛阳后声威大振，官至大司马、录尚书事，并逐渐掌握了朝政，同时他还兼任扬州刺史，他的两个弟弟桓豁和桓冲则分任荆州和江州刺史。因此，桓温已经集东晋军政大权于一身,遂有篡位之心。但是在另一方面,前燕却在不断南侵,多次进攻洛阳,以致河南数郡都被前燕夺去。公元 365 年,洛阳也被前燕占领,接着前燕又进攻兖州等地,于是桓温决定再次北伐。

公元 369 年,桓温率军北伐至兖州,随后派檀玄攻取湖陆,俘虏了燕将慕容忠。前燕派慕容厉率 2 万骑兵进攻,被桓温在黄墟打败。晋将邓遐和朱序又在林渚击败燕将傅颜,前燕高平太守徐翻也投降了东晋。前燕派慕容臧率领诸军与晋军对抗,但也被打败。前燕主慕容暐惧怕局势恶化,欲退回辽东,但部将慕容垂愿率兵抵御晋军。于是慕容暐一面派慕容垂与晋军对峙,一面派人向前秦求援,并将虎牢以西土地许以前秦作为报答。

晋军出兵日久,但中原河道因战乱,年久失修,漕运不通,晋军粮食供应出现困难,而前秦援兵也已将至,桓温只得退兵。晋军撤退途中又遭前燕骑兵趁机追杀,损失惨重。

桓温北伐失败后抓紧了篡位运作,371 年,桓温废晋帝奕为东海王,另立司马昱为帝,是为简文帝,桓温独揽朝政。372 年,简文帝死,司马曜继位,是为孝武帝。桓温策划"禅让",未已,不久桓温病死。

东晋退兵后,前燕见局势好转又拒绝向前秦交付虎牢以西土地,符坚早就想灭亡前燕,因此以此为借口,大举向前燕进攻,公元 370 年,前秦灭亡前燕。然后,符坚再接再厉,开始了统一北方的战争。公元 371 年灭仇池(仇池为氏族人杨氏在甘肃东南部所建政权)。公元 376 年前秦灭前凉。同年,灭代国(代国是鲜卑拓跋氏在今内蒙古和山西北部所建政权)。至此,符坚统一了北方,前秦与南方的东晋形成了以淮河为界的南北对峙。

符坚统一北方后,自恃实力强大,决心统一全国。公元 378 年,符坚攻取了东晋的梁、益两州。公元 383 年,符坚在境内征调各部人马,发兵 80 余万,号称 100 万,大举进攻东晋。符坚虽然兵多,但多为新近归降的各国军队,人心不齐,各怀异志。

东晋在桓温死后,由宰相谢安执掌朝政,闻前秦大军来攻,谢安派其弟谢石和谢玄率军迎敌。东晋军 8 万,谢石为统帅,谢玄为前锋。前秦军先锋符融率 30 万大军渡过淮河,攻下寿阳,屯兵于洛涧。谢石趁前秦军立足未稳,派谢玄率精兵渡洛涧猛攻前秦军,前秦军败走寿阳。此役令东晋军信心大增,而前秦军则士气受挫。

前秦军在寿阳城东淝水河西岸布阵,东晋军追击到东岸,两军隔河相望。谢玄派人对符融说:"秦军逼水布阵,晋军无法过河,比如秦军稍稍后退,以便晋军渡河决战。"符融打算趁晋军半渡淝水而击之，便同意了。不料秦军一退不止，又有人在军中大喊："秦军败了。"结果秦军大乱，晋军乘机渡河猛攻，秦军主将符融落马身亡，军中无人指挥，溃不成军。晋军乘胜追击，收复了寿阳。经此大败，符坚收兵退回了北方。

淝水之战秦军大败后，前秦境内人心不定，各部本就各怀异心，趁机纷纷叛秦自立。前燕故将慕容垂于前燕故地建立起鲜卑族政权，国号仍为燕，自称燕王，史称后燕。

平阳太守慕容冲也在河东起兵反秦，率军攻陷长安，纵兵暴掠。但鲜卑族人不愿留在关中，都想东归，因此杀慕容冲，拥立慕容永为河东王。慕容永率众东归，后占据山西长子(今山西长治)称帝，史称西燕。

前秦将军姚苌，淝水战败后惧怕符坚降罪于自己，逃回渭北，聚集北地羌人10余万，自称上秦王。慕容冲攻陷长安时，符坚逃出，后被姚苌擒获并杀死，前秦亡。慕容永率鲜卑人离开长安后，姚苌率军进据长安，自称皇帝，国号大秦，史称后秦。

符坚死后，前秦镇西将军鲜卑人伏乞国仁，聚集陇西鲜卑人10余万，占据陇西之地，自称大单于，筑勇士城为都，史称西秦。

原鲜卑拓跋氏所建代国的后人，代王拓跋什翼键之孙拓跋珪，复建代国，于386年定都盛乐(今内蒙古和林格尔县)，改国号为魏，史称北魏。

此外，北方后来还出现了一些政权，如：公元397年鲜卑秃发氏在河西(今青海、甘肃、宁夏毗邻地区)建立的南凉；公元398年鲜卑人慕容德在广固建立的南燕(据有青、兖地区)；公元407年匈奴人刘勃勃(后改姓赫连)建立的夏(在今宁夏地区)等等。

东晋在淝水之战中，以少胜多，大败前秦军，导致了前秦崩溃。谢安也趁机派谢石和谢玄率军北伐，收复了徐、兖、青、司、豫、梁6州，取得了东晋建立以来的北伐最大胜利。但谢安立了大功，却遭到晋皇室的猜忌，晋孝武帝重用他的同母弟会稽王司马道子，排斥谢安。公元385年，谢安病死，朝政全归司马道子。

在司马道子主政下，东晋政治败坏，贪污腐化，奢侈成风。当时，桓温的儿子桓玄为江州刺史，而且桓氏家族的势力控制了建康以西的东晋大部分地区，他们与皇室对抗。因此，腐败的东晋朝廷奢侈挥霍所需消费的钱财，只能从朝廷还能控制的东南部沿海各州郡榨取，导致那里的税赋繁重，民不聊生，终于引起了孙恩领导的农民暴动。

孙恩是五斗米道徒。公元399年，孙恩趁民心怨恨，率百余名道徒从海岛登陆，攻破上虞县，接着，又攻破会稽郡，部众骤增至数万。东南各郡的五斗米道徒纷纷起事,攻杀东晋官吏,响应孙恩,不到十天,孙恩已有部众数十万。东晋朝廷急忙调集大军镇压,孙恩带领20余万人逃往海岛。此后,孙恩连年从海上入寇。401年,孙恩率舟师10余万人从海路突袭京口(今江苏镇江),逼近都城建康。朝廷惊恐,幸亏名将刘裕率军奋勇迎敌,击退孙恩,朝廷各路援军到来后,孙恩又逃往海岛。402年,孙恩入寇临海郡,被东晋军击败而身亡。孙恩死后,部众推卢循为首领,因被刘裕追击,卢循率众泛海往南逃走。404年,卢循攻陷广州。

正当东晋朝廷全力对付孙恩之乱的时候,桓玄趁机吞并了西部各郡,并于402年顺江而下,攻入建康,杀司马道子,控制了东晋政权。404年,桓玄废晋安帝,自立为皇帝,国号为楚。刘裕在京口约集失意的士族人士,谋划讨伐桓玄,被众人推为盟主。在各路援军的支持下,刘裕率军打败了桓玄,晋安帝复位,刘裕掌握了东晋政权。

刘裕虽然功高权重,但要想取代司马氏而篡得皇位还得有更高的威望,因此,决定发动北伐,建功立业。409年,刘裕开始北伐南燕,410年,攻破南燕都城广固(今山东益都),灭南燕,收复青州。这时,农民起义军首领卢循趁刘裕北伐,率领10万余众向建康进攻,刘裕回军击败卢循。卢循逃往交州(今越南北部),411年,交州刺史杜慧度率部击杀了卢循,并收复了广州。412年,刘裕攻破江陵城,杀割据者刘毅。413年,刘裕派将军朱龄石收复成都,杀割据者谯纵。415年,刘裕派将军王镇恶击败割据者司马休之,收复襄阳。416年,刘裕率军水陆并进,分五路进攻后秦,沿途收复许昌、洛阳等重镇。417年,刘裕军攻破长安,灭后秦。至此,刘裕已取得了东晋建立以来的最大疆域,在建立了这些功业后,刘裕已经权倾朝野。420年,刘裕逼晋恭帝"禅让",代晋称帝,改国号为宋,史称刘宋,东晋亡。东晋历时103年。

北方在前秦灭亡重新陷入分裂后,在多国并起,群雄争霸的混乱局面中,北魏逐渐壮大。为了便于吸收汉文化,公元398年,北魏把都城南迁至平城(今山西大同)。迁都后,北魏大量起用汉族门阀士人,招贤纳士,改革政治,实行汉化政策,促进民族融合,使国力越来越强。最终,北魏先后消灭了北方各分裂割据政权,结束了北方的纷乱局面,于公元439年,重新统一了北方。

刘裕建宋后,为避免门阀世族的势力威胁皇权,把军事重镇都委任给刘氏皇室宗亲,但是,此举也为日后刘氏皇室宗亲争夺皇权而骨肉相残埋下了祸根。刘裕死后,宋少帝继立,但不久即被杀,宋文帝继立皇位。宋文帝得到名将檀道济扶持,政局渐稳。从公元430年起,宋文帝曾发动多次北伐,但都被已统一北方的强大北魏击退,北魏也曾数次南征,双方在淮河以南地区来回拉锯,势均力敌。

453年,太子刘劭杀宋文帝自立,三子刘骏率军杀刘劭,夺帝位,是为宋孝武帝。宋孝武帝死后,其子继位,是为前废帝,为防篡位他大杀宗亲,结果反被湘东王刘彧所杀,刘彧即帝位,是为宋明帝。宋明帝死后,其子后废帝继位,将军萧道成逐渐掌握军权。后废帝死后,萧道成拥立宋顺帝,从此独揽大权。公元479年,萧道成废宋顺帝自立,改国号为齐,史称南齐。刘宋亡,刘宋历时59年。

萧道成(齐高帝)在位4年后去世,太子萧赜继位,是为齐武帝。齐武帝在位11年,为政清明,与北魏无战事,保境安民。齐武帝死后,其孙萧昭业继位,由萧鸾(萧鸾是齐高帝萧道成的侄子)辅政。萧昭业奢侈荒戏,萧鸾杀萧昭业,改立其弟萧昭文,不久又废萧昭文,自立为帝,是为齐明帝。齐明帝在位6年后去世,其子萧宝卷继位,萧宝卷昏庸残暴,滥杀顾命大臣,雍州刺史萧懿遭杀害后,其弟萧衍在江陵举兵反叛。公元502年萧衍攻入都城建康,杀萧宝卷,自立为帝,改国号为梁。南齐亡,南齐历时仅24年。

萧衍(梁武帝)在位长达48年,在位前期勤政爱民,励精图治,因此国势渐强,在与北魏的战争中多次获胜,并于公元516年夺取了寿阳,但多次征战导致自己的损失也很大,无力继续北伐。梁武帝晚年昏庸,又迷信佛教,曾三次出家舍身于佛寺,致使国事荒废,从而导致发生了侯景之乱。

侯景原为东魏降将(北魏于公元534年已分裂为东魏与西魏),梁武帝让他驻守寿阳,548年侯景发动叛乱,攻陷都城建康,将梁武帝软禁起来直至饿死,立太子萧纲为帝,后又杀萧纲自立为帝。萧纲死后,湘东王萧译(梁武帝第七子)派江州刺史王僧辨和广州太守陈霸先,率军征讨侯景,一举攻下建康,杀侯景。萧译在江陵即帝位,是为梁元帝。梁元帝分派王僧辨镇守建康,陈霸先镇守京口。554年,西魏军进攻江陵,城陷,梁元帝被杀。陈霸先欲立萧方智(梁武帝第九子)为帝,王僧辨欲立萧渊明为帝,双方爆发冲突。陈霸先率军攻杀王僧辨,立萧方智为梁敬帝,自己总揽军政大权。557年,陈霸先废梁敬帝自立为帝,改国号为陈。梁朝亡,梁朝历时55年。

陈霸先(陈武帝)在位3年即去世,其侄子陈蒨继位,是为陈文帝。陈朝国势非常弱小,梁朝末年的动乱,使北方政权得以趁机大举南侵,江淮和西南地区大片土地都被夺去。陈朝仅保有东南和华南地区的领地,已经无力与北方抗衡,只是北方当时也已分裂为东魏和西魏,还没有统一,不能集中力量南征,才使陈朝得以苟延维持。

北魏于公元439年统一北方后,经历了较长时期的稳定,鲜卑族的拓跋氏政权积极地推行汉化政策,促进民族融合。魏孝文帝在位时,为吸收汉文化,决定把首都从偏处北部的平城迁至中原的洛阳,但遭到许多鲜卑贵族的反对。公元493年,魏孝文帝以讨伐江南的名义,率领鲜卑贵族及100余万军队南下到达洛阳。当时鲜卑贵族都不愿南伐,极力劝阻魏孝文帝,于是,魏孝文帝以定都洛阳为不南伐的条件,迫使鲜卑贵族就范。迁都洛阳后,鲜卑人开始讲汉语,并与汉人通婚,加快了民族融合的完成。但是也与留守北部边防六镇的鲜卑族人产生矛盾,留守北方的鲜卑人因仍然保持原始野蛮的习俗,被称为北方寒士。魏孝文帝死后,矛盾终于爆发,北部边防六镇发生叛乱,从而导致北方再次陷入分裂动乱。动乱最终造成两大军事集团,他们分别是以鲜卑人宇文泰为首的占据关陇地区的西部军事集团,和以汉人高欢为首的占据华北地区的东部军事集团。

公元534年,魏帝元脩(魏孝文帝时把姓氏由拓跋改为元)因不满高欢专权,欲杀高欢,未成。于是元脩出逃投靠占据关陇的宇文泰,但不久后被宇文泰杀害。宇文泰改立南阳王元宝炬为帝,建立西魏。高欢则改立魏孝文帝的曾孙元善见为帝,建立东魏。北魏至此分裂为西魏与东魏,但是两魏的皇帝都是傀儡。高欢死后,其子高洋于公元550年废东魏皇帝,自立为帝,改国号为齐,史称北齐。宇文泰死后,其子宇文觉于公元557年废西魏皇帝,自立为帝,改国号为周,史称北周。宇文觉建立北周的同年,北周发兵灭亡了北齐,再次统一了中国北方。

公元578年,北周第三个皇帝周武帝去世,太子宇文赟继位,是为周宣帝,皇后为杨氏。杨氏的父亲是隋国公杨坚(北周开国功臣杨忠之子),杨坚时任上柱国、大司马。2年后,周宣帝病死,年幼的太子宇文阐(杨坚的外孙)继位,是为周静帝,由杨坚总揽朝政。宇文氏宗亲不满杨坚专权,欲谋杀杨坚。杨坚发觉其阴谋,杀宇文氏宗亲诸王。581年,杨坚废周静帝,自立为帝,改国号为隋,北周亡。

杨坚(隋文帝)称帝建隋后,即着手准备南下进攻陈朝,统一南方。他一面努力改善内政,加强军备;一面派御史大夫杨素督造战船,为渡江作准备。在完成各项准备后,公元589年,隋文帝派次子杨广为统帅,杨素为辅,发兵50多万,在西起巴蜀、东到大海的长江全线,发起了对陈朝的全面进攻。陈军首尾不能相顾,以致全线溃败,隋军攻入陈都健康,陈朝皇帝和文武百官全都做了俘虏,陈朝灭亡。至此,中国终于结束了延续了几个世纪的分裂动乱局面,重新获得了统一。

隋朝是中国历史上的一个影响深远的朝代,虽然它存续的时间不长,只有37年,但是它所进行的一系列政治改革对其后出现的强盛唐朝所产生的影响,就如同秦朝对汉朝的影响一样深远。隋朝的两代皇帝也都很有特色,隋文帝是个有雄才大略的创业之君,他励精图治,恭谨节俭,开创出了一个经济繁华、国富民足的大好局面。但是他的继任者——儿子杨广(隋炀帝)却是个铺张奢侈、好大喜功、滥用民力的亡国之君。

隋文帝建立隋朝后,为了革除带有封建残余性质的门阀政治,对选官制度进行了彻底的改革,废除了九品中正制,而代之以不分出身门第贵贱,用考试来选拔官员的科举制度。这是一个伟大的创建,虽然在汉朝的汉武帝时,已开始了用考试的方法来考察选拔上来的官员,但是使它成为不分门第贵贱的选官制度的却是隋文帝。这一制度使贫寒人士与世家子弟取得了平等的竞争机会,抑制了世家大族的形成。这一制度后来被中国历代朝廷所沿用,17 世纪传到欧洲,欧洲人对这种平等公正选拔官员的考试制度大为赞赏,并采用这种制度来选拔文官,它对欧洲改革封建贵族政治和建立近代社会的文官制度产生了深远的影响。

在政府机构上,隋文帝也进行了卓有成效的改革,在中央创立了三省六部制。三省分别是尚书省、内史省、门下省。尚书省是国家最高行政机关,主持日常行政事务,下设吏部、礼部、兵部、都官、度支、工部等六部,各司其职。内史省负责起草皇帝的制诏,门下省负责审查内史省起草的制诏和尚书省拟制的奏抄。这种制度分散了宰相的权力,并形成了政府各部门官员之间的互相制约,抑制了官员的擅权。

为了抑制世家大族把持地方政权,隋文帝废除了由地方州郡长官自任僚佐的辟署制。规定:九品以上官员全部由朝廷的吏部任免,州郡长官和县令三年一轮换,这实际上也就是三年任期制,从而废除了官员的世袭制和终身制。这些制度有效地抑制了地方权力集团的形成,加强了中央集权。

为消除历来形成的官僚机构庞杂、官吏臃肿的弊端,隋文帝对地方行政机构进行了精简,把原来的州、郡、县三级行政机构改为州、县两级制,裁汰冗员,以减轻人民的负担。

为了发展经济,隋文帝在建国之初即颁布了均田令,参照历代的授田法和北魏以来的均田法,规定:成年男丁每人受田 100 亩(隋唐一亩约合现在 0.8 亩),其中露田 80 亩,种植五谷,永业田 20 亩,种植桑麻;妇女则每人受露田 40 亩。永业田不需归还,露田在受田者死后归还国家。成年男子 18 至 60 岁为丁,60 岁以上为老。一对夫妻每年交租粟三石,种桑之地每年调绢四丈,种麻之地则调布六丈,男丁每年为国家服徭役 30 天。为了减轻人民的负担,后来他又把调绢减为二丈,把男丁的徭役减为每年 20 天,并把承担租调役的年龄从 18 改为 21 岁,这样农民在 18 岁受田后有三年不用承担国家的租调役。

兵制也进行了改革,实行府兵制,把军人划入当地州县,与农民一样分配土地,军人平时与其家属耕作,战时出征。府兵制的改革,实现了兵农合一,国家的兵源得到了保障,也减轻了政府对军队的财政负担。

在隋文帝当政的 24 年里,隋朝一直实行的是轻徭薄赋的利民政策,朝廷上也力倡节俭。这些都有效促进了经济的恢复,使国家的经济得到了迅速的发展。为防饥荒,隋文帝广建粮仓,粮仓分为官仓和义仓,官仓作为粮食转运、储积之用,义仓则备救济之需。隋文帝时期,国家仓廪充实,积聚了大量的财富。

公元 604 年隋文帝去世,次子杨广继位,史称隋炀帝。隋太子原为文帝长子杨勇,杨勇好奢侈,缺乏心机,不为父母喜欢。杨广自幼聪慧,多才能,善权谋,因而得到父母喜爱。为谋取太子位,杨广与大臣杨素结党,陷害杨勇,致使杨勇失宠被废为庶人。杨广登帝位后为除后患又将杨勇杀害。杨广自恃有才,极为自负,拒谏斥言,一意孤行。他曾自夸说,凭他的才能,不继父业,也能当皇帝。他决心创建一番大功业,但实际上他是个十足的败家子,父辈积累下的大量财富,开创的大好局面,只用了 13 年时间就被他挥霍败坏殆尽,从而落了个国破身亡的下场。

隋炀帝好大喜功,且急功近利。他行事铺张,喜豪华奢侈,不珍惜财富,不爱惜民力。隋文帝时期已经在长安附近修建了规模宏大的新都大兴城。但隋炀帝继位伊始即决定在洛阳另建新都,认为洛阳地处中原,交通便利,有利于统治四方。为建洛阳新都隋炀帝征发了 200 多万民夫,因工期急迫,丁夫死亡众多。同时又征调几十万人在洛阳的北方,开掘长达数千里的长堑,作为洛阳外围防御工事,以防北方游牧民族突厥人的入侵。

一年后东都建成,东都规模宏大,外城的四边周长 70 余里,内有皇城和宫城,建造得极为豪华。城内置东、南、北三个街市,洛水穿城而过,商船可直达市场。迁全国富商大贾数万家于城中,使城内商业迅速兴旺繁华,外国商旅云集,舟船数以万计。洛阳的人口超过百万,是当时世界上人口最多的城市。隋炀帝又在都城西面修建显仁宫作为离宫,以奇花异石装点其间,宫内极为华丽。另又建造规模巨大的西苑,苑周围 200 余里,苑内有海,海中有山,曲廊伟殿,极尽奢华。

与此同时,隋炀帝又征调民夫百万开挖洛阳通往江南的大运河——通济渠,以方便漕运,从而能够保证东都洛阳和西都长安的粮食和物资的供给。渠宽 40 步,两岸修筑御道,种植垂柳护岸,在通济渠沿途建造离宫 40 余所,以方便他去江南巡游。又令江南造大龙舟和各种船只数万艘,通济渠修成,隋炀帝即率领嫔妃宫女皇亲国戚和朝廷群臣 20 余万人出游江南。沿途又征派百姓为他们挽船、献美食,地方官还得为他们送珍稀礼品。

608 年,又征发民夫百万开挖从洛阳到河北涿郡(今北京)的永济渠。610 年,又征江南民工数十万开挖江南河,把江南的运河从京口延长到余杭。这些工程前后历时 6 年,动用了几百万民力,最终建成了以洛阳为中心,纵贯南北,全长近五千里的大运河。

客观地说,大运河是中国历史上的一项伟大的工程,它对沟通南北交通,促进经济发展和文化交流起到了极为重要的作用。但是隋炀帝建造大运河却急功近利,造成了民众的极大负担和灾难。而且隋炀帝还利用它来游玩,大肆挥霍财富,他先后三次巡游江南,每次出游都要带上数万嫔妃宫女,加上皇亲国戚朝廷群臣,以及随行护卫军队共计有几十万人,耗资巨大,巡游给沿途民众造成了更大的负担。

隋炀帝并不只是出巡江南,他还要巡视全国各地,几乎每年都要出巡。607年,隋炀帝巡视北方,为方便交通,征调北方民夫经太行山开凿驰道到达并州。608 年,隋炀帝出巡到北部边境,为防突厥,下旨征发百万民夫重筑长城。转年又重游北境,巡视去年所筑长城,又下旨加筑长城,继而又出巡西部边境。隋炀帝出巡所过之地,民众都深受其苦,官府要为他们修宽阔的御道,百姓要为他们献美食,官员要为他们献礼品。所到之处还必须装饰华丽,秋冬季节树木花叶凋落,则剪彩绫成花叶装饰其上,百姓都要衣着锦彩,以显示他统治下的国家富庶繁华,不能使他满意的官员都被他处罚。

除了不惜民力和财力,大兴土木,大肆挥霍外,隋炀帝还穷兵黩武。继位当年,隋炀帝就派刘方率领海军远征林邑(今越南中部)。林邑人乘坐大象,用象军抵抗,刘方命令士兵用强弩射击大象,大象受伤后四处乱跑,林邑人的军阵被大象践踏冲乱,刘方趁势指挥大军发起猛攻,林邑军溃败。刘方率军一路向南追击,一直追到林邑国都,林邑人弃城,泛海逃走。此战把隋朝的南部疆域从越南北部(交趾)扩展到了越南中部。并使南海各蛮族为之震服,从此南海百蛮纷纷前来隋朝朝贡。

607 年,隋炀帝派朱宽入海求访异俗,到达琉球(今台湾)。次年,隋炀帝又派朱宽去琉球招降,琉球王不服。于是发兵万余,泛海进攻琉球。琉球王派兵抵抗,被隋军击败,隋军分五路攻至琉球国都,攻陷其城,杀琉球王,俘获其子及俘虏万余人带回隋朝。

608 年,隋炀帝派名将薛世雄率兵进军西域,并派裴炬共同前往经略。薛世雄率军出玉门关后,穿越茫茫沙漠直捣伊吾,进兵神速,势从天降。伊吾人完全没有准备,惊恐万分,不得不请求投降。薛世雄在汉代旧伊吾城东面修筑了一座新伊吾城,派兵屯垦驻守,裴炬告谕西域各国:天子为方便与偏远的西域各国进行贸易,所以在此建城。隋朝在伊吾设置伊吾郡和柔远镇,成为控制东西方交通要道的一个重要军事据点。

609年,隋炀帝亲率大军出征吐谷浑。吐谷浑占据着西秦故地,并控制着丝绸之路河西走廊主干线青海道,此路是当时连接亚欧大陆的世界最长陆路交通干线。隋炀帝命刘权率军出伊吾道,刘权与吐谷浑军相遇,击败之,吐谷浑军溃逃,隋军追至青海,乘胜攻下吐谷浑都城。吐谷浑王伏允逃走,隋军继续追击,在赤水击溃吐谷浑主力。伏允率众逃入袁川,隋军四面围之,伏允仅率数十人逃走,吐谷浑10万余众投降。隋朝在吐谷浑设置西海、河源、鄯善、且末四郡,驻兵屯守。隋炀帝这次亲征,拓地数千里,并彻底打通了丝绸之路,畅通了中国与西方的贸易和联系。吐谷浑是当时西部最强的藩国,吐谷浑既服,西域震动,西域其余20多国见隋朝富强,尽都前来归附,从此中国与西方的贸易往来不断。

在西部平定后,隋炀帝又决定在东部用兵,收回汉代故地朝鲜(此时为高丽)。612年,永济渠已修成,隋炀帝下诏征集天下兵丁于涿郡,御驾亲征高丽。出征大军有100多万,而用牛车和人力车运输军需粮草的民夫更多达200多万。隋炀帝下令每天发一军,每军相距40里,40天才出发完毕。队伍浩浩荡荡延绵一千多里,旌旗相望,鼓角相闻,缓缓而行。这哪里是打仗,隋炀帝实际上是在进行又一次出巡大游玩。他认为高丽人皆中国故民,大军一到就会归降,并下令各军,如遇请降,即停止进攻,妥为抚慰。于是高丽各城每当攻城紧急,就声称投降以拖延时间。前方将士只得赶紧到后方去请示隋炀帝,等到请示回来,高丽人已加固了城防,不投降了。时间一拖延,天气开始转冷,天寒地冻,士兵都没有冬衣,粮草也已经用完,隋炀帝不得不退兵。

第二年,隋炀帝卷土重来,再征高丽。这时他继承帝位还只有8年,虽然好大喜功的隋炀帝已经建立了许多丰功伟业,但是国家的财富也已被挥霍殆尽,老百姓更是被他折磨得苦不堪言,无法安生,以致各地群盗四起,民众已开始造反了。隋朝从取代北周政权到统一南方时间还不久,被推翻的旧贵族仍然心怀异志,隋朝进行的一系列政治改革也必然会损害到一些既得利益者,他们也都心怀不满,形势一乱他们就会兴风作浪。因此,正当隋炀帝率军在辽东大张旗鼓地发动进攻时,忽闻黎阳督军杨玄感在国内率部发动了叛乱,民众纷纷响应,很快就聚众达十多万,叛军直逼东都洛阳。隋炀帝闻信大惧,急忙率军返回,将叛乱镇压了下去。

然而隋炀帝还不知悔改,第三年又征高丽,这回是真打,挥师急攻猛进连下数城,直逼都城平壤。高丽王高元请降,表示愿为臣属,隋炀帝心满意足了,率军凯旋回洛阳。但是后来高元却并没有按约前来洛阳朝觐,气得隋炀帝扬言要再攻高丽。但是他已经没有机会了,多年的大兴水土,大动兵丁,早已令民怨沸腾,全国各地已经农民起义四处爆发,然而他还是在到处巡游。

615年,隋炀帝出巡塞北,被突然而至的10万突厥骑兵包围于雁门关。随行大臣建言他下诏申明不再讨伐高丽,征调四方之兵来解雁门关之围。隋炀帝被迫采纳了这一建议,诏令发出后,各路援兵纷纷前来,一月后,突厥退兵。

然而隋朝的灭亡已不可避免,616年,河南地区起义军领袖李密率领瓦岗寨军攻破荥阳,并率军在大海寺大败前来镇压的隋军,击杀隋军名将张须陀。接着又攻下了洛阳附近的粮仓兴洛仓,开仓赈济灾民,随后又占领了另一个粮仓回洛仓,起义军声势浩大,直逼洛阳。隋炀帝见局势危险,令越王杨侗留守洛阳,自己率众出走江南,前往江都(今江苏扬州)。

617年,江淮地区起义军领袖杜伏威率军占领高邮,切断了江都与北方的联系。隋炀帝准备迁都丹阳(今南京),下令修建丹阳宫。但是随行的大臣和卫队多是关中人,不愿长居江南,都想回关中。618年,卫队发动兵变,杀死了隋炀帝,隋朝随之土崩瓦解,不久即被各路起义军彻底推翻。

十五　繁荣而强盛的中国唐朝

　　隋末的农民起义造成中国大乱,隋太原留守唐国公李渊也趁机起兵割据,并迅速扩大势力,占领了关中及长安。公元618年隋炀帝被杀,李渊开始称帝,国号为唐,定都长安。在随后的几年里,唐军与各路起义军展开了激烈的争战。在这些战争中,李渊的次子秦王李世民发挥了重要作用,他率军东征西讨,平定了各路起义英雄和割据豪强,结束了混乱局面,统一了全国。

　　唐朝的统治者汲取了隋朝灭亡的教训,认识到"君主似舟,百姓如水,水能载舟,亦能覆舟"。① 所以他们非常注重民情,顺应民心,在隋朝改革的基础上进一步改革政治,执行有利民生的政策,轻徭薄赋,予民生息,劝课农桑,兴修水利,使农业生产很快得到了恢复,经济迅速发展起来,并把中国的文明发展推向了一个新的高度。唐朝国力强盛,经济发达,社会繁荣,人民富裕,成了享誉世界的富强国家,受到当时世界各国的仰慕。

　　唐朝建立后面临的最大威胁,是来自北方大漠草原上的游牧民族——突厥的入侵。自汉末中国陷入大动乱以后,鲜卑人陆续进入中国北方并逐渐融入了汉民族。这时留在大漠草原上的只有鲜卑人北部的一个称为柔然的分支,他们经常南下进行侵扰。北魏统一北方后,为了打击他们的侵略行为,多次深入漠北草原对柔然进行长途攻击,最终柔然退出了漠北,后西迁去了欧洲。取代柔然而占据漠北草原的就是突厥人。

　　突厥人发源于中国西域的阿尔泰山南面,原来处于柔然人的统治之下,他们趁北魏打击柔然的机会摆脱了柔然人的统治,并配合北魏向柔然发动攻击,最后取代了柔然人成了漠北大草原的新主人。后来北魏发生分裂,中国北方又陷入了长期战乱,突厥人趁机得到了发展。他们不断侵入中国北方,抢劫财物,掳掠人

---

① 程小军主编:《中国通史》,北京,中国戏剧出版社2007年版,第231页。

口,力量不断壮大,并征服了大漠南北和中亚草原上的其他游牧部落,形成了一个庞大的草原帝国。其疆域东到大兴安岭,西到中亚里海,北到贝加尔湖,南到大漠以南,地广万里。隋朝建立后,隋文帝在统一南方之前,为解除后顾之忧,对突厥进行了几次打击。此后突厥畏于隋朝的强大而有所收敛,并表示臣服于隋朝,要求与隋朝通婚,迎娶了隋朝的公主。后来隋朝对突厥一直采取防御态势,并在北方重修了长城。

突厥虽然地广万里,但他们是由许多不同的民族组成的一个松散的同盟,在大可汗能够带领他们侵略掠夺获取利益的时候,他们会结合在一起,而在侵略失败或无利可图时,则会产生分裂。因此随着隋朝的强大,入侵已占不到便宜,突厥各部之间矛盾开始凸显,分裂成了以阿尔泰山为界的东突厥与西突厥两部。

隋末中国的大乱,使突厥又得到了机会对中国北方进行大肆入侵劫掠,突厥又强大起来。唐朝初建之时,因致力于国内的统一战争和恢复经济,对突厥一直是采取忍让和防御的政策。因此突厥更加骄横跋扈,成了唐朝的最大威胁,东突厥大军数次深入唐朝境内,直逼唐朝的都城长安。唐朝廷为避其锋芒曾考虑向南迁都,后因秦王李世民极力反对,并保证他将会率军打败突厥,才没有迁都。

626年,李世民继位,是为唐太宗。这时唐朝已统一全国,经济也已基本恢复,唐太宗决定对突厥用兵,以解决北方的威胁。统一的唐朝军力非常强大,因此东突厥各部又产生了分歧。薛延陀、回纥等部率先归附了唐朝,成了唐朝的属国。突利部也欲归附唐朝,但是大可汗颉利不同意,坚持与唐朝为敌。公元629年唐太宗派大军分路进击东突厥,突利所部望风而降,大可汗颉利率所部顽抗,被唐军彻底打败,颉利被俘,其所率部众数十万人皆被俘获。唐太宗把他们安置在边境各州,并把原东突厥辖地分为十个州,置云中、定襄两个都督府,任命突利等突厥首领为都督,管辖各部。

唐朝打败突厥大可汗颉利后,声威大振,唐朝周边各民族纷纷前来归附,西域各国和中亚的西突厥各部也都前来归附唐朝。各方君长、可汗,齐聚长安,请求唐太宗称"天可汗"。自此以后,唐朝皇帝就用天可汗的名义对西域各族行施号令。公元630年唐在西域伊吾城置伊州,后来所置州府逐渐增加,公元640年,又在交河城置安西都护府,后移至龟兹(今新疆库车县),并派驻军队镇守。

公元649年,威震西域的唐太宗去世,西突厥贺鲁部逐起叛离之心。贺鲁当时为唐朝廷委任之西域瑶池都督。公元651年,贺鲁率众西走,击败弩失毕部,成了西突厥各部的首领,有众数十万,自号沙钵罗可汗。后进犯西域庭州,被唐军击退。公元657年,唐高宗派大军分道进击沙钵罗可汗,大败沙钵罗军。沙钵罗向西逃到中亚石国(今乌兹别克的塔什干地区),被石国人擒获送与唐军。唐在中亚置崑陵、濛池两都护府,任命突厥人阿史那弥射为崑陵都护,阿史那步真为濛池都护,分管西突厥各部。

唐对四方归附的各国和各民族大都是实行自治的制度,任命本族或本地的可汗、首领为都督、刺使等行政长官。实行怀柔政策,也不对他们征税,只是实行朝贡制度。而所谓的朝贡制度其实是一种互通有无的官方贸易,这些朝贡国向唐朝廷提供他们的土特产如马匹、毛皮等等,而唐朝廷向他们提供丝绸、布帛、粮食、茶叶、瓷器、手工业品等他们所缺乏的物品。唐朝廷对他们的管辖其实是很松散的,特别是那些游牧民族,因为他们迁徙无常,居无定所,与农业民族的习俗完全不同,无法对他们进行有效管辖。而他们归附唐朝也主要是为了寻求保护和获取经济利益。他们各部之间经常会因为利益冲突而争斗,互相攻杀,这时较弱的一方就会向唐朝廷求助,唐朝廷如果处理不当,也会导致他们的不满和反叛。而且游牧民族往往反复无常,在唐朝内部安定强大的时候,各部都会请求归附,而唐朝内部产生动乱衰弱时,有些就会产生离心反叛,甚至趁乱兴兵入侵劫掠。

中国自汉末陷入长期的动乱和分裂以后,中原政权对边远地区就失去了控制,各地方势力因此纷纷拥兵自立,据地称王。辽东高句丽县(今辽宁桓仁县)的高氏也据地称王,并不断扩张势力,后来占据了辽东和朝鲜四郡,建立了高句丽国(唐朝时称高丽)。隋朝时曾有意将其收复,但未能成功。到唐朝时,朝鲜半岛形成了三分之势,中北部是高丽,西南部是百济,东南部是新罗。三国互相攻伐,而新罗形势最为凶险,北有高丽,西有百济,东南面还遭到日本的不断入侵。所以新罗极力与唐通好,希望得到唐朝的保护。因高丽原为中国故地,所以唐初时朝廷上曾有提议将其收复,后因高丽、北济和新罗都请求归附唐朝,并与唐朝建立了臣属关系,遂罢此议。唐高祖李渊在位时封高丽国王为辽东郡王,封百济国王为带方郡王,封新罗国王为乐浪郡王。

唐太宗时高丽权臣泉盖苏文弑高丽王高建武,擅立新王,独擅朝政。然后又联合百济进攻新罗,新罗向唐求救,唐太宗派专使告谕高丽勿攻新罗,泉盖苏文拒不服从。唐太宗本来就有心收复高丽,今又见泉盖苏文弑其主,且拒不服从朝廷管束,于是决定征伐高丽。然而高丽地处偏远,交通不便,而且经过历代经营,已壁垒森严、城墙坚固,所以征伐高丽并非易事。公元645年,唐太宗亲率十万大军出征高丽。战至冬天来临,虽然已攻陷辽东十余城,但是已天寒地冻,粮草也已接济不上。唐太宗决定暂时休兵,待来年再作进取。后来朝臣建议,先派偏师轮番进攻,待其疲惫,再派大军攻取。唐太宗采用了这个建议,先派少量军队进攻,但是不久后唐太宗去世,战事于是停止。

唐高宗继位后,公元655年新罗上表说,百济与高丽屡攻其境,已侵占三十余城。后新罗又上表称,百济勾结日本屡侵其地。公元660年唐高宗派大将苏定方率兵十万渡海,与新罗合力攻破百济,唐在百济置熊津、马韩、东明、金涟、德安五个都督府。留下刘仁愿守熊津城,苏定方率大军班师回朝。后来流亡日本的百济王子策动造反,他从日本回到百济发动叛乱,并勾结日本反唐。刘仁愿坚守熊津等待援军,唐援军到达后与新罗军合力打败了叛军,又大败前来援助的日本水军,焚毁倭船四百余艘,全歼日军27000多人。因为百济与唐朝远隔大海,物资给养运输不便,也不便管理,因此唐任命百济人担任都督使其自治,不久后撤回了全部守军。新罗乘虚而入,占据了百济,统一了半岛南部。

公元666年泉盖苏文死,其三个儿子因争权而发生内斗。唐高宗趁此机会派大将李勣和薛仁贵分道进击,李勣军连下十六城,直逼平壤,薛仁贵军也连下数十城。当年九月,李勣军攻破平壤,高丽遂平。唐置安东都护府于平壤,其下置九个都督府。公元676年移安东都护府于辽东城(今辽宁辽阳市),以便物资供给。而新罗虽然极力与唐通好,但是在半岛上却不断向北蚕食,唐朝庭屡屡谴责之,新罗则每每遣使谢罪,然而每当唐朝力有不逮时,它即向北扩张,逐渐占据了半岛中部。公元736年,唐朝庭干脆与其划大同江为界,江南归新罗,再不许北侵,此后朝鲜半岛局势基本稳定。

当中国进入大唐盛世的时候,阿拉伯人也正在中东崛起,他们在先知穆罕默德创立的伊斯兰教下统一了阿拉伯半岛。然后,这些骑骆驼的游牧民为了劫掠财富疯狂的向外扩张,占领了中东、西亚和北非,形成了一个庞大的阿拉伯帝国。公元651年,当他们灭掉波斯萨珊王朝以后,止步于阿姆河南岸,开始与藩属于中国唐朝的中亚诸国相邻。波斯国王逃亡到中国,他曾多次请求唐朝出兵救助,表示愿为藩属,但因为路途实在太遥远,唐朝庭没有同意出兵。阿拉伯人也慑于中国的威名和强大,未敢再向中亚扩张。他们希望与中国通好,穆罕默德曾经说过:"去寻求知识吧,哪怕远在中国。"[①]所以阿拉伯人派出了使者来朝见中国皇帝唐高宗,此后双方建立了友好关系。唐朝人称阿拉伯帝国为大食,大食曾27次派遣使者来唐朝,阿拉伯商人更是遍布唐朝的长安、洛阳、广州、扬州、泉州等商业城市。

不过在中亚地区大食与唐朝也曾发生过多次战争。公元704年,大食任命屈

---

① (美)斯塔夫里阿诺斯:《全球通史》,吴象婴等译,北京大学出版社2009年版,第288页。

底波为呼罗珊总督,此人野心膨胀,觊觎阿姆河北岸与锡尔河南岸之间的富饶的河中地区。河中地区是被称为昭武九姓的九个小国家,这些国家都藩属于唐朝,因此他们在遭到大食侵犯后频频向唐朝报急,请求派兵救援。唐朝因路途太远,没有出兵。因为唐朝派驻西部的军队是驻扎在西域的安西都护府,当时他们军事防御的重点是吐蕃,吐蕃当时很强大,经常入寇唐朝西北各州。到公元715年大食已基本控制了河中地区诸国。同年,大食又攻陷西拔汉那国(位于今阿富汗境内),他们扶持阿了达为西拔汉那国国王,并命令阿了达领兵协同大食进攻东拔汗那国,东拔汉那国国王逃到安西都护府求救。唐驻安西府的监察御史张孝嵩对都护吕休璟说:"不救则无威信以号令西域。"①张孝嵩率兵一万余人,出安西府进军数千里,大败阿了达和大食的联军,唐朝在中亚声威大振,河中诸国又重新归附。

此后唐朝任命突厥突骑施部苏禄可汗为金方道经略大使,负责防御大食对中亚的入侵,苏禄有效地履行了他的职责,率领突骑施骑兵协同昭武诸国多次打败大食侵略军,不仅把他们驱逐出了边境,甚至还攻入了大食境内。但是苏禄可汗于公元738年在部族内乱中被杀死,突骑施部也因此而分裂并从此衰弱。大食军趁机重新控制了河中地区,昭武诸国不得不臣服于大食。因为大食向他们强征沉重的赋税,令他们难以承受,诸国纷纷向唐朝庭上表,请求发兵解救他们,但是那时唐朝驻安西府的军队正陷入与吐蕃的战争。

到公元750年,安西军终于彻底打败了吐蕃。而当时唐朝已改府兵制为募兵制,府兵制是一种抽调农民定期服兵役的义务兵制,而募兵制是一种招募人当职业军人的职业兵制。职业兵一般都骁勇好战,往往有意挑起战事,因为通过在战争中立军功,他们能得到快速提升。而这时的安西节度使高仙芝就是一个这样的职业兵将领。高仙芝是高丽人,在打击吐蕃的战争中屡立军功,因此晋升为安西节度使。在打败了吐蕃后他上奏朝廷,要求攻打昭武九国之一的石国。石国在公元741年还给唐朝上表说遭到大食的攻击,希望唐朝廷派兵救援。但因为唐军一直未能出兵援助他们,所以后来石国被大食征服,成了大食的附庸国。高仙芝以石国投靠大食为借口,请求征伐石国,实际上这只是职业兵好战的一种表现。

高仙芝攻陷了石国,并俘获了其国王和王子,但在押解途中王子逃脱。王子招来了大食和昭武诸国之兵,组成十几万人的联军,准备进攻安西府。高仙芝闻信,率唐兵两万和突厥葛逻禄部兵数万,主动出击。公元751年双方在中亚的怛逻斯相遇,激战五天未分胜负。大食联军虽然人多,但唐军威力强大的弩弓让他

---

① 程小军主编:《中国通史》,北京,中国戏剧出版社2007年版,第258页。

们吃尽了苦头，五天的战斗使他们伤亡了五、六万人。昭武人在暗中策反葛逻禄人，与他们达成交易，葛逻禄叛变，从背后夹击唐军。陷入包围的唐军只有数千人逃出，其余大都做了俘虏。高仙芝逃回安西军镇后还欲重整军队再战，后被朝廷制止。大食军也损失惨重，双方就此罢兵。

此仗后中亚形势并无改变，昭武诸国依然认为自己是唐朝的属国，并不断给唐朝庭上表请求派兵驱逐大食。公元752年，曹国和安国分别给唐朝庭上表。公元754年，昭武九国更是共同上表，请求唐朝派兵共击大食。但是唐朝却无意出兵到遥远的中亚为他们作战，而且此后不久（公元755年）唐朝国内又发生了"安史之乱"，因此更无暇顾及中亚了。而大食当时也正处于波斯人叛乱所造成的社会大动乱中，也无力顾及中亚。因此仗而得利的是葛逻禄人，葛逻禄从此成为中亚一大强国，占据了中亚的广阔地域。但此仗在世界历史上却有较大的影响，因为在此仗中被大食获得的唐军俘虏因为他们拥有的技艺而受到了大食人的重用，他们把中国的许多先进技术和工艺传到了阿拉伯和西方，包括造纸术、冶金术和武器制造技术，因此极大地促进了西方文明的发展。特别是造纸术，原来抄写一部圣经至少需要用300张羊皮，其体积足可以堆满一个房间，而使用纸张抄写则只有手掌大小的一本书，这极大地方便了文明的传播。

从唐太宗在位时期的"贞观之治"，到唐玄宗在位时的"开元盛世"，唐朝经历了繁荣的130多年。按小农社会王朝发展的周期性规律，应该到了由盛转衰的过渡时期，按理说在这一时期还不至于发生大的社会动乱，但是唐朝却爆发了几乎导致其倾覆的"安史之乱"。导致发生安史之乱的原因，从唐朝推行的政治制度上来分析，主要有两个：一个是唐太宗推出的州刺史世袭制；另一个是唐玄宗推出的府兵制改为募兵制。

唐朝初期的政治制度大都是沿袭隋朝隋文帝制定的制度，但是唐太宗在位时却做了一个错误的改变。隋文帝为了防止地方官培植起自己的地方势力从而削弱中央集权，制定了地方官三年一轮换的三年任期制。但是唐太宗却推出了由皇室宗亲和功臣勋贵世袭州刺史的制度。他的想法是，由这些功臣勋贵的子孙辅助他的子孙，共同保有土地，永久传下去。虽然他的这种带有封建性质的做法因为遭到朝臣们的反对，后来停止了推行，但是地方官三年一轮换的制度却被他废除了。因此州府军政长官可以长期在一个地方任职，从而为他们培植自己的势力提供了条件，并为后来形成的藩镇割据埋下了祸根。

府兵制是中国历朝常用的一种寓兵于农的兵役制，唐初也沿用。府兵都是由服兵役的农民组成，平时在家务农，定时到军中服役。战时朝廷调集各地府兵并任命将帅率领出战,战事结束,兵散归农,将帅归朝。将帅不可能拥兵养成自己的势力。唐玄宗在位时因为府兵的征调出现困难,因此改为募兵制。募兵制是一种职业兵制,应募的大都是一些勇猛之徒,很多都是些无业游民和市井无赖,而在边镇上应募的少数民族人特别多。因为自唐代实行科举考试制度起,汉族子弟往往都是通过读书,参加科举考试来求得入仕升迁。而少数民族的文化素质较低,但他们大都生性好勇斗狠,因此他们往往只能通过从军,在战争中立军功来求富贵,获得晋升。所以这些职业兵都非常好战,往往会主动挑起战事,以求立功获得奖赏和升迁。因为职业兵是长期服役,因此他们和一些有野心的职业将帅长期结合在一起,日久就形成了一种利益共同的势力集团。而唐太宗制定的地方军政长官不轮换的长任期制更是为这种势力集团的形成提供了机会。

唐玄宗在位时间较长,有 45 年,在位之初励精图治,为唐朝开创出了一个国富民安的太平盛世,史称"开元盛世"。但晚年自认为功成业就,天下太平,从而朝政懈怠,安于享乐。他把朝廷大权都委任给那些善于逢迎他心意的奸佞之臣,自己安心享乐去了,从而使朝廷上由奸佞之臣当道。而一些边镇上的军政大权则落入了有野心的职业军官手中,并形成了拥有军政大权的强大势力集团,最终导致了"安史之乱"的爆发。

安禄山和史思明都是胡人(安禄山是中亚粟特人),原居住在营州(今辽宁朝阳),在市场上做买卖中间人,后应募从军。当时契丹王的部下可突干杀契丹王,并裹挟契丹人和奚人叛唐,幽州节度使张守珪用安禄山和史思明为小将,两人凭借着勇力和狡诈,每次带兵出击契丹和奚都要抓回几十个俘虏,两人因此而得到晋升。安禄山善于钻营逢迎,逐步被提升为平卢节度使。后来可突干被诛杀,契丹和奚也都重新归附了唐朝,唐朝封他们的首领为郡王并兼任都督。公元 745 年唐还将两个公主分别嫁给了契丹王李怀节和奚王李延宠。但是安禄山为能邀功却有意制造矛盾,挑起战事,使得他们不得不起兵反抗。安禄山几次引诱他们的部落酋长来赴宴会,用毒酒灌醉来人,再杀死他们,然后割下酋长的头送到朝廷去请功。唐玄宗竟不辨是非,认为他立了大功,不断给他加官加爵。朝廷中有许多大臣看出了安禄山的狡诈,奏称安禄山将会造反,但是年老昏庸的唐玄宗却不以为然,对他仍然信任有加,后来竟然将平卢、范阳、河东这三个北方军事重镇的节度使职位都授予他一人兼任,使他掌握了全国最强大的军力,从而导致了一场大祸乱。

安禄山和史思明于公元 755 年裹胁所部发动造反,率领 15 万精锐步骑南下中原。因为国内承平日久,百姓不知战事,忽闻兵变,皆惊恐失措。叛军一路烟尘滚滚,鼓噪而来,各州县望风瓦解。安禄山势不可挡,迅速占领了中原地区和东都洛阳,并一度攻下了西都长安,唐玄宗被迫逃往四川成都,安禄山在洛阳自称大燕皇帝。安禄山和史思明的部下多为胡人,习惯于杀戮劫掠,叛军大肆烧杀掳掠,给民众造成了极大的灾难。后来在各路勤王援军和民众自发组织的义军的打击下,叛军内部发生分裂,安禄山和史思明都被自己的部将杀死。朝廷收复了长安、洛阳和中原失地,但是朝廷却无力剿灭这些叛军部将所掌握的边镇地区的强大军事势力,最后只能采取绥靖政策,与他们达成妥协,委任他们为世袭的各边镇节度使,从而造成了唐朝后来长期的藩镇割据局面。

唐玄宗改府兵制为募兵制的主要原因是因为唐朝进入中期后,土地兼并严重,从而造成了均田制的破坏。因为府兵制是以均田制和租庸调法为前提的,如果均田制无法实行,租庸调法就失去了基础。唐初沿袭隋朝的均田制,每个18岁以上的男丁给田一顷,即100亩(唐代一亩约合现在0.8亩)。其中20亩是永业田,种植桑麻,可以传承后代,另80亩是口分田,受田人死后国家收回,再另行分配给别人。但是皇室宗亲、功臣勋爵、官僚权贵给予的土地却多得多,亲王是100顷,亲王以下从正一品官的60顷到九品官的2顷各不相等。此外,官员如有功,或将士立了军功,都有土地奖赏。而且这些土地都是永业田,不须归还,可以传承后代,封妻荫子。这样就必然会造成土地向官僚权贵集中,可供分配的土地越来越少。与均田制相应的是租庸调法,即每个受田的成丁,从23岁起每年要纳粟二石或稻三石,这是租;纳绢二丈,棉三两,或纳布二丈五尺,麻三斤,这是调;每年要服兵役或劳役20天,这是庸。府兵就是由这些服役的农民组成,而皇亲国戚,官僚权贵则免租庸调。

唐初时,均田制在北方的中原地区和江南地区都能得到很好的执行,特别是中原地区,因隋末的战乱造成了人口大减,赤地千里,有大量的土地无人耕种。但是在关中地区特别是京畿地区,因为皇亲国戚,官僚权贵太多,占去了太多的土地,均田制并没有得到严格的执行,很多农民分到的土地已不足一百亩,有的只有三五十亩。后来唐太宗把关中地区的那些分不到土地的农民都迁往了中原地区,使他们都能分到足额的土地。所以唐初的租庸调法能够得到很好的执行,府兵制也有保证。

而到了唐朝中期,由于皇亲国戚、功臣勋贵的逐年增加和官僚的冗员,而权贵豪强们又利用各种手段兼并土地,非法买卖土地(唐初法律禁止买卖口分田,但不禁止买卖永业田)。唐朝盛行佛教和道教,因此佛教寺院和道观也大量兼并土地,这些僧尼道士们也不必向国家缴纳税赋和服役。而百多年来的太平盛世又使人口有了大量增长。因此土地问题越来越严重,很多地方的农民已分不到土地,另有一些地方的农民也只能分到二三十亩,甚至五亩、十亩土地。这么少的土地已经不够他们养家糊口,然而他们同样还要负担国家的租庸调,这令他们根本无法承受,因此他们只好逃亡外地,寄居于豪强大族之下当佃农,做荫庇户,或到寺院做僧尼,这样他们就逃避了国家的赋税和徭役。所以到唐玄宗时府兵已很难征调,公元 722 年他开始改为募兵制。好在当时江南还很富裕,能为唐朝提供充足的财富。因为自汉代以后,有大量的北方民众为避战乱而逃亡南方,所以江南自从东晋以来经济力量就已超过了北方,成为国家税赋的主要来源。而且江南种植水稻,水稻的亩产量也远高于北方的粟麦,北方种植粟麦须 100 亩才能养活一家数口,南方种植水稻有 20 亩已足以养活一家人了。所以南方虽然均田制也不能得到严格的执行,但是能分到二三十亩田地也还是能够维持生活。

但是到了唐朝的中后期,唐德宗在位时,均田制已经完全不能执行了,这就使租庸调法完全失去了基础,朝廷的财政税收已经无以为继。因此,公元 780 年,唐德宗废除租庸调法,改行"两税法"。两税法的推出是中国税收制度的一次重大改革,后来成了各朝代制定税法的基础。两税法的税收分为两种:一种是户税,它是依据每户人家财产的多少而征收税钱的货币税。朝廷把全国的户籍上至一品官下至平民百姓,按财产的多少分为九个等级,财产最多的上上户交户税 4000 文,依次递减,财产最少的下下户交户税 500 文;另一种是地税,它是依据拥有田地的多少,按亩征收谷物的实物税,上等田(应是指一年二熟的田)每亩税一斗,下等田(应是指一年一熟的田)每亩税五升。两税法在一年中分两次征收,一次是在夏收后,一次是在秋收后。其实这两种税都是按财产的多少来征收的,所以它们都属于财产税。

两税法不仅是中国税收制度的一次重大改革,而且也是中国政治制度的一次重大改革。它的推出说明自秦代以来的,以土地公有为基础,由国家授田的均田制已走到了尽头。自从唐代推出两税法以后,土地在中国就成了商品,完全可以自由买卖,土地从公有变成了私有。升官封爵也不再是取得更多土地的唯一方法,人们可以通过经营工商业等其他方式,来赚钱购买更多的土地。从此贫富无定势,田宅无定主,有钱则买,无钱则卖。土地的自由买卖促进了商品经济在中国的发展,同时,它也促进了土地的集约化和规模化经营,有利于提高土地的利用率和劳动生产率。而失去了土地的农民或成了佃农,或转向了手工业、商业、服务业等行业谋生,这反而可以促进了工商业的发展。因此,两税法的推出虽然最终没能挽救唐朝灭亡的命运,但却为之后宋朝工商业的繁荣奠定了基础。宋朝的商品经济特别发达,土地也是商品,可以自由买卖,失去土地的农民大都进入了城镇,从事工商业和服务业。因此宋朝的工商业和城市经济非常繁荣,达到中国古代经济和文明发展的巅峰。

两税法以财产的多少作为纳税的依据,它在一定意义上体现了社会的公平。虽然允许土地买卖和土地兼并会加大贫富差距。但是在两税法之下,富人的土地多了,财富多了,他们要交纳的税赋也多了。穷人的土地少了,财富少了,他们要交纳的税赋也少了。这种税收制度上的公平,从一定程度上缓解了社会矛盾,使唐朝又延续了一百多年。

两税法推出以后中国的税收就逐步货币化了。中国在秦代以前的封建社会时期,实行的是以井田制为基础的,农民为领主代耕土地的劳役地租。秦代建立官僚集权制以后,实行的是以国家授田给农民自耕为基础,交纳谷物的实物税收。唐朝在两税法推出以后,还有"变造"之法,把实物租税折算成钱,纳税人交钱给官府,官府再变造成轻货,即购买轻便的,质量好的货物,再转运京城。所以,两税法实际上已经是货币税收了。而宋朝在货币税收的基础上,还推出了"募役法",把徭役折算成役钱缴纳,由政府用役钱雇人应役,从而使税赋徭役都实现了货币化。

唐朝"两税法"的推出并不是一个偶然事件,它是由中国社会生产力发展的水平而促成的。从两税法分为夏收后和秋收后两次征收可以看出,在唐代,中国社会生产力的发展已进入了农业革命的第四阶段,即双季连作。农业革命的第一阶段是休耕轮作制,第二阶段是多作物轮作制,第三阶段是单季连作制,第四阶段是双季连作制。也就是说一年中可以连续种植和收获二次谷物,它使土地的利用率又提高了近一倍,土地的经济价值和商品价值也得到了极大的提高。社会生产力的大幅提高必然会带来与之相适应的社会制度的改变,土地商品化的出现和两税法的推行就是这种变化的体现。

唐代是中国经济和文化的蓬勃发展时代,经济发达,文化繁荣。随着唐朝的威名远扬和丝绸之路的畅通,来自世界各国的商人充斥中国各大商业都市。其中不仅有从北方陆上丝绸之路进入长安、洛阳等大都市的北方和西方商人,还有经由海上丝绸之路到达广州、泉州、扬州等南方城市的东方、南方和西方的世界各国商人,仅广州就有外国商人十多万。可见唐朝海外商贸之昌盛,唐朝人在国外从事贸易的商人也绝不在少数。当时中国是海上贸易大国,海船制造业特别发达。据阿拉伯人苏莱曼的《东游记》说,唐朝时中国海船特别巨大,波斯湾海浪险恶,只有中国船能够航行无阻。阿拉伯东来货物都要装载在中国船上,由此可见唐朝的造船业和海上贸易的发达。唐朝输出的主要商品有丝绸、瓷器、漆器、纸张、优质钢铁等等,但是在对北方的贸易中则禁止钢铁出口,以防制造武器,因为对中国的侵略大都是来自北方的游牧民族。

唐朝的对外交往特别活跃,不仅万邦来朝,而且有大批的外国贵族、商贾、留学生、艺人、画师、乐师、方士纷纷来到中国。他们也带来了大量的外来文明,胡服、胡乐、胡舞、舶来品,在中国广为流传,受到人们的喜爱。佛教、祆教、景教、摩尼教、伊斯兰教和中国本土的道教同时并存,自由传播。唐朝风气开放,兼收并蓄,海纳百川,显示出特有的大国气势。唐朝的繁荣强盛吸引了大批的外国留学生到中国来留学,其中尤以新罗、日本、东南亚各国为多,也不乏来自中亚、西亚各国和阿拉伯地区的留学生,这些留学生促进了中华文明在世界各地的传播。

唐朝在科学技术上所取得的一项最重要的成就是发明了火药,它对世界文明的发展进程所产生的影响是无以估量的。火药的发明人虽然在历史上没有明确的记载,但是发明用火药来制造爆炸物——爆竹的人,在历史上却有明确的记载,他就是湖南浏阳人李畋。因此,火药的发明极有可能也就是产生于湖南浏阳。浏阳的天气非常潮湿,特别是在山区,因此在房屋的墙角处往往会生成出许多白色的硝盐,把这些硝盐收集起来,加上木炭屑和硫磺,就可以制成火药。唐代名医孙思邈隐居在浏阳城东的山林中采药炼丹时,记录下了中国最早的火药配方,此配方可能来源于浏阳民间。李畋(公元621~691年)与孙思邈(公元581~682年)是同时代人,他一生致力于研制各种各样的爆竹,以致曾多次被火药所伤。爆竹后来在浏阳形成了颇具规模的花炮产业,李畋也被尊崇为中国花炮制造的始祖。而浏阳现在被世界公认为是烟花爆竹的起源地,正是他们最早用火药来制造用于节日、祭祀、婚丧等庆典活动的爆竹、烟花和炮仗,从而发展成了后来影响世界文明进程的热兵器。

唐朝是中国科举制度得到确立和完善的时期。科举制度的建立,体现了一种社会公平,它打破了世袭贵族对权力和社会资源的垄断,使寒门子弟获得了与贵族子弟相对平等的竞争机会。从此贵贱无常势,贫寒人士也可以通过努力读书学习进入官僚权贵阶层。科举制度也促进了教育事业的蓬勃发展,从乡学、县学、州学到朝廷的太学院,各级学校林立,读书风气浓厚。浓厚的学习风气促进了文化的繁荣,唐朝是中国诗歌创作最繁荣的时期,产生了李白、杜甫、白居易等一大批流芳千古的著名诗人。

但是,科举制度有利也有弊,特别是当它与官僚专制制度相结合时。人们读书学习的目的已被扭曲,他们不是为了获取科学知识,认识自然,改造自然,而是为了入仕做官。虽然他们之中也不乏有理想有政治抱负,希望努力改革社会时弊的人物。但是绝大多数人读书学习的目的都是为了升官发财,出人头地。这就造成了重视经史和文学等文科知识,轻视自然科学等理科知识的学习风气,从而制约了中国自然科学和理论科学的发展。科举制度造成的另一大弊端则是从此形成了中国人重文轻武的风气,因为通过读书入仕,升官发财,不但高雅,而且没有风险。而习武从军,打杀征战,不但粗野,而且风险极高。从此人们都以读书科举为荣,以习武从军为耻。"富贵须从书中求"、"万般皆下品,唯有读书高"、"好男不当兵,好铁不打钉"等等民谚,都是这些重文轻武思想的体现。所以继唐朝而起的就是文弱不武的弱宋,饱受野蛮好武的游牧民族的欺辱。唐朝早期也武功强盛,但是中后期就衰弱了。其原因之一也是科举制度建立后,逐步形成的重文轻武的社会风气。

唐朝至安史之乱以后,藩镇割据的局面就已形成。因为汉人重文轻武,所以各割据军镇多为胡人把持。这些人都是一介武夫,没有什么道德观念,反复无常,朝廷不能满足他们的欲望他们就反叛。朝廷也多次对藩镇用兵,企图制伏反叛的藩镇,但都未能成功。这些人虽然毫无政治头脑,但骁勇善战,逼急了他们还会勾结境外的游牧民族一起造反。而唐朝廷经历安史之乱以后已国力大衰,所以只能够对他们忍让。朝廷为防止和镇压他们的不断反叛,不得不在中央增加了几十万的常备军队。这些增加的军队和对藩镇的频繁战事,极大地增加了国家的财政开支,当然这些开支最终都还得由老百姓来负担。于是朝廷财政官员和地方官府想尽办法来搜刮百姓。唐德宗初行两税法时,还明令禁止在两税法之外再另外加收一文钱,然而到了唐朝后期,各种苛捐杂税多如牛毛。官府往往借口国家有战事,巧立名目的增加临时税收,然而一旦增加就不取消了。为了搜刮钱财朝廷还把大宗商品收归为国家专营,国家对食盐的垄断经营使盐价暴涨了几十倍,贫困的民众根本就吃不起盐。因此许多人铤而走险去从事私盐贩卖,从而获得大利。不断加重的盘剥终于使民众无法忍受,交不起苛捐杂税的民众只有逃亡,农民起义因此开始不断爆发。

公元859年,裘甫率众在浙东起义,民众纷纷响应,很快就聚众数万,占领了几个县城。附近几个县的民众也纷纷聚众起义,并派人来联络,请作属部。朝廷急忙调集大军,将浙东的起义镇压了下去。公元874年,王仙芝率众在河南起义。次年,黄巢率众在山东起义响应王仙芝。

王仙芝和黄巢都是贩卖私盐出身,黄巢更是祖上几代相沿贩卖私盐。贩卖私盐的都要武装自己以抵抗官府的抓捕,因此他们都有与官府对抗的丰富经验。王仙芝和黄巢的起义迅速获得了民众的响应,聚集起了声势浩大的队伍,他们采取流动作战的方式,不据守城池,所到之处民众纷纷加入,队伍越来越大,各地官府对四处流动的起义军无不感到自危。朝廷一边调集军队镇压,一边下令各地组织起地方武装自保。因为起义军战术灵活,游走不定,所到之处又得到民众的支持响应,所以朝廷军队的镇压不能奏效。于是朝廷官员使出了招安的办法,对起义首领王仙芝封官许愿,给了王仙芝一个"左神策军押牙兼监察御史"的虚职。王仙芝准备接受,但是这使黄巢和其他起义将领大为愤怒,他们责骂王仙芝自己去朝廷做官,让他们这些人到哪去? 王仙芝被迫拒绝了朝廷的招安,但起义军从此分裂,黄巢率领所部分路行动。王仙芝后来战败被杀。

面对朝廷大军的围剿,黄巢避实就虚,跳出朝廷军力强大的北方地区,转战江南,从而开启了起义军迅速发展的大好局面。唐朝廷在江南的兵备空虚,黄巢大军进入江南后所向无敌,公元879年攻陷了广州。据阿拉伯人记载,黄巢在广州杀外国商人和异教徒竟多达12万至20万人,可见农民起义军对社会的破坏性之大。

黄巢在广州给朝廷上表,要求给予广州节度使官职,想成为拥兵一方的藩镇军阀。但朝廷只愿意给他一个没有军权在京城为官的虚职,以此来解除起义军的威胁,黄巢大怒。因起义军不适南方湿热气候,军中发生大疫,黄巢又率军北上。朝廷急调各路军队阻击,黄巢越过南岭北上,一路连克永州、衡州、长沙、江陵,但是在荆门被朝廷主力大军打败。黄巢转而向东进入江西,连克饶州、信州等地,朝廷大军紧追不舍,并派各路军队前往合围。黄巢见形势不妙,于是表示愿意投降接受招安。朝廷允许其投降,各路合围援军见黄巢已受招安,随后也先后撤离。

公元880年5月,黄巢见朝廷大军和各路援军已撤离,复又反叛,率领起义军迅速北上,一路攻城略地,各州县望风而降。7月强渡长江,8月渡过淮河,10月连续攻下申州、颖州、宋州、徐州、兖州,11月攻陷东都洛阳。黄巢继续西进,12月攻克潼关,公元881年1月,抵近西都长安,唐僖宗匆忙逃往成都。黄巢率数十万大军进入长安城,出榜安民,并登基称帝,国号为大齐。

然而黄巢并没有安邦治国的政治才能,而唐朝的气数也还没有尽,在边镇上和地方上都还有大量的军队。黄巢军队进入了城市,失去了流动性,也就落入了这些军队的包围之中。朝廷调集各路军队开始了对长安和黄巢军占领的其他城市进行围攻。陷入困境的黄巢不得不退出长安,又转入流动作战。公元884年6月,黄巢兵败被杀。

黄巢虽然失败,但是各地在打击起义军的过程中而强大起来的地方军队,却形成了众多新的割据势力,加上原来的藩镇军阀,使局面更加混乱。他们互相攻击,争夺地盘,朝廷已完全失去了对国家的控制。黄巢原来的部将朱全忠,率部降唐后受到唐军的重用,他积极参与镇压起义军,逐渐形成了自己的势力,黄巢被灭后他成了一个势力强大的新军阀。后来在与其他割据军阀的争夺中,他占据了中原和关中等广阔地区,从而把唐朝皇帝置于了自己的控制之下。公元907年,朱全忠逼唐哀帝让位,代唐称帝,改国号为梁,唐朝至此灭亡。但是朱全忠仍然面临着众多割据一方的强大对手,中国再次陷入了军阀混战的局面,进入了分裂战乱的五代十国时期。

十六　伊斯兰教的起源和阿拉伯人的崛起

　　自从公元三世纪中国汉朝灭亡后,中国北方经历长期动乱,通往西方的陆上丝绸之路因为中国北方的战乱和西域被游牧民族控制而被阻断,从而使中国与西方的贸易主要经由南方的海上丝绸之路来进行。这些海上商道都要经过波斯湾、红海和阿拉伯半岛到达中东和西方,这就为阿拉伯半岛上靠近海岸和港口的地方造就了一些商业城市,同时也造就了许多阿拉伯富商。他们用骆驼把来自东方的商品从半岛南面的港口,经由干燥的大沙漠,运往中东地中海沿岸,再从那里把来自西方的商品转运到半岛南部的港口。

　　当时的阿拉伯半岛还处于原始的氏族部落时代,在荒凉贫瘠的大沙漠中有一些绿洲,那里散布着许多骑骆驼的游牧部落。这些部落都有自己的图腾崇拜,各有各自信奉的神,比如某种动物,某一座山,某一条河,某一棵树,甚至某一块石头。各部落之间经常为信仰的不同而发生争斗,为争夺有限的水草、牧场和生活资源而发生战争,血亲复仇盛行。在自然资源匮乏的蛮荒时代,这些战争能起到减少人口,以达到生态平衡的作用。

　　公元7世纪,正当中国进入盛唐时期,阿拉伯人在伊斯兰教的感召下也开始在半岛上的沙漠中崛起。伊斯兰教的创始人是穆罕默德。公元570年,穆罕默德出生于阿拉伯半岛的商业重镇麦加的一个古莱什部落哈希姆氏族。他幼年时即父母双亡,由祖母抚养大。少年时曾经跟随伯父去中东经商,二十多岁时为一个富孀做工,后与富孀结婚。婚后曾育有两个儿子和几个女儿,但两个儿子都不幸夭折。

　　穆罕默德在跟随伯父去中东经商时,见过一些世面,了解到外部世界的繁华,也了解到基督教和犹太教的一些教规教义,对这些宗教他非常尊崇。面对阿拉伯部落的野蛮落后,宗教的混乱,部族间的争斗,他非常想用犹太教和基督教的那种信奉唯一神的宗教,把阿拉伯各部落的多神宗教统一起来,以消除阿拉伯部落之间无休无止的互斗。穆罕默德40岁那年（公元610年），来到麦加城外的希拉山上，藏身于一个山洞里索居苦思。经过长久的思考，他终于开悟，从此他创立了伊斯兰教，并开始传教。

穆罕默德会巫术，因此，为了取得人们的信任，他用巫师作法的方式向人们传教，作法时全身痉挛，声称自己是上帝安拉的使者，天使加百列正在向他传授经文。因为他并不识字，因此每次作法时都只能反复地叙说几句经文，然后由他的信徒背诵和记录。他告诉人们安拉是唯一的真神，末日审判终将来临，忠实的人将会上天堂，邪恶的人将会下地狱，皈依安拉的人将会得到拯救。

"伊斯兰"一词的意思就是"顺服上帝的旨意"，"穆斯林"的意思就是"皈依者"。穆罕默德认为所有的穆斯林都是兄弟，要不分氏族部落地联合起来，消除血亲复仇，主张富人要行善，施舍孤寡弱者，要拿出自己的财富与穷人分享。他的主张得到了许多人的拥护，特别是社会下层的民众，因此信徒逐渐增多。于是他仿照犹太教和基督教的教规制定了一套宗教仪式，要求信徒每天履行，这些仪式后来演变成了伊斯兰教的"五功"，它包括以下主要内容：一、念功，信徒必须每天背诵"除了安拉，再无神灵，穆罕默德是安拉的使者"；二、拜功，信徒必须每天礼拜五次，分别在晨、晌、晡、昏、宵举行，礼拜时脱掉鞋子，跪在地毯上，头叩地，面朝麦加方向祈祷；三、课功，穆斯林应该慷慨施舍，作为献给安拉的贡品；四、斋功，穆斯林必须在每年的斋月，每天从日升前直到日落斋戒禁食；五、朝功，穆斯林一生应该至少到麦加朝觐一次。这些仪式把伊斯兰教信徒们紧密结合在一起，因为所有的穆斯林都是兄弟，所以他们一起祈祷，一起做功，一起分享财富。

由于穆罕默德宣传只有唯一的真神安拉，否认其他的神的存在，因此遭到部落传统多神宗教信仰者的反对，同时他的教义也触犯了麦加古莱什部落贵族和富商们所掌管的克尔白神庙的宗教特权和经济利益，因此也遭到他们的强烈反对。随着穆罕默德信徒的增加，贵族和富商们感到了威胁，反对他的行动也越来越激烈。公元622年，穆罕默德不得不带领他的信徒离开麦加迁往麦地那，后来伊斯兰教把这一年作为教历纪元。

麦地那是麦加以北约500公里的一个处于商道上的绿洲城市，这里杂居着阿拉伯人和犹太人，穆罕默德被当作仲裁者受到了麦地那阿拉伯人的欢迎。由于他的宗教思想主要都是来源于犹太教的教义和经典，所以穆罕默德希望自己也能作为犹太人先知的继承者而被犹太人接受。但是麦地那的犹太人不仅拒绝了他，而且还嘲弄了他的要求。于是，愤怒的穆罕默德把犹太人都驱逐出城，并把他们的财产都分给了自己的信徒。从此伊斯兰教就更加阿拉伯化，并与犹太人结下了怨恨。

穆罕默德在麦地那建立起了一个以伊斯兰教教义为基础的宗教神权国家,实行穆斯林兄弟共享财富的共产主义制度。穆罕默德带领他的穆斯林兄弟四处袭击,劫掠商队,袭扰从事农业的犹太人聚居地,而这种劫掠是物资匮乏的游牧民族最热衷的经济活动,因此他很快吸引了大批的游牧部落皈依他的宗教,穆罕默德的势力越来越强大。

强大起来了的穆罕默德决定打败麦加的反对者,征服麦加。公元630年,穆罕默德带领他的军队向麦加进军。行军途中,许多麦加人包括他的叔父阿拔斯,都出城投奔了他。穆罕默德在麦加城外安营扎寨后,畏于他的强大,连一度反对他的贵族重要人物阿布·苏非杨,也表示愿意皈依伊斯兰教。穆罕默德答应保护他全家的安全,于是,阿布·苏非杨说服了麦加城里的居民同意穆罕默德进城,只有少数死硬派仍然坚持准备应战。穆罕默德兵分两路向麦加城发动进攻,只是遭到了少数死硬派的抵抗,很快就占领了麦加城。

穆罕默德进入麦加城后来到了克尔白神庙,他把神庙中的一块黑石作为伊斯兰教的宗教圣物,并把庙中其他的宗教偶像全部销毁。从此麦加成了伊斯兰教的圣地,克尔白神庙成了穆斯林朝圣和礼拜的场所。到公元632年穆罕默德去世时,阿拉伯半岛大部分游牧部落都已经皈依了伊斯兰教。他的信徒们把他生前所传的教义和教诲整理成书,这就是伊斯兰教圣典《古兰经》。它包含了宗教信仰、政治制度、社会法规、信徒义务、军事、经济、生活等各个方面的内容,成了伊斯兰教信徒的法典。

穆罕默德死后,他的岳父艾卜·伯克尔当选为哈里发(意为继承人)。但是很多部落开始反叛,他们认为先知已死,而且不认为他有什么继承人。对于这些叛教的变节者,哈里发进行了坚决的镇压,经过一系列激烈战争,征服了这些反叛者。公元634年欧麦尔继承艾卜·伯克尔当选为哈里发,他知道光靠镇压并不能征服这些反叛部落和反叛者的心,只有给他们带来实惠,他们才会心悦诚服地皈依伊斯兰教的统治。为此,他决定开展游牧民族最热衷、同时也是最实惠的经济活动——发动对外的掠夺战争,因为这可以为他们带来丰厚的战利品,快速发财致富。于是大规模的侵略战争开始了。

这时阿拉伯人有两个强大的邻国,一个是拜占庭帝国(即东罗马帝国),它占有巴尔干半岛、小亚细亚、叙利亚、黎巴嫩、巴勒斯坦、埃及和北非;另一个是波斯帝国,它占有中东两河流域和伊朗高原。而这时两个帝国为争霸中东已经连续打了多年的激烈战争,双方都已筋疲力尽,两败俱伤,实力大损。欧麦尔带领这些骑骆驼的阿拉伯游牧民,利用中东多沙漠的地理条件,埋伏在沙漠边缘,形势有利时就迅猛出击,攻城拔寨,杀人越货。他们把侵略据点建立在沙漠边缘的城市,形势不利就迅速退回沙漠深处。公元636年,在约旦河支流的耶尔穆克河谷,阿拉伯人趁着迷眼的沙尘暴发动进攻,大败拜占庭皇帝亲率的五万多人的精锐大军,占领了大马士革和整个叙利亚。接着又在幼发拉底河畔的卡迪西亚大败波斯军队,并乘胜攻占了波斯都城泰西封。

这一连串的伟大胜利为阿拉伯人带来了取之不尽的巨大财富,特别是对波斯都城泰西封的占领,令阿拉伯人大开眼界,他们从没有见过这么多的财宝,用骆驼怎么也驮不完。这些财富对那些未参加侵略军的阿拉伯游牧民产生了巨大的吸引力,他们大批大批地从半岛的南部赶过来,汇成了滚滚洪流,以势不可挡之势,向前推进。向西他们涌向了黎巴嫩、巴勒斯坦、埃及和北非,向东他们进入了伊朗高原。在多沙漠的西面,他们进展很顺利,公元638年占领了基督教圣地耶路撒冷和巴勒斯坦,公元641年几乎未遇任何抵抗即占领了整个埃及,公元645年占领了北非的利比亚(以上这些地区当时都是拜占庭帝国的领地)。但是在东面他们却遭遇到了波斯人顽强的抵抗,直到公元651年波斯才被征服。

波斯东部边境阿姆河的对岸是中亚诸国,当时他们都臣属于强盛的东方帝国中国唐朝。先知穆罕默德曾经说过:"去寻求知识吧,哪怕远在中国。"因此阿拉伯人对富饶而强大的中国唐朝非常崇拜。他们当年就派出了使者到中国去朝觐唐朝皇帝,并和中国建立了友好关系和贸易往来。此后,阿拉伯人大批地前往中国学习和经商,据史料记载,当时在中国的阿拉伯人仅广州一地就有十多万,另外在中国沿海的扬州、泉州等商业城市,以及东都洛阳和西都长安也都有大批阿拉伯和波斯的商人和留学生。

阿拉伯人在完成了这一系列的侵略和征服后,开始享受胜利果实。他们建立起了氏族部落贵族共和的中央集权政府,在占领地设置了行省,任命了总督和各级行政长官,建立军事据点,向占领区人民征收重税,但是土地制度还是沿袭当地原有的村社公有制。他们并没有要求被征服的民众改变信仰皈依伊斯兰教,但是对皈依了伊斯兰教的穆斯林信徒征收的税赋却要低得多,这客观上就使得人们不得不皈依伊斯兰教。实际上阿拉伯贵族并不欢迎人们成为穆斯林,因为这意味着减少税收,因此,能够成为穆斯林在当时还是一种特权。

为了与拜占庭帝国的海上势力抗衡,在叙利亚总督摩阿维亚的主持下,阿拉伯人建立起了海军,并对拜占庭在地中海上的势力发动进攻,占领了一系列岛屿。公元661年阿拉伯发生政变,第四任哈里发——穆罕默德的女婿阿里被杀,叙利亚和埃及的阿拉伯贵族拥立摩阿维亚为哈里发,并把都城从麦地那迁到了叙利亚的大马士革,建立了倭马亚王朝,由苏非扬家族和麦尔汪家族共掌大权,从此哈里发开始成为世袭。

摩阿维亚加强了对拜占庭帝国的海上攻击,取得了地中海上的制海权。然后,阿拉伯海军越过爱琴海进入马尔马拉海,在基齐库斯城建立基地,封锁了拜占庭的都城君士坦丁堡。阿拉伯舰队多次对君士坦丁堡发动进攻,但是都被拜占庭人用一种叫"希腊火"的液体燃烧剂所击败,进攻的舰船被烧毁。公元677年阿拉伯海军被迫撤离,但途中遇到风暴,舰队损失惨重,加之又遭到拜占庭舰队的截击,几乎全军覆没。陆军也在小亚细亚被击败,于是只得停战,与拜占庭签订了30年的停战和约。30年停战和约终止后,阿拉伯人还多次发动了对君士坦丁堡的进攻,但是君士坦丁堡实在太坚固,进攻都以失败告终。

公元680年摩阿维亚去世后,他的儿子亚齐德继任哈里发。公元684年亚齐德死后,权力转移到了麦尔汪家族,麦尔汪一世被立为哈里发。在麦尔汪家族的统治下,阿拉伯人又掀起了一轮新的侵略扩张高潮。在西面,公元698年,阿拉伯人攻陷了迦太基城,消灭了拜占庭在北非的残余势力,占领了整个北非。然后,他们以当地皈依了伊斯兰教的柏柏尔人为主力组成骑兵部队,越过直布罗陀海峡进入西班牙。公元711年灭掉了西哥特王国,占领了整个伊比利亚半岛。后来他们又越过比利牛斯山脉进攻法国南部,但是在公元732年的普瓦提埃战役中被法兰克军队击败,终止了他们在西面的扩张。

在东部,他们进入了南亚,公元715年占领了印度河流域的信德地区。与此同时,他们越过了阿姆河进入中亚,占领了阿姆河北岸和锡尔河南岸之间的河中地区。然后,他们继续向东推进,占领了西拔汉那国(今阿富汗境内),并继续向东进攻东拔汉那国。东拔汉那国国王向驻西域的中国唐朝军队求救,唐朝驻西域的将军张孝嵩率领安西军镇的一万唐军,长途奔袭数千里,击败了阿拉伯人,终止了他们在东部的扩张。至此,一个从荒凉贫瘠的大沙漠中走出来的野蛮游牧民族,在短短的一个世纪时间里,发展成了一个横跨亚非欧三大洲的庞大帝国。

阿拉伯人的过度扩张,使得他们内部的危机也不断增长,尤其是在原波斯地区。因为阿拉伯人毕竟是少数,虽然他们是居住在占领区的城市和军镇里,但是他们必须要有大量当地的非阿拉伯人为他们提供生活必需品和各种服务,他们需要人们进入城市充当雇佣、工匠、商贩。要维持如此庞大的国家需要大量的军队,不可能仅依靠阿拉伯人,必须使用大量非阿拉伯人进入军队来服役。这些进入城市和军队的非阿拉伯人越来越多,为了得到较高等级的身份,他们都皈依了伊斯兰教,成了穆斯林。帝国经过一个多世纪的侵略扩张和发展,阿拉伯人已从贫困的游牧民变成了高高在上的贵族。在波斯地区,帝国军队中的阿拉伯人也被皈依伊斯兰教的波斯人所取代,这些波斯军人虽然成为了军队的主力,但是他们却得不到应有的权力和待遇,这使他们极为不满。波斯军人利用占领区人民对阿拉伯人残酷压迫的反抗情绪发动起义,起义得到了广大民众的响应,声势浩大,遍及波斯各地。

起义的首领阿卜·阿拔斯打着反对倭马亚王朝非法窃取哈里发地位的旗号,自称是穆罕默德的叔父阿拔斯的后裔。经过三年多的战争,终于推翻了倭马亚王朝,于公元750年建立起了阿拔斯王朝。阿拔斯王朝重用波斯人在政府的机构中任职,采用波斯的政治制度。从此,哈里发不再是一个阿拉伯部落的大酋长,而成了原波斯帝国式的专制君主,虽然他仍然信仰伊斯兰教,但是他的权力不再依赖阿拉伯部落的支持,而是依靠官僚机构和军队系统。然而阿拔斯王朝却遭到了帝国其他地区的阿拉伯人反对,埃及、北非、西班牙等地的阿拉伯人纷纷要求摆脱阿拔斯王朝的控制而独立。西班牙于公元756年宣布独立,摩洛哥和突尼斯也先后于公元788年和800年摆脱了阿拔斯王朝的统治宣告独立。阿拉伯人与波斯人的这些政治分歧后来演变成了伊斯兰教的教派之争。

波斯化的阿拔斯王朝非常重视农业生产,积极兴修水利,开发灌溉系统,扩大耕地面积,并降低了税收,减少了农民的劳役,使原波斯地区的农业生产得到了极大的发展。第二任哈里发曼苏尔继位后,把王朝的都城从大马士革迁到了巴格达。巴格达原是一个小村落,但是它东濒底格里斯河,西滨幼发拉底河,顺河而下就能到达波斯湾和印度洋,交通非常便利。来自西方的商品可以从两河上游顺流而下,来自东方的商品可以从波斯湾进来顺流而上。曼苏尔在这里建起了他的都城,都城呈圆形,直径达3.2公里,全城由城墙围绕,外有护城河。城内还有内城和宫城,三道城墙形成以宫城为中心的三个同心圆。城内街道宽广,交通便利。巴格达很快就成了世界上最繁华的商业城市,人口多达100多万。与当时中国唐朝的都城长安和拜占庭的首都君士坦丁堡,并称中世纪世界三大名城。

来自世界各地的商人云集巴格达,世界各地的商品充斥了巴格达市场。同时,穆斯林商人也从这里带上商品前往世界各地,东到中国,西到大西洋沿岸,南到非洲撒哈拉大沙漠以南,北到北欧的斯堪的纳维亚。繁华的商业也带来了制造业的繁荣,其中纺织业最为发达,有亚麻布纺织、棉布纺织、丝绸纺织,还有地毯制作、陶器制作、金属制作、肥皂制作、香料加工。从中国传入的造纸术也在阿拉伯地区形成了很大的产业。银行业也得到很大的发展,阿拉伯各城市都设有分行,在巴格达开的支票可以在摩洛哥兑现。

阿拔斯王朝使阿拉伯帝国的文化达到了空前的繁荣,贵族们充分享受着经济发展的成果。音乐、歌舞、下棋、打猎、放鹰、马球、击剑、赛马、射箭,都是他们喜爱的娱乐活动。诗歌创作也非常活跃,这一时期被认为是阿拉伯诗歌创作成就最高的时期。与世界各地的商业交往还带来了翻译工作的发展,巴格达有帝国的第一所高等学府"智慧馆",馆内设有翻译局、科学院、图书馆。因为中国造纸术的传入,使他们有了方便而廉价的书写材料,因此来自世界各国包括中国的书籍都能在这里得到翻译,并涌现了一大批翻译家,他们的翻译工作为保留世界各国的古代文明做出了极为宝贵的贡献。古希腊、罗马、波斯、印度、埃及、叙利亚的许多古代哲学家和科学家的著作都是靠他们的翻译得以保存,这为日后欧洲的文艺复兴运动创造了条件。因为在基督教神学对思想和文化的控制下,西欧人对古希腊和古罗马的知识已缺乏了解,甚至长期不知道它的存在。

在地理学、天文学和数学方面他们也取得了很大的成就。在地理学方面,他们绘制了航海图和以麦加为中心的世界地图,这对日后大航海时代的到来具有重要意义。在天文学方面,他们建造了一系列的天文台,并制造了许多天文仪器观察天象,绘制了天文图和星象图以及"马门天文表",为天文学界留下了约900年的连续天文记录。阿拉伯天文学家比鲁尼论证了地球自转以及地球绕太阳运转的理论,并精确测定了地球的经纬度。天文学家白塔尼纠正了古埃及天文学家托勒密的许多错误,编制了萨比天文历表,后来欧洲天文学家哥白尼的《天体运行论》多处引用了其中的数据。他们还测定了地球的周长为48001公里,这个数据已经相当准确。阿拉伯人在天文学上取得的成就,为日后欧洲天文学的发展奠定了基础。

在数学方面,他们引进了印度数字和十进制,创立了代数学和代数符号。阿拉伯数学家花拉子密把代数学发展成了一门独立的数学分支。他写的《还原与对象的科学》成为数学史上的名著,他本人也被称为代数之父,他的著作到16世纪还是欧洲各大学的教科书。其他的阿拉伯数学家在三角、几何等方面都有重大成就,他们把三角学发展成一门独立的学科,并系统地阐述了最早的三角函数表。在几何方面,他们把图形和代数方程式联系起来,成了最早的解析几何,后来欧洲笛卡尔的解析几何也是在阿拉伯人的基础上实现的。

在医学上,他们掌握了伤寒、霍乱、天花、麻疹等疾病的有效治疗方法,掌握了酒精消毒,并引进了中国的麻醉术,把它应用在外科手术中。阿拉伯医生发现了血液循环的规律,还出版了大量的阿拉伯名医的医学著作,这些著作后来成了欧洲医学界的教科书。另外,他们还引进了中国的炼丹术和点金术,把它们应用于制药和制取贵金属及各种盐类,并因此发展出了化学工业,生产出了苏打、明矾、硫酸铁、硝酸盐、染料以及其他用于工业的盐剂。这些科学技术知识后来传入西方国家后,对西欧的科学技术发展产生了极大的影响。西方人把中世纪的科学形象的比作为"中国人的头,阿拉伯人的口,法兰克人的手",可见阿拉伯人对东西方之间文化的传播和交流所作出的巨大贡献。

阿拔斯王朝是依靠官僚机构和军队来维持统治的,在地方上实行总督制。王朝原来对这些总督、官僚和军队都是实行由中央政府提供薪俸的制度,后来因为王朝长期歌舞升平,贵族生活日益奢靡,官僚机构日益庞大,开销越来越大,财政出现困难。于是把薪俸改为由各地总督自行征税,自行解决。因为伊斯兰国家本来就有宗教税,要增加税收也很困难,所以地方总督们开始把土地分封给各级官僚和军队将士,让他们自己经营土地来获取收入,这样就逐渐开始了阿拔斯王朝的封建化。封建化曾遭到各地人民的反对,在阿塞拜疆、亚美尼亚和伊朗西部曾爆发由巴贝克领导的人民大起义,反对强占氏族村社土地的封建制度,要求土地公有,恢复公社制度。起义坚持了20多年,公元837年被哈里发军队镇压了下去。封建化使各地的总督们享有政治、经济、军事等各个方面的更大权力,形成了很强的地方势力,他们开始拥兵割据,各自为政,使帝国逐步走向了分裂。

阿拔斯王朝主要由波斯人掌握政权,因此,这时波斯人也成了贵族,而大量的中亚突厥游牧民开始应招进入帝国军队,成了帝国的雇佣军。这些能骑善射、骁勇好战的突厥族骑兵,像当年波斯人替代阿拉伯人一样,替代了波斯人,日渐成了军队的主力。他们在掌握了军队后,也逐渐开始掌控帝国的政权。到公元9世纪中叶,哈里发已失去了对行政和军队的控制,突厥雇佣军可以随意干涉哈里发的废立。帝国各地的总督也纷纷自立为王,不受哈里发管制,阿拉伯帝国更加分裂。

塞尔柱人是突厥族的一支,他们大约从公元970年开始进入穆斯林地区,后来成为帝国军队的主力,从而控制了帝国的政权。当哈里发于1055年宣布塞尔柱突厥人的首领托格卢尔·贝伊为"苏丹"时,帝国的统治者实际上就已经是这位突厥人的苏丹了。尽管哈里发名义上仍是帝国的首脑,但他只是个伊斯兰教神权领袖,苏丹则是帝国的君主。突厥人的入主也给日趋没落的阿拔斯王朝重新带来生机,阿拉伯帝国在与拜占庭人争夺小亚细亚时一直不能取得进展,但是突厥人却使形势发生了变化。善战的塞尔柱突厥人于公元1071年在小亚细亚的曼齐克尔特战役中大获全胜,俘虏了拜占庭皇帝罗曼努斯四世。此后小亚细亚被突厥人逐步占领,伊斯兰教因此扩展到了小亚细亚。而失去了小亚细亚的拜占庭帝国从此更加衰弱,这个原来横跨欧亚非三洲的庞大东罗马帝国,现在几乎只剩下了巴尔干半岛上的领地。

在阿拔斯王朝的东部,另一些皈依了伊斯兰教的突厥人则占领了阿富汗,并深入印度河流域,占领了印度的西北部,建立起了包括阿富汗和印度北部的伽色尼王朝。从而把伊斯兰教扩展到了印度河流域。

但是,伊斯兰教的扩展也并非只有战争,穆斯林们通过从事商业贸易也使伊斯兰教得到了广泛地传播。在北非,穆斯林商人骑着骆驼穿过撒哈拉沙漠,与沙漠南面的非洲人做生意,同时,他们也把伊斯兰教信仰和文化传播给了那里的非洲人。大约在 9 世纪,伊斯兰教首先出现在非洲东北部苏丹地区的诸商业城市,并逐渐使苏丹成了伊斯兰教国家。西北非洲的柏柏尔人也通过贸易把伊斯兰教带到了非洲的西部,到 13 世纪,伊斯兰教已成为了西非马里王国的国教。伊斯兰教在东非也取得了立足点,在那里,穆斯林阿拉伯人以岛屿和沿海的飞地为居留地,建立商业据地。因为这些地方更安全,不会受到大陆部落的侵扰,伊斯兰教并不试图征服非洲内地。穆斯林商人和伊斯兰教的传入非洲,对非洲文明的发展和国家的形成起到了很大的促进作用。另外,穆斯林商人还通过与亚洲地区的频繁贸易往来,把伊斯兰教广泛的传播到了亚洲的印度、孟加拉、斯里兰卡、马来西亚、印度尼西亚以及中国,在这些地区现在都有大量的穆斯林。

阿拔斯王朝最终被蒙古人灭亡。公元 13 世纪,蒙古铁骑横扫亚欧大陆,富饶的阿拔斯王朝和繁华的巴格达城成了他们的重点侵略掠夺目标。蒙古人扫荡了整个西亚和中东,1250 年攻陷了巴格达,金银珠宝物质财富被洗劫一空,文物书籍、艺术瑰宝被焚烧殆尽,阿拉伯人历时 6 个世纪的发展所创建的辉煌文明精华灰飞烟灭,阿拉伯文明从此一落千丈。蒙古人给阿拉伯文明造成的损失无可估量,蒙古人占领时期捣毁了中东的农田和水利设施,把那里变为了他们放牧的草场,使那里的农业直至近代都未能恢复到当年的水平。然而,阿拉伯文明虽然衰落了,伊斯兰教却并没有衰落,它仍然有着强大的生命力,现在伊斯兰教已经是世界三大宗教之一,它对人类文明的发展产生了重大的影响。

十七 中世纪的欧洲

　　公元五世纪,在匈奴西侵的冲击下,欧洲发生了民族大迁移,在这股民族大迁移的浪潮中,西罗马帝国被潮水般涌入的日耳曼蛮族所摧毁。与此同时,日耳曼蛮族的氏族公社制度也在这股社会动荡的浪潮中开始瓦解,军事贵族开始占有土地,封建制度开始形成。日耳曼人的生活方式也开始从以渔猎采集和畜牧业为主转变为以农业生产为主。日耳曼人在西欧的土地上建立起了一系列封建王国,国王们又把土地分封给他的子弟和臣下,形成大大小小的封建领主和数不清的封建采邑,封地上的农民则成了没有人身自由的农奴。

　　日耳曼蛮族摧毁了西罗马帝国,也毁灭西罗马的文明,罗马城多次被蛮族攻陷,全城多次惨遭洗劫和焚毁,古罗马辉煌璀璨的文明被付之一炬。在蛮族占领下,罗马的古代艺术、戏剧、文化、繁华的城市生活从此消失,古代文学、拉丁文字也没有人能看得懂。正像多利安人毁灭迈锡尼文明导致了希腊重回黑暗时代一样,日耳曼蛮族对西罗马的征服也把西欧带回了野蛮愚昧的黑暗时代,这一黑暗时代在漫长的中世纪延续了近千年。

　　日耳曼蛮族毁灭了西罗马帝国,但是却并没有能毁灭存在于西罗马帝国各地的基督教势力,因为越是野蛮落后的民族越是迷信宗教神灵。因此,基督教显示出了它顽强的生命力,基督教会和传教士们凭借他们执着的精神不断吸引新的信徒。日耳曼蛮族出于对神的崇拜,逐渐皈依了基督教,很多封建领主甚至封建国王也成了基督教的信徒。基督教的势力在欧洲的野蛮民族中扩张,罗马教皇在各地设置教区,教堂和修道院逐渐遍布于欧洲各地。

　　皈依了基督教的国王和领主们纷纷向这些教堂和修道院大量赠送土地,因此,教皇和教会的主教们实际上也成了大封建领主。在宗教势力最鼎盛的时候,欧洲的土地竟有三分之一是属于教会。教会还要向所有的臣民征收宗教税,此外,还经常向人们索取各种各样的捐赠,因此,在中世纪的欧洲,人们实际上要遭受到宗教神权和世俗王权的双重压迫。

因为日耳曼蛮族文化落后,因此在中世纪,西欧的文化都是被基督教会所掌握。教皇和教会为了实现宗教专制统治,用宗教神学对人们进行思想控制,他们推行禁欲主义,把所有的世俗文化都压抑和掩盖下来,只留下对基督教神权有利的文化。他们建立神学院,培养教士和神职人员,并利用他们去宣传宗教神学,麻痹人们的思想。为镇压对基督教不利的异端思想和反对者,教皇在各地建立了被称为"异端裁判所"的宗教法庭,残酷镇压反基督教的异端分子和有异端思想或者是同情异端思想的人,对异端分子施以残酷的刑罚直至判处火刑。中世纪被认为是欧洲文明最黑暗的时代。

日耳曼蛮族有很多不同的部族,他们在欧洲民族大迁移以后分别建立起了不同的国家。这些国家之间争战不断,征服和被征服的斗争不断上演,但是在这些争夺中后来取得了统治地位的是法兰克人。法兰克人原来居住在莱茵河下游,在匈奴人的冲击下于民族大迁移时期进入西罗马的高卢地区,罗马人为防范匈奴的入侵,允许他们以同盟者的身份在罗马的边境地区居住。西罗马崩溃后,法兰克人在酋长克洛维的率领下击败了西罗马在高卢的残余军队,建立起了法兰克王国。这时的法兰克人仍然保持蛮族的习俗,认为打仗掠夺是最光荣的事业,从事农业耕作劳动是下贱和无能的表现,因此他们热衷于征战。

公元496年克洛维率领法兰克人在斯特拉斯堡附近打败了阿勒曼尼人,并于当年圣诞节来临时接受了基督教。在教会的支持下,克洛维继续进行扩张。公元500年在乌什打败了勃艮第人,并强迫他们纳贡。公元507年又在武耶打败了西哥特人,占领了高卢西南部地区。

克洛维死后,他的继承人继续对外扩张,公元523年再次进攻勃艮第,灭掉了勃艮第王国,占有了整个高卢地区。接着法兰克人又征服了图林根、巴伐利亚以及萨克森的一些部落。至6世纪中叶,法兰克王国已成为了西欧最大的王国。因为克洛维出身于法兰克人的墨洛温家族,因此这一时期的法兰克王国被称为墨洛温王朝。

公元732年,在法兰克王国掌握宫中大权的强权宫相查理·马特,率军于普瓦提埃打败了从西班牙入侵高卢的阿拉伯人,阻止了当时势头正盛的阿拉伯人对西欧的进一步扩张,这使他名声大振。公元734年,他又率军征服了高卢东北部的弗里西亚人。但是,正当查理·马特率军在外东征西战时,国内的封建贵族们为了反对他独揽宫廷大权,却发动了叛乱。查理·马特急忙率军回国,镇压了国内这些贵族的叛乱。

　　为了加强王权,以对这些封建贵族进行有效控制,查理·马特对王国的封建制度进行了改革,对受封者提出了许多条件,要求他们必须履行一些新规定的义务。这些规定主要有:一、受封者必须宣誓效忠封主;二、受封者必须为封主提供骑兵服役;三、受封的采邑只限终身使用,不得世袭,受封者死后,封地将收回;四、受封者的后人如要继承这种关系,则须与封主重新履行受封仪式。查理·马特的改革被称为"采邑改革",这一改革影响深远,它以土地为纽带,形成了欧洲后来的骑士制度和封建等级制度。

　　公元751年,大权在握的查理·马特的儿子——矮子丕平,在罗马教皇的支持下废黜了昏庸无能的法兰克国王,自立为王。墨洛温王朝遂告终结,查理·马特出身于加洛林家族,法兰克王国从此进入加洛林王朝。公元753年,意大利北部的伦巴德人侵入意大利中部的罗马地区,强占罗马教皇的领地,教皇向丕平求救。丕平为报答教皇对他篡位的支持,于公元754年和755年两度远征意大利,迫使伦巴德国王放弃从拉文那至罗马的大片土地,丕平将这些土地赠送给教皇,帮助教皇在意大利中部建立起了教皇国。

　　丕平的儿子查理统治时期(公元768年~814年),加洛林王朝达到鼎盛。查理一生进行了50多次对外战争,征服了中欧原日耳曼人的大部分地区,甚至还打败了易北河以东的斯拉夫人部落,并且打败了占据多瑙河中游的来自东方的游牧民族阿瓦尔人(阿瓦尔人即柔然人,他们于公元8世纪在匈牙利平原建立了阿瓦尔汗国),把法兰克王国的版图扩展到了——从大西洋沿岸到易北河流域,从北海到比利牛斯山南麓和意大利北部地区。公元800年12月,查理带兵护送被赶下台的教皇立奥三世返回罗马,帮助他巩固了教皇地位。为感谢查理的帮助,在这年的圣诞节,教皇立奥三世给查理戴上了皇帝的宝冠,并尊称他为"罗马人的皇帝"。这一尊称意味着查理建立起的大法兰克王国被认为是西罗马帝国的延续,法兰克王国从此被称为查理曼帝国。西欧从此开始了世俗皇帝和神权皇帝的共治。

　　查理大帝为了借助基督教神权来维护他对新建立的广大帝国的统一治理,在帝国内大力推行基督教。因为日耳曼人野蛮落后,并没有自己的文字,也不懂拉丁文,所以当时西欧的基督教传教士大都是文盲,许多中下层教士看不懂圣经,语言粗鲁。查理下令在宫廷和各地建立神学院,以培养传教士和贵族子弟,要他们学习圣经和拉丁文,同时也学习语法、修辞、逻辑、算术、几何、天文、音乐等古代七艺。他还派人搜集和抄写了大量早期的基督教著作和古代典籍,并建立图书馆加以保存。他自己也率先勤奋学习基督教学说和罗马古代七艺。因为拉丁文语法与日耳曼人语言习俗有很大的不同,所以他下令对拉丁文进行了改革,以适应日耳曼人的语言习惯。查理大帝的这些措施,给野蛮落后的日耳曼人社会带来了一些文明的风气,后来被欧洲学者称之为加洛林文艺复兴。

查理曼大帝死于公元814年,他儿子路易继承了帝位。路易有三个儿子,按照法兰克人的传统,三个儿子应该平分他的遗产,但是为了维护帝国的统一,路易决定由长子洛泰尔继承他的帝位。然而,路易于公元840年去世后,他的三个儿子为争夺继承权爆发了持续的战争。公元843年,三兄弟在凡尔登经过谈判签订了条约。根据这个条约,帝国一分为三:帝国的西部,即斯海尔德河和墨兹河以西归秃头查理,称西法兰克王国;帝国的东部,即莱茵河以东归日耳曼路易,称东法兰克王国;介于东、西法兰克王国之间的地区,从北海直到意大利中部归长子洛泰尔,称中法兰克王国,洛泰尔并承袭"罗马人的皇帝"称号。

因为法兰克人有父亲死后财产由儿子平分的传统习俗,所以这些国家都不稳定,总是在不断地分裂,经常处于争战和兼并的动荡之中。到公元9世纪末,这三个王国大体形成了:由西法兰克王国发展而成的法兰西王国;由东法兰克王国发展而成的德意志王国;而承袭了皇帝称号的中法兰克王国却只剩下了意大利北部的领地,成了意大利王国,皇帝的称号也已经失去,加洛林王朝至此已有名无实。

德意志王国的创立者是东法兰克王国的萨克森公爵亨利。公元9世纪,一支新的来自东方的游牧民族——马扎尔人占领了匈牙利平原,他们不断地对处于分裂混乱状况的东法兰克王国发动侵扰劫掠。为了团结起来抵抗凶残的马扎尔人,分裂混乱中的东法兰克各部贵族们推选萨克森公爵亨利为东法兰克新王,不久,亨利把东法兰克王国的国名改为德意志王国(德意志意为人民,德意志王国即:人民的王国)。公元933年,他率领德意志王国的军队打败了强悍的马扎尔人,从而在基督教世界名声大振。他本已准备前往罗马接受"罗马人皇帝"的桂冠,但不幸于公元936年因病去世,他的次子奥托继位。

亨利在世时为避免他死后王国分裂,已指定了奥托为他唯一的继承人,从而打破了法兰克人传统的由儿子们平分财产的习俗。但是奥托继位后,他的兄弟们却不愿接受,他们和一些不满王权的贵族们发动了叛乱,王国又陷入长期的内乱中。王国的内乱使马扎尔人又得到机会对他们进行大肆地入侵劫掠,在外患的威胁和奥托的镇压下,贵族们不得不有所收敛,停止了内斗。摆脱了内战困扰的奥托于公元955年在莱希费尔德大败马扎尔人,这是一次辉煌的胜利,德意志王国终于从马扎尔人的威胁中解脱出来。迁徙无常的马扎尔人从此在匈牙利平原过起了定居生活,逐渐开始改操农业,并皈依了基督教,后来建立了匈牙利王国。此外,奥托还征服了易北河东岸的波西米亚和意大利北部的伦巴德,把王国的疆域扩大到了易北河东岸和意大利的北部和中部。

公元961年,罗马贵族叛乱,教皇向奥托求援,奥托率军进抵罗马平息了叛乱。962年,教皇约翰十二世在罗马圣彼得大教堂为他举行了加冕仪式,称其为"神圣罗马帝国皇帝",意为基督教的古罗马帝国的真正继承者。从此,德意志王国的国王就一直被尊为神圣罗马帝国皇帝,并由教皇在罗马为其加冕。

但是奥托之后的德意志神圣罗马帝国并不稳定,因为在封建制度下,各诸侯国之间纷争内讧不断,处于不断的分裂动乱中,因此中央王权衰弱,皇帝对其直辖领地之外的封建诸侯基本上没有管辖权。公元1254~1273年还出现了连续20年的皇帝大空位时期,后来封建诸侯们通过协商,决定以后由大诸侯们来推选有名望的人来担任皇帝。这一制度实行后,公元1356年在位的查理四世发布金玺诏书正式确定,皇帝必须由七个大诸侯来推选,这七个大诸侯被称为"选帝侯"。

基督教在中世纪分裂混乱的西欧起到了统一的作用,它在西欧建立起了相当完备的中央集权制度,上有教皇,下有大教区、小教区、大主教、小主教。教皇是由选举产生,当然,他也无法世袭,因为教皇和主教都是独身的。各级主教一般都是由教皇任命。世俗王权与教皇神权之间也存在激烈的权利争夺,这些争夺往往表现在主教的任命权上。各诸侯国的君主们为了维护自己在王国内的至高无上地位,往往要求本国辖区内的主教由国王自己来任命。而教皇为了维护教会在整个西欧的至高无上统治地位,坚决要求主教由教皇来任命。中世纪早期,主教一般是由各国君主们来任命,并向他授予封地。至11世纪,随着基督教势力的增强,各地主教的任命权都由教皇掌握。教皇拥有高于世俗王权的崇高神权,甚至国王和皇帝的即位都须经教皇的认可或经教皇加冕。

教皇垄断主教和修道院长的任命权,威胁到了神圣罗马帝国皇帝对国家教会的支配权和他的国家利益。为了争夺主教的任命权,神圣罗马帝国皇帝与教皇经常发生激烈的争执。公元1110年,神圣罗马帝国皇帝亨利五世因神职任命权之争而进军罗马,教皇因拒绝为亨利五世加冕而被监禁。后迫于无奈,教皇以承认神圣罗马帝国皇帝的神职任命权而获得释放。但事后又反悔,亨利再次出兵,驱逐原教皇,另立新教皇卡立克斯特斯二世,1122年,卡立克斯特斯二世与亨利五世签订了宗教协议,协议规定:一、德意志的主教和修道院长,由教士组成选举会议进行推选;二、选举主教时,必须在皇帝或他的代表莅临的情况下进行;三、选举时如果有分歧,皇帝有权裁决;四、德意志主教授任时,首先由皇帝授予象征世俗权力的权标,然后由教皇授予象征宗教权力的牧仗和权戒;五、在意大利和勃艮第等地,主教的授任权仍由教皇掌握,皇帝不得干预。协议签订后,双方达成和解。但是,这次神职任命权之争,只是中世纪教皇与神圣罗马帝国皇帝之间,为争夺统治权力而进行的长达200多年斗争的开端,后来双方在多次爆发激烈冲突后还签订了一些协定。

罗马帝国原是个半岛国家,有很强的海洋性,通过海外扩张和开拓海外殖民而发展成为强大的帝国。罗马帝国依靠它强大的海上力量并吞了地中海沿岸国家,使地中海成为它的内湖,罗马海军拥有地中海和欧洲沿海的海洋霸权。然而,日耳曼人来自内陆,日耳曼蛮族灭亡西罗马后,他们开始从以渔猎采集和畜牧业为主的生活方式,转向发展农业,成了农业民族,表现出来的是他们的大陆性。因此,只有东罗马帝国还掌握着地中海的制海权。但是,自7世纪以来,阿拉伯人的崛起导致了东罗马帝国的衰弱,东罗马帝国在中东和北非等地中海沿岸的领地都被阿拉伯人占领。这就使欧洲沿海的海洋霸权出现空缺,这一空缺成就了另一个海洋民族,他们就是北欧海盗诺曼人。

诺曼人也属于日耳曼蛮族的一支,他们生活在北欧斯堪的纳维亚半岛和日德兰半岛。那里的自然环境非常恶劣,高寒的气候并不适宜于农业生产,他们的生活主要依靠狩猎和打鱼,生活物质非常匮乏。但是,恶劣的环境也造就了他们吃苦耐劳的能力和强悍的性格。靠山吃山,靠海吃海,陆上物质匮乏,他们就只能向海上发展。诺曼人的意思即北方人,但是他们却称自己为维京人,意思是海湾侵略者。公元8世纪,制铁工艺已传入北欧,这使他们的工具制造技术得到了极大的提高,他们制造出了更实用的工具和更锋利的武器。特别是造船技术的提高,为他们进行海外探险提供了条件,而西罗马的灭亡和东罗马的衰弱使他们有机会成了横行海上的海洋霸主。

诺曼人制造的船,船底很平,吃水很浅,速度很快,而且非常灵活。它能够在浅滩上登陆,也可以驶入很浅的内河。从8世纪中后期起,他们驾驶这种船横行于北海、波罗的海、大西洋沿岸甚至远达地中海,干起了杀人越货的海盗营生。整个欧洲沿海都被这些凶残的海盗所困扰,无数的村庄、寺院和城镇遭到他们的洗劫。他们还乘坐着这种吃水很浅的船顺着内河而上,深入到内陆四处烧杀掳掠。他们渡过波罗的海,顺河流而进入东欧内陆,在那里大肆劫掠,然后带着抢劫来的财物顺第聂伯河和伏尔加河而下进入黑海,到黑海对岸去与拜占庭人和阿拉伯人做交易。因此,欧洲很少有地方能幸免于难。在当时欧洲的教堂里,常常可以听到这样的祈祷:"啊,上帝,把我们从这些北方人的惩罚下拯救出来吧。"

诺曼人最初只是干些杀人越货、来无影去无踪的海盗活动,后来他们的力量越来越强大,开始在沿海地区和内陆的河流沿岸建立殖民据点,并以这些殖民据点为基地进一步的向内地扩张,建立起殖民地。在法兰西王国的北部他们占领了大片领土,法兰西国王为防止他们进一步的侵略和劫掠,被迫承认了他们的占领,并授予他们的首领罗勒以诺曼底公爵的称号,因此他们建立起了诺曼底公国。在地中海,他们占领了西西里岛和亚平宁半岛南部,建立起了西西里诺曼王国。在东欧内陆的第聂伯河流域和伏尔加河上游,他们建立起了基辅罗斯公国。在北大西洋上他们占领了冰岛,并在那里建立了殖民地。他们甚至远航到达了格陵兰岛和北美洲,这比哥伦布到达美洲足足早了500多年。公元1066年,诺曼底公国的威廉大公率兵征服了大不列颠岛上的英格兰王国,建立起了包括诺曼底公国、英格兰王国、日德兰半岛、斯堪的纳维亚半岛的庞大诺曼人帝国。

诺曼人也并非只是一味地劫掠,他们也经商,因为海洋民族往往是海盗和经商兼为之。形势有利于抢劫他们就抢劫,形势不利于抢劫时他们就做买卖。他们在早期是以劫掠为主,用劫掠完成原始积累,强大起来以后就发展到以建立殖民地和商贸为主了。因此,虽然他们给欧洲带来了深重的灾难,但是他们也促进了欧洲商业贸易的发展。这一点很重要,因为中世纪的欧洲是处于封建制度下的农业社会,是一种自给自足的小农经济,小农社会非常封闭,生活物质都是自给,几乎没有商业。

诺曼人在欧洲的海岸边、河岸边、交通要道旁,开辟了一些商业交易点,与人们做交易。这些交易点逐渐形成了集市,这些集市吸引了许多商贩和手工业者在这里聚集,后来发展成为了商业城镇。这些自发形成的商业城镇都是自治的,不受封建领主的管辖。而且欧洲的封建领主们也并不是居住在这些城镇里,他们大都是居住在单独的城堡里。为了防范穷困的暴民和绿林强盗对他们进行抢劫和袭击,他们都要选择有利的地势,建造坚固的城堡,与自己的亲属、仆人和卫队一起,居住在这种用坚硬的石头建造的冰冷的城堡里。所以欧洲的这些由商业集市发展起来的城镇大都只是工商业中心,而非政治中心。这与亚欧大陆另一端的中国完全不一样,在中国的封建社会时期,封建君主是和他们的臣民们一起居住在城市里的,城市同时具有军事防御、政治中心和工商业集市的功能。

在欧洲的这些自治的商业城镇里,市民拥有完全的自由,他们自己管理城市的政务。他们通常从国王那里获取特许状,特许状准许他们组成自治体,可以拥有自己的议会、市政厅、法院和城市郊区属地。特许状还准许商人和工匠组织行会或同盟会,用以互助和维护他们自己的利益。行会可以制定对产品的价格、规格、质量以及工作的时间等各方面的规定。城市的市民不受封建法律的约束，而且，如果一个农奴逃到了城市里，在那里住了一年零一天而未被捉到，他便成了自由人。欧洲的这些自治的商业城镇，对后来欧洲资本主义经济的形成和发展起到了非常重要的作用。

十八　文明臻于鼎盛的中国宋朝

　　唐末农民大起义动摇了唐朝的统治,此后形成了军阀割据的局面。公元907年,拥有重兵的军阀朱全忠废唐哀帝自立为帝,建立了梁朝,史称后梁。各地军阀纷纷仿效,先后宣布称帝,中国被分裂为十几个割据政权。朱全忠原为黄巢起义军的部将,率部投降唐军后积极参与镇压农民起义军,后来逐渐成为占据中原地区的强大军阀。而朱全忠最强劲的对手是北方军阀李克用。李克用是西突厥沙陀部人,黄巢起义军占领长安时,李克用奉唐朝庭之召,率领所部沙陀军参与镇压农民起义,后被任命为河东节度使,从而发展成为占据北方边境诸军镇的强大军阀。朱全忠称帝后,李克用打着拥护唐朝、反对朱全忠篡夺唐朝政权的旗号继续与朱全忠进行争夺。

　　公元908年李克用死,其子李存勖袭位。李存勖是个勇猛好战的武夫,临战喜欢亲自冲锋陷阵,视战争为游戏。他治军很严厉,凡是违反军令的,一律斩首,沙陀军经他的整治后战斗大为增强。他先是打败了割据幽州的燕王刘仁恭,占领了幽州。然后把南下入侵的游牧民族契丹人驱逐出境,并多次打败朱全忠的进攻。公元913年朱全忠死,其第四子朱友贞继位。朱友贞不懂军事,又不信任老将,而是重用自己的亲信和妻族,后梁形成颓势。公元923年李存勖在魏州称帝,并自称是承继唐朝,故建国号为唐,史称后唐。李存勖称帝后大举伐梁,同年攻占梁都开封,后梁灭亡。中国北方从此落入沙陀蛮族人的统治之下。后唐政权基本上统一了中国北方,但是在中国南方和其他地区,这时还有十来个割据政权。

　　沙陀人不知道什么叫政治,只知道打仗杀戮,杀完了就大肆劫掠,然后就是纵情享乐。李存勖灭梁后志得意满,斗志全消,开始纵情享乐,沉溺于打猎、娱乐和女色之中。李存勖喜欢演戏,信任宦官,亲近优伶,他常常亲自粉墨登场与优伶同演。伶人往往得到他的重用,被委以高官。而功臣却被他疏远,并且遭到猜忌,这使他渐渐失去人心。公元926年,功臣李嗣源被军士拥立为主,起兵造反,杀李存

230

勖,取而代之。

李嗣源原为沙陀平民,被李克用收为养子,所以他与李存勖其实是兄弟。李嗣源在沙陀军中功劳最大,所以也最被李存勖猜忌,多次几乎被杀,所以不得不造反。李嗣源比较有头脑,知道治国还得用文人,因此他重用儒生,改革政治,在宫廷实行节俭,重视农业生产。在他执政的七年里,民众得到了短暂的休养生息。公元933年李嗣源死,儿子李从厚继位。李从厚猜忌其兄李从珂,欲将其从凤翔节度使任上调离,李从珂怕离开凤翔镇后被杀,遂起兵造反。李从厚派大军去镇压,但是沙陀兵只认钱财,并不在乎谁当主子,李从珂从凤翔城中搜括大量钱财,将派去的大军全部收买。李从珂率领大军反过来进攻后唐都城洛阳,许诺攻下洛阳后再赏一次。李从珂大军攻陷洛阳后搜括全城,将士们再获赏赐。李从珂杀李从厚,取而代之。

李嗣源的女婿石敬瑭,沙陀人,与李从珂同为李嗣源最得力的左右手,时为河东节度使,握有重兵。李从珂为防范他造反,调他改任天平节度使,石敬瑭见已被猜忌,拒绝调任。李从珂派大军围攻石敬瑭,石敬瑭遣使向游牧民族契丹人求救,并不惜割地称臣,许诺得胜后割让北部燕云十六州给契丹。契丹主耶律德光率领30万骑兵南下解石敬瑭之围,并会同石敬瑭军南下一举攻陷洛阳,李从珂自焚而死,后唐灭。

公元936年,石敬瑭受契丹主册封为帝,建立晋朝,史称后晋,建都开封,当起了傀儡皇帝。契丹纵兵大掠以后,满载而归。地处长城内外的燕云十六州从此被契丹占领。长城是中国上古先民积几千年抵御北方游牧民族入侵的经验,利用北方的有利山形地势而修建的军事防御工事,失去了长城,北方从此无险可守。游牧民族的骑兵长期驻扎在长城内,进可以纵马华北平原,退可以出长城遁入荒漠草原。燕云十六州的丧失,使中国在此后四百多年与北方游牧民族的较量中,一直处于劣势。

公元937年,契丹改国号为辽。石敬瑭卖主求荣当上了傀儡皇帝后,他的日子也并不好过,他的部将也有样学样,不断有人阴谋叛乱,也准备卖他求荣。石敬瑭生活在恐惧中,943年病死,其子石重贵继位。石重贵不愿做傀儡,向辽主告丧时拒不称臣,辽主耶律德光大怒,派大军南下,兴师问罪,结果被晋军打败。945年辽兵又大举入寇,又被晋军打败。946年石重贵任命杜威为元帅,派大军伐辽,准备收复燕云十六州。杜威是石重贵的姑父,深得石重贵的信任。岂料杜威却早已阴谋卖主求荣,临阵后暗中与辽勾结,在辽主答应帮他当皇帝后,率军投降了辽国。杜威引辽军南下直取开封,石重贵投降(后死于辽国)。

　　辽主耶律德光进入开封后,自己当起了皇帝。耶律德光令辽兵以牧马为名出城四处抢劫,开封和洛阳周围数百里内,辽兵大肆烧杀掳掠,几乎成为白地。耶律德光又以犒军为名,严令各地的后晋降官搜括钱财,不论将相士民,都得献出钱帛,所得财物准备运回辽国。各地民众群起反抗,纷纷起兵抗辽,组成小至几百、几千,多至几万的队伍,攻破州县城,杀辽所任官吏,诸镇的后晋降将也纷纷响应。辽主耶律德光害怕了,想不到中国皇帝这么不好当,借口天气热了,要回上国,带上搜括的所以财物和几百后晋降官,北上回辽国。他又气又恼,走到半路病死了。

　　后晋的河东节度使刘知远,沙陀人,原为石敬瑭部下重要将领,因遭石重贵猜忌,据守本镇,不参与晋辽之争。辽军北归后,他挥师中原,收复了失地,自立为帝,建立起了汉朝,史称后汉。当时杜威已被辽主任命为天雄节度使,据魏州。刘知远率军围攻魏州,杜威力竭出降。公元 948 年刘知远死,遗命杀杜威,杜威伏刑后尸体顷刻被市人割成碎片。

　　刘知远死后其子刘承佑继位。然而不久就有居功自傲的将领起兵反叛,因为沙陀军中没有什么伦理道德,只认武力,谁掌握了军队谁就能当皇帝。河中李守贞、长安赵思绾、凤翔王景崇,三镇同时反叛。刘承佑令枢密使郭威率领诸军讨伐三叛镇,公元 949 年,郭威率军先后平定了三镇。经此一事,刘承佑不再信任功臣旧将,他重用自己的亲信,开始猜忌并杀害功臣,郭威当时镇守魏州,也被他猜忌。刘承佑派遣使到魏州杀郭威,郭威被迫起兵造反,率兵攻入京城,刘承佑被乱兵杀死。当时刘承佑的叔叔河东节度使刘崇驻太原,拥有重兵,后汉各镇将领也虎视眈眈,郭威因此不敢称帝。他请李太后下令,立刘崇之子武宁节度使刘赟为帝。公元 951 年,辽兵入寇,李太后令郭威率军前往击敌。郭威军行至澶州,数千将士大噪,对郭威说,我们已杀了刘家的人,与刘家结了仇,不能再让刘家人做皇帝。将士们把黄旗披在郭威身上,拥立为帝。郭威拥兵回来后,以李太后的名义,废刘赟为湘阴公。郭威称帝,建周朝,史称后周。郭威称帝后,刘崇也在晋阳称帝,承继后汉,史称北汉。

　　郭威是汉族人,读过一些书,懂得一些治国之道,中国北方终于从沙陀蛮族的野蛮政治下走了出来。郭威重用儒生,改革政治,沙陀蛮族的严刑酷法被废除。他出身贫寒,了解民间疾苦,所以他关心民生,努力改革积弊。他在位的时间虽然只有三年,但是社会风气已开始改变。公元 954 年郭威去世,义子柴荣继位。

　　柴荣精明强干,志气宏大,他一面继续改革政治,一面加强军队,开始进行统一战争。他大兴水利,治理黄河,发展农业生产,积极修疏河渠以利于漕运、商贸和经济发展。他颁布法令均平田租,以占有田亩的多少来核定租赋,任何人都不能享有免交的特权,就连历代免纳租赋的曲阜孔氏也得依例交纳。

柴荣继位的当年,北汉刘崇趁他地位未稳,而且从未带过兵,勾结辽国大举来犯。柴荣亲率大军迎敌,大败北汉和辽国的联军,此仗令他声威大振。柴荣准备用十年时间来开拓天下,完成统一,然后予民休养生息,使天下太平。

中国北方自从朱全忠建立后梁后,政权不断变换,在短短的40多年时间里已建立了后梁、后唐、后晋、后汉、后周五个朝代,史称五代。与此同时,在南方和其他地区也还先后存在着吴、前蜀、后蜀、南唐、闽、楚、南汉、南平等十来个相对稳定的割据政权,史称十国。公元956年,柴荣率军亲征南方势力最强的南唐,夺取了其在长江以北的领地。公元959年,柴荣率军北上亲征辽国,准备收复燕云十六州。大军进展顺利,辽军望风披靡,兵不血刃即占领了燕南全部领地,直逼辽南京幽州(今北京)。正当柴荣准备攻取幽州时,不幸病倒,只得退军回朝,不久去世。

柴荣去世后,其子七岁的柴宗训继位。公元960年正月元旦,忽闻边报北汉和辽国合兵来犯,后周朝廷命令禁军统帅赵匡胤带兵北上御敌。赵匡胤受命后率军出征,初三日夜,大军驻扎于陈桥驿,次日凌晨,军士突然哗变,把黄袍披到赵匡胤身上,拥立他为皇帝。赵匡胤遂回师开封,柴宗训被迫禅位。赵匡胤登皇帝位,改国号为宋,仍然定都开封。此即文明臻于鼎盛的中国宋朝的开端。

赵匡胤出生于洛阳,祖籍河北涿州,父亲赵弘殷先后在后唐、后晋、后汉为将。赵匡胤起初在后汉大将郭威手下从军,因英勇善战,受到郭威赏识。后又参与拥立郭威称帝,郭威建立后周后,重用赵匡胤掌管禁军。柴荣继位为后周皇帝后,赵匡胤因战功升任殿前都点检(最高将领),掌握了后周兵权。赵匡胤虽然出身于军人世家,但是却很喜欢读书,从军后仍然对读书情有独钟。他跟随周世宗柴荣出征南唐时,别人都搜寻金银财宝,他却搜寻了几大车书籍。有人向周世宗告密,说他用几辆车运载了许多私掠的财宝,周世宗派人去检查,结果发现是几千册书籍。赵匡胤不仅自己爱读书,他建立宋朝当了皇帝后,还要求大臣们都要多读书,并且广开学校,普及发展教育事业。

赵匡胤继承了柴荣的统一事业,并制定了先南后北的策略,决定先征服南方那些力量比较弱的割据政权,然后再消灭北汉,征讨契丹,收复燕云十六州。在改善国内政治,发展经济的基础上,到公元975年,宋军已先后征服了南平、后蜀、南汉、南唐等南方割据政权,统一了中国南方和北方的大部分领土,但赵匡胤因病于公元976年英年早逝,未能完成收复燕云十六州的愿望。赵匡胤在位虽然只有16年,但是进行了一系列卓有成效的政治改革,为宋朝此后历时300多年的经济和文化的繁荣昌盛奠定了基础。

自唐朝中期以来，军事将领拥兵自重形成的藩镇割据局面就一直困扰着朝廷，五代时期更是有兵便是王，掌握了军队的骄兵悍将们任意发动兵变废主夺权。赵匡胤也是依靠兵变夺取政权建立了宋朝，因此，他深恐骄兵悍将任意废立夺权的事情发生在自己身上，开始采取一系列措施削弱军事将领们的兵权，以防止将帅拥兵自重和藩镇割据的形成。

赵匡胤曾宴请重要将领石守信等人，席间，赵匡胤告诉他们，自己虽然当了天子，但没有一夜睡得安稳。石守信等人听出话里有话，纷纷表示他们绝不会有异心。赵匡胤却回应说，你们虽然不会有异心，但是如果部下把黄袍披在你们身上，你们不干可能也不行。石守信等人听此言大惊失色，为避免招来不测之祸，连忙请求赵匡胤指出一条生路。赵匡胤对他们说，人生在世，只不过是为了荣华富贵，享受安乐罢了。劝他们不如交出兵权，到地方上去做官，多置些良田美宅，为子孙后代留下份产业，自己也可以快乐一辈子，这样，君臣之间也没有了猜忌，上下相安。石守信等人听了这番话，第二天即交出了兵权，要求到地方上去为官。此事后来被史学家称为"杯酒释兵权"。

赵匡胤后来又多次设酒宴请功臣宿将，待酒酣耳熟之时，劝谕他们释去兵权，到地方上去任官，多积钱财，多置良田美宅，封妻荫子，去享受天伦之乐，以使君臣两无猜忌，上下相安。将领们为求自保，也主动上表称疾，要求释去兵权。公元965年，赵匡胤又制定了《更戍法》，军事将领平时居住在京城，轮流出戍，定期回驻京师，兵不跟随将走，这样就形成了兵无常帅，帅无常兵，兵不知将，将不知兵的局面，将帅们无法在军队中形成自己的势力集团。后来又以文官来充任各军事机构的要职，以文制武，夺去了军事将领的实权。

赵匡胤的"杯酒释兵权"，相比于历代开国皇帝的"飞鸟尽，良弓藏，狡兔死，走狗烹"大杀功臣宿将的行为，确实要文明得多。这些军事改革措施也有效地防止了军事将领拥兵自重，发动军事叛乱的可能，维护了国家政权的长期稳定。但是他的有些做法也矫枉过正，特别是以文制武的做法，严重削弱了宋朝军队的战斗力，使宋朝此后在与强悍的北方游牧民族的斗争中始终处于被动局面。

宋太祖赵匡胤去世后，其弟赵匡义继位，是为宋太宗，宋太宗继位后于公元979年率军北上灭掉了北汉政权。宋太宗曾有意完成统一大业收复燕云十六州，但是两次出兵北伐辽国都以失败告终。公元997年，宋太宗赵匡义去世，其子宋真宗赵恒继位。赵匡胤和赵匡义都是身经百战，经历丰富的军事统帅，他们在把功臣宿将的兵权收回来以后都是亲自指挥部署战事。但是他们死后，继位的宋真宗完全没有军事经验，而前方作战的将帅又没有实际的指挥权，他们都受到皇帝指派的监军所制约。皇帝派自己的亲信担任监军,前方将帅采取任何军事行动都必须取得监军的同意,宋军的作战能力被进一步削弱,所以,后来更没有能力收复燕云十六州了。

自唐代以来,因为科举制度的实行,汉族子弟已经把读书和科举入仕视为人生的最大追求,"万般皆下品,唯有读书高"。人们把习武从军视为低人一等的行业,"好铁不打钉,好男不当兵",社会上已经形成了重文轻武的风气。而宋朝为防止军事将领拥兵割据和武装政变而实行的防范和抑制武将的政策,更是进一步的把"重文轻武"变为了"重文抑武"。这就注定了宋朝在军事上只能是"弱宋"。

宋朝的自废武功、不思进取,成就了它的北方强敌辽国。契丹在得到燕云十六州后,加上它已占有的辽东,汉族人已在辽国的人口中占到多数,所以受汉文化的影响,辽国的社会制度、文明程度和经济实力都有极大的提高。经过多年的发展,辽国已成了一个包括中国北部、东北部和北方大草原的地广万里的庞大北方帝国,其疆域东起太平洋,西至中亚,南邻宋境,北达西伯利亚。辽国和后来的西辽国在东北亚至中亚的广阔地区立国达 300 多年之久,对中亚、西亚和东欧各民族产生了深远的影响,这些国家都把辽国当成中国,直至今日,亚欧许多国家的语言中仍然以契丹指称中国。

辽国民族众多,有以汉人为主的农业民族,也有契丹、女真、回鹘、突厥等游牧民族,因此辽国实行两种不同的政治管理制度,一国两制:在以农业民族为主的汉人地区,实行与中原官僚集权制相似的"南面官"制度;在以游牧民族为主的草原地区,实行以氏族部落为基础的"北面官"制度。一国两制很好地解决了不同文化习俗和不同民族之间的矛盾,使辽国成了一个经济繁荣,军事实力强大的强盛帝国。

公元 1004 年,辽国 20 万骑兵大举南下,深入宋境,直抵黄河北岸的军事重镇澶州,威逼宋都开封。宋朝廷为之震动,有主战的,有主和的,有主张迁都南京或成都以回避的。宰相寇准坚决反对迁都,认为一旦迁都,人心溃散,天下难保。寇准建议宋真宗御驾亲征,以鼓舞士气,宋真宗虽然极不情愿,但迫于寇准和主战派大臣的坚持,不得不同意亲自前往。宋真宗亲临澶州督战,使宋军士气大振。

当时宋军在武器上还是占有很大的优势,火炮、火箭、震天雷等火器已开始使用,还有威力强大的各种弩弓。虽然辽军的骑兵速度迅猛在野战中占据优势,但是宋军依靠先进的武器在阵地战和防御战中还是占据上风。辽军统帅萧挞览在澶州亲自指挥队伍攻城,结果被宋军威力强大的床弩远距离射杀。辽军失去统帅军心大乱,辽主只得遣使求和。

　　当时的形势是，因为辽军孤军深入，宋朝北方军民已在辽军的后方发动反击，不仅抄了辽军的后路，而且还攻入了辽国境内，攻占了燕云十六州中的瀛洲和莫州。如果继续打下去，宋朝完全有可能趁机收复燕云十六州。但是宋真宗生性懦弱，没有战胜辽军的信心，急于结束战争，于是同意与辽军和议。双方达成协议：一、各守边界，互不相侵；二、双方以兄弟相称，宋为兄，辽为弟；三、辽把燕云十六州中的瀛洲和莫州割让给宋朝；四、宋每年向辽赠输银 10 万两，绢 20 万匹。因澶州古郡名为澶渊，所以此协议史称"澶渊之盟"。

　　客观地说，澶渊之盟对双方来说还是比较公正，宋朝并未吃亏，因为经此仗宋朝毕竟收复了瀛洲和莫州。而 10 万两银和 20 万匹绢共约合银 30 万两，这个数值对宋朝来说只是九牛一毛。宋朝前期，财政税收年入约 8000 万贯，约合银 8000 万两，后期年入最高时达 15000 万贯。因此宋每年赠输辽银 30 万两，对国家财政并没有什么影响。而且檀渊之盟后，宋辽开放边境贸易，宋朝从边境贸易中获得的税收远不止这个数值。然而，澶渊之盟的缔结使宋朝从此放弃了对另十四州的收复，这为后世留下了隐患。而且这种输银纳绢苟且偷安的做法也一直被认为是国家的耻辱。

　　这种输银纳绢的做法说得好听一点，是宋朝在向物质匮乏的落后民族提供经济援助，说得不好听一点，实际上是在向他们纳贡。不过这种做法并非宋朝才有，其实，宋朝以前的中国很多朝代都是用这种，向凶悍的北方游牧民族赠送钱财的方法来求得平安。很多现代的历史学家都说，历史上中国总是以天朝大国自居，中国周边的国家都要以中国为宗主，都要向中国纳贡，并因此而在东亚形成了以中国为中心的朝贡体系。其实所谓的以中国为中心的东亚朝贡体系根本就不存在，而且对于中国北方的蛮族国家来说，在历史上的大多数时间里，不是他们向中国纳贡，而是中国向他们赠送钱财，输银纳贡。

　　澶渊之盟的缔结使宋朝与辽国化敌为友，它为宋辽之间带来了 120 多年的和平，此后宋辽之间再没有发生过大的战争，只是在 1042 年宋朝与西夏发生战争时，辽趁机对宋进行讹诈，扬言要发兵南下，宋急忙派使者去议和，后达成协议，宋每年再多向辽输银 10 万两，绢 10 万匹，宋朝又一次花钱买得了平安。但是宋朝这种委屈求和、不思自强的做法，并没有给它带来真正的长治久安，当北方草原上另一个游牧民族——女真人建立的金国兴起时，宋朝的灾难还是来临了。

　　当辽国正在面向宋朝索取财富和吸收文化，并逐步向文明国度迈进的时候，它背后的另一个野蛮民族却悄悄地向它张开了血盆大口。金国崛起于辽国的东北部，原来只是辽国统治下的一些女真人部落，后来结合成部落联盟。在阿骨打成为部落联盟的首领以后,开始带领女真人对辽国进行劫掠,并攻占了辽国东北部的一些城市。公元1115年,依靠劫掠完成原始积累的女真人势力强大起来,阿骨打开始称帝,建立起了金国。

金太祖阿骨打称帝后开始对辽国大举进攻,连破辽上京、中京、西京,1122年攻陷了辽南京幽州,辽国亡。契丹人余部逃往辽国的西部,在西域和中亚建立了西辽国。1123年阿骨打病死,其弟完颜晟继位,是为金太宗。金太宗对富饶而羸弱的宋朝垂涎欲滴,1125年金太宗率军攻宋,金军兵分两路直入宋境,1126年,金军包围宋京城开封。这时北方各州县还正在抵抗金军的入侵,各地军队也正在勤王京师,宋钦宗却答应了金军的巨额索款要求,放弃抵抗,向金军投降。宋钦宗认为金军只是为钱财而来,在满足了他们的要求后即会退兵,希望能再次花钱买个平安。

宋钦宗搜尽了京城宋皇室财宝和民间财物,然而却并不能使金军满足,宋钦宗又下令各州县尽搜民间财物给金军。最终,金军在劫掠和勒索得到了大量金银财宝和民间财物后,还是洗劫了宋皇室所有的仓库及仪仗法器图籍文书,并掳掠宋钦宗、太上皇宋徽宗、嫔妃、百官及大批人口,满载而去。1127年金军退去后,宋钦宗的弟弟赵构在南京应天府(今商丘)即皇帝位,是为宋高宗,自此以后的宋朝,史称南宋。

宋高宗即位后,金军年年进犯,烧杀掳掠,攻城略地,步步南侵。宋高宗不思抵抗,一味求和,步步后退,把京城向南迁到了临安(今杭州)。而各地军民却自发地组织起抵抗的队伍,给金军以沉重的打击,并形成了几支强大的军队,其中包括著名的抗金将领岳飞、韩世忠、张俊等领导的抗金军队。在这些抗金队伍中,金军最害怕的是岳飞的军队,金军中流言"撼山易,撼岳家军难。"

公元1139年,宋朝廷以割让北方大片领土为代价与金国达成和议。和议签订后,宋高宗大喜,下令大赦天下,对文武百官大加爵赏,以为天下从此太平。不料第二年金国就撕毁了协议,金国元帅金兀术统帅四路大军,大举进攻宋境。由于没有准备,宋军节节败退,城池相继失守,宋高宗急令岳飞、韩世忠、张俊等分率各部迎击。

岳飞率部从长江中游挺进,实施锐不可当的反击,很快就收复了大片失地。在岳家军的两翼,宋军在东、西两线也取得了胜利,失地相继收复。岳飞趁胜向金军大本营挺进,金兀术集结10万大军来迎,又被岳飞军击败。金兵军心动摇,金兀术连夜从开封撤出,准备弃城北逃。岳飞兴奋地对将士们说:"直抵黄龙府(金国都城),与诸君痛饮尔!"。但正当抗金战争即将取得决定性的胜利时,宋朝廷却突然连发 12 道金牌,强令岳飞班师回朝。岳飞被迫停止了追击,率军回撤。金兀术又重整军队回到开封,并重新占领了中原地区。

原来,宋朝廷在丞相秦桧等主和派的主持下,一直在与金军议和,他们惧怕岳飞的进军会破坏宋金之间的和议。另外,朝廷还惧怕岳飞等抗金将领一旦取得了抗金的全面胜利会功高盖主,他们所掌握的军事力量越来越强大会威胁到政权和皇权,所以,他们宁愿花钱买平安,也不愿看到军事将领的势力壮大。

宋军班师后,主和派与金军抓紧了和议,金兀术在给秦桧的信中说:"必杀岳飞而后可和"。于是,秦桧以"莫须有"的罪名,将岳飞杀害。不久后,宋朝与金国的和议达成。和议规定:划淮河为界,以北归金国;宋每年向金国纳银 25 万两,绢 25 万匹。宋朝廷宁愿以割地纳银,来谋取一时的平安,也不愿兵强将悍,危及以文官为主的宋朝统治集团的权利和皇权。然而,此后宋金之间却并无平安,仍然战乱不断。

燕云十六州的丧失,不仅使中国失去了北方的防御屏障,而且失去了传统的牧马场,这使宋朝不能有足够多的马匹建立起机动的骑兵部队,在与北方游牧民族的较量中只能处于被动的守势,而汉唐两代之所以能在与北方游牧民族的较量中取得优势,都是因为建立起了强大的骑兵,能主动地对游牧民族进行长途攻击。当然,主要原因还是宋朝廷不思进取,苟安于一隅。而抑武弱军政策的实行,使宋朝一直生存在北方游牧民族的军事威胁之下,只能割地纳银,屈辱求和,步步退却,最后终于灭亡于在金国之后崛起的游牧民族蒙古。

宋朝虽然在军事和国防上表现羸弱并屡遭失败,但是在经济和文化上,却取得了辉煌的成就,而且宋朝的政治非常昌明,是中国历史上政治最开明的朝代。宋太祖赵匡胤在世时,曾立下祖训:不能因言获罪。也就是说,对于任何人上表、上疏、进谏、提意见,无论是对是错,都不能因此而获罪。宋朝后来的皇帝都严格遵守了这一祖训,所以宋朝从不杀文官,文官所受到的最大惩罚也只是贬谪。在这种宽松的政治环境下,宋朝士大夫的思想特别活跃,各种政治观点、学术思想、改革建议、互相争论,激烈的碰撞,出现了许多著名的思想家和改革家。宋朝廷处理政务也并非像其他帝制王朝那样独裁专制,它的决策过程有时也相当民主,政策的推出都须经过朝廷上下的反复商议,有些重大改革,还须发文到地方征求意见,然后在某地先试行,成熟了再向全国推广,比如著名改革家王安石的一些变法。

王安石是中国历史上最伟大的改革家之一,在世界上也享有盛誉。近代以来,世界上对王安石变法的巨大历史意义的认识越来越深刻,进行积极评价的也越来越多。20 世纪 30 年代的美国农业部长华莱士,就是借鉴了王安石的变法,解决了当时美国面临的农业困境,美国人认为王安石的变法与 20 世纪 30 年代的美国农业新政,同为世界经济史上影响巨大的事件。

王安石在宋神宗时期担任丞相 15 年,提出的改革措施有数十项,广泛涉及政治、经济、文化、军事、教育、科举制度等社会的各个方面。王安石一反中国历代官僚因循守旧,墨守祖宗成法的陋习,振聋发聩地提出了"天变不足畏,祖宗不足法,人言不足恤"的豪言。推出了一系列有利国计民生的改革举措,促进了生产力和经济的发展。下面列举几项他的改革措施。

方田均税法:"方田"是指每年 9 月由政府主持对土地进行丈量,"均税"是指依据方田丈量的结果制定每户应纳税的数额,即根据当时实际拥有土地的多少来纳税。因为宋朝是实行不抑制土地兼并的政策,土地商品化,可以自由买卖,因此土地的变动很频繁,而国家是根据拥有土地的多少来收税的。方田均税法有效地防止了豪强大户隐瞒土地,增加了国家的财政收入,同时也减轻了失地农民的负担。

募役法:中国自古以来历代劳动人民除了要向国家交税以外,还要轮流为国家服劳役,虽然各个朝代不同,但一般来说每个劳动力一年要役 30 天左右,而官僚权贵却享有免役的特权。这不仅给人民造成很大的负担,而且往往因为要为政府服役而耽误农活和家事。募役法也称免役法,它规定用交纳免役钱来代替服役,官府用收缴的免役钱雇人来应役,同时取消官僚权贵的免役特权。免役钱依据家庭财产的多少来交纳,家产的贫富分为九个等级,农村居民家产在四等以下,城镇居民家产在六等以下的,都不须交纳免役钱。这实际上就是说,收入处于中层以下的民众既不用服劳役也不用交免役钱,而原来享有免役特权的官僚权贵却要缴纳免役钱来代替服役。募役法的提出,顺应了当时中国社会从小农经济向商品经济过渡的实际情况,它不仅方便了广大劳动人民,减轻了人民的负担,也体现了社会公平。

青苗法:政府以国家仓库所储存的粮食和钱为本,当市场上粮价太贱时,即以高于市价的平价收购粮食,当市场上粮价太贵时,则以低于市价的平价出售库存粮食。每年春夏之交青黄不接时,政府以低息向农民借贷,以避免农民遭到高利贷者的盘剥,夏收或秋收后以谷物或钱归还。青苗法有效地保护了农民的利益。

农田水利法:鼓励各地开垦荒田,兴修水利,修建堤防。各地兴修水利工程的资费由当地受益人户依据家产的等级高下分派,凡单靠民间力量不能兴修的,其不足部分可向政府借低息贷款,官府贷款不足的,允许州县富人出钱借贷,利息依照官府的借贷,由官府负责催还贷款。一州一县不能胜任的工程,可联合若干州县共同负责。该法令颁布7年内,全国兴修的水利工程多达一万多处,使大量的贫瘠土地变成了良田。

市易法:开封和各主要城市设置市易司,在城镇市场设置市易务,市易务根据市场情况以平价收购滞销商品,待市场上货物短缺需要出售时,商贩可以向市易务贷款或赊购货物。市易法有利于平抑物价,促进了商品流通,同时也有利于防止大商人垄断市场。

改革科举制度:宋朝的官员大都来自于科举,但此前的科举考试主要考明经和诗赋,明经考的是古代儒学经典,诗赋也是着眼于文学才能,这些都不能考察考生的参政能力。改革后废除了华而不实的诗赋考试和死板的明经考试,而主要考经义策论,要求考生联系当前实际论述社会问题和治理之策。把科举考试的立足点放在了选拔具有经纶济世之志和真才实学的人才方面,这一改革也引导了考生学习风气的改变。

此外,王安石还采取了许多措施推进教育的普及,提高教育的质量,在州县广设学校,整顿各级学校教育。在军事上推出了将兵法、保甲法、保马法,设置了制造和管理军器的军器监。在官制上改革官僚机构臃肿繁杂,官员职责不清的积弊,精简合并官僚机构,裁汰冗员。在工商业的管理上,王安石主张国家不宜过多干预社会生产和经济活动,反对搞过多的专利征榷(专卖权)。

任何朝代的重大政治改革,必然都会损害到一些既得利益者的利益,也必然会引起他们的强烈反对。王安石的改革也不例外,他遭受到了官僚权贵和保守势力的反对和攻击,但是他得到了当朝皇帝宋神宗的支持,所以改革虽然阻力重重,但还是得到了推行。然而,宋神宗一去世,宋哲宗继位后,反对派的头面人物司马光当上了丞相,立即废除了王安石的所有改革措施。好在宋朝的政治比较文明,虽然王安石的改革措施被废除,但是王安石本人却并未遭到人身迫害。而中国历史上各朝代的改革家却没有这么幸运,战国时改革家吴起在楚悼王的支持下在楚国进行政治改革,因为改革损害到封建贵族的利益,楚悼王刚死还未下葬,就在楚悼王的灵堂上,楚国的贵族们就乱箭齐发,将吴起射死。战国的另一个著名的改革家商鞅,在秦孝公的支持下在秦国进行改革,结果秦孝公一死,商鞅立即被贵族们五马分尸。汉朝的大改革家王莽,为解决西汉末年因土地兼并而造成的严重社会矛盾,大举进行改革,结果遭到了权贵豪强的坚决反抗,最后落了个身败名裂的下场。

司马光出身于官僚世家,是官僚权贵利益的代表人物,不过,虽然他反对王安石的改革变法,但是对王安石的人品、才能和文学上的成就还是赞赏有加。而且,在司马光废止王安石的改革措施后,许多社会问题又重新开始出现,国家财政也开始出现困难,因此遭到了激烈的批评,后来朝廷不得不又重新恢复了王安石的许多改革措施。

宋朝是中国历史上政治最稳定的朝代,在它300多年的历史中,从来没有出现过军人政变、外戚干政和宦官专权的现象,也从未发生过危及政权的农民大起义和军阀割据等社会大动乱,这在中国历史上是绝无仅有的。

自封建社会以来,中国历代政府都是实行重农抑商政策。这一方面是因为中国是个农业国,以农业为根本,自古以来都是小农经济,自给自足,不依重商业。但其实另一个更主要的原因是因为处于社会上层的封建贵族们不愿意看到原来出身贫贱,社会地位低下的商人,通过经营商业,富裕程度和生活水平超过自己。在封建社会,封建贵族拥有领地,他们地位高贵,享有各种封建特权,依靠领地的收入他们过着富裕的生活。但庶民出身的商人们却完全不依靠土地,甚至不必从事农业生产,仅仅依靠买卖产品和货物即可赚取高额利润,获得大量的财富,过着甚至比贵族还要奢侈的生活。这是封建贵族们无法容忍的,因此他们要对商人进行打压,对商业进行抑制。商人即使再富有,社会地位也非常低下,他们受到诸多限制,甚至被禁止穿丝绸等贵族才能穿戴的服饰。自秦代进入官僚集权社会后,拥有特权的官僚权贵们同样不能容忍这些没有任何政治权利的商人们却能够暴富,因此他们也对商人进行各种打压,他们利用自己掌握的权力肆意侵吞商人的财产,商人不仅地位低下,而且被禁止入仕做官。另外,中国传统的儒家思想因为也是起源于封建时代的小农经济社会,所以奉行的也是重农轻商的思想主张,认为商人不事生产,倒卖货物,赚取的是不义之财。在这种重农轻商思想和统治阶级对商业的打压下,中国的商业一直都不能得到正常发展,而商业的萎靡也抑制了工业的发展,因此中国的工商业一直都不是很发达。

但是,宋朝却是中国历史上唯一的不抑商的朝代,相反,宋朝非常重视商业,"尤先理财",鼓励工商业的发展。这是因为宋朝实行的是不抑制土地兼并的政策,土地可以自由买卖,从而摆脱了小农经济模式,农业进入了集约化和规模化经营。社会经济生活也已经进入了商品化,而不再是简单的自给自足。宋朝的工商业高度发达,而迅猛发展的工商业也使得宋朝社会高度繁荣,国家和人民都非常富裕。

宋朝是个高福利社会,宋人从怀胎开始,到出生,到受教育,生老病死,都有国家福利政策的照顾。宋朝有《胎养助产令》保护孕妇和婴儿,有国家办的免费学校,使每户人家都能有人读书,宋朝还建立了国家的最低生活保障制度,向生活困难的穷人提供不低于每天 20 文钱的最低生活费。而对于那些生活无着、流落街头和无依无靠的老弱孤寡,则建立了居养院,把他们都供养起来。这不仅在古代世界上绝无仅有,即使是在今天,世界上也还有许多国家仍然做不到。

唐朝两税制的推出是中国社会制度的一个具有非凡意义的重大变革,它为宋朝的经济腾飞创造了条件。从此,自远古以来的"普天之下,莫非王土"的土地国有制和均田制都被废除。土地成了商品,一种最大的商品,完全可以自由买卖,从而打开了商品经济的闸门,使宋朝进入了商品经济时代。宋朝的富豪和商人们把购买农耕土地作为最大的投资,而中国得天独厚的地理气候条件,也使他们的农业投资能够得到丰厚的回报。国家只管按拥有土地的多少来收农业税,土地多的多缴税,土地少的少缴税,没有土地的不须缴税。

宋朝的土地已高度集中,全国 70% 的土地集中在 1% 的人手里。大庄园和大地主大量涌现,他们拥有大面积的土地,这有利于土地的规模化和集约化经营,有利于土地的整合,有利于水利资源的合理利用,有利于提高土地的生产率。地主们雇佣技术更好的农夫来耕种,努力改进耕作方法,制造新的农具。宋朝已出现了插秧机、龙骨抽水机、叶片式风选机等农机具。政府也鼓励农业生产,兴建大型水利工程,推广优良品种,比如占城稻。这些使得农作物的产量得到了大幅度的提高。据资料记载,宋代的粮食单产提高了近一倍。粮食产量的大幅度提高也促使人们的生活习俗发生了改变,在宋朝以前中国人都是一日两餐,而随着生活水平的提高和食品的精细化,从宋朝起人们逐渐开始一日三餐了。

土地的集约化经营也促进了社会的大分工,许多失去了土地的农民开始从事工业、商业和服务业,进入城镇生活,使各行各业都兴旺发达起来,城市人口不断增长,城市经济迅速走向繁荣。失去土地的农民如果找不到工作而生活无着,国家将向他提供不低于每天 20 文钱的最低生活保障。相比于 16 世纪以后英国社会从农业向工商业转型时期的"圈地运动"和"血腥法案",社会的文明与野蛮程度有如天壤之别。

宋朝的工业有采矿业、冶金业、造纸业、陶瓷业、纺织业、制茶业、制盐业、酿酒业、制糖业、造船业、出版印刷业、烟花爆竹制造业等等。宋朝的采矿业主要开采的矿藏有金、银、铜、铁、锡、铅、煤。宋朝已开始大量的使用煤,整个京城开封都是烧煤而不烧柴,冶炼钢铁已经使用焦炭。四川还开始钻探深井,用天然气熬制井盐。

宋朝很多工矿规模已相当大,信州铅山的铜铅矿雇有的矿工多达 10 余万人。

韶州岑水场铜矿的铜冶炼和铜钱铸造也有工匠10多万人。雇工在几千、几百人以上的工厂更是比比皆是。这些工商企业有官办的、有民办的,也有公私合办的。而小手工场,家庭作坊则遍布城乡各地。宋朝的盐、茶、酒、山林矿产等,虽然都属国家专营,但是有许多国营的和国家垄断专营的工商业,因为官员专业经验不足,经营效益不佳,往往会与富商大贾合营,官商分利,或者官督商办。

工商业的发展和劳动人口的转移也促进了城市化的形成,宋朝的开封、临安都是人口百万以上的大城市,而人口在十万以上的城市有40多个,人口一万以上的城市则多达数千。宋朝的城市已经不再都是行政中心,有许多城市都是由原来的乡村集市自然发展而形成的纯工商业城镇,它们出现在一些人口稠密交通方便的地方,以及江河沿岸和沿海港口。这些工商业城镇经济非常繁荣,有些在税收上已超过了县城等行政中心城市。在宋朝经济发达的中东部地区,人口的城市化率已达到了50%,已相当于现代中等发达工业化国家的水平。

宋朝人的城市生活丰富多彩,繁荣异常,城市中店铺、酒楼、茶肆、饭馆、戏院、勾栏、青楼遍布大街小巷。街上行人游客熙熙攘攘,托盘挑担的小贩叫卖声不绝于耳。各种杂剧、滑稽剧、皮影戏、傀儡戏、杂技、说书、弹唱,不停地上演。商妓、艺妓、声妓、官妓,活跃于各种娱乐场所,但是她们大都是只卖艺、不卖身的艺人,其中不乏才貌双全,能歌善舞,琴、棋、书、画、作诗、写词样样精通的民间才女。当时京城开封城里的各类店铺,楼肆多达9000多家,而其中四成以上都是酒楼饭店,因为宋朝市民都习惯于在饭馆吃饭或者叫外卖,其生活水平不亚于今天的城市白领。宋朝人对饮食非常讲究,富贵人家往往不较金钱、食不厌精,并因此催生了花样繁多的各种美食,比如今天人们熟知的火腿、东坡肉、火锅、油条等等美食,就都是产生于宋朝。烹、烧、烤、炒、爆、溜、煮、炖、卤、蒸、腊、蜜、拔等复杂的烹饪技术,也都是在宋朝开始成熟起来。但是城市的酒楼饭店种类繁多,既有菜品精致的高档酒楼,也有味美价廉的大众饭店,沿街叫卖的各种美味小吃更是多不胜数。而且不同于唐以前的历朝历代,宋朝的城市不实行宵禁(中国历朝历代城市都实行宵禁,禁止人们在夜间出来活动),所以夜市也非常繁华。入夜以后整个城市灯火通明,家家门口挂着灯笼,街上的行人也手提灯笼,满城星星点点,灯火斑斓。叫卖声、琴箫声、歌舞声,通宵不绝,直至天明,是名副其实的不夜城。

宋朝使中国第一次出现了平民社会,原来封建社会的封建等级制度和它遗留到官僚集权社会的士族门阀等级制度,这些固定的社会分层等级次序被完全打破,整个社会第一次形成了各阶层互相流动的平面。这种流动既是纵向的,即平民通过科举可以成为政府高官,也是横向的,如农民进入城市成为雇工、小贩、手工业者或者商人。科举制度的进一步完善,人口流动的宽松户籍制度,城乡分治的行政体系,平民徭役制度的废除,这些都赋予了宋朝平民远远超过前代的更多人身自由。租赁契约和手工雇佣关系的普及,商业贸易的发达,以及全国性的自由贸易大市场的出现,为这种流动性创造了条件。

宋朝时,北方丝绸之路因为被辽国和西夏控制,所以对外贸易主要是通过海上进行,但是贸易量却比唐朝要大得多。西北陆上商道主要靠骆驼运输,一匹骆驼顶多也只能带几百斤货,一个骆驼商队带的货也只有几吨。而海船载货量都在百吨以上,官方大海船载货量多达六百吨。宋朝拥有当时世界上最先进的造船技术和航海技术,使用船尾舵、隔离舱、指南针、航海图。宋朝的大海船有六根桅杆,四层甲板,十二张大帆,是当时的海洋霸主。唐朝是个开放的国度,但是宋朝比唐朝更开放。因为唐朝虽然开放,但是重士农,轻工商。而宋朝"尤先理财",不抑制土地兼并,鼓励工商业的发展。宋朝的商人遍布世界各地,从东亚到东南亚、南亚、西亚、中东、北非、东非直到欧洲,有贸易往来的国家多达50多个。

宋朝的海外贸易主要由民间的私商经营,但必须得到官方的批准并依法纳税。出海时官方要给每艘船派驻官员,代表官方管理商船。出口的商品有丝绸、瓷器、铁器、铜器、漆器、五金、纸张、麻布、茶叶、药材等等,多达上百种。进口的商品有象牙、珊瑚、玛瑙、珍珠、乳香、没药、胡椒、木材、棉花、玻璃等等,多达数百种。宋朝的商人在世界各国特别受欢迎,所到之处人们争相前来观看,对这些来自文明而富裕国度的客人欢呼嘉叹,待为贵宾。

宋朝人穿着时尚靓丽,举止文雅大方,为世界各国人民所尊敬和仰慕。当时周边各国人民都以能与宋人联姻而感到荣耀,中国西北部的各民族,家里的女孩在出嫁前,如果能生下或怀上宋人的孩子,那么她的身价就会得到成倍的提高。在中国东南沿海,日本人用船载着满船的日本女人,来与宋人交配,他们称之为借种。

宋朝的经济总量占到了当时世界总量的75%,而发达的工商业也极大地增加了国家的财政收入,传统的农业税收已在国家财政中退居次位。公元1077年宋朝的税赋总收入是7073万贯,其中农业的两税收入为2162万贯,只占30%,而工商业税收却占了70%,这说明宋朝已开始步入工商业社会。美国著名的历史学家斯塔夫里阿诺斯在他的《全球通史》中指出:"除了文化上的成就外,宋朝时期值得注意的是,发生了一场名副其实的商业革命,这对整个欧亚大陆有重大的意义。"①

---

① (美)斯塔夫里阿诺斯:《全球通史》,吴象婴等译,北京大学出版社2009年版,第207页。

高度发达的商业也使市场对货币的需求量大增。宋神宗时,年铸币量为506万贯,而唐朝"开元盛世"时的年铸币量也只有32万贯,宋朝增长了约15倍。但是如此大的铸币量仍然不能满足市场对货币的需要,因此宋朝政府开始发行纸币。纸币最早起源于民间银行(钱庄)发行的"交子",它原是银行的一种信用票据或支票。后来宋朝政府为缓解金属货币的不足,也开始发行,从而成为纸币。政府发行的叫"会子","会子"是世界上最早的纸质货币。纸币是宋朝人的一项伟大发明,它对促进商品经济的发展,具有不可估量的意义。同时,通过发行纸币,它也有效的增加了政府对国家经济的调控能力。纸币现在已被世界各国政府普遍采用,我们今天在商品和劳务交易中普遍使用的也是纸质货币。

宋朝也是中国科学和技术的高速发展时期,产生了大量的新发明和新技术。在唐代雕版印刷的基础上,宋朝人毕昇(湖北英山人,生卒于970~1051年)发明了活字印刷,活字印刷是人类最伟大的发明之一,它对文化的传播和文明的发展产生了巨大的促进作用。在唐代用火药制造烟花爆竹的基础上,宋朝人发明了火炮、火箭、震天雷、蒺藜炮、突火枪、火铳等火器,为热兵器的发展做出了开创性的贡献。宋朝人在前人发明指南车和磁石司南的基础上,还发明了航海用的指南针,航海指南针和船尾舵、隔离舱、三角帆、航海图的发明,为后来的大航海时代的来临奠定了技术基础。指南针、造纸、火药、印刷术,这四大发明对世界文明的影响是巨大的,西方学者认为,正是这四大发明改变了世界的面貌。

但是中国人的发明远不止这些,实际上古代中国一直在不断地向世界各地输出技术和发明,至宋代以前,世界上绝大多数的先进技术和发明都是来自中国。而最能体现宋代科技发展水平的科技著作是宋朝著名科学家沈括的《梦溪笔谈》,该书内容遍及天文、数学、物理、化学、生物、地学、冶金、机械、营造等等,被称为世界上最早的科学技术百科全书。其中在物理学方面,该书论述了摩擦起电、物体的共振、凹面镜成像、地磁的偏角等物理现象。沈括的另一本书《货币流通速度论》,则具有堪比现代的货币理论水平。

宋朝因为重视文人,并实行免费入学的教育普及政策,因此文化事业也得到了蓬勃的发展,呈现出高度的繁荣,成了中国历史上的文化鼎盛期,被称为文化人的天堂。唐宋两朝同被称为中国诗词成就的高峰时期,但是唐宋八大家中,唐朝只有二人,宋朝有六人。诗词在唐朝是精英文化,只有少数文人学者精于作诗。而宋朝因为推行教育普及政策,诗词在宋朝已成为了大众文化。宋朝上至帝王将相,下至贩夫走卒,以及青楼歌女,都精于此道,而且乐此不疲。

宋朝的绘画艺术也极为繁荣,涌现出大批的著名画家,其中有许多名作至今仍流传于世。比如张择端的名画《清明上河图》,这幅长达5.287米的巨幅图画,生动地描绘出了京城开封从郊区到城市人民的繁华生活情景,为我们留下了800多年前宋朝人生活的真实画面。宋朝也是中国书法艺术的巅峰时期,出现了许多书法流派,但是影响最大的还是随着印刷术的发展而产生的宋体字,宋体字端庄而工整,非常适合于排版印刷。宋朝人爱喝茶,并形成了一种独特的茶文化,品茶、斗茶之风盛行,还出现了不少研究茶文化的专著,连皇帝宋徽宗都写过一篇《大观茶论》。宋徽宗还非常擅长绘画和书法,尤其擅长画花草禽鸟,还写得一手隽秀而独特的"瘦金体"好字。

宋徽宗还是个体育爱好者,每年春天都要组织体育比赛,其中有一项比赛叫水秋千,也就是跳水。比赛时在湖中的大船上立起高高的秋千,当秋千高高荡起时,人从秋千上跃入空中,然后翻跃几个筋斗后入水,其难度比现代的跳水还难得多。举行体育比赛时皇室宗亲、内眷宫女、朝廷百官、市民百姓,争往观看。但是宋徽宗最喜欢的体育项目还是蹴鞠,也就是踢足球,他经常亲自参加蹴鞠比赛。大诗人苏轼的书童高俅就是因为足球踢得好而结识了宋徽宗,后得到宋徽宗的赏识而升为高官。

宋徽宗赵佶绝对是个文艺青年,具有极高的艺术天赋,本应成为一个艺术家,可是却鬼使神差地做了皇帝。赵佶是宋神宗的第11个儿子,本来皇帝根本就轮不到他来做,他也从未想过要做皇帝,从小游戏人生,沉溺于声色犬马,琴棋书画,文体娱乐。不料他做了皇帝的哥哥宋哲宗命短,死后无子,没有了继承人,而他其他的兄弟这时也已经死的死,病的病,于是命运把18岁的赵佶推上了皇帝的宝座。

宋徽宗赵佶当皇帝时赶上了好年代,国富民足,歌舞升平、天下安康。宋徽宗也乐了个悠然自得,仍然沉溺于声色犬马,醉心于艺术创作,玩物丧志,疏于政事。孰料乐极生悲,宋徽宗当皇帝20多年后,飞来了天外横祸,远在辽国之外的金国横空出世。金国一举灭亡了辽国,顺便南下打打秋风,不想宋徽宗一疏忽,宋都开封沦陷,宋徽宗也做了金军的俘虏,最后客死他乡。

金国在灭辽以前曾经与宋朝结盟修好,宋朝还曾给予金国大量的援助。不料金灭辽后马上翻脸进攻宋朝,宋徽宗因此曾抱怨金人无德,毫不讲理。当然这只是书生之见,俗话说"秀才遇到兵,有理讲不清"。其实并不是金人无德,只不过他们有不同的道德观念,在自然界和人类的生存竞争残酷环境中,弱肉强食的丛林法则是野蛮民族的最高道德准则。

宋徽宗客死他乡不要紧,可惜宋朝又丢掉了半壁江山,从此只能偏安一隅于江南。好在江南多河流山林,不利于游牧民族的骑兵作战,而南宋仍然拥有火器等兵器上的优势,虽然不能夺回北方的领土,但也足以抵御金国的南侵。南宋据此又维持了150多年。

螳螂扑蝉,黄雀在后。正当金国还在对着南宋虎视眈眈时,公元13世纪,蒙古人崛起于漠北草原。公元1234年,蒙古人从后面灭亡了金国,并开始了他们征服世界的历程。在南下进攻南宋遇阻后,他们挥师向西,以秋风扫落叶之势席卷了西方,先后征服了中亚、西亚、东欧、中欧和中东。然后,蒙古人开始集中力量进攻南宋,他们决心征服这个世界上最富裕的国度,夺取那里数不尽的财富。经过40多年的不懈努力进攻,1279年,蒙古人终于征服了南宋。

野蛮的蒙古人毁灭了宋朝的文明,把城市焚为废墟,把村庄夷为平地,把农田变成了放牧的草场,把宋人沦为了奴隶。为了保持野蛮彪悍的民风民俗,蒙古人拒绝城市生活,坚持过粗犷的游牧生活。他们毁灭了中国繁荣的城乡经济,把发达的城市工商业文明社会变成了原始蛮荒的游牧社会。为防止造反,蒙古人禁止汉人使用铁器,因此更确切地说,是把中国打回了石器时代。蒙古人的征服使中国的文明至少倒退了上千年。

宋朝发达的工商业持续发展下去有没有可能进入工业化社会?回答应该是肯定的。实际上,在宋朝的国民经济中,工商业产值已经远远大于农业产值,北宋时期工商业税收已经占到了总税收的70%。宋朝已经发生了商业革命,工业革命的许多技术要素也已经在宋朝出现,例如煤炭、石油、天然气、焦炭炼钢、高炉炼铁、深井钻探、水力鼓风机、水力纺织机、风力机械、畜力机械、皮带传动、链条传动、齿轮、曲轴、连杆、活塞等等。

英国历史学家约瑟·霍布森在《西方文明的东方起源》中写道:"工业大师是在中国,而不是英国。中国工业奇迹的发生有1500多年历史,并在宋朝大变革时期达到了顶峰——这比英国进入工业化阶段早了约600年……正是因为宋朝中国许多技术和思想的重大成就的传播,才极大地促进了西方的兴起。"[1]

在世界历史中,游牧民族的侵略已经毁灭了很多古老而辉煌的文明,还有很多文明高度发达的先进国家,也因野蛮民族的征服而文明中断、社会倒退。中国就紧邻在游牧民族的发源地,虽然数千年来长期遭受到游牧民族的入侵之害,但是此前一直未被游牧民族完全征服过,即使是在游牧民族入侵最严重的南北朝和

---

[1] (英)约翰·霍布森:《西方文明的东方起源》,孙建党译,济南,山东画报出版社2007年版,第3章。

五代十国时期,也只被他占领了中国的北方,但南方仍然是汉族政权,因此中华文明能够一直得到延续而从未被中断。但是,蒙古人的这次征服,彻底毁灭了中华文明,以致南宋末代皇帝在广东崖山跳海后,日本人惊呼:"崖山之后无中华",并为中华文明的消亡在日本举行了全国的哀悼。

现代西方历史学者在阅读中国历史时,看到宋朝的部分往往会感到惊讶,想不到中国历史上还有一个这么繁华的朝代。在比较了宋朝与中世纪的欧洲后,西方学者认为"当时一个欧洲封建君主的生活,还不如宋朝一个守城门的士兵。"可惜高度发达的中华文明进程被野蛮的蒙古游牧民族无情地斩断。宋朝人重视文治,重视经济发展,把中国建设成了一个繁荣而富饶的国度,可惜它重文抑武,为了维护文官政府和皇室的利益,他们自废武功,因此它富而不强。最终,富饶反而招来了野蛮民族的觊觎和侵略,成了他们口中的肥羊肉。中国的地理环境历史上周边都是落后民族和野蛮民族,在这种野蛮民族环视的地缘环境和历史条件下,如果你不能归化他们、改造他们,把他们纳入文明社会,那么你就要扎好藩篱、修好长城、加强武备,建立起绝对强大的国防力量,坚决打击野蛮民族的侵略,捍卫文明发展的成果。宋朝如果能在重视文治和经济发展的同时也能重视武备,提高军人的地位,建立起强大的国防力量,那么世界文明的发展进程将为之改观。文人可以治国,商人可以富国,但是强国还得靠军人,它们就像宝鼎上的三只足,缺一不可。

十九　蒙古的崛起与征服世界

在中国北方的广袤荒漠草原上,孕育出了无数彪悍的游牧民族,他们忽往忽来,此起彼伏。这些游牧民族习惯于迁徙征战,以杀戮、劫掠和征服为荣。公元 13 世纪,又一支强悍的游牧民族在这里悄然崛起,他们给人类带来了深重的灾难,令世界为之恐惧。

据中国古籍记载,在 4500 多年前的中国氏族共和时代,黄帝轩辕把他的第 25 个儿子封派到鲜卑山(今东北大兴安岭山脉)去开发荒凉的东北地区,后发展成鲜卑族。汉朝时,因为遭到匈奴的攻击,为寻求保护鲜卑人归附了汉朝。后来汉朝发动了对匈奴的打击,鲜卑人配合汉军作战,从东面发动攻击,把匈奴赶出了漠北草原。匈奴西遁而去,鲜卑人取而代之,成了漠北大草原的主人。

汉末以后,中国陷入了长期的分裂动乱,导致北方人口大减,鲜卑人大都趁机南下进入了中原地区,后逐渐融入了汉族。这时留在了漠北草原的是鲜卑族的一个北部分支——柔然人,他们成了漠北草原的主人。公元 6 世纪,突厥人在西域崛起,他们联合中国北方的北魏政权打败了柔然人,占领了漠北草原。柔然人大部分都逃往了西西伯利亚,后来去了欧洲。剩下的柔然人往东退回到了东北,其中一支退到了大兴安岭以南,他们被称为契丹,后来建立了辽国。另有一支退到了大兴安岭以北,中国古籍把他们称为室韦,唐代史书《旧唐书》中把他们称为蒙兀室韦,突厥人称他们为鞑靼,他们就是后来的蒙古人。

唐朝对突厥人的打击,为契丹人的发展留下了机会,契丹人在突厥人势力衰退后开始在漠北草原上发展。唐末中国大乱,契丹人趁机强大起来,他们占领了华北的部分地区,并把势力扩展到了从中国东北直到中亚的整个北方大草原,形成了从太平洋海岸到中亚的庞大辽帝国。但是东北地区原始女真人部落的崛起,使他们遭到了致命的打击。女真人灭掉了辽国,并进一步南下侵占了宋朝的华北平原,建立起了金国。

女真人灭亡辽国后,契丹人逃往了草原西部,在西域和中亚建立了西辽国。契丹人逃走后,蒙古人开始走出大兴安岭山脉,进入漠北草原,填补了契丹人留下的空间。蒙古人的生活方式也开始从在东北山林的渔猎采集转入游牧,他们散布在漠北草原上,以氏族为群落,逐水草而居,迁徙无常。随着人口的增长,草原上的牧场越来越无法满足需要,因此,各部落之间为争夺牧场不断发生纠纷,战争和仇杀无休无止地进行,游牧民族世世代代就是这样生活,用争战杀戮的方式来达到人口与自然资源的平衡。

到12世纪时,蒙古人已分衍出乞颜、札答兰、泰赤乌等许多部落。此外,在漠北草原上和贝加尔湖周围的森林地带,还有塔塔尔、弘吉剌、蔑儿乞、斡变剌、克烈、乃蛮、汪古等各种部落,他们有的游牧在草原上,有的居住于森林地带从事渔猎。这时蒙古部落的氏族公社制度已经瓦解,财产和牲畜的私有已经取代了氏族集体所有,部落首领和他的军事"伴当"凭借他们的有利地位,拥有大量的牲畜,并掌握着牧场的支配权,奴隶已普遍出现,奴隶的来源主要是战争俘虏和掳掠人口。

劫掠是游牧民族的一种主要生活方式,他们不光是抢劫财物,也抢劫人口,包括抢劫女人做妻子。公元1161年,乞颜部的首领也速该一次外出打猎,发现了一支为新娘送亲的队伍,也速该立即带领部属袭击了这支队伍,抢走了新娘。新娘是弘吉剌人,名叫诃额仑,正准备出嫁给蔑儿乞人。可是,诃额仑却从此成了也速该的妻子。

第二年,也速该和诃额仑的儿子降生,也就在这一年,也速该带领乞颜部打败了塔塔尔部,活捉了他们的首领铁木真兀格,为纪念这次胜利,也速该给儿子取名铁木真。铁木真即后来带领蒙古人崛起,并称雄世界的一代枭雄成吉思汗。

在铁木真9岁那年,也速该外出路过一个部落,见他们正在举行宴会,按照草原民族的习俗,也速该乘兴去参加了他们的宴会。但是,这是塔塔尔人的一个部落,而且铁木真兀格的儿子札邻不合也在其中。札邻不合暗中在酒里放下毒药,也速该中毒而死。

也速该死后,乞颜部群龙无首,部众纷纷离去,只剩下诃额仑孤单地带着铁木真和铁木真的三个弟弟。然而厄运并没有完结,昔日被迫臣服于也速该的蒙古泰亦乌部首领塔里忽台,为防止铁木真长大后聚集部众,重整乞颜部,从而成为自己的对手,决定斩草除根。他们抓获了铁木真,给他戴上枷锁,带往各地示众,准备用他来血祭天地。但是铁木真在一个牧奴的帮助下设法逃了出来,从此过起了四处逃亡的生活,终日提心吊胆,躲避各种仇敌的追杀。铁木真因此经历了无尽的艰难困苦,但也正是这种生活磨难,造就了铁木真狡黠、坚毅、残酷而无情的性格。

为了摆脱这种艰难的局面,铁木真努力结交各种关系,他与蒙古扎答兰部的札木合结义为兄弟,又设法依附于父亲的昔日盟友——克烈部首领王汗,并尊称其为王父。年龄稍长后,他开始收聚起父亲的昔日部众,逐渐积聚起力量,建立起了自己的部落。

铁木真18岁那年遭到了蔑儿乞人的报复,他父亲当年抢来蔑儿乞人的新娘,结果他的新婚妻子也被蔑儿乞人抢走。铁木真带上重礼去恳求克烈部首领王汗和札答兰部的结义兄弟札木合,请求他们帮助自己打败蔑儿乞人,夺回妻子。在王汗和札木合的出兵帮助下,铁木真趁黑夜发动袭击,大败蔑儿乞人,不仅夺回了妻子(其妻这时已怀上了蔑儿乞人的孩子,后成为铁木真的长子术赤),还夺取了大量的牲畜、财产和牧奴。这一仗使他实力大增,铁木真开始崛起。

铁木真的崛起吸引了许多蒙古族部众前来投靠,他被推举为蒙古乞颜部的可汗。铁木真厚待部众,带领他们在草原上四处争战,努力扩大自己的势力范围,乞颜部日渐强大。但是铁木真的强大和称汗,却引起了野心勃勃的札答兰部首领——他昔日的结义兄弟札木合的忌恨。札木合这时已经是草原上的一方霸主,他不愿看到铁木真强大起来成为与他争雄草原的对手,两人反目为仇。为了打败铁木真,札木合纠结塔塔尔、泰赤兀等13个部落组成联军,对铁木真发动了"十三翼之战",铁木真被打得大败。

铁木真战败后收聚残部去投靠了王汗。当时大漠草原上的游牧民族包括蒙古人都归属于金国管辖,王汗也是受金国册封的官员。公元1196年,铁木真率部跟随王汗,帮助金国朝廷镇压了塔塔尔人的叛乱,朝廷给予他们封赏,铁木真也被金国朝廷授予了节度使官职。

草原各部害怕铁木真的崛起,他们推举札木合为"古儿汗",意即:众汗之汗,札木合组织12个部落建立联军,准备再次向铁木真发动进攻。公元1201年,铁木真与王汗联兵,打败了正在会盟的12个部落的联军,札木合战败后投降了王汗。

公元1202年,铁木真率部接连打败了草原上的四个部落,力量越来越强大。但是铁木真的强大对王汗的草原霸主地位也开始构成了威胁,在札木合的挑拨下,为防止铁木真取代自己的霸主地位,王汗对他发动了突然袭击,铁木真大败而逃,损失惨重。

但是铁木真并没有屈服,他收聚溃散的部众,重整旗鼓,不久后又重新恢复了元气。他暗中观察王汗的动向,趁其不备,夜间突然向他的驻地发动袭击。王汗猝不及防,驻地陷入一片混乱,混乱中王汗落荒而逃,只身逃入了乃蛮部境内,结果被乃蛮人的边将当作奸细捕获而杀死。札木合后来也被他反叛的部下擒获送给了铁木真,被铁木真处死。

王汗和他强大的克烈部被消灭后,铁木真占据了漠北草原东部水草丰美的呼伦贝尔草原,漠北草原上只有西部的乃蛮部还能够与之对抗。败于铁木真的草原各部先后汇集于乃蛮部,推举乃蛮部的首领为"太阳汗",企图借助太阳汗的势力夺回失去的牧场和牛羊。太阳汗率领各部联军前来进攻,铁木真巧布疑阵,大破乃蛮联军,擒杀了太阳汗。

至此,漠北草原上的几大势力都被铁木真打败,其余小部落纷纷归顺。蒙古、塔塔尔、蔑儿乞、克烈、乃蛮五大部,大大小小共百余个部落均被统一到了蒙古部大汗铁木真的旗下,漠北大草原从此也被称为蒙古大草原。

公元1206年,蒙古草原上的各部首领在斡难河畔召开了库里台大会(草原部落传统的贵族民主会议),一致推举铁木真为全蒙古的大汗,尊号:成吉思汗,意为海洋四方的大汗,这一年他44岁。为了加强对各部的管辖,成吉思汗制定了一套带有中央集权性质的军事化的行政管理制度。他打破了原来的部族形式,把游牧民以十户、百户、千户、万户为单位组织起来,并任命十户长、百户长、千户长、万户长,统一管辖,共组成了95个千户。全体蒙古牧民上马即作战,下马即放牧,成了一部高效率的军事机器。

蒙古草原统一在成吉思汗的统治之下后,内部的争战暂时平息了,但是人口增长与自然资源的矛盾并没有解决,如果不找到出路,内部争战将重起。而解决的办法仍然是战争,这也是成吉思汗最擅长的事情,同时也是游牧民族的优势所在和他们最热衷的活动。因为跃马扬刀、呼啸战场最能展现男人的征服力和雄性美,征服战争能为他们带来取之不尽的财富和享用不尽的女人,他们渴望战争。这种英雄情怀,是那些保守的、把生活的全部希望年复一年地寄托在自己一亩三分地上的农业民族无法体会的。为了给他的游牧民部属带来充足的生活资料和更多的财富,成吉思汗带领他们开始了对外的掠夺、征服和扩张战争。

成吉思汗选中的第一个目标是实力较弱的西夏,从公元1206年开始,成吉思汗带领蒙古骑兵连续三年,三次扫荡了西夏,所到之处居民被杀光,财物被抢光,房屋被烧光,只是因为蒙古人还不擅长攻城,西夏的都城中兴府才没有被攻下。最后,在西夏人交纳重金并表示纳贡称臣后,蒙古人撤围而去。

经过三年的连续扫荡,西夏的财物已基本被抢劫殆尽,成吉思汗把他的目光转向了第二个目标——更富裕的金国。蒙古人本是金国的臣民,成吉思汗还是金国朝廷册封的官员,但是这时他势力强大了,可以造反了。在进攻发起之前成吉思汗做足了准备,他收纳了许多憎恨女真人统治的契丹人和汉人,通过他们详细了解了金国内部的情况。在掌握情况后,成吉思汗集结起数十万骑兵,于公元1211年向金国发动了突然袭击,金国猝不及防,长城以外很快被蒙古人占领。但是整整一年蒙古人无法突破长城,他们只得掉头向东,先攻占了金国的东北地区,然后又占领了朝鲜。

第二年,成吉思汗施计把金国30万大军引诱出了长城,在野战中将其歼灭。这时蒙古人已学会了一些攻城技术,从而得以攻入了长城,他们包围了金国都城北京,但是仍然无法攻破北京城。蒙古人纵马华北平原,所到之处居民被杀光,财物被抢光,房屋被烧光,90多座城市被夷为平地。在金国向其求和并交出大量金银财宝后,蒙古人满载着数不清的财宝,撤围北京,出长城而去。

金国皇帝为避其锋芒,于1214年把都城南迁到了开封,次年,蒙古人突然杀回北京,北京城被攻破。城中的150多万人口被屠杀殆尽,无数的财宝被抢光,房屋被烧光,蒙古人用了一个多月来搬运北京城的财物,整个北京城变成了废墟。

蒙古游牧民发动战争的目的是为了掠夺财富和占领土地,扩大生存空间,所以异族人口对他们来说是多余的,必须杀掉。农田也必须废掉,因为他们需要的是牧场。房屋对他们毫无用处也都被毁掉,因为游牧需要住帐篷。唯一能留下来的是能工巧匠,因为他们需要能工巧匠为他们制造武器装备和生活用具。所以在蒙古人占领的土地上人们很难逃脱死亡,除了工匠外,只有一些妇女和儿童会被他们留下来做奴隶。为防工匠逃跑,蒙古人会用烧红的铁链穿过工匠肩上的锁骨,将工匠牢牢锁住。

北京沦陷后为防止蒙古人进一步南下,金国在华北的北部建立起了一道坚固的防御体系,蒙古人无法突破,于是他们把征服的目标转向了西方。这时,从金国获得的能工巧匠对他们改进武器装备,提高军事技术发挥了极大的作用,使他们不但拥有了更精良的武器装备和攻城器械,而且还拥有了当时世界上最先进的热兵器,如火炮、火箭、火铳、震天雷、炸药等等。这些威力强大的武器在蒙古人的西征中,特别是在攻城时发挥了巨大的作用。

公元1218年,蒙古大军发动了第一次西征。当年,蒙古人即灭亡了西辽国(西辽国是金灭辽国后,辽国余部在西域和中亚东部地区建立的国家)。1219年~1221年,蒙古灭亡了花剌子模(花剌子模当时占据有中亚西部和伊朗高原)。蒙古人继续向西进攻高加索地区,征服了阿塞拜疆和格鲁吉亚,然后越过高加索山脉进入顿河流域,那里的突厥钦察人向俄罗斯人求助。公元1223年5月,蒙古军大败钦察和俄罗斯联军,占领了顿河流域和伏尔加河下游。

蒙古人所向披靡,无坚不摧。野战是蒙古骑兵的特长,蒙古大漠是世界野马的原产地,所以蒙古马都保留了原始野马的特性,虽然体型并不高大,奔跑速度也并不是特别快,但却是世界上耐受力最强的马,可以长距离不停地奔跑,对环境和食物的要求也是最低的,无论是在亚洲的荒漠还是在欧洲的草原,蒙古马都能随时随地找到食物,有极强的适应能力。世界其他地方的马都是由原产于这些地区的野马驯化而来,虽然有的体型高大,有的力量大,有的速度快,但是吃苦耐劳的能力都比不上蒙古马。

蒙古弓是一种复合弓,由优质木材和牛角、牛筋多层叠加而制成,射程可达270米,远远超过一般的弓,蒙古人作战时,往往会与敌人拉开距离,用弓箭射杀敌人。蒙古人从小在马背上长大,弓箭是他们儿时的玩具,因此能骑善射,不仅能在快速进攻中准确地射中敌人,在快速的撤退中也能不断地从马背上反身射中敌人的追兵。

在野战中,蒙古军并不会硬攻,他们往往会假装败退,吸引敌军追击,待敌军精疲力竭,队伍散乱,步兵远远落在后面时,再回头将敌人分割包围全部歼灭。大迂回是蒙古军最常用的也是最行之有效的战术,蒙古军常常利用轻骑兵的机动性进行远距离的迂回包抄作战,从敌人背后发动袭击。在进行远距离的长途奔袭中,蒙古骑兵每人三匹马,轮流骑,以保证速度和耐力,因此他们常常能对敌人发动出其不意的打击。

在学到了中国的攻城技术后,蒙古军已经能够做到无坚不摧。在攻城时他们使用中国工匠制造的抛石机、攻城槌、火炮、火箭等攻城装备和热兵器。用抛石机向城里抛射巨石,用攻城槌撞击城墙,向城里发射火箭(一种用长筒和火药发射燃烧物的热兵器),火箭上带有砒霜和巴豆,能燃烧产生有毒的烟雾,使人窒息而死。用火炮向城内发射炮弹并轰击城墙,对从未见闻过火药和火炮的西方人来说,炸药的巨响和火炮的威力有巨大的心理震撼作用,往往城墙未破,守城军士已意志崩溃弃城而逃。

蒙古军采用中国古代常用的攻城战术,围三缺一,包围城市的三面,留下一面让敌人出逃,敌人逃出城后骑兵再在野外进行围歼。如果以上方法还不能奏效,则由工兵挖地道至城墙底下,然后用炸药炸开城墙。城破之日无一例外地被残忍屠城,城中居民被斩尽杀绝,财物被抢光,城市被夷为平地。

1223年秋,从后方传来消息,西夏人不甘于忍受蒙古人的压迫,趁蒙古大军远征西方之际,正在策动草原各族反蒙。闻此信,成吉思汗在占领区留下驻军后,于当年底率军返回了蒙古。1224年,蒙古人再次扫荡了西夏,攻陷了西夏重镇银州,但都城中兴府久攻不下,西夏再次表示愿意投降臣服,成吉思汗决定暂时退兵。

1225 年,成吉思汗把侵略扩张后的疆域对四个儿子进行了分封,长子术赤封于西伯利亚额尔齐斯河以西至伏尔加河下游,建钦察汗国;次子察合台封于西域北部至中亚阿姆河流域,建察合台汗国;三子窝阔台封于西域至蒙古西部,建窝阔台汗国;因为蒙古有幼子继承祖业的习俗,所以蒙古草原的大部和已占领的金国北部地区都留给了四子拖雷。因为长子术赤并非自己亲生,成吉思汗决定三子窝阔台为自己大汗位的继承人。

1226 年,成吉思汗亲率 10 万大军再次出征西夏,决心把它彻底消灭。西夏军民进行了顽强的抵抗,战斗空前惨烈,蒙古军每攻下一城都要付出惨重的代价。然而,在激烈的战争中成吉思汗却突然死亡,而死因至今是个谜,有人说是病死,有人说是攻城时中箭而死,也有秘闻说成吉思汗是在享用西夏美女时遭美女突下杀手而死。总之,这个争战一生、杀戮成性的一代枭雄终于死了。

世人对他的评价褒贬不一,有人称赞他是旷世英雄,有人咒骂他是绝代暴君,有人说他是天之骄子,有人说他是上帝派来的杀人恶魔。成吉思汗曾经说过:"人生最大的幸福是在胜利之中:征服你的敌人,追逐他们,夺取他们的财产,使他们的爱人流泪,拥抱他们的妻子和女儿。"①漠北草原的残酷生存环境和凶险坎坷的人生经历造就了他凶残的性情,也使他把征服、掠夺和杀戮当成了人生的最大幸福。

当然,对于一个历史人物,我们不能用现代文明社会的道德观来对他进行评价,因为从历史的角度看,他只是在特定的历史和自然环境下,人类生存竞争的产物。在自然界的生存竞争中,狮子和老虎因为拥有锋利的爪牙,而处于动物食物链的上端,它们要捕食野猪和羚羊,这并非因为它们生性恶毒残忍,它们也只是为了生存,不捕食它们就会饿死。同样,在人类的生存竞争中,游牧民族因为拥有马匹和能骑善射,并且全民皆兵的军事优势,从而处于了人类食物链的上端,他们进行掠夺、杀戮和征服也并非是因为他们生性特别恶毒残忍,他们也是为了生存,在自然条件恶劣,生活资源匮乏的草原环境下,掠夺和狩猎一样,是他们的一种重要的生存方式。

成吉思汗临终时留下两个遗愿:一个是杀尽西夏人;另一个是联合南宋灭亡金国。第二年,他的儿子们率领蒙古人彻底地灭亡了西夏,完成了他的第一个愿望,西夏人几乎被杀绝。但是随后,蒙古帝国内部为大汗的继位权问题发生了激烈的争持,两年后,通过库里台大会,窝阔台被推选为蒙古大汗。

---

① (美)斯塔夫里阿诺斯:《全球通史》,吴象婴等译,北京大学出版社 2009 年版,第 177 页。

窝阔台继位后开始了对金国的征服战争。金国派使者到南宋,欲与南宋结盟抵抗蒙古,但因为金人与南宋之间延续一百多年的战争积怨太深,被南宋拒绝。蒙古派人与南宋联系,南宋欲夺回被金国占领的北方领土,于是在与蒙古人达成收复失地的协定后,与蒙古结成同盟。蒙古军在正面继续对金进行猛攻的同时,派出军队经南宋境内绕过金军的防线,从背后攻入金境,金军全线崩溃,都城开封被攻陷,金帝逃到蔡州。1234 年,在南宋军与蒙古军的联合进攻下,蔡州被攻陷,金国灭亡。

金国灭亡后南宋军迅速收复了洛阳、开封、商丘等城市和大片土地。但是蒙古人很快即抛弃了协定,为了阻止南宋军继续北上,蒙古人掘开了黄河大堤,黄河南岸一片汪洋,南宋军多被水淹,损失惨重,又遭到蒙古军的反击,不得不停止了北上。

蒙古人灭亡金国后实力大为增长,但他们并没有因此而满足,又开始策划新的侵略扩张。1235 年,蒙古人兵分两路:一路由钦察汗术赤的次子拔都率领发动第二次西征,进攻欧洲;一路由大汗窝阔台亲自指挥南下,进攻南宋。

第二次西征的蒙古军队进展顺利。1236 年春,越过乌拉尔河进攻伏尔加河中游的保加尔人,当年秋天攻破了以阵地坚固和资源丰富而闻名的不里阿耳城。1237 年春,南下进攻突厥钦察人,占领了顿河下游和北高加索地区。冬季越过冰封的伏尔加河进入俄罗斯东北部,攻破了里亚赞、罗斯托夫、弗拉基米尔等一大批城市。1238 年春逼近北方城市诺夫哥罗德,因开春后骑兵受阻于沼泽地,调头攻占了伏尔加河上游地区。1239 年征服了俄罗斯南部、西南部和克里米亚半岛,1240 年占领了第聂伯河流域和基辅。

1241 年继续向西进攻波兰,大败波兰军,攻陷波兰首都克拉科夫城。转而渡过奥德河进攻西里西亚,歼灭了波兰人与欧洲十字军的日耳曼条顿骑士团 3 万联军。趁胜南下进攻捷克和匈牙利,歼灭了欧洲最强悍的匈牙利马扎尔人的 10 万大军,攻陷了匈牙利首都佩斯城。继而进攻罗马尼亚、保加利亚等地,蒙古军一路扫荡,一直到达了亚得里亚海岸。然后,蒙古大军准备进攻神圣罗马帝国的首都——奥地利的维也纳。

整个欧洲沉浸在一片惶恐之中,人们惊呼匈奴人又来了,以致远在英国伦敦的马修·帕里斯修立在他的编年史中这样记述道:"像成群的蝗虫扑向地面,他们彻底劫掠了欧洲东部,焚烧与屠杀使这里变成了一片废墟。经过萨拉森人的国度后,他们铲平了城市,伐光了森林,推到了堡垒,拔掉了藤蔓,捣毁了村庄,屠杀市民和农民。如果他们偶尔饶恕了某些哀求者,还要强迫这些沦为最底层的奴隶站在队伍的前列,去同自己的邻居作战。那些假装打仗和幻想逃跑的人,被鞑靼人追回后统统杀掉,……他们像对待牲口一样虐待俘虏。他们野蛮残忍,与其说是人,不如说是鬼;他们酷爱喝血,撕吞狗肉人肉,身穿牛皮,手持铁盾;他们身材矮胖,体格健壮,不屈不挠,战无不胜。"①

正当欧洲为之恐惧,人人胆战心惊,不知道蒙古人什么时候会灭亡整个欧洲时。1242年初,从蒙古传来窝阔台大汗去世的消息,拔都终止了他的西征,急忙赶回蒙古,去参加大汗的葬礼以及大汗继位权的竞争。拔都的这次西征,为蒙古人建立起了从东北亚的太平洋沿岸一直的中欧多瑙河畔,地阔万里的庞大帝国。此后,从西伯利亚的额尔齐斯河以西到多瑙河以东,都是拔都的领地,他建都于伏尔加河下游的萨莱,因其帐殿为金色,故称为金帐汗国。金帐汗国统治东欧和俄罗斯达240多年之久。

蒙古军西征欧洲所向披靡,但是进攻南宋的蒙古军却遇到了强劲的抵抗,出师不利。在窝阔台大汗的亲自指挥下,蒙古大军兵分三路发动进攻,但是进展缓慢,直到第二年才取得进展,中路军攻占了湖北襄樊这个军事重镇。正当蒙古人在中路集结大军准备渡长江南下时,却遭到了南宋军队的强大打击。南宋派出大将孟珙带兵增援,孟珙连破蒙古军24寨,大败蒙古军,粉碎了蒙古军南渡长江的企图。此后几年,孟珙带领南宋军与蒙古中路军展开了惨烈的拉锯战,双方难分高下。

到1239年,南宋大将杜杲在庐州(今安徽合肥)大败蒙古东路军,蒙古东路军损失惨重,被迫撤退。孟珙趁机展开反攻,连败蒙古军,收复了襄樊。接着孟珙率军进入四川,1240年大败蒙古入侵四川的西路军,至此,蒙古各路军全面失败。1241年,蒙古大汗窝阔台病死,蒙古军撤退,这场长达6年的第一次宋蒙战争以蒙古人的失败而告终。

窝阔台死后,蒙古人为大汗位的继承权进行了长达5年的内部纷争,最后由窝阔台的儿子贵由继承了大汗位。但是2年后贵由即死去,大汗位又空缺了3年,直到1251年,才由拖雷的儿子蒙哥继承了大汗位。至此,蒙古的大汗位由成吉思汗三子窝阔台世系,转到了四子拖雷世系。

野心勃勃的蒙哥继位后,又开始准备进行大规模的侵略战争。他一度想进攻西欧,并向当时在蒙古的欧洲人打听了西欧的情况,法兰西是否富有,是否有许多牛、羊、马。但是在了解到西欧实在是太贫穷,征服那里没有什么经济价值后,于

---

① (美)斯塔夫里阿诺斯:《全球通史》,吴象婴等译,北京大学出版社2009年版,第179页。

是决定先征服富饶的南宋和富有的中东阿拉伯阿拔斯王朝。蒙哥把征服阿拉伯世界的任务交给了他的三弟旭烈兀;而对南宋的征服,他采纳了二弟忽必烈的大迂回建议,从西面经吐蕃绕过南宋,先占领中国西南的大理国,从而形成对南宋的前后包围夹击。

1252 年,忽必烈率领 10 万大军开始了对大理国的长途进击,先征服了吐蕃,至 1254 年灭亡了大理国,完成了对南宋的战略大包围。1258 年,蒙古正式发动了对南宋的第二次战争,为了避开长江天堑,蒙哥决定从西面进攻,蒙古人兵分三路:南路从大理国进攻南宋的南方;北路由忽必烈率领,进攻鄂州(今武汉);蒙哥亲率中路进攻四川,准备攻克四川后,顺长江而下一举攻克南宋。

蒙哥中路大军来势汹汹,开始时进展顺利,很快就攻克了成都,但是在重庆附近的合州他们却遭到了顽强地抵抗。抗蒙名将孟珙曾在合州经营过,在合州往东进入长江中下游的必经之地钓鱼山修筑了坚固的防御工事,虽然这时孟珙、杜杲等抗蒙名将都已去世,但是孟珙的部将王坚还在,王坚指挥部队顽强防守,蒙哥毫无办法。蒙古人西征时所使用那些攻城方法,对付南宋毫无用处,因为那些方法都是从中国学去的,南宋人对付它们都有破解之法。

1259 年,蒙古军连续猛攻数月,但是寸步未进。蒙哥心急气躁,亲自率兵攻城,结果被火炮击中,当晚死于军营,中路军只得撤回蒙古。忽必烈率领北路军久攻鄂州不克,忽闻大汗蒙哥死去,急欲赶回蒙古争夺大汗位,遂与南宋议和,双方达成了和议,然后忽必烈急忙撤兵回蒙古去了。至 1260 年,入侵南宋的蒙古军全部撤退,第二次宋蒙战争又以蒙古大汗蒙哥战死,蒙古军的全面失败而告终。

与此同时,西征阿拉伯阿拔斯王朝的旭烈兀于 1253 年秋从蒙古出发,1256 年渡过阿姆河,开始了对伊朗高原的进攻,当年就占领了整个伊朗。1258 年攻陷了中东最繁荣的城市——阿拔斯王朝的首都巴格达,蒙古军纵兵烧杀掳掠,巴格达成为一片废墟,阿拉伯世界几百年发展的文明精华化为灰烬,阿拔斯王朝就此灭亡。1260 年攻陷大马士革,灭亡了叙利亚阿尤布王朝,转而进攻小亚细亚,打败了巴尔干诸国的联军。

蒙古人对伊斯兰教国家的征服令欧洲基督教国家和罗马教廷大为兴奋,他们派来使者,欲与蒙古人结成联盟共同消灭伊斯兰教。然而正当旭烈兀准备继续向西进攻埃及时,传来了蒙古大汗蒙哥死亡的消息,旭烈兀急忙赶回蒙古,参与蒙古大汗继承权的竞争(旭烈兀走后他的部将曾进攻埃及,但没有取得成功)。旭烈兀的这次西征,建立起了地跨阿富汗、伊朗、中东两河流域和叙利亚的伊儿汗国。

蒙哥死后,蒙古人为大汗位的继承权立刻爆发了激烈的斗争,斗争的焦点人物是蒙哥的二弟忽必烈和最小的四弟阿里不哥,他们分别代表了蒙古人之中的新旧两派思想观念。忽必烈久居汉地,已经部分地接受了文明思想,虽然对占领区仍然是大肆烧杀掳掠,但是已不再是采取极端野蛮的,把人杀光,把城市都摧毁,把农田都变成游牧的草场,那种游牧民族传统的野蛮原始做法。他会留那些投降的人,留下一些城市,留下一些农田,以便将来统治他们,收取赋税,以获得更长久更丰厚的利益。而依照蒙古人幼子守祖业的传统,阿里不哥一直固守在草原上,所以也一直固守着草原民族古老而野蛮的传统。在侵略战争中,他们会杀尽被征服的异族人占领他们的土地,摧毁所有的城市坚持住帐篷,毁掉所有的农田坚持过游牧生活,坚定不移地保持游牧民族的习俗。

阿里不哥坚持游牧民族的传统因此他得到了绝大多数蒙古人的拥护,他们将忽必烈之流视为对蒙古人的背叛,认为忽必烈的所作所为将使蒙古人丧失剽悍而尚武的根本,堕落成为像城市人和农民那样懦弱而无能,从而丧失征服和统治能力。阿里不哥得到了金帐汗国的拔都一派的支持,而忽必烈则得到了伊儿汗国的三弟旭烈兀的支持。

蒙古贵族在草原上举行传统的库里台大会上,一致推举阿里不哥为蒙古大汗,建都于和林。忽必烈也在漠南的开平建都并自称大汗。结果双方爆发了激烈的战争,战争持续了长达4年,虽然忽必烈最终打败了阿里不哥,占领了蒙古高原,夺取了蒙古大汗位,但是,金帐汗国、窝阔台汗国、察合台汗国都拒不承认他的大汗地位,继续与他为敌。从维护蒙古人的征服力和统治地位的立场来说,阿不里哥一派似乎是正确的,因为金帐汗国统治东欧和俄罗斯长达240多年之久。而忽必烈进入城市后,生活逐渐腐化,他的后代完全丧失了野蛮剽悍的尚武品格,堕落成了四体不勤的城市贵族公子,忽必烈在中国建立的元朝也只维系了仅仅89年即被推翻。

忽必烈在打败阿不里哥,夺得了蒙古大汗地位后,又开始准备灭亡南宋的战争。然而在这期间,南宋也发生了内乱。在第二次宋蒙战争中,时任右丞相的贾似道,主持了与蒙古军统帅忽必烈的和议。和议达成后,蒙古军全线撤退,宋军取得了第二抗蒙战争的完全胜利。因此,贾似道被作为大功臣和大能人而受到了皇帝宋理宗的信任和重用。贾似道和一帮主和派官员大肆夸大和议的功劳,贬低主战派和前方将士所取得的抗战胜利的作用,对抗蒙有功的主战派将领进行排斥和打击。他提出了所谓的"打算法",对在抗战中支取官物作军需的人一律治罪,一大批在抗蒙战争中有功的将士和官员因此遭到弹劾罢官,家属也被拘禁偿付军需。贾似道借此排除异己,扩大自己在朝廷中的权势。宋理宗去世后,继位的宋度宗更是把贾似道视为靠山,对他言听计从,从而使他取得了独擅朝廷大权的地位。

因为与蒙古的长期战争,消耗了南宋大量的财力和物力,因此,当时南宋朝廷出现了财政困难。为了给朝廷增加财政收入,贾似道竟然竭泽而渔,极端错误地推出了所谓的"公田法"。要求限制所有的人占有土地的数量不能超过200亩,超过的由国家收回来成为公田,然后由国家雇人耕种,收入归国家财政。这无疑是在开历史的倒车。本来自唐朝"两税法"推出来后,土地公有制就被废除了,土地成了私有,可以自由买卖,不抑制土地兼并。宋朝建立后,就是因为土地可以自由买卖,不抑制土地兼并,因此带来了商品经济的发展和工商业的繁荣。从而打破了中国几千年以来小农经济自给自足的非商品经济模式,打破了中国小农经济制度从新王朝初期的建立到王朝后期的破坏,再建立,再到破坏所造成的,王朝变换周期性规律。宋朝的土地已经进入了集约化和规模化经营,多余的劳动力已经转入工业、商业和服务业,社会已经进入商品经济模式,并已经开始向城市化发展。宋朝也因此而经济发达,人民富裕,社会安定,历经300多年从没有发生过社会动乱。贾似道的"公田法"使这种商品经济的发展模式遭到了彻底的破坏。

贾似道的"公田法"推出来后,立即遭到了强烈的反对。反对者不仅有大地主,还有大官僚和军事将领,因为他们都拥有很多的地产。贾似道一意孤行,坚决实施该法。对于抵制者和反对他独擅朝权的官员,贾似道进行了无情的打击,许多忠臣被害,良将被杀。结果导致南宋政权人心涣散,社会动乱,许多人竟因此而叛变投降了蒙古人。受到打击的南宋四川守将刘整为求自保,也率部投降了蒙古军,致使忽必烈不费吹灰之力即得到了四川这个南宋的战略要地,以及他梦寐以求的精锐水师。这为他灭亡南宋创造了极为有利的条件。

南宋的内乱,给了蒙古人机会。经过充分准备,1268年,忽必烈发动了第三次蒙宋战争。战争的焦点还是战略要地襄樊,襄樊城防坚固,兵多粮足,守城军民意志顽强。蒙古人用尽了各种办法,然而始终无法破城。蒙古人只能增派大军将襄樊团团围困,直到1273年,襄樊城被围困了长达五年以后,城中弹尽粮绝,才被蒙古军攻破。襄樊被攻陷后蒙古20万大军顺江而下,展开了对南宋的猛攻。

贾似道只是一介文臣,没有勇气与蒙古人作战,企图以割地赔款为代价,再一次与蒙古人议和,但是没有成功。贾似道遭到朝廷官员的群起攻击,被罢官贬往广东,在前往广东的路上被痛恨他的押解官员杀死。1276年,蒙古军攻陷了南宋都城临安,谢太后带着5岁的小皇帝宋恭宗投降。南宋人在福州另立7岁的益王赵昰为帝,南方各州仍然在继续顽强的抵抗蒙古人的进攻。

蒙古人步步进逼,南宋赵昰政权退到了广东。1278 年,赵昰去世,9 岁的赵昺被立为皇帝,1279 年,南宋军与蒙古军在广东厓山进行了最后的决战,南宋军战败,宋将陆秀夫背着小皇帝赵昺一起跳海自杀。南宋军民都不愿做俘虏,跟着他们一起跳海的官员、家眷和南宋军民有 20 多万人。南宋亡,忽必烈在中国建立起了元朝。

蒙古人三次西征欧洲和西亚,兵锋所至望风披靡,而南宋被认为是中国历史上军事最弱的朝代,但是蒙古人为征服南宋先后发动了三次战争,用时 45 年,最后还是因为南宋内部发生动乱,才得以完成。由此可见,虽然宋朝实行重文抑武的政策制约了军事力量的发展,从而导致国家富而不强,但是,因为拥有雄厚的经济实力,发达的科学技术和先进的武器装备,所以,军事实力仍然是当时世界一流。当然,中国南方多山川河流的地势,也是他们得以成功抵御强悍的蒙古骑兵的有利条件。

蒙古人灭亡南宋后,忽必烈为实现先祖成吉思汗征服世界的愿望,继续进行了一些侵略扩张的战争。他们继续向南出征东南亚诸国,但是却并不成功,东南亚茂密的热带雨林使他们的骑兵无法发挥作用,而湿热的热带气候也令他们无法忍受,可怕的热带瘟疫以及虐蚊毒虫更是造成了他们大量的人员病死,最后只能退兵。另外,忽必烈还曾企图征服海岛国家,但也未能成功,因为蒙古人不习海战,越海远征东南亚爪哇岛以失败告终,远征日本岛时更是二次都遭遇海洋上的大风暴,出征的舰队几乎全军覆没。

蒙古人征服中国并建立元朝后,在中国实行了极其野蛮的种族奴隶制统治,他们把人分为四等:处于最上层的是蒙古人;为了统治中国人,他们把中国人以外的所谓"色目人"列为二等,常常使用他们在中国做官来统治中国人;他们把中国北方原金国境内的人称为北人,列为第三等;原南宋境内的人称为南人,列为第四等。北人和南人都成了奴隶,被称为"驱口",意思是等同于牲口。一个蒙古大长使往往拥有上万个驱口,其他的中小蒙古官员和蒙古人拥有的驱口也都有上千或上百个。驱口没有人身自由,是主人的私有财产,主人可以随意买卖。为了消灭汉族文化,蒙古人不准使用汉族姓氏,汉人甚至连名字都不能有,只能以出生日期为名。比如明朝开国皇帝朱元璋父亲的名字就叫五四,朱元璋的名字叫重八,起兵反蒙后,才恢复了汉姓起了汉名。

为了镇压和统治汉人,蒙古不仅在全国各地派驻军队,而且在每个村庄派驻一户蒙古人。为了防止汉人造反,蒙古人规定每五户汉人才能共用一把菜刀,而且这把菜刀还要放在蒙古人家里,只有经蒙古人同意,汉人才能开灶做饭。汉族人被禁止与蒙古人通婚，但是汉族姑娘新婚之前必须先与蒙古男人睡三天。所以当时的汉族人结婚后都是把生下的第一胎摔死，俗称"摔头胎"，以免生下的是蒙古人的后代，他们以这种残酷而无奈的方式来进行反抗。蒙古人规定汉族老人到了60岁就必须送到荒山野外坟地的墓穴里去等死，或者直接活埋，因为汉人都是驱口，驱口到了60岁已经丧失劳动力，只会浪费主人的粮食。为了控制汉族人口的增长，蒙古人一度还在山东沿海一带每年夏秋之季，把成村的汉人抛入大海。

蒙古统治者除了按种族和地域把人分为四等外，还按照职业又把人细分为十等：官、吏、僧、道、医、工、匠、妓、儒、丐。妓是娼妓，儒是儒生，丐是乞丐，儒生排在乞丐之前，娼妓之后，位列第九等，鄙称为"臭老九"，连娼妓都不如，可见蒙古人对知识分子和汉族文化的蔑视。

蒙古人把他们在草原上的封建牧奴制度带到了汉地，蒙古贵族在他们的封地里跑马圈地，封地里除了开辟有牧场外，也留有耕地，封地上农民就成了他们的农奴。而未分封的土地则都是官地，在官地上实行屯田制，在屯田里劳动的农民都是官府的农奴，实行军事化管制。蒙古人对农奴的压榨极为残酷和苛刻，农民们经常是食不果腹，他们常常大批地逃亡，不得不群起造反。

在蒙古人建立的元朝，所有的工匠都被强行纳入了官府的工厂，成为官奴，并且世世代代都只能为工匠，不得改行。所有的工厂都是官营的，民间工业被彻底扼杀。而官营的工厂除了为蒙古统治者制造武器外，就只生产少量的奢侈品供蒙古贵族享用。商业也完全被元朝政府和蒙古王公贵族垄断，政府对商业实行垄断经营。从此，宋朝300多年来积极发展工商业所取得的辉煌成果灰飞烟灭，中国从正在步入工商业化和城市化的先进文明社会，忽然间回到了半游牧半农业的原始野蛮社会。

宋朝发达而繁荣的对外贸易都是通过海洋进行，但是元朝却实行禁海政策，首开中国历史上的禁海先例。蒙古人禁止民间商船出海，只允许官方进行对外贸易，这一政策无疑是对中国工商业发展的又一绝杀。而且元朝的禁海政策后来被明朝和清朝沿用，因此，它对中国工商业的发展造成了巨大的破坏，其影响无法估量。

可以毫无疑义地说，元朝是中国历史上最黑暗的时代。但是蒙古人在中国的残暴统治并没有维持多久，自从他们建立元朝起，中国人的反抗和起义就没有间断过，彼伏此起，而且规模越来越大。1368年，元朝的残暴统治被人民起义推翻。在遍及全国的农民大起义中，朱元璋脱颖而出，他领导的农民起义军在中国建立了明朝。

蒙古人的征服战争给世界各国带来了深重的灾难,他们极为野蛮和残忍,按照蒙古游牧民族的习俗,征服军所到之处,凡是身高超过车轮的人,都将被杀掉,只留下一些儿童和妇女作为奴隶使用。只是在征服战争的后期忽必烈当政后,情况才稍有改变。据统计,在蒙古人的整个征服战争期间,他们总共杀掉的人口超过一亿。然而,他们还并不是世界历史上最野蛮凶残的征服者,世界上最野蛮凶残的是西方殖民者,他们在大航海时代来临后征服世界的大殖民时代,总共杀掉的人口高达二亿之多。

游牧民族是人类历史上破坏性最大的民族,他们已经在世界历史中毁灭掉了无数的辉煌古代文明,造成了无数先进地区文明发展的中断和倒退。同样,蒙古人的征服战争也沉重地打击了世界文明的进程。他们摧毁繁华的城市,把农田变成牧场,把农业文明和繁荣的城市工商业文明打回到原始的游牧社会。中国在被蒙古征服后所造成的社会倒退,直到600多年后的清朝末年都未恢复,清朝末年中国的经济总量仍然远未达到宋朝时期的水平,工商业的发展和城市的繁荣情况更无法与宋朝相比。而在阿拉伯中东地区,据西方学者的研究,因为蒙古人对阿拉伯阿拔斯王朝的蹂躏,中东的农田和水利设施被破坏殆尽,直至今天,中东的农业都没有再恢复到13世纪的水平。

但是事物也有两面性,蒙古人的侵略战争在给人类带来灾难和破坏的同时,也因为他们的流动性,带来了先进技术和文化的传播,蒙古人的西征把中国的先进科学技术和文化也带到了西方,而其中有幸成为最大受益者的是西欧。在蒙古人第一次西征打到东欧时,因西夏的叛乱,成吉思汗停止了西征。蒙古人第二次西征打到中欧时,正好赶上蒙古大汗窝阔台去世,拔都停止了西征,使西欧免遭灭顶之灾。蒙古人在策动第三次西征时,又因为西欧太贫穷落后,没有征服的经济价值,而把侵略的矛头转而指向了富饶的阿拉伯中东地区,西欧又逃过一劫。西欧没有遭受到蒙古人的破坏,但是蒙古军的先进军事技术和热兵器却令他们感到震撼,从此,欧洲也开始学习制造热兵器,从而进入了热兵器时代。

蒙古人建立起的地跨亚欧大陆的庞大帝国,使贫困落后的西欧与文明最为发达的中国建立起了直接的联系,这是人类历史上的第一次,处于亚欧大陆最西端的国家可以通行无阻的,直接到达他们梦寐以求的东方丝绸之国。欧洲的商人非常兴奋,纷纷前往中国经商,著名的马可·波罗东游记作者,就是跟随他经商的父亲和叔叔,并带着罗马教皇给中国皇帝的一封信来到中国的。马可·波罗在中国生活了十几年,作为色目人,他受到了蒙古人的善待,还在元朝政府里当过多年的官。他和那些来到中国的商人们为欧洲带回了大量有关中国的信息,中国物产的丰富和经济的发达,中国人的温和、友善,中国皇宫的辉煌、豪华,宫廷礼仪的庄严、隆重,中国的各种神奇技术,中国的儒学文化……,这些都深深吸引了欧洲人。

　　而欧洲的基督教教会则对中国的宗教产生了极大的兴趣,本来蒙古人征服伊斯兰教世界就已经令他们兴奋异常,当他们听到中国人不信仰伊斯兰教,而儒教的思想又与基督教教义有许多相似之处,他们认为中国人是他们消灭伊斯兰教的天然盟友,于是许多基督教传教士也纷纷前往中国,希望与中国建立起反伊斯兰教同盟。元朝皇帝忽必烈对这些基督教传教士很友善,还曾经请他们带信回罗马,要求教皇再派100个传教士来。不过传教士们想建立反对伊斯兰教同盟的愿望还是落空了,因为忽必烈是多神论者,不反对任何宗教。

　　但是基督教传教士们也在中国发现了巨大的知识宝库,中国深厚的文化,悠久的历史,充满了智慧的哲学思想和伦理书籍,先进的科学技术知识。他们把这些东西大量的带回了欧洲,向欧洲社会的上层人士传播,使欧洲人思想和眼界大开。中国的科技知识和思想文化的传入欧洲,对欧洲科学技术的发展,以及不久后发生的欧洲文艺复兴运动,都产生了极其重大的影响。因此我们也可以说:蒙古人的征服世界开启了人类全球化的序幕。

二十　十字军东征与欧洲文艺复兴运动

公元 5 世纪欧洲进入封建社会后,日耳曼人从以渔猎畜牧为主的生产方式转变为以农业为主的生产方式,农业得到了快速发展。因为农业比渔猎畜牧业的生产率更高,能提供更多的食物,因此欧洲的人口也开始快速增长。但是,因为西欧毕竟只是一个狭小的半岛,因此,几个世纪后人口就达到了饱和。到了 11 世纪,西欧已经人口过剩,土地匮乏,封建领主们为了争夺土地互相征战。由于封建领主后来开始实行长子继承制,其他儿子没有继承权,因此,他们成了无世袭封号、无财产、无土地的骑士。这些骑士们无所事事,四处游荡,打家劫舍,杀人越货,无所不为。而广大贫苦的农民更是终年生活在饥饿和贫困之中。

公元 7 世纪伊斯兰教和阿拉伯人崛起后,打败了拜占庭帝国,占领了拜占庭帝国在小亚细亚、中东、埃及和北非的大部分领地,并越过直布罗陀海峡占领了伊比利亚半岛。阿拉伯人的胜利和伊斯兰教的崛起令基督教世界感到恐慌,而中东的耶路撒冷——这个基督教起源的圣地,也落入了伊斯兰教的统治之下,因此,基督教信徒前往那里去朝圣也都要冒着极大的危险。

公元 10 世纪,皈依了伊斯兰教的突厥人在阿拉伯帝国内崛起,至 11 世纪他们已取得了阿拉伯阿拔斯王朝的主导权。突厥人的入主,使阿拔斯王朝又焕发出一股新的侵略力量,他们又掀起了对拜占庭帝国的侵略战争。1071 年,在小亚细亚的曼齐克尔特之战中,塞尔柱突厥人大获全胜,俘虏了拜占庭皇帝罗曼努斯四世,拜占庭在小亚细亚的领土几乎丧失殆尽。1091 年,塞尔柱突厥人再次发动了对拜占庭的进攻,准备攻打拜占庭的首都君士坦丁堡。虽然这时基督教已分裂为以罗马教廷为首的天主教和以拜占庭为首的东正教,但是毕竟他们都属于基督教世界,因此,面临亡国之灾的拜占庭皇帝不得不遣使向罗马教廷求救。

1095 年,教皇乌尔班二世在法国克勒芒城召开宗教会议时,在城外的露天广场向与会者和来自法国各地的骑士、市民和农民进行了极富煽动性的演讲,号召组织十字军去东方与异教徒作战,夺回圣地耶路撒冷。他告诉人们耶路撒冷是世界的中心,那里土地肥沃,到处是财富,是充满快乐的天堂。他代表上帝要求人们迅速行动起来,把那些邪恶的种族从我们兄弟的土地上消灭干净。并许诺参加十字军的士兵死后可以升天堂,而不必受炼狱的熬炼。乌尔班二世的演讲激起了人们前往东方的狂热,西欧大批被饥饿和贫穷所困扰的穷苦农民,抱着发财愿望纷纷加入十字军,西欧那些没有财产没有土地的骑士们,也渴望去东方攫取财富和土地,从而开始了基督教十字军与伊斯兰教穆斯林近200年的战争。

在教会的大力宣传和鼓动下,西欧掀起了加入十字军前往东方的热潮。1096年春,法国和德国的大批贫苦农民率先行动,在修士彼得和穷骑士华尔特的带领下向东方进军。但是这支队伍看上去更像是在移民,这些穷苦的农民们举家行动,沿途拖着双轮小车,车上堆着破烂的行李和孩子们,每经过一个城堡或城镇,孩子们就会问:"这是耶路撒冷吗?"这支看似可怜的队伍,却漫无纪律,沿途残忍地进行劫掠和杀戮,许多在他们眼中看起来像"异教徒"的犹太人、匈牙利人等,都惨死在他们手下。但他们本身也损伤惨重,疾病、斗殴、贫困让这支队伍渐趋萎靡,在死去过半人的情况下,他们到达了君士坦丁堡。他们被拜占庭皇帝打发去迎战强悍的突厥人,这支贫民十字军几乎全军覆没。

1096年秋,由武装贵族和骑士组成的正规十字军开始出发,分四路进军东方,西西里诺曼王国的诺曼人也加入了这次十字军东征。1097年,各路十字军在君士坦丁堡会师,渡海进攻小亚细亚,在亚美尼亚人的帮助下击败了塞尔柱突厥人。然后南下向中东地中海沿岸地区进攻,因为当时阿拉伯帝国已经分裂为许多国家,并不能组织起有效的抵抗,十字军取得了一系列胜利,于1099年攻陷了耶路撒冷。他们按照西欧封建国家的模式在地中海东岸建立了耶路撒冷王国、安条克王国、特里波利伯王国、爱德萨伯王国(诺曼人所建),这四个军事封建的基督教国家,第一次十字军东征以基督教国家的胜利而结束。

但是这些基督教国家并不稳固,他们不断遭到伊斯兰教国家的攻击。1130年,塞尔柱突厥人攻克了十字军在叙利亚的重要据点阿勒颇,1144年,又攻占了爱德萨伯国。耶路撒冷国王在屡遭攻击后向法兰西国王和德意志神圣罗马帝国皇帝求援,于是,法王路易七世和德皇康德拉三世亲自率领他们组织的十字军,于1147年发动了第二次十字军东征。出动较早的德意志十字军在小亚细亚被塞尔柱突厥人击败,法国十字军攻占大马士革的企图也遭到失败,因此,第二次十字军东征未到达任何目的,以失败告终。

1187年,埃及阿尤布王朝的国王萨拉丁以圣战的名义为号召,动员伊斯兰教国家反攻十字军在中东建立的基督教国家。伊斯兰教国家发动进攻,并攻占了耶路撒冷,俘虏了耶路撒冷国王。

为夺回耶路撒冷,在教皇的号召下,神圣罗马帝国皇帝红胡子腓特烈一世、英国狮心王查理一世、法王腓力二世,于 1189 年发动了第三次十字军东征。

德皇腓特烈一世率领 10 万德意志十字军从陆路经拜占庭进攻小亚细亚,他们冲破塞尔柱突厥人的阻击,一路伤亡惨重地通过了整个小亚细亚。但是在横渡萨列夫河时腓特烈一世不幸落水溺亡,德意志军队因此退出了战争。

随后,英王与法王发生了争执,于是法王腓力二世以国内发生内乱为借口,也于半途中返回了法国。因此,只剩下英王查理一世率领自己的队伍孤军作战,英军在叙利亚取得了一些战果,并占领了塞浦路斯岛,建立了塞浦路斯王国。在与埃及国王萨拉丁作战时双方互有胜负,最终,于 1192 年与萨拉丁签订了停战和约。据此和约,地中海沿岸从提尔到雅法归耶路撒冷王国所有,但耶路撒冷城仍然归穆斯林所有。

1202 年,在教皇英诺森三世的策划下西欧发动了第四次十字军东征。十字军由法国和意大利的贵族骑士组成,本来的目标是进攻埃及,打算经威尼斯乘船渡海到埃及,但是没有足够多的钱支付给威尼斯的商人以帮助渡海。正好当时拜占庭国内发生了宫廷政变,皇帝伊萨克被囚,其子阿列克塞向十字军求援,并许诺给予 20 万马克的酬金。而威尼斯人与拜占庭人因商业利益的纠纷有着深刻的矛盾,于是威尼斯人鼓动十字军进攻拜占庭,罗马教廷也想趁机取得对拜占庭教会的控制,于是,十字军转而与威尼斯人一起去进攻拜占庭。

拜占庭政变的篡位者望风而逃,十字军进入了君士坦丁堡后皇帝伊萨克复位,但是他却没有那么多钱支付酬金,只得在城中横征暴敛大肆搜刮,因此激起了人民反抗,人们把伊萨克赶下了台,另立阿列克塞五世做皇帝,并向十字军发出了逐客令。于是,残暴的十字军大开杀戒,在君士坦丁堡疯狂的杀戮抢劫破坏达一个星期之久。威尼斯人却趁机占去了拜占庭 3/8 的领土,并占领拜占庭在东地中海中的岛屿,成了地中海一霸。十字军也趁机以君士坦丁堡为中心建立起了拉丁人的帝国,但是他们也遭到了当地希腊族居民的反抗。后来希腊人推翻了十字军和拉丁人的统治,恢复了以希腊族人为主的拜占庭帝国。

1212 年,西欧流行一种说法,即成年人因为罪孽深重,不能夺回圣地耶路撒冷,只有童贞的孩子可以办到。在教会的哄骗下,西欧组织了一次儿童十字军东征。3 万多儿童组成的十字军在法国马赛启程渡海,准备去完成大人们未竟的事业。这些儿童大多因疾病和饥饿死于途中,后来不是葬身大海就是被船主与奴隶贩子相勾结,贩卖到埃及做了奴隶。

　　1213 年,教皇英诺森三世要求信徒组建一支新的十字军去攻打埃及阿尤布王朝,以夺回圣地耶路撒冷,但是,此教令得不到欧洲封建君主们的支持。于是教皇要求教士们进行布道宣传,招募地位较低的贵族和破落骑士以及基督教信徒加入十字军。1217 年,新组成的十字军开始了第五次十字军东征,他们先到达了地中海东岸的十字军城市阿卡,然后向埃及进发。1218 年 6 月包围了埃及的达米埃塔城,但直至 1219 年 11 月才攻陷达米埃塔。1221 年,十字军准备进攻埃及首都开罗,埃及的穆斯林军队借泛滥的尼罗河洪水截断了十字军前进的道路,并发动反击,十字军被迫撤退。至当年 9 月,穆斯林军队收复了达米埃塔,第五次十字军东征遂以失败告终。也就是在 1219 ~ 1221 年,蒙古人在成吉思汗的率领下发动了第一次西征,灭亡了花剌子模国并占领了南俄平原。

　　1228 年,在神圣罗马帝国皇帝腓特烈二世的率领下,西欧发动了第六次十字军东征,目标仍然是埃及。这次东征使耶路撒冷于 1229 年回到了基督教教徒的手里,但是 1244 年又被因蒙古人的西征而流亡到中东的花剌子模国穆斯林所占领。在这期间的 1236 ~ 1241 年,蒙古人在都拔的率领下发动了第二次西征,横扫了东欧和中欧,建立了金帐汗国。

　　1248 年,法兰西国王路易九世发动了第七次十字军东征,进攻埃及阿尤布王朝。远征军被阿尤布王朝强悍的马木留克近卫军团击败,路易九世被俘,直到 1250 年才以大笔赎金赎回。马木留克近卫军是一支由突厥骑兵为主建立的精锐部队,他们经常能够左右王朝的政局,也就在 1250 年,阿尤布王朝被这些突厥人发动政变而推翻,阿尤布王朝被突厥人建立的马木留克王朝所取代。

　　1252 ~ 1260 年,蒙古人在旭烈兀的率领下发动了第三次西征,灭亡了阿拉伯阿拔斯王朝,占领了西亚和中东,建立了伊尔汗国。西方基督教会对蒙古人进攻伊斯兰教国家感到异常兴奋,他们派使者与蒙古人联系,欲与蒙古人联合共同消灭伊斯兰教。但是蒙古人对神非常敬畏,他们无意反对任何宗教,伊尔汗国的蒙古人后来还皈依了伊斯兰教。

　　1270 年,法王路易九世又发动了一次对北非的东征,这是第八次十字军东征,目标是突尼斯的哈夫斯王朝,路易九世的企图是经突尼斯再进攻埃及。十字军在突尼斯登陆不久,军中发生了瘟疫,路易九世染病身亡,法军随后也因此撤退。英国的爱德华王子率领一支十字军前去支援法王路易九世,得知法军失败后,率军在巴勒斯坦的十字军城市阿卡登陆,企图从东线进攻埃及,但最终被埃及马木留克王朝的军队击败。十字军东征至此基本结束,此后,十字军在东方占领的领土逐渐都被穆斯林收复。1291年,十字军在中东的最后一个据点阿卡,被埃及马木留克王朝的军队攻陷,至此,这场先后历时近200年的基督教十字军东征,最后以彻底的失败而告终。不过在这期间,阿拉伯人和伊斯兰教在伊比利亚半岛上的势力,还是被西欧基督教势力基本清除。

十字军东征给地中海东部沿岸国家带来了深重的灾难,并造成了巨大的破坏。十字军所到之处烧杀掳掠无恶不作,城市、寺庙、村庄都遭到血洗,所有的金银财物都被抢劫一空,无数的古代艺术珍品都被毁灭。《耶路撒冷史》记载说,十字军占领该城后,对穆斯林不分男女老幼实行了惨绝人寰的三天大屠杀。为了掠取黄金,他们破开死人的肚皮到肠胃里去找,后来因死人太多,干脆把死人堆起来烧成灰烬,再在尸灰里去扒寻。十字军攻占君士坦丁堡时,对该城烧杀抢掠了一个星期,将金银财宝、丝绸衣物和艺术珍品抢劫一空,使这座繁华的千年文明古城变成了尸山火海,一片废墟。

但是,另一方面,十字军东征也带来了文明的传播,它打开了西欧人的眼界,使他们看到了一个完全不同的世界,十字军为西欧带回了大量的东方知识和先进文明,极大地推动了西欧文明的发展。

自公元5世纪匈奴和日耳曼蛮族摧毁西罗马,毁灭古罗马文明后,西欧陷入了黑暗时代。日耳曼蛮族曾经数度洗劫罗马城,古罗马的辉煌建筑、艺术珍宝和图书馆都被付之一炬,图书文献和古罗马文明都灰飞烟灭。在中世纪的西欧,罗马教廷与封建君主相互勾结,人们处于宗教神权和世俗王权的双重统治之下,社会黑暗,人们思想愚昧,生活物质匮乏,人民生活在贫困之中。基督教会用宗教神学垄断了中世纪的全部文化并控制了人们的思想,实行思想和文化专制,用宗教神权压制人权和人性,实行禁欲主义,对任何有违于宗教统治的文化艺术都严厉禁止。教会设置了宗教法庭,对任何敢于反对或者怀疑宗教神学的思想和言论,都要进行审判并处以极其残酷的惩罚,没有人敢对基督教神学和教会的行为提出异议。

十字军第一次东征占领了中东的地中海沿岸地区和耶路撒冷,第四次东征还占领了拜占庭帝国和繁华的千年文明古城君士坦丁堡。这些来自野蛮落后、物质匮乏的西欧的穷苦农民和封建骑士们,被东方的繁荣景象惊呆了。东方的富饶和城市的繁华完全超出了他们的想象,感到格外惊奇的骑士们把那些从未见过的东西和大量有关东方的奇闻异见带回了西欧,这一切令西欧人大开眼界。西欧从此开始走出了黑暗和偏处一隅的孤立,与东方的贸易和文化交往之门也从此打开,东方的先进科学技术和文化不断的传入西欧,阿拉伯数字、代数学、天文学、医学、化学,中国的造纸术、印刷术、指南针等等,都是这时传入西欧的,西方海员从此懂得了使用航海罗盘,东方的三角帆可以利用任何方向的风,甚至可以逆风行驶,因此西方的摇桨战船也开始被东方的帆船所取代。

也正是在十字军发动多次东征这一时期,蒙古人也发动了数次西征,蒙古人的西征也为西方带来了大量的东方先进科学技术和文化,比如火药、火枪、火炮等热兵器知识。蒙古人还建立起了西方与中国的直接联系,西方的传教士和商人们因此可以直接到达中国,比如马可·波罗以及许多基督教传教士,他们也为西方带回了大量的中国的先进科技知识和中国人的伦理学、哲学思想,以及有关中国的各种神奇见闻。

十字军对中东地中海沿岸地区的占领打开了西欧通过中东与东方进行贸易的通道,西方的商人纷纷涌向中东去做生意。特别是距中东最近的意大利商人,他们从东方购进中国的丝绸、瓷器,印度的香料、棉布,以及各种奢侈品和东方市场上琳琅满目的其他商品,然后销往西欧各地。意大利的工商业因此得到了蓬勃发展,出现了一大批繁华的商业城市。十字军骑士和商人们还在中东发现了许多在罗马已经消失,但是却被埃及人和中东阿拉伯人翻译并保存下来的希腊时期的古代典籍,特别是对拜占庭和君士坦丁堡的占领,使西欧的骑士们获得了大量古希腊和古罗马的书籍,他们把这些书籍带回了西欧。西欧人惊奇地发现,原来古代希腊和罗马还有如此辉煌的文化。他们开始努力研究这些古代先哲的著作,从中看到了与基督教神学完全不同的思想。古希腊的著作包含有古典哲学和早期科学,是一种非宗教的自然哲学思想,这些不同于宗教神学的理性思想打破了基督教神学对人们思想的禁锢。基督教神学思想从此遭到了人们的质疑,宗教神学的专制统治开始瓦解,科学思想开始兴起。

借助从中国传入的造纸术和印刷术,这些古代典籍开始在意大利和西欧广泛流传。同时,一些古罗马时代的文学艺术也重新被人们重视,并开始复兴。当时人们并不敢公开反对基督教神学,因为教会的宗教裁判所对思想的控制极为严酷,因此只能借助于复兴古代的文学艺术的方式来突破宗教专制思想的束缚。而随着与东方贸易的开展,工商业开始兴旺,物质开始丰富,城市开始繁荣,人们也开始有了对文学作品、艺术品和奢侈品的需求。那些处于社会最上层的教会和宗教神职人员,他们积聚了大量的社会财富,过着奢侈的生活,他们也对奢侈品和艺术品有着强烈的需求。于是一批从事诗歌、文学、绘画、雕塑、建筑的艺术家开始出现,他们创作文学和艺术作品,为教会和教廷制作华美的壁画、精致的雕塑、兴建富丽堂皇的教堂、神庙、寺院等宗教建筑,用文学和艺术的方式来表现人文思想,批判宗教神权对人性的压抑和宗教愚昧主义,使人性得到解放。因为这些思想的革命主要以文学和艺术的方式表现出来,所以被历史学家称之为"文艺复兴运动"。

文艺复兴运动是从意大利开始起源。因为有着靠近东方的地理条件和古罗马时期的商业和手工业传统,因此意大利的工商业发展得很快,涌现出了大批的商业城市,其中比较著名的有威尼斯、热那亚、米兰、佛罗伦萨等等。这些依靠商业发展起来的城市,虽然受到封建君主的控制,但是它们都有很大的独立性。意大利的情况在西欧有点特殊,它的南部是北欧海盗诺曼人建立的殖民国家西西里诺曼王国,中部是罗马教皇的领地,北部名义是属神圣罗马帝国,但实际上都是一些分裂的小封建国家,封建君主的势力相对较弱。欧洲的封建领主大都是单独居住在防守坚固的堡垒里,而这些城市都是由一些商人和手工业者依靠商业集市独立发展而成,他们自己管理这些城市。而且意大利的这些城市还保留着古罗马时期的民主传统,有自己的市议会。因此,到 14 世纪时,在一些较大的商业城市中,比如佛罗伦萨,随着工商业的发展,大商人、大作坊主和银行家等新兴资产阶级逐渐掌握了政权,他们摆脱了封建君主的控制,建立了独立的城市资产阶级民主共和政府。这些城市里有大量见多识广的商人,也有许多思想活跃的学者,因此这些城市成了文艺复兴运动的中心。

佛罗伦萨人但丁(1265～1321 年)被认为是文艺复兴运动的先驱。1302 年,他因反对教皇对佛罗伦萨自治政权的干涉而遭到放逐。1307～1321 年,他连续创作发表了长篇叙事诗巨著《喜剧》(中文译为《神曲》),以含蓄的手法揭露和批判了中世纪宗教统治的腐败和愚昧,叩响了文艺复兴思想解放运动的大门。在《神曲》中,但丁以第一人称的方式,描写自己幻游冥界,悲哀的从《地狱》开始,然后经过《炼狱》,最后来到《天堂》的整个经历。书中对教会僧侣颠倒善恶,犯罪造孽的种种劣迹表达了强烈的憎恨,痛斥教皇、主教和教士们"日夜在那里用基督教的名义做着买卖",干着买卖圣职、敲诈勒索、荒淫无道、迫害基督教徒的丑恶行径,"使世界陷入了悲惨的境地"。他们沉湎于金钱的污臭,"到处断绝上帝赐给人民的面包",树立了导致人民"走向邪路"的"坏榜样"。他们把罗马教廷变为了"污血的沟,垃圾的堆","圣殿变成了魔窟,法衣也变为了装满罪恶的麻袋"。

但丁热情歌颂了现世生活的意义,认为现世生活自有本身的价值。他在《神曲》中强调了人有天赋的"自由意志",这是上帝给予人类"最伟大的赠品"。这种以人为本,重视现世生活价值的观念,与中世纪一切归于神的思想,以及宗教神学宣扬的来世主义,都是针锋相对的。《神曲》还表露出了反对中世纪的蒙昧主义,提倡文化,尊重知识的新思想,对于教会所排斥和否定的古典文化,他更是推崇备至。

在但丁之后出现的另一个早期文艺复兴重要代表人物是彼特拉克(1304～1374年),他被称为"人文主义之父"。彼特拉克的父亲与但丁一起在1302年从佛罗伦萨遭到放逐,因此,他的童年是在佛罗伦萨附近的一个乡村渡过。他曾到意大利北部的博洛尼亚和法国的蒙彼利埃学习法律和宗教,后来曾在教廷供职17年,因此他亲眼目睹了教会的黑暗、腐败、贪婪和虚伪,并逐渐形成了自己的人文主义世界观。彼特拉克以他的优美的抒情诗而声誉远播,罗马元老院授予他"桂冠诗人"的称号,这是一个已在罗马中断了一千多年之久的荣誉称号。在他的著名作品《歌集》中,有对教会的揭露和抨击,也表达了向往和追求新生活的人文主义思想。

与彼特拉克同时期的文艺复兴重要代表还有薄伽丘(1313～1375年),他们与但丁一起被称为14世纪意大利早期文艺复兴的"文学三杰"。薄伽丘是位才华横溢,勤勉多产的作家,他既以短篇小说、传奇小说蜚声文坛,又擅长写叙事诗、牧歌、十四行诗,在学术著述上也成就卓著。他的代表作是故事集《十日谈》,书中批判了宗教守旧思想,主张"幸福在人间",这本书被视为文艺复兴的宣言。1350年,薄伽丘与彼特拉克相识,翌年,他受委托去邀请遭到放逐的彼特拉克回佛罗伦萨主持学术讨论,从此,这两位卓越的人文主义者建立了亲密无间的友谊。薄伽丘潜心研究古典文学,在收集、翻译和注释古典文学方面做出了重要贡献。晚年他致力于《神曲》的诠释和讲解,曾主持佛罗伦萨大学的《神曲》讨论。

进入15世纪以后,文艺复兴运动已从文学领域发展到艺术领域,并涌现出了许多杰出的美术家、雕塑家和建筑艺术家,其中最著名的有达芬奇、米开朗琪罗、拉菲尔,他们被称为意大利文艺复兴的"美术三杰"。

达·芬奇(1452～1519年)是意大利文艺复兴时期最负盛名的画家、雕塑家和建筑师,也是一个杰出的工程师、发明家和科学家。因为他是一个全才,所以他被称为文艺复兴时期"最完美的代表人物"。他出生于佛罗伦萨郊区的芬奇镇,自孩童时起就擅长音乐和绘画,有"绘画神童"的美称。14岁时父亲把他送到佛罗伦萨学艺,师从著名的艺术家韦罗基奥,凭着出众的天赋和勤奋,他的水平很快就超过了他的老师。在佛罗伦萨他结识了许多知名的艺术家、科学家和人文学者,从而形成了他的人文主义思想。他曾经参与过许多建筑和工程的设计与制造,并因此而痴迷于机械装置的研究和设计。晚年致力于从事科学方面的研究,在天文、物理、医学方面都取得了很大的成就。在天文学方面,他认为地球并不是宇宙的中心,而只是一颗绕太阳运转的行星;在物理学方面,他发现了液体压力在连通器中传递的原理;在医学方面,他绘制了人体解剖图,并发现了血液的不断循环从而对人体起着新陈代谢的作用。达·芬奇坚信科学,反对宗教的愚昧,他认为真理只有一个,它不是在宗教中,而是在科学中。达·芬奇最著名的美术作品是壁画《最后的晚餐》,祭坛画《岩间圣母》,肖像画《蒙娜丽莎》,这三幅画是达·芬奇为世界艺术宝库留下的珍贵财宝。

米开朗琪罗(1475~1564年)是意大利文艺复兴时期雕塑艺术最高峰的代表,他最著名的作品是举世闻名的雕塑《大卫》。米开朗琪罗出生于佛罗伦萨,13岁开始学绘画,很快就掌握了绘画技巧。后来他又进入了当时佛罗伦萨的统治者罗伦佐·美第奇开办的美术学校,由于他超群的才能而受到罗伦佐的重视,在那里的4年学习为他的整个艺术创作打下了坚实的基础。21岁来到罗马,开始了他的艺术创作生涯,主要是受邀为宫廷、教廷、教堂等制作绘画和雕塑。他活到了89岁,一生创作了大量杰出的艺术作品,如为西斯廷教堂绘制的壁画《末日审判》,穹顶画《创世纪》;为佛罗伦萨美第奇家族陵墓制作的雕塑《昼》、《夜》、《晨》、《暮》;为法国圣彼得教堂制作的雕塑《哀悼基督》等等。

拉斐尔(1483~1520年)意大利文艺复兴时期的杰出画家。他最有名的作品是一系列圣母画像,如《带金莺的圣母》、《草地上的圣母》、《花园中的圣母》、《西斯廷圣母》、《福利尼奥的圣母》、《椅中圣母》、《阿尔巴圣母》等等。和中世纪画家所画的同类题材不同,拉斐尔的圣母像都表现出母性的温情和青春健美,体现出了人文主义思想。

1321年,佛罗伦萨建立了一所讲授古希腊文化的学院,很多著名的学者都来到这里讲学,他们讲授希腊古典哲学、古典文学艺术和早期科学思想。14世纪奥斯曼土耳其在小亚细亚崛起,他们于1453年攻陷了君士坦丁堡,拜占庭帝国惨遭灭亡。拜占庭的贵族和学者们纷纷逃往西欧避难,他们带来了大批古希腊的哲学、历史、文学书籍,其中不少人也来到佛罗伦萨学院讲学,他们对促进古希腊文化的传播和文艺复兴运动的发展发挥了极为重要的作用。文艺复兴时期的学生们来到这里学习古希腊的文学艺术和自然哲学知识,并结合时代的变化和现实的需要而加以应用、发挥和再创作。比如他们用古典哲学来解释基督教神学,以打破僵化的教会经院哲学对思想的垄断。他们把古典文学艺术运用到近代文学、诗歌、绘画、雕刻等艺术创作中,以打破以神为本的宗教思想统治,宣扬以人为本的人文主义思想,并创作出了许多绚丽多彩的绘画和雕塑作品,以及新颖而辉煌的建筑。特别是在科学技术方面,他们把古希腊亚历山大里亚学派的古代科学理论与来自东方的注重实践的科学技术结合起来,并认识到"理论脱离实践是最大的不幸",知识起源于实践,应通过实践去探索科学的奥秘,从而形成了一种以实验为基础的新理论科学,使西欧的科学技术发展产生了革命性的变化,开辟了一个全新的科学研究局面。

古希腊是奴隶社会,在那时,从事思想文化和自然哲学研究的都是奴隶主阶层的人士。他们鄙视劳动,认为劳动是下贱人才应该做的事,而研究学问是高贵人的高尚智慧活动。所以他们只研究自然哲学理论方面的问题,任何把自然哲学研究与生产实践相结合的活动都被认为是自甘堕落的行为,如果有学者把他的知识用于为奴隶和劳动者研制劳动工具,则会遭到众人的谴责。所以古希腊的科学成就大都是在科学理论方面,与生产实践相结合的科技发明则比较少。这与中国大不相同,中国从未经历过奴隶社会,因此从未产生过这种鄙视劳动和生产活动的思想。中国历代的统治者和学者,都非常重视生产活动特别是农业生产,重视提高生产技术和改进生产工具。所以中国古代在实用科技发明上取得了辉煌的成就,在 13 世纪以前,世界上大多数重大的科技发明都是来自于中国。文艺复兴时期的学者们把中国重视实践和古希腊重视理论的研究方法结合了起来。

佛罗伦萨学院建立后,欧洲各国的学者和学子们纷纷来到这里学习,他们也把文艺复兴思想带到了欧洲各地,促进了文艺复兴运动在欧洲的传播。到 15 世纪后期,西欧各地已经出现了 50 多所与之类似的学院,如法国的巴黎大学和波尔多大学,英国的牛津大学和剑桥大学,德国的威登堡大学等等。这些学院的建立极大地推动了西欧的思想解放,推动了人文主义和自然科学的发展,并造就了一大批思想家、艺术家和科学家。

15 世纪末,美洲新大陆和通往东方的新航线相继被发现,大航海时代随之来临。东方新航线的发现使得因蒙古帝国的分裂而中断了的西方与中国的直接贸易和文化交往也重新得到了建立。从海外回来的探险家、商人、传教士和殖民者把来自中国和世界各地的大量新知识带回了西欧,进一步推动了西欧的思想解放和自然科学的发展。

到 16 世纪,文艺复兴运动的发展终于导致了欧洲宗教改革运动的发生。1517 年,德国威登堡大学神学院的教授马丁·路德,在神学院教堂的大门口张贴出他的《95 条纲领》,公开对教皇的权威提出质疑,并对教廷的丑恶行为和宗教观点进行了一系列批判。马丁·路德的《95 条纲领》如晴天霹雳,引起了巨大的反响。借助印刷术的帮助,仅仅 2 周就传遍了全德国,受到了德国封建贵族和人文主义者的支持,4 周后就被译成各种文字传遍了整个西欧。教皇大为震怒,下令开除他的教籍。在德国封建贵族和人文主义者的支持下,马丁·路德毅然与教廷彻底决裂,并建立起自己的新教会——路德会。从此,罗马教廷的宗教神权统治地位彻底崩溃,各种反对罗马教廷的新教会纷纷建立,如法国的加尔文会,英国的圣公会等等。1533 年,英王亨利八世宣布禁止英国教会向教廷交纳岁贡,次年,英国通过《至尊法案》规定英格兰教会不再受制于教皇,而以国王为教会的最高首脑。

宗教神权的崩溃也促进了西欧自然科学向理性的发展,人们不再迷信宗教,思想更加解放。1543 年,波兰教士,同时也是天文学家的哥白尼出版了《天体运行论》,提出了与古埃及亚历山大里亚学派天文学家托勒密的"地球中心说"不同的"太阳中心说"。中世纪的基督教神学家曾利用托勒密的"地球中心说"来解释上帝创世说,而太阳中心说认为地球只是围绕太阳运转的一个行星,这一学说从根本上否定了基督教的上帝创世说,因此被教廷视为异端邪说,哥白尼因此受到了教廷的迫害,他的著作被禁止发表。意大利科学家布鲁诺在教廷势力最强大的意大利不惧威胁的广泛传播哥白尼的"太阳中心说",同时,他进一步指出:太阳也并不是宇宙的中心,而只是宇宙中无数颗恒星中的一颗,宇宙没有中心。后来,布鲁诺被宗教裁判所逮捕,他被判处死刑,并被活活烧死。

到 17 世纪,各种科学发现开始大量涌现。1609 年,意大利科学家伽利略发明了天文望远镜,为人类探索宇宙空间的奥秘提供了得力的工具。德国天文学家开普勒在 1619 年出版的《世界的和谐》中提出了行星运动三定律,判断行星绕太阳运转是沿椭圆轨道运行的。伽利略还通过实验发现了自由落体、抛物体、振摆三大定律。他的学生托里拆利通过实验证明了大气的压力,并发明了水银气压计。而法国科学家帕斯卡也通过实验发现了气体和液体的压力传播定律。1644 年,法国科学家笛卡尔发表了《哲学原理》一书,通过对碰撞和离心力问题进行的实验研究,第一次提出了惯性定律和动量守恒定律,即:如果没有外力的作用任何物质粒子的状态不会改变;物质和运动的总量永远保持不变。

1687 年,英国科学家牛顿发表了《自然哲学的数学原理》,用数学方法阐述了宇宙中最基本的法则:万有引力定律。牛顿用万有引力的原理解释了行星的运转规律,从而为哥白尼的"地球只是太阳的一颗行星"学说提供了更有力的证明。此外,牛顿还提出了物体运动的三个基本定律(即惯性定律、加速度定律、作用力与反作用力定律),并创立了微积分学,这些成就为科学研究提供了强有力的工具,促进了科学技术更高速的发展。

人类思想的发展可分为三个阶段:一、神学思想阶段;二、哲学思想阶段;三、科学思想阶段。神学思想产生于野蛮落后的原始社会和氏族社会,这时人们思想蒙昧,人类的思想和文化都被巫师、法师和宗教祭司掌握。面对天灾人祸,人们无法抵御也不能理解,在巫师、法师和宗教祭司的说教下,他们认为这一切都是鬼神制造,人类的一切活动也都是受鬼神控制;哲学思想产生于公元前一千纪,这时在世界有些地区人类文明已经相当发达,比如古中国和古希腊,人们对自然界和人类社会的认识能力有了极大的提高,他们开始对神学思想表示怀疑,开始理性地思考问题,并对自然现象和人类的社会问题做出了许多理性的分析和理性的解释。这一时期世界上产生了一大批哲学家,比如中国的老子、孔子、墨子、庄子,以及希腊的泰勒斯、苏格拉底、柏拉图、亚里士多德等等。但是哲学讨论的问题都比较抽象,概念化,深奥且玄妙,因此哲学也被称为玄学;而文艺复兴运动的发展则把人类的思想带入了科学思想阶段,这时人们已经否认了神学思想,彻底摆脱了宗教神学思想的束缚,用完全理性的思想来分析自然现象和社会问题,用实验的方法来求证自然界的真理,用事实来说明问题。哥白尼、布鲁诺、伽利略、开普勒、托里拆利、笛卡尔、牛顿等等伟大科学家,就是这一时期所产生的科学思想的杰出代表。

14～17世纪的文艺复兴时代被认为是欧洲从黑暗的中世纪走向近代化的分水岭。这一时期因为西方与东方之间商业贸易和文化交往的建立,通往东方的新航线和美洲大陆的被发现,以及中国造纸术和印刷术的传入,使大量的新知识在西欧得到了广泛而快速的传播,因此被认为是一个知识爆炸时代。12世纪的十字军东征,为西欧带来了阿拉伯文化和古希腊文化,13世纪的蒙古人西征和地跨亚欧的蒙古帝国的建立,为西欧带来了中国文化。14世纪蒙古帝国的分裂和奥斯曼土耳其的崛起虽然阻断了西欧与中国的直接交往,但是15世纪末的地理大发现和随之来临的大航海时代,为西欧带来了世界各地的丰富知识,而通往东方的新航线的建立,使西欧再次与中国建立起了直接交往。16世纪以后,大批的西欧商人和传教士来到中国明朝,他们把中国的科技文化知识和政治思想观念带回了西欧,促进了欧洲科学技术和政治思想的发展。到了18世纪,在中国的哲学思想、政治制度和伦理道德观念的影响下,西欧发生了新的思想革命运动——启蒙运动。启蒙运动的斗争矛头指向的已不仅仅是宗教的思想专制,欧洲的封建君主专制制度也遭到了猛烈的批判,并最终导致了欧洲封建制度的彻底崩溃。

二十一　中国明朝的建立与郑和大航海

1279 年,蒙古灭亡南宋,在中国建立了元朝政权,蒙古统治者在中国实行极其残暴的种族政策和奴隶制度,使中国人民陷入了深重的苦难。但是中国人民并没有屈服,在蒙古人统治的 89 年里,人民起义一直没有间断。1368 年,人民大起义的洪流终于推翻了蒙古人的黑暗统治,元朝灭亡。朱元璋领导的农民起义军在与各路农民起义军的争夺中,取得了最后的胜利,在中国建立了明朝。

朱元璋出身于贫苦农民,童年时曾因贫困而流浪乞讨,为了能有饭吃,他也曾遁入寺庙当过和尚。在蒙古人野蛮残暴统治的恶劣环境下生存的经历,不可避免地使他也沾染上野蛮的习俗,从而造就了他暴虐的性格,因此他建立明朝后的执政风格也极其野蛮而专制。虽然他也知道治国还得用文人,但是,在一次大臣给他讲读儒家经典中孟子的著作时,当大臣讲到"民为贵,社稷次之,君为轻"时,他勃然大怒,恶狠狠地对大臣说道:"使此老在今日,宁得免焉?"意思是说,假如孟子活在今日,我岂能饶了他? 并下令要把孟子的牌位从孔庙里撤掉,后经朝廷大臣们冒死苦谏才作罢,但是仍然命令把孟子书中所有不利于君主威权和专制统治的言辞统统删掉,删编而成的《孟子节文》中,被他删掉的孟子原文达 85 条。由这样一个思想极其野蛮专制的人制订的明朝国策,而且是作为后世必须遵守的祖训,使得明朝的政治一直都极为昏暗。

朱元璋统一全国坐稳了江山以后就开始杀功臣,开国功臣几乎都被他杀尽。他制定了残酷的严刑峻法,以威慑臣民,压制反对意见,维护专制统治。他还大兴文字狱,凡是与皇帝的意愿相违背的思想、言论,都被视为大逆不道。人们说话、写文章,稍有不慎即被认为影射辱骂了皇帝,许多文人学者或因忠言直谏,或因行文不慎而死于屠刀之下。后来还发展到设立锦衣卫和东厂特务机关等极其黑暗的专政机构,作为皇帝监视臣民,镇压反对思想的工具。为了巩固朱家的世袭统治,朱元璋大封藩王,把他众多的儿孙们封往全国各地,分封土地建立藩国。希望这样能控制全国,稳固朱家江山,但事与愿违,他死后儿孙们却打起了内战,险些造成国家分裂。

蒙古人的大屠杀和元朝末年的农民战争使中国的人口大减,中原的一些省份更是赤地千里,杳无人烟。这就使朱元璋能够有条件实行自古以来农民都梦寐以求的"耕者有其田"的自耕农制度。所以明初的社会比较安定,农民都能分到土地,无地的农民也能迁移到人口稀少的省份。而且农业税赋也比较轻,三十税一。朱元璋虽然统治方法专制而残暴,但是他出身贫苦,因此对待社会下层穷苦民众还是比较同情和宽仁,他掌握政权后即下令废除蒙古人的奴隶制度,恢复所有奴隶的自由身份,制定政策时也注意尽量减轻平民百姓的负担,注重发展农业,予民休养生息。

朱元璋虽然重视农业,但是对商业却实行抑制,特别是对外贸易,禁止商人与海外进行贸易往来,只允许国家之间的朝贡贸易。明朝还沿袭了元朝的做法,实行禁海,禁止民间商船出海。朱元璋出身农民,具有中国传统的小农意识,把鸡犬之声相闻、民至老死不相往来的那种自给自足的小农经济当成了理想社会,思想狭隘,观念落后,总认为农业是根本,而商人是不务正业,唯利是图,却不知道商人能给国家带来经济的繁荣和人民的富裕。所以在明朝统治的270多年里,经济的发展一直没有恢复到宋朝时的水平。宋朝财政总收入最高时达到年1.5亿两银,而明朝财政总收入最高时也只达到年3000万两银左右。实际上宋朝时因为北方很大一部分地区长期被辽国和金国占领,国土面积和人口远远少于明朝。

由于出身和社会经历的不同,朱元璋性格的野蛮和思想的狭隘,与宋朝开国皇帝赵匡胤性格的宽仁和思想的开明,形成了鲜明的对比。赵匡胤采取杯酒释兵权的温和方式解决功臣武将的问题,朱元璋用阴谋陷害和斩尽杀绝的方式来解决功臣武将。对待反对意见,赵匡胤立下祖训,不可因言获罪。朱元璋则制定严刑酷法,用极刑镇压反对意见,并大兴文字狱陷害文人和官员。对待农业问题,赵匡胤采取不抑土地兼并,允许土地自由买卖,使土地进入了商品化和集约化。朱元璋则推行耕者有其田的小农制度,抑制土地兼并,维护小农经济。对待商业,赵匡胤采取鼓励工商业的发展,使失去土地的农民进入工商业和服务业,带动了国家经济的繁荣。朱元璋则抑制商业,迫使商人回归农业,维持自给自足,老死不相往来的小农社会。这两种政策所造成的社会效果有如天壤之别。

朱元璋去世后,因为他的长子(即太子)已先去世,因此由他长子的儿子,即孙子朱允炆继承了皇位,是为明惠帝。明惠帝担心藩王的势力太大对自己形成威胁,开始对藩王进行打压,许多藩王因此遭受到迫害甚至被杀,结果导致他的四叔燕王朱棣为求自保而起兵造反。朱棣封藩燕地,在北部边疆上长期与蒙古人作战,是个杰出的军事统帅。朱棣起兵与朝廷对抗打了四年仗,最后,当朱棣带兵打入都城南京时,明惠帝朱允炆不知去向,有人说他自焚了,也有人说他逃走了。朱棣自己做起了皇帝,史称明成祖。

朱元璋建国之初曾于沿海各港口城市开市舶司与海外国家进行朝贡贸易,后来为了抑制商业,又于1374年关闭了市舶司,停止了与海外所有的贸易。朱棣称帝后即下令重开市舶司,恢复了与海外的朝贡贸易,并开始着手准备,派郑和率领大型船队出海访问,向海外各国昭示皇恩、传播教化、怀柔远人,与更多的海外国家建立友好关系。

所谓朝贡贸易,其实并不是为经济利益而进行的商业贸易,它只是古代中国与域外各国建立友好国家关系的一种方式,其形式是互赠礼物,外国送来礼品称为"贡",朝廷回赠的礼品称为"赐"。中国是个典型的农业国家,自古以来就是男耕女织,经济自给自足,轻视商业。传统的儒家思想也是重农轻商,认为商人重利轻义,牟取的是不义之财,儒家奉行的是重义轻利的道德原则,认为君子谋于义,小人谋于利。因此,以儒家思想为圭臬的历代朝廷,也是以重义轻利为准则。在与外国交往的时候,一直是"厚往薄来",礼遇有加,说是外邦来朝贡,实际回赠的物品大大超过朝贡的礼品,以此体现礼仪之邦和大国朝廷的宽仁大度,重礼义。而域外各国与中国建立朝贡关系,一方面是因为希望藉此获得中国的保护,另一方面也是为了从中国获得经济利益,因为他们不仅能从朝廷获得丰厚的回赠,而且还能获得朝廷的批准在中国进行商业贸易。

明朝作为一个摆脱蒙古游牧民族统治,恢复小农经济和传统儒家文化的朝代,奉行的也是重农轻商,重义轻利的传统思想,与外国交往也是采取"厚往薄来"的原则。如明太祖朱元璋洪武年间,对高丽、占城、三佛齐等海外诸国来的入贡船、海舶货船,朱元璋诏谕沿海各省,皆免征税,"以示怀柔之意"。琐里国来贡,朱元璋对中书省臣说:"西洋诸国,素称远蕃,涉海而来,难计年月,其朝贡无论疏数,厚往而薄来可也。"[1]朱元璋还告谕礼部:"诸蛮夷酋长来朝,涉履山海,动经数万里,彼慕义而来,则赍与之物益厚,以示朝廷怀柔之义。"[2]

明成祖朱棣对朝贡诸国更加优待,以至于各国争相来贡,而朝廷却因回赠益厚造成了财政困难。因此不得不限制各国朝贡的次数,以远近的不同,规定不同

---

[1] 《明史》卷三百二十五。
[2] 《明太祖实录》卷一百五十四。

的国家须每隔多少年来朝贡一次。但是,各国为利益所趋往往频繁越规前来,当然,来了的即是国家的贵客,还得好好的厚待。

其实外国朝贡船队来华,大多数为的还是商业利益,朝贡只是为了与朝廷建立起友好关系,以获得批准进行商业贸易,朝廷给前来朝贡的使团发放"勘合凭证",准许他们在市场上进行交易(朝贡贸易这一词是近代历史学家的称谓,其实明史中称之为"勘合贸易")。而且明朝对这些交易都是不征税的,明成祖时有官员曾请示征其税,但是朱棣说:"商税者,国家以抑逐末之民,岂以为利?今夷人慕义而来,乃欲侵其利,所得几何,而亏辱大体多矣。"①认为向慕义而来的外国人征税是不合道义的,有失国家大体。正是在这种重义轻利的道德原则指导下,明朝在发展与外国的关系时从不以谋求经济利益为目的。明成祖朱棣登基后不久,即准备派郑和率领船队出海访问,这也只是出于政治和外交目的。因为自明朝建立以来,海外各国争相来朝,他们携带着奇珍异宝,不远万里的前来送礼。中国人讲究礼尚往来,因此明成祖希望对他们进行回访,与他们建立起友好关系。而且中国古代每一位新皇帝登基,都要派出使者向域外友好国家进行通报,以昭示新皇帝的继位。

经过二年多的充分准备,郑和率领的大型船队开始了举世闻名的七下西洋,从而揭开了世界史中的大航海时代的序幕。郑和的大型船队共有舰船 240 多艘,船分五种:宝船、马船、粮船、坐船、战船。用途各不相同,有的用于指挥,有的用于载货、有的用于运粮、有的用于居住、有的用于作战。其中宝船 63 艘,最大的宝船有 151 米长,61.6 米宽,船有 4 层,有 9 根桅杆,可挂 12 张帆,可容上千人,排水量超过 10000 吨,载重量高达 7000 吨。这种船是当时世界海洋上的巨无霸。

1405 年,郑和率领 27000 多船员和官兵,带上大量作为礼物的金银财宝以及货物,分乘 100 多艘各种船舰,开始了第一次下西洋。船队从南京龙江港出发,经太仓出海,趁着季风南下,一路顺利,但是到达三佛齐国(苏门答腊岛南部)的巨港时,遭到海盗袭击。海盗的首领叫陈祖义,是中国广东人,他聚众盘踞三佛齐国已有多年,形成了强大的势力,经常抢掠过往商船,洗劫各国商人。郑和指挥船队的官兵们把他们一举歼灭,杀敌 5000 多人,活捉了陈祖义。此战彻底打垮了马六甲海域的海盗势力,消除了过往商船的安全威胁。

郑和船队到达爪哇岛时,船队有 170 多名船员到岛上集市做交易,结果被爪哇国军队当作敌国人误杀。船队官兵义愤填膺,纷纷要求出战,对其进行征讨。

---

① 陈仁锡:《皇明世法录》卷十一。

爪哇国王知道后非常害怕,连忙派使者前来赔罪,愿意赔偿六万两黄金以赎罪。郑和考虑到皇帝派他出海的目的是为了与海外各国建立友好关系。如果对其进行征讨,将使关系破裂,化友为敌,并且会使海外各国为之恐惧,因而不敢与明朝进行友好交往。而且这本来只是一次误杀,爪哇国王又诚恳的赔礼请罪,愿意受罚,所以决定和平解决这件事,化干戈为玉帛。后又禀明朝廷,明成祖决定放弃赔偿要求,爪哇国王非常感动,两国从此建立起了和睦友好的关系。郑和船队然后继续西行,一路寻访,直到印度半岛西海岸的古里。二年后郑和率船队回到中国,随同船队回国的有许多外国的使团,其中不乏各国的王室亲贵。

郑和第二次下西洋开始于 1407 年 10 月,并随船护送各国的使者回国。这次出行所到的国家有占城(今越南中南部)、渤尼(今文莱)、暹罗(今泰国)、真腊(今柬埔寨)、满剌加(今马来半岛)、爪哇(今印尼)、锡兰(今斯里兰卡)、柯枝(在今印度)、古里(在今印度)等等。到锡兰时,郑和率人到锡兰山佛寺布施了金、银、丝绢、香油等,并立碑纪念(此碑现存于斯里兰卡科伦坡博物馆)。郑和船队于 1409 年夏回国。此行带回了大量的各国国王贡献的珍宝和珍禽异兽。

1409 年冬,郑和第三次率领船队前往西洋各国。郑和在满剌加建立了基地,设置仓库,把所带钱粮货物存放在这里,以备使用。被船队分别派往各国的船只返航时都在这里集中,装点货物,等待返航。郑和到达锡兰时,锡兰国王见郑和船队载有大量的金银珍宝,遂起歹心。他假意邀请郑和到他的宫殿里盛宴招待,暗中却派人去抢劫郑和船上的财宝。郑和得知情况的真相后,沉着应对。他趁锡兰军队大部分都已派去攻打船队,王城空虚,急调 2000 官兵出其不意地打进王城,生擒国王。去攻打船队的锡兰军队听到王城被攻急忙回救,郑和趁胜杀了个回马枪,给予他们迎头痛击,锡兰军队见国王被擒,只得投降。郑和对他们进行了安抚后,全部释放,只把国王等人扣留了下来,准备带回中国。郑和继续西行,后到达印度古里。1411 年,郑和船队返航,回国后把锡兰国王献上朝廷,锡兰国王受到了明成祖的宽待,后来送他回锡兰国去了。

1413 年,郑和第四次率领船队进行了更大规模的远航,因为明成祖要求他进行更远的航行,与更多的国家建立友好关系。郑和此行先到达了占城、爪哇、巨港、满剌加、苏门答腊。在苏门答腊国他们遇到了袭击,苏门答腊国王向郑和解释了原因。原来苏门答腊发生了武装政变,一个叫苏干剌的人企图争夺王位,但是被国王打败,他逃出去后占据了一地,自立为伪王,聚众数万,经常对苏门答腊国发动袭击。此次因为郑和给国王送了很多礼物而没有送给伪王,遭伪王嫉恨,所以带兵袭击了郑和的船队,国王还恳求郑和帮助他打败伪王。郑和答应了国王的请求,在苏门答腊军队的配合下,郑和一举剿灭了伪王军队,并将苏干剌俘获(苏干剌后来被带回中国,明成祖下令将其处死)。郑和船队离开苏门答腊后继续西行,途中郑和派出一支分船队前往马尔代夫群岛探访。大船队到达锡兰后,郑和又派出一支分船队前往孟加拉湾沿岸寻访,大船队继续前行到达古里,再由古里前往忽鲁谟斯(霍尔木兹海峡),寻访波斯湾沿岸国家。离开忽鲁谟斯后船队开始返航,途经马尔代夫回国,1415 年 8 月回到国内。满剌加国王携其妻子、儿子等,同船前来中国朝贡,随船同来的还有很多国家的使节。

1417 年,郑和第五次率领船队远航西洋,并护送 19 国使节、贵宾随船回国。船队到达锡兰时分派一支船队前往马尔代夫群岛,然后由马尔代夫前往非洲,开辟非洲航线,并先后到达了非洲东海岸的木骨都束(今索马里摩加迪沙)、卜剌哇(今索马里布拉瓦)、麻林(今肯尼亚马林迪)。大船队继续前行,到达古里后分派一支船队前往阿拉伯半岛及红海寻访,先后到达了祖法儿、阿丹(今亚丁)、拉撒(今也门境内)。再另分派一支船队前往忽鲁谟斯。1419 年 8 月郑和船队回国。此行带回了忽鲁谟斯进贡的狮子、金钱豹、大西马,阿丹国进贡的麒麟(长颈鹿),木骨都束国进的花福禄(斑马),卜剌哇国进贡的千里骆驼和鸵鸟,爪哇、古里等国进贡的"縻里羔"兽。这些都是藏于深山,潜于深海,深伏于沙漠的珍禽异兽,西洋各国争相呈献灵异之物,有的还派遣王子、王叔、王弟,捧着金叶表文前来朝贡。

1421 年,郑和第六次率领船队远航西洋,随船护送 16 国使臣和许多久留京城的外国贵宾返回本国。此后这些国家的国王们更加勤政,频频遣使前来朝贡。郑和此行到达的国家有占城、暹罗、忽鲁谟斯、阿丹、祖法儿、剌撒、卜剌哇、木骨都束、竹步(今索马里朱巴河)、麻林、古里、柯枝、加异勒、锡兰、马尔代夫、南巫里、苏门答腊、阿鲁、满剌加、甘巴里、幔八萨(今肯尼亚蒙巴萨)。1422 年,郑和船队回国。随船来访的有暹罗、苏门答腊、阿丹等国使节。

1424 年,正当郑和准备第七次下西洋时,明成祖病逝。太子朱高炽继位,是为明仁宗。明仁宗继位后不久即下诏停止下西洋,郑和此行只得作罢。停止的原因是朝廷中的大臣们,尤其是兵部大臣反对下西洋的意见很大。因为这种大规模的航海活动,耗资巨大,而于国于民并无实惠。

郑和每次出行都携带了大量的金银财宝和贵重货物,这都是准备赠送给友好国家的礼品。为了能够昭示皇恩,显示大国明朝的富裕强大,他们赠送的都是重礼。当然受礼国也会回赠礼品,而且这些友好国家来朝贡时也会献上珍贵的礼物。但是,那都是些奇珍异宝,珍禽异兽,于国于民毫无用处,它们只能作为皇室贵族的玩物。这些珍宝,其中最好的皇帝自己留下了,收藏于国库中;次一点的送给了皇室贵戚、宗亲藩王;再次一点的则作为赐品,赏赐给宦官、宠人,或者是朝廷功臣。而且对于那些来朝贡献礼的外国使臣,大明朝的皇帝绝不会让他们的国王吃亏,回赠的礼物绝对要比他们贡献的礼物更多,更贵重。如此一来国家耗费了大量的钱财,却得不到任何实惠,大臣们当然会提出反对意见。

　　而这当中意见最大的是兵部,因为郑和船队出航,每次都要动用 5 个卫的兵力,一个卫 5500 多人,5 个卫 27000 多人。郑和船队都是由为皇帝办事的内宫宦官率领,也就是说郑和船队除了宦官和少数航海方面专业人员外,都是军队官兵。而且这些官兵的出行费用都由兵部负担,每次耗费都要几十万银粮,途中还会因伤病死亡许多将士。由内宫宦官统领军队来给皇帝做于国于民都无利的事,得利的是宦官,受损失的则是军队,兵部如何会没有意见。只是畏于明成祖的威严,军方才不敢在明成祖在世时公开反对。

　　郑和虽然是个宦官,但是他也是个颇具威望的高级将领,在明成祖起兵造反时,他曾立下赫赫战功,他有资格统领军队。郑和出身回族,其祖上都是穆斯林,他也是个伊斯兰教信徒,他祖父和父亲都到阿拉伯麦加朝觐过,因此他也有很强的阿拉伯情节,希望在有生之年能够到麦加朝觐。虽然下西洋主要还是因为明成祖朱棣想要昭示皇恩、怀柔远人,回访友好国家,但是郑和的阿拉伯情节和希望去麦加朝觐可能也是重要的原因之一。

　　实际上明成祖派郑和下西洋并无任何经济目的,昭示皇恩,传播教化,与世界各国建立起友好关系,这些都是政治和文化方面的东西。而所谓的朝贡贸易,也只是一种官方贸易,这些贸易都被政府垄断了,买卖交易都只能与官方的市舶司进行,于民间的商业发展无任何益处。而且朝廷对这些进出口贸易都不收税,对国家财政也没有任何益处,所以这些耗资巨大的航海活动只能给国家增加财政负担。有史学家估计:明成祖永乐年间,郑和下西洋的耗费约为白银 600 万两,相当于当时国库年支出的两倍,这还不包括造船等地方支出的费用。明成祖死后,新继位的明仁宗威望还不高,因此大臣们才敢于公开提出反对意见,而明仁宗立足还未稳,因此采纳了建议,下西洋遂被停止。

　　明仁宗寿命不长,继位一年后即去世了,其子朱瞻基继位,是为明宣宗。明宣宗是个有雄心的皇帝,他继位 5 年后,为了向海外各国昭示自己继承了皇位,并进一步拓展与海外更多国家的友好关系,他命令郑和再一次下西洋。

　　1430 年,郑和开始准备远航,次年,船队来到福建长乐集结等待季风。这时,郑和年事已高,可能是意识到来日不多,他在长乐南山的天妃宫镌刻一块碑记,碑额篆书《天妃灵应之记》。该碑现存于长乐郑和事迹纪念馆,碑文中对海神天妃在他们远航西洋途中屡显神灵护佑他们表达了感谢,并记叙了他们下西洋的经历。而碑文的开篇即讲述了下西洋的原因和目的:"皇明混一海宇,超三代而轶汉唐,际天极地,罔不臣妾。其西域之西,迤北之北,固远矣,而程途可记。若海外诸番,实为遐壤,皆捧琛执贽,重译来朝。皇上嘉其忠诚,命和等统率校官,旗军数万人,乘巨舶百余艘,赍币往赉之,所以宣德化而柔远人也。"①其中说到下西洋的原因大意是:明朝皇帝统一海内以后,远至天边地极,没有不臣服的。其西域之西,迤北之北,不辞路远,纷纷来朝。特别是海外的那些国家,实在是偏僻遥远得无法形容,然而他们还是带着珍宝,捧着朝拜的礼品,通过多重的翻译前来朝观。皇上对他们的忠诚深为赞赏,所以派郑和统率舰队,携带财宝礼物去赏赐给他们;而下西洋的目的除了对海外各国进行回访和赏赐礼物外,还有宣扬道德教化,和关怀远方的人民。但是碑文中却没有提到任何有关商业和经济的目的,完全是友谊之旅。

英国的科技史学家李约瑟对郑和船队的大航海评价道:"东方的航海家中国人从容温顺,不计前仇,慷慨大方,从不威胁他人的生存,他们全副武装,却从不征服异族,也不建立要塞。"②这与此后西方殖民者的所作所为形成了鲜明的对照。

1431年12月,郑和携带着大量的礼品货物和昭示明宣宗继承皇位的"宣德金牌",扬帆出海开始了第七次下西洋。随行人员大都是屡次跟随他远航的老部下,他们都已经是经验丰富的航海家了。大家都知道以后远航的机会可能不多了,所以特别珍惜这次机会,希望能够去探寻更遥远的未知海域和未知国度。郑和一路途中派出许多分船队前往各个海域,他自己率领主船队到达古里后仍在那里坐镇指挥。为了了结去麦加朝觐的心愿,他派出了一条船,载着船队中的穆斯林船员,前往麦加朝觐。然而他自己却没有去,他是三军统帅,不能擅离职守,而且他已经重病缠身。不久,他就去世了,他被葬在了印度古里。

然而,在这最后一次的大航海中,他的船员们为他完成一项更伟大的创举,因为有证据证明,他的一支分船队已经沿非洲东海岸绕过了非洲南部,再沿非洲西海岸北上,然后渡过了大西洋到达了北美洲大陆。在沿着美洲东海岸对北美洲和南美洲作了探访后,他们有可能是绕过了美洲南部进入了太平洋,然后到达了澳大利亚,最后经西太平洋诸岛回国。此次航海历时最长,3年后他们才回到中国。

---

① 《天妃灵应之记》,百度文库:http://wenku.baidu.com/ink,2016年6月21日访问。

② (英)李约瑟:《中国科学技术史》,江受琪等译,北京,科学出版社2003年版。第四卷第三分册。

最先提出郑和船队有一支分船队到达美洲和澳洲的,是退役的英国皇家海军潜水艇指挥官孟席斯,为此,他在世界各地奔波了 15 年,收集了上千个证据。他认为郑和船队在第六次航海时,即有分船队绕过非洲南部经非洲西海岸到达过地中海,后来到达了美洲。近年来中国学者也开始关注这个问题,并提出了不少有说服力的证据。比如,在西方殖民者来到中国以前,中国就已经开始大面积种植玉米,而玉米原产地在美洲,只有在美洲才有;又如,在郑和船队带回来的贡品中有袋鼠,而袋鼠只有在澳大利亚才有。

西方殖民者最早到达中国的是葡萄牙人,葡萄牙人于 1517 年越过马六甲海峡,同年到达中国广州,他们试图与中国人做生意,但是因为没有与中国建立朝贡贸易关系而被广州海关拒绝。而中国关于玉米种植的最早记载是在 1511 年安徽的《颖洲志》中。玉米原来在中国被叫作"御米",意为御用之米,是郑和船队带回来进贡给皇帝吃的。最先只是在京畿地区种植,后逐渐推广至全国各地。

2010 年,又在美国北卡罗来纳州发现了一个极为重要的证据,在北卡罗来纳州的一个小镇附近的坟地里,发现了一块"宣德金牌"。宣德是明宣宗的年号,宣德金牌是明宣宗继位后,为了向各国昭示自己继承了皇位而特意制造,并派使者分赴各国颁布给各国君主的牌证。中国古代皇帝继位后一般都要制作金牌颁布各国君主,以通告自己继承了皇位,并收回前朝皇帝的金牌。郑和船队第七次下西洋的最重要任务之一就是向世界各国君主颁布宣德金牌。而北卡罗来纳发现的宣德金牌经鉴定是真品,这就证明了郑和船队有人到达了北美洲,并向当地部落的大酋长颁发了宣德金牌。有关郑和船队有人到达美洲的证据还有很多,比如,在美洲沿海发现了中国古代的船锚、明朝的瓷器等等。

郑和下西洋为中国与亚洲和非洲的 60 多个国家建立起了外交关系,据统计,明成祖在位的永乐年间,亚非各国使节来华共计 318 次,盛况空前。更有文莱、满刺加、苏禄、古麻刺朗 4 个国家的 7 位国王先后亲自率领使团前来中国,最多一次有 18 个国家的使团同时来华。还有 3 位国王长期居住在中国,并在中国去世,他们遗嘱要求葬在中国,明朝政府都按照王的待遇给予了他们厚葬。

郑和去世二年后,雄心勃勃的明宣宗也去世了,中国人的大航海运动从此也偃旗息鼓。30 年后的明宪宗成化年间,曾有宦官鼓动皇帝派他们再次下西洋,但是遭到了朝廷群臣和兵部官员的反对。宦官曾派人到兵部索要郑和下西洋时的航海资料,兵部官员闻信后立即将郑和的航海资料藏了起来(一说把航海资料都销毁了),宦官找了三天都没有找到。宦官向兵部官员询问,反遭到兵部官员的斥责。兵部侍郎刘大夏斥责他们说:"三保(郑和)下西洋,费钱粮数十万,军民且死万计,纵得奇宝而回,于国家何益,此特一弊政,大臣所当切谏之也。旧案虽存,亦当毁之以拔其根,尚何追究其有无哉!"①最终,宦官们策划的再次航海的企图以失败而告终。

然而,当中国人掀起的大航海运动在东方偃旗息鼓时,在遥远的西方,在亚欧大陆的另一端,却暗流涌动,西欧人正在接过中国人的衣钵,悄然掀起了另一场改变世界的大航海运动。

---

① 严从简:《殊域周咨录》卷八。

二十二　西方发现新航线与大航海时代的来临

14 世纪,蒙古人建立的大帝国已经分裂,西欧通过蒙古帝国直接到达中国的商道再次被阻断。蒙古人的分裂衰弱,使小亚细亚的一个突厥人部族——奥斯曼土耳其得以崛起。他们在占领了整个小亚细亚后,开始向中东和埃及扩张,并越过博斯普鲁斯海峡进攻巴尔干半岛。中东和埃及都落入了他们的控制之中,西欧与东方的直接贸易从此被完全切断,与东方的贸易只能通过奥斯曼帝国和穆斯林阿拉伯人来进行。因此,阿拉伯人能够肆意抬高价格,从中获取高额的中间利润,这令西欧人无法接受。而这些商品对他们来说又是必不可少的,特别是用于食品的香料。为了购买这些商品,西欧几乎耗尽了他们所有的黄金和白银,所以,他们想寻找一条新的贸易通道,绕过阿拉伯人直接与东方进行贸易。

到 15 世纪,奥斯曼土耳其开始大举进攻巴尔干半岛。土耳其人掌握了来自中国的火炮制造技术,在围攻拜占庭首都君士坦丁堡时,他们用自己制造的威力巨大的大口径火炮,轰垮了君士坦丁堡用大蛮石建造的城墙。这座建造后历经一千多年从未被攻破的城堡,终于在 1453 年被攻陷,历经千年的东罗马拜占庭帝国也至此灭亡。而信仰伊斯兰教的土耳其人并没有停止他们征服的步伐,在占领了巴尔干半岛以后,继续向中欧挺进。基督教世界一片惊慌,他们听说东方有一个信仰基督教的强大国家,因此,罗马教廷也急于寻找一条到东方的路,派人去联系东方的基督教国家前后夹击伊斯兰教。

马可波罗在他的东游记中所描述的那个神奇而富饶的东方,也令西欧人充满了向往,这些都促使西欧人去寻找通往东方的新航线。而且,西欧本身就是一个半岛,从根本上说它具有海洋国家的特征,地域狭小,资源匮乏,人口增长的压力巨大。早在 11 世纪末,罗马教皇乌尔班二世发动十字军东征时,就曾经在演讲中告诉人们:"你们居住的土地被局限在海洋和高山之内,令你们众多的人口拥挤不堪。"他要求人们迅速行动起来,到东方去夺取土地。海洋国家向内发展的资源有限,因此,他们需要向海外发展,到海外去攫取财富,去占领殖民地。这也就是海洋国家往往具有极强的侵略性的原因。

在此之前,因为地理知识和航海技术的限制,西欧人只能在近海活动,围绕着西欧半岛或者在地中海内航行。但是到了15世纪,来自东方的航海技术为他们提供了走出地中海,进入外海远洋的可能。郑和船队七下西洋向世界各国传播了友谊,也把中国的先进航海技术传播到了世界各地。西欧的商人和海员们通过与阿拉伯人或通过与中国人的直接交往学到了这些知识,例如指南针、象限仪、横标仪、航海图、船尾舵、隔离舱、三角帆等等。而中国的火药、火枪、火炮等热兵器技术的传入,还为他们提供了远高于海外落后民族的武器装备。西欧这个躁动中的海洋民族,走出欧洲,迈向世界大海洋的条件已经具备。

在这场走出欧洲,迈向世界大海洋的大航海运动中,最先开始远洋探险的是葡萄牙人。葡萄牙是地处欧洲最西南端的一个小国,位于伊比利亚半岛,被局限在大国西班牙与大西洋之间的一个角上,地域狭小,没有发展空间。最初葡萄牙人想越过直布罗陀海峡向北非发展,为此,他们于1415年发动突然袭击,占领了海峡对岸北非的港口城市休达。领军的统帅是国王的三王子亨利,他们想在北非先建立一个据点,然后再扩张。然而,他们却遭到北非信奉伊斯兰教的摩尔人的坚决抵抗,1417年休达被包围,亨利带兵去增援,解除了包围。

这一次亨利在休达驻扎的时间比较长,在这段时间里他了解到,有一条古老而繁忙的商道可以穿过撒哈拉大沙漠。而且,在沙漠的南面有树木繁茂、土地肥沃的绿色国家,那里有黄金、象牙和香料。黄金是西欧人最想得到的东西,而非洲的香料虽然没有亚洲的质量好,但是在没有的情况下还是可以作为替代品。然而他们却不能通过摩尔人的领地,更没有在大沙漠里旅行的经验。因此亨利提出了一个大胆的想法,从海路到达撒哈拉沙漠以南的绿色国家,这一想法得到了国王的支持。于是亨利来到了葡萄牙最南端的阿加维省任总督,并在这里开始了他耗尽此后几十年生命的海洋探险事业。

当时西欧的航海技术还非常落后,不但缺乏远洋航海的知识和技术,而且造不出远洋航行的大海船。因为大西洋与地中海的航海条件完全不同,在地中海或近海航行的船只根本就适应不了大西洋的大风浪。此时,欧洲正处于文艺复兴时期,人们思想活跃,办学之风盛行,因此,亨利办了一所航海学院。他四处搜罗各国的航海人才,包括有经验的水手、航海家、地理学家、地图绘制家、天文学家、造船专家,以及有技艺的工匠。他还建立了图书馆,广泛收集航海资料,包括地理、气象、海流、信风、航海仪器、造船技术、航海地图等等。人们在航海学院里研究问题,制定计划,改进技术,培养水手和航海人员。与此同时,亨利开始派出船队沿非洲西海岸向南探险。

1419 年,亨利派出了他的第一支只有一艘船的探险队,向南寻找绿色国家。但是被风向西吹到了大西洋深处,结果发现了马德拉群岛。第二年亨利派兵占领了马德拉群岛,在那里建立了殖民地。亨利派船队继续向南探索,又发现了加那利群岛,但是他几次派兵进攻该群岛都被当地人打败,最终只得放弃(加那利群岛后来被西班牙人占领)。于是亨利开始把他的船队分为两支,一支沿非洲西海岸继续往南探索,一支远离海岸向西南方向往大西洋的深处航行,以寻找更多的岛屿。

1427 年向西南航行的船队发现了亚速尔群岛,1432 年亨利派兵占领了该群岛并在这里建立了殖民地(这一年也正是中国郑和船队最后一次,即第七次远洋航海期间)。1436 年沿非洲西海岸探寻的船队在西撒哈拉的一个小海湾发现了沙金,这令他们很兴奋,以为找到了传说中的金河,但是令人失望的是,在那里并没有多少收获。

亨利开始受到人们的批评,认为他的事业耗资巨大而没有收益,是在毫无意义地追求不可能实现的事情。葡萄牙国王于是又把希望放在了对北非的扩张上,他组织发动了对北非港口城市丹吉尔的进攻,但是却遭到了惨败。1441 年,亨利回到了他的阿加维省,重新开始了沿非洲西海岸的探险。这一年他的船队越过了西撒哈拉沙漠,终于到达了绿色国家,还俘虏了十几个当地人。亨利看到了获利的机会,因为俘虏可以作为奴隶在欧洲市场上出卖。于是亨利开始组织以掳掠奴隶和掠夺财宝为目的的探险,1444 年第一次出航就抓回了 235 名奴隶,由此开始了西欧延续 400 多年的罪恶的非洲奴隶贸易。

亨利在奴隶贸易中获得了高额的利润,由此也激发了葡萄牙人到海外发财的激情,葡萄牙王室当然也能从中得到巨大的利益。于是国王在人们交付了一定的资金后,向私人探险者颁发特许证,允许他们去海外探险,去掠夺和占有他们所发现的所有东西,葡萄牙掀起了一股私人探险的热潮。从那以后,葡萄牙每年都有大批的船只前往非洲掠夺奴隶和财富,于是非洲黄金海岸、象牙海岸相继被发现,大量的奴隶、黄金和象牙源源不断地运回欧洲。他们还发现了非洲胡椒,由此开始了香料贸易。葡萄牙人在非洲西海岸建立了许多殖民据点,以此作为进入非洲内地掳掠奴隶、攫取财富和进行贸易的商品中转站,并宣布了对这些地区的占有。

亨利于 1460 年去世,这时,葡萄牙人已到达了西非的几内亚。但亨利的去世并没有停止葡萄牙人追求财富和探险的步伐,到 1488 年,由迪亚士率领的探险船队终于越过了非洲的最南端,到达了非洲的东海岸。因食物和淡水已经不足,迪亚士没有再继续前进,在返航途中他把非洲最南端的一个大海岬命名为风暴角,因为那里的风浪很大。回到葡萄牙后,国王若奥二世高兴地听取了他的汇报,并对通过非洲南部到达印度寄予热望,因此他把风暴角更名为"好望角"。

然而葡萄牙人却错过了一个发现美洲的好机会。意大利热那亚水手哥伦布曾于1484年到葡萄牙向若奥二世国王提出建议,派出一支船队由他带领向西航行,哥伦布说因为地球是圆的,所以从那边也可以到达印度。可是若奥二世的顾问们却对他的计划表示怀疑,认为不可能,因此国王没有同意他的建议。哥伦布于是来到了西班牙,向西班牙女王伊莎贝拉提出了这个建议。女王的顾问们历经数年,几经审议,最后终于同意了哥伦布的建议。1492年,哥伦布与女王签下了协议,协议规定:任命哥伦布为他所发现的土地上的世袭总督;在哥伦布发现的土地上获得的所有财富,其1/10归哥伦布所有。

协议签订后,1492年8月3日,哥伦布带上西班牙女王给印度君主和中国皇帝的信,率领三艘载重约100吨的船和120名船员从西班牙巴罗斯港出发了。他们先到达了西班牙在大西洋中的殖民地加那利群岛,在那里休整补充了物质后,于9月9日再次出发。哥伦布运气很好,一路顺风,但是在茫茫大海上航行了20多天后,船员开始害怕起来,担心回不了家了。航行到第30天,船员们要求返航并几乎发生叛乱,哥伦布努力说服船员们再向前航行三天。10月12日,即第三天的凌晨,终于看到了陆地。

这是中美洲巴哈马群岛中的一个岛屿,哥伦布把它命名为圣萨尔瓦多(意为救世主)。岛上的土著人都来观看他们,这些土著人都性格温顺,对他们很友善。土著人非常慷慨,只要是他们有的,问他们要什么他们就给什么,并乐于与别人分享他们的财富。哥伦布以为到达的是印度,因此把他们称为印第安人。哥伦布在他的航海日志中写道:"这些人根本就不会摆弄武器……只要用上50个人就可以征服他们,并迫使他们做任何事情。"在后来的西班牙人和西欧人的大殖民活动中,这些质朴、友善、温顺的美洲土著人被大量屠杀、驱赶、奴役,几乎遭到灭绝。

随后哥伦布开始寻找富庶的中国,他找到了古巴、海地等岛屿,但未能如愿找到中国。1493年1月4日哥伦布起航回国,3月15日回到了西班牙,他受到了热烈的欢迎,女王相信他已找到了印度群岛,并给予了他极高的荣誉。但是有很多人对他的发现表示了怀疑,因为他并没有带回来印度的香料和中国的丝绸。哥伦布为了证明自己发现的是印度,后来又进行了三次航行。他考察了美洲大陆很多地方,但是始终没有找到心目中的印度。因为当时西班牙人想要找的是通往富饶的东方的贸易通道,而荒凉的美洲使他们大失所望,所以哥伦布的声誉每况愈下,1506 年哥伦布凄凉地死去。

在西班牙人寻找到美洲新大陆的刺激下,葡萄牙人也加快了经非洲南部前往东方的探险活动。1497 年 7 月 8 日,葡萄牙人的探险船队出发了,船队由四艘船组成,共有船员 170 名,以骑士团军官达·伽马为舰队指挥官。11 月 22 日船队绕过好望角,1498 年 1 月到达了非洲东海岸的莫桑比克。因为东非很早就与阿拉伯人、波斯人、印度人、甚至中国人都有贸易往来,所以文明程度已比较高,有许多信仰伊斯兰教的穆斯林,也有许多小邦国。达·伽马下令在莫桑比克休整了一个多月,补充了食物、淡水和物质,并对船只进行了维修。

船队继续前行,到达肯尼亚的蒙巴萨时与当地人发生了武装冲突,激烈的冲突使他们损失惨重,几乎全军覆没。但是继续前行到达迪亚拉时,却受到了当地苏丹的欢迎,因为迪亚拉苏丹与蒙巴萨苏丹是仇敌,因此把蒙巴萨的敌人作为自己的朋友,希望与葡萄牙人结盟共同打击敌人。迪亚拉苏丹送给了他们很多礼物,并给他们派了一个熟悉海况的向导,为他们带路前往印度。

1498 年 5 月 20 日,在向导的帮助下,达·伽马顺利地到达了印度西海岸最重要的商业城市卡利卡特(即古里)。经过近 80 年的不懈努力,葡萄牙人终于到达了梦寐以求的东方,找到了通往东方的新航线。

当时印度半岛还处于小国林立的状态,卡利卡特就是众多小国其中的一个。达·伽马觐见了卡利卡特国王,国王非常欢迎他们前来做生意,允许他们在城里开设商店进行自由买卖。但是控制全城贸易的阿拉伯穆斯林商人却对他们非常抵制,因为穆斯林商人担心,从此他们对西方的香料贸易垄断地位将被葡萄牙人打破。穆斯林商人极力排斥他们,后来达·伽马不得不离开卡利卡特转到附近的坎纳诺才装满香料和宝石等货物。第二年 9 月,他们回到了葡萄牙,这时他们只剩下了 50 多个人和两艘船,但是他们带回的货物价值仍然相当于他们远航总花费的 60 倍。

达·伽马的成功在葡萄牙造成极大的轰动,因为他找到了真正的印度,而不是哥伦布找到的那个既没有香料又没有丝绸的荒凉的“印度”。葡萄牙人迅速组织起另一支船队,但是这一次已不是探险队,而是一支远征军。葡萄牙人野心勃勃,因为根据达·伽马报告的情况,东非和印度半岛南部都只有一些小邦国,并没有统一而强大的大国,而且他们也都没有先进的武器装备。而葡萄牙人已掌握了火枪和火炮制造技术,完全可以分别征服它们,控制香料贸易。

1500 年 3 月 9 日,葡萄牙的远征舰队出发了,舰队共有 13 艘船和 1200 名船员。虽然与中国的郑和船队相比不在一个数量级，但这已经是倾葡萄牙全国之力了。舰队的指挥官是王室贵族卡布拉尔，根据达·伽马的建议，舰队并没有沿着非洲西海岸航行，而是走直路远离海岸直接向南航行，结果船队向西偏离了航线，到达了南美洲大陆东部隆起的地方（即今天的巴西）。巴西就这样被发现，它后来成了葡萄牙人的殖民地。卡布拉尔派了一艘船回去报信，其余的船继续航程。

1500年9月，远征舰队到达了卡利卡特，卡布拉尔向卡利卡特国王提出了要求，必须给予他们优先进货权，在他们没有装满货以前，阿拉伯穆斯林商人不得进货。这一要求引起了穆斯林商人的不满，为了威慑穆斯林商人，葡萄牙人武力洗劫了一艘穆斯林商船。穆斯林商人终于发怒，他们袭击了葡萄牙人的商站，打死了商站里的53名葡萄牙人。卡布拉尔下令炮轰卡利卡特城，炮击从凌晨持续到深夜，同时葡萄牙人还洗劫了港口内的所有商船，600多无辜船民被杀害。然后，他们来到了与卡利卡特敌对的港口城市柯钦（即柯枝），柯钦人欢迎了他们，葡萄牙人利用当地这些小邦国之间的矛盾，在柯钦建立起了武装贸易据点。1501年7月，卡布拉尔回到葡萄牙，尽管他损失了6艘船和许多人员，但是他的赢利仍然超过了2倍。

1502年，被任命为印度洋海军司令的达·伽马又一次率领舰队出征，舰队由20艘船组成，其中15艘装配有重炮。在坦桑尼亚南部的港口基卢瓦，达·伽马把当地苏丹诱骗上船，然后将他扣押，以炮火摧毁基卢瓦相威胁，强迫他答应每年向葡萄牙进贡。舰队继续北航时遇到一艘从麦加朝觐返回的船，船上的东非穆斯林包括妇女和儿童共有380多人。达·伽马在洗劫了船上所有的财物后，把人都关进船舱，然后放火将船和人一起烧毁。

继续航行到达卡利卡特，卡利卡特国王畏于他们的武力主动向他们求和。达·伽马要求国王交出杀害葡萄牙人的阿拉伯穆斯林凶手，赔偿全部损失，并要求把所有的穆斯林驱逐出城，由他们独占当地的香料贸易。为了威慑卡利卡特人，达·伽马把在港口向他们出售海鱼的38名渔民吊死在桅杆上，并炮轰卡利卡特。第二天他们把吊死的渔民的头和四肢都砍下来，把躯体抛入大海，把头和四肢装在一条小船上，在小船上放上一封信，让它漂向城里。信上警告说，如果有人反抗，这就是全城人的下场，接着他们再一次炮轰全城。

然后他留下来7艘船封锁卡利卡特，其余的船则前往柯钦，在那里他与柯钦国王签订了独占柯钦贸易的协议，并取得了在柯钦建立武装据点的权利。1503年2月，达·伽马留下了5艘舰船负责抢劫穆斯林商船，破坏阿拉伯人与印度之间的贸易，然后率领船队满载香料回到了葡萄牙。鉴于他的巨大功绩，葡萄牙国王封他为伯爵。

从此以后,葡萄牙接连不断地派出船队前往印度洋,他们以柯钦为据点用武力制服那些小邦国,控制了印度沿海的贸易。为了打击阿拉伯商人,他们还派出舰队扼守住红海和波斯湾的出海口,袭击阿拉伯商船。1510 年,他们从穆斯林手里夺取了印度西南部仅次于卡利卡特的商业城市果阿,在那里设立了总督府,然后在印度沿海修建了一系列军事要塞,建立起他们的军事统治,果阿从此成了葡萄牙人在东方进行贸易和殖民活动的中心。

但是,控制了印度沿海并不等于控制了香料贸易,因为香料的主要产地是东南亚的香料群岛,而控制香料群岛的关键就是要控制马六甲。因为马六甲海峡既是香料群岛通往印度洋的咽喉要道,也是西方通往他们梦寐以求的富饶的中国的必经之路。马六甲(满剌加)与中国有藩属国关系,郑和当年曾在这里建立航海基地并设置仓库,后来发展成为一个有 10 多万人口的商业重镇,它是整个亚洲香料贸易的中心。马六甲人口以马来人为主,也有爪哇人、缅甸人和印度人,驻有重兵把守,有许多战船,还有上千门火炮。葡萄牙人 1509 年曾来到这里,并试图进攻马六甲,但是遭到猛烈的反击,在丢下了一些俘虏后狼狈逃走。

1511 年,葡萄牙驻印度总督阿尔布克尔克率领一支由 18 艘战舰,1200 葡萄牙士兵和大批印度仆从军组成的舰队再次来到马六甲,这次他们志在必得。但是他们第一次攻击没有成功。葡萄牙人继续增兵,于 8 月 10 日开始了第二次攻击,经过一个星期的激战,葡萄牙人终于攻占了马六甲。他们照例进行了屠城,但是只是把马来人杀了个干净,却留下了非马来人。葡萄牙人在马六甲修建了坚固的要塞,并以此为据点征服香料群岛上的小邦国,然后逐步建立起一系列军事要塞,控制了香料贸易,构成了在东南亚的殖民网络。

马六甲的占领为葡萄牙带来了巨大的经济利益,因此它成了葡萄牙"王冠上的明珠",葡萄牙也因此成了当时欧洲最富有的国家。而经由阿拉伯国家对意大利商人和欧洲的香料贸易则减少了大半,阿拉伯国家从此衰弱。

马六甲虽然是中国的重要藩属国,但是在郑和航海活动停止以后,中国与马六甲就只是维持简单的朝贡贸易关系,而未在马六甲驻留任何人员,因此直到 1520 年马六甲国王派人到中国求救,中国皇帝明武宗才知道这件事。而葡萄牙人控制了香料群岛以后,下一步自然是前往他们仰慕已久的中国。

1517 年,葡萄牙人的一支满载香料的船队来到了中国南方港口城市广州。但是因为他们没有与中国建立勘合贸易关系,广州市舶司无权与他们进行贸易。两广总督陈金亲自接见了他们的使者皮雷士,并将情况上奏朝廷,奏折中说到:海外诸番国中并没有葡萄牙这个国家,而且该使者又没有带来国书,不可信。于是明武宗不予接见,令他们回国带国书来。葡萄牙人通过贿赂驻守广州的太监宁城,得到了入京许可,又通过贿赂内宫太监江斌,让使团的中国籍翻译见到了在南京巡视的明武宗。明武宗批准了他们的请求,让他们进京等候。1521 年,明武宗在回京路上突然患重病,回到北京不久就死了。

在长达 4 年的等待时间里,葡萄牙人早已通过贿赂当地官员得以在广州做生意。因为明朝廷的抑商政策和海禁政策并不得民心,民间有广泛的对海外商品的需求,而官府对这些商品交易也是睁一只眼闭一只眼,只要你不违法乱纪肆意妄为,官府一般都不强行禁止。

但问题是这些葡萄牙人并不都是些正经的商人,他们大都是远征军的军人,平日里粗野横蛮惯了,所以日子久了他们就开始无恶不作。拒纳税收,轻侮中国官吏,抢劫、勒索其他国家来华贸易的商人,贩卖人口,奸淫妇女,甚至霸占了一个叫南头岛的小岛,在上面建立据点,排斥中国官员的管辖,私设法庭,以致在当地引起了民愤。

本来允许他们做生意就违反了朝廷规定,再加上他们又肆意妄为引起民愤,所以广州官府要求他们退出国境。但是葡萄牙人的回应是武力抗拒,他们向广东海巡队发动攻击,广州官府不得不决定用武力将他们驱逐出境。1521 年 8 月,广东海道副使汪铉率兵将葡萄牙人包围在屯门港内,经过 40 天的围困,终于迫使葡萄牙人趁夜逃走。第二年葡萄牙人又来进犯广东,与中国军队在香山县的草湾发生海战,结果被中国军队击败,中国军队俘获葡萄牙战舰二艘,斩敌 35 人,活捉42 人。

1522 年,新皇帝明世宗继位,这时马六甲国王又来请求中国帮助他复国,而葡萄牙人在广州胡作非为的报告也上报到了朝廷。明世宗大怒,下令把太监江斌和葡萄牙使团的中国籍翻译处死,把皮雷士驱逐出境。皮雷士到达广州时正赶上中葡海战,皮雷士被扣押在广州,后来病死在狱中。经这么一闹腾,葡萄牙人已不可能与中国进行正常的合法贸易了,但是他们并没有离开,他们仍然在中国外海进行违法的走私贸易。

明朝为了禁止民间的海外贸易,实行的是"寸板片帆不得下海"的海禁政策,海禁包括渔船,因为渔船出海也可能夹带走私货。但是这就断掉了那些靠海生活的人们的生计,许多人不得不铤而走险去违法走私,甚至成为海盗。这些人与日本的海盗、浪人相勾结,既搞走私活动又搞海盗活动,对沿海的城市和村庄大肆烧杀劫掠,沿海人民深受其害。他们平时躲藏在海中的孤岛上,官府追剿得厉害时就逃到日本去躲避,因此也被称为倭寇。葡萄牙人来了之后也跟他们沆瀣一气,在中国沿海大搞走私贸易和海盗活动。

中国浙江沿海有个岛屿叫双屿,地理条件非常好,处在马六甲、中国大陆、日本这三地之间,该岛被走私商人和海盗盘踞,成为三地货物的集散地。葡萄牙人来了以后,先是参与岛上的走私贸易,后来逐步在岛上定居,再后来把它占为自己的据点,岛上葡萄牙人最多时达 1200 多人,设有法官、税收官、公证官、市场监察官、巡夜官、教堂、医院等,葡萄牙人认为它"可以与印度的主要城市相比"。

葡萄牙人在双屿岛获得了巨大的利益,浙江当地官员在很长一段时间里一直未对他们进行干预。但是后来因为他们与倭寇合流,参与海盗活动,对沿海人民造成了极大的威胁和危害。1548 年,明朝督察御史朱纨率军荡平了双屿岛,使这个国际贸易走私港成了废墟。此后又经过大小数十战,把葡萄牙人从浙江、福建、广东等中国海域完全驱逐了出去。1553 年,葡萄牙人通过向广州官员行贿得以在澳门上岸租地居住,后来得到当地政府同意,只要他们保证不干违法的事情,可以在澳门长期居住,澳门从此成了葡萄牙与中国进行合法贸易的商站。

在葡萄牙积极向海外扩张的同时,西班牙也在积极地向海外扩张,因此他们之间为海外的势力范围发生了纠纷。哥伦布发现美洲后,在罗马教皇的协调下,西班牙与葡萄牙签订了瓜分世界海洋的协议,双方以大西洋为界,大西洋以东的开发权属于葡萄牙,大西洋以西的开发权属于西班牙,因此西班牙人不能经由非洲南部前往东方进行贸易。在葡萄牙人从与东方的贸易获得巨大利益的刺激下,西班牙人也抓紧了探寻向西经过美洲前往东方的航线。他们派出了许多船队,然而不论是沿北美洲海岸,还是沿南美洲海岸,都没能找到绕过美洲大陆的海路。

1518 年,一个叫麦哲伦的人找到西班牙国王,并说服了国王派一支船队给他去完成这项任务。麦哲伦原是葡萄牙远征军的一个下级军官,参与了葡萄牙远征印度、马六甲、香料群岛的多次战斗,曾三次负伤,后来跛了一只脚,并失去了军职。他曾面见葡萄牙国王,要求派他率领一支船队向西航行探险,但是因为与西班牙有协议,葡萄牙国王拒绝了他的要求,因此他来到了西班牙。西班牙国王与他签订的协议是:任命他为所发现的土地的世袭总督;可获得所发现土地上的全部总收入的1/20。

1519 年 9 月 20 日,麦哲伦率领由 5 艘船和 265 人组成的探险队出发了。麦哲伦做了充分的准备,船队携带了两年的给养,并装备有 68 门火炮。麦哲伦沿南美洲海岸向南航行,在每一个海湾都要仔细探寻是否有向西延伸的海峡。1520 年 3 月 31 日,他们到达了南纬49°的圣胡里安湾。这时天气越来越寒冷,麦哲伦下令在这里停下来过冬。为了节约粮食以保证以后的需要,麦哲伦下令减少口粮。船员除了几个麦哲伦的亲信外都是西班牙人,他们本来就对麦哲伦这个葡萄牙人充满了怀疑和妒忌,减少口粮更加剧了他们的不满。他们发起了叛乱,麦哲伦毫不留情地杀死了带头叛乱的两个船长和一些船员,并把西班牙国王安排在船上的督办和一个经常煽动不满情绪的神甫放逐到海岸上去,平息了船上的叛乱。

5个月后天气变暖,船队继续向南,边探寻边航行。10月21日他们找到了一个长长的海峡,麦哲伦决定进入海峡探寻,但是船员们都反对,他们要求返航,麦哲伦不顾反对意见,下令向前探寻。海峡里布满了深沟、浅滩、峡湾、河岔纵横交错,像一个曲折迂回的迷宫。麦哲伦小心谨慎的向前探索,而后面的一条装载有大量给养的船却偷偷地逃跑,返回西班牙去了。这给船队以很大的打击,麦哲伦也一度动摇,但是最后他还是决定坚持下去。经过一个月的探索,麦哲伦船队驶出了这个550公里长的海峡,见到了美洲西面浩瀚的大海,终于绕过了南美洲大陆。

航行在这片望不到尽头的浩瀚大海上,生活单调而乏味,人人都死气沉沉。仅剩的一些粮食也已生虫霉变,难以下咽,只能沿途捕些鱼来补充,淡水也变了质。因为长期缺乏维生素很多人得了坏血病,在饥饿和疾病的折磨下,船员一个一个地死去并被抛入了大海。幸运的是海上一直风平浪静,没有遇到一次风浪,因此麦哲伦给这个浩瀚的大海洋起了一个好听的名字——太平洋。

经过3个多月约17000公里的航行,直到1521年3月6日,他们终于看到了一个小岛。麦哲伦派40个武装人员上岛,杀死了一些当地人,抢来了许多食品和淡水,这使船员们的体力得到了恢复。又向前航行了约2000公里,他们又看见了几个岛,船员们兴奋起来,登上了一个叫苏禄安的岛。这是菲律宾群岛中的一个岛,在岛上修养了9天后,所有的船员都恢复了健康。在探索与之临近的马萨瓦岛时,令人惊喜的事情发生了,麦哲伦带来的一个马来人奴仆说的话岛上的人居然能够听懂,这说明他已经环绕地球一周后又回到了故乡。麦哲伦成功了,按照他与西班牙国王的协议,他应该成为西班牙在当地的总督。

在马萨瓦岛高兴了几天后,麦哲伦被当地人带到了附近最大的岛屿宿务来面见他们的国王。这时麦哲伦的武装力量已经不多,他已不可能用武力征服当地人,于是他决定与当地的统治者结盟。他向国王胡马本提出进行以物易物的贸易,国王同意贸易,但要求缴税。麦哲伦不同意缴税,因为他认为自己应该是西班牙在本地的统治者,怎么可以缴税。为了说明没有例外,胡马本叫来了一个来自暹罗的穆斯林商人。这个商人一见到挂着十字风帆的船就吓坏了,以为他们是四处杀戮横行印度洋和马六甲的葡萄牙恶魔,他警告胡马本小心这些人。胡马本听了警告后改变了态度,同意了麦哲伦的要求,并表示愿意与西班牙国王结盟。为了表示友好,胡马本甚至皈依了基督教。

麦哲伦以西班牙的总督自居,决定把胡马本立为菲律宾群岛的首领,并向他提供武力保护。为了显示自己武力的强大,麦哲伦决定去讨伐附近的马克坦岛,那里的首领西拉普拉普一直与胡马本为敌。胡马本要向他提供士兵,但麦哲伦认为没有必要,他带着自己仅剩的 60 名士兵出发,以为依靠自己的优势武器能够轻易战胜那里的土著。然而他轻敌了,菲律宾土著并不像美洲印第安人,在亚洲的他们是见识过火枪火炮等先进武器的。

马克坦岛周围暗礁密布,船只根本无法靠近,船上的火炮距离太远发挥不了作用,西班牙人只能跳进齐腰深的水里艰难前进,火枪射出的枪弹又无法打穿岛上土著人的木制盾牌。面对岛上蜂拥而至的 1500 多土著士兵,西班牙人只得撤退。麦哲伦在撤退的过程中被土著士兵投掷的标枪击中腿部,被追上来的士兵杀死。麦哲伦历经了大风大浪,克服了无数艰险,最后却在一场并不重要的战斗中毫无意义地死去。

麦哲伦死后,西班牙人发生内讧,最后只有一艘船经印度洋绕过了好望角得以回国。1522 年 9 月 6 日,经过近 3 年的航行,麦哲伦船队终于回到了西班牙,完成了环绕地球的航行。但是出发时的 5 艘船只回来一艘,265 人只回来了 18 人。西班牙人虽然找到了通往东方的航线,到达了菲律宾群岛,但是香料群岛已经被葡萄牙人控制,根据他们与葡萄牙人的协议,他们已经不能在香料群岛和印度洋插足,而只能此步于菲律宾群岛。于是他们只能专注于征服美洲,并开辟了从美洲到达菲律宾的航线。

二十三　美洲的古代文明与西班牙的血腥殖民

　　考古发现表明,在距今约 20000 多年前,东北亚地区的原始渔猎民族就开始经西伯利亚迁徙入北美洲的阿拉斯加,然后,他们逐渐扩散到了南北美洲各地,在距今约 11000 年以前,他们已经到达了南美洲的顶端。当时正处于地球最后一个冰河时代的末期,海平面下降了 130 多米,西伯利亚与阿拉斯加之间形成了一道宽达 1300 英里的大陆桥,上面生长了茂盛的植物,也有各种各样的动物,远古的渔猎民族追逐着这些动植物,来到了美洲北部,然后逐渐向南迁徙扩散,直到美洲南部。在距今约 10000 年时,地球最后一个冰河期逐渐结束,海平面逐渐上升,白令海峡形成,大陆桥断开,从此,他们与亚欧大陆的文明发展基本隔离,从而形成了他们与世隔绝的文明发展过程。

　　美洲在公元前约 7000 年前后开始出现原始农业,这些原始农业最早出现在中美洲墨西哥高原的特瓦坎山谷,那里的海拔高度和气候分布变化大,植物种类繁多。大约在公元前 5000 年前后,那里的人们已经能够从种植以玉米为主的农作物中获得约占他们食物来源 10% 的食品。到公元前 3000 年,这个比例大约占到了 1/3。直到公元前 1500 年前后,由于玉米品种的杂交,使产量大幅提高,才成了当地人食物来源的主要部分,从而完成了从原始农业到农业革命的过渡。

　　美洲农业从中美洲的这个发源地逐渐向南美洲和北美洲传播,玉米种植传播到北美洲西南部的时间大约在公元前 3000 年。不过直到公元 750 年以前,玉米种植的传入并没有产生多大的影响,因为那时玉米的种植效率还不高,而且美洲的自然资源丰富,食物采集具有更好的经济效果。同样,北美洲东部的居民直到公元 800 年时,由于培育成功了玉米、蚕豆、南瓜等若干新品种,并在此基础上进行了大规模种植,才使农业成为了他们食物的主要来源。农业向南美洲的传播到达秘鲁的时间大约在公元前 750 年。不过秘鲁还有不是来自中美洲的玉米和豆类变种,这些变种说明安第斯山脉的居民很可能同墨西哥高原的居民一样,很早就开始培植原始植物了。另外,安第斯山脉的居民还培植出了耐寒和耐旱的马铃薯和木薯等块茎类粮食作物。

至于对动物的驯化,很不幸,美洲并没有多少适合于人类饲养的动物,他们在这方面的发展受到很大的限制。所以,除了饲养火鸡和狗以外,只有生活在南美洲安第斯山区的印加人,饲养了半驯化的羊驼和骆马这类产于安第斯山脉的偶蹄目骆驼科动物。他们没有亚欧大陆那些能够帮助人类交通、运输和驮运重物的牛、马、驴、骆驼等动物,也没有发明轮车,更没有牛车、马车,运输重物全靠人力背负。

在其他的文明进展方面,他们会制造陶器,在石器的加工制造方面有很高的水平,能制造非常精巧实用的石制工具。他们也会使用金、银、铜等金属,但仅仅是用于制造装饰品和一些器皿,因为他们的冶炼水平始终没有达到制造金属工具和武器的阶段。

西班牙人进入美洲时,美洲大部分地区都还处于原始的氏族部落社会和石器时代,但是也产生了一些相当发达的文明,比如著名的玛雅文明、阿兹特克文明和印加文明,它们被并称为当时美洲的三大古文明。玛雅文明和阿兹特克文明都在中美洲,印加文明在南美洲西部的安第斯山脉。但是,近年来通过考古发现,在这三大文明之前,中美洲还有奥尔梅克文明、特奥蒂瓦坎文明、托尔特克文明等年代更早的文明。

西班牙人在美洲建立殖民地后,他们听到墨西哥民间一直流传着的一个古老的传说:在远古时期的密林里,生活着一个古老的民族,他们住在仙境般的美丽城市里,有着高度发达的文明。在这个神奇传说的吸引下,1938年,墨西哥考古学会组织了一支考古队,去探寻这个传说中的古老民族。令人惊喜的是,他们比较顺利地就在密林里发现了许多巨大的石头雕像,考古学家们继续努力,终于在墨西哥湾沿海地区发现了拉文塔和特雷斯·萨波特斯两处遗址,根据碳14测定,年代都远在公元前1300以前。后来又发现了圣洛伦佐等重要遗址,这些遗址都是奥尔梅克人居住的地方,从此奥尔梅克文明开始被世人所知。

奥尔梅克文明的主要特征包括:巨石建造的金字塔、大型宫殿、巨石雕像、小雕像、尚未破解的原始文字、玉器、美洲虎、羽蛇、风鸟崇拜、橡胶球游戏等等。"奥尔梅克人"的意思是"橡胶之乡的人",因为那里盛产橡胶树。奥尔梅克人创造了大量的建筑和雕塑作品,他们用石头建造巨大的宫殿和金字塔,在玉石上进行精美的雕刻。

奥尔梅克人最著名的艺术作品莫过于"奥尔梅克巨石头像",这些头像由整块玄武岩雕刻而成,构思完美,具有鲜明的写实性。在发现的14个巨石头像中,最大的是一个青年的头面雕像。该雕像高达3.05米,重达30吨,形象非常生动。他鼻子扁平,嘴唇厚大,眼睛半睁,目光深邃而冷漠,头戴一顶装饰有花纹的头盔,遮住了双耳。考古学认为该头像可能是奥尔梅克人领袖的雕像。除了巨型石像外,奥尔梅克人还用绿玉和黑玉雕刻出许多小型的人、动物等小雕像,这些小型雕像精莹圆润,玲珑可爱。

奥尔梅克人的建筑物大都是用泥土垒砌而成,就连祭坛的底座高台也是用土垒的,上面铺上石板,形成高大的金字塔形。拉文塔的祭坛呈圆形,底座直径128米,高30米,顶端雄踞着一座壮丽的神殿。奥尔梅克人经常举行宗教祭祀,以祈求风调雨顺,免除灾难,祭祀时他们使用活人献祭,用于血祭的往往是儿童。在举行祭祀典礼时常常举行各种庆祝活动,而用橡胶制成的球进行比赛是他们宗教庆祝活动中的一种仪式。

奥尔梅克人还制作了大量的陶器,早期的陶器主要以灰黄色的粗砂陶为主,均为手工制作,器形较厚,表面一般没有什么装饰。大约到了公元前1000年~公元前800年,制陶技术有了很大进步,出现了黑色陶器,这种黑色陶器以钵形器和壶形器为主,器壁仍然较厚,表面先经磨光,然后刻出富有特征的花纹。

奥尔梅克人已从渔猎采集过渡到了以耕种农作物为主要食物来源的阶段,种植的作物有玉米、马铃薯等,其中玉米是其主要农作物,种植的方法是原始的刀耕火种。奥尔梅克人的食物除了玉米外还有肉食,从考古发掘看,他们大多食用火鸡和家犬,同时也捕食野鹿等动物和鱼鳖。

2006年,在墨西哥城附近又发现了一处奥尔梅克文化遗址,在这处叫"萨萨卡特拉"的遗址中,发现了许多建筑于公元前800年至公元前500年之间的建筑,其中,最引人注目的当属一座奥尔梅克大庙基座和两个奥尔梅克石雕。残留的大庙基座用石灰岩石板建成,大致还能看出金字塔的形状,而两个石雕,刻的是奥尔梅克时期的神职人员,厚嘴唇,塌鼻子,头上戴着露出利齿的美洲豹面具。美洲豹是奥尔梅克人敬重的神明。

奥尔梅克文明是已知的最古老美洲文明,它存在于中美洲今墨西哥的中南部地区,繁盛于公元前1200年至公元前400年。它被认为是美洲文明之母,奥尔梅克文明的许多特征,如金字塔和宫殿建筑、玉器雕琢、美洲豹、羽蛇神崇拜等等,也都是后来中美洲文明的共同元素,玛雅文明和阿兹特克文明都与它有很深的渊源。

中美洲高地热带丛林中的圣洛伦佐是早期奥尔梅克文明的中心,但是在公元前 900 年左右被暴力所毁,原因可能是遭到来自北方的野蛮民族的入侵。其后,奥尔梅克文明的中心转移到靠近墨西哥湾的拉文塔,但是公元前 400 年前后再遭蛮族的入侵而毁灭。入侵者可能是特奥蒂瓦坎人,几个世纪以后,特奥蒂瓦坎文明取代奥尔梅克文明在中美洲开始繁盛。

在距墨西哥城以北 40 公里的山谷中,有一座神秘的特奥蒂瓦坎城邦遗址。1987 年,它被列入了联合国教科文组织的《世界遗产目录》,在此之前,经过了一个多世纪的考古,它仍然保守着秘密。特奥蒂瓦坎古城曾经是美洲最辉煌的城市文明之都,也是美洲规模最大的古代城市遗址。

特奥蒂瓦坎古城始建于公元 1 世纪,城市方圆 40 平方公里,城市中人口众多,不同时期居民从 12 万至 16 万不等,最多时人口达到 20 万。这座城市在公元 4 世纪至 6 世纪到达全盛,然而在公元 7 世纪突然消亡。

特奥蒂瓦坎古城坐落在两个大山之间的山谷底,城市的轴心是一条宽 40 米的平坦笔直的“逝者大道”,两公里多长的大道穿越了一系列清晰可见的长方形广场,建筑物分布在大道两旁,两侧都有台阶相通。在接下来的 3 公里中,道路依然平坦笔直,但毗邻的建筑物略显杂乱。在这条气势不凡的街道两旁有 2000 多所居民的住宅。

特奥蒂瓦坎的主要建筑,如太阳神金字塔、月亮神金字塔、羽蛇神庙等,仍保留至今。太阳神金字塔和月亮神金字塔都是用砂石泥土垒砌而成,表面覆盖石板,再画上繁复艳丽的壁画。在特奥蒂瓦坎人的绘画中,可以看到许多叼着滴血心脏的神兽,因此,考古学家判断该文明与中美洲其他古文明一样,都有拿活人献祭的习俗,用这种方法来祭祀安抚掌管大地的神明。

气势最恢宏的太阳金字塔耸立在大道东侧,高达 63 米,底座长 225 米,宽 222 米,是世界第三大金字塔。坐落在逝者大道最北端的月亮金字塔约小一些,但同样气势宏伟,高 42 米,底座长 150 米,宽 140 米。月亮金字塔脚下的广场上有神奇的鸟蝶宫,鸟蝶宫院子里的柱子上描绘了这种鸟蝶的浮雕,这座华美的宫殿是为数不多的非神庙之一,可能是月神祭司的宅邸。逝者大道的南端是一幢巨大的四边形的城堡式建筑,边长约 400 米,总面积近 7 公顷,四座平台围成的广场可以容纳下 10 万人。

特奥蒂瓦坎曾经是个世界性大都市,是整个中美洲最重要的经济、宗教和政治中心。这个依靠贸易发展起来的城市由神权政府管理,城市的财富来源于黑曜岩矿和肥沃的土地。人们的社会职业有农民、渔民、制陶工、宝石抛光工、油漆工等等。当时的人们对几何、天文、建筑和艺术都有精深的了解,装饰宫殿四壁的绘画所表现的神话故事和建筑布局都表明特奥蒂瓦坎人非常重视天文,由此可以推断,这是个崇拜土地和农业神祇的文明。

特奥蒂瓦坎文明是在公元 650 年前后,因为遭到了来自北方的蛮族托尔特克人的入侵而消亡。但是特奥蒂瓦坎文明的影响遍及中美洲,我们现在知道受其影响的地区有墨西哥的 2/3 部分,还有危地马拉、洪都拉斯和伯利兹等地区。特别是陶器和制陶艺术,对玛雅文明和阿兹特克文明都留下了深远的影响,其他民族在几个世纪后仍然供奉着特奥蒂瓦坎的神灵。特奥蒂瓦坎的意思是"众神造人之地",但是这个名称并不是他们自己所起,而是他们灭亡后,取而代之的托尔特克人对这个古城的称呼。

据传说,托尔特克人是在他们的领袖米斯科特尔(意为云蛇神)的率领下,将当时繁盛一时的名城特奥蒂瓦坎洗劫一空然后焚毁的。米斯科特尔之子托皮尔岑继位后,兼并了不少部落小邦,缔造了一个帝国,他采取羽蛇神祭仪,并自称羽蛇神。托尔特克文明在公元 10 世纪开始达到繁盛。

托尔特克人的文化遗址主要有图拉城和奇钦伊察城。图拉城遗址位于墨西哥城以北 83 公里群山怀抱中的一座山上,图拉河从山下流过,从这里向东南约 22 公里,便是著名的特奥蒂瓦坎古城遗址。图拉城的面积约有 13 平方公里,城中的古建筑分布在一个边长 120 米的四方形大广场的周围,它的北面是遗址中的最大神庙,这个神庙是托尔特克人用于祭祀金星的。此外,四周还有太阳神庙、宫殿、祭坛、球场、住宅等等,布局讲究对称,建筑物大量使用日晒砖,并设有排水设备。图拉城中还有专门的石器作坊,石器作坊里的原料大都是坚硬的黑曜石,这些黑色石头是用来制作农具和武器的。作坊集中在专门的街区,另外,在某些街区还设有专门的纺织和陶器作坊,这些作坊都是家庭作业。图拉城人口最多时达 6 万,在山下的谷地里还生活着约 6 万人,生活在谷地的大都是农民,他们主要种植玉米、豆类、辣椒等农作物。

托尔特克人以制造工艺品和在建筑中使用圆柱而闻名,曾首先在美洲制造过金属工艺品,他们在雕刻、建筑、绘画等方面取得了极辉煌的成就,因而有"伟大的工匠"之称。他们采用巨型门廊、巨型人像柱、蛇形柱、兽形柱,图拉城遗址中的石像柱是其代表作,这些武士像巨型石柱体现了托尔特克人高超的雕刻艺术。

由于托尔特克人崇拜羽蛇神,因此使用羽蛇神的形象经常出现在他们的艺术和建筑中。在图拉的一个羽蛇神金字塔遗址中,金字塔的顶部通往羽蛇神塔庙处,有两排雕成男性人像的石柱。这些雕像被刻画成了羽蛇神的形象,他们头戴羽毛装饰,胸前有巨大的蝴蝶状盔甲,背部有象征太阳的圆盘,右手执长矛,左手拿着弓箭,表情严厉,形象刻板而有力,具有鲜明的武士风格。这些武士巨型石像高约 4.6 米,原来是用来支撑庙宇的屋顶的,现在屋顶已不在了,但是因为他们本身也具有神的形象,因而也受到当时人们的崇拜。

托尔特克人在制陶和绘画艺术上也表现出极为鲜明的特征,他们的陶器以橘黄色陶为主,器壁较薄,大都经过了打磨。在花纹装饰方面,托尔特克人很喜欢黑色,他们多数是在器口内沿画出黑色的直线纹,但也有在器口的内外沿部分画红色宽边的。托尔特克人的绘画艺术体现在图拉城的一座金字塔上,此塔有五个阶层,塔身的侧面有许多绘画和雕像,这些绘画的主题大多是表现战争,有武装到牙齿的武士和各种各样象征战争的动物,如美洲豹、鹰、蛇等,这些动物嘴里都叼着滴血的人心。但是在宗教祭祀方面,他们已开始废弃使用活人作为牺牲献祭的礼仪,代之以禽鸟和蝴蝶。

著名的奇钦伊察古文化遗址在墨西哥东南部的尤卡坦半岛上。奇钦伊察原来是玛雅人的一个文化中心,公元 967 年托尔特克人征服了该城。随后,托尔特克人控制了这个地区,扩建了这座城市,并把它奉为圣地,使之成了当时最繁华的文化艺术中心之一。托尔特克人在奇钦伊察兴建了武士殿、金字塔、观象台、头颅墙、球场、市场等建筑,这些建筑既有托尔特克人的风格,又保存了许多玛雅文化的特点。

奇钦伊察城南北长 3 公里,东西宽 2 公里,城中的古建筑物虽然规模较小,但结构完善,一般庙殿都有门廊和内殿,有壁龛、壁画或羽蛇神像。其中有一块横在两个人像石柱上的石门楣的铭刻非常重要,它确切地表明了这座建筑的纪年是公元 980 年,那正是托尔特克人侵占奇钦伊察后不久。

奇钦伊察遗址中最著名的建筑是武士庙,它建于一个较矮的金字塔上,顶部已经消失,只留下许多柱子,因此被称为“千柱群”。在武士庙的入口处,有一个托尔特克典型的圆雕作品,这就是《恰克摩尔像》。恰克摩尔是托尔特克人崇拜的神,他们的形象大量出现在托尔特克人的雕塑作品中,恰克摩尔的典型姿势非常奇怪,他们的身体是躺着的,但是上身仰起,双膝向上,头转向一侧,肚子像个容器。据考证,这些雕塑的作用是用于祭祀的,腹部的容器是用于装贡品。他们的胸前大都有蝴蝶状的装饰,样式固定,并随着其附带物的不同,而决定他们用于不同的神的祭祀。

在奇琴伊察发现了 7 个球场,其中最大的球场有 166 米长、68 米宽,他们用橡胶制成的球在这些球场进行踢球比赛。奇琴伊察的球赛是一种宗教仪式,在比赛前祭司会占卜,算算那一队赢了会风调雨顺。比赛时双方并不知道占卜的结果,双方都拼命努力争取赢得胜利,如果比赛的结果与占卜的结果相同,就会将输球一方队长的头颅献祭给神,以庆祝风调雨顺并感谢神的恩赐。但是如果比赛的结果与祭司占卜的结果不同,双方的队长都要被砍下头颅来献祭,以平息神的愤怒。

托尔特克时代,武士国家开始形成,政府趋于世俗化,出现了两头执政,即武士主持政务、祭司主持教务。图拉城邦与另外四大城邦结成联盟,并成立了一个设在图拉城的最高委员会。在这一联盟中,商人起了重要作用,因为他们不仅进行商品贸易,而且还相互传递信息。

托尔特克文明在公元10世纪至12世纪达到鼎盛,12世纪开始遭到北方蛮族奇奇梅克人的入侵。公元1156年,奇奇梅克人攻陷了图拉城,托尔特克文明遭到毁灭性打击,从此衰弱。尤卡坦半岛上的奇钦伊察却得以暂时幸免于难,但是60多年后,奇钦伊察也于1221年遭到战争毁灭,居民逃往100公里外的玛雅潘,玛雅潘后来成了一个新的文明中心。奇奇梅克人毁灭图拉城后,控制了墨西哥中部的广阔地区,并建立了后来的阿兹特克文明。

阿兹特克人原是奇奇梅克人的一个部族,12世纪时从北方一个叫阿兹特兰的地方开始南迁,在征服了墨西哥中部的一些城邦和部落后,于1325年在特斯科科湖中的岛屿上建立了阿诺奇蒂特兰城(今墨西哥城)。阿兹特克人与其两个邻邦特斯科科和特拉科潘结成"阿兹特克联盟",从而成为墨西哥中部的霸主,并通过贸易和征服的手段,发展成为了一个大帝国。他们以阿诺奇蒂特兰城为中心,统治着广阔的地区,管辖有近500个部落小邦,人口多达600万。但是阿兹特克人与统治区的部落关系并不融洽,他们以征服者的姿态出现,依靠武力统治着这些部落,强迫他们进贡。阿兹特克人有血祭的宗教习俗,祭祀时都要用活人做牺牲,每年都要杀几千人做祭品,所以他们每年都要到统治区的部落去抓俘虏做血祭品,因此与这些部落结怨甚深。

15世纪以后阿诺奇蒂特兰已发展成为繁华的城市,面积达10多平方公里,16世纪初城市人口已达30万。城市通过三条堤道与湖岸相连,堤道上以吊桥重重设防,城内建筑多由石块构筑,贵族的屋顶上还修有花园。城中有40座坛庙,均筑于金字塔顶,气势宏伟,王宫、官署、街道、广场设施齐备。城中的手工业相当发达,有金银首饰业、宝石制作业、纺织业、制陶业、石雕业、木刻业、石器工具制作业。最著名的是制羽业,工匠们用羽毛制成武士的头饰和各种饰品。工匠大多来自外地,产品也大多销往外地。城内有很多大小不一的贸易场所,城北最大的贸易市场可容6万人进行交易。

阿兹特克人的农业比较发达,有完善的人工水渠灌溉系统,但是没有犁和耕畜,使用一种装有石刀片的长柄农具耕作土地,种植玉米、豆类、马铃薯、南瓜、棉花、烟叶、剑麻等等,饲养火鸡、鸭子、狗等禽畜。他们把木排固定在湖中岛的四周,上面堆积上水草和泥土,种植农作物,形成面积广阔的水上田园。他们还利用特斯科科湖的湖水发展人工灌溉系统,把湖水引到阿诺奇蒂特兰城南的索奇米尔科,那里有广阔的农田,开有一万多条灌溉渠道。

阿兹特克人还没有成熟的文字,只有一些简单的图画符号,也没有金属工具,使用石器、骨器、木器做工具和武器。国家体制属于氏族共和性质,有四大宗族,每个宗族有 20 个氏族,国王由氏族议事会的四名执政官民主选举产生,享有至高无上的神权和王权,但是没有世袭权,并且可以被氏族议事会罢免。土地归氏族公社共有,分配给各家庭耕种,但也有部分公田由氏族公社成员共同耕种,以供国王、祭司、武士所需。

玛雅文明在阿兹特克帝国以南,中心在墨西哥南部的尤卡坦半岛以及危地马拉和洪都拉斯等地,往南延伸到了安第斯山脉。玛雅文明可以追溯到公元前 1000多年以前,早期的玛雅文明似乎曾受到中美洲最早的奥尔梅克文明的很大影响。公元前 3 世纪至公元 9 世纪是它的鼎盛时期,被称为玛雅文明的黄金时代,9 世纪后受到托尔特克人的入侵而一度衰弱,11 世纪以后又发展起来,出现了一批以奇琴伊察和玛雅潘为代表的繁荣城市。

现已发现的玛雅人城市遗址有 170 多个,其中最大的是蒂卡尔,据估计,蒂卡尔人口最多时约有 20 万,玛雅人以这些城市为中心形成一些城邦国家。这些城市里有宫殿、神庙、球场、贸易市场、规模宏伟的金字塔。玛雅人的这些城邦国家都是互相独立的,他们之间也经常会为利益争夺而发生战争,战争往往会造成一些城市的毁灭。另外,虽然位置靠南,但是北方蛮族有时也会侵入到玛雅人地区,给他们造成巨大的破坏。

玛雅文明是美洲文化程度最高的文明,因为他们已经有了相当成熟的象形文字,在数学、天文、历法等方面都取得了相当高的成就。玛雅人的象形文字有 800多个,这些文字大多代表日期、月份、数字、方位、颜色、宗族、神祇的名称等,记载在石碑、木板、陶器和书籍上,玛雅人的书籍使用植物纤维制成的纸张。玛雅人的数字用一点、一横、一个代表零的符号来表示,采用二十进制。这种计数方法可以用于天文学的巨大数字计算,在危地马拉发现的一个玛雅人的雕刻石柱中,记载着 9000 万年和 4 亿年的数字。玛雅人算出的一年周期为 365.2421 天,与我们今天算出的 365.2422 天相差无几。玛雅人的"太阳历"以 20 天为一个月,一年 18个月,另加 5 天作为禁忌日,这样一年就有 365 天(这种历法与中国炎帝时期的历法相似)。但是他们也有以 29 天和 30 天为一个月的"太阴月历"(这种历法与中国黄帝时期的历法相似)。玛雅人通过长期的天文观察,已经掌握了日、月、金星和日食的规律。

玛雅地处中美洲,位于北美洲与南美洲之间,因此拥有发展商业的有利条件。玛雅有许多非常繁荣的商业城市,南来北往的商品在这里汇集和交易,主要商品有燧石、黑曜石、陶器、染料、盐、糖、蜂蜜、烟草、可可豆、羽毛、玉石等。产于玛雅东部的翡翠碧玉,从奥尔梅克时期开始就是中美洲各地最受欢迎的宝物;产于玛雅山区的奎特查尔凤鸟羽毛,在中美洲各地都被当作奇珍,因为这种鸟已濒临灭绝,所以它的珍贵超过碧玉;另一个珍贵商品是可可豆,它原来只产于玛雅山区,后来在东部沿海地区移植成功。可可豆是中美洲最抢手的饮食珍品,无论是贵族还是平民都离不开它。可可豆使玛雅人的商业如虎添翼,玛雅商人凭此可以深入异国他乡,立于不败之地。蒂卡尔城因为地处生产可可豆的东部低地,又是奎特查尔凤鸟羽毛和碧玉的中转地,地理位置非常好,因此成了玛雅第一大城市。

玛雅文明也是属于农业文明,玛雅人以玉米和豆类为主食,肉类食物很少,农业主要种植玉米、豆类、棉花、番茄、烟草、可可等,但是耕作的方法还比较原始,大多数还是刀耕火种。也没有发明金属工具,工具都是使用石质、骨质、角质和木质材料制造。

印加文明起源于南美洲西部沿海,最初的移民可能是乘船从北美洲沿太平洋海岸迁徙过来,后扩展到几乎整个安第斯山脉地区。印加文明可以上溯到公元前八千纪,公元前三千纪沿海地区已有了定居的居民,公元前一千纪已有了相当发达的农业。此后文明进一步向安第斯山区发展,人们在山区修建灌溉水渠、梯田、村庄和城堡,并出现了早期的部落小邦和国家形式。各部落小邦的文化相互影响渗透,逐渐形成了南美洲安第斯山区特有的,有别于中北美洲玛雅文明和阿兹特克文明的独特文明。

印加文明是因为印加人统一中安第斯山区,建立起印加帝国而得名。印加人原来是生活在今秘鲁南部的的喀喀湖地区的一个部落,10 世纪以后逐步北迁,于1243 年来到库斯科,在这里安营扎寨定居下来,并以这里为中心征服四周的部落小邦。到 16 世纪初期他们已建立了从哥伦比亚南部,包括厄瓜多尔、玻利维亚、秘鲁、阿根廷西北部,直到智利中部,延绵 4800 多公里的庞大帝国,人口超过1000 万。

印加王被称为太阳之子、神的化身,拥有至高无上的政治、军事和宗教大权。印加帝国实行中央集权制,王位由王族世袭,全国分四大行政区,通过各级官吏控制着全国。社会基层组织是氏族公社，土地归氏族共有，分配给氏族成员耕种。25～50岁的成年男子需要为国家服劳役，国家的公共工程通过轮流抽调成年男子服劳役来完成。

印加帝国建有四通八达的交通网络，其中两条主干道自北向南纵贯全国，一条沿安第斯山脉而行，全长达3200公里；另一条沿太平洋海岸而行，全长2300公里，路面宽3.5～4.5米。在山峦起伏，沟堑纵横的安第斯山区修建道路并非易事，途中不仅要开凿阶梯和隧道，还要架设大量的桥梁。印加人的桥梁主要是吊桥，在桥的两端立上石柱，用5根粗达40厘米的藤条相连，3根用于铺设桥面，两边各有1根用作栏杆。有的吊桥长达60余米。

印加文明是美洲唯一掌握了青铜器冶铸技术的文明（安第斯山区蕴藏有丰富的铜矿可能是其中的主要原因），他们已经在使用青铜制造各种器皿和刀、镰、斧等劳动工具。印加人已经有了相当发达的金属冶炼和加工技术，他们不但懂得金、银、铜、铅、锡等金属的冶炼，而且还会冶炼合金。他们还掌握了金属的铸造、锻打、冲压、模制、铆接、焊接等加工工艺，用金属制作各种精巧的首饰、工艺品和日用器皿。在手工业方面，制陶业和纺织业也很发达，陶器造型优美，纹饰绚丽。纺织业有棉纺织品和毛纺织品，花色多样，制作精细，工艺水平已相当高。建筑技术也有很高的水平，首都库科斯城的宫殿、庙宇、城墙均以巨石建造，其衔接处不用灰泥，但衔接紧密，刀片亦难插入，显示了高超的建筑技巧。

印加帝国有独特而发达的农业，在高海拔的山区开辟层层叠叠的梯田，并建有完善的水利灌溉系统，最长的水渠长达113公里。这些梯田和水渠修建得非常坚固，许多至今仍然在使用。种植的农作物有40多种，主要粮食作物是藜麦、玉米和马铃薯，另外还有木薯、豆类、棉花等重要农作物。印加人还会饲养骆马和羊驼，他们是美洲唯一能饲养大牲畜的民族。饲养这些动物不仅为他们提供了肉食，还为他们提供了纺织用的驼羊毛。但是他们没有能够驮运重物的牲畜，运输仍然靠人力。

印加人崇拜太阳神，在首都库斯科城和全国各地都建有太阳神庙，并设有祭坛，每逢农事和节日都要进行祭祀活动。但是印加人的宗教祭祀习俗与中美洲不同，他们是用动物和农作物作祭品，而不是使用活人进行血祭。印加人还有另一个独特的文化，他们不是使用书面文字，而是使用古老的结绳记事方法，来记录账目、事物和历史（用结绳来记事的方法在中国的古籍中也有记载）。用粗细、颜色、材质不同的绳子和不同的打结方法，来表示不同的复杂事物。这种记事的绳结叫"奇普"，它是用棉线和羊驼毛线制成，现存的奇普还有600多个，但是已无人能够解读。

1492 年,哥伦布发现中美洲加勒比海的群岛后,西班牙人就开始了对这些岛屿的征服和殖民。1493 年,哥伦布又率领由 17 艘船和 1500 人组成的远征队渡过大西洋,到达加勒比海的海地岛,开始了对这个大岛屿的征服活动。当时海地岛上有 5 个部落,部落之间互有争斗,这给了西班牙人以机会利用他们之间的矛盾,将他们分别征服。在这些征服战斗中,西班牙人使用了火炮、火枪,还使用了骑兵。对于还处在石器时代的土著印第安人来说,铁制的刀剑就已经足以令他们感到畏惧,火枪和火炮的巨大威力更是令他们惊恐不已,而从未见过的马,使他们以为骑兵是一种长着两个头的怪物。淳朴而温顺的印第安人无法抵抗西班牙人的进攻,他们就像猎物一样被大批地屠杀,没有死的人就成了西班牙人的奴隶。海地岛很快就被征服,西班牙人在海地建立起殖民统治机构,开始了大规模的殖民,大批的西班牙移民来到这里。征服了海地以后,西班牙人以此为基地,继续向其他的岛屿展开征服和殖民活动。1508 年占领了波多黎各岛,1509 年征服了牙买加岛,1511 年开始了对古巴岛的血腥征服,1514 年,圣地亚哥城的建立标志着对古巴岛征服的完成。至此,西班牙人已完成了对加勒比海域各个主要岛屿的征服,殖民势力越来越强大,他们以这些岛屿为基地,开始准备向美洲大陆的扩张。

经过广泛的情报收集和充分的准备,1519 年,西班牙驻古巴总督派遣科尔特斯率领远征军出征中美洲的墨西哥。科尔特斯参加过对古巴的征服战争,当时担任圣地亚哥市长,他不仅有丰富的战争经验,而且有杰出的领导才能和冒险精神。在此之前,西班牙人曾派出过两支探险军在墨西哥海湾登陆,但都未能建立起殖民地。

科尔特斯率领 600 多名西班牙士兵,10 门重炮,4 门轻炮,16 匹马,以及大批土著人仆从军和其他人员,分乘 11 艘船,于 1519 年 4 月在墨西哥海湾登陆。科尔特斯在海岸附近停留了一段时间,进一步收集墨西哥地区的情报。科尔特斯了解到,统治墨西哥地区的是阿兹特克人。阿兹特克人居住在特斯科科湖中的阿诺奇蒂特兰城,他们非常富有,拥有大量的金银财富。但是他们与周边地区被统治的各部族有深刻的矛盾,阿兹特克人以暴力统治着各部落,强迫他们纳贡,并且每年都要到各部落抓捕大批的人充当血祭的牺牲,因此,被统治的各部落都非常痛恨阿兹特克人。科尔特斯决定利用这些矛盾来征服阿兹特克人,夺取他们的金银财富。在向内陆进军前,科尔特斯破釜沉舟,毁坏了所有的船只,使士兵们没有了退路,只能跟着他前去夺取胜利。

在途经一个部落时,他们遇到抵抗,但科尔特斯很快就征服了这个部落,并说服这个部落与他们一起去攻打阿兹特克人,因为这些部落都很痛恨阿兹特克人,所以他们很容易就被说服了。科尔特斯继续向阿兹特克人的居住地阿诺奇蒂特兰城进军,因为有了当地的土著人做向导,沿途并未遇到激烈的抵抗。

得知西班牙人到来的消息,阿兹特克的国王蒙特马苏对这些来自远方、长相怪异、携带有神奇武器的西班牙人非常畏惧。迷信的蒙特马苏以为他们是羽蛇神归来,以为他们携带的火枪火炮是神器,以为他们所骑的高头大马是神兽。蒙特马苏准备给西班牙人送上丰厚的礼物,希望这样能使这些神人感到满意然后离去。阿兹特克人以隆重的礼遇迎接这些西班牙人进入阿诺奇蒂特兰城,国王蒙特马苏亲自到城门外把科尔特斯一行迎进了王宫。他拿出了王宫中的所有黄金,并下令收集全城的黄金送给这些羽蛇神派来的人。

这个建造在特斯科科湖中拥有 30 万人口的城市,其繁荣程度远远超出了西班牙人的想象。城市建筑在湖中岛屿和人工浮岛上,家家户户以吊桥和小船作为交通工具,一座座涂有白色胶泥的美丽庙宇从小建筑群中拔地而起,城中的大型贸易集市上,庞大的人群所产生的喧闹声和嘈杂声几英里以外都能听到。但是,城市的繁荣景象却激起科尔特斯更大的贪欲。蒙特马苏收集上来的黄金虽然堆满了房间,但是并不能令西班牙人满意,科尔特斯把蒙特马苏囚禁起来,要他交出更多的金银财宝,并要求他效忠西班牙国王。蒙特马苏为满足科尔特斯的要求召开了酋长会议,要求酋长们向西班牙人赠送更多的财宝。

但是蒙特马苏的慷慨并没有使西班牙人满足,他们开始自己在城里四处大肆搜刮勒索,并且肆无忌惮地滥杀无辜,在一次阿兹特克人的重要祭祀活动中,西班牙人一次就杀死了 600 名官员和 3000 名平民。西班牙人的暴行终于激起了阿兹特克人的愤怒,他们在一名祭司的领导下起来反抗,包围了王宫。蒙特马苏在科尔特斯的威逼下出了喊话,要求人们停止反抗,但是被愤怒的人们投掷的石块打中头部而死亡。科尔特斯不得不趁着雨夜沿特斯科科湖堤逃跑,在阿兹特克人的围攻下他们损失惨重,失去了 1/3 的人员和大部分的辎重。

科尔特斯当然不会善罢甘休,第二年,他重整人马,卷土重来,并利用各部落与阿兹特克人的怨仇,组织起各部落联军,将阿诺奇蒂特兰城围困了起来。阿兹特克人进行了顽强的抵抗,但是在长时间的围困下,城中粮源断绝,人口大量的死亡,在整个围困期间阿兹特克人战死、病死、饿死的人达 24 万。在一年多的围困后,1521 年 8 月 13 日,阿诺奇蒂特兰城被攻破,西班牙人放火焚毁了全城,然后在原址上重建了城市,并改名为墨西哥城,科尔特斯成了阿兹特克王国的统治者。

到 1524 年,科尔特斯统治的范围已包括了原阿兹特克王国的所有土地,他把这块土地叫作"新西班牙",西班牙国王任命他为"大洋新西班牙总督兼海军大将"。从此,西班牙的殖民者一批又一批的来到新西班牙,他们肆无忌惮地驱赶、屠杀土著印第安人,掠夺他们的财产,占领他们的土地。后来,科尔特斯还把新西班牙的统治区向南扩张到了中美洲的危地马拉和洪都拉斯,向北扩张到了北美洲的加利福尼亚。

在征服了阿兹特克王国后,西班牙人把征服的目标转向了玛雅人地区。1526年,一支西班牙远征军在尤卡坦半岛登陆,开始了对玛雅人的征服,但遭到玛雅人的顽强抵抗。玛雅并不是一个统一的王国,而是数百个互相独立的城邦和部落,因此,对于西班牙征服者来说,其有利的一面是,可以将他们各个击破。但是另一方面,他们征服每一个城邦都要付出高昂的代价,而不是像征服阿兹特克人那样,只要征服了阿特奇蒂特兰城就征服整个阿兹特克王国。所以,西班牙人征服玛雅人所付出的代价和所经历的时间远比征服阿兹特克人要多得多。例如1531年西班牙征服者弗朗西斯科·德蒙泰乔占领了奇钦伊察,并宣布对奇钦伊察拥有主权,打算把它作为尤卡坦的首都,但是几个月后玛雅人又夺回了奇钦伊察,把他驱逐出了该地。不屈不挠的玛雅人凭借他们原始的武器与西班牙殖民者进行了顽强的斗争,他们反抗西班牙入侵的战争延续了170多年,直到1697年,最后一个玛雅人城邦才在西班牙人的炮火中被毁灭。玛雅文明从此消失在历史的尘埃下,给人们留下了无数的谜团。

西班牙人征服印加帝国进行得比较顺利,其方法几乎是科尔特斯征服阿兹特克人的翻版,甚至比科尔特斯征服阿兹特克还要顺利。1529年,西班牙国王任命皮萨罗为印加远征军司令,经过两年的准备和招兵买马,1531年,皮萨罗率领他的远征军来到了印加帝国北部。而此时印加帝国刚刚经历过一场内乱,国王卡巴斯去世,他的两个儿子阿斯卡尔与阿塔瓦尔帕为争夺王位而展开激战。印加北部支持阿斯卡尔,南部支持阿塔瓦尔帕,最后南部的阿塔瓦尔帕获胜,成了新的印加王。支持阿斯卡尔的北部地区在战争中失败,并且受到了惨重的损失,北部人民都仇恨新国王。所以当皮萨罗率军进入印加时,北部还处于混乱的状态,完全没有防御力量。而且印加人因为长期与世隔绝,他们也没有抵御外族入侵的经验,皮萨罗没有遇到任何抵抗。

1532年9月,皮萨罗获悉国王阿塔瓦尔帕驻扎在卡阿马卡,他率部向卡阿马卡进军,11月抵达卡阿马卡。同样,印加人和国王阿塔瓦尔帕对这些长相怪异,使用神奇武器,骑着高头大马的远方来客惊愕不已,以为他们是神。皮萨罗假意宴请阿塔瓦尔帕,轻信的阿塔瓦尔帕前来赴宴,结果被皮萨罗布下的伏兵消灭了他的卫队,将他活捉。

皮萨罗向阿塔瓦尔帕勒索巨额赎金,阿塔瓦尔帕担心他的兄弟阿斯卡尔可能会趁机夺取他的王位,因此答应了皮萨罗的要求,即得到装满相当于关押他的那间屋子一样多的黄金,两间房子的白银。两个月后金银装满了屋子,共计有金13265磅,银26000磅,但是皮萨罗还是背信弃义地将阿塔瓦尔帕杀害了。

皮萨罗扶持印加王室的图帕克·瓦尔帕做傀儡国王,然后率部向库斯科进军。1533年11月,皮萨罗率军进入印加都城库斯科,他先把这座有20万人口的城市里的金银财宝洗劫一遍,然后在这里建立了殖民政府。到1535年,印加帝国的土地已经大部分都纳入了西班牙人的统治之下。但是,后来皮萨罗却因为分赃不均,在与他的同伙阿尔马格罗发生争斗时被打死。

西班牙殖民者大批涌入印加后,对印加人的肆意掠夺和屠杀也曾激起印加人民的激烈反抗,但是都遭到了西班牙人的镇压。印加人的武器装备和军事能力实在是无法与西班牙人相比,西班牙人火炮的威力自不必说,火枪也有极大的威慑作用。但是火枪还不是西班牙人取胜的主要武器,因为当时的火枪还是火绳枪,每打一枪后就要重新装填火药,速度非常慢。即使是一个最熟练的火枪手,一分钟最多也只能打两三枪,这在激烈的战斗中显然是来不及的。实际上最具威力的还是骑兵,印加人从未见过马匹和骑兵,对那些高头大马感到畏惧,看见骑兵队伍冲过来即四散奔逃,而骑兵的速度又快,追上去就像砍瓜切菜。双方的防护装备也无法相比,西班牙人穿戴着金属盔甲,印加人的石刀、石矛根本就刺不进,而印加人使用的是棉质防护用具,西班牙人的钢刀、钢剑可以轻易地刺穿。

皮萨罗扶持的傀儡国王图帕克·瓦尔帕在位不久即去世,继任的科曼·卡帕克及其后继者不甘忍受压迫,领导印加人民奋起反抗西班牙人的统治,印加人民的反抗斗争坚持了40多年,直到1572年才最终被完全镇压。

西班牙人从美洲殖民地攫取财富的方式,在征服初期主要是掠夺,远征军四处烧杀掳掠,洗劫印第安人的财富。当然这种方式不能持久,但是殖民者很快就发现美洲殖民地对于种植业来说,有着远远优于欧洲的气候条件,这里气候温暖,土地肥沃,雨量充沛。而且,美洲所特有的一些种植物还非常有经济价值,比如烟草、咖啡、可可、甘蔗等。所以西班牙移民很快就开始发展种植园经济,他们使用土著印第安人和从非洲贩运来的黑人做奴隶,大量种植甘蔗、棉花、烟草、咖啡和可可等经济作物,并建起榨糖厂。这些产品在欧洲非常受欢迎,它们给西班牙人带来了丰厚的利益。

美洲人口稀少,有大量空旷的草场,非常适合畜牧业,但是印第安人除了印加人会饲养骆马和羊驼外,他们没有其他适宜饲养的大牲畜。西班牙殖民者在哥伦布发现美洲后的第二年,即1493年,就把欧洲的牲畜带到了美洲,畜牧业在美洲得到迅速的发展,拥有几万头牛的大牧场随处可见。到1542年,由于养牛业的发展,致使墨西哥市场上的牛肉价格暴跌,从1磅牛肉4个铜币降到只能卖1个铜币。但是美洲出产的畜牧业产品也大量输入到了欧洲,满足了欧洲人对肉食的需求。

西班牙在美洲获得的另一个巨大利益就是开挖金银矿。自从在美洲发现金矿以后,淘金者大量的涌入美洲,出于财政的需要,西班牙国王也鼓励人们去勘探开发金银矿山,王室收取矿产物价值的20%,即五一税。因此大量的金银矿相继被发现,据估计1521年至1544年,西班牙从美洲运回的黄金,每年平均为2900公斤,白银30700公斤。1545年至1560年期间数量激增至,黄金每年平均5500公斤,白银达246000公斤。在入侵美洲后的300年里,西班牙人共攫取黄金达250万公斤,白银1亿公斤。

西班牙人开采矿产时大量强征土著印第安人服劳役,而在矿山中印第安人的死亡率高达80%,以至于印第安人一旦被征,亲友们往往事前为他举行葬礼。据统计,整个殖民时期,在矿山中死亡的印第安人高达808万。西班牙政府规定,殖民地只允许同宗主国西班牙贸易,而不能与任何其他国家贸易,殖民地与殖民地之间的贸易也是禁止的。殖民地与宗主国之间的贸易也是由王室授权的商人来垄断,另外,还规定了许多种商品的贸易是属于王室的专利。

在南美洲的东部,葡萄牙人于1500年发现巴西后,巴西就成了葡萄牙人的殖民地。巴西有茂密的热带雨林,而那里的文明发展更加滞后,只有一些原始人的森林部落。葡萄牙殖民者对巴西的开发最初是从砍伐一种非常有经济价值的红木开始的,这种红木的名称叫巴西,这也成了这个殖民地的名称。后来葡萄牙殖民者开始发展种植业,利用巴西优越的气候条件种植甘蔗等经济作物,从非洲贩运来大量的黑人奴隶,建立起大批的种植园,把产品运往欧洲市场上去销售。

北美洲原来是西班牙殖民者的势力范围,但是西班牙的人口和国力毕竟有限,无法有效地控制如此广阔的地域,后来被来自西欧大西洋沿岸的后起殖民国家荷兰、英国、法国等,分别插足而夺去。

二十四　西班牙的霸权与欧洲宗教改革运动

　　新航线的开辟和海外殖民地的建立,不仅为西班牙和葡萄牙带来了巨大的财富,同时,也带动了西欧商品经济的发展。因为这时不仅有来自东方的商品大量输入西欧,还有来自殖民地的种植业和畜牧业产品大量输入西欧,另外,从殖民地攫取的大量金银也流入了西欧市场,增加了市场的货币流通,促进了商业的繁荣。那些在海外发了财的西班牙人富裕起来后,开始争相享受奢华生活,他们用攫取自美洲殖民地的金银钱财,在西欧大肆挥霍,购买奢侈品和豪华生活用品,这也刺激了西欧手工业和制造业的发展,使西欧的手工业和商业都繁荣了起来,特别是那些有海运之利的西欧沿海国家的工商业更是得到了快速的发展。

　　然而,西班牙本土的工商业却并没有得到多大的发展。这一方面是因为西班牙贵族们只顾挥霍,把钱都用到了购买国外的豪华奢侈品上,而没有投资于在国内发展手工制造业。另一方面是因为西班牙地处欧洲西南部,气候相对来说比较适于农业,对于西欧来说,西班牙是最适合农业生产的地区,它也是西欧农业最发达的地区。所以贵族们都把钱投资到传统的农业上去了,添置田宅地产,发展农业,从中他们可以获得相当丰厚的稳定收入。西班牙的封建贵族生活都比较富裕,他们享有很高的社会地位,看不起商人和手工业者。

　　从海外殖民地获得了巨额金银财富的西班牙王室,则把钱财耗费在了争夺和维护西班牙在欧洲的霸权上。西班牙国王为了争夺欧洲霸权,把大量的金钱投入到欧洲大陆上的争霸战争中。而长期的战争也耗空了西班牙王室在美洲殖民地获得的金银财富,把西班牙拖入到了几乎要破产的边缘。

　　1516 年,西班牙国王斐迪南去世,因为没有儿子,他的外孙查理继承了王位(查理的母亲是斐迪南的女儿)。查理也是神圣罗马帝国皇帝马克西安一世的孙子(查理的父亲菲利普是马克西安一世的儿子),1519 年马克西安一世去世,而菲利普在此之前就已经死去,这意味着查理有可能成为神圣罗马帝国的皇帝。这时,神圣罗马帝国的领地包括奥地利、德意志、意大利北部、西北欧的勃艮弟、尼德兰等西欧大部分地区,但是它并不是一个中央集权制帝国,而是一个由众多诸侯王国分权而治的封建制帝国。帝国的皇位也并非世袭,而是要由7个大诸侯(被称为选帝侯)选举产生,而当时最有资格当选的一个是查理,另一个是法兰西国王弗朗西斯一世(弗朗西斯一世是神圣罗马帝国皇帝的旁系亲属)。

为了竞选皇位,查理凭借自己拥有的财力,不惜重金去贿选,在花费了大量金钱后,查理终于成了神圣罗马帝国的皇帝——查理五世。这样查理就成了一个空前庞大的帝国的皇帝,其领土不仅包括了原神圣罗马帝国的领地,还包括了原西班牙的领地,以及西班牙在美洲和海外其他地方的殖民地等。另外,查理还是意大利那不勒斯王国和西西里王国的国王。1526年,查理五世还把他的势力扩展到了匈牙利和波西米亚,使帝国的总面积共达到1024万平方英里。拥有如此庞大的帝国的查理五世雄心勃勃,他有一个建立欧洲霸权的计划:一是要复兴神圣罗马帝国统一整个西欧;二是要维护天主教在基督教世界的绝对正统地位,建立一个政教合一的欧洲帝国。但是他的欧洲霸权计划却有一个强劲的竞争对手,那就是竞选失败了的法兰西国王——弗朗西斯一世。

在此之前,法国与西班牙就为争夺意大利北部的领地发生过多次战争,而争夺神圣罗马帝国皇位的失败,更增加了法王弗朗西斯一世对西班牙人的仇恨。1523年,弗朗西斯一世派兵攻入意大利,欲夺取意大利北部的那不勒斯和米兰等地,结果被查理五世的神圣罗马帝国军队打败。查理五世趁胜反攻入法国,双方在法国展开激战。1524年10月,弗朗西斯一世打败了攻入法国的神圣罗马帝国军队,并率部趁胜再攻入意大利,但是在1525年的巴威亚战役中兵败被俘。弗朗西斯一世被迫签订了《马德里条约》,割让出了勃艮弟公国,并同意放弃对意大利的那不勒斯和米兰的领土要求。但是,被释放回国后弗朗西斯一世马上就推翻了条约,准备再战。

为了打败查理五世,弗朗西斯一世不惜与奥斯曼土耳其结成同盟。奥斯曼土耳其是伊斯兰教国家,当时国势强盛,国土横跨亚、欧、非三大洲,是当时世界上最强大的国家之一,也是对欧洲基督教世界的最大威胁,是整个欧洲的敌人。但是弗朗西斯一世此时已顾不上这么多了,法国与奥斯曼土耳其结成联盟后,分别从东西两面发动进攻,夹击神圣罗马帝国。查理五世腹背受敌,不得不多面作战,从而使战争陷入了长期的僵局。

1526年,土耳其军队在莫哈奇大败查理五世的军队。1529年,神圣罗马帝国首都奥地利的维也纳也受到了土耳其军队的围攻。神圣罗马帝国的军队在东线面对土耳其的进攻一直处于劣势。但是,1534 年土耳其的附庸国——突尼斯发生内乱,苏丹哈桑被推翻,哈桑向查理五世求救,表示愿做他永久的附庸。查理五世抓住这个机会,集结了 300 艘战舰,亲率 3 万人在突尼斯登陆,帮助哈桑恢复了统治。哈桑从此向查理五世称臣纳贡,他释放了境内的 2 万多名基督教奴隶,并支持查理五世对土耳其的作战,查理五世因此扭转了在东线的被动局面,并获得了在地中海上的优势。

为了对付西班牙海军,土耳其海军与法国海军采取联合行动,1538 年,法土联合舰队在普雷维沙海战中打败了西班牙舰队,土耳其夺回了在地中海上的优势。1542 年,法土两国再一次采取海上联合行动,进攻那不勒斯和西西里。在这些行动中,土耳其的舰队停靠在法国土伦港,并在那里设立了海军前线指挥部,以致当时该港被称为"君士坦丁堡第二"。查理五世在地中海受到遏制,再次陷入被动。为扭转被动局面,查理五世与法国的宿敌——英国结成联盟,联合英王亨利八世共同对付法王弗朗西斯一世。双方势均力敌,从而使局面陷入了长期的僵持。

查理五世的另一个伟大计划——维护天主教在基督教世界的统治地位,也遭到了极大的挑战。自从意大利发生文艺复兴运动以来,基督教神学思想和教皇的至高神权就开始受到人们的质疑。来自中国的造纸术和印刷术的普及,使普通人也能够阅读到圣经,解读圣经也不再是教会的专利。人们发现教皇和主教并不能代表上帝,他们所说的和所做的与圣经中的教义有很大的不同。教皇和教会高高在上,以神的代表自居,人们把大量的财富捐献给教会,教会却大肆挥霍,过着极其腐败而奢侈的生活,并以谎言蒙骗人民。

当时欧洲 1/3 的土地都属于教会,另外教会还要向所有的人征收什一税。但是他们却并不满足,仍然想尽办法搜刮人们的钱财。13 世纪以来,教会经常用发售赎罪卷的方式来搜刮钱财。教会宣称:只要人们购买赎罪卷的钱币落入钱箱,其已死亲属的灵魂马上就可以升入天堂。人们若犯下杀人罪,只要交纳 5 个金币,他犯下的罪过就可以被洗净。这样一来就产生一个悖论,人们可以任意地去犯罪,然后交上几个金币就可以洗净罪恶。1517 年,教皇又以修建罗马圣彼得大教堂为名,在德意志推销一种特别赎罪卷。

这时西欧社会上已充满了对教会的不满情绪,人们不满教会的奢侈和堕落,不满教会享有的特权,不满教会对人民的盘剥和对人们思想的压制。封建诸侯们也对教会不满,不满教皇把神权凌驾在王权之上,要求取得对本国教会的管理权和主教的任命权。在这种形势下,宗教界内部的一些正直人士也开始反对教会,他们提出了一些改革基督教会的主张,要求改革教会的奢侈之风,提倡廉洁、反对堕落、反对烦琐的宗教仪式、反对教会的特权。

1517年11月1日,德国维腾堡大学神学院教授马丁·路德,在维腾堡教堂的大门口贴出了著名的《九十五条论纲》,对教会的许多谬误进行了批判。其中指出:赎罪卷绝不能赦免罪过;教皇本人无权作此赦免;赦免罪过的权利属于上帝;靠积累功德赎罪也无益处,只有基督的功德才有助于赦罪;告解圣事的中心是悔改,而不是向神父认罪;肉身的苦修和禁欲,若无内心的忏悔便毫无用处等等。在印刷术的帮助下,《九十五条论纲》迅速传播,一个月之内就被译成各种文字传遍了整个西欧,造成了巨大的影响,由此在西欧掀起了一股反对教皇和教会的权威,要求改革宗教的风潮。

次年,马丁·路德连续发表了《关于教会特权制的改革致德意志贵族的公开信》《论教会的巴比伦之囚》《论基督徒的自由》等文章,公开提出了教皇无权干涉世俗政权的主张。宣称教会如果不能自己进行改革,国家政权应予以挽救,并将罗马教廷称为"打着圣教会和圣彼得的旗帜的人间最大的巨贼和强盗"。他认为教皇不是圣经的最后解释人,信徒人人都可以直接与上帝相通而成为祭司,而无须神父作中介。路德的文章引起了极大的反响。1522年,瑞士苏黎世大教堂的神甫慈温利,也发表了《六十七条论纲》支持宗教改革,他以《圣经》为依据,反对天主教会的教阶制、偶像崇拜、教士斋戒以及宗教礼仪的繁文缛节。

教皇下令开除马丁·路德的教籍,路德在诸侯和市民的支持下决定与教廷决裂,他当众烧毁了教皇开除他教籍的通谕。从此不再以教皇为权威,而只以《圣经》为权威,并创立了自己的新教会——路德会。路德会教义的核心是"因信称义":人在上帝面前被称为义,这个义全凭信仰耶稣,而不在于履行教会的礼仪、教规和善功。路德会的礼仪只有洗礼和圣餐两项圣事。路德还认为婚姻是上帝的旨意,反对教士独身。不久,法国的宗教改革派人物加尔文也创立了法国的新教会——加尔文会。

宗教改革运动兴起后,很快得到了社会各阶层的支持。欧洲很多地方都掀起了反对教会的浪潮,各地平日受教会欺压的农民也奋起烧毁教堂的圣像,砸毁修道院,城市平民也积极支持农民,要求取消教会的特权,查封教会和修道院的土地和财产。在宗教改革的旗帜下,农民运动风起云涌,教会的神权统治土崩瓦解。

面对宗教改革,西欧出现了三派不同的势力:一是代表宗教特权者利益,主张坚决镇压宗教改革的顽固保守派;二是代表封建诸侯领主的利益,反对教会神权高于王权,主张建立由国家掌握的教会的温和改良派;三是代表中下层人民和新兴资产者利益,主张彻底改革天主教,建立新教的激进改革派。查理五世为了维护天主教的绝对统治地位,坚决支持保守派,他下令逮捕马丁·路德,但是路德被改革派保护了起来。

1531 年,支持改革的诸侯们和新教徒联合起来,组织了一个斯玛卡德同盟,共同反对罗马教廷和查理五世。而查理五世也拉拢一些反对改革的诸侯组织了一个纽伦堡同盟,双方展开了针锋相对的斗争。到 1536 年,英国和北欧诸国也纷纷建立了自己的国家新教会,一些保守派诸侯也开始倒向新教,纽伦堡同盟瓦解。1540 年,查理五世提出与新教诸侯谈判,商讨建立统一教会的可能性,但谈判破裂。

1546 年,查理五世决定动用武力来打击新教,出动军队镇压新教诸侯,并于 1550 年颁布了《血腥敕令》宣布取消新教,恢复旧教的统治。但是宗教改革的潮流不可阻挡,支持新教的诸侯国组织起联军并和北欧新教国家联盟,与查理五世的军队展开宗教战争。1552 年,查理五世被打败。1555 年,查理五世被迫签订了《奥格斯堡合约》,承认路德会、加尔文会等新教派的合法地位,并确定了"教随国定"的原则,承认各诸侯国拥有决定其臣民信仰什么宗教的权利,查理五世梦想的政教合一的帝国计划彻底破灭。罗马教廷在西欧至高无上的神权统治地位也彻底崩溃。

与法国人的战争,与土耳其人的战争,与新教诸侯的战争,这些无休无止的战争耗光了西班牙从美洲攫取的财富。查理五世的各项收入根本抵不上他的开支,查理不得不向银行家借贷来支持战争,但借贷的条件越来越苛刻,王室的信用在下降,利息越来越高,王室再也支撑不下去了。1556 年,查理五世宣布退位,神圣罗马帝国也因此而分裂,帝国的皇位传给了他的弟弟斐迪南一世,由斐迪南一世统治原神圣罗马帝国的领地。而查理五世的儿子菲利普二世则继承了西班牙的王位,统治着原西班牙和尼德兰以及西班牙的海外殖民地。

这时查理五世的对头——法兰西国王弗朗西斯一世早已去世,他儿子亨利二世继承了法国王位,也继承了法国与西班牙的战争。菲利普二世继承西班牙王位后,战争又在亨利二世与菲利普二世之间进行。直至 1559 年,两国终于停止了战争,签订了《卡托康布雷西合约》,合约的签订意味着查理五世的欧洲霸权计划以彻底失败而告终,欧洲各国之间的均势与平衡状态得以维持。

菲利普二世结束了与法国的战争后,开始集中力量对付土耳其海军。1571 年 10 月,西班牙的联合舰队将土耳其舰队堵在了位于希腊的佩雷特湾,双方展开激战,土耳其舰队大败。西班牙联合舰队共击沉土耳其战舰 113 艘,俘获 117 艘,缴获火炮 274 门,击毙土军 3 万余人。西班牙舰队从此取得了世界海洋的霸权,并获得"无敌舰队"的美誉。

二十五 荷兰成为世界上第一个资本主义国家

查理五世退位时,他儿子菲利普二世继承了西班牙王位,同时也继承了尼德兰这块西班牙在西北欧的飞地,而荷兰当时是尼德兰的一个省。尼德兰北濒北海,东临波罗的海,西扼北海通往大西洋的出海口英吉利海峡,海上交通极为有利。境内地势低洼,河道纵横,莱茵河、马斯河、斯海尔德河均经这里而入海,与内陆的水路交通也十分方便,因此商业非常发达,早在10世纪这里就出现了一些商业城镇。尼德兰人把北海和波罗的海的物产贩运到大西洋沿岸和地中海地区,再把地中海和大西洋沿岸国家的货物贩运的北海和波罗的海,从事中转贸易,因此被称为"海上马车夫"。十字军东征和文艺复兴运动后,西欧的商业开始发展,尼德兰的商业城镇也开始繁荣起来。16世纪葡萄牙和西班牙开辟了新航线和海外殖民地,进一步带动了西欧商品经济的发展,也使拥有交通之利的尼德兰更加繁荣。这时的尼德兰城市林立,其中在荷兰省和西兰省有约一半的人口居住在城市里,因此有城市国家之称。在这些城市中不仅有繁华的商业,还出现了纺织业、造船业和银行业,成了欧洲商品经济最发达的地区。随着商品经济的发展,尼德兰的社会也发生了很大的变化,不仅原来城市里的工商业者扩大了经营规模,而且许多乡村里的封建领主也进入了工商业领域,从而出现了大批的大商人、工场主、农场主、银行主,他们构成了新兴的城乡资产阶级贵族。

但是,菲利普二世继位后,不仅继承了他父亲的宗教政策,而且继续进行欧洲争霸战争。为了弥补战争经费的不足,菲利普二世把富庶的尼德兰当成了西班牙攫取金钱的摇钱树,竭力从那里榨取钱财。为了进一步加强对尼德兰的控制,菲利普二世任命他的姐姐玛格丽特公爵为尼德兰总督。玛格丽特加强了集权统治,剥夺了尼德兰各省的民主权利,她拒绝召开三级议会的会议,禁止中小贵族担任各级官吏。她还利用天主教会加强对尼德兰人民的镇压,要求严格执行1550年颁布的镇压新教徒的"血腥敕令",把主教由原来的6个增加到20个,并赋予主教惩办异教徒的宗教裁判权,从而使尼德兰的宗教迫害案件激增。菲利普二世还向尼德兰增派西班牙驻军,实行军事占领和野蛮的民族奴役政策。他提高了尼德兰商人从西班牙输入羊毛的征税额,并限制尼德兰商人进入西班牙港口,禁止他们与西班牙在美洲的殖民地进行直接贸易。尼德兰资产阶级的利益因此受到了极大的伤害,许多工场因此倒闭,民族经济面临破产的危机。尼德兰人民终于爆发了激烈的反抗。

在尼德兰人民反抗西班牙残暴统治的斗争中,卡尔文会新教徒发挥了非常重要的作用。他们以传教集会的形式组织民众,进行宣传,反抗西班牙人的统治。卡尔文会代表的是中下层人民的利益,他们反对封建专制统治和封建等级制度,要求自由和民主,主张宗教神职官员由民主选举产生。卡尔文教徒在尼德兰各地攻破监狱,拆毁火刑柱,公开进行暴动。尼德兰的贵族们也行动起来,他们组成了以奥伦治亲王威廉为首的"贵族同盟",贵族同盟向玛格丽特总督呈递请愿书,提出废除"血腥敕令",召开三级会议①,撤走西班牙驻军,但是被西班牙统治者拒绝。

1566 年尼德兰的南方地区爆发了民众起义,起义者在宗教改革的旗帜下捣毁圣像和祭器,没收教会财产,焚烧教会的债券和地契。起义迅速扩展到尼德兰北方和各省,起义者捣毁教堂和寺院,打开监狱释放新教徒,强迫当局承认新教徒的信仰自由。风起云涌的民众起义,开启了尼德兰人民争取民族独立的历程。

为了镇压尼德兰人民的叛乱,菲利普二世任命阿尔法为新总督,派他率领军队增兵尼德兰。阿尔法率军占领了布鲁塞尔等许多重要城市,在各地派驻军队,并设立了"除暴委员会",镇压起义者。他宣称:宁把一个贫穷的尼德兰留给上帝,也不把一个富庶的尼德兰留给魔鬼。成千上万的人被杀害,就连一些主张维持秩序并已经倒向政府的大贵族也被送上了断头台,白色恐怖笼罩着整个尼德兰。为了从惩罚尼德兰,阿尔法颁布了新税法,进一步提高了各项税收,致使尼德兰的经济受到更沉重的打击,工商企业纷纷破产。

贵族联盟的首领奥兰治·威廉逃到了他在德国的领地拿骚,他联系德国的新教诸侯和法国的胡格诺教(即卡尔文新教)贵族,在他们的帮助下组织了一支 3 万多人的军队,他多次带领军队杀回尼德兰,但是都被击败。与此同时,广大的尼德兰人民也积极展开了游击战争,在尼德兰南方各地的密林中,出现了许多反抗西

---

① 三级会议是中世纪欧洲许多国家的一种民主政治,会议分为三个等级,第一等级是教士,第二等级是贵族,第三等级是平民,三个等级的代表分别开会。

班牙人的森林游击队。在北方的沿海一带则出现了许多由渔民、水手和码头工人组成的海上游击队。他们神出鬼没,四处出击,给西班牙军队以沉重打击。在各地反抗斗争蓬勃兴起的鼓舞下,一些逃往国外的贵族和资产阶级人物也回来参加游击战争,并逐渐取得了领导地位。威廉向他们提供支持,并委任他们担任指挥官和舰长,给他们颁发特许状,授予他们奥兰治家族的三色旗。

到1572年,海上游击队已经攻占了北方的许多城市,7月中旬在荷兰省的多德雷赫特城召开了有12个城市的代表参加的荷兰省议会。在奥兰治·威廉缺席的情况下,会议推举他为荷兰、泽兰二省的最高领袖,10月21日,威廉到荷兰省就任。在北方胜利的鼓舞下,南方人民的反抗运动也取得了很大的胜利,1576年7月,占领了布鲁塞尔,推翻了西班牙政权。11月8日在根特召开了南方和北方的团结会议,缔结了《根特协议》,重申了各城市原有的权力,宣布南北联合起来共同反抗西班牙。

但是,南北双方在一些问题上还是存在很大的分歧,南方贵族大都信仰天主教,而北方信仰新教。1579年,南方贵族分裂了出去,成立了"阿拉斯同盟",他们与西班牙人达成了妥协(尼德兰南方后来成了比利时)。北方各省为了与之对抗,也成立了"乌特勒支同盟",宣布北方7省为一个整体。以7省代表所组成的三级会议为最高权力机构,并制定了共同的军事和外交政策。1581年宣布成立联省共和国,选举奥兰治·威廉为领袖,并宣布脱离西班牙而独立。

菲利普二世拒不承认联省共和国的独立,他派出了更多的军队,疯狂镇压尼德兰人民。尼德兰革命遭受到沉重打击,弗兰德尔和勃拉邦几乎完全被西班牙军队占领,布鲁日、根特、安特卫普也相继陷落,最高领袖奥兰治·威廉也被暗杀。但是,北方联军在奥兰治·威廉的儿子奥兰治·摩里斯的指挥下继续顽强抵抗,夺回被占领的城市。

1588年,西班牙派出了它的"无敌舰队",这一方面是为了增援西班牙军队对尼德兰革命的镇压;另一方面也是为了打击英国政府和英国海盗,因为英国海盗在英国政府的支持下疯狂劫掠西班牙的商船队。但是"无敌舰队"却被英国海盗的联合舰队和荷兰的海上游击队打败。西班牙"无敌舰队"在返航途中又遭遇风暴,几乎遭到全军覆灭,西班牙因此实力大衰,再也无力镇压尼德兰革命。也就在这一年,联合省在奥兰治·摩里斯的领导下,正式宣布成立了独立的荷兰共和国。虽然西班牙人并不甘心失败,拒不承认荷兰共和国的独立,并曾多次派出军队进攻荷兰,但是都以失败告终。直到60年后,在1648年的《威斯特伐里亚和约》中,西班牙才正式承认了荷兰的独立。

　　尼德兰革命是世界历史中的一次意义非凡的革命,它的起因形式上是新教徒发起的宗教改革运动,但其实质是尼德兰人民反对宗教神权的压迫,和尼德兰新兴资产阶级反对封建专制王权,要求取得政治权利的资产阶级革命。革命后建立了世界上第一个由资产阶级掌握政权的资本主义国家——荷兰共和国。荷兰共和国的国家政体是共和制,最高权力机构是联省会议,其成员由各省议会选出的共40名代表组成,各省无论代表人数多少都只有一票表决权,重要问题的决议必须一致通过才有效。联省议会的常设行政机关是国务会议,由12名委员组成,国务会议的首脑称为"执政",掌握国家最高行政权和军事权。如果联省会议代表对重要国务问题有意见分歧,则由执政进行协调或行使最高权力进行最后的仲裁。地方权力机关则有各省和各市的议会,在处理地方事务时,享有广泛的自治权。荷兰执政由奥兰治家族世袭,因此它带有一定的君主制残余,相当于君主立宪制。

　　荷兰共和国建立后,在宗教上实行信教自由的宽容政策,避免了宗教冲突,保证了国内有一个和平安定的环境。荷兰政府还允许和鼓励受宗教迫害的外国商人和政治上遭受迫害的流亡者到荷兰来居住。尼德兰南方各省的富商、工业家、银行家,以及数以千计的手工业者,因不满西班牙的统治也纷纷逃亡到北方来。1585年至1622年,阿姆斯特丹的人口从3万激增至10.5万。1686年,法王路易十四大肆迫害胡格诺教徒,导致大批信奉新教的法国人逃往荷兰,其中包括很多有技术的手工业者和有资金的工业家。荷兰政府为他们提供了很多帮助,鼓励他们发展工商业,这些因素都促成了荷兰的进一步繁荣和快速崛起,成了当时世界上的一大强国。

　　荷兰因船运业而兴起,因此它的造船业非常发达,不仅有先进的造船技术,而且有许多大规模的造船厂,欧洲许多国家都是向荷兰订购船只。在17世纪初期,荷兰拥有全欧洲80%的商船,是英国的5倍,法国的7倍。发达的造船业成就了一个庞大的海上民族,它为荷兰发展海外贸易,征服海外殖民地和争霸世界海洋,提供了重要的物质保证。荷兰因为国土狭小,缺乏资源和矿产等工业生产的原料,因此它并不适合于发展工业,荷兰较发达的工业主要也只有纺织业和造船业。但是它却有极为便利的交通优势,特别适宜于发展贸易,当时从北海和波罗的海通往大西洋和地中海的贸易几乎都被荷兰垄断。然而,独立后的荷兰人并不仅仅满足于在欧洲大陆周边的近海贸易,他们也在寻找机会,走出欧洲,像葡萄牙和西班牙人一样,通过外海大洋走向世界。

　　1595年,曾作为葡萄牙大主教的仆人而在印度果阿生活了七年的荷兰人林索登,发表了描述世界地理情况的《旅行日记》,使得葡萄牙政府对外封锁信息,严格保守了近一个世纪秘密的东方航线成了常识。荷兰人了解到新航线的秘密后,于《旅行日记》发表的当年就派出了一支船队绕过好望角到达了印度,第二年到达了东南亚的爪哇岛。从此揭开了荷兰发展世界贸易,征服海外殖民地和争霸世界海洋的大幕。

荷兰人纷纷组织起贸易公司,建立起武装商船队,希望到东方去发大财。然而此时东方的印度洋地区和东南亚地区已被葡萄牙人和西班牙人所控制,他们在那里划分了势力范围,建立了军事要塞和殖民地,绝不允许荷兰人插足。葡萄牙和西班牙的这些殖民势力都有国家力量的背景,荷兰的这些私人性质的贸易公司无法与他们竞争。荷兰人意识到必须寻求自己国家力量的支持,才能与他们抗衡。1602 年,经荷兰议会批准,阿姆斯特丹等城市的 14 家从事东印度贸易的公司联合起来,组建了"荷兰联合东印度公司",公司采用股份制并向社会公开募资。公司组成后资本雄厚,总资本达 650 万荷兰盾。国会授予了这家公司许多特权:有从非洲的好望角到印度洋、太平洋,直至南美洲南端麦哲伦海峡的贸易垄断权;有组建军队、开战、议和,以及与其他国家签订条约的权力;有建立城堡、建立殖民地,并对殖民地实行统治的权力;还有铸造和发行货币的等等权力。因此,尼德兰联合东印度公司实质上成了荷兰对外侵略和建立殖民统治的权力机构。荷兰政府就是它的后台,荷兰执政就是公司的掌控者。凭借其雄厚的资本和强大的海上力量,荷兰人向称霸亚洲和非洲的葡萄牙殖民帝国发起了挑战。

1603 年,荷兰人绕过了葡萄牙人控制的马六甲,侵入爪哇岛,在岛上建立了商站,使马六甲失去了往日的重要性。1605 年,武力征服了盛产香料的安汶岛,次年又占领了班达岛。1607 年从葡萄牙人手里夺下了帝利岛。1619 年攻占了爪哇岛上的重镇巴达维亚(即今天的雅加达),把它作为荷兰东印度公司的总部。荷兰人以巴达维亚为中心逐步征服了香料群岛和整个印度尼西亚,并把葡萄牙人赶出了这一地区。1641 年又把葡萄牙人赶出了马六甲。1636 年至 1645 年,荷兰人把驻扎在印度果阿的葡萄牙人封锁了达 9 年之久。1658 年荷兰夺取了葡萄牙在锡兰的殖民地,1663 年夺取了葡萄牙在印度半岛西海岸的殖民地柯钦。这样荷兰就占有了东南亚群岛和印度洋区域内的大部分贸易,取代了葡萄牙成了东方航线的海上霸主。此外,荷兰还企图夺取菲律宾,但遭到了西班牙人的抵御未能成功。

1601 年荷兰商船首次来到中国,1604 年侵入澎湖岛,但遭到中国明朝军队的反击而退去。此后荷兰人屡次欲与中国扩大通商,但始终未获批准。1622 年再次侵占澎湖,并以澎湖为基地建立起了与台湾、琉球、日本和朝鲜等地的贸易,但是在 1624 年又被中国军队赶出了澎湖。1641 年,趁中国明朝末年发生农民大起义造成国内大动乱而侵入台湾,1642年其势力扩展到台北的基隆和淡水一带,但是在1662年被中国的郑成功驱逐出台湾。

荷兰人把葡萄牙人赶出香料群岛以后,建立起了他们的殖民统治,开始实行对贸易的垄断。他们独占了香料等本地特产的收购权和专卖权,禁止本地人与欧洲人以及其他亚洲人进行贸易,违者将遭到严惩。为了威慑当地人,他们把违反了禁令的班达岛上的一万多居民全部杀死。荷兰东印度公司为了保持高价,还严格限制香料的出口数量,并且只允许香料在特定的岛屿上种植。他们规定丁香在安汶岛,豆蔻在班达岛,其余岛上的香料树都要砍掉。荷兰东印度公司还从事掳掠奴隶的活动,他们在东南亚一带的群岛上捕捉年轻力壮的土著人作为奴隶,运往世界各地售卖,从中获取高额利润。到17世纪中期,荷兰东印度公司已成为世界上最强大的公司,它拥有3000多艘商船,40多艘战舰,10万多名员工,1万多人的军队,因为利润丰厚,公司的股息高达40%。

1621年,在政府的批准下荷兰西印度公司成立,在成立之初政府并没有授予公司在非战时期组建军队的权力。然而不久后,荷兰与西班牙的停战合约期满,两国间又爆发战争,因此政府授权西印度公司自由组织军队。为了抵御西班牙舰只的攻击,荷兰西印度公司的每一艘船上都有40～50名武装士兵。而私掠船也是西印度公司的一项重要业务,每当发现不明船只时他们就对其进行扣押。但是荷兰西印度公司的主要业务还是黄金和奴隶贸易,他们在非洲的黄金海岸和奴隶海岸建立了许多掠夺奴隶的堡垒和商站,大肆掠夺奴隶运往美洲出售,再把美洲的贵金属、糖、烟草、咖啡等产品运回荷兰销售,然后再前往非洲,形成一个三角航线。荷兰的奴隶贸易占到了当时世界奴隶贸易量的一半以上。

荷兰西印度公司的另一个主要目标是争夺西班牙和葡萄牙在美洲的殖民地。1622年,荷兰西印度公司在北美洲哈德逊河口获得曼哈顿岛,建立了新阿姆斯特丹城,然后把它逐渐扩展到特拉华河流域从而成了荷兰的新尼德兰。1623年占领了南美的圭亚那。经过10多年与葡萄牙人和西班牙人断断续续的战争,荷兰西印度公司从葡萄牙人手里夺得了南美洲巴西海岸很大一部分土地,从西班牙人手里夺得加勒比海群岛中的数个岛屿。

另外,1652年荷兰人还从葡萄牙人手里夺得了位于南非好望角的海角殖民地,这个殖民地的战略位置极其重要,它可以向来往于东西方的船只提供燃料,淡水和新鲜食物,这些新鲜食物有助于克服败血症,它拯救了无数海员的生命。到18世纪,荷兰已建立起了一个地域庞大的殖民帝国,它的商船队遍布世界海洋,多达16000多艘,其总吨位相当于英、法、西、葡,四国的总和,荷兰成了世界海洋的霸主。

二十六 英国成为世界上第二个资本主义国家

　　不列颠岛在欧洲大陆的西北面,孤悬海外,在漫长的古代,它就像欧洲大陆的弃儿,孤独而荒凉。但是它离大陆也并不遥远,只隔一条34公里宽的英吉利海峡。因此,从远古时代起,人类就陆陆续续地踏上了这块土地,其中有拓荒者,有逃难者,也有征服者,历史上它曾多次被入侵者征服。公元1世纪,罗马人侵入大不列颠岛南部,征服了那里的土著人,在岛的南部建立了他们的统治。在公元5世纪的民族大迁徙时期,西罗马帝国面临崩溃,罗马人从岛上撤离。也是在这一时期,为逃避匈奴的攻击,一些日耳曼蛮族——盎格鲁人和撒克逊人渡海进入不列颠岛,他们打败了当地的居民克尔特人,在不列颠岛的东部和南部建立起了一些小部落公国。这些小国互相攻战,到7世纪初形成七个王国。8世纪末诺曼海盗开始不断入侵和劫掠不列颠岛沿海,为了抵抗诺曼人的侵略,威塞克斯国王爱格伯特把这些王国联合了起来,形成了统一的英格兰王国。公元9世纪,入侵的诺曼人在岛的北部和东部建立了一些殖民地,但是,10世纪以后,他们也融入了英格兰。公元11世纪,不列颠岛再次遭到来自大陆的诺曼底人的入侵,他们征服了英格兰,成了这里的统治者。然而,所有这些人最终融合成了英格兰这个统一的民族。

　　11世纪的征服者是来自英吉利海峡对岸大陆上的诺曼底公爵威廉,而威廉的领地诺曼底公国当时是附属于法兰西王国的一个诸侯国,这就使英国也成了法兰西王国的附属国。到12世纪,威廉在诺曼底和英国的领地被他孙女莫德的儿子亨利二世所继承,亨利二世又从父亲法国安茹公爵那里继承了安茹、恩曼、布列塔尼等领地,然后,亨利二世又通过与法王路易七世的前妻埃利诺结婚获得了阿坦基公爵领地,从而建立了面积广阔的金雀花王朝(因王国的标志是金雀花而得名)。金雀花王朝的领地包括英格兰和法国的大部,亨利二世成了法兰西王国最大的诸侯,其领地比法国王室的领地还要大5倍,同时他也是英国的国王。但是,亨利二世和金雀花王朝也因此与法王路易七世和法国王室结下宿怨。

然而到了13世纪,亨利二世的继承人在与法国王室以及法国各诸侯的争夺中,已失去了在欧洲大陆上的大部分领地,而英格兰反而成了金雀花王朝最大的一块领地。但是金雀花王朝却有着强烈的"大陆情结",为了恢复昔日的辽阔领地和强盛地位,金雀花王朝以英格兰为中坚,在大陆上与法兰西国王展开了无休止的争战,这些战争延续了100多年。

1419年,英王亨利五世一度夺取了法国大部分领土并占领巴黎,并强迫法王查理六世签订了《特鲁瓦和约》,该和约承认亨利五世为法国的摄政和法国王位的继承人。1422年,亨利五世病故,亨利六世继承了英国王位并兼任法国国王,似乎英王已经成了法国的主人。然而奇迹发生了,1429年,一个叫贞德的17岁法国农家少女,带领法国人民掀起了反抗英军的斗争,并取得节节胜利。虽然贞德于1431年被英军抓住,并以女巫罪处死,但是这反而激起了法国军民更强烈的斗志,1437年法军光复了首都巴黎,1441年收复了香槟地区,1450年解放了曼恩和诺曼底,1453年波尔多的英军投降,法国收复了除加莱以外的全部领土。1558年法军攻陷加莱,从此英国被彻底赶出了欧洲大陆。

英国丧失了在大陆上的最后一块领地从而被彻底赶出欧洲大陆后,对大陆的心态发生了彻底的改变,从向往在大陆上扩张争霸的"大陆情结",转变到对大陆的防范。他们意识到了自己是个岛国,此后一直努力与大陆保持距离,时刻防范着大陆上的列强。也就在这一年,伊丽莎白一世继位成为英国女王,这种"岛国心理"在伊丽莎白一世身上得到了鲜明的体现。继位后,为了避免卷入欧洲大陆的矛盾纠葛从而危及英国的利益,她以各种滑稽的借口和拖延的手段,来应付来自大陆的众多王公贵戚的求婚,其中包括西班牙国王、奥地利大公、瑞典国王、法国国王、萨伏依公爵、安茹公爵等,结果她终身未嫁。但是伊丽莎白女王并不感到遗憾,她受到了全体英国人投桃报李般的爱戴,女王的独身,也被英国人看作是英国摆脱任何外来干涉和控制的一种独特方式。

此时正值航海大发现后世界贸易的重心转向大西洋,也就是从这时开始,岛国的海洋民族特性在英国得到了淋漓尽致的展现。不列颠岛就像一艘永不沉没的海盗船,英国女王就像海盗船长,而她的臣民们则成了天才的海盗。英吉利海峡对面就是商业最发达的荷兰,因此这条海峡成了当时欧洲最繁忙的海上贸易通道,这就为英格兰人从事海盗这种利润丰厚的职业提供了天赐良机。干着这种杀人越货营生的不但有亡命天涯的船员水手,还有地位显赫拥有庄园领地的乡绅领主和富有的商人。

　　对于这些亦商亦盗的海上斗士,伊丽莎白女王不但时时予以鼓励,而且还时不时地参与分赃。如著名的英国大海盗德雷克船长把他抢劫得到的财宝敬献给伊丽莎白女王以后,女王为了表彰他,于 1580 年授予他德雷克爵士封号。而这些英国海盗和像匪徒一样的冒险家们,对女王也是感恩不尽。他们在海外的活动范围也越来越大,除了在英吉利海峡抢劫荷兰的商船外,还在大西洋上抢劫西班牙人从美洲往欧洲运输金银的商船队,在非洲海岸掳掠奴隶进行贩卖。在进行这些海外冒险和与外国武装商船队的不断对抗中,海盗们的英格兰民族意识和对伊丽莎白女王的忠诚不断增强,直至愿为女王陛下英勇献身。正是这些长期在海洋上从事劫掠冒险的海盗船队,造就了日后强大的英格兰皇家海军。

　　1588 年,西班牙为了打击英格兰疯狂的海盗行为,同时也为了镇压推翻西班牙统治而新成立的荷兰共和国,派出了它名震欧洲的无敌舰队,北上进攻英国和荷兰。这时英国的海军力量非常有限,但是它却有大量的海盗船队,伊丽莎白女王对海盗们的庇护得到了回报,他们在海盗船长德雷克爵士的率领下勇敢地迎击敌人。

　　西班牙无敌舰队有 130 艘大型舰船,火炮是威力巨大的加农炮。英国海盗的联合舰队有舰船 197 艘,但船体较小,火炮也是威力较小的长重炮,但是海盗们的船速度快,长重炮的射程也比加农炮更远。这些海盗船特有的优点使他们在海战中占到了优势,交战时,当西班牙舰队的加农炮而没有进入射程时,英国海盗船队已开始了猛烈的炮击,这时西班牙舰队开炮还击却打不到英国船,当西班牙舰队驶近时,英国船队已快速撤离。结果几天海战下来,西班牙舰队损失惨重,而英国船队却几无伤亡。

　　这时双方的弹药都已经耗尽,英国船队迅速从英国海岸补充了弹药。西班牙舰队也驶入海峡对岸的加莱港等待补充弹药,但是他们的补给船队却被荷兰舰队死死地封锁在安特卫普。没有弹药的西班牙舰队只有挨打的份,最后只能绕道北海狼狈地逃回西班牙,途中又遇到了大风暴,舰队几遭全军覆没,只有 40 余艘舰船回到了西班牙。从此西班牙海军一蹶不振,而英国的海盗们从此更加横行无忌,并进一步发展到在美洲侵占西班牙的殖民地。

　　英国封建贵族家庭的传统习俗是长子继承家业,其余子弟虽然有贵族地位但是却没有什么产业。在以前的年代,这些人往往无所事事,但是在新航线发现后,欧洲发生商业革命和社会大变革的年代,这些人有了用武之地。他们有的参与海外冒险成了海盗和冒险家,有的从事工商业成为商人和手工业主。1588 年伊丽莎白女王给英国第一家公司颁发了贸易专利权,该公司获得了在非洲西海岸一带的贸易专利,当然,这也是一家亦商亦盗的公司,主要从事奴隶贸易。此后各种公司相继成立,英国人的海外冒险事业进一步繁荣,除了进行海盗劫掠和海外贸易外,还进行海外殖民地的争夺。

海盗们和海外冒险家为英国人带来了大量的财富,在完成财富的原始积累后,他们也希望投资于一门正业。但是英国因地理的原因,气候寒冷,并不适合于谷物种植,因此粮食产量极低,农业生产也发展缓慢,直到17世纪还是最原始的休耕轮作制。封建领主从谷物种植中能够获得的收入微薄,土地上收获的谷物在给农奴留下口粮后所剩无几,英国的封建领主生活都非常拮据,从事农业无利可图。但英国的羊毛纺织品在欧洲市场上还是很受欢迎,而且自从西欧的商业繁荣起来后,羊毛价格开始上涨。英吉利海峡对岸资本主义的荷兰共和国的建立也为英国带来了商机,荷兰不仅有着发达的商业,还有发达的羊毛纺织业,它为英国的羊毛出口提供了市场。因此,英国的封建领主们纷纷把农民从土地上赶走,把土地圈起来畜养绵羊,以获得高额的利润。那些在海外发了财的冒险家们,也开始投资于羊毛生产业和羊毛纺织业,因此,英国的圈地运动越演越烈,大批的农民失去土地,成为流浪于乡村和城镇的无业流民。生活无着的流民四处游荡,偷盗抢劫,打家劫舍,无恶不作,各种犯罪案件暴增。圈地运动引起了农民的强烈反抗甚至爆发了起义,但不久就被英国政府镇压了下去。英国政府还颁布了"血腥法案",禁止人们四处流浪,有违反者:第一次施以鞭刑,然后遣送原籍;第二次除了施以鞭刑外,还要割去耳朵;第三次则判处死刑。

海外冒险事业和圈地运动带来了英国工商业的发展,英国城乡出现了大批的新兴工商业资产者。他们形成了一个在政治上和经济上与封建大贵族利益并不相同的新兴的资产阶级,因此,这也必然会导致他们与封建大贵族和封建制度之间的矛盾。随着资产阶级力量的增强,他们开始不满英王的封建专制统治,要求获得政治权利,取消封建贵族的特权,这些矛盾终于导致了英国资产阶级革命的发生。

英国的资产阶级革命最初也是以宗教斗争的形式表现出来的。早在1534年,趁着欧洲大陆各国反对教皇和教会的宗教专制统治的宗教革命之风,英王亨利八世就宣布了与教皇决裂,英国国会也通过了"至尊法案",宣布英国国王是英国教会的最高首脑,拥有任命主教和决定教义的权利,并把宗教法庭改为国王法庭,召集宗教会议的权利属于国王,从而把教会置于了国王管辖之下,使国王的专制权力得到加强。在这种形势下,英国教会与国王达成妥协,接受了新教改革思想,但是,却仍然保留了天主教的基本教义、主教制度和烦琐的宗教仪式等传统,被称为英国国教。

英国的宗教改革显然是不彻底的，因此，后来英国出现了一些要求清除国教中的天主教教义、教规和烦琐的宗教仪式的"非国教徒"，他们被称为清教徒。新兴的资产阶级产生后，出于反对封建专制王权的需要，他们大都成为清教的支持者，而欧洲国家传统的议会制度则为他们提供了反对专制王权的舞台。

1625年，英王查理一世继位后，利用国教大肆宣扬"君权神授"，加强封建专制王权，并轻率地发动对西班牙和法国的战争。他两次召开国会要求拨款用于战争，但均遭到了国会拒绝，因此他两次解散国会，他的这些举措激起了资产阶级反对派的强烈反抗。

1628年，查理一世不得不再次召开第三届国会。会上资产阶级反对派提出了《权利请愿书》，主要内容有：不经国会同意国王不能随意征税，不能强迫任何人缴付贡金、献金、贷款、租税等额外负担；凡自由人除依国法合法裁决，否则皆不得加以拘捕、监禁，或剥夺其营业权等各项自由权利。这些内容都反映了新兴资产阶级要求他们的利益得到保护和对封建王权进行限制。国会同意以拨款35万英镑作为国王接受《权利请愿书》的条件，国王被迫敕答：准以所请为法。《权利请愿书》后来成为英国历史上的一个重要法律文件，被视为英国宪法的基本原则。

然而查理一世并没有就此罢休，在国会休会期间他又挑起了吨税和磅税之争。吨税是指对进口酒按吨征收的进口税，磅税是指对羊毛出口征收的出口税。在过去，英国每位新国王即位后，国会都会授权他终身征收这两种税，但是查理一世即位后召开的第一届国会却只批准他征收一年，国会的目的是限制他的权利，迫使他接受国会提出的要求。1629年秋，第三届国会复会，会上资产阶级反对派与保王派的斗争达到顶点，双方几乎刀剑相向，最后反对派占据了上风，国会宣布，凡是举行天主教仪式和缴纳吨税和磅税者，都是"国家的敌人"和"自由的叛徒"。遭到失败的查理一世恼羞成怒，下令解散国会，实行无国会统治。

在长达11年的无国会统治时期，查理一世残酷迫害国会中的反对派，他把国会中的反对派领袖统统抓起来，关进监狱，直至迫害致死。他不仅继续征收吨税和磅税，而且还在全国范围征收船税（一种代替人们去陆海军中服役的税）。他任命劳德为大主教，劳德命令宗教仪式必须繁华和奢侈，要有"神圣的美观，牧师要穿上法衣，实行跪拜和划十字"，信徒要无条件服从国王。劳德无情地迫害清教徒，清教徒被关押、罚款、毒打、被判终身监禁。查理一世还强制执行封建骑士制度，对未接受骑士头衔的领主实行罚款。还利用出售专卖权来大肆搜刮金钱，只有购买了某项专卖权的公司才能够从事某种产品的生产和销售，并把大批的商品都划为了专卖商品,从而严重影响了英国工商业的发展。得不到专卖经营权的工商企业大批的倒闭,雇员失业,物价上涨,新兴资产阶级与专制王权的矛盾更为加剧。

1637 年,查理一世命令英国的附庸国苏格兰的长老会,在祈祷时必须使用英国国教的祈祷文,但是此举激起了苏格兰人的强烈反抗。苏格兰人举行了起义,起义者制定了《民族圣约》号召苏格兰人民反对天主教和英国国教,宣布取消主教制,废除英国国教的祈祷书。苏格兰起义军越过国境向英格兰进攻,英王查理一世的军队少,无法抵挡,他命令北部各郡的民兵进行抵抗,但是北部居民不愿意与苏格兰军队作战。苏格兰起义军顺利地占领了英格兰北部,查理一世被迫求和。1639 年 6 月,查理一世做出让步,与苏格兰人签订了贝尔维克合约。然而,这只是查理一世的权宜之计,他并不会善罢甘休。合约签订后,查理一世加紧募集军队,筹措资金,并策动苏格兰北部山民的领袖和苏格兰的主教,准备镇压苏格兰的起义者。

为了筹措战争经费,查理一世想尽了各种办法,包括没收金融家储存在伦敦塔内的金银,向教皇和西班牙国王借款,但都未能如愿,无奈之下他只得再次召开国会。1640 年 4 月 13 日,停止了 11 年之久的国会再次召开,查理一世只要求国会拨款,不讨论其他问题。议员们要求查理一世放弃对苏格兰作战,取消对反对派和清教徒的迫害,并惩办行使暴行的大臣。查理一世不同意要求,并于 5 月 5 日再次解散国会。

解散国会后查理一世对筹措战争经费仍然是一筹莫展,不得已,查理一世于 9 月 24 日宣布重新选举议员,准备于 11 月 3 日召开新的国会。查理一世用尽了贿赂拉拢等各种手段来使他的支持者当选,西部各郡的封建贵族甚至使用暴力来威逼选民选举国王的支持者,然而选举的结果仍然是反对派议员占了大多数。

11 月 3 日新国会召开后,反对派与专制王权展开了坚决的斗争。国会通过决议,要求审判迫害反对派和清教徒的国王的宠臣斯特拉福和大主教劳德,废除船税、专利权和迫害政治犯的法令。查理一世无法抗拒,只得在国会决议上签字。11 月 11 日反对派逮捕了斯特拉福,并发现了斯特拉福企图动用爱尔兰军队来镇压反对派的文件,众议院遂提出了"褫夺公权案"要求处死斯特拉福。查理一世亲临上议院,反对处死斯特拉福,国会提出强烈抗议,国王动用武力围攻伦敦塔,企图释放斯特拉福。伦敦数万市民举行示威游行,要求马上处死斯特拉福,上议院也通过了"褫夺公权案",查理一世不得不签字,斯特拉福被枭首示众。

1640 年 12 月 11 日,伦敦五万市民签名请愿书要求彻底废除主教制度,众议院通过禁止主教进入议院的议案。1641年,国会宣布撤销宗教法庭和星室法庭这两个专制王权用于迫害清教徒和反对派人士的罪恶机构。1641年11月28日,众议院经过激烈的争论通过了《大抗议书》。《大抗议书》共204条,它控诉了专制王权的罪恶、教会对法律的破坏、主教和教士的腐败、枢密大臣和宫廷大臣的以权谋私、国内滥征税收、滥施专卖权制度、破坏《权利请愿书》等罪行。要求国王不得干涉工商业活动,不经国会同意不得滥征税收,查理一世应该对与西班牙和法国的战争失败负责,议会有权监督国王及大臣们的一切活动,并要求取消主教参加议会的权利。

查理一世拒绝批准《大抗议书》,并企图逮捕众议院的5名反对派领袖。他派出忠于国王的军队镇守伦敦塔,在各要塞安置大炮,炮口对准伦敦商业区,同时把国会的卫队撤走,换上忠于国王的卫队。1642年1月4日,查理一世亲率500名士兵闯入国会,企图逮捕5名反对派领袖,但是他们已得到消息,躲到了伦敦商业区。国王又来到伦敦商业区,然而伦敦市民武装起来了,反对派领袖汉普顿家乡的农民也携带武器,进入首都来保卫他。国会也从韦斯敏斯特迁到伦敦商业区,置于了民兵的保护之下。国王无奈,于1月10日离开了伦敦白宫,奔向北方。

英王查理一世北上后,以约克城为据点,希望在北方封建贵族的支持下进行反扑。随后,全体宫廷人员、大部分上议院议员和部分众议院议员也来到了约克城。国会频频派人来约克请国王回伦敦,希望与国王妥协,但遭到查理一世的拒绝。查理一世在北部发布募兵令,招募军队准备战斗,6月17日,国王的军队占领了纽卡斯尔。7月21日,国会决定成立国会军,任命埃塞克斯伯爵为司令。1642年8月22日,英王查理一世正式树起王军的旗帜,向国会宣战,英国内战开始。

内战开始后,国会军人数有2万,大大超过王军,但是国会军司令埃塞克斯却采取妥协退让的政策,迟迟不肯进攻,他希望国王能够回心转意。英王查理一世因此赢得了时间,因为北部和西部的封建贵族也积极支持国王,使王军很快超过了国会军的数量,占据了优势。王军挥师南下,两军在牛津附近发生战斗,国会军战斗顽强,王军被击败。国会军本可以趁胜歼灭王军,但埃塞克斯却下令撤退到瓦维克城,结果王军转败为胜占领了牛津,牛津从此成为王党的大本营。王军接着攻占了距伦敦只有7英里的布伦特福,在此危急时刻,伦敦市民组成了4000多人的民兵开赴前线,使国会军士气大振,保卫了伦敦的安全。

但是整个军事形势对国会军仍然不利,支持国王的势力强大,至1643年夏,全国3/4的土地都沦入支持国王的王党势力的手中。然而在此危急时刻,乡绅出身的克伦威尔在东部组建了东部各郡的联盟军,成了国会军的一支重要力量。东部联盟军大都是由农民和手工业者组成,他们憎恨封建制度,信仰清教。东部联盟军组成后于 1643 年在林肯郡打了三次胜仗,王军损失惨重,林肯郡的王党势力从此被肃清。

1643 年 9 月 25 日,国会与苏格兰的长老会签订了庄严的同盟圣约,圣约规定,将长老会规定为英格兰、苏格兰和爱尔兰占统治地位的教会,全体人民都必须信仰长老会。英格兰和苏格兰建立统一的军队,共同对王军作战。根据圣约,苏格兰在 1644 年初派 2 万军队南下援助国会军,从北方向王军进攻。

1644 年 1 月,苏格兰军南下解放了约克郡的大部分领土,他们与国会军会合后,从 1644 年 6 月开始包围约克城。英王查理一世命鲁波特亲王率军北上,在约克城附近与纽卡斯尔的王军会合。会合后的王军与国会军在约克城西北的马斯敦草原相遇,这时国会军方面的东部联盟军也及时赶到,双方展开了激战。克伦威尔在这次战斗中表现出了卓越的军事才能,他的骑兵是国会军的左翼,对手是鲁波特亲王的骑兵。克伦威尔先发制人,他的骑兵唱着赞歌向前冲杀,虽然一度受挫,他的颈部也受伤,但是他重新整顿队伍发起第二次进攻,鲁波特亲王的骑兵招架不住纷纷溃逃。克伦威尔又去支援国会军的中军和右翼,终于取得了马斯敦草原战役的重大胜利。

马斯敦之战后国会军乘胜解放了北部地区,形势对国会军非常有利。但是以埃塞克斯和曼彻斯特为首的国会军领导人一直希望与国王达成妥协,不愿消灭国王,他们屡屡贻误战机。以克伦威尔为首的独立派军官对此非常不满,他们与埃塞克斯等人在议会上展开了激烈的争论,苏格兰长老会派议员同情埃塞克斯,代表新兴资产阶级和中产阶级利益的独立派议员则支持克伦威尔。后来在独立派议员的强烈要求和广大民众的压力下,议会决定改组军队,并通过了《新模范军法案》,决定组建一支人数为 2.2 万人的新模范军,任命托马斯·费尔法克斯为总司令,克伦威尔为副总司令兼骑兵司令。

1645 年春,费尔法克斯率军围攻牛津,查理一世向东突围,国会军紧追不舍,在诺森普顿郡的纳斯比与王军展开了激战。战斗中克伦威尔指挥的骑兵发挥了极大的作用,他们击破了王军的左翼,继而攻打王军的中军,直接威胁王军的后卫,查理一世狼狈逃走。国会军取得了决定性的胜利,王军几乎全军覆没。查理一世逃到了苏格兰,向苏格兰军队投降,后来被苏格兰人以 40 万英镑的代价引渡给了国会,国会将他囚禁在赫姆比城堡。

纳斯比战役后,掌握着议会的长老会派还在策划与国王妥协,他们代表的是大贵族的利益,为了防止掌握着军队的独立派强大起来威胁到他们的利益,议会通过了解散军队的议案,规定除保留一支 6000 人的军队外,其余的部队全部解散。这一决议引起了独立派军官的不满,特别是政府拒绝补发所欠薪饷,更是激起了士兵的普遍愤怒。以克伦威尔为首的独立派为抗衡长老会派控制的议会,表示支持士兵的要求,拒绝执行遣散军队的命令。军队为防止国王与长老会派勾结,把国王从赫姆比城堡押到了军队的大本营纽马克特。

克伦威尔为了保持独立派对军队的领导权,成立了以高级军官为主体,吸收士兵鼓动员参加的全军会议,代表全军讨论和决定重大问题。全军会议通过了《庄严协约》和《军队声明》,以全军的名义拒绝执行解散军队的命令,提出补发军队欠饷、实行政治改革等要求。长老会派企图控制伦敦民兵来与独立派对抗,他们在伦敦民兵中清除独立派军官,克伦威尔遂下令军队开进伦敦,长老会派议员的领袖们仓皇逃走,独立派掌握了议会的实权。

独立派掌握了议会后,政治斗争又在独立派与平等派之间展开了。平等派代表的是城市平民、农民、士兵和小资产阶级等中下层人民的利益,其成员由军队士兵和中下级军官组成,他们的代表人物是约翰·李尔本。平等派认为议员是人民选举出来的,国会拥有的国家最高权力是人民给的,即人民是所有公正权利的起源。从人民主权的观点出发,他们主张取消一切特权,人人平等,实行普选,建立民主共和国。他们在反对专制王权的内战中成长起来,在打败了国王,又赶走了长老会派的首领以后,他们已不惧怕任何权威,要求得到政治上的平等。以克伦威尔为首的独立派也承认人民主权原则,但是他们认为能够参加议员选举的"人民"是那些在王国中拥有财产,纳税在一定数额以上的有产者。而平等派则认为任何在英国出生的男人都应该对议员的选举有发言权。

独立派代表的是新兴资产阶级和小贵族等中产阶级的利益,他们反对专制王权是为了自己的财产能得到保护而不被任意侵害,他们反对国王的专卖权制度是为了得到经营工商业的自由,他们还要求得到宗教信仰自由和不受迫害的公民权利,独立派关注的是资产阶级新贵和中产阶级的政治权利。而平等派要求的是普通民众人人平等的政治权利,人人都能获得充足的食物和消除贫困,他们关注的是整个社会的福利。平等派的领袖被认为是欧洲最早的一批社会主义者。

1647 年 8 月 1 日,独立派发表了《军队建议纲目》,提出了建立君主立宪制的政治主张,并以此为基础与国王进行谈判,但遭到了国王的拒绝。独立派的所作所为引起了平等派的不满,他们发表了作为宪法草案的《人民公约》,公约内容涉及了人人应该拥有的权利,国会的选举方法,法律的制定和废除,政府机关和法院的设置,官员的任命和罢免,对国会的权利做出限制等等。公约还针锋相对地提出了建立民主共和国的主张。两派进行了激烈的辩论,士兵们举着《人民公约》和"给人民自由,给士兵权利"的标语,进行武装游行。克伦威尔决定实行镇压,他强行解散了全军会议,其职能由军官组成的军事委员会取代。

革命阵营内部的分裂给了国王和保王党人可乘之机。1647 年 11 月 11 日,查理一世从纽马克特逃了出来,逃往了南方的怀特岛。他一面与长老会派勾结,一面秘密与苏格兰人谈判,并与之缔结了密约。同时,加紧煽动各地王党叛乱,挑起新的战争。在西部,南威尔士的保王党人公开树起了拥护国王的旗帜。在东部,肯特郡的王党也发动了叛乱。在北方,原来与国会军结盟打败王军的苏格兰人这时反过来与国王结盟,他们组建一支 9 万人的军队向英格兰北部进发。大敌当前,革命阵营各派只能放下争斗,重新团结起来,克伦威尔答应战胜王军以后实行《人民公约》,并将查理一世交付法庭审判。1648 年 5 月 3 日,克伦威尔率领国会军精锐部队 5 个团出征威尔士,费尔法克斯率领 7 个团向肯特郡进军,英国第二次内战爆发。

克伦威尔在威尔士迅速扫清了王党的多处据点,叛军被迫退守潘布洛克要塞,要塞工事坚固,克伦威尔几次强攻均未得手,最后调来重炮猛轰叛军工事,终于攻克了潘布洛克,叛军首领要塞司令波耶尔被迫投降。费尔法克斯也在东部的梅德斯通大败叛军,接着横扫肯特郡叛军各据点,至 8 月底,东部各地的叛军被彻底击败。

这时强大的苏格兰军队已经进入英格兰北部。克伦威尔迅速率军北上,这是一次艰苦的长途行军,途中遇到连日大雨,队伍冒雨前进,士兵毫无怨言,终于提前 6 天到达约克附近,实现了与兰伯特指挥的北部骑兵会师。而苏格兰军队正在缓慢地向南推进,他们没想到克伦威尔会这么快到达,因此毫无准备。克伦威尔首先向苏格兰军左翼的英国王军发动突然的猛烈进攻,王军被击溃。克伦威尔趁胜直扑苏格兰军,苏格兰军正在渡河,被打了个措手不及,也被击溃。克伦威尔率军渡河追击,次日在普雷斯顿附近追上苏格兰军,克伦威尔立即率部插入敌阵,将其后卫部队切成几段,分而歼之。经过连续几天的追击,苏格兰军大部分投降,其统帅汉密尔顿在走投无路的情况下也被迫投降。之后,克伦威尔继续北上进军苏格兰首府爱丁堡,苏格兰政府被迫取消了与英王签订一切条约,并同意与英格兰建立友好关系,第二次内战以国会军的胜利而告结束。

第二次内战结束后,在国会中人数占多数的长老会派议员,仍然在操纵与国王谈判,企图建立君主立宪制的政体。1648 年 9 月 11 日,平等派向国会提出了由李尔本起草的请愿书,反对保留国王和上院(贵族院),要求惩办国王和内战的罪魁祸首,确立政治平等并建立共和国。独立派军官也举行军事会议通过了军队抗议书,列举国王的罪行,要求惩办国王。长老会派不同意军队的要求,并于 11 月 22 日在国会通过了遣散军队,只留下部分军队驻扎各地的决议。在双方观点尖锐对立的情况下,12 月 6 日,军队包围了国会,普莱德上校手持名单,逮捕了 47 名长老会派议员,开除了 96 名长老派会议员。独立派的这次行动实际上是一次政变,他们依靠军事力量掌握了英国政权。

1649 年 1 月 1 日,下院宣布国王为反对英国国会和发动内战的罪魁祸首,并成立最高司法裁判所审判查理一世。经审判,1 月 26 日由 62 名法官批准了判决书,判处查理一世为:暴君、叛徒、国家的敌人,应该被斩首。1 月 30 日,英王查理一世被送上了断头台。

1649 年 1 月 4 日,下院宣布自己是国家的最高权力机关,2 月 6 日下院通过了取消上院的决议,2 月 7 日下院通过决议取消君主制。从此英国成为没有国王和上院的一院制共和国。2 月 13 日国务会议宣告成立,国务会议从属于下院,由 41 人组成,布拉德肖被任命为国务会议主席。1649 年 5 月 19 日,国会正式宣布:英国为自由的共和国家,由民族的最高主权管辖之。

然而,英国各政治派别之间的争斗并没有完结,他们代表着社会各阶层的不同利益。一些无地和少地的贫苦农民为争取得到土地也展开了斗争,他们被称为"掘地派"。在第一次内战和第二次内战结束后,国会都曾经没收国王、保王党人以及教会的土地,并公开出售,宣布废除封建领主制度,但是贫苦农民因为没有钱购买却并没有得到土地。因此,掘地派认为独立派建立的自由共和国并不自由,"真正的自由就是自由使用土地",主张土地公有,并反对圈地运动,认为他们自己才是真正的平等派。他们的代表人物是温斯坦莱和埃弗拉德。

1649 年 4 月,退伍军人埃弗拉德带领一些农民到伦敦附近的圣乔治山岗开垦荒地,各地也出现了许多贫苦农民耕种村社公地的运动,有的地方参加者达数千人之多。这引起了土地私有者的仇视,他们对掘地运动进行骚扰和破坏,践踏庄稼、推倒小屋、拉走牲畜,围打垦荒者。在政府和军队的镇压下,贫苦农民的掘地运动最终失败。1652 年,温斯坦莱发表了《自由法》,详细阐述了掘地派的主张,描述了公有制的蓝图,该著作被认为是早期空想共产主义的重要文件。

以克伦威尔为首的独立派在议会内的人数上并不占多数,众多的各派议员成为反对克伦威尔的力量,这使独立派的政治主张在议会的决议中屡遭失败。在高级军官的支持下,1653 年,克伦威尔强行解散了国会和国务会议,建立起了军事独裁政权。12 月 16 日,伦敦举行了盛大的仪式,由高级军官、法官、官吏、伦敦市长、市议会议员组成的代表团,请克伦威尔接受"护国主"的称号。克伦威尔头戴镶有金边的帽子,坐在王座上,礼官献上国玺,伦敦市长献上国剑,就任护国主。仪式上当场宣读了由军队会议草拟的新宪法——《统治文件》。它规定,国家政权由护国主、国会和国务会议共同掌握,护国主是终身职,立法权属于护国主和国会,国会通过的决议经护国主同意后方能生效。护国主不经国会同意不能征税。国会实行一院制,每三年改选一次,只有拥有200英镑以上动产和不动产的人才有选举权。行政权归护国主和国务会议,国务委员为终身职。国务会议协助护国主处理行政事务,护国主实行的各项政策,必须经国务会议同意。护国主任英国军队总司令,军权由护国主和国会共同掌握。《统治文件》的颁布,使克伦威尔担任护国主建立军事独裁具有了法律依据。历史事件的发展有时候其实也很荒诞,要求自由平等的资产阶级,打倒了封建王权的专制政府,却建立起了资产阶级军事独裁政府。

克伦威尔的军事独裁统治造成国内危机四伏,民怨沸腾。但是他统治的时间并没有多久,他在生命的最后时日里,深居简出,唯恐有被谋杀的危险。1658年9月3日,克伦威尔因病去世,临死前指定他的儿子理查·克伦威尔为继承人。

理查·克伦威尔能力平庸,他继任后高级军官拒不服从他的命令,并要求他辞去军队总司令的职务,另外任命总司令。理查不得不让步,任命弗里特伍德为总司令。理查想利用国会与军队对抗,为此他下令进行新的国会选举,召开新的国会。1659年1月27日,新国会开幕,多数议员拥护新护国主,强调护国主拥有军权,反对军官干预政治。这引起了军官们的不满,军官们于4月初在伦敦召开了800人的军官大会,要求护国主保护他们的权利。理查要求解散军官大会,军官们拒绝执行他的命令,反而要求他解散国会。弗里特伍德指挥军队控制了伦敦,理查屈服了,1659年4月22日他解散了国会,5月25日他辞去了护国主的职务。

理查·克伦威尔辞去护国主职务后,英国出现权利真空,高级军官之间为争夺权利而斗争激烈,伦敦陷入混乱。驻扎在苏格兰的英军驻苏总司令乔治·蒙克趁机率部进军伦敦,控制了局势。蒙克原是保王党军官,第一次内战中被国会军俘虏,第一次内战结束后因国会军急需军官,蒙克被留在国会军服务。1650年时,苏格兰发生支持查理一世的儿子——查理二世复辟王朝的叛乱,蒙克随克伦威尔远征苏格兰,叛乱平息后蒙克被任命为驻苏格兰军队总司令。这次他趁英国政局混乱之机下令进军伦敦,在打败了高级军官蓝白率领的军队后,其他各军纷纷向他投降,国会也企图把他当做靠山。1660年1月2日,国务会议选举他为国务会议成员,1月26日选他为军队总司令。2月3日他率军进入伦敦,在控制了伦敦局面后,他下令逮捕伦敦商业区的11名市民领袖,并指责国会的所谓罪行。他把被普莱德上校清除的长老会派议员重新请了回来,长老会派重新控制了国会。然后,国会选出了以蒙克为首的国务会议,蒙克控制了英国的政局。

乔治·蒙克在任驻苏格兰军总司令时,就随时想着在英国复辟君主制,从1659年开始就与流亡在国外的查理二世开始联系。但是在向伦敦进军时,他还是打着维护共和国的旗号。在控制伦敦局势后,1660年3月19日,他在他的一位亲戚家里会见了查理二世的代表格雷维尔,格雷维尔将查理二世的信交给他时,他对格雷维尔说:"请陛下相信,我不仅要服从他的命令,而且准备牺牲自己的生命和幸福为他服务。"1660年4月4日,查理二世在荷兰布列达发表宣言,宣布:大赦革命参加者,实行宗教信仰自由,保证不变动革命时期的土地财产所发生的变化,补发军队欠饷。4月25日新国会开会,参加会议的多是王党分子和长老会派议员,5月1日宣布查理·斯图亚特为英国国王。5月25日查理二世从荷兰回国后,在伦敦即英国王位,时隔10年后斯图亚特王朝在英国复辟。

查理二世复辟斯图亚特王朝登上英国王位后,并没有遵守他的诺言,他开始着手恢复英国国教的地位,迫害长老会教派和独立派以及其他革命派别人士,准备恢复封建专制制度。1662年,国会通过了《信仰统一法案》,规定一切牧师都必须承认英国国教,并声明在任何情况下不拿起武器反对国王。因此,有2000多名反对该法案的长老会派、独立派、浸礼派、教友派牧师辞职。1664年国会又通过了《集会法案》,禁止举行非国教的宗教仪式,否则要受重罚。1665年通过了《五英里法案》,规定牧师必须宣誓取消1643年国会与苏格兰长老会派签订的神圣同盟和圣约,在任何情况下不以武力反对国王,否则要驱逐出所在教区五英里以外。

为了摆脱国会的限制,实现复辟专制制度的企图,他建立起了自己的常备军。查理二世还积极与法国结盟,因为查理二世与法国国王路易十四是表兄弟,法王路易十三是他的舅舅,查理二世希望从法国得到政治和金钱上的支持。1662年,查理二世以20万英镑的价格,将英国在大陆上的港口城市敦刻尔克出售给了法国。敦刻尔克是克伦威尔时期英国从西班牙人手中夺得的在法国北部的重要港口,它的出售使英国失去了在大陆上的贸易据点。

1670年查理二世与法国签订了秘密的《多佛条约》,根据该条约,英国与法国结成同盟联合进攻荷兰,并保证在英国恢复天主教(因法国奉行天主教)。法王路易十四欲争霸欧洲,但荷兰因为反对法国夺取南尼德兰而与西班牙结盟,从而成了法国争霸欧洲的强劲对手。而英国与荷兰为争夺海上贸易和海外殖民地也一直在进行激烈的斗争,两国在印度、非洲和美洲进行殖民地争夺,在北海争夺渔业的捕捞,在国际航运和贸易领域也争端不断。为此英国还颁布了主要是针对荷兰的《航海条例》,目的在于把荷兰人从英国的殖民地和欧洲国家的贸易中驱逐出去。英国与荷兰发生过数次战争,1665 年,在英吉利海峡发生的海战英国被打得大败,荷兰海军兵临泰晤士河口,直接威胁到伦敦。

虽然英国与法国也存在共同利益,但是查理二世要在英国恢复天主教的图谋却激起了英国各阶层广大人民的愤怒。查理二世要帮助信奉天主教的法国攻打信奉新教的荷兰也引起了英国人的反对。1672 年查理二世未经国会同意即对荷兰宣战,伦敦街头出现群众骚动,指责国王投靠法国,出卖英国的自由和信仰。

查理二世实行的一系列违背新兴资产阶级利益,妄图恢复封建专制王权和天主教的统治地位的行径,也引起了议会内许多人士的不满,反对派与保王派在议会里展开了激烈的斗争。在广大民众的支持下,1679 年举行的国会议员选举中,反对派取得了国会压倒性的多数席位。

因查理二世无子嗣,其弟约克公爵詹姆士是他的王位继承人,但是詹姆士是天主教徒,他一旦继位就意味着天主教在英国的复辟,新教徒将遭到迫害。因此反对派利用国会,就王位继承权的问题与国王展开了斗争。5 月 15 日,反对派提出"排斥法案",要求取消约克公爵詹姆士的王位继承权,永远禁止其回国,否则以叛国罪论处。查理二世为了阻止国会通过"排斥法案",强行解散了国会,宣布重新选举国会议员,但 10 月份重新选举的结果反对派仍然占国会多数。查理再次利用强制手段将国会解散,并利用种种阴谋手段迫害反对派。最后国王利用他对上院的影响,由上院否决了"排斥法案"。

反对派中的辉格党人为防止詹姆士继位,于 1683 年组织了一次对国王和詹姆士的暗杀,但以失败告终。而查理二世利用这次暗杀事件,对政府和地方各郡的反对派进行大肆迫害和清洗,许多政治活动家被杀害或流放,从上至下的各级政府都换上了拥护国王的人,反对派势力受到沉重的打击。1685 年,查理二世因中风突然去世,詹姆士继承了英国王位,是为詹姆士二世。

查理二世有个名叫蒙默思的私生子,查理二世去世时他在国外,作为查理二世的男性后裔,他原以为可以继承王位,但是王位被他的叔叔詹姆士继承了。蒙默思在追随者的怂恿下,决心回国夺取王位。1685 年 6 月,他带人在英国西部的一个港口登陆后,立即受到了当地居民的欢迎,很快就集结起了数千人的武装,并在西部取得了一些胜利。但是参加他队伍的大都是城乡中下层民众,社会上层的资产阶级新贵和乡绅却并不支持,他们担心引起象 40 年代那样的大规模内战,造成国家的灾难。

詹姆士二世得信后,立即派大军前去镇压。虽然蒙默思队伍中的起义民众英勇奋战,但终究敌不过国王派来的大军。起义队伍被镇压,蒙默思被处死。这次事件使詹姆士二世的统治地位反而得到了加强,他在议会发言中表示,为了防止社会动乱,被派去镇压蒙默思起义的军队不但不能解散,而且还要扩充,他把军队从6000人增加到3万,并把其中1/2驻扎在伦敦,以随时镇压伦敦市民可能发生的骚乱。

詹姆士二世统治地位得到加强后,开始采取一系列措施力图恢复天主教势力,他任命天主教僧侣担任国家公职,任命天主教徒为军官,恢复被废除的高等法院来处理宗教事务。1687年4月4日,詹姆士二世颁布了《信教自由宣言》,宣布过去国会通过的一切反对天主教徒和异教徒的法令均停止实施,任何人均有自由公开信仰的自由权利。詹姆士二世意图借此恢复天主教徒的政治权利。宣言颁布后,许多天主教徒和非国教派信徒都被释放出狱。英国议会拒绝批准这个宣言,因此詹姆士二世将议会解散,并决定新议会的选举延期举行。詹姆士二世的这些行径遭到了英国各政治派别的强烈反对,斗争因此更加激烈。

1688年6月30日,遭到詹姆士二世迫害的英国国教的七个主教联名致信荷兰执政奥兰治·威廉,请求他率军来英国反对詹姆士二世,他们则保证给予协助。荷兰与英国在国际贸易和海外殖民地等方面一直存在激烈的冲突,而英国恢复天主教并与法国结盟反对荷兰的政策,更是直接威胁到荷兰的安全。因此荷兰执政威廉一直在密切关注英国的形势发展,向英国秘密派人刺探情报,制造反对天主教和反对法国的舆论和活动,并与英国一些重要的政治人物建立了联系。

英国七主教向他发出请求后,他又通过各种渠道进一步派人去英国刺探情报和联系反对派政治人物,当他感到入侵英国已有了把握,1688年11月1日,他以保护英国的"宗教、自由和财产"的名义,率领1.4万军队渡过英吉利海峡,11月5日在德文郡的托尔湾登陆,向伦敦推进。他避实就虚,采取迂回的方式以减少战斗伤亡。而詹姆斯二世众叛亲离,英军军心涣散,所以荷兰人的进军并没有遇到多大的抵抗。詹姆斯二世陷入了孤立,他于12月11日逃出王宫,先逃到了爱尔兰,后来逃到了法国。荷兰人顺利地进入了伦敦,控制了英国局势。

荷兰是世界上第一个资本主义国家,它的政体是君主立宪制,所以荷兰人的入主英国,也就顺理成章地为英国带来了君主立宪制政体,使英国成了世界上第二个资本主义国家。1689年初,在伦敦召开了国会特别会议,会议向威廉和他的妻子玛丽提出了一份"权利宣言",指出了英国人民和议会应该享有的权利。威廉和玛丽接受了"权利宣言",1689 年 2 月 13 日,威廉即位成了英国国王,玛丽成了王后。

历史学家一般把英国的这次事变称为"光荣革命"。但是西方史学界对这次事变的看法并不一致,有许多史学家认为,所谓的"光荣革命"其实并不"光荣",相反,它是英国的一个耻辱。少数人为了自己的利益而引狼入室,请求外国人来进攻自己的国家,这无疑是一种可耻的卖国行为。而在外国人的入侵面前,不仅国王詹姆士二世表现得懦弱无能,而且大多数英国贵族和资产阶级政治人物都背叛自己的国家。另外,威廉和玛丽的所作所为也被认为是一种大逆不道的"弑父"和"僭越"行为,因为詹姆士二世是玛丽的父亲和威廉的岳父。但是,不管怎么说,荷兰人给英国带来的是更先进的社会制度,它使君主立宪制在英国得到建立,英国成了世界上第二个资产阶级掌握政权的国家,从此走上了资本主义经济高速发展的道路,并迅速发展成了当时世界上最强大的国家。

二十七　中国明朝的复兴与覆灭

无独有偶,同样是在 17 世纪,中国也发生了革命,而且革命同样也造成了引狼入室的结果。不同的是,英国发生的是资产阶级革命,革命后引来的是资本主义国家荷兰的军队,从而建立起了资本主义制度,走上了资本主义经济高速发展的道路,从此迅速强盛起来。而中国发生的是农民革命,1644 年,李自成领导的农民起义军攻入北京,一举推翻了明朝政府,建立了大顺政权。然而,明朝东北边境边防军统帅吴三桂不甘心被农民起义军消灭,竟然引来了境外野蛮民族满清的军队,打败了农民起义军,满清军队趁势占领了中国,从而使中国陷入了野蛮民族的黑暗统治,文明惨遭蹂躏,社会倒回野蛮。当西方国家正在向资本主义经济高速发展的时候,中国却在向原始野蛮社会倒退,以致国家越来越衰弱,从而被西方国家所超越,并被远远抛在了后面。

13 世纪蒙古人灭亡了南宋,毁灭了宋朝璀璨的文明,使中国陷入了黑暗的深渊。但是 14 世纪中国推翻了蒙古人的黑暗统治建立起明朝后,经过两百多年的发展,到 17 世纪时已经在经济和文化的发展上取得了巨大的成就,实现了文明的复兴。特别是在工商业的发展上,明朝后期(即英国资产阶级革命发生前),中国的工业总产量已占到了当时世界工业总产量的 2/3 以上,遥遥领先于世界。

元朝时,蒙古人把所有的工匠都掳掠为官奴,强迫他们在官府的工厂里做工,为蒙古军队和统治者生产军械和消费品,这些工匠世世代代为官奴,并且不得转行。从而使中国没有了民间工业,宋朝发达的民间工业被扼杀殆尽。民间的商业也受到遏制,蒙古人还首开了中国历史上的禁海先例,严禁民间商船出海,商业和海外贸易都由国家垄断。

明朝建立后,朱元璋虽然沿袭了元朝的工厂官营制度,但是工匠们不再是官府的奴隶,朱元璋给予了他们人身自由,并允许他们在工作之余自己做一些家庭手工业。朱元璋死后,明朝政府在这方面的政策逐渐开放,先是准许工匠们可以用每年1/3至2/3的时间轮流在官营的工厂里工作,其余时间可以自己经营家庭手工业,后来则完全开放。因此民营工业逐步开始恢复,到明朝中期以后,南方地区已经出现了相当发达的民间工业。而民间工业的发展也带动了民间商业的发展,市场逐渐开始繁荣。

元朝的禁海,是因为蒙古统治者要垄断商业和海外贸易的高额利润,因此他们只禁止国内民间商船的出海,但是并不禁止外国商人的来华,因为外国商人的到来不仅可以为他们带来海外的奢侈商品和奇珍异宝,而且还可以从中收取到丰厚的进口关税。因此,当时色目商人充斥中国各地。而明朝朱元璋的禁海,为的是重农抑商,他想建立那种"鸡犬之声相闻,人至老死不相往来",自给自足的小农社会。他甚至想废除货币和商品交易,以防止人们为了谋取商业利益而放弃农业。所以不但禁止本国商船出海,对外国商船的来华也有限制,除了经过勘合批准的朝贡贸易(勘合贸易)外,其他所有的外国商船都不准来华。

中国虽然是个大陆国家,但是也有1.8万公里长的海岸线,因此沿海的居民还是具有相当明显的海洋民族特性,他们世代依海而生,从事渔业或海外贸易。朱元璋的禁海政策比蒙古人更为严厉,"寸板片帆不准下海",不仅不能出海经商,连出海打鱼也不允许,这样就断绝了他们的生活来源,致使他们衣食无着,饥馑贫困。因此,沿海居民不得不采取各种手段求生存,他们有的逃往海外(当时福建、广东逃往南洋谋生者数以万计),有的则从事走私贸易,有的干脆入海为盗,杀人掠货。这些走私的和为盗的往往与日本倭寇等外国海盗和不法商人相勾结,侵扰劫掠沿海州县,为害沿海人民。

因为禁海给沿海人民造成了严重的生活困难,而且民间有强烈的商业和海外贸易的需求,所以朱元璋死后,沿海地方政府为缓解矛盾,也逐步对海禁有所放松。允许沿海渔民出海打鱼,一些沿海富商和地方豪强则或明或暗的参与海外走私贸易,地方官员对此也是睁一只眼闭一只眼,有些甚至也暗中参与海外贸易从中牟利。

自元朝以来,日本海盗就开始危害中国沿海,成为久驱不去的倭患。明朝时,他们与中国亡命海外的不法分子和走私商人勾结在一起,狼狈为奸,搅得沿海人民无法安生。他们经常深入内陆几十公里,洗劫村庄,甚至攻城掠邑,成为中国沿海的重大边患。明朝前期沿海各省的抗倭形势一直很严峻,倭寇屡剿不绝。嘉靖三十二年(1553年),抗倭名将戚继光出任山东都指挥佥事,负责防御山东沿海的倭寇。戚继光到任后整顿卫所,训练士卒,严肃纪律,使山东防务大为改观,倭寇因此不敢来犯。

因为浙江倭患严重,嘉靖三十四年(1555年),戚继光被调任浙江都司金书,次年升任参将。到任后不久,1556年9月,倭寇800多人进犯定海县龙山所,戚继光闻信立即率军前往迎敌。倭寇分三路猛冲过来,明军纷纷后退,戚继光见形势危急,跳上一块高石,一连三箭,把为首的三个倭寇头目射倒,倭寇见势不妙急忙退去。10月,倭寇再次来犯龙山所,戚继光与名将俞大猷率军抗击,将倭寇击退。

定海县附近的岑港岛,是一个海盗的据点,上面盘踞有3000多倭寇,为消除这股海盗对沿海的长期危害,明朝政府决定荡平这个据点。1558年春,戚继光和俞大猷率领明军进攻岑港。岑港易守难攻,倭寇居高临下,明军向上仰攻很是困难,双方死伤都很惨重,岑港久攻不下。明朝政府认为官兵作战不力,下令限一个月内攻下岑港。限期临近,戚继光身先士卒,亲率士兵奋勇冲锋,倭寇终于抵挡不住,弃岛而逃。

经过这些战斗,戚继光发现浙江明军士兵的战力不强。当年朱元璋为减轻人民负担,制定了屯兵制,将士兵编成军户,平时屯田种地,有战事时出兵作战。但因为国内承平已久,这些军户世代相传下来时间长了都成了地道的农民,没有了军人的强悍,而且他们疏于训练,因此没有什么战斗力。戚继光在一次协助地方官员解决民间矿业纠纷时,看见浙江义乌矿工与永康矿工为争夺银矿资源发生打斗,几万矿工参与混战,场面非常激烈。戚继光惊呼:"有此一旅,可抵三军。"因此戚继光报请上司批准后,在义乌矿工中招募了3000多个粗壮结实的士兵,经过严格训练,组成了一支精锐的"戚家军"。在后来的平倭战斗中,这支训练有素的"戚家军"发挥了中坚作用。

1561年,倭寇大举进犯浙江,贼船多达数百艘,人数多达2万,侵扰地区达几十处,声势震动远近。戚继光率领戚家军在台州迎敌,并制定了"大创尽歼"的原则,在花街、上岭峰、藤岭等地大败倭寇,十三战十三捷,使侵犯台州的倭寇遭到了毁灭性的打击。与此同时,其他将领也在宁波、温州等地与倭寇进行了十几次战斗,均取得重大胜利。经此战后,浙江倭患基本平息。此战也使"戚家军"名闻天下,戚继光被提升为都指挥使。

浙江倭患平息后,倭寇都逃往了福建,在福建沿海猖狂活动。1562年,戚继光受命入闽剿倭,到福建后,经过数十次战斗,消灭了大量的倭寇,并先后荡平了横屿、牛田、林墩、南澳等倭寇在沿海岛屿上的巢穴,到1566年,彻底平息了东南沿海的倭患。

倭患平息后,福建有官员上书朝廷,指出海禁是造成走私泛滥和海盗产生的主要原因,不如开放海禁,使走私商人成为合法商人,国家还可以获得进出口税收。穆宗隆庆元年(1567年),明朝政府正式开放了海禁,准许人们前往海外各国自由贸易。

明朝自中期以后,民间的工商业获得极大的发展,特别是在江南和沿海地区。苏杭一带形成了丝绸纺织业中心,芜湖、松江一带形成了棉纺织业中心,江西景德镇成了瓷器制造业中心,福建、广东、广西成了制糖业的中心。明初郑和航海的大型船队已体现出了明朝高超的造船技术,明朝中后期随着开放海禁和海外贸易的兴旺,东南沿海出现了许多大规模的造船厂。另外,矿冶、制铁、茶叶、造纸、印刷、家具、食品加工等产业也都获得蓬勃发展。广大农村还有农副产业、编织业、家庭手工业、一般农民家里也都有纺机和织机。富商则大量购置织机,雇佣机工,开办纺织厂,江南沿海地区的民营纺织厂数以万计。

明中期以后因为土地兼并严重,导致大量农民失去土地。在南方,这些失去土地的农民大都流入了城镇和工商企业,进入了工厂、作坊、矿山、商业、服务业,成为非农劳动力,从而更加促进了南方工商业的发展。到明朝后期,在江南的富庶地区,从事农业的劳动力已经只占总劳动力的三到四成,非农劳动力已占了六到七成。雇工几百、几千人的工厂比比皆是,有些矿冶的雇工甚至多达几万。

1567年,明朝正式开放海禁后,中国与世界各国的贸易迅速繁荣起来,民间商人争先恐后的前往海外。随着贸易的发展,很多商人移居海外,在当地开商铺,或者从事商业中介,为减少货物来回运输的不便,也有的在当地开生产作坊。在西班牙的殖民地菲律宾的首府马尼拉,西班牙人只有2000多,而中国在那里经商兴业的却有20000多人。据西班牙人的文献记载,1574年中国商人运到马尼拉的货物有面粉、食糖、干鲜果品、钢、铁、铜、锡、铅、瓷器、丝织品和各种小物件。到1580年,中国货物就更多了,有生丝、绸缎、棉布、夏布、陶器、瓷器、玻璃器、饼干、咸肉、火腿、黄油、家畜、家禽、家具等等。到1590年,货物还包括天鹅绒、织锦缎、花绫、厚绸、面纱、窗帘、被单、铜铁器具、火药及其他生活用品,应有尽有。而其中生丝、丝绸、瓷器等中国特产,遍销西班牙本土和它的各殖民地。棉麻布匹则为西属各殖民地土著居民所普遍消费。1592年,菲律宾总督报告西班牙国王说,中国商人收购菲律宾棉花,转眼就从中国运来了棉布,菲律宾土著都穿中国棉布,以致他们不再织布,棉布成为中国在菲律宾销量最大的商品。

中国纺织品还通过马尼拉大量销售到西班牙在美洲的殖民地,16世纪末,中国棉布已经在墨西哥市场排挤掉了西班牙的产品,因为中国棉布价廉物美,所以,印第安人和黑人都用中国货而不用西班牙货。中国丝绸就更畅销了,1580年代,中国丝绸就已经威胁到西班牙产品在美洲的销路。17世纪初,墨西哥人大多都是穿中国丝绸,以致墨西哥总督于 1611 年呼吁禁止进口中国生丝。但是到了 1637 年情况反而更加严重,墨西哥的丝织业都以中国生丝为原料,墨西哥本地蚕丝业基本被消灭了。邻近墨西哥的秘鲁也是中国丝绸的巨大市场,中国丝绸的市场价格只有西班牙产品的 1/3,从巴拿马到智利到处都出售和穿戴中国绸缎。实际上中国与西班牙殖民帝国的贸易关系,就是中国商品流向菲律宾和美洲,白银流向中国的关系。同样,通过与西班牙人、葡萄牙人和荷兰人的贸易,中国商品也充斥欧洲市场,葡萄牙从澳门经印度果阿到里斯本的航线,主要运载的也是中国的生丝、绸缎、棉布、茶叶、瓷器、漆器等商品。当时世界贸易 1/3 以上的白银都流入了中国。据统计,明朝后期中国的工业产量占当时世界工业总产量的 2/3 以上。可以毫无疑义地说,明朝是当时名副其实的世界工厂,当时的殖民大国,无论是西班牙人、葡萄牙人,还是已经完成了资产阶级革命的荷兰人,都完全没有能力与明朝竞争。

然而,当富裕的南方地区正在依托海洋蓬勃发展商品经济的同时,北方却在蕴量着一场亡国的大灾难。中国北方因为气候条件较差,自然灾害频繁,农业生产极不稳定。同时因为地处内陆交通闭塞,经济也远没有南方发达。再加上经常遭到游牧民族的侵略掠夺,因此,自古以来就是贫困祸乱之地,中国历史上的农民大起义大都是起源于北方。

朱元璋建立明朝后,恢复了小农经济,并实行抑制土地兼并和禁止土地买卖的政策,幻想维护一个耕者有其田的,自给自足的理想小农社会,但是他能够做到吗?我们来看看史书上的记载。到了明朝中后期,据《明神宗实录》的记载,一名四川官员上奏说:"蜀昔有沃野之说……近为王府有者什七,军屯什二,民间仅什一而已。"70% 的土地都被皇亲国戚、亲王权贵所占有,民间老百姓拥有的土地仅占 10%,可见土地兼并之严重。

这种土地兼并与宋朝的土地兼并是完全不同的概念,宋朝土地可以自由买卖,土地是商品,人们把经营土地当作一种投资,土地都流转到了那些善于经营农业的人手里,有利于规模化集约化经营,有利于增加产量提高生产率。而明朝的土地是不能自由买卖的,明朝的土地兼并都是流入了王公贵族和官僚权贵之手,他们凭借身份和权势无偿的强占土地,这些权贵们根本不懂得经营发展农业,他们只知道榨取民脂民膏,竭泽而渔。而且,宋朝的税收是依据占有田地的多少来缴纳的,田多的多纳税,田少的少纳税,无田的不纳税。而明朝这些占有大量土地的王公贵族却享有全免赋役的特权,官僚权贵也是"产无赋,身无徭,田无粮"。沉重的赋役负担完全落到了少地和无地的农民身上。这就迫使负担不起沉重赋役的农民只能逃亡,他们或沦为荫庇户,或成为流民、饥民,以致被迫造反,特别是在经济不发达的北方和西部地区,聚众造反和农民暴动经常发生。

明朝后期的人口,已从明朝初年的约6000万,增长到约1.6亿,而农业生产率却并没有多大的增长,这更加导致了社会矛盾的加剧。再加上明朝本就昏暗的政治发展到后期已经更加腐败,皇帝昏庸,宦官专权,官僚机构臃肿,官僚互斗,明朝的统治已岌岌可危。不过这种社会危机实际上也是小农社会周期性规律的必然结果。宋朝本来已经摆脱了小农经济模式和王朝周期性更替的历史怪圈,走上了规模经营农业和发展工商业的道路。但是蒙古人的毁灭性破坏和朱元璋狭隘的小农思想,致使中国又要从头再来,明朝也因此难逃灭亡的命运。

为挽救明朝灭亡的命运,明朝有识的士大夫们也做出了极大的努力,他们提出了许多改革政治的措施,其中最有影响的是著名的改革家张居正所进行的政治改革。1573年,明穆宗去世,10岁的明神宗继位,因为年少无法亲政,因此任命他的老师张居正为内阁首辅(即宰相),从而使张居正得以实施他的政治抱负。

张居正16岁中举人,23岁中进士,历任编修官、吏部侍郎、吏部尚书、内阁次辅等职,有丰富的从政经验。出任内阁首辅后他推出的第一项重大改革措施是整顿吏治。为改变官场的"上之督之者虽淳淳,而下之听之者恒貌貌"的玩忽职守、拖沓成风的官场现象,张居正提出了"考成法",要求官员在每年初把拟办的公事登记造册,年底进行考核,未完成计划的降级处理,比如原来当知府的降为知县,连续几年未完成施政计划的则予以解职。考成法实施后各部门办事效率明显提高,职责明确,赏罚分明,一大批不称职的官员和官场冗员被淘汰,从而使朝廷发布的政令"虽万里外,朝下而夕奉行"。

张居正推出第二项重大改革措施是清查土地。为了抑制土地兼并和权贵豪强占有大量土地又不纳税的现象,张居正颁布了《清丈条例》,对全国各地的土地陆续展开清丈,清查田亩实数,具实纳税。清丈土地使权贵豪强大为惊恐,他们极力贿赂地方官员,千方百计隐瞒土地。虽然清查工作遇到了极大的阻力,但是经过多次声势浩大的清查后,仍然清查出了大量隐瞒的田亩,国家额田大增。神宗万历八年(1581年),全国有土地701万多顷,比穆宗隆庆五年(1571年)多了233万多顷,增加了近50%。随着额田的增加和对权贵豪强隐田漏税的打击,朝廷赋税收入大大增加。清丈土地不仅为增加国家财政收入发挥了重要作用,而且为下一步的税赋制度改革打下了基础。

张居正推出的第三项重大改革措施是被称为"一条鞭法"的赋役改革,这也是在中国历史上非常有名的一项改革。张居正知道仅靠清丈土地,还不能解决权贵豪强与无地和少地的贫困农民所承担的税赋和徭役不均的社会矛盾,沉重的赋役会导致贫困农民破产和逃亡,造成严重的社会动乱,因此,他进一步提出了"一条鞭法"的赋役改革措施。

万历九年,张居正下令在全国推行"一条鞭法",其主要内容如下:一、将所有的赋税,包括正税、附加税、贡品、各种经费,全部合并为一条,总为一项,统一征收;二、将所有的徭役,包括户役、丁役、里甲、均徭、杂泛,全部合并在一起,折算成银钱,统一编派征收;三、所有的徭役,一律由官府出钱雇人应役,过去由户丁承担的修路、搬运、伐薪、厨役、押解公粮等等,一律免除;四、所有赋役税费合并为一条,并一律按田亩征收。

因为所有的赋税和杂费,一律按占有田亩的多少征收,所以,一条鞭法的实行,使无地和少地的贫困农民的负担大为减轻。而且,因为所有的徭役由官府用征收的税费雇人应役,从实际上免除了民众的徭役,人们不用被迫为官府做苦役,从而避免了影响人们正常的生活和生产活动,而出钱雇人应役也有利于商品经济的发展。

一条鞭法在张居正之前已经有一些锐意改革的地方官员在推行,如世宗嘉靖年间,庞尚鹏、海瑞等地方官员就曾先后在经济发达的东南地区实行。再上溯远一点,我们发现它只不过是北宋王安石改革的翻版,王安石改革的内容庞杂,但其中的"方田均税法"和"募役法"(也称免役法),其内容就相当于张居正的"清丈土地"和"一条鞭法"。经过蒙古人的毁灭性破坏,历史不得不回头再来。

然而,历史上所有重大改革都并非一帆风顺,它必然会使一些既得利益者遭受到损失,也必然会遭到他们的激烈反对。张居正推行改革面对的阻力巨大,他也因此而心力交瘁,长期的劳累使他疾病缠身。这时他当政已经有10年,而神宗皇帝也已经20岁,可以亲政了。在多次提出辞呈后,神宗同意了张居正的辞职,辞职不久,张居正即病逝,终年58岁。

张居正辞职后立即遭到了反对派的报复,在亲王权贵们的诬陷鼓噪下,神宗皇帝给他加上了"污蔑亲藩、箝制言官、蔽塞朕聪、专权乱政、罔上负恩、谋国不忠"等等罪名。虽然他已经死了,但仍然下令抄没了他的家产,并把他的子弟全都发配到偏远的"烟瘴地面",张居正的长子张敬修因不甘受辱,愤而自尽。同时,神宗皇帝全面废除了张居正的改革政令,取消了"一条鞭法"。

此后,神宗皇帝我行我素,为笼络皇亲权贵,对皇族亲王大肆封赐土地,给亲信宠臣也赏赐了大量土地。万历年间,明神宗给福王朱常洵赐田两万顷,其他的周、赵、伊、徽、崇、郑、唐、潞八个藩王各封田几千顷、几百顷不等。明神宗去世之后,天启年间,明熹宗赐惠王、瑞王、桂王土地各三万顷。王公贵族们强占土地毫无节制,官僚权贵也贪得无厌,大者数百万亩,中者数十万亩,就连大太监魏忠贤也占有良田一百万亩。统治阶级的肆意妄为,致使明朝的土地兼并更加严重,赋役不均等社会矛盾进一步加剧。

屋漏偏逢连夜雨,晚明时期,北方的边患也特别多,而且越来越严重。1592年,蒙古人进犯甘肃,连克中卫、广武、玉泉营、灵州等城,占领了宁夏,陕西为之震动。朝廷急调陕西、山西、辽宁等地军队,由名将李如松率领,前往围剿。李如松6月率军抵达甘肃,9月攻克宁夏城,并将蒙古余部尽都驱逐出塞。然而,紧接着朝鲜方面又告急,朝鲜国王紧急求救,日本人已经占领朝鲜半岛,兵锋直抵鸭绿江边。日军统帅战争狂人丰臣秀吉扬言要占领中国,朝廷急令李如松率军入朝鲜,驱逐日本人。

1593年1月,李如松率军进入朝鲜,1月8日向平壤发动总攻,上百门重炮猛轰平壤城头,城破,明军骑兵踏着冰封的护城河蜂拥入城。日军仓皇出逃,在逃过城南冰封的大同江时再遭明军炮轰,江面冰破,日军淹死无数。此仗彻底打掉了日军的嚣张气焰,当时日军已装配了火枪,但没有火炮,而明军则拥有多种重型和轻型火炮,日军闻风丧胆,纷纷弃城而逃。明军乘胜追击,直抵王京(今首尔)。日军不敢再战,要求议和,被迫签订了撤军协议。4月18日,日军撤出王京,5月,除南部少数沿海地区外,明军已收复朝鲜半岛,在留下一万余人驻守朝鲜后,明军于7月底回国。不甘心失败的丰臣秀吉重整军备,于1597年再次率领15万大军入侵朝鲜,但是再次被中朝联军打得大败,明军把日本人彻底驱逐出了朝鲜半岛,经此再败,丰臣秀吉抑郁而死。

因为蒙古等野蛮民族对中国北方的入侵仍然不断,李如松回国后又投入了保卫北部边疆,打击野蛮民族入侵的战斗,但不幸于1598年在一次与蒙古鞑靼部的战斗中阵亡。

蒙古人的入侵威胁还未消除,东北原始的女真人部落又开始崛起。1616年,时任明朝建州都督金事的女真人首领努尔哈赤,经多年的征战,统一了东北女真人各部,他自称"英明汗",宣布建立大金国(史称后金)。称汗后努尔哈赤突然向明朝军队发动进攻,明军猝不及防,被接连攻下抚顺、东州等地。朝廷急调大军前往围剿,但统帅杨镐的指挥却犯了错误,他兵分四路,意图分进包围。但是却被努尔哈赤利用骑兵快速机动的特点,采取各个击破的战术把明军打败。努尔哈赤趁胜抓住战机,接连攻陷了开原、铁岭、辽阳、沈阳等大小70余城,辽东尽被后金占领。从此,后金成了明朝最大的边患,他们不仅为害东北地区,而且还不时地越过长城,侵入中原地区大肆烧杀掳掠。1626年,努尔哈赤去世,继位的皇太极不久后把大金国改为大清国,并把女真人改称为满洲人。

战争是最烧钱的事,因此,为应付越来越严重的外患战事,朝廷不得不增加税收。明朝前期,朝廷的太仓岁入只有200多万两白银(明朝的财政收入除交纳银两的太仓岁入外,还有交纳粮食等实物的实物税收),张居正改革后增加到400多万两。明朝后期,因为辽东战事,朝廷不断增加税收,以致猛增至2000多万两。因为严重的土地兼并导致土地大都集中到了王公贵族和官宦权贵手里,而他们又都享有免税赋的特权,因此,沉重的税赋都落到了少地和无地的农民身上,他们不得不逃亡,或流落他乡,或落草为寇,农民起义因此而在经济不发达的北方贫困地区爆发。

明末农民起义首先爆发于陕北地区,那里气候干燥,土地贫瘠,农业生产落后,因为地处内陆,交通闭塞,也无法发展工商业,因此人民生活极为困苦。1627年,陕北白水县农民王二,率领数百农民杀死了知县,发动了农民起义,起义队伍迅速扩大。1628年,高迎祥、王加胤、王大梁、王左卦等,也纷纷拉起队伍起兵响应,高迎祥自称"闯王"。1629年,李自成也因欠债吃官司而杀死了债主,投奔了他舅舅高迎祥,在高迎祥起义军中当了"闯将"。1630年,张献忠在陕西米脂县率众起义,自称"八大王"。陕西很多守边官兵,因缺粮饷也发生哗变,加入了起义军。几年间,陕西境内的起义军竟多达100多支。

陕西三边总督杨鹤采取"剿抚兼施,以抚为主"的政策,试图平息农民起义。但是,因为政府没有钱粮来养活那么多饥民,因此,已被招抚的又纷纷再起,杨鹤也因此被朝廷撤职下狱。杨鹤的部下洪承畴因剿匪得力,被提升为陕西三边总督。洪承畴用"以剿坚抚,先剿后抚"的政策全力清剿,给起义军以沉重打击。起义军损失惨重,纷纷逃出陕西,转入山西、河南、湖北等地。此后,起义军利用官府军各守本境、互不协同的弱点,进行游击式的流动作战,并互相配合,四处攻城掠寨。官军不得不分兵把守要隘,穷于追剿,陷入战线过长,兵力分散的困境。

朝廷为改变被动局面,决定集中兵力,合力围剿,并任命陈奇瑜为五省总督,统一指挥陕、晋、豫、鄂、川等各省官兵,由四面分进合击,企图一举围歼各部起义军。但起义军相继跳出了合围圈,经汉中,转入陕西,使围剿计划落空,朝廷因此撤换了陈奇瑜,以洪承畴继任五省总督。

当时起义军聚集在陕西的有20多万人,其中以高迎祥、李自成所部力量最强。洪承畴调军入陕西围剿,起义军突围又转入河南。洪承畴率军入河南追击,起义军兵分三路,一部西返陕西,一部北进山西,一部东入安徽并攻占了凤阳焚毁了明皇陵。李自成在陕西宁州和真宁两败官军,破咸阳,直逼西安,洪承畴急忙率军入陕西。高迎祥、张献忠趁官军被牵制在陕西之际,再度进军河南。

朝廷认识到在起义军流动作战的情况下,合力围剿,势难成功,又改为分区负责,重点进攻的方针。以卢象生为五省总督,专治中原,以洪承畴专治西北,各自负责,互相协同。此后形势大为改观,1635 年至 1636 年春,高迎祥、张献忠在河南连续失败,兵力损失过半,残部再返回陕西汉中,李自成部在陕西兴平等地也多次失利。朝廷为加强陕西攻势,令孙传庭全力进攻汉中高迎祥、张献忠各部,令洪承畴全力进攻陕北李自成等部。1636 年 7 月,高迎祥战败被杀,余部走归李自成,李自成继称"闯王",率领余部继续游动作战。他采取避实就虚的策略,出甘肃、陕西,进入四川。

正当官军形势大好之际,满清又来侵犯,清军炸毁长城而入,满清铁骑直捣中原,连破 16 城。朝廷急调卢象生率军驰援,起义军压力顿时减轻,张献忠趁机复起,联合罗汝才等部,东进河南,人数又增至 20 多万。官军驱逐清军后,次年,朝廷任命熊文灿为五省总督,重新组织围剿。

李自成进入四川后,一度连克 10 余城,但是进攻成都时久攻不破,后遭官军围攻。在撤出四川返回陕西途中,于洮河一带遭到洪承畴和孙传庭军伏击,起义军被围歼。李自成仅率 18 骑逃出,隐伏于陕西商洛山中。与此同时,张献忠也在南阳被左良玉军打败,负伤退至谷城。熊文灿于是改围剿为招抚,张献忠、罗汝才等先后投降就抚。

1638 年 9 月,清军再次破长城入寇,北京城告急。洪承畴、孙传庭率军入卫京畿,中原和西北兵力因此减少。趁此机会,1639 年,张献忠、罗汝才等再次反叛,破房县、保康,在罗猴山歼灭左良玉军。朝廷因招抚之过杀熊文灿,派兵部尚书杨嗣昌督军进剿。

1640 年初,张献忠、罗汝才先后战败,被迫转入四川,杨嗣昌率军追击入川。李自成趁官军入川之机,从商洛山中杀出,率军入河南,迅速发展至数万人。当年,河南发生灾荒,饥民遍野,李自成开仓赈灾,远近饥民应者如流,日夜不绝,一呼百万,其势如燎原之火不可扑。李自成打出"均分田地,免纳税赋"的口号,各地农民以"迎闯王,不纳粮"的呼声迎接起义军的到来,李自成的队伍迅速壮大。

1641 年 1 月,李自成攻克洛阳,与此同时,张献忠和罗汝才联军在四川大败杨嗣昌军,于 2 月出四川进入湖北袭破襄阳,杨嗣昌畏罪自杀。罗汝才因与张献忠意见不合而分手,张献忠在信阳战败后转入安徽。李自成率军进攻开封,但久攻不下,只好转攻其他州县,1642 年 1 月,李自成与罗汝才联兵,号称 50 万,再围开封,但付出了重大伤亡后仍未攻下。3月,李自成下令撤围转攻河南东部,连克10余城。5月,李自成、罗汝才又回军开封,但是围而不攻。6月,朝廷派孙传庭率军渡黄河来解开封之围,被李自成击败。朝廷再调18万大军前往增援,又被李自成利用有利地形打得大败,李自成获降兵数万。9月,孙传庭为解开封之围,掘开黄河堤岸,企图水淹起义军,李自成发觉后,及时撤离,然后趁开封遭水淹空虚之机,乘舟船攻占了开封。10月,李自成在河南郏县打败了孙传庭所率的主力官军。11月,李自成会合各路起义军,连营500里,召集诸将议事,决定先取汝宁,再取襄阳。

此时,明朝内外交困,满清大军压境,不断发动入侵,李自成势力日盛,消灭了大量官兵。朝廷与清军的战事也不利,洪承畴在辽东战败被俘,后投降了清军。清军于11月再次攻破长城侵入华北,一路扫荡直到山东,劫掠财物无数,掳掠人口36万,满载而去。明朝气数已尽。

1643年1月,起义军在攻下汝宁、襄阳后,公推李自成为新顺王,改襄阳为襄京,建立起农民革命政权。3月,李自成杀起义军领袖罗汝才。5月,张献忠攻克武昌,建立"大西"政权。10月,李自成攻破潼关,杀督军孙传庭,占领西安和陕西全省。1644年1月,李自成在西安称帝,取国号为"大顺"。

称帝后,李自成率军东征北京,一路破宁武关,克太原、大同、宣府,明朝地方文武官吏纷纷投降,又连下居庸关、昌平,直抵北京城下。3月17日半夜,守城太监曹化淳率先打开外城西城门,大顺军进入北京外城。18日,李自成派投降太监杜勋与崇祯皇帝谈判,他提出的条件是:割西北一带分封为王。如果受封,他愿为朝廷内遏群寇,尤能以劲兵助剿辽藩。以当时的形势而言,其实朝廷完全可以接受此条件,以平息内乱,从而可以团结国内力量一致对外,共同抵御外敌。但是谈判破裂。19日清晨,兵部尚书张缙彦主动打开正阳门,大顺军进入内城,崇祯皇帝自缢而死,明朝灭亡。

大顺军进城之初秩序良好,店铺营业如常。李自成下令给予崇祯皇帝以礼葬,27日,葬于田贵妃墓中。但是,崇祯皇帝下葬后,大顺军开始向明朝官吏勒索金银钱财,依官职大小规定缴纳数量,并四处抄家,未缴足数者抓捕入狱,严刑拷打,"夹打炮烙,备极惨毒,不死不休",被拷打至死的官员多达1600余人。大顺军将帅忙着勒索明朝官吏,士卒们则四处抢劫市民钱财,肆意杀人,奸淫妇女,无恶不作。

此时明朝还有一支精锐的军队,正在拱卫东北部边境,在山海关与辽东强大的满清军队作战,这支军队的统帅是吴三桂。大顺军进入北京后,吴三桂见大势已去,本已答应归降大顺,但是,大顺军迫害明朝官吏的消息传到边关后,吴三桂得知自己的父亲已被下狱,担心归降后也会遭此厄运,遂决定率军反抗。李自成闻信,立即亲率 10 万大军前去攻打吴三桂。吴三桂情急之下决定联络清军,希望能够得到他们的帮助消灭李自成农民起义军恢复明朝。满清摄政王多尔衮闻信大喜,此前,在降将洪承畴的建议下他已有准备,因此,他立即调动全部的兵力南下,准备趁机窃取中原。

4 月 22 日,李自成被吴三桂与多尔衮的明清联军打败,26 日退回北京,在收拾劫掠所得的金银财宝后,于 29 日撤离北京退回西安,清军进占北京。吴三桂与清军继续向西追剿李自成大顺军,在吴三桂恢复明朝的号召下,沿途各州县已降李自成的明朝官府纷纷杀大顺守将,迎接明清联军。1645 年 1 月潼关失守,李自成弃西安出走湖北进行流动作战。4 月,在武昌被明清军联军击溃,5 月,在湖北通县九宫山被当地乡勇杀死。张献忠也于次年在四川被明清联军消灭。

对于李自成的历史评价,作为一个领导农民造反的革命领袖,许多人给予了他正面的评价,但是从对中国历史发展进程所造成的影响来看,他所起的作用却是极为负面的。因为在外患当头,满清大军压境,中国面临亡国危机的时候,他却置国家和全民族的利益于不顾,在国内制造动乱打内战,沉重地打击和极大地消耗了明朝政府抵御外敌侵略的国防力量。在推翻明朝政府夺取政权后,他很快又把政权丢失给了满清侵略者,直接造成了中国的亡国,从而导致了中国在近代的落后。

消灭农民起义军后,满清露出了他们的真面目,他们绝不会帮助吴三桂恢复明朝,而是以征服者自居,开始建立他们的残暴统治。他们大肆屠杀敢于反抗的汉族民众,并大量迁入满人,四处圈占土地,被圈占土地上的汉人则沦为了他们的奴隶。随后,清军开始南下进攻富饶的中国南方,但遭到南方明朝军民的顽强抵抗,清军在南方每攻下一个城市都要经历血战,然后是血腥的屠城。因此,清军对南方的征服是依靠血腥的大屠杀来完成的,南方军民被杀戮殆尽,城市被夷为平地,以致满目疮痍,南方发达的工商业文明被完全毁灭。占领了全国后,满清在中国建立起了种族奴隶制统治,使中国人继蒙元朝代以后再次沦为了亡国奴。满清蛮族为了统治和奴役中国人民,强制推行满族的原始习俗和野蛮制度,摧残和消灭汉族文明,从而使中国在推翻蒙古人的野蛮统治后,经过明朝 276 年的发展而重新复兴的文明再次遭到毁灭,中国再次坠入了原始野蛮的黑暗时代。当西方国家正在崛起,人类文明正在向现代化迈进的关键时候,中国却遭此厄运,文明不进反退,从此在世界文明发展进程中开始落后。

从历史的经验和规律来看,一个文明国家或一种文明被蛮族征服而毁灭后,那么从文明被毁灭到文明得到恢复并重新走向繁荣,至少需要约四个世纪的时间。比如:公元前20世纪,游牧民族亚该亚人侵入巴尔干半岛南部,征服了希腊地区,把那里的人民沦为奴隶,把农田变为放牧的草场,毁灭了那里的文明,四个世纪以后,直到公元前16世纪,那里才逐渐得到恢复,并发展出繁荣的迈锡尼文明;公元前12世纪,游牧民族多利安人再次侵入并征服了希腊地区,毁灭了繁荣的迈锡尼文明,使希腊地区重新陷入黑暗,直到公元前8世纪,希腊地区才重新繁荣,并发展为辉煌的古希腊文明;公元5世纪,日耳曼蛮族毁灭了古罗马文明,使西欧陷入黑暗的中世纪,经过漫长的近千年,直到公元14世纪,意大利出现文艺复兴运动,西欧才走出黑暗,重新开始繁荣,并逐渐走向了现代文明;公元13世纪,游牧民族蒙古人征服了南宋,毁灭了领先于世界的璀璨的中国宋朝文明,直到公元17世纪,即明朝后期,中国的文明才逐渐得到恢复,但仍然没有达到宋朝的水平。然而正在这时,中国再次遭到满清蛮族的征服,中华文明再次遭到毁灭,那么从历史的经验和规律来看,中华文明要得到复兴,并重新达到世界领先的水平,至少要到21世纪。

13世纪,蒙古人打通了亚欧大陆从中国直到西欧的通道,使中国的先进文化和科技发明连同中国的商品大量的传入了西欧,从而促进了西欧文艺复兴时期的技术进步和科学发展。如果说那时中国的先进文化流入西欧是一种单向流动,那么到了16世纪的明朝,这种科技和文化的交流就已经是双向互动了。1555年,葡萄牙人被允许在澳门居住后,西方基督教会派出了大批传教士,他们通过澳门陆续来到中国。这些经历了欧洲文艺复兴运动洗礼的传教士中有许多都具有很高的文化修养,他们在传播基督教的同时,也与中国知识分子展开了文化交流。

明朝中后期,中国的知识分子和西方学者(主要是传教士)在科技文化的交流方面进行了广泛的合作,翻译了大量的西方科技书籍,如:《几何原本》《测量法义》《乾坤体义》《天问略》《远镜说》《天体运行论》《建筑十书》《矿冶全书》等等。这一时期传入中国的西方图书有七千多种。中国学者还和西方学者发挥各自的所长合作著书,如王徵和德国传教士邓玉函合著的《奇器图说》,该书结合了西方的理论科学知识与大量中国古代的实用科学技术,具有极高的科技水平。其中的许多科学理论都是当时最先进甚至是超前的,比如书中论述的地心引力问题,而当时由苹果落地而想出万有引力的英国大科学家牛顿还未出生。又如徐光启和德国传教士汤若望合著的《崇祯历书》,该书系统地介绍了伽利诺和哥白尼等西方科学家的最新研究成果,被誉为"欧洲古典天文学百科全书"。同时中国学者在科学理论方面也开始了深入研究,并写出了许多价值极高的理论科学著作,如:方以智的《物理小识》《通雅》,宋应星的《论气·气声》《天工开物》等等。

《天工开物》是一部中国古代科学技术的总结性著作,也是世界上第一部科学技术的百科全书,世界各国的学者对它都有极高的评价。英国的达尔文说此书是"权威的著作",法国的儒莲称它是"技术的百科全书",日本的学者则认为这是一本"中国技术全貌的书籍"。该书论述的许多工艺技术方法和科学理论都具有最先进的世界水平,比如"动物杂交培育良种""物种发展变异理论""世界上最早记载的炼锌方法""挖煤中的瓦斯排空""化学变化的质量守恒规律"等等,这些都比当时西方国家更先进。

明末是中国文明与西方国家文明相互交融,科学技术同步大发展的时期,也是世界科学技术从古典进入现代的关键时期。然而满清的入侵和野蛮统治却使这一切在中国戛然而止。为了统治整个中国,他们不仅按照游牧蛮族的传统做法,疯狂的屠杀掉所有有反抗能力的人,而且对文明进行了无情的摧残,毁灭汉族文化。强制推行满清的野蛮文化,从衣冠、发式、习俗到奴隶制度,并大兴文字狱迫害知识分子,查禁各种书籍。在他们的统治下,除了那些宣扬封建忠君思想的书籍以外,其他的书籍都在中国几近绝迹,就连《天工开物》此类的科技书籍也不能幸免厄运。民国初年有人在查阅《云南通志》中的炼铜方法时,发现其中引用了《天工开物》,但是他到北京各大图书馆搜遍了却找不到该书,后来到日本的图书馆去查,却发现该书的日文本、英文本、法文本、德文本、俄文本都有,而具有讽刺意义的是唯独没有中文本。最后他在法国的国家图书馆里找到了《天工开物》的明朝原刻本,然后照此本,《天工开物》才在中国重见天日。

明朝中后期也是中国学者著写科技书籍的高潮期,出版了大量包含科学理论和实用技术的科技书籍,如方以智的《物理小识》、宋应星的《天工开物》、徐光启的《农政全书》、王文素的《算学宝鉴》、朱载堉的《律学新说》、李时珍的《本草纲目》、吴有性的《瘟疫论》、熊明遇的《格致草》……明末正是西方科技理论大发展的前夜,明代的中国知识分子以开放的胸襟迎接西学东渐,普遍地接受、研究、翻译西学著作,从而站在了世界科学技术发展的前列,他们不愧于那个时代。英国的科技史学家李约瑟说:"由于历史的巧合,近代科学在欧洲崛起与耶稣会传教团在中国的活动大体同时,因而近代科学几乎马上就与中国传统科学相接触。"①

中国与西方在科学发展上也各有千秋,德国科学家莱布尼兹说:"中国这一文

---

① (英)李约瑟:《中国科学技术史》,汪受琪等译,北京,科学出版社2003年版。

明古国与欧洲难分轩轾,在日常生活及应付自然的技能方面,我们不分伯仲。我们双方各自都具备通过相互交流使对方受益的技能。在缜密思考和理性思辨方面,我们要略胜一筹……在实践哲学,即在生活与人类实际方面的伦理以及治国学说方面,我们实在是相形见绌。"①

　　这一时期中国的各类书籍也通过传教士和商人大量的传入了西方,对欧洲的科学技术、哲学思想、政治观念都产生了极大的影响,特别是中国的哲学、伦理学、治国理念、政治制度,包括科举制度和文官治国等先进文明,在西方学者和上层社会中产生了强烈的震撼,并导致了欧洲启蒙运动的发生。法国总统希拉克说:"启蒙运动思想家在中国看到了一个理性、和谐的世界。这个世界听命于自然法则,又体现了宇宙之大秩序。他们从这种对世界的看法中汲取了很多思想,通过启蒙运动的宣传,这些思想导致了法国大革命。"②

---

① (德)莱布尼兹:《中国近事》,杨保筠译,河南郑州,大象出版社 2005 年版。
② 孟华:《启蒙运动与儒家思想》,载《神州学人》1998 年第 1 期。

二十八　法国的霸权与欧洲启蒙运动

　　法国是欧洲的一个大国,它地处亚欧大陆的最西部,濒临大西洋,东部面对欧洲腹地。自中世纪以来,法国一直以强权的姿态出现在欧洲大陆上,因为向西已没有了发展空间,所以地理位置决定了它只能向东发展,从而成为争霸欧洲大陆的一个主角。

　　在公元前1世纪被罗马人征服之前,在法国这片土地上生活着高卢人。从古希腊和古罗马人的记载中,我们可以了解到高卢人的一些情况。古希腊人把高卢人称为凯尔特人,希腊史学家斯特拉波认为他们性格轻浮,秉性中有凶悍野蛮的一面,嗜好战争,容易动武,不过也很单纯,没有恶意。公元前51年,罗马帝国阿尔卑斯山南总督恺撒,经过8年的征战,征服了高卢全境,高卢从此成了罗马帝国的一个行省。

　　在公元5世纪由匈奴西侵引起的欧洲民族大迁移中,原居住于莱茵河下游的法兰克人为逃避匈奴的攻击,西迁进入了高卢地区。西罗马帝国崩溃后,法兰克人在他们的酋长克洛维的带领下,在高卢攻城略地,建立起了法兰克王国。

　　法兰克王国在中世纪历经了三个王朝,墨洛温王朝(481—751年)、加洛林王朝(751—987年)、卡佩王朝(987—1328年)。其中墨洛温王朝完成了对整个高卢地区的占领并把势力范围扩大到了高卢地区以外,从而使法兰克王国成了西欧最大的王国。公元751年墨洛温王朝被加洛林王朝取代。加洛林王朝在查理统治时期使法兰克王国达到了鼎盛,经过数十年的征战,把法兰克王国的版图扩大到从大西洋海岸到易北河流域,从北海到比利牛斯山脉以南和意大利北部,几乎占领了整个西欧,因此被称为查理曼帝国。公元800年,罗马教皇为查理戴上了皇帝的桂冠,授予他"罗马人的皇帝"的称号,此举意味着查理是整个西欧的世俗统治者,查理曼帝国成了欧洲的霸主。

　　查理死后他的儿子路易继承了帝国的皇位,但是公元840年路易去世后,帝国被他的三个儿子所瓜分,分别成为西法兰克王国、中法兰克王国、东法兰克王国。

公元 987 年,西法兰克王国加洛林王朝的最后一位国王路易五世死后无嗣,在西法兰克享有较高声望的法兰西公爵雨果·卡佩被教俗贵族推举为国王,从此西法兰克王国进入了卡佩王朝,并更名为法兰西王国,法兰西王国后来的发展,即成了今天的法国。

卡佩王朝建立的初期,王室实际控制的领地面积不足 3 万平方公里。在王国所拥有的约 45 万平方公里的疆域内,存在着一系列虽然奉卡佩王朝为宗主,但却享有独立地位的大封建主,如佛兰德尔、诺曼底、布列塔尼、安茹、勃艮第、图卢兹、香槟等,他们的财富、实力和影响力,都远远超过了卡佩王朝的国君。这些封建诸侯互相争战,境内动荡不安。此时的卡佩国王既没有固定的住所,今天住在巴黎,明天就可能搬到奥尔良;又没有常设的行政机构,国王走到那里,由近臣组成的内阁也就跟到那里;而且没有固定的财政收入,国王和他的随从甚至还要靠拦路抢劫,打家劫舍来维系王室开支。但是国王毕竟拥有诸侯不能比拟的权利和威望,利用这些权利,法兰西国王逐渐巩固了王位,并利用基督教会竭力把王权神化,通过"加冕礼"和"涂油礼"来控制封建领主。法王确立了长子继承制,使王位的传承成为有序,并利用干涉封建遗产的继承权利和联姻关系不断扩大自己的领地。到路易七世时(1137 年—1180 年),王室的实力已大为增强,并初步稳定了社会秩序。路易七世决定将巴黎作为永久的首都,从此王室再也不用四处迁徙。

然而路易七世继续扩张王室领地的企图却遇到了一个强大的对手——金雀花亨利二世。1151 年,亨利继承了父亲在安茹、曼恩、布列塔尼的领地,从而成为安茹伯爵,从母亲那里他又继承诺曼底公国。而此时路易七世因妻子阿基坦公爵埃莉诺的不忠而与其离婚,亨利乘虚而入,迎娶埃莉诺,从而取得了阿基坦公国的领地。亨利的外祖父英王亨利一世死后,王位传给他的外甥史蒂芬。1154 年史蒂芬去世,亨利又继承了英国王位成了英王亨利二世,从而建立起了包括英格兰和法国的大批领地在内的庞大的"金雀花王朝"。亨利二世拥有的领地比法国王室的领地大 5 倍,路易七世在与亨利二世的争夺中落入下风,卡佩王朝大有被取而代之的危险。

路易七世的继承者菲利普二世是个杰出的谋略家,他先是挑拨亨利二世的四个儿子,包括狮心王理查和无地王约翰与亨利二世争权夺地。理查与母亲埃莉诺在法国阿基坦长大,与前往英国继承王位的父亲亨利二世形同陌路,在母亲的唆使和菲利普二世的挑拨下,理查出兵打败了他的父亲,夺取了英国王位。儿子们的反叛使亨利二世深受打击,他在悲愤中去世。

理查是个彻头彻尾的法国骑士,在战场上拥有无与伦比的勇猛和指挥能力,因此被对手敬称为"狮心王"。他一生都在征战,在法国参与诸侯间的"群雄争霸",在中东参与十字军的东征。然而他却对英国毫无感情,在取得英国王位后,前后总共只在英国待过 6 个月,菲利普二世趁机挑动其弟约翰来篡夺理查在英国的王位。约翰长期居留英国,因为父亲把大陆上的领地都分给了他的几个兄长,因此他被称为"无地王"。在理查参与十字军东征期间,菲利普二世策划在英国发动政变拥护约翰夺取英国王位,但是没能成功,理查迅速回来平定了叛乱,但是原谅了他的弟弟。理查随后开始了与菲利普二世在大陆上争夺法国王权的漫长战争,后在一次攻城中肩部中流箭,染破伤风而死。

理查死后无嗣,约翰因此继承了他的王位。菲利普二世故伎重演,又挑动约翰的侄子阿瑟反对他。1202 年,菲利普二世还借口约翰违反了附庸义务,宣布剥夺英王在大陆的领地。随后,菲利普二世开始动用武力收回那些领地,约翰动员英国贵族出兵渡海作战,但因得不到贵族们的财政支持而战败。菲利普二世将诺曼底、曼恩、安茹、普瓦图、布列塔尼等等都纳入了法国王室的管辖之下,金雀花王朝在大陆上的领地只剩下了吉埃内。1214 年,英王约翰联合弗里德尔伯爵、布洛涅伯爵以及神圣罗马帝国皇帝奥托一世,共同向法王菲利普二世展开进攻,菲利普二世发动法国军民奋勇迎战联军,在布汶战役中打败了声势浩大的敌军,并把弗里德尔也纳入法国王室的管辖。布汶战役的胜利激发了法兰西人民的民族感情,菲利普二世也因此受到了法国人民的尊敬,法国王权大为巩固。

菲利普二世以后的几代继任者也都在致力于扩大王室领地,巩固法国王权,并且颇有成果,图卢兹、香槟、那瓦尔等,都相继落入法国王室的掌控之中。但是金雀花王朝却一直是法国王室的竞争对手,英王一直企图夺回他们在大陆上失去的领地。

卡佩王朝传到第十二代——路易十世以后,因为没有男性后裔,他的两个弟弟——菲利普五世和查理四世相继继位,因为两个弟弟也没有男性后裔,所以卡佩主系绝嗣,卡佩王朝因此而结束。

1328 年,路易十世三兄弟的堂兄——瓦鲁瓦公爵即位成为法王菲利普六世,因此被称为瓦鲁瓦王朝。而三兄弟的外甥,英王爱德华三世却认为自己更有资格继承法国王位,并发动了争夺法国王位的战争,由此又导致了英国与法国之间延续不断的"百年战争"。

在英法"百年战争"中,1419 年,英王亨利五世一度夺取了法国大部分领土而且占领了巴黎,并强迫法王查理六世签订《特鲁瓦合约》,从而成了法国的摄政和法国王位的继承人。但是此时法国人的民族意识已经形成,法国人民不满英国人的统治。在英王亨利五世死后,亨利六世继位英国国王并兼任法国国王期间,法国爆发了人民大起义。一个 17 岁的法国农家少女贞德,奋起带领法国人民掀起了反抗英军的斗争,并取得节节胜利。虽然贞德后来被英军抓住并处死,但是法国军民反抗英军的斗争激情高涨,在法王查理七世的带领下,最终将英国人赶出了欧洲大陆,取得了"百年战争"的最后胜利。

赶走了英国人以后,法国王权一统的大业还并没有完成,一些封建领主还保持着相对的独立,这一目的后来由查理七世的儿子,人称"国土聚合者"的路易十一基本实现。路易十一统治期间(1461 年—1483 年),以勃艮第公爵大胆查理为首的封建领主结成了"公益同盟",公然对抗王室。1477 年,大胆查理在南锡战役中阵亡,路易十一趁机从其女继承人那里收回了勃艮第公爵国和皮卡尔迪。此外,路易十一还先后收回了阿朗松公爵领地、阿曼雅克伯爵领地、普罗旺斯伯爵领地等封建贵族的领地,只有布列塔尼等少数几个地区未被收入。布列塔尼也在1491 年被路易十一的继承者查理八世通过联姻并入法国版图,从而在大航海时代来临前基本上完成了法国王权一统的大业。

法国王权一统的实现具有极为重要的意义,它标志着法国从封建分权制向中央集权制(也称绝对君主制)的过渡。这在欧洲是独一无二的,因为这时在欧洲,无论是德国、意大利,还是英国,都还处于封建领主诸侯林立,各自为政的分权而治之中。诸侯们各自征税,各自拥兵。国王虽然名义上是众多诸侯的共主,但是实际上并无多少实权,他既不能向王国内的封建领主征税,也不能向封建领主征兵。虽然在国王有难时,封建领主有义务出兵勤王,但是国王如果要发动战争,而封建领主不情愿或者不赞成时,他们是不会出兵的。如果国王的政策举措有违封建领主的利益,他们甚至会公然兴兵与国王对抗。

法国在王权一统的情况下,从路易十一开始,进行了一系列改革以加强王权,建立中央集权制:一,加强对地方的控制,在全国设立 11 个由军政府管理的行省;二,整顿行政机构,挑选忠于国王的有才能的人担任各级官吏,而不问是否封建贵族出身。许多城市的有产者,反对封建贵族(封建贵族也被称为佩剑贵族),拥护王权,他们以金钱资助国王,从国王手里买得财政和司法官职,参与国家管理,从而成为"穿袍贵族";三,建立正规的税收制度,把全国分为四大财政区,国王不通过领主,自己派官吏直接征收间接税、人头税、盐税等;四,建立常备军和新式的王家炮兵部队,国王从此不必求助于领主和骑士就可以独立作战。这些改革使法国的国力大增,为他们争霸欧洲奠定了基础。此时法国在欧洲所处的地位颇似中国古代战国时期的秦国,大力改革,废封建,置郡县,建立中央集权制。振兵强国争霸群雄,上演了一场合纵连横的多彩历史剧。

国力增强后的法国开始了争霸欧洲的历程,而当时欧洲经济和文化最为发达的意大利就成为法国扩张的首选目标。地处地中海沿岸的意大利历史悠久,因为紧靠中东,拥有与东方贸易的有利条件,是个经济繁荣的富庶之地。"文艺复兴"运动的洗礼使意大利悠久的历史文化得到复兴,文化艺术更加辉煌灿烂。而法国当时还被认为是个蛮族之地,对意大利的文明和富庶非常羡慕。但是意大利仍然处于邦国林立的分裂之中,这些分裂的小国力量都不强。其中相对较强的有罗马教皇国、米兰公国、威尼斯、那不勒斯、佛罗伦萨等国。

1494 年,查理八世借口拥有那不勒斯王国的继承权发动了对意大利的战争,强大的法国军团自北向南穿越意大利全境,次年攻占了位于意大利南部的那不勒斯王国。但是法军的劫掠暴行和占领后的横征暴敛激起意大利人的愤怒,而法国势力的扩张也引起了欧洲各国的恐慌。罗马教皇、神圣罗马帝国皇帝与威尼斯、米兰、西班牙等国"合纵",组成了反法同盟。1495 年,查理八世在福尔诺沃战役中被同盟军打败,次年法国被迫退出意大利。查理八世并未罢休,他制定了新的计划,但是 1498 年查理八世不幸去世。路易十二继承了他的王位,也继承了他征服意大利的计划。

1499 年,路易十二率军攻入意大利,占领了意大利北部的米兰公国。为了打破反法同盟,1500 年,路易十二采取"连横"的方法,与西班牙国王斐迪南二世签订密约。双方结成联盟,共同出兵占领并瓜分了那不勒斯和西西里王国。但是斐迪南二世并不甘心与路易十二分享那不勒斯,不久后即与路易十二闹翻,随后西班牙军打败法军,独占了那不勒斯。

1509 年,法国又利用威尼斯与周边各国的矛盾,与罗马教皇、神圣罗马帝国、西班牙结成联盟,发动对威尼斯的战争。法国出兵打败了威尼斯军队,占领了威尼斯的大片领地。但是法国在意大利势力的日益加强,再次引起了各国的担忧。1511 年,教皇为避免意大利落入法国人之手,联合意大利各城邦和西班牙、瑞士、英国等,再次组成反法同盟。在反法同盟军的打击下,路易十二在 1513 年不得不再次退出意大利。1515 年路易十二去世,弗朗西斯一世继位。

被称为"骑士国王"的弗朗西斯一世继位后立即重开战争,当年即攻入意大利并占领了米兰公国。弗兰西斯一世雄心勃勃,但是他却遭遇了一个更强劲的对手——继承斐迪南二世而成为西班牙国王的查理五世。此时的西班牙在发现了美洲新大陆,并开拓了美洲殖民地以后国力大增。

1519 年,神圣罗马帝国皇帝马克西安一世去世。这时,弗朗西斯一世和查理五世都因为与马克西安一世有亲属关系,而有可能成为神圣罗马帝国皇帝的继承人,但神圣罗马帝国皇位要由七个选帝侯选举产生。依靠来自美洲殖民地的大量金银财富,查理五世通过贿选击败了弗朗西斯一世,当选为神圣罗马帝国皇帝。这样他就拥有了包括西班牙、意大利南部、奥地利、德意志、勃艮第、尼德兰等西欧的大部分地区,而且还有在美洲和海外其他地区的大量殖民地,形成了一个总面积达 1024 平方英里的庞大帝国。查理五世也有一个建立欧洲霸权、统一整个西欧的计划。于是一场殊死争夺在两强之间展开。

1523 年,法军攻入意大利,但是被查理五世的神圣罗马帝国军队击败。1524 年,神圣罗马帝国军队攻入法国,结果被法军打败。弗朗西斯一世趁胜反攻入意大利,但是在 1525 年的巴威亚战役中战败,弗朗西斯一世被俘,被迫签订了《马德里条约》,不仅被迫割让了勃艮第公国,而且被迫放弃了对米兰和那不勒斯的领土要求。但是被释放回国后他马上推翻了条约,准备再战。

为了打败查理五世,弗朗西斯一世不惜与基督教世界的敌人——伊斯兰教的奥斯曼土耳其结盟。这使他在基督教世界声名狼藉,无数人都在诅咒这个"渎圣同盟"。但是,这却改变了战争的局势,强大的土耳其军队在东面对神圣罗马帝国的进攻,迫使查理五世放弃了在法国的军事行动。在东西两面的夹击下,查理五世穷于应付,战争陷入长期的僵局。

1547 年,弗朗西斯一世去世,他的儿子亨利二世继承了王位,同时也继承了他与查理五世的争霸战争。1556 年,查理五世退位,神圣罗马帝国分裂,查理五世的儿子菲利普二世继承了西班牙的王位;而神圣罗马帝国的皇位则传给了查理五世的弟弟斐迪南。战争又在法王亨利二世与西班牙国王菲利普二世之间展开,1559 年,筋疲力尽的法西两国终于签订了《卡托康布雷西合约》,结束了两国之间长达数十年的战争。

在这场长达数十年的争夺意大利的战争中,法国吞并意大利的计划虽然没能实现,但是法国从中也获益匪浅。通过战争掠夺获得了大量物质财富还只是其次,重要的是出征意大利的战争为法国带来了文艺复兴的进步思想观念和意大利的辉煌文化,法国从一个蛮族之地开始进入到讲究艺术和文化的文明社会。意大利文艺复兴时期的许多著名思想家和艺术家都来到了法国,其中包括大名鼎鼎的达·芬奇,他们带动了法国的人文思想和文化艺术的发展。这一时期法国的王宫极其讲究装饰,而宫廷的艺术体现了意大利风格,竭尽奢华。巴黎市郊的多处行苑被扩建成了枫丹白露等宫殿,卢浮宫也从一座军事要塞改建成了今天所见的艺术博物馆,大量来自意大利的艺术珍品被收藏在这里。

战争也刺激了法国经济的发展,为应付战争的需要,政府鼓励工商业活动,改革国家的财政税收,开凿和加深运河,筑路架桥,保障商道的畅通,取消地方的关卡,促进度量衡的统一。采矿业、制造业、造船业、印刷业日益繁荣。政府尤其重视兵器制造,火器得到了改进,火枪、火炮开始广泛使用,轮式青铜火炮也开始应用于炮兵野战。新式兵器的应用和频繁的战争使欧洲各国军队的作战方法,战略战术都大为改进,战斗力大为增强。

战争使法国的王权和中央集权制度得到了进一步加强,地方贵族的势力被进一步削弱,法国建立起了欧洲各国中最庞大最有效的行政机构。从弗朗西斯一世开始,国王的诏书都以"此乃朕意"结尾,这表明国王已经享有了至高无上的权利,国王的命令成了必须遵守的法律。但意大利战争并不是法国争霸欧洲的结束,而仅仅是近代欧洲争霸战争的一个序幕,法国的地理位置注定了它必然是争霸欧洲的主角,在此后的300多年里,延续不断的欧洲争霸战争就一直围绕法国展开。

欧洲宗教改革运动于1517年开始于德意志,随后漫延至整个西欧,并导致了不断爆发的宗教战争,法国也被波及。但是,实际上欧洲最早公然推翻教廷神权专制的还是法国。早在13世纪末法国统一王权开始形成时,当政的法王菲利普四世就因税收问题与罗马教廷的专制神权发生了冲突。教会占有大量的土地和财富,但是却享有免税的特权,菲利普四世因战争经费不足,决定打破教会的特权,向法国神职人员征税。

1296年,教皇卜尼法斯八世下了一道敕令,申明教会的免税特权不可侵犯,没有教皇的特许,国王不得向教士征税。菲利普四世立即针锋相对地发出禁令,切断了教皇在法国的财政来源。1301年,卜尼法斯八世听说菲利普四世制定了一个限制教皇权力的条例,于是责成法国巴米叶地区的大主教去进行干预,指责菲利普四世。菲利普四世大怒,要把大主教交给法国世俗法庭审判。卜尼法斯八世连发三道通谕,指责菲利普四世犯有严重罪行,申明大主教只能接受罗马教廷的审判。菲利普四世当众烧毁教皇的通谕,并宣布他的子孙后代,除了上帝,永远不会服从任何外来的权力。

为了取得国民的支持,菲利普四世召开法国历史上的首次贵族、教士、市民的三个等级会议。三个等级分别写信给教皇,申明国王只服从上帝,教皇不得干涉法国内政。卜尼法斯八世颁布了一道教谕,宣称人欲得救,必须服从罗马教皇,并宣布开除菲利普四世的教籍。菲利普四世做出了更强硬的回应,他列举了卜尼法斯八世的 29 条罪状,决定以国王的名义在法国审判教皇,并派兵赴罗马逮捕了教皇。虽然卜尼法斯八世后来被其支持者救出,但是经受此番凌辱后,气愤难忍,不久后即郁闷而死。

1305 年,在法王菲利普四世的压力下,法国波尔多的大主教被任命为新教皇,称为克莱门特五世。1309 年,新教皇克莱门特五世把教廷从罗马迁到了法国南部的阿维农,此后的 70 年里,教廷一直位于阿维农,并受到法国的控制,被称为"阿维农之囚",教廷的专制神权在法国一直被王权所压制。

16 世纪开始的宗教改革反映在两个方面,一方面是上层的各国封建君主反对罗马教廷将宗教神权凌驾于王权之上;另一方面是中下层的民众对教会的贪婪盘剥和利用宗教神学愚昧人民禁锢人们思想的不满。但是在法国,教廷至高无上的神权早已被推翻,法国的教会都处于王权的控制之下。1516 年,法王弗朗西斯一世与教皇签订了条约,规定法国教会的神职人员均由国王任命。因此法国的宗教改革主要是中下层民众对教会的不满。

法国宗教改革的代表人物是加尔文,他的学说流行于法国下层民众、城市中产阶级和低级僧侣中,法国南部的一些封建贵族为夺取教会的地产也支持宗教改革。信奉加尔文学说的新教徒被称为"胡格诺派"。但是北方有分裂倾向的大封建贵族却反对宗教改革,维护传统的天主教。到 16 世纪中叶,法国信奉新教与信奉天主教的两派形成了两个互相敌对的集团,最终两派的斗争发展成了一场持续 30 多年的激烈宗教战争。

法国王室对待宗教改革的态度是一方面利用它反对教皇的神权,但是另一方面,一旦宗教改革威胁到王权时,则会对它进行排斥。亨利三世在位时,两派的宗教战争达到白热化状态,亨利三世一开始采取不偏向任何一方的政策:他取消胡格诺派的一些特权,但天主教的神圣同盟也被他解散。

然而,1584 年亨利三世的唯一合法继承人——他的弟弟弗朗索瓦突然去世,这使胡格诺派的首领纳瓦拉的亨利·波旁成了王位继承人(亨利·波旁是王室的远亲)。天主教派担心形势对他们不利,于是在他们的首领带领下,发动了反对亨利三世的战争。1589 年,亨利三世在和亨利·波旁一起进攻巴黎时,被一名修士刺死。亨利·波旁继承了王位成了亨利四世,从而开始了法国的波旁王朝,瓦鲁瓦王朝因此结束。

法国天主教派的大贵族不愿意接受胡格诺派的亨利四世继承王位。为缓和矛盾,1593 年,亨利四世被迫重新皈依天主教,这才得到了天主教派的认可,并成了全国公认的国王,至此,这场因宗教引起的内战才基本结束。

　　这场旷日持久的内战对法国造成的损害与英法百年战争相比有过之无不及。战争造成了国家的分裂,王权也受到严重的伤害。为了缓和宗教矛盾维护国家的统一和加强中央集权,亨利四世颁布了著名的"南特敕令",宣布天主教为法国国教,同时又规定法国有信仰新教的自由,新教徒与天主教徒享有同等的权利。另外,对那些不顺服的大贵族则实行收买笼络的政策,把他们笼络到王宫,这既满足了他们对名利的欲望,又使各行省的局势得到缓和。在行政方面,亨利四世也采取了一些措施以加强王权,他把参政院分解为国务会议和财政会议等数个分支机构,其中国务会议处于核心地位,由它负责处理内政和外交大事,成员限定为12人,并将王室宗亲排除在外。

　　亨利四世还要求司法机关绝对服从王权,他告诫法官,他要做名副其实的国王,要求绝对服从。为了加强对地方的控制,亨利四世向各地派遣了"督办官",负责处理暴乱事件,保证税收,核查民怨。在经济方面,他起用密友苏利公爵出任财政总监,将发展农牧业视为一切经济活动之首。他有一句传之后世的名言:"耕地和牧场是哺育法兰西的双乳,是真正的秘鲁金矿和宝藏。"另外他也非常重视工商业的发展,大力开拓海外殖民地,保护关税,并分别与汉萨同盟、英国、西班牙签订了商贸条约,1608年,法国又在北美洲建立了魁北克殖民地。在亨利四世统治期间法国的经济很快得到了恢复和发展。

　　1610年,亨利四世去世,他10岁的长子继位,成为路易十三世,由太后玛丽摄政。太后家族与西班牙关系密切,所以实行亲西班牙的政策。1615年,在太后的主导下,路易十三与西班牙公主安娜结婚,他的妹妹则嫁给了安娜的哥哥——西班牙国王菲利普四世。但是路易十三对太后的做法非常不满,1617年,路易十三派人暗杀了太后的宠臣,太后逃到布鲁尔,后经人调解才回到巴黎。在这次调解中,红衣主教黎塞留崭露头角,得到路易十三的赏识,因此后来他被任命为法国首相。

　　路易十三在位时期,法国危机四伏。在国内,因为路易十三与太后的矛盾,宫廷中形成了以太后和路易十三的弟弟——奥尔良公爵加斯东为核心的后党;一些贵族的势力也得到恢复,他们不肯服膺王权,图谋架空路易十三;而胡格诺派的新教徒因为对把天主教作为国教感到不满,他们也在策动叛乱。在国外,同在哈布斯堡家族统治下的西班牙和神圣罗马帝国依然是欧洲的霸主,他们从南、东、北三面形成了对法国的包围,而且还在企图用各种方法夺去法国的领地。黎塞留担任首相期间(1624年—1642年),几乎一直处于宫廷争斗和王公贵族阴谋叛乱的阴影中,他不得不与之进行长期不懈的斗争。

1626 年,一些贵族图谋架空路易十三并暗杀黎塞留,但是阴谋失败,夏莱伯爵因此被处死。1630 年,后党又制造一场阴谋,由太后玛丽和王后安娜出面,向路易十三进谗言,诬陷黎塞留,要求国王将其革职。结果太后被流放到贡比涅,掌玺大臣马里亚克被捕入狱,王弟加斯东也被治罪。对于日益漫延的新教徒叛乱,黎塞留向路易十三建议,颁布"阿莱斯恩典赦令",在承认"南特赦令"的基础上,拆除胡格诺派教徒的一切要塞,解散其军队和组织,消除了胡格诺派制造叛乱和分裂的隐患,国家的统一和国王的权威因此得到加强。

对于来自国外的威胁,黎塞留利用斐迪南二世继承神圣罗马帝国皇帝后,因宗教问题引起的天主教与新教徒的宗教战争,渔翁得利。斐迪南二世继承帝位后,狂热的支持天主教,压制新教,引起了帝国境内的新教诸侯和欧洲新教国家的强烈反对,由此导致了一场长达 30 年的欧洲宗教战争(1618 年—1648 年)。法国是个天主教国家,黎塞留更是个虔诚的天主教红衣主教,本应支持天主教同盟反对新教,但是在国家利益面前,黎塞留抛开了宗教信仰,支持新教同盟。他巧妙利用了新教同盟与天主教同盟的矛盾,在战争的前半段,法国并没有直接参战,而是出钱支持丹麦、瑞典、英国等新教国家和新教诸侯与哈布斯堡家族组成的天主教同盟作战,直至双方都筋疲力尽、两败俱伤时,法国开始出兵参战,从而一举改变了战争的局面。最终打败了西班牙和神圣罗马帝国,推翻了哈布斯堡王朝在欧洲的霸权。1648 年,双方签订《威斯特伐利亚和约》,葡萄牙因此脱离西班牙而独立;荷兰和瑞士脱离哈布斯堡家族的独立也被确认;法国获得阿尔萨斯和洛林地区,领土扩展到了莱茵河东岸;瑞典获得波美拉尼亚等地,巩固了它在波罗的海的地位。哈布斯堡家族被肢解,势力大为削弱,欧洲霸权转入法国。

黎塞留担任路易十三的首相长达 18 年,被认为是法国历史上最伟大、最具谋略,也是最无情的政治家。1642 年,黎塞留去世,继任者是他的忠实伙伴,同为红衣主教的马扎然。路易十三也在 1643 年去世,他 5 岁的儿子路易十四继承了王位,由马扎然任首相辅佐。马扎然继任时欧洲宗教战争还未结束,但是他成功地完成了黎塞留的未竟事业——在宗教战争中打败了哈布斯堡家族,为法国赢得了欧洲霸权。

然而外患刚解除,法国的内患又起。虽然,黎塞留在位期间执行大力扶植工商业、支持海外贸易、开拓海外殖民地等发展经济的政策,使法国的经济状况和国库收入大为改观,但是长期的战争还是耗光了国家的财富。到 30 年战争快要结束时,法国人民已经被搜刮得民穷财尽,民众对政府的苛捐杂税极为不满。为了应付战争需要,政府打算向中产阶级和高等法院的法官榨取。

1648年4月,宫廷颁布敕令,停发4年各地高等法院法官的俸禄,矛盾终于爆发。巴黎高等法院联合各地高等法院,以整肃政府弊政为名,提出27条建议,要求撤回国王派往各地的监察官,厉行财政改革。太后和马扎然下令逮捕反对派的领导人,这一暴行立即引起人们的愤怒。1648年8月,巴黎爆发了市民起义,起义者一夜间就筑起1200多个街垒,他们用投石机射击马扎然拥护者的住宅,因此被称为"投石党人运动"。路易十四和王室人员仓皇逃出巴黎。宫廷派孔代亲王率大军镇压,起义漫延至外省,直至1652年才被完全镇压下去,是年,法王路易十四也返回了巴黎。

然而事情还没有完,孔代亲王因谋求取代马扎然的首相职位未成,便联合对宫廷不满的亲王和贵族阴谋推翻马扎然政府。马扎然逮捕了孔代,但是拥护孔代亲王的贵族们在外省暴动,教士也与贵族联合对抗宫廷。马扎然被迫释放了孔代,而孔代获释后却勾结西班牙人进攻王军,路易十四和王室再次逃出巴黎。好在孔代亲王和贵族的暴动并没有得到民众的支持,而且互相争权夺利,后被马扎然分化瓦解,1653年暴动被平息。

投石党人运动给年少的路易十四留下了深深的心理阴影,从此,他再也不愿居住在巴黎,转而在巴黎周围的几个王室行宫轮流居住。1661年马扎然去世,他在遗嘱中向已23岁的路易十四传授了黎塞留的教诲:独揽大权,国王要统治一切。这位年轻的国王也有意强化绝对君主制,因此马扎然一去世,路易十四即向大臣们宣布:"此后,我就是我自己的首相。"他在位的54年里从未再任命过首相,大小朝政,他都亲自主持处理。他一再宣称,亲自理政乃是"国王的职业",并且尽职尽责,从不懈怠。

路易十四亲政后,启用奉行重商主义政策的柯尔伯担任财务总监,发展工商业,增加对外贸易,使法国的财政状况大为改善。对路易十四来说"朕即国家",他的意志就是法律,高等法院对国王敕令的评议权被他取消,从中央到地方的各级官僚机构,都不过是他旨意付诸实施的工具。为了加强对各行省的统治,路易十四恢复了投石党人运动期间被取消的往各省派遣监察官的制度,将通常由贵族担任的地方行政长官置于严密的监视之下。并加强了对教会的控制,通过与法国高级教士会议达成的《四条款宣言》重申了王权独立于神权,教皇不得做出任何侵害法国教会自由和权利的事。

为了强化绝对王权,路易十四推行"一位国王、一种法律、一个信仰"的政策,为此他撤销了"南特敕令",强迫新教徒皈依天主教,此举造成了大批新教徒逃往国外。路易十四使法国的集权制度达到了极盛。在外政上,他继续加强法国的霸权,扩大法国的疆域。他在位的 54 年里,法国竟有 31 年是处于战争状态中。其中大规模的战争有四次:1665 年—1668 年,他借口王后拥有西属尼德兰的继承权而发动与西班牙的"王后遗产战争";1672 年—1679 年,他借口荷兰在"王后遗产战争"中支持了西班牙而发动与荷兰的战争,后来西班牙和神圣罗马帝国也卷入其中;1688 年—1697 年,法国与神圣罗马帝国为首的奥格斯堡同盟的战争;1701 年—1713 年,西班牙王位继承战争。

前两场战争法国都获得了胜利,路易十四夺得了大片的领地。但也正是他的大肆扩张,再次引起了欧洲各国的惊恐,神圣罗马帝国与西班牙、荷兰、瑞典等国结成了反对法国的奥格斯堡同盟。1688 年荷兰执政威廉通过"光荣革命"登上英国王位后,英国也加入了这一同盟。同盟与法国的战争进行了近 10 年之久,在双方都无法取胜的情况下,最终罢战议和,签订了《里斯维克合约》,法国的扩张势头受到遏制。

而最后那场延续 13 年的西班牙王位继承战争,是因西班牙国王死后无嗣,法王路易十四的孙子菲利普以近亲的身份取得了西班牙王位的继承权而引起的。因为这意味着西班牙的广阔领地,包括西班牙本土、西属尼德兰、意大利大部、以及西班牙遍布海外的殖民地,都有可能并入法国,从而形成法国雄踞欧洲的霸权格局。这令英国、荷兰、神圣罗马帝国等欧洲列强不能容忍,他们再次结盟,支持也有继承资格的奥地利查理大公去争夺西班牙王位。联军迫使法国退出了意大利和尼德兰,但是这场旷日持久的战争双方都不能完全取胜。最后签订了合约,法国为路易十四的孙子菲利普保住了西班牙王位。虽然合约规定法、西两国不能合并,但是西班牙这个几个世纪以来法国最强劲的对手却成了法国的附庸。也正是因为路易十四杰出的武功,他被法国人称为"太阳王"。但是路易十四无休无止的战争也耗光了法国的财力,在他统治的后期,法国已民穷国尽,人民已不堪重负。因此,后来他语重心长地对他的继承人说:"我太热爱战争了,在这方面你别学我。"

为了体现国王的威严,路易十四斥巨资在巴黎郊外扩建了凡尔赛宫,宫殿规模宏伟,装潢豪华,内部装饰了大量的艺术品。路易十四还建立了极其庄严隆重的宫廷礼仪制度,并设立一系列荣誉职位,只有取得这些荣誉职位的人才能进入宫廷,接近国王,并由此得到国王的赏识、重用和赏赐。宫廷中豪华的装饰,隆重的礼仪、奢侈的宴会、有名望的男人、衣着华丽的女人,以及各种娱乐舞会,对贵族们产生了磁石般的吸引力。进入宫廷,谒见国王,取得名望和权势,成为贵族们的最大追求。路易十四也借此把贵族们都吸引到自己身边,使他们脱离了地方势力,失去了与王权对抗的能力。后来这些宫廷礼仪和奢侈娱乐之风传至国外,被欧洲国家争相效仿,成为欧洲上层社会追求的时尚。法国引领了欧洲的时尚之风,俨然成了欧洲的礼仪和社交学校。

17世纪正值中国的明末清初,中国文化和中国书籍伴随着中国的商品,已通过传教士和商人大量的传入了欧洲,对欧洲产生了极大的影响。中国悠久的历史,深厚的文化,充满了智慧和知识的各种书籍,精美的瓷器、漆器、绸缎,先进的工艺技术和发明,使欧洲掀起了学习中国文化的潮流。中国的一切都令欧洲人格外的痴迷和崇拜,欧洲的上层人士和当时几乎所有的学者都成了中国文化的崇拜者。人们阅读中国的书籍,研究中国的哲学和儒家思想,吸收中国先进的科学技术,学习中国的各种制度。

法国是欧洲最早建立中央集权制的国家,也是欧洲国家中最为推崇中国文化的国家。路易十四对中国文化有着极大的兴趣,中国悠久的历史文化,中国皇帝的至尊地位,中国皇宫建筑的宏伟辉煌,宫廷威严的礼仪制度,无不对他产生着影响。路易兴建豪华宫殿和建立隆重的宫廷礼仪也与中国文化的影响有关。凡尔赛宫中就装饰了大量来自中国的贵重瓷器、漆器、绸缎等奢侈品。1670年,路易十四还在凡尔赛宫中为他的妃子蒙特斯潘夫人建了一座名叫"瓷园"的中国宫。路易十四还喜欢穿中国服装,坐中国轿子。

1683年,有位叫沈福宗的中国青年学者,受邀陪同比利时传教士柏应理从中国来欧洲向罗马教皇述职(讨论在中国传教的问题),途径巴黎时引起全城轰动,人们争相围观仰慕已久的中国人。沈福宗精通拉丁文,路易十四召见了沈福宗,对他大为欣赏,立即聘请沈福宗担任宫廷顾问。因此,沈福宗在陪同柏应理到罗马向教皇述职以后,返回了法国为路易十四服务,向法国人介绍中国的文化、礼仪、制度、哲学思想,为法国翻译中国书籍。

1687年,沈福宗受英王詹姆士二世的邀请去了英国,詹姆士二世也对沈福宗赞赏有加,他命当时著名的宫廷画师尼勒尔给沈福宗画了像(这幅画现存英国,其中沈福宗的英文名字叫麦考·沈)。沈福宗为英国人翻译中国书籍,介绍中国文化和哲学思想。他还被牛津大学邀请去工作,在那里,他与牛津大学的东方学家海德教授有过很多合作,海德教授后来出版了《中国度量衡考》《东方游艺》等有关中国的书籍。1691年沈福宗离开英国回国,但不幸在归途中死于船上。

1706年,又有一位叫黄嘉略的中国人,陪同法国传教士梁弘仁从中国返回欧洲向罗马教皇述职,后来到巴黎,路易十四聘请他担任顾问和中文翻译,为王室翻译中文资料,管理图书馆的中文书籍,并编写了《汉法词典》《汉语语法》。法国许多知名学者都与黄嘉略有过交往,向他咨询和与他探讨中国问题,包括当时最著名的启蒙运动思想家孟德斯鸠。黄嘉略在法国娶妻生子,后来在法国去世。

1685 年 3 月 3 日,路易十四派遣了 6 位有才学的传教士作为他的使节,带上 30 箱丰厚的礼物和一些天文仪器前往中国。但途经泰国时,一位传教士被泰国国王挽留,另 5 位于 1688 年 2 月 7 日到达了北京。他们的中文名字分别是:洪若翰、李明、白晋、张诚、刘应。对于法国使节的到来,清朝皇帝康熙非常高兴,他不仅慷慨地准许他们在中国传教,而且还把张诚和白晋留在宫廷担任顾问,向他们了解西洋风俗,学习西洋知识。1693 年,白晋启程返回法国,康熙皇帝让他带了许多礼物和中国书籍送给路易十四。

1697 年,白晋回到法国后,把康熙的礼物和他自己撰写的《康熙帝传》一并献给了路易十四。这些精装的中文书籍令路易十四十分高兴,从这些书籍和白晋那里他也对中国有了更多的了解。白晋请求给予前往中国传教的事业以更多的人力和财力支持,路易十四慷慨地答应了,并授权白晋一万法郎为康熙皇帝准备礼物。1699 年,白晋率领 15 名耶稣会士再度返回中国。

路易十四对中国文化的喜好使法国兴起了中国热,在宫廷的带动下,上至王室贵戚下至市井平民,都对中国的东西着了迷,从瓷器、丝绸、漆器、家具,到茶叶、扇子、轿子。以中国为主题的假面舞会和茶会在上流社会盛行,中国游记成为绅士和淑女的时髦读物,中国的花鸟、人物、风景画等元素出现在刺绣、挂毯、壁纸、瓷器和家具上,中国式的园林建筑也开始流行。这股热风又从法国吹向欧洲各国,形成了一股席卷欧洲社会的中国风。

如果说 17 世纪的中国热还只是专注于中国的器物、服饰、礼仪、风俗等外在的物质形式上,那么到 18 世纪,随着更多的中国书籍被翻译和对中国传统文化的更深入了解,人们对中国的传统哲学、儒家经典、政治思想、社会制度等深层次的问题有了更多的兴趣。

早在 1593 年,意大利来华的传教士利玛窦就把儒家经典中的四书《大学》《中庸》《论语》《孟子》,翻译成拉丁文呈献给了罗马教皇。在他之后不久,比利时来华的传教士金尼阁也把儒家经典中的五经:《诗经》《尚书》《礼记》《周易》《春秋》,翻译成了拉丁文。17 世纪,随着更多的传教士的来华,不但有更多的中国书籍被翻译成西文,大量的介绍中国的见闻录、中国传记类书籍也不断在欧洲出现。这些书籍在欧洲知识界引起极大的反响,特别是在最为崇尚中国文化的法国。1662 年《论语》和《大学》就以《中国的智慧》为书名在法国翻译出版,1663 年《中庸》以《中国的政治道德学》为书名在法国翻译出版,随后《孟子》、五经,以及更多的中国经典书籍被陆续翻译出版。中国古代的历史故事还被编写成了戏剧在法国上演,比如东周时期的故事《赵氏孤儿》的上演就引起了极大的轰动。此外,耶稣会士还撰写了大量介绍中国的历史、地理、动植物学、医学、文学、社会制度等方面的著作,在法国知识界逐渐形成了中国思想文化的研究热。

到了18世纪,法国的巴黎大学俨然成了中国文化热的中心。通过对儒家经典的研究,他们发现儒家奉为圣人的孔子,并不是一个教主,而只是一个伦理道德的宣扬者。儒家不语怪力乱神,敬鬼神而远之,因此儒教其实是一种无神宗教。儒家的敬天,是对自然力量的敬仰,儒家追求的天人合一,是追求人的行为与自然规律的统一。因此儒教是一种自然宗教,是一种理性宗教,或者说是宣扬伦理道德的人文宗教。而基督教信仰的是一种超自然的神力,宣扬的是天堂的快乐与地狱的痛苦,是来世今生,是一种虚幻的有神宗教,是一种愚昧的迷信宗教。通过对中国历史的研究,他们发现了一个惊人的事实:早在圣经记载的上帝创世造人以前中国人就存在了,而且生活得很好。这就揭示了一个明显的真理:人并不是上帝创造出来的,基督教并不是人类思想和行为的唯一主宰,没有基督教,人类社会仍然能够生活得很好。因此他们认识到,欧洲人此前一直生活在基督教神学的迷信和愚昧中,有必要摆脱基督教神学对人们思想的禁锢,从迷信和愚昧中解脱出来。18世纪发生的震惊欧洲的启蒙运动,也就是人们摆脱基督教神学思想控制下的迷信和蒙昧,走向理性和科学的运动。所谓"启蒙",也就是摆脱愚昧和黑暗,走向理智和光明的意思。

中国思想文化的传入对欧洲启蒙运动的发生无疑起到了极大的推动作用,法国启蒙运动的泰斗——伏尔泰,就是中国思想文化在欧洲最有力的鼓吹者。伏尔泰在他的书中写道:"我曾认真仔细地拜读过孔子的著作,并对他的著作做了摘录。在他的著作中除了他那淳朴至极的道德之外我怎么也没有发现,没有一点点的平庸思想。"[①]他认为,在这个地球上最幸福、最值得尊敬的时代,就是人们遵从孔子法规的时代。在道德上欧洲人应该成为中国人的徒弟。他大声疾呼要"全盘华化",他主张每个法国人都应该把"己所不欲,勿施于人"作为自己的座右铭。

魁奈、狄德罗、爱尔维修、霍尔巴赫都是法国启蒙运动的代表人物,他们认为中国是世界上唯一将政治和道德结合的国家,中国的统治者明白,要使国家繁荣,必须仰仗道德,中国的学说值得所有的国家奉为楷模。中国用伦理道德来治理社会的学说,使欧洲依靠神的启示来治理社会显得多么荒谬。霍尔巴赫宣称,法国

---

①　(法)伏尔泰:《哲学辞典》,钱逊,刘锐编译,北京,人民日报出版社2008年版,第178页。

要想繁荣必须以儒家的道德代替基督教的道德。德国哲学的奠基人莱布尼兹,曾作为一个外交官于1672年—1676年在法国居住过4年,在那里他接触并了解到中国文化,后来他写了一本书《论中国哲学》。他认为,中国有着令人赞叹的道德,还有自然神论的哲学家,其哲学体系的创立早在希腊哲学之前,是中国让欧洲觉醒了。

但是,欧洲的中国热在18世纪中期以后开始退潮,因为随着欧洲国家与满清蛮族建立的中国清朝的交往增多,他们与满清朝廷的矛盾开始加剧。最初的冲突是18世纪初罗马教皇与康熙皇帝的"礼仪之争"。西方传教士从明朝中期就开始进入中国传教,但是他们的活动开始并不顺利,明朝政府虽然没有明令禁止他们传教,但是中国已经有了儒、佛、道三大教,另外还有伊斯兰教和其他的小宗教,所以基督教并没有发展余地,后来传教士们通过给信徒发入教费才赢得一些贫苦民众成为教徒。明朝后期,以利玛窦为代表的一些有才学的传教士,打破罗马教廷的一些规则和禁令,主动迎合中国的礼仪风俗,并与中国的学者进行一些科学知识的学习和交流(这些都是教廷禁止的),才结识到一些中上层社会的人士。一些传教士也因此得以进入明朝宫廷为朝廷服务,他们利用所掌握的天文知识和带去的西洋天文仪器协助朝廷主管天文的官员进行天文观测和历法制定。

满清取代明朝后,最初对基督教是持排斥态度的,一度禁止传教。康熙亲政后,在宫廷的一次关于发生日食的天文观测中,看到传教士南怀仁与汉族天文官员发生争论,而观测的结果证明南怀仁的预测更准确,他觉得可以利用这些有学问的西方传教士来打压汉族知识分子,从而开始对传教士有了好感。康熙聘用传教士为教师,在宫廷中教授天文学和数学等西洋科学知识。但是他只允许宫廷中的满清贵族子弟学习这些西洋科学,而不允许把这些科学知识教给汉族人和蒙古人。因为作为统治民族的满族人只占中国人口的极少数,康熙认为如果让汉人和其他民族的人学会了这些知识,他们将更难统治了,他必须用愚民政策来打压汉人,以维持满族人的优越地位。因此,康熙开始对西方传教士采取宽容态度,逐渐开始准许传教士在中国传教,而来中国的传教士也越来越多。

最初来华传教的大多是耶稣会士,而随着传教士的增多,多明我会和方济各会等修会的传教士也纷纷来华。出于各修会之间的竞争,他们对耶稣会士的传教方式提出指责,认为他们在很多方面违反了教规,比如允许入教的中国信徒参与祭祀孔子、祭祀祖宗这些中国的祭祀仪式等等。他们不断地向罗马教廷提出指控。对于这些指控,罗马教廷前几任教皇的态度是摇摆不定。1693年,罗马教廷授权的在华代表——主教阎当,发表了一条全面禁止信徒参加中国祭祀礼仪的布告,这条禁令在中国和欧洲的教会内引起极大的争论,被称为"中国礼仪之争"。

1700 年,在华的耶稣会传教士闵明我、安多、徐日昇、张诚,为了取得一份能让欧洲教会信服的证据,证明中国礼仪不是宗教崇拜而只是世俗礼仪,他们向康熙皇帝递呈了一份请愿书,希望皇帝能签署证明。康熙皇帝通情达理地给予了朱批。但是康熙的证明并没有能平息教会的争论,反而被反对中国礼仪的人指责为利用世俗权力干涉宗教教规,教廷因此对中国礼仪采取了更加强硬的态度。

1704 年,教廷派遣多罗携带更加严格的禁令来华。教廷这一举措大出康熙所料,使他大为恼怒,他不仅对多罗下了驱客令,而且还下了一道谕旨,规定在华的传教士凡没有领取朝廷批准的传教印票,以及不服从中国礼仪的人,一律驱逐出境。得知康熙皇帝的态度后,罗马教廷也毫不示弱,于 1715 年发布了著名的《自那一天起》禁令,不仅要求在华的传教士要遵守教廷的禁令条文,而且还要求传教士宣誓,并派特使嘉乐赴中国与康熙皇帝交涉。康熙从嘉乐手中得知这条禁令的内容后,气愤之余批旨道:"禁止可也,免得多事。"干脆毫不留情地向天主教发出了禁止传教的命令。康熙之后继位的雍正皇帝,在 1723 年登基后实行了更严厉的禁教政策,清廷与欧洲天主教会的关系完全破裂。

礼仪之争还只是中国清朝与西方关系破裂的开始,而对双方关系影响更大的还是在商业贸易问题上的矛盾,但是礼仪之争对此后清廷在处理与西方的世俗问题时也造成了很大的影响。18 世纪正是欧洲经济的高速发展时期,对海外的贸易需求越来越大,中国地大物博,精美的瓷器、漆器、丝绸以及茶叶等各种商品对他们充满了吸引力,欧洲国家纷纷前来寻求与中国做贸易。满清本是来自北方的渔猎游牧蛮族,思想观念比较落后,入主中国后又奉行重农抑商的小农经济政策,压制工商业,自给自足,不屑于对外贸易。而且游牧民族本身就有一种对海洋的恐惧,加之清朝前期的反抗满清统治的斗争很多都是来自东南沿海,所以,满清出于维护其统治的需要,实行严厉的禁海政策,片板不得入海,以防人们出海而成为反抗满清的"海贼"。被允许的少数外国商船来华贸易也只能在广州这一个口岸进行。

康熙在平定台湾郑氏反清政权后,一度稍微放松海禁,允许载重在 500 石以下的小渔船出海。出于对欧洲传教士的好感,东南沿海的贸易口岸也增开至四个,显然这有利于扩大海外贸易。但是在与欧洲教廷的礼仪之争发生后,康熙对西方国家的看法发生了改变,又重新实行严厉的海禁,新增开的贸易口岸也在后来又重新关闭,只留下了广州。而且康熙还警告后人:将来这些西方国家必将会成为中国之患。所以康熙以后的几任皇帝也都对"西夷"持抵制态度,欧洲国家派来的使团要求通商往往遭到拒绝,使这些欧洲国家大失所望,从而对中国的好感急剧降温,从仰慕和赞扬转向不满和诋毁。

但是,这还不是中国热在欧洲降温的主要原因,因为真正的原因还是满清蛮族征服中国后的野蛮统治,导致了中国文明的倒退和政治的黑暗,而此时的西欧经济正在高速发展,西方文明已开始超越中国。欧洲国家的使团来华不但没能如愿与中国建立贸易关系,而且中国之行使他们看到了清朝的黑暗面,看到了满清统治者的腐朽和人民生活的极度贫困。比如在乾隆年间来华的英国马戛尔尼使团,这是英国首次派使团访华,英国人看到遍地都是惊人的贫困,人们衣衫褴褛甚至裸体,他们丢掉的垃圾都有人捡去吃。但是最令英国人失望的还不是经济的贫穷落后,满清蛮族政权极为黑暗恐怖的专制制度才是对他们思想的最大打击。在此之前,中国在他们心目中是那么的优雅而神秘,国土广阔,繁荣而富庶,还拥有世界上最优秀的社会体制,政治清明而仁道,官员廉洁而高效,人民淳朴而富有道德,但是此行所见使他们的这些观念彻底崩溃。他们看到的是,中国人生活在满清种族统治最为卑鄙的暴政之下,生活在恐怖之中。马戛尔尼在他的访问日记中写道:"自从北方满洲鞑靼人最后征服以来,至少在这过去的 150 年里,没有发展和进步,甚至在后退。而在我们科技日益前进时,他们和今天的欧洲民族相比较,实际上变成了半野蛮人。"①而对于英国人的通商要求,乾隆皇帝的答复是:"天朝物产丰盈,无所不有,原不籍外夷货物以通有无。"②可以说英国人是怀着希望和仰慕而来,带着失望和鄙夷而去。

中国热虽然退潮,但是中国文化对欧洲启蒙运动造成的影响却是巨大的。中国的悠久历史本身就彻底颠覆了基督教的上帝创世说,儒家不语怪力乱神的无神论思想,则为启蒙思想家打破基督教神学迷信对思想的禁锢提供了锐利的武器。思想禁锢一旦被打破,人们的思想就获得了自由,于是各种自由思想开始迸发,欧洲思想界出现了百家争鸣的局面。

人们开始用科学、理性的方法来思考各种自然和社会问题产生的原因,研究如何解决这些问题,比较中国与欧洲各种社会制度的优劣,探讨更合理的社会制度。中国用科举考试选拔官员的制度和孔子的有教无类、学而优则仕的思想,使他们看到了一个不同于欧洲贵族世袭制度的,不分贫富贵贱人人平等的、公正的

---

① (英)乔治·马戛尔尼,约翰·巴罗:《马戛尔尼使团使华观感》,何高济,何毓宁译,北京,商务印书馆 2013 年版,第 6 页。
② (英)斯当东:《英使谒见乾隆纪实》,钱丽译,北京,电子工业出版社 2016 年版,第 416 页。

社会制度。这正符合新兴资产阶级希望打破贵族世袭特权的需求,由此产生了欧洲启蒙思想家的人人平等观念和教育普及思想,以及欧洲用考试录取文官的制度。中国的民为邦本,民意即天意,水能载舟,亦能覆舟;孟子的"民为贵,社稷次之,君为轻","君之视臣如草芥,则臣视君如寇仇","君有大过则谏,反覆之而不听则易位"等反对君主专制的思想,催生了欧洲的民权思想和政权来自人民的人民主权思想。孔子的仁爱思想,己所不欲,勿施于人的思想,以及天下为公,人人平等的"大同"社会思想,催生了欧洲的博爱思想和人权思想。中国哲学家老子的道法自然、无为而治,我无为而民自化,我无事而民自富等等治国思想,则为新兴资产阶级提供了一个反对政府限制工商业经营和干涉市场经济的自由经济理论。

18世纪正是欧洲新兴资产阶级日益壮大的时期,他们迫切需要推翻封建专制特权对他们的压迫和限制,取得政治权利。中国早已推翻了封建制度进入了官僚集权社会,因此来自中国的这些反封建思想和平等的选官制度以及民为邦本的民权思想,为他们反对封建特权提供了有力的武器。他们把这些思想与欧洲的传统哲学思想相结合,针对欧洲资本主义经济高速发展时期的社会矛盾,提出了一系列新的观念、新的学说、新的政治制度。这些新思想学说导致了西方国家一系列革命运动的发生,并最终导致了欧洲封建制度的彻底崩溃和现代民主社会制度的建立。启蒙运动期间,欧洲产生了一大批思想家,孟德斯鸠、伏尔泰、卢梭,是其中最重要的代表人物。

孟德斯鸠(1689～1755年),法国18世纪启蒙运动的著名思想家,也是近代欧洲国家较早的系统研究东方社会和法律文化的学者之一。他的著述虽然不多,但是影响却相当广泛,尤其是《论法的精神》这部集大成之作,奠定了近代西方政治和法律理论发展的基础。孟德斯鸠在英国君主立宪制的立法权与行政权,两权分立的基础上,吸收了中国历朝监督官员腐败和滥用职权的监察院制度,提出了"三权分立"的学说,认为国家的权力应该立法权、行政权、司法权,三权分立,互相制衡。孟德斯鸠去世后不久,美国爆发了独立革命,独立后,美国采用了孟德斯鸠的三权分立学说,建立了世界上第一个没有君主的资产阶级民主政权。而三权分立现已成为世界上大多数国家政治体制的基础。

伏尔泰(1694～1778年),法国启蒙运动著名的思想家、哲学家、文学家,18世纪法国资产阶级启蒙运动的旗手,被誉为"法兰西思想之王"、"欧洲的良心"。伏尔泰不仅在哲学上有卓越的成就,也以捍卫公民自由,特别是信仰自由和司法公正而闻名。他提倡天赋人权,认为人生来就是自由平等的,法律应以人性为出发点,在法律面前人人平等。伏尔泰不仅著写了许多哲学著作,而且创作了大量的文学作品,包括小说、史诗和 50 多部剧本。在这些文学作品中,他以辛辣的语言讽刺了封建专制统治,因此,他曾两次被捕入狱,多次被驱逐出国。伏尔泰还尖刻地抨击了天主教会的黑暗,他把教皇比作"两足禽兽",把教士称作"文明恶棍",说天主教是"一些狡猾的人布置的一个最可耻的骗人罗网"。他号召"每个人都按照自己的方式与骇人听闻的宗教狂热作斗争。"①伏尔泰晚年以更旺盛的斗志从事创作,并为《百科全书》撰稿,先后撰写了 613 条辞目。伏尔泰深刻地预见到了革命必将到来,他在给友人的信中这样写道:"我所看到的一切,都在传播革命的种子,革命的发生将不可避免,不过,我怕是没有福气看到它了。"②伏尔泰去世 10 年后,法国爆发了资产阶级大革命,革命波及整个欧洲,导致了欧洲封建制度的崩溃。

卢梭(1712～1778 年),法国著名启蒙运动思想家、哲学家、文学家,是 18 世纪法国大革命的思想先驱,被称为人民主权的捍卫者。在法国启蒙运动思想家中,卢梭对封建制度进行的批判最为激烈。卢梭思想的精华和基本原则是人民主权思想,提出了"主权在民"的主张。他认为一切权利属于人民,权利的表现和运用必须体现人民的意志。政府和官吏是人民委任的,人民有权委任他们也有权撤换他们,甚至有权起义,消灭奴役压迫人民的统治者。卢梭最重要的著作有《社会契约论》和《论人类不平等的起源和基础》,在这些著作中卢梭认为,政府是统治者与被统治者之间的一种社会契约关系,不管任何形式的政府,如果它没有对每一个人的权利、自由和平等负责,那它就破坏了作为政治职权根本的社会契约。卢梭还认为,私有制是人类不平等的根源,他是最早攻击私有制的近代思想家之一,因此,他也被认为是现代社会主义和共产主义的思想先驱。

---

① (法)伏尔泰:《哲学辞典》,钱逊,刘锐编译,北京,人民日报出版社 2008 年版,第 411 页。
② 同上书,第 15 页。

二十九　俄罗斯的起源与崛起

　　现在的俄罗斯是一个横跨欧洲东部和亚洲北部,连接西方和东方的庞然大国。它的人口和政治中心在欧洲,但是它的领土又大部分在亚洲,因此欧洲人经常把俄罗斯看作东方人,而亚洲人又经常把俄罗斯看作西方人。

　　实际上人类都是起源于东亚大陆,然后逐渐迁徙至世界各地。往欧洲迁徙的路线主要有两条,一条是经中亚和里海北岸的草原地带进入东欧,另一条是经亚洲北部的西伯利亚森林地带进入北欧,而今天的俄罗斯就处于这两条迁徙路线上。

　　俄罗斯人被认为是斯拉夫人的后裔,但是,斯拉夫人其实并不是一个单一的民族,它是由许多从亚洲西迁而来的民族融合而成。远在公元前4000多年以前,就有许多农业移民从亚洲迁徙来到东欧多河流的平原地区从事农业,他们被认为是最早的斯拉夫人。在公元前几个世纪的古希腊和古罗马文献中有关于他们的记载,不过那时他们还没有被称为斯拉夫人,而是被称为维内德人。他们主要从事农业,辅以畜牧业和渔业,并且有冶金、制陶、纺织、木工、皮革等手工业,民性温和,罗马人甚至认为他们很懦弱。他们居住在半地窖式的土屋里,以父权制的大家族聚居,妻室儿孙多达数十人,与远古时期的中国北方习俗非常相似。社会形态是氏族公社制,土地公有,定期分配。他们的居住地北濒波罗的海,南至喀尔巴阡山,西抵中欧的奥得河东岸。奥得河以西是主要以畜牧和狩猎采集为生的日耳曼蛮族。

　　亚欧大陆向北一直延伸到了寒冷的北极圈内,而随着自北向南纬度的降低,在亚洲北部形成了四个特点鲜明的气候带。在靠近北极圈地区的北冰洋海岸,是寒冷而荒凉的冻土带;在冻土带的南面,是从亚洲北部的西伯利亚一直延伸到北欧的森林地带,森林地带的宽度达400至800公里,占据了西伯利亚大部分面积;在森林地带的南面,树木逐渐变矮,从而过渡到无树的草原地带,草原地带从中国东北一直向西延伸到欧洲中部;而在草原地带的南面,从蒙古大漠南北直到中亚,因为地处大陆深处,远离海洋,干旱少雨,因此是一种草原和沙漠相间的草原荒漠地带。而原始的野马就是起源于这些草原荒漠之中,大约在公元前3000多年以前,在这些草原荒漠地区边缘从事狩猎和畜牧的人们驯服了这些野马,有了马匹作交通工具,于是游牧民族开始出现。

游牧民族在这些草原荒漠地区出现后,随着人口的增长,他们也逐渐开始了向西面的迁徙扩散。因为这些地区的气候都非常干燥,因此土地贫瘠,草原上牧草的生长情况并不好。但是在他们的西面,无论是从东欧到中欧,还是西亚的伊朗高原,草原的生长都要好得多,那里的气候比较湿润,牧草肥美。因此,自从游牧民族出现以后,他们就一批接一批地,不断地从干旱贫瘠的蒙古大漠和中亚草原向牧草肥美的西面迁徙。

据历史资料,游牧民族从公元前20世纪以前就开始向西迁徙进入欧洲,最早进入东欧的游牧民族是赫梯人,但他们后来越过高加索山脉去了小亚细亚。大约从公元前20世纪开始,大批的多利安游牧民也从中亚西迁进入了东欧,他们占领了东欧多河流的平原,那里的斯拉夫人被迫逃入了北部的森林地带。继多利安人之后,又陆续有斯鲁伯人、辛梅里安人、斯基泰人、萨尔马特人等等游牧民族先后来到东欧,这些游牧民族后来的对先来的发动攻击,争夺肥沃的东欧草原。在这些争夺中战败的游牧民族有些继续向西迁移,有些被迫逃入森林地区融入了斯拉夫人。

但是来到这里的也并非只有游牧民族,公元2世纪,来自北欧斯堪的纳维亚半岛的一支日耳曼蛮族——哥特人,渡过波罗的海,南下来到多瑙河下游,他们击败了萨尔马特人占据了黑海北岸。萨尔马特人退到了伏尔加河流域,在那里建立了阿兰国。

公元4世纪,匈奴人西迁进入了东欧,他们首先征服了萨尔马特人的阿兰国。萨尔马特人有些归附了匈奴,有些逃入了斯拉夫人地区融入了斯拉夫人。匈奴人继续向西进攻哥特人,哥特人有些逃入了罗马帝国境内,有些被迫向西迁徙。强大的匈奴人继续西进,他们占领了中欧的潘诺尼亚平原,并以这里为基地四处出击,横扫了整个欧洲,最终造成了欧洲民族大迁移和西罗马帝国的崩溃。但是在他们杰出的首领阿提拉去世后,匈奴陷入了分裂从而衰弱,后来逐渐销声匿迹,最终也融入了斯拉夫人。

此后从东方西迁来到欧洲的游牧民族还有,公元6世纪的阿瓦尔人、公元9世纪的马扎尔人、公元10世纪的突厥佩切涅格人、公元11世纪的突厥钦察人等等。最后来到欧洲的游牧民族是蒙古人,公元13世纪蒙古铁骑横扫了整个东欧和中欧,然后以南俄草原为中心建立了金帐汗国。不过这些游牧民族后来大多数也都融入了斯拉夫人。

从亚洲北部的西伯利亚森林地带进入北欧的亚洲移民虽然在古籍上很少有记载,但是从北欧一些民族的面貌特征、语言文化、生活习俗中都能够很容易看到他们的痕迹,虽然经过长期的民族融合这些特征已有了很大的改变。见于历史记载的有萨米人,他们约在公元前几个世纪开始沿着寒冷的西伯利亚森林地带进入欧洲北部,主要以狩猎和捕鱼为生。他们应该是来自亚洲的东北部,因为他们与中国东北的古代居民有相同的生活方式,并且信仰相同的宗教——萨满教,他们现在分布在俄罗斯、芬兰、瑞典和挪威这些国家的北部地区。

另外,大量分布于欧洲东北部的操芬兰—乌戈尔语系的民族,其中有许多也是从乌拉尔山脉以东的亚洲北部陆续迁入北欧的。比如在芬兰人中,具有东亚黄种人面孔的就占了相当大的比率。欧洲中部的匈牙利语也属于芬兰—乌戈尔语系的乌戈尔语支,从一现象看,操芬兰—乌戈尔语的民族中有很多应是北匈奴的后裔,北匈奴在被中国汉朝赶出漠北草原后,一部分到了中亚,一部分来到西西伯利亚的额尔齐斯河和鄂毕河流域,后陆续西迁进入欧洲。但是迁入北欧森林地带的这些北匈奴人后裔已经不再以游牧为生,他们已经和寒冷的西伯利亚森林地带的土著一样,习惯于在森林地带中以狩猎和捕鱼为生,有些也会在林间的空地上以刀耕火种的原始方法种上一些农作物。在林间的空地上放火烧荒,然后播种谷物,种了几年后地力下降就抛荒,另找一块地再种。

在公元8世纪开始的维京海盗肆虐欧洲的浪潮中,一些维京海盗越过波罗的海来到东北欧,他们顺河逆流而上进入内陆,然后顺第聂伯河和伏尔加河南下来到黑海,沿途到处烧杀掳掠。但是他们也不是仅仅只做杀人越货的勾当,他们也做贸易,并把抢夺来的财物和掳掠来的人口当奴隶,去与当时经济文化已高度发达的拜占庭帝国和阿拉伯帝国进行交易,获取高额利润。从而建立起了一条从北欧通往拜占庭和中东的贸易商道(瓦希商路)。

维京人是生活在日德兰半岛和斯堪的纳维亚半岛的日耳曼人,维京是他们的自称,意为海湾侵略者。西欧称他们为诺曼人,意即北方人。东欧斯拉夫人称他们为瓦良格人,"瓦良格"其实就是维京一词的斯拉夫语发音。而芬兰—乌戈尔语则称他们为罗斯人,意思也是北方人。俄罗斯则是后来的蒙古人在读罗斯这个词时,语音发生了变化读成了"斡罗斯"而成为了今天汉语的"俄罗斯"。

进入9世纪以后,维京人开始在瓦希商路的沿途占领一些村庄和城市作为殖民据点。当时东北欧还处于氏族社会,部落之间组织松散,无法对他们进行抵御。维京人依托这些殖民据点建立起对周边的统治,形成一些小公国,其中最重要的有两个:一个是以瓦希商路上第聂伯河畔的商业重地——基辅为中心建立的库雅巴;另一个是以瓦希商路上北方的商业重地——诺夫哥罗德为中心建立的斯拉雅亚。斯拉雅亚是由一个维京人的首领——留里克率领他的部众,于公元862年占领诺夫哥罗德建立的。这是最早的罗斯人国家,留里克被认为是罗斯人国家的创立者,他建立的留里克王朝统治罗斯人国家长达700余年。

公元879年,留里克去世,因他的儿子伊戈尔年幼,他的族人奥列格继承了他的位置。882年奥列格大公率军沿瓦希商路南下打败了库雅巴的维京人统治者,占领了基辅,并把统治中心迁到了基辅,建立起了基辅公国。此后奥列格相继征服了周围的东斯拉夫诸部,形成了一个以东斯拉夫人为主体的基辅罗斯大公国。为了维持对公国内人民的统治,基辅罗斯大公每年冬初都要率领亲兵到各处巡视,向那些被征服的臣民征收贡物。所到之处,大公的亲兵们肆无忌惮地掠夺财物和奴隶,然后运至君士坦丁堡市场出售。这种征收贡物的残暴行为,虽然经常遭到人民的反抗,但却是早期罗斯大公维持对其臣民统治的方式。

基辅罗斯建立后曾多次沿瓦希商路南下,向拜占庭帝国发动进攻,以劫掠财物和争夺贸易利益。907年基辅大公奥列格率领陆军88000人,战舰2000艘,水陆并进,一路烧杀掳掠,直逼君士坦丁堡城下。在索要了大量财物后,迫使拜占庭与之签订贸易协定,罗斯商人获得了在那里免税贸易的特权。

912年奥列格去世,伊戈尔继位,伊戈尔继承了奥列格的扩张政策,四处征战,强迫被征服的部族向他纳贡。941年,因拜占庭企图取消罗斯商人的贸易特权,伊戈尔率基辅罗斯舰队从水路进攻君士坦丁堡,但是被拜占庭的"希腊火"击退。944年他再次率军水陆并进,大举进攻拜占庭,拜占庭被迫与他重新签订了贸易条约。

945年,伊戈尔在索贡巡行时被杀,因儿子斯维亚托斯拉夫年幼,因此由伊戈尔的妻子奥丽加摄政。957年,奥丽加前往君士坦丁堡进行友好访问,受到了拜占庭皇帝的隆重接待,双方建立了友好关系,奥丽加还皈依了基督教。在奥丽加于969年去世前,基辅罗斯国内事务都她掌管。

斯维亚托斯拉夫亲政后,为扩大基辅罗斯的势力连年征战,他几乎终身都是在征战中度过。经过多年征战,他把基辅罗斯的疆域扩大到了西至多瑙河流域,南至巴尔干半岛,东至伏尔加河。拜占庭帝国对基辅罗斯势力的扩张感到非常担忧。当时拜占庭与边境北部的保加利亚人也经常发生战争,为缓解北部边境的威胁,拜占庭以重金诱请基辅罗斯人与保加利亚人作战,希望以此消耗斯维亚托斯拉夫的力量,使基辅罗斯与保加利亚两败俱伤。不料斯维亚托斯拉夫很快就攻占了保加利亚的首都,并且继续进攻,几乎就要占领了整个保加利亚,拜占庭人察觉到自己的失策。

为了不使斯维亚托斯拉夫吞并保加利亚后直接威胁到自己的边境,拜占庭又唆使从 10 世纪初开始进入黑海北岸的突厥游牧部落佩切涅格人进攻基辅。佩切涅格人包围了基辅,斯维亚托斯拉夫被迫还师,但是他在解了基辅之围后又立即出师保加利亚。拜占庭皇帝约翰一世不得不决心真正以自己力量来对付斯维亚托斯拉夫。拜占庭凭借自己军事技术上的优势,把斯维亚托斯拉夫围困了达 3 个月之久,最后斯维亚托斯拉夫放弃了对保加利亚的领土要求,双方签订了停战条约。然而,在返回基辅的归途中,斯维亚托斯拉夫遭到佩切涅格人的伏击而被杀死。

973 年,斯维亚托斯拉夫被杀后,他的长子雅罗波尔克继承了他位置。977年,雅罗波尔克与他的两个弟弟之间发生激烈内讧,以致兵戈相向,一个弟弟奥列格战死,另一个弟弟弗拉基米尔逃往北欧斯堪的纳维亚。然而,不久后弗拉基米尔在那里招募维京人组成一支军队杀了回来,首先夺回了他的封地诺夫哥罗德,然后南下进攻基辅,最终将雅罗波尔克杀死,于 980 年登上了基辅罗斯大公宝座。

弗拉基米尔一世统治时期基辅罗斯国力强盛。他继续执行扩张政策,从波兰王国夺得了加利西亚地区,占领了波罗的海沿岸的立陶宛一带,征服了邻近的一些斯拉夫和非斯拉夫人部落,扩大基辅罗斯的疆域。为了巩固自己的统治维护政权的统一,弗拉基米尔一世试图把疆域内各部族不相同的多神宗教统一成为一种宗教,但没有成功。于是他派出使节到国外考察,希望引进外来宗教。听了使节回来的报告后,他觉得伊斯兰教禁止喝酒和吃猪肉那样会很不快乐;对德意志的考察发现,西方基督教会(隶属于罗马教廷,即天主教)的神权高于王权,这使他也不能接受,而且西方的教会都不富有,教堂和宗教仪式都很粗陋,因为中世纪的西欧经济文化都非常落后;而拜占庭的东方基督教会(希腊正教,即东正教)的辉煌建筑,庄严的礼拜仪式,华丽的排场则给他留下深刻的印象,于是他有心选择东正教。

987 年,拜占庭的一些军事贵族趁皇帝瓦西里二世对保加利亚作战失利,在小亚细亚兴兵发动叛乱,并向君士坦丁堡水陆两路发动进攻,欲夺取皇位。瓦西里二世危机之中向弗拉基米尔一世求助,并答应了他希望迎娶皇妹安娜的要求。弗拉基米尔一世率军进入拜占庭,打败了叛军,使瓦西里二世摆脱了困境。然而瓦西里二世又想悔婚,因为此前拜占庭公主从未嫁给过蛮族王公,包括西欧日耳曼蛮族国家的王公。弗拉基米尔一世以军力相威胁,瓦西里二世不得已,只得提出要求弗拉基米尔一世皈依基督教。因为基督教徒只能有一个妻子,而弗拉基米尔一世妻妾成群。弗拉基米尔一世有心选择东正教,所以他答应了这个要求,受洗成了基督徒,并与安娜正式结婚。

婚礼后他带上安娜和一些东正教教士以及许多圣像、法器等返回了基辅。从此他把东正教正式定为基辅罗斯的国教,并强迫罗斯人民受洗,在各地兴建教堂,命令贵族的子弟们必须到教会的学校去接受教育。东正教的引进使基辅罗斯与拜占庭的关系得到了加强,也为基辅罗斯带来了拜占庭的先进文化。拜占庭帝国是东罗马帝国的延续,在公元5世纪西罗马帝国被日耳曼蛮族毁灭后,东罗马帝国因未遭日耳曼蛮族摧残而较完好地保留了古希腊和古罗马的文明,因此它是当时欧洲经济和文明最发达的地区。与拜占庭关系的加强和东正教的引进极大地促进了基辅罗斯经济和文化的发展,使基辅罗斯从一个落后的蛮族国家逐步进入了文明社会。

弗拉基米尔一世时期基本确定了基辅罗斯的疆界,随着拜占庭文化和一些法典制度的引进,基辅罗斯也开始向封建化演进,除了原有的军事贵族外,弗拉基米尔一世对他的12个儿子也进行了分封,使他们成为各有领地的王公。1015年,弗拉基米尔一世去世,由长子斯维亚托波尔克继位。但是儿子们之间爆发内讧,经过内战的争夺,第六子雅罗斯拉夫击败斯维亚托波尔克,于1019年登上大公之位。

雅罗斯拉夫被称为智者,在他统治期间,基辅罗斯的文化取得了很大的发展,他组织学者将希腊语文献翻译成斯拉夫语,撰写编年史,制定了重要的《雅罗斯拉夫法典》,并积极与欧洲各国王室联姻,发展与欧洲国家的关系。

当时对基辅罗斯威胁最大的是草原上的游牧民族,基辅位于北部森林与南部草原的过渡地带,在它南面是占据黑海北岸草原的佩切涅格人,东面则有生活在伏尔加河流域的保加尔人(阿兰人后裔)。为了抵御这些游牧民族的侵袭劫掠,雅罗斯拉夫在这些地区的边境修建了一系列坚固要塞。这些要塞虽然没有中国的万里长城那么雄伟,但是对抵御那些游牧民族的入侵还是发挥了重要作用。1054年,雅罗斯拉夫去世,其子伊兹亚斯拉夫继位,这时基辅罗斯已经形成了许多封建小公国分立的局面,基辅大公只是他们名义上的宗主,基辅罗斯从此进入诸侯纷争的封建社会。

13世纪,一个新的游牧民族——蒙古,从中国北方的大漠草原上崛起。这是一个更加强大的游牧民族,因为他们从文明程度领先于世界的中国学到了许多先进的军事技术,他们不仅拥有各种威力强大的攻城器械,还拥有了火药、火雷、火枪和火炮等热兵器,加上游牧民族与生俱来的军事优势——骑兵,使他们成了攻无不克的无敌之师。在征服了中亚和中国北方的金国之后,1235年,他们又兵分两路:一路向南,进攻中国南方的南宋;一路向西,开始了对欧洲的征服。

对南宋的进攻遇到了顽强的抵抗,因为他们在军事技术上并无优势,所以无法取得进展,苦战6年,最后以失败告终。但是对欧洲的征服却所向披靡,至1237年春,已占领了乌拉尔河以西至伏尔加河以东,以及外高加索地区,征服了那里的保加尔人和突厥钦察人。当年夏、秋季,他们在伏尔加河以东休养兵马,冬季开始越过冰封的伏尔加河进攻基辅罗斯中部各公国。里亚赞、科洛木纳、弗拉基米尔、罗斯托克等10余城相继被攻破,所到之处城市被夷为废墟,人民被屠杀殆尽。进攻到诺夫哥罗德时已是暖春季节,土地已解冻,诺夫哥罗德多沼泽,蒙古骑兵怕陷入沼泽,转而进攻伏尔加河上游地区,征服了那里的钦察人,1239年2月又攻占了阿兰城。

1240年夏,越过顿河进攻基辅罗斯南部,先后攻克了彼列雅斯科夫、契尔尼戈夫等城,11月,蒙古各路大军包围了基辅城。蒙古军在基辅城外四面架起大炮,昼夜不息,猛烈轰击,11月19日城破,蒙古军涌入城内大肆烧杀劫掠,这座繁华的城市完全被摧毁,成为一片废墟。蒙古人的目标是海边的尽头,他们继续西侵,兵分三路进入中欧,相继攻占了波兰、匈牙利、捷克,打败了德意志骑士团的3万援军,兵锋直逼神圣罗马帝国的首都——奥地利的维也纳。正当整个欧洲为之恐惧的时候,1242年初,从蒙古传来了窝阔台大汗去世的消息,蒙古人停止了进攻,他们的首领们急于赶回去参与大汗继承权的竞争。蒙古军西征统帅拔都在已经征服的土地上,建立起了一个从多瑙河以东直到西西伯利亚额尔齐斯河以西的金帐汗国,建都于伏尔加河下游的萨莱,从而开始了对罗斯人长达240余年的统治。

金帐汗国藩属于蒙古帝国中央政权,接受蒙古大汗的册封。金帐汗国内,拔都的13个兄弟及其后裔都有世袭封地,其下设有万户、千户、百户、十户的行政组织,同时也是军事组织。因为蒙古族人数较少,所以他们对汗国内的其他民族也是实行藩属式统治,罗斯诸公国都是他们的藩属国。罗斯诸大公和其他领主都必须得到金帐汗的批准才能即位,并接受金帐汗委派的官员监督。蒙古统治者向他们按人口征收什一税和商税,称为贡赋,此外,他们还要向汗廷提供车辆、饲料、劳役和兵役。王公们还要不定期地给汗、汗妃及其近臣馈赠贵重礼物。

蒙古大帝国和金帐汗国的建立使蒙古人的统治从远东的中国一直延续到了

中欧,从而在欧洲与中国之间建立起了一条通行无阻的商道,这在此前的历史上是从来没有过的。西方商人对富饶的中国仰慕已久,纷纷通过这条商道前往中国。商业也给金帐汗国带来了繁荣,许多繁荣的商业城市在商道沿途兴起,萨莱也成了一个繁华的商业城市,其人口最多的时候超过10万。但是到14世纪中期,金帐汗国内部出现分裂,蒙古王公们各自为政,互不协调,汗廷权力日渐削弱。14世纪末,花剌子模、克里木、保加尔逐渐从金帐汗国分裂了出去。到15世纪初,已分裂为8个互相独立的小汗国。

然而在蒙古人的统治下,一个叫莫斯科的小公国却借助蒙古人的力量在东北罗斯悄然崛起,成为罗斯诸国中最强大的国家,最后他们推翻了蒙古人的统治,统一了罗斯诸国,并不断向外扩张,缔造了一个横跨欧亚大陆的庞大帝国。

莫斯科原来是东北罗斯的一个小乡村,1147年开始建城。在蒙古人入侵时,由于它地处偏僻的森林地区,入侵者不易到达,所以许多人都逃到那里避难,使莫斯科的人口大增,城市也开始繁荣。1283年,莫斯科从日趋衰弱的弗拉基米尔——苏兹达尔公国中分离出来,成为莫斯科公国。莫斯科公国的第一位王公是丹尼尔,建国后莫斯科公国不断地向外扩张势力,陆续兼并四周的王公领地,国势渐强。

1303年丹尼尔去世,其子尤里继位。当时蒙古金帐汗国对罗斯人的统治方法是从罗斯诸公国中挑选一个王公,作为弗拉基米尔大公,由其代理金帐汗向各国收取贡赋。而实力强大的特维尔公国王公米哈依,是当时的弗拉基米尔大公。莫斯科王公尤里为谋求弗拉基米尔大公地位,极力向金帐汗乌兹别克示忠,献上大量珍贵财宝,终于取得了乌兹别克汗的信任,乌兹别克汗改任尤里为弗拉基米尔大公,并把妹妹康莎公主嫁给了尤里。特维尔王公米哈依心有不甘,率兵与尤里开战,结果尤里战败,蒙古公主也死于非命。

乌兹别克汗闻信大怒,把米哈依召到都城萨莱,将其处死。莫斯科王公尤里仍被立为弗拉基米尔大公,他忠心耿耿,尽心尽力地为金帐汗征收贡赋。但是特维尔人根本不买尤里的帐,他们向乌兹别克汗诋毁尤里,并想把贡赋直接交给金帐汗。米哈依的儿子底米特里为了复仇,后来伺机袭杀了尤里。乌兹别克汗为了平息争端,一方面杀死了底米特里,另一方面却把弗拉基米尔大公的封号给了底米特里的弟弟。

尤里死后其弟伊万继位为莫斯科王公,1327年,特维尔人因与金帐汗发生冲突而叛乱,伊万率兵帮助蒙古军前去镇压,平息了特维尔公国的叛乱,乌兹别克汗遂改封伊万为弗拉基米尔大公。伊万凭借代理征收贡赋的权力而富有起来,被称为"钱袋伊万",但是他也非常会用钱,他将大量金银珠宝献给金帐汗及其妻妾近臣,以博得金帐汗的信任。他还不惜重金在莫斯科修建了大教堂,把全罗斯的大主教公署从基辅迁到了莫斯科,从而使莫斯科成了罗斯人的宗教和政治中心,为此后莫斯科公国的发展打下了基础。

1341年,伊万去世,他的两个儿子——谢苗一世和伊万二世先后继位。他们都小心翼翼地侍奉金帐汗,以保住弗拉基米尔大公头衔,并不断扩张莫斯科公国的领地。1359年,伊万的孙子季米特里继位,这时金帐汗国因内部分裂已开始衰弱,季米特里渐有不臣之心。他把莫斯科公国周围的木墙改为石墙以加强防御,同时继续对邻近各公国作战,强迫他们臣服自己。1380年,季米特里终于与金帐汗爆发公开对抗,金帐汗率领大军进攻莫斯科公国,季米特里率军迎战,双方在顿河之滨的库利柯沃原野展开激战,此时的蒙古军已不复当年之勇,季米特里击退了金帐汗的进攻。这是罗斯人第一次在与蒙古人的作战中获胜,季米特里也因此获得了"顿河英雄"的称号。虽然莫斯科公国此后仍臣服于金帐汗国并向其缴纳贡赋,但是此仗打破了蒙古人不可战胜的神话,威震罗斯诸公国。

1389年季米特里去世后,瓦西里一世、瓦西里二世、伊凡三世相继继位,在与罗斯诸公国的争夺中,莫斯科公国的实力日渐强大。1473年,伊凡三世因前妻病逝,迎娶了拜占庭帝国末代皇帝君士坦丁十一世的侄女索菲亚为第二任妻子。拜占庭于1453年已被奥斯曼土耳其灭亡,皇帝战死,索菲亚随其父逃到罗马教廷避难。当时土耳其已占领了巴尔干半岛和希腊全境,直接威胁到意大利东部各国。罗马教皇希望通过与伊凡三世的联姻,使拜占庭灭亡后的莫斯科公国这个东正教的最后支柱,加入以罗马教廷为中心的天主教的基督教会,以统一天主教和东正教。并且促使伊凡三世从北面发动对伊斯兰教土耳其人的战争,以减缓土耳其对欧洲的威胁。

伊凡三世同意了这门婚事,迎娶了索菲亚,但是他却并没有与土耳其为敌,因为他根本没有能力去与土耳其人作战。莫斯科公国虽然已成为了罗斯诸国中实力最强的国家,但他们的生存环境仍然很险恶。西面有强大的波兰立陶宛联盟,当时的波兰立陶宛联盟占据有现在的白俄罗斯和乌克兰,领土北临波罗的海,南达黑海,实力强大,他们正在不断向东蚕食推进。南面和东面则有金帐汗国分裂而成的几个汗国,这些游牧人国家不断地对罗斯诸国发动侵扰掠夺,因此伊凡三世自顾不暇。而且伊凡三世也没有加入以罗马教廷为中心的基督教会,反而因此而名正言顺的以东罗马帝国的继承者和正统的基督教——东正教的领袖自居。他还把东罗马帝国的双头鹰标志镶嵌在克里姆林宫的大门上,作为继承罗马帝国的象征。这种双头鹰标志后来成了俄罗斯帝国的徽章。

伊凡三世苦心经营，不断扩张领土，他不仅使用军事力量，而且善于使用外交手段，罗斯托夫、雅罗斯拉夫尔、韦列亚等城邦都是使用外交手段收为己有的。在把周边诸城邦陆续并入版图后，他把目光投向了诺夫哥罗德，他先是利用诺夫哥罗德的亲莫斯科派贵族，试图用外交手段说服诺夫哥罗德承认莫斯科的主权，但是遭到拒绝。1477年，他率军包围了诺夫哥罗德，但是围而不攻，围城数月后，诺夫哥罗德因断粮而不得不投降，伊凡三世兵不血刃，把莫斯科公国的领土向北方扩展了数百公里。此后伊凡三世又相继兼并了特维尔等几个罗斯公国，基本统一了东北罗斯。

日益强大起来的伊凡三世决心摆脱蒙古人的统治，而此时的金帐汗国已经分裂成了几个互相敌对的汗国，实力大衰。为了抗衡金帐汗国和立陶宛，伊凡三世用重金买通从金帐汗国分裂出去的克里木汗国的上层贵族，终于与克里木汗国结成了联盟。1476年，金帐汗国派使者前来索要贡赋，伊凡三世断然拒绝。使者当场与伊凡三世大吵起来，伊凡三世一怒之下杀掉了使者。一场大战在所难免，伊凡三世做好了准备。

1480年夏，等候已久的大战终于来了，金帐汗阿合马亲率大军征讨莫斯科，伊凡三世率军迎战，两军在距莫斯科不到200公里的奥卡河隔河相拒。看到河对岸的莫斯科军严阵以待，阿合马汗决定避其锋芒，迂回进攻。他下令移师西进，绕过莫斯科军集结地，从南面迅速推进至乌格拉河南岸，意图从南方向莫斯科发动进攻。同时派人去盟国立陶宛，请求速派援军夹击莫斯科。但是阿合马汗进抵乌格拉河后，发现莫斯科军已出现在对岸，而且没有渡船，他无法强行渡河。他下令就地安营扎寨，等待立陶宛援军，此时已是深秋，他希望冬季河上结冰以后，会同立陶宛援军一举消灭对岸的莫斯科军。10月下旬，乌格拉河结冰了，但是立陶宛援军一直没来，而且他们也来不了了，立陶宛遭到了莫斯科公国的盟友克里木汗国的进攻。而单以金帐汗国的军力现在已无法打败严阵以待的莫斯科军，阿合马汗思考再三，至11月中旬，只得悻悻撤兵而去。莫斯科公国从此再也不向金帐汗国缴纳贡赋，结束了蒙古人对罗斯人长达240年的统治。1502年，衰败的金帐汗国被克里木汗国灭亡。

1505年，伊凡三世去世，其子瓦西里三世继位。瓦西里三世继续了前辈的事业，进一步完成了东北罗斯的统一，他自称是"统治全俄罗斯领土的君主"，并以第三罗马帝国和正统基督教文化的合法继承人自居。他在位期间，对来自于东面和南面的蒙古鞑靼人汗国的频繁侵袭采取防御策略，而致力于向西开疆拓土。他多次打败立陶宛,把斯摩棱斯克、普斯科夫等西部大片领地都纳入了俄罗斯版图,奠定了俄罗斯西部边境的雏形。对内则致力于打击大贵族势力,加强中央集权以巩固统一,他命令所有的大公们都必须在莫斯科居住,以便对他们进行监督和控制。他大权独揽,使原有的贵族杜马(贵族会议)形同虚设,建立起了中央集权的绝对君主制。在他的统治下,东北罗斯结束了长期的分裂局面,统一的中央集权的俄罗斯国家开始形成。

1533 年瓦西里三世去世,他 3 岁的儿子伊凡四世继位,由其母亲摄政。当时的俄罗斯封建势力还很强大,大贵族强横,各集团之间争权夺利,互相倾轧,充满暴力和谋杀。这些对后来伊凡四世顽强而暴虐的性格形成产生了很大的影响。1547 年 1 月,伊凡四世在克里姆林宫举行了拜占庭式的隆重加冕仪式,他成了俄罗斯历史上的第一位"沙皇"。

伊凡四世加冕主政后,开始对蒙古鞑靼人汗国采取攻势。金帐汗国分裂后形成了几个汗国,这些汗国都保留了游牧民族的习俗,频繁地对邻国进行侵袭掠夺,俄罗斯深受其害。特别是克里木汗国,克里木汗国在灭掉金帐汗国后实力更加强大,经常派出轻骑兵深入俄罗斯境内数百里,然后兜个圈子返回,沿途掳掠财物和人口,这是他们的传统生活方式和重要经济来源。克里木汗国的掠夺对象主要是俄罗斯、乌克兰和波兰人,他们把掳掠来的人口作为奴隶出售给土耳其和中东及欧洲国家。据统计,在克里木汗国立国之后的 200 余年里,被他们掳掠贩卖的奴隶多达 300 多万。

1547 年,伊凡四世首先对东部实力较弱的喀山汗国作战,经过 5 年的征战,至1552 年灭掉了喀山汗国。1556 年阿斯特拉汗国也被吞并,然后又吞并了大诺盖汗国和巴斯基尔亚,从此改变了俄罗斯与蒙古鞑靼人的力量对比,缓解了鞑靼人对边境的威胁。特别是对喀山汗国的吞并,为此后俄罗斯越过乌拉尔山脉向广阔的西伯利亚扩张铺平了道路。

16 世纪西方已进入大航海时代,经济迅速发展,城市开始繁荣,而此时俄罗斯还是一个内陆国家。为了获得通往西方的出海口,1558 年,伊凡四世发动了对立沃尼亚的战争,试图向波罗的海扩张。立沃尼亚是控制波罗的海的战略要地,因此也是周边国家竞相角逐的重要地方。这场战争导致立陶宛、波兰、丹麦、瑞典等国纷纷卷入,但是在经历了长达 25 年的混战后,俄罗斯夺取出海口的初次尝试以失败告终,仅保住了芬兰湾沿岸的一小块地方和涅瓦河口。

在内政方面,伊凡四世进行了一系列政治、法律、宗教、军事等方面的改革。尤其是在军事方面,建立常备军,整顿地方部队勤务,调整边境守备和屯扎勤务,制定了第一部军队条令,使俄罗斯的军事力量得到了极大的加强。伊凡四世大权独揽,实行独裁统治,他性格暴虐,被称为"恐怖伊凡"和"伊凡雷帝"。为了加强中央集权,削弱大贵族的势力,从1565年开始,伊凡四世在全国实行特辖区制度,收回特辖区内的大贵族领地,分给中小贵族。伊凡四世还专门成立了一支"特辖军",用来镇压大贵族的反抗,这些特辖军身穿黑袍,骑黑马,手段残暴,嗜杀成性。据统计,在推行特辖区制度的7年时间里,有4000余名大贵族被杀。特辖区制度的实行沉重地打击了大贵族的封建割据势力,巩固加强了中央集权的沙皇专制。晚年的伊凡四世性格更加暴躁,在一次盛怒之下,为了管教儿子,他竟然失手打死了自己的继承人伊凡太子。

伊凡四世在建立起特辖区制度巩固了专制权力后,开始策划对乌拉尔山脉以东的扩张。在乌拉尔山脉以东的鄂毕河和额尔齐斯河流域,有从金帐汗国分裂出来的西伯利亚汗国。1574年,伊凡四世下令,准许与西伯利亚汗国毗邻的斯特罗加诺夫家族在乌拉尔山以东构筑堡垒,招募兵马。斯特罗加诺夫家族秉承沙皇旨意,将其势力直接扩张到了西伯利亚汗国境内,因此也引起与汗国的频繁冲突。

1579年,斯特罗加诺夫招来了大强盗头子叶尔马克,叶尔马克早年因犯死罪而逃亡到伏尔加河为寇,后来成为一支哥萨克强盗队伍的首领,政府军曾对他们进行过围剿,但没能剿灭他们。斯特罗加诺夫鼓动叶尔马克去入侵西伯利亚汗国,为沙皇开疆拓土而效力,以取得沙皇的宽恕和赏赐。经过长期的准备和谋划,1581年9月,叶尔马克率领一支840人的哥萨克队伍深入西伯利亚汗国境内去进行偷袭,10月,他们袭击了汗国首领——双目失明的库楚姆汗的驻地卡什雷克,一举占领了卡什雷克,库楚姆汗慌忙逃走。

沙皇得知叶尔马克的胜利后非常高兴,宽恕了他和他手下人的所有罪行,并赐予他两套装饰华丽的盔甲和大量金钱。俄罗斯人也趁机出兵占领了西伯利亚汗国的领地。但是西伯利亚汗国并没有屈服,他们奋起抵抗俄罗斯人的入侵。1584年8月6日的夜间,库楚姆汗派出的一支突击部队对驻扎在额尔齐斯河岸的叶尔马克发动了袭击,叶尔马克企图游过河逃命,但是因为沙皇赐予他的盔甲过重,他淹死了。西伯利亚汗国反抗俄罗斯侵略的斗争一直坚持了17年,直到1598年库楚姆汗被害,汗国才最终被俄罗斯征服。

对西伯利亚汗国的征服为俄罗斯打开了通往辽阔的西伯利亚的门户,他们继续向东扩张,前面能够抵抗他们的强敌只有了布里亚特人。布里亚特人属蒙古游牧民,骁勇强悍,但是他们的生活区域主要是靠南面的草原地带。俄罗斯入侵者绕过他们,从北面寒冷的森林地带向东推进,那里人烟稀少,以渔猎为生的土著部落民分散而缺乏组织,无法对他们进行有效的抵抗。而寒冷的森林环境却是俄罗斯人最熟悉的,因为西伯利亚与东北罗斯处于同一地理气候带,同样的寒冷,同样的森林密布,俄罗斯人在那里不会感到任何不适。

对西伯利亚的扩张还伴随着巨大的经济利益,那里盛产价值昂贵的各种毛皮。俄罗斯侵入西伯利亚后,那里的毛皮收入就成为俄罗斯政府的重要经济来源,最高时竟占到了其财政收入的30%。因此,当俄罗斯远征军向前推进时,猎取毛皮者就紧随其后,猎物和貂皮吸引着他们一步步东进。商人们又紧跟在他们后面,收取毛皮,牟取厚利。他们一边推进一边在重要的地点和交通要地建立起要塞和据点,以巩固他们的占领,并强迫土著民向他们缴纳毛皮和税赋。1610年,他们已经到达了中西伯利亚的叶尼塞河流域,并在那里建立了克拉斯诺亚尔斯克要塞。1632年到达了东西伯利亚的勒拿河流域,在那里建立了雅库茨克要塞。至1647年,他们已抵达了太平洋鄂霍茨克海岸,并建立了鄂霍克要塞。一年后,他们到达了亚洲大陆最东端的白令海峡,然后,他们越过了冰封的白令海峡,来到了北美洲的阿拉斯加。至此,俄罗斯已经扩张成了一个地跨欧、亚、美三大洲的庞大帝国。

然而,西伯利亚有毛皮却没有粮食,从俄罗斯运粮食来又实在是太遥远,于是俄罗斯人转而南下越过外兴安岭山脉侵入中国的黑龙江流域。那里气候较温暖,有许多中国人种植的粮食作物,秋季的田野上到处都可以看到金黄的谷物。当时正值中国清朝初年,满清人大举入关,原来居住于此的满族人(即原来的女真人)大都入关进入了中国内地,以致外兴安岭等地,包括库页岛几乎成了无人区,俄罗斯人轻松地占领了这些地区。但是他们侵入黑龙江地区时还是遇到了一些抵抗,进行抵抗的主要是黑龙江当地的居民,显然他们无法抵御凶残的武装入侵者。而满清军队此时正在关内全力征服中国的南方,无暇北顾。1651年,俄罗斯远征军占领了黑龙江沿岸重镇雅克萨,在那里建起了坚固的要塞,并以此为据点四处出击,对黑龙江和松花江流域进行侵扰,烧杀劫掠,以致当地十室九空,一片荒凉。

1685年,清朝康熙皇帝在平定吴三桂反满势力和降伏台湾郑氏政权后,派兵北上攻克了雅克萨,收复了黑龙江流域。1689年,中俄两国经过谈判,签订了《尼布楚条约》。条约规定俄罗斯退出黑龙江流域,双方以外兴安岭和额尔古纳河为国界,两国商人持护照可以过界互市。《尼布楚条约》的签订使中俄在东部边界保持了170余年的和平,直到清朝晚期国力衰弱,俄罗斯趁第二次鸦片战争之机再次南下,侵占了中国黑龙江流域大片领地。

俄罗斯占领西伯利亚森林地带后,继续一步步地向南推进,把蒙古人挤压到了蒙古高原。并出兵控制了中亚地区,从而与中国形成了对蒙古人的四面包围。蒙古游牧民从此被局限在蒙古高原上,而蒙古高原当时正处于中国清朝的管辖和统治之下。

　　蒙古的荒漠草原是世界上野马的原产地,自从人类 5000 多年前在这里驯服了原始野马后,游牧民族就从这里开始起源。游牧民族的出现虽然加快了人类的迁徙、融合以及文明的传播,但是它带给世界的更多却是灾难。5000 多年来,游牧民族一批批的从这里出发,四处迁徙、征战、劫掠、征服,整个亚欧大陆都深受其害。无数的生命被他们残杀,无数的文明被他们摧毁,中国人始终将他们视为"边防大患",欧洲人更是将他们视为"黄祸"。在此之前,他们有从东北亚直到东欧草原的广阔活动空间,从而可以肆意地对亚欧大陆各地发动袭击。但是,从此以后,游牧民族被局限在蒙古高原上,夹在中俄两大强邻之间。蒙古高原气候寒冷而干燥、土地贫瘠、面积只有 150 多万平方公里,最多只能够承载 100 多万游牧人口,因此,他们再也不能兴起什么大风浪,游牧民族从此彻底衰落。

　　伊凡四世死于 1584 年,次子费多尔一世继位,费多尔一世无子,1598 年其死后无嗣,因此延续了 700 多年的留里克王朝遂告终结。俄罗斯缙绅会议选举了费多尔一世的舅子——掌握有实权的波里斯·戈都诺夫为沙皇。1603 年,一个青年人在波兰自称是伊凡四世的儿子,并在波兰国王派出的军队的帮助下来抢夺俄罗斯皇位。而戈都诺夫沙皇在 1605 年的突然去世,更使局面变得混乱,俄罗斯进入一个王朝混乱时期。瑞典人也趁机进行武装干涉,企图扶植瑞典人来当沙皇。面对外国的武装干涉,俄罗斯各地人民奋起进行武装反抗,打败了波兰和瑞典的干涉军。1613 年,俄罗斯缙绅会议选举了伊凡四世的亲戚(妻侄孙)米哈伊尔·罗曼诺夫为新沙皇,从而结束了混乱局面,俄罗斯从此进入了罗曼诺夫王朝。

　　沙皇米哈伊尔·罗曼诺夫 1645 年去世后,其子阿列克塞继位(1645—1676 年在位)。阿列克塞去世后,其长子费多尔继位(1676—1682 年在位)。费多尔早逝,死后无子,俄罗斯缙绅会议选举他的弟弟彼得为沙皇。彼得是沙皇阿列克塞第二个妻子纳塔利娅所生,因年仅 10 岁,因此由他母亲摄政。但是这引起他同父异母的姐姐索菲亚的不满,索菲亚依靠她亲母家族的势力发动兵变,冲进克里姆林宫,屠杀纳塔利娅家族的成员。缙绅会议只得同意与索菲亚同母的弟弟伊凡为第一沙皇、彼得为第二沙皇。因为伊凡也很年轻,因此由索菲亚摄政。彼得当然不会甘心,他暗中准备力量,1689 年,17 岁的彼得在支持者的帮助下发动兵变,把索菲亚监禁起来,从而自己掌握了国家政权,正式登上了沙皇宝座,是为沙皇彼得一世。

彼得一世正式登上沙皇宝座的这一年，正是中俄签订《尼布楚条约》的那一年。条约的签订标志着俄罗斯向远东的扩张已经基本结束，于是彼得一世把目光转到了西方。这时，因为新航线的开辟，世界商业和经济的重心已转移到大西洋沿岸，西欧国家的经济和文化得到了迅速的发展，城市日益繁荣，而俄罗斯还是个远离大西洋的内陆国家，经济和文化都很落后。为了开辟通往西欧和大西洋的通道，彼得一世决心打开出海口。

伊凡四世时期曾为打开北方出海口而与波罗的海沿岸国家打了长达25年的战争，最后以失败告终，因此彼得一世决定从南方寻求出路，夺取克里木汗国的领地，打开通往黑海的出海口。而此时的克里木汗国已依附于土耳其，成了土耳其的藩属国。土耳其在顿河河口附近建有坚固的亚速夫要塞，使俄罗斯船只不能进入亚速海和黑海。

在经过几年的准备后，1695年，彼得一世集结3万大军出征南方，夺取亚速夫要塞。但是出师不利，以失败告终。回去后，彼得一世下令赶紧造船。第二年，彼得一世建立起了一支强大的海军舰队，并扩充了陆军，再次进军亚速夫。这次彼得的舰队从海上封锁了亚速夫的运输线，将亚速夫围困起来，要塞里的守军不得不投降。

但是土耳其仍然控制着亚速海通往黑海的出口——刻赤海峡，俄罗斯舰队仍然进入不了黑海。因此俄罗斯还得与土耳其进行斗争，以争夺对黑海的控制权。而此时的土耳其非常强大，它的领土跨越欧亚非三洲，是伊斯兰教世界的领袖，并且直接威胁着基督教的欧洲。为了打败土耳其，彼得一世决定出访欧洲，去联系欧洲的反土耳其国家，以结成军事同盟共同对土耳其作战。

经过筹备，1697年彼得一世组成了一个约250人的访欧大使团，此行的目的不仅仅是要游说欧洲国家结成反对土耳其的军事同盟，而且还有对经济和文化得到高速发展的西欧进行考察和学习的任务。同时，彼得一世准备招募一些优秀的水手和技工，并购买先进的大炮、火枪等军事装备，学习先进的军事技术。所以使团中包含有俄罗斯各方面的优秀人才，彼得一世本人也使用化名，以一个下士的身份隐藏其中。

出访团首先到了瑞典，但遭到瑞典人的冷遇。瑞典是当时北欧的军事强国，领土跨越波罗的海南北两岸，把持着东欧和中欧进入波罗的海的商业贸易，是俄罗斯寻求北方出海口的最大障碍。出访团继续访问其他国家，发现波罗的海沿岸各国与瑞典都有很深的矛盾，而欧洲各大国正在为西班牙遗产、领土和王位继承问题而进行争夺，无暇顾及与土耳其的战争。于是彼得一世改变了策略，决定先与波罗的海沿岸国家结盟反对瑞典,夺取波罗的海沿岸地区,打通北方出海口。

使团来到东普鲁士,在与勃兰登堡选帝侯腓特烈三世会谈中,彼得允诺援助勃兰登堡反对瑞典。使团来到波兰时正值波兰王位更迭,彼得立即支持萨克森选帝侯奥古斯特二世出任波兰国王,并与波兰结成盟友。使团来到最早建立资本主义制度的国家——荷兰,受到热烈欢迎。荷兰的造船工业特别发达,彼得亲自到荷兰的一家造船厂做木工,学习造船技术。使团来到第二个资本主义国家——英国,参观伦敦的工厂企业,访问牛津大学、科学中心、皇家协会,会见科学家,研究英国的政治制度。

1698 年 6 月,使团来到奥地利首都维也纳,此前俄罗斯曾与奥地利和威尼斯结成三国反土同盟,但此时奥皇正积极准备参与西班牙王位继承战争,因而急于与土耳其媾和。7 月,彼得正准备去威尼斯,忽然接到国内发生兵变的奏报,便立即终止了访问,日夜兼程赶回了莫斯科。1699 年 11 月,俄罗斯与萨克森选帝侯兼波兰国王奥古斯特二世以及丹麦签订了反对瑞典的同盟条约,形成了俄罗斯、萨克森、丹麦三国的反瑞典"北方同盟"。为了避免两面作战,1700 年 7 月,俄罗斯与土耳其缔结了为期 30 年的和平条约。

闻之俄罗斯、萨克森、丹麦三国结成了反对瑞典的"北方同盟",瑞典国王查理十二世立即与荷兰和英国缔结成防御同盟。"北方同盟"很快就展开了行动,三国分别对瑞典发动了进攻,开始了"北方战争"。1700 年 3 月,丹麦率先攻入瑞典的领土并围攻特宁;萨克森也进军立窝特尼并围攻里加;俄罗斯则入侵因格里亚并围攻纳尔瓦。瑞典国王查理十二世首先对丹麦进行反击,他的海军突破了丹麦在海上的封锁线,直逼丹麦首都哥本哈根,是年 8 月,丹麦被迫签订了《特兰文达尔条约》并退出了战争。查理十二世转而对付俄罗斯,11 月,瑞典军队在纳尔瓦战役中大败俄罗斯,"北方同盟"遂告瓦解。

随后,查理十二世转向南方对付最后一个对手——萨克森选帝侯兼波兰国王奥古斯特。瑞典军队攻入波兰,并于 1702 年在科里佐战役中大败波兰军队,把奥古斯特赶下了波兰王位,波兰落入查理十二世的控制之中。但是奥古斯特并没有屈服,他率领萨克森的军队与瑞典继续进行对抗,直到 1706 年在弗罗施塔特战役中再一次惨败,被迫与瑞典签订了《阿尔特兰施塔特条约》,才退出了战争。

当查理十二世陷入波兰战场时,彼得一世得到了时间重整旗鼓。从 1701 年底开始,彼得一世开始在波罗的海东岸发动进攻,到 1704 年底,俄罗斯军队已占领了波罗的海东岸大片的领地,并夺得了出海口。彼得一世在新占领的涅瓦河河岸建立了一座新城市——圣彼得堡,它日后成了俄罗斯的首都。

1707 年,查理十二世结束了在萨克森的战事后移师向东,进攻俄罗斯。彼得一世利用俄罗斯国土广阔的有利条件,采用诱敌深入和焦土战术与他周旋,消耗瑞典军的力量。至 1709 年,瑞典军已疲惫不堪,实力大损,俄罗斯军在波尔塔瓦与瑞典军展开决战。俄军大获全胜,瑞典军几遭全歼,查理十二世本人也受伤,在剩下的不到一千人的残部的保护下逃亡到土耳其。经此大败瑞典开始衰弱,从此优势转移到俄罗斯方面。

俄罗斯与波兰和丹麦又签订了新的盟约,恢复了"北方同盟",普鲁士也加入了这个同盟,彼得一世还重新扶持奥古斯特二世为波兰国王。北方同盟各国继续与瑞典作战,夺取瑞典的领地。1714 年俄罗斯海军在芬兰湾打败了瑞典海军,从而更加快了瑞典的衰败。1718 年,查理十二世在挪威作战时阵亡,他的妹妹乌尔里克继承了瑞典王位。女王与各国进行和平谈判,1720 年,丹麦、波兰、普鲁士先后与瑞典媾和。1721 年,俄罗斯也与瑞典签订了《尼什塔特和约》,北方战争结束。瑞典在这场战争中几乎丧失了在 17 世纪得到的全部海外领地,从此也不再是一个大国。而俄罗斯却获得了爱沙尼亚、立窝尼亚、因格里亚等波罗的海沿岸的大片领地和出海口,从此成了欧洲的一大强国。

在内政方面,彼得一世率领大使团在欧洲一年多的考察访问令他大开眼界,深切感受到西欧经济和文化的高速发展,而俄罗斯已经落后。所以回国后,他在加紧策划战争的同时开始大力改革。当然,首先是军事方面的改革,成为军事强国这是他最重要的目标。

1700 年,彼得一世下令实行义务兵役制,规定社会各阶层不分贵贱一律服兵役。彼得一世在位期间,先后征兵 53 次,约有 28 万多人被强征入伍。为了提高军队的技术素质和军官的指挥能力,彼得一世以重金聘请外国军人在俄军中指导训练并担任要职,俄军中有许多著名将领都是外国人。并明确规定所有的新兵在分配到军队之前,必须经过外国军事教官的培训。彼得一世还把大批贵族青年派往国外去学习军事,同时还在国内开办了各种军事学校、训练班、技术学校,大力培养军事人才。为了加强军队的组织性和战斗力,彼得一世亲自主持制定了军事条令和章程,颁布了《陆军条令》和《海军章程》,对军队的编制和组织原则、队列和战术训练的基本原理、官兵相互之间的关系及他们的权利和义务等都做了明确的规定。为了适应发展军事力量的迫切要求,彼得一世还大力发展军事工业,开发矿藏、冶炼金属、兴建各类兵工厂,生产新式火炮和军事装备,制造船舰、修建海军基地和军事要塞。彼得一世的这些改革使俄军的战斗力得到了极大的提高,从而成了欧洲最强大的军队。

在政治改革方面,彼得一世在访欧期间对各国的政治制度也进行了深入的了解,虽然他对荷兰和英国的资本主义制度和君主立宪制很有兴趣,甚至还参加过英国议会举行的一届会议,但是他却并没有采用更具民主性和进步性的议会民主制和君主立宪制,而是相反,继续走加强中央集权的道路,强化绝对君主制。为什么会这样?其实原因很简单。因为荷兰和英国的革命和改革是自下而上发动的,是新兴贵族和民众向君主和统治者要求分享权力,要求参政,而且荷兰和英国都没有形成过高度中央集权的绝对君主制,贵族们还享有相当的权力,能对君主形成制约。荷兰和英国的资本主义经济的率先快速发展又造就了大量的资产阶级新贵,这些都有利于君主立宪制和议会民主制的形成。而俄罗斯的改革是自上而下的,是由沙皇彼得一世主导的,而且俄罗斯当时的绝对君主制已相当强固,贵族无力对君权形成制约。并且俄罗斯还未形成资本主义经济,也没有形成资产阶级新贵阶层。而统治者主导的改革当然是为了进一步强化他的统治权,所以俄罗斯走的是继续强化绝对君主制的道路。

彼得一世取消了贵族杜马,代之以参政院(相当于国务院),后又在其下相继设立了 11 个分院(相当于部)分管陆军、海军、外交、税务、财政、矿业、工业、商务、司法、监察、领地。为加强对地方的统治,彼得一世把全国分为 8 个省,各省设总督 1 人,拥有行政和军事大权。1719 年,在保留省的建制的同时,将全国划分为 50 个州,州设行政机构。彼得一世还制定了新的官员晋升法令,颁布"官秩表",把文武官员都分成 14 个不同等级,所有的官员无论出身贵贱都必须从最低一级做起,靠功绩晋升,这有利于刺激文武官员的上进心和积极性。这些改革使俄罗斯的中央集权制度得到进一步加强,有利于整合国家力量,建成军事强国。

在宗教方面,当时西欧已完成了宗教改革,教会凌驾于君主之上的神圣权力已从神坛上摔落下来,成为为世俗王权服务的工具。但是,这时在俄罗斯王权还是受制于教会的权力,彼得一世不顾教会势力的反对,坚决进行宗教改革。1701年,彼得一世下令把教会财产收归国有,由世俗官员来管理修道院的领地。并限制教会的权力,把教会置于国家政权的管辖之下。1721 年又颁布了关于宗教事务的管理条例,废除了总主教的职衔,成立了管理教会的宗教事务管理总局,总局长由非宗教人士担任,局长和局里其他高级官员由沙皇政府任命,沙皇被称为东正教的"最高牧首"。

在经济方面,大力兴办工业,引进国外先进技术和人才,对全国的地下资源进行勘探,大力开采铁矿、铜矿、银矿、煤炭等工业原料。政府以提供劳动力和贷款等优惠方法,奖励本国商人和外国企业主来投资,建立起了一大批炼铁、炼钢、采煤、兵工、造船、纺织、制鞋、木材等近代工矿企业。对拥有地下矿藏而加以隐瞒，迟迟不开采的领主，将处以死刑。对那些开办工厂、矿场的，则可以免除工场主和他的亲属的兵役和人头税。工场主还有权向贵族领主购买整村的农奴充当劳动力。为了保护本国年轻的民族工业的发展，彼得一世制定了很高的进口税，限制进口。同时鼓励本国的商业资本发展，指令各城市制定出有利于商人和工场主的市政制度。规定从大工场主和豪商大贾中选出市政长官，由工商业者来管理工商业、税收和民事纠纷，以此来提高他们的政治地位。彼得一世还授予商人以贸易特权，鼓励他们组织公司，发展对外贸易。并大力整治交通，开凿运河沟通不同河流，兴建通商港口。这些措施使俄罗斯的经济迅速发展起来。

在文化教育和社会习俗方面，彼得一世进行了一系列"西化"的改革。首先从割除俄罗斯社会的陈规陋习入手，先后颁布了数条法令：下令所有的俄罗斯男子必须刮掉胡须，因反对者太多，又改为留胡须者必须交所谓"胡须税"；要求上至贵族，下至平民的所有的俄罗斯人都一律不能再穿宽袍大袖的传统服装，而改穿西式的短装，违者将受处罚；命令贵族和大臣官员们必须携带妻女参加宫廷舞会等交际活动，并要求他们学习法国式宫廷礼仪，追随欧洲流行风尚；他对文字也进行改革，使它更适合于印刷；在全国各省建立世俗学校，改变了由教会宗教学校垄断教育的局面；建立起图书馆和博物馆，并向社会各界免费开放；1725 年，正式建立起了俄罗斯科学院，下设数学、物理、人文三大学部，以优厚待遇聘请了大批外国学者和科学家，并授予他们俄罗斯科学院院士的称号。此外，他还建立了一批剧院、公园等公众文化场所，创办了俄罗斯第一份报纸——《新闻报》。

彼得一世的改革前后持续了 26 年，直至他去世。在推行这些改革时彼得一世使用了很多极端甚至野蛮的方法，给俄罗斯人民造成了很大的痛苦，有大批的人因反对他的改革而被杀害，其中不仅有平民，也有很多贵族，包括反对他改革的儿子阿列克塞。但是，他的改革却是非常的有效，它改变了俄罗斯的社会生活和文化面貌，军事力量和工业水平也有了显著的提高。改革不仅为俄罗斯步入欧洲强国之列奠定了基础，也为其继续扩张提供了实力保障。改革使俄罗斯告别了愚昧和落后，在世界文明高速发展和社会发生大变革的时代，跟上了欧洲和世界文明的发展步伐。

三十 美国的独立与崛起

1492 年,哥伦布在为西班牙寻找通往东方的新航线时意外地发现了美洲后,西班牙远征军和殖民者开始大批地来到美洲,利用所掌握的先进武器和军事技术,大肆屠杀美洲土著印第安人,掠夺他们的财富,使美洲沦为了西班牙人的殖民地。凭借在美洲大陆攫取的金银财富,西班牙国王还取得了神圣罗马帝国的皇位,从而建立起了一个庞大的帝国,成了欧洲大陆和世界海洋的霸主。但是到了16 世纪后期,为了维护在欧洲的霸主地位而进行的无休无止的战争,耗尽了西班牙的金钱和力量,从而导致帝国分裂,西班牙开始衰弱。而英国海盗的崛起,也开始对他们的海上霸权构成威胁。1588 年,为了打击对西班牙商船进行疯狂劫掠的英国海盗,并镇压荷兰的资产阶级革命,西班牙派出了他们的"无敌舰队",北上进攻英国和荷兰,但是被英国海盗的联合舰队和荷兰的海上游击队所打败,"无敌舰队"几遭覆灭。从此西班牙失去了海上霸权,日渐衰弱。而英国和荷兰则取代了他们的地位,成了世界海洋的新霸主,并开始与西班牙争夺海外殖民地,美洲的许多地方也逐渐被英国、荷兰和法国的殖民者占领。

1607 年,三艘英国船装载着 120 名英格兰人,来到了北美洲东海岸的詹姆斯敦,建立起了英国在北美洲的第一个殖民地。随后,在英国血腥的圈地运动中失去了土地的农民、流浪汉和亡命之徒,也纷纷来到这片陌生的新土地上冒险。在英国宗教改革运动中遭到教会无情打击的清教徒们,为躲避宗教迫害也纷纷逃亡到这里来谋生。1620 年,一批为逃避宗教迫害的清教徒,在普利茅斯建立起了英国在北美洲的第二个殖民地。此后,英国人的殖民地在北美洲的东海岸一个接一个地建立起来,到 1733 年,共建立了 13 个殖民地。殖民地的人口也迅速的增长,从 1607 年的 120 人,到 1620 年的 2499 人,1640 年 27945 人,1680 年 15 万 5600人,1700 年 27 万 5000 人。到 1750 年代,人口已超过了 100 万。

这 13 个殖民地有三种管辖方式:一种是皇家殖民地,由英王直接管辖,总督由英王任命,并遴选知名人士组成参事会作为立法和司法机构;第二种是领主殖民地,它是英王赐封给皇亲和功臣的领地,由领主管辖,总督由领主任命;第三种是自治殖民地,它是由移民自己建立,总督由自治殖民地的议会推选产生,但须经英王批准并受英国法律约束。

由于地理条件、经济成分以及管辖方式的不同,这13个殖民地形成了三种不同的政治制度:北部地区因气候寒冷不适合农业,但资本主义工商业经济比较发达,形成了资本主义制度;中部地区土地肥沃,农业发达,被称为"面包殖民地",但多为领主所有,因此是封建和半封建制度;南部气候适合于种植棉花、甘蔗等经济作物,盛行使用奴隶的种植园经济,从非洲输入了大量的黑人奴隶,实行的是奴隶制度。这些殖民地虽然经济成分和政治制度不同,但是在经济上还是有一个共同特点,那就是他们都是商品化生产,他们的产品都不能够自给自足,都要进行商品交换,这就把他们紧密地联系在一起,同时也为他们实现联合和统一奠定了物质基础。

1688年的"光荣革命"使英国建立起了资本主义制度,随后英国的资本主义工商业得到了迅猛发展,对海外市场和工业原料的需求也日益增加,而开拓海外殖民地能为他们提供这些需求,因此,英国疯狂地在世界各地进行侵略扩张,在美洲、非洲、亚洲建立了大量的殖民地。同时,为满足国内资本主义工商业发展的需要,英国制定了一系列苛刻的殖民地政策,强化殖民地对宗主国的依附关系,严格限制殖民地发展独立经济,把海外殖民地当作发展国内工业的原料供应地和商品销售市场。但是这些政策必然会引起了殖民地人民的不满,特别是在那些人口主要是由欧洲移民组成的殖民地。因此,随着英属北美13个殖民地不断发展,他们与宗主国——英国的矛盾也开始不断尖锐起来。

早在1650年,英国克伦威尔政府就颁布了一系列《航海条例》,限制殖民地的贸易。条例规定:殖民地的货物无论是输出到英国还是其他的国家和地区,都必须由英国的船只运输。1660年,英王查理二世又颁布了更苛刻的《航海条例》,规定北美殖民地所有的输出和输入商品都要使用英国船只运输,并指定有些货物只能输往英国。其后的一个世纪里,航海条例多次补充修改,但都是要求殖民地的对外贸易必须由英国来主导。

进入18世纪,英国更是颁布了一系列限制殖民地发展工商业的法令。1732年颁布的制帽条例规定,禁止殖民地用生产的毛皮制造帽子。1750年颁布的制铁条例则规定,禁止殖民地扩建和新建熔铁炉,并且不准制造各种铁器。1764年,为限制殖民地从英国以外的国家进口食糖,颁布了食糖条例,提高了北美殖民地的食糖、糖浆和咖啡的进口关税，对原来免税的纺织品等其他商品也开征进口税。同年，英国议会通过货币法令，规定从当年 9 月 1 日起殖民地不得再发行货币，流通中的货币到期后自行废止，不得延期使用。另外，1763 年，英王发布敕令，宣布战胜法国而夺得的阿巴拉契亚山脉以西的北美中部的土地为英王所有，严禁殖民地人民前往垦殖。这些规定，激起了北美殖民地人民的强烈不满。

1756 年~1763 年的欧洲七年战争，英国虽然获胜并取得了巨大的利益，但是战争也使英国债台高筑。英国的国债高达 1.35 亿英镑，是 1754 年的 2 倍，而这时英国国内的税收已高达 20%，因此英国政府把目光转向殖民地，指望从那里弥补亏空。1765 年 3 月，英国国会通过了《印花税法》，规定殖民地所有的商品和印刷品，包括报刊、票据、合同、著作、证件、甚至毕业证书都要缴付印花税。这些税是英国政府直接向殖民地人民征收的，而在此前，北美殖民地人民只向殖民地管理当局交税，而并不直接向英国政府交纳任何税。这额外增加的无所不在的税收，引起了北美 13 个殖民地人民的普遍愤恨。同时，英国议会还通过了《驻兵条例》，规定驻扎在殖民地的英国军队可以占用公共房屋、旅馆、酒店和居民房屋为营房，当地居民必须为英军提供饮食、居住条件和交通工具，这一条例加剧了英国与北美殖民地的矛盾。英国驻军的胡作非为更是造成了与殖民地居民的冲突不断发生，引起了北美殖民地人民的愤怒。这两个法令的颁布，激发了殖民地人民的反英斗争，并导致了北美殖民地人民摆脱英国统治的独立运动的爆发。

此时的北美 13 个殖民地已经具备了很强的经济实力，其木材、酿酒、制铁、纺织等行业都已经可以与英国本土一较高下。至独立战争爆发前，13 个殖民地的人口已达 250 多万，成了英国对外贸易中仅次于欧洲的最重要贸易对象，英国的船运有 1/3 是从事与北美的贸易。北美殖民地的经济发展水平已胜过欧洲大部分地区，其人均财富的占有量与英国的人均水平也已经相差无几，完全具备了独立生存和发展的能力。

北美殖民地与英国在亚洲、非洲等地的殖民地有很大的不同，因为英国殖民者在建立北美殖民地时对当地的土著印第安人进行了大肆地驱赶和屠杀，所以北美殖民地的居民除了非洲黑人奴隶外，绝大多数都是欧洲白人，其中 90% 是英国移民。这都是一些富有冒险精神，桀骜不驯，反抗性很强的移民，稍有不满他们就会进行针锋相对的斗争。英国虽然是北美这些殖民地的宗主国，但是天高皇帝远，英国对北美殖民地的管理都是表面化的，实际上这些殖民地都是实行自治。他们有自己的议会和立法机关，议会不但享有立法权、财政权，而且还有能对总督形成制约的行政权。殖民地各界社会精英主导着本地的政治活动，他们有着丰富的政治经验。

《印花税法》和《驻军条例》颁布后，1765 年 10 月，北美 9 个殖民地的代表在纽约召开会议，通过了《殖民地人民的权利及其不满原因的宣言》，明确提出北美殖民地人民应该与英国本土人民享有同等的天赋权利，英国政府未经过北美殖民地人民的同意不能对北美殖民地征税，要求北美人民行动起来抵制英货。这次会议的呼吁得到了殖民地人民的积极响应，一场声势浩大的反英运动开始形成。

1766 年，在北美殖民地人民的反英斗争下，英国政府被迫取消了强加给殖民地人民的《印花税法》，但却宣布有向北美殖民地征税的权力。据此，英国政府在 1767 年连续颁布了由财政大臣汤森提出的，关于在北美 13 个州征税和加强统治的 4 个法案，统称"汤森法案"。第一个法案宣布解散纽约州议会，原因是纽约州议会反对 1765 年的驻军条例，法案并规定殖民地人民必须缴纳特别税以供养英国驻军。第二个法案规定，对从英国进口的工业品、铝制品、玻璃、油漆、纸张、茶叶等征收间接税。第三个法案规定在北美设立海关税收机构，所需经费由关税负担。第四个法案宣布豁免茶叶税，鼓励向北美殖民地出口茶叶。这是因为英国东印度公司生产的茶叶严重滞销，需要在北美增加销售。

"汤森法案"无视殖民地人民的政治权利，并损害殖民地人民的经济利益，它遭到了殖民地人民的普遍反对，人们不仅继续抵制英货，而且要求废除"汤森法案"。高涨的反英情绪和抵制英货运动使英国蒙受了沉重的损失，英国对北美的贸易量大幅下降，1768 年为 136.3 万英镑，1769 年降低到 55.4 万英镑。英国政府为了减少经济损失不得不在 1770 年 3 月废除了"汤森法案"。然而同年，英国驻军在波士顿与当地居民发生的冲突中，英军中尉下令向群众开枪，造成了 5 死 6 伤的"波士顿惨案"，再次激起了人们的反英情绪，这一暴行使北美人民掀起了更大规模的反英浪潮。

1772 年，为了协调各地的反英斗争，以统一指导各地群众的行动，波士顿的萨米尔·阿丹姆斯建议市政会议组织一个"通信委员会"，以便与马萨诸塞州其他城市互通信息，必要时可以采取一致行动。这样，通信委员会首先在波士顿建立起来了，同年底，又有 8 个城市响应这一建议组织起了通信委员会。第二年，通信委员会在北美其他州也相继建立，这些通信委员会加强了各殖民地人民之间的联系和团结，在反英斗争中起到了组织、宣传和协调行动的作用。

1773 年，英国政府为了拯救濒于破产的英国东印度公司，帮助他们卖掉所储存的 8000 吨茶叶，颁布了一项救济东印度公司的茶叶条例，给予该公司在北美殖民地以廉价销售积压茶叶的特权。这批茶叶的价格比北美茶商的价格低 50%，这极大地损害了北美茶商的利益,他们以爱国的名义发动群众,抵制东印度公司的茶叶来北美殖民地销售。一批波士顿青年在茶商的支持下组织了波士顿茶党。1773年12月,东印度公司满载茶叶的船只开进波士顿,并拒绝当地市民要其离境的要求,坚持卸货。12月16日晚,波士顿茶党登上东印度公司的茶船,把价值1.5万英镑的342箱茶叶全部倾倒到大海里。

"波士顿倾茶事件"发生后,英国开始采取报复行动,从1774年3月起,英国议会先后通过了5项法令,殖民地人民称之为"五项高压法令"或"不可容忍法令"。这5项法令是:第一,封锁波士顿港口,在波士顿居民未赔偿东印度公司茶叶损失之前,禁止它对外通商;第二,取消马萨诸塞州殖民地的自治权,改为由英国政府直辖,总督、法官、地方官吏、议会议员,都由英王和总督任命;第三,颁布新驻军条例,扩大1765年驻军条例规定的英国驻军的居住权限,规定英军可以在殖民地一切旅馆、酒店,以及其他的公共建筑自由驻扎;第四,颁布司法新条例,规定英国官吏如有犯罪,须送到英国或加拿大东部的诺法斯科西亚审判。第五,颁布魁北克条例,把俄亥俄河以北、宾夕法尼亚以西的广大地区划归于英王的直辖殖民地魁北克,禁止各殖民地人民向西垦殖。为了推行这五项法令,英王任命驻殖民地的英军总司令盖奇为马萨诸塞州总督,增兵波士顿,企图迫使北美人民屈服。

五项高压法令的颁布更激起了人们的愤恨,北美人民纷纷举行抗议集会、罢工、罢市,并针锋相对的组织民兵,筹备军火,准备进行武装斗争。弗吉尼亚州议会的杰弗逊呼吁各殖民地联合起来共同斗争,建议召开由各殖民地代表参加的会议。1774年9月各殖民地联合会议在费城召开,史称"第一届大陆会议",共有12个州选派的55名代表参加。大陆会议围绕独立问题展开了激烈的争论,独立派主张殖民地完全与宗主国决裂并立即开始军事行动,保守派则主张永远与英国联合。在会议举行期间,北美各地人民到处进行集会,表达对时局的态度。

大陆会议经过争论最终达成了妥协。会议通过了一个《权力宣言》,要求英国政府取消对殖民地的各种经济限制和五项高压法令。重申不经殖民地人民同意不得向殖民地征税,要求殖民地实行自治。会议决定,在实现这些要求之前,禁止英国输入或向英国输出任何商品,禁止购买英货,违反禁令者以"美洲自由之敌"论处,同时授权各地通信委员会监督执行。同时,会议还通过了一个提交给英国的请愿书,表示继续效忠于英王,也没有提出独立要求。会议结束前决定在次年5月召开第二届大陆会议。

大陆会议召开后,英国政府为防止发生武装叛乱,下令英国驻军采取必要的措施进行防范。1775年4月18日夜,马萨诸塞州总督盖奇根据密报,派出800名英军到离波士顿27公里的康科德搜缴民兵的秘密军火库,并企图逮捕民兵的领导人。这一消息被通信委员会的情报人员得知,星夜飞报当地的民兵组织。当地民兵立即派人埋伏在通往康科德的公路两边,19日拂晓,英军经过莱克星顿时遭到了民兵的伏击,到达康科德时发现军火早已转移,返回时又遭到民兵的猛烈袭击,英军被打死打伤和被俘虏了近300人。这是有名的莱克星顿战役,它打响了北美武装斗争的第一枪,揭开了北美独立战争的序幕。

莱克星顿战役后,北美殖民地人民纷纷组织武装,展开武装斗争。在革命斗争的形势急剧发展的情况下,1775年5月,第二届大陆会议按期在费城召开。由于战争已经开始,所以这届大陆会议的主要任务是担负起最高革命权力机构的责任,有效地组织和领导战争。会议建议各殖民地建立新的政府以取代殖民当局。会议通过了组建正规的大陆军的决议,弗吉尼亚的农场主,原英军上校华盛顿被任命为大陆军总司令。会议决定发行纸币,从国外购买武器,征募志愿兵。会议还任命了一个由5人组成的"秘密通信委员会",负责管理对外事务,并任命阿瑟·李为"联合殖民地"驻英代表,以观察欧洲各国对北美的反映。会议通过了《关于使用武力的原因和必要性的宣言》,宣称:"宁可作为自由人而死,不愿作为奴隶而生。"但是在是否独立的问题上还存在分歧,亲英力量仍然很强大。以迪金森为首的中部地区各殖民地的代表不愿意与英国分裂,迪金森起草的《橄榄枝请愿书》也被会议通过,并向英王递呈。

然而,英国政府的态度极为强硬,英王拒绝接受《橄榄枝请愿书》,并宣布北美殖民地已处于公开的反叛状态,英国议会决定派25000英军前往镇压。同时英国议会还通过了断绝与北美殖民地的贸易,没收其船只和货物的法令。这使北美保守派的支持者大为减少,北美人民的反英情绪更加高涨。

正在这时,为了批判那些依赖英国的思想,激励北美人民进行摆脱英国统治的独立斗争,资产阶级独立派的代表人物潘恩,于1776年1月在费城发表了《常识》一书。书中宣传天赋人权和人人平等的思想,抨击英王和君主立宪政体。号召北美人民反抗英国统治,争取民族独立。书中指出:"武力是解决争议的最后手段,日光下没有比这更有价值的事业了。这不是一城、一县、一州、一国的事业,这是整个大陆——至少是有1/8居民的全球规模的事业……"《常识》在3个月内发行了12万册,几乎所有的北美殖民地居民都读过它。《常识》唤起了北美人民的民族意识,进一步激励了北美人民的革命斗争热情,推动了北美独立战争向前发展。

莱克星顿战役打响后,英军开始进行镇压。1775年6月17日,驻扎在波士顿查尔斯顿区般克山的新英格兰民兵突然遭到波士顿英军的猛烈袭击,新英格兰民兵进行了英勇的抵抗,一天内打退了英军的三次进攻。虽然英军最后攻占了山头,但是却付出了死伤1054人的代价。华盛顿得知般克山战役的消息以后,于6月23日立即率大陆军前来与新英格兰民兵配合作战,围攻波士顿英军,1776年3月,英军被迫撤出了波士顿。

此时,独立战争已在北美遍地展开,在这种情况下,1776年6月11日大陆会议设立了一个由杰弗逊等5人组成的委员会,开始起草独立宣言。6月28日,独立宣言草案提交大陆会议讨论,7月4日得以通过。这就是著名的《美国独立宣言》,宣言列举了英国政府压迫和剥削北美殖民地人民的种种罪状,宣称:人人生而平等,有生命权和追求幸福的权利。并正式宣布:北美13个殖民地与英国断绝一切政治附属关系,成为完全独立的美利坚合众国。独立宣言的通过标志着美利坚合众国的诞生,7月4日后来成了美国的国庆日。

这时新成立的美国大陆军和民兵的装备都还很差,而且缺乏训练,在战争中还处于劣势,许多战略要地得而复失,1776年9月,华盛顿为保存实力撤出了纽约,退守新泽西。为了改变这种局面,华盛顿在1776年12月率领美军2400多人奇袭新泽西的英军驻地,缴获了大批军用物资,并俘获英军近千人,这次胜利使北美人民深受鼓舞。

1777年9月,英军大举进攻,占领了大陆会议的所在地费城,使美军遭到了重大打击。为了尽快地消灭美军,英军制定了以三路大军分进合围的作战计划,企图包围并一举消灭华盛顿所率领的美军主力。但是一路由柏戈因率领的6000英军,在沿哈德逊河南下时遭到了美军的突然攻击,柏戈因率军撤退时在萨拉托加被美军和民兵包围,10月17日,走投无路的柏戈因率所部投降,此仗使英军遭到沉重打击,合围计划也因此失败。这一胜利被称为"萨拉托加大捷",它成了美国独立战争的转折点,它不但增强了北美人民必胜的信心,而且促使了国际形势向有利于美国的方向转化。

独立战争开始后大陆会议设立了负责管理对外事务的"秘密通信委员会",并派出了驻英国的代表阿瑟·李,阿瑟·李设法说服了法国外交大臣维尔仁,促使法国秘密的向北美殖民地出口军火。为了利用欧洲各国与英国的矛盾,争取他们的支持,1776年,大陆会议又派出以博学多才而闻名欧洲的富兰克林等人去法国,以争取法国等欧洲国家支持北美人民的反英独立战争。法国与英国是宿敌,当然希望打败英国,但是在北美独立战争初期,由于形势不明朗,法国不敢贸然行动。1777年12月,萨拉托加大捷的消息传到了法国,法国国王喜出望外。在形势发生变化和富兰克林等人的敦促、斡旋下,1778 年 2 月 6 日,《美法同盟条约》正式缔结。根据这一条约,法国参加反英战争,美国则保证法国收回在北美被英国夺去的殖民领地。条约缔结后,法国正式宣布对英作战,不久后,西班牙、荷兰也都加入了反对英国的战争。

1778 年 6 月,第一批法国舰队来到北美海域,攻击英国舰船,切断英国的供给线。1779 年,西班牙和荷兰也先后加入了对英作战,法国、西班牙和荷兰的舰队控制了英吉利海峡和北美海域。这使英国完全陷入了被动局面,因为北美 13 殖民地都是在大西洋沿岸,英军的调动和物质供应都是靠海运。这时,北美战争经萨拉托加大捷后,主战场已转移到南方。为因应形势,美军任命了格林为美军南方集团总司令指挥南方战事。1780 年 5 月,英军攻占了南方重镇查理斯顿,美军遭到重大挫折。但是,南方却有数量众多的民兵组织,他们与美国正规军相配合展开灵活机动的游击战和运动战,不断打击英军。1780 年 10 月和 1781 年 1 月,南方民兵两次在玉山地区重创英军,使南方战场的局面出现了改观。英军被迫实行战略收缩,1781 年 4 月,英国南方军总指挥康华利率军向北退守弗吉尼亚的约克镇,等待英国援军。美军在洛林的指挥下趁势挥师南下,在民兵的配合下拔除英军据点,至 1781 年夏季,除几个港口以外,南方大部分地区均获解放。

1781 年 8 月,华盛顿率领美法联军秘密南下弗吉尼亚,与此同时,法国舰队也抵达了约克镇外的海域,击败了前来支援的英国海军,完全掌握了战区的制海权。9 月 28 日,17000 名美法联军从陆海两面完成了对约克镇的包围。在联军炮火的猛烈轰击下,康华利走投无路,于 1781 年 10 月 17 日率领 7000 英军向华盛顿投降。至此,北美大陆的英军主力已经瓦解,独立战争基本结束。

1782 年 3 月,英国国会经过长时间的辩论通过了停战决定。经过与美国的谈判,1783 年 9 月,双方签订了《凡尔赛和约》,英国承认美国的独立,确认美国的疆域东起大西洋岸,西到密西西比河,北至加拿大和五大湖,南抵佛罗里达,总面积约 89 万平方英里。《凡尔赛和约》的签订标志着美国的独立建国已得到了国际社会的全面承认。

1776 年 7 月 4 日《美国独立宣言》发布后,美国各州纷纷成立了自己新的州政府,并制定了自己的新宪法。但是在如何组成中央政府的问题上却存在很大争议。一直拖到 1777 年 11 月才通过《联邦条例》,又经过 3 年多时间才得到各州批准,1781 年 3 月开始生效。条例规定:美国是一个由各个独立的州组成的联邦国家;各州仍然保持自己的主权、自由和独立;联邦国会掌握立法、行政、司法大权;凡有关宣战、缔约、募军、宪法、财政等重大事宜,须经 2/3 以上的州同意才能生效;联邦政府无权向各州直接征税,只能向各州募集。因此,《联邦条例》所确定的美国仅是一个松散的联盟,各州保留了很大的独立性,联邦政府权限很小,它甚至无法解决各州之间在边界、关税等问题上的纠纷,根本不能适应独立后美国社会发展的需要。

为了加强中央集权,1787年5月在费城召开了制宪会议,参加会议的代表有55人,均为有产者。华盛顿当选为会议主席。制宪会议是在秘密的情况下进行的,没有留下记录。同年9月17日,制宪会议通过了《联邦宪法》。1788年6月21日经法定的2/3州议会批准生效。宪法共7条:第一条规定,联邦立法权属于由众议院和参议院组成的国会,众议员按各州人口比例选举产生,任期2年,参议员由州议会选出,每州2名,任期6年,每2年改选其中1/3;第二条规定,联邦行政权属于总统,总统由间接选举产生,任期4年,可以连任。总统既是行政首脑,又是陆海军总司令;第三条规定,联邦司法权属于最高法院,法官由总统任命,为终身职;第四条确定了联邦权利和义务优先于各州权利和义务;第五条规定了各州相互关系和义务;第六条规定了修改宪法的程序;第七条是关于宪法的批准手续。

这一宪法加强了中央集权,为维护美国的统一和美国的发展强大奠定了基础。1789年3月,美国第一届国会在纽约开幕,根据新宪法,总统选举人一致选举华盛顿为美利坚合众国总统。4月30日上午,在纽约联邦议会的阳台上,在纽约市民的欢呼声中,由首席法官罗伯特·李文斯特监誓,乔治·华盛顿宣誓就任美国第一任总统。

美国的建立和美国《联邦宪法》的生效,标志着一个新型的国家和一种新型的社会制度的诞生,它在人类社会发展史上具有划时代的重大意义。数千年来,人们都认为君主制是天经地义的,"国不可一日无君"。然而,由新移民组成的美国人却不这样认为,他们崇尚自由,具有天生的叛逆精神,他们反对来自英国的君主对他们的压迫和统治。在推翻了英国君主的统治后,他们不希望再出现另一个高高在上的绝对权威来统治他们。因此他们选择了自治,选择了民主共和制度,选择了一个任期只有4年的总统制,这是一个伟大的创举。总统不是绝对的权威,他的权力受到国会和法院的制约,不能令选举人满意他就得下台。在世界文明正在向现代化迈进的重要时期,美国创建的新型政治制度,为社会正在发生巨变的世界各国,提供了一种全新的更为先进合理的社会制度的选择。

回顾历史,其实源自于原始氏族社会的原始民主制度在欧洲古代社会的传统中一直存在。古希腊和古罗马的奴隶社会时期实行的就是民主共和制,他们有贵族会议和公民大会,国家政权也是由经选举产生的任期只有一年的执政官执掌。

欧洲进入封建社会后,军事贵族取得了至高无上的王权,建立起了君主专制统治,民主制度遭到破坏。但是,欧洲的封建社会是封建王权与基督教神权并存的二元社会,王权受到基督教神权的制约,因此欧洲的封建王权并不是很发达。而且封建制度是分权制,封建领主的权利是分散的,所以在中世纪的欧洲,某些民主制度仍然得到了一定的保留。比如各封建王国都有由封建领主参加的贵族会议,有些国家还有贵族、僧侣和平民等不同等级的会议,神圣罗马帝国皇帝也是由选举产生。而且在欧洲基督教会里也保留有某些民主制度,比如教皇和有些主教也是由选举产生。

16世纪进入大航海时代后,随着欧洲商品经济和工商业的发展,新兴资产阶级开始走上了历史舞台,资本主义制度也随之出现,资本主义国家一个接一个的开始建立。在西方资本主义制度建立的过程中,巧合的是,有三个88年代非常重要,它们可以认为是近代资本主义制度发展的三个里程碑。这三个年代分别是:1588年、1688年和1788年。

1588年,荷兰共和国的正式成立,宣告了世界上第一个资本主义国家的诞生,从此,近代资本主义的政治制度登上了世界历史的舞台。荷兰共和国实行的是民主共和政体,最高权力机构是联省会议和它的常设行政机关——国务会议,但因为执掌国务会议的首脑"执政"是由大贵族奥兰治家族世袭,因此,荷兰共和国仍然保留了明显的君主制残余。它实际上相当于君主立宪制,荷兰"执政"在国外也仍然被称为荷兰国王。

1688年,"光荣革命"的成功使英国成为世界是第二个资本主义国家。因为"光荣革命"是在荷兰的武装干涉下实现的,荷兰执政威廉也成了英国国王。所以英国实行的也是与荷兰相似的君主立宪制,国会的权利得以扩大,国王虽然仍拥有对国会决议的否决权,但是他也受到了国会提出的《权利法案》的诸多制约。该法案规定:国王不得侵犯国会的征税权;国王无权废止法律等等。但是,英国仍然保留了君主制,所以说它在政治制度上并没有什么创新,而只是荷兰革命的翻版。实际上从政治制度来说,君主立宪制并不能算彻底的革命,而只能算是对君主制的一种改良。

1788年,美国的《联邦宪法》被批准生效,它标志着一种全新的政治制度的诞生,美国成为世界上第三个资本主义国家,由选举产生的总统成了国家的最高领导。美国的总统制是一个创新,是近代社会文明发展在政治体制上的一个真正的革命,美国彻底废除了君主制,根除了这个以王权为基础的旧政治体制的残余。这个革命之所以能在美国实现,是因为美国是一个由新移民组成的新型国家,没有旧的封建贵族,也没有国王和绝对权威,而君主制是由贵族体制和王权政治产生的,美国没有这个历史包袱。

另外,美国的政治制度还有另一大创新,即:在《联邦宪法》中明确规定了立法、行政、司法的三权分立,这是法国启蒙运动思想家孟德斯鸠提出来后,首次在一个国家的政治体制中被采用。美国的总统制和三权分立这些在政治制度上的革命性创新,奠定了现代文明政治体制的基础,成为此后世界各国社会改革者争相模仿的榜样。

当然,此时美国的政治制度也并非完美。首先,制定《联邦宪法》的55名代表均为有产者,他们都是大资本家、大农场主、大奴隶主。所以制定这部宪法时主要考虑的还是如何维护有产者的利益,对人民群众的基本权益,例如人人平等、人身自由等基本人权却只字未提,因此这部宪法也引起了人们很大的争议和反对。

其实产生出什么样的宪法,完全取决于产生这部宪法的社会土壤,而美国的这部《联邦宪法》只不过是当时美国社会状况的真实反映。当时的美国,奴隶制大量存在,南方大部分地区都是奴隶制,如果强调人权,强调人身自由,那么奴隶制就是非法的,美国的奴隶主们显然不会同意。美国的北部和中部是资产阶级和大农场主的天下,这些大资产者牢牢掌握了政治权利,他们可以肆意地对雇工和雇农进行剥削和压迫,如果强调平等,他们的政治特权就会失去,对雇工和雇农的压迫和剥削就得有所收敛,这显然是他们所不愿意的。所以平等、自由这些基本人权还有待社会中下层的人民群众去争取,人身的解放也有待奴隶制被废除,美国政治制度的变革还任重道远。实际上美国独立以后,奴隶造反,农民起义,工人罢工就一直在不断发生,它们推动着美国的社会和政治制度不断地发展和演变。

独立后的美国开始了向西部的疯狂扩张,在美国政府的鼓励下,美国掀起了"西进运动",拓荒者不断的向西迁徙,在短短的几十年时间里就把美国的疆界从大西洋海岸推进到了太平洋海岸。1847～1848年,又通过战争从墨西哥夺得了加利福尼亚州、内华达州、犹他州、新墨西哥州、亚利桑那州等地,使美国的国土面积扩大了近10倍。在扩张的过程中他们无视土著印第安人的权益,对他们进行了大肆驱赶和屠杀,致使印第安人几近绝迹。

随着领土扩张而来的是移民潮,欧洲移民蜂拥而至。在西进运动过程中,出现过3次大规模的移民潮。第一次移民潮出现在18世纪末,由于美国政府颁布了一系列鼓励移民的土地法令,并从法国手里购买了广阔的路易斯安那地区,移民们感到拓殖活动有保障,纷纷涌向西部,为后来日益扩大的中西部产粮区奠定了基础。第二次移民潮出现在1815年以后,一股来自大西洋沿海地带和德国的移民,逐步开拓了俄亥俄河以北的整个地区,建立了美国谷物生产和畜牧业基地。另一股来自东南部的移民,进入了濒临墨西哥湾的平原地区,建立了以生产棉花为主的大种植园,从而扩大了南部的奴隶制经济。第三次移民潮是在 19 世纪中叶,由于加利福尼亚发现了金矿,激起了来自世界各地的采掘黄金的移民潮。后来,一部分淘金者转而务农或开店铺,另一部分则转向西北部地区勘察矿藏。

西进运动和蜂拥而来的移民使美国的人口激增,独立战争爆发前的 1775 年,美国只有 13 个州,250 万人口。到 1860 年,美国已有 34 个州,人口已达 3100 万,在不到 1 个世纪的时间里,美国人口增长了 12 倍多。到 1900 年,美国人口已达9200 万。

领土的扩张也带来了南方与北方之间两种社会制度的矛盾。欧洲来的新移民大多是熟练工人和破产农民,这些熟练工人不仅为北方的工业发展提供了劳动力而且带来了技术,促进了北方工商业的迅猛发展。破产农民则为中北部农业的发展提供了雇佣农民,有的还通过购买土地成了自耕农。他们纷纷向西部移民,并反对在那里实行奴隶制,要求把那里建成自由州。而南方的种植园奴隶主们则通过从非洲购买黑人奴隶继续扩大奴隶制规模,他们也纷纷向西部扩张,要把那里建成蓄奴州。所以每当一个新州建立时就会发生禁止和容许奴隶制的斗争。1854 年堪萨斯州建立时,国会在奴隶主的压力下通过了"堪萨斯内布拉斯加法案",规定新州的奴隶制问题由该州居民自己决定。法案刚一通过,奴隶主武装就冲进堪萨斯,企图武力强迫新州居民接受奴隶制。这时,成千上万的农民从北方赶来,予以抗击,双方爆发了持续半年的武装冲突,这一事件揭开了美国南北战争的序幕。

1860 年 11 月,林肯当选美国第 16 任总统,他认为奴隶制在道义上是错误的,但是为了维护美国的统一,在解决奴隶制问题上只能采取限制而不是废除,只能是赎买而不是解放。他甚至认为应该把黑人移往非洲或中美洲以解决种族问题,他反对干预蓄奴州的奴隶制,并认为奴隶主追捕逃奴是合法的。然而,林肯对奴隶主的妥协政策并未能得到奴隶主们的谅解,反而使他们认为林肯是反对奴隶制的,把奴隶制扩大到西部去的希望也会破灭。在林肯还未就职时,南方奴隶主就发动了叛乱。1861 年 2 月,南方 11 个州成立了南方同盟,宣布奴隶制是立国的基础,并制定了宪法,推举大种植园奴隶主杰弗逊·戴维斯为临时总统,以弗吉尼亚的里士满为首都,并准备用战争来巩固和扩大奴隶制。

1861 年 3 月 4 日,林肯正式宣誓就职。4 月 12 日南方军队公然炮轰南卡罗来纳州查理斯顿港的萨姆特要塞,14 日占领该要塞。15 日林肯政府不得不宣布南方各州为叛乱州,并下令征集志愿军入伍,号召为恢复联邦的统一而战,南北战争从此开始。

从南北双方的综合实力来看,此时北方的实力更为强大,北方有 23 个州,2200 万人口,拥有雄厚的工业,还拥有发达的军火工业,而且在道义上也得到广大人民的支持。而南方 11 个州只有 900 万人口,其中 400 万还是随时都可能起来反抗的奴隶,经济上也比北方落后。但是战场上的形势却与此相反,北方一败再败,甚至连首都华盛顿也几乎失守。究其原因,南方种植园奴隶主蓄谋叛乱已久,军事准备充分,而且南方居民性格骁悍,习惯于户外生活和骑马射击,能征惯战,同时他们还得到了英、法等国的支持。而林肯政府却一直希望能与南方奴隶主达成妥协,不敢提出废除奴隶制和土地问题,所以不能得到群众的充分支持。再加上之前又未作战争准备,因此在战争初期一直处于劣势。

在这种形势下,林肯决心采取有效的政策措施来赢得人民的支持。1862 年 5 月,林肯政府颁布了《宅地法》,允许每个成年公民在交出 10 美元的登记费以后,可以在西部获得 160 英亩的土地,在连续耕种 5 年后即可成为这块土地的所有者。这一政策满足了农民对土地的要求,对争取西部农民支持战争起到了重要作用,他们纷纷参军支持联邦军队。但是此法仅限于白人和欧洲移民,林肯政府仍然无意解放黑人奴隶。直到 1862 年 9 月 22 日,为了从内部瓦解南方叛乱各州,林肯政府才发表了《解放黑奴宣言》。宣言规定:自 1863 年 1 月 1 日起,所有叛乱各州的奴隶都成为自由人,允许奴隶作为自由人参加联邦军队。

宣言发表后,南部黑人纷纷起来与奴隶主作斗争,约有 50 万黑奴逃离种植园,使南部经济陷入瘫痪。有近 20 万黑人加入了联邦军队,还有许多黑人在南部开展游击战,使南方奴隶主的近十万军队受到牵制。战争的局面迅速地向有利于北方的方向发展,1865 年 4 月 3 日,联邦军队占领了南方联盟的首都里士满,4 月 9 日,南方军总司令罗伯特·李率其残部 28000 人向联邦军队投降,延续 4 年之久的美国南北战争以北方的胜利告终。奴隶制也从此被废除,美国成了资本主义的一统天下。从此,美国南方和北方都走上了资本主义高速发展的道路,迅速崛起成为世界上最大的资本主义国家。

美国的独立和美国新型政治制度的建立,在世界上引起极大的震动,在美洲它导致了随之而来的独立浪潮,美洲人民纷纷奋起反抗殖民主义,相继推翻了宗主国的殖民统治建立起独立国家。在欧洲它导致了一场席卷欧洲的社会大革命,就在美国《联邦宪法》生效的第二年,即华盛顿就任美国第一任总统的 1789 年,法国就爆发了大革命,革命浪潮漫延至欧洲各国,整个欧洲都为之震撼,欧洲的封建制度随之崩溃。

三十一　法国的大革命与欧洲封建制度的崩溃

　　法国总统希拉克说："启蒙运动思想家在中国看到了一个理性、和谐的世界。这个世界听命于自然法则，又体现了宇宙之大秩序。他们从这种对世界的看法中汲取了很多思想，通过启蒙运动的宣传，这些思想导致了法国大革命。"

　　在 18 世纪的法国启蒙运动中，启蒙学者运用来自中国的理性思想和非宗教的自然法则，启迪人们走出宗教迷信思想所造成的愚昧，摆脱了教会对人们思想的控制。随着启蒙运动的发展，启蒙运动思想家们开始更多的关注社会的黑暗和不合理的政治制度。他们用中国的以德治国思想，以及科举考试的平等竞争制度，抨击法国的封建制度和封建特权，对无视人民基本权利的暴政和专制王权进行猛烈批判。并提出各种改革社会制度的政治主张，平等、自由、天赋人权、君主立宪、民主共和、人民主权论、三权分立等等政治观念应运而生。而统治阶级出于对这些思想的恐惧，对启蒙运动思想家进行了残酷的迫害，这反而使得这些思想更加广为人知，在法国城乡广大人民群众中弥漫着要求社会改革的革命气氛。

　　如果说启蒙运动是法国大革命的孵化器，那么美国发生的革命就是法国大革命的催化剂。美国的革命使法国人民深受鼓舞，在美国独立战争期间，即使是在法国政府因形势不明朗而不敢公开对英国作战的情况下，法国人民也纷纷自愿前往美国参加反英独立战争。后来法国政府出于与宿敌英国的利益冲突而公开对英作战，并帮助美国赢得了独立。独立后的美国建立起了一个没有君主的、三权分立的、民主共和制的新型国家，这更是在法国引起了极大的反响。人们看到了建立一种新型社会制度的榜样，法国人民要求革命的热情高涨。就在美国第一任总统华盛顿宣誓就职的当年，法国即爆发了震惊世界的大革命。

　　1789 年 5 月，法国国王路易十六因财政困难而召开三级会议，希望增收新税以摆脱财政危机。三个等级分别为，第一等级的宗教僧侣代表，第二等级的封建贵族代表，第三等级是包括所有没有贵族头衔的官吏、平民和自由职业者的代表。

而实际上当选的第三等级代表很多都是资产阶级人物。5 月 5 日,会议在凡尔赛宫开幕,国王路易十六首先致开幕词,谈到希望解决财政问题。接着财政总监芮克作了一个冗长的财政报告,然后掌玺大臣代表国王宣布:三个等级分别开会,表决时仍按旧规矩,即每个等级只投一票。

这时,人数最多的第三等级代表表示坚决反对,因为他们 600 名代表只能投一票,这样一来他们的多数就毫无意义。他们要求改革,提出三个等级共同开会,表决时一人一表。同时他们还提出成立一个委员会审查代表资格。但是这些要求遭到僧侣和贵族两个特权等级的反对,双方在这些问题上争持了一个多月都没有结果。

这期间,法国各界群众却行动起来了,在巴黎的酒吧间、咖啡馆、街头、广场,每天都有群众集会,要求改革,谴责国王,还有许多群众跑到凡尔赛去声援第三等级代表。在巴黎群众革命热情的鼓舞下,第三等级代表毅然采取行动,在他们的要求下,议院决定让代表们在三级会议大厅共同审查代表资格。结果不仅第三等级代表来了,而且许多特权等级的代表也来了。

6 月 17 日,代表们决定把三级会议改为"国民议会",并宣布只有国民议会才能真正代表国民的意志,如果解散国民议会,国民就不纳税。会议还颁布了另一些改革法令,不过此时在国民议会中起主导作用的资产阶级代表并不主张推翻王权,他们主张君主立宪。

然而国王路易十六却并不打算让步,保王派则怂恿国王解散国民议会,有人还主张把第三等级代表中的激进分子逮捕法办。国民议会为了巩固自己的力量防止被国王解散,决定 6 月 20 日重新开会。国王得到消息立即派兵封锁了会场,不让代表们进去开会。代表们并没有屈服,他们在附近找到一个网球场,冒雨在那里集会,并宣布:不制定和通过宪法决不解散。

6 月 22 日,路易十六召开御前会议,他宣布,国民议会的一切决议都是非法的,并命令他们立即解散,各个等级分别到指定的会议厅去开会。但是代表们没有退却,他们决不屈服。路易十六派近卫军去驱散代表,但是近卫军在门口被一些军官和贵族阻止了。路易十六解散国民议会的企图失败,而许多特权等级的代表这时也转到了第三等级方面来,路易十六被迫同意三个等级共同开会,并承认了国民议会。7 月 7 日,国民议会成立了一个制宪委员会。7 月 9 日,国民议会又改名为"制宪议会",准备着手制定宪法,改革国家体制。

但是国王路易十六并没有善罢甘休,他暗中调动军队,准备以武力解散制宪议会并逮捕第三等级的代表。得到消息的巴黎市民异常愤怒,革命的气氛和紧张的情绪充满巴黎街头。市民和手工业者举行了游行,群众和军队之间开始发生冲突,城郊的工人也冲进了城内。群众到处搜罗武器武装自己,他们从伤兵院找到2800支枪和几门大炮,还赶制了5万支长矛。资产阶级也在积极筹划组织国民军,准备把群众革命引导向资产阶级希望的方向。

7月14日,武装群众占领了巴黎的主要市区,接着他们高呼着口号向巴黎东部的巴士底狱进发。巴士底狱原是一座城堡,但后来成了囚禁政治犯的监狱。下午2时他们向巴士底狱发起猛攻,激战中有100多革命群众死伤,但堡垒终于被攻下来了。群众处死了要塞司令,把巴士底狱夷为平地,并在这里建起了一个美丽的广场,广场上竖起了纪念石碑,上面写着:"大家在这里跳舞吧"。1789年7月14日,巴黎人民起义并攻占巴士底狱标志着法国人民反抗封建王权的资产阶级革命的开始,这一天后来成了法国的国庆日。

巴黎人民的起义并攻占巴士底狱掀开了法国大革命的序幕,紧接着,法国各地城乡人民纷纷起来响应,而农民的行动更是引人注目,他们公开反对封建贵族和僧侣,发起暴动,烧掉领主住宅,摧毁修道院,烧毁契据,分掉领主和僧侣的地产、牧场和森林,迫使他们放弃特权,农民还攻打城市富商的住宅。如此声势浩大的农民运动使贵族、僧侣、领主、甚至大资产阶级都感到十分恐惧,因为许多大资产阶级也拥有大量地产,富农们也害怕被平分财产。于是,有人主张镇压农民运动,而资产阶级国民军杀死农民的事件也屡有发生。

在这种情况下,1789年8月4日,制宪议会召开会议,着手解决农民问题。在会议上代表们一致谴责封建制度,要求废除封建特权。在这种压力下贵族代表也纷纷走上讲台,宣布自动放弃一切封建特权,僧侣代表也表示放弃什一税,手工业主行会也放弃了特权。5日,制宪议会宣布"永远废除封建制度",废除贵族和僧侣的财政特权和租税豁免权,教会的土地归国有,农民在法律面前一律平等。不过会议也没有从实际上解决农民的土地问题。此后会议还通过了一系列通称为"八月法令"的文件和《人权宣言》,但是路易十六却拒不批准。

1789年9月,制宪议会又讨论了宪法草案,决定法国为君主立宪制国家,立法议会为最高权力机关,保留国王并赋予他最高行政权和暂时的否决权。这反映出大资产阶级对国王的妥协态度。然而宫廷贵族的反革命气焰却十分嚣张,他们大宴卫队,煽动军官拥护王室。路易十六也暗中调集军队到凡尔赛来,并企图把制宪议会迁到外省,使它远离革命中心然后再把它解散。

这时因为动乱和灾荒,巴黎物价飞涨,而投机商趁机哄抬粮价,导致巴黎出现粮荒,人们从早到晚排队仍买不到面包。饥饿驱使人们再一次采取革命行动,10

月 15 日,巴黎发生了大规模的群众游行示威,首先是一群群的妇女高呼我们要面包,后来聚集起了 6~7 万人,她们高呼着口号向凡尔赛进军,接着又有几万男子也前往凡尔赛。

巴黎的妇女来到凡尔赛后拥入制宪议会,并派了一些代表去见国王,制宪议会和国王都答应给她们小麦和面包。群众的这一行动使国王和王室大为恐慌,他们准备立即外逃,但是被群众发现并被阻止。群众要求国王批准《人权宣言》和"八月法令",并要求国王和王室以及制宪议会都迁往巴黎。10 月 16 日,群众与军队之间发生冲突,国王被迫在阳台上宣布批准《人权宣言》和"八月法令",并答应了群众的要求,携带家眷离开了凡尔赛前往巴黎,制宪议会也随之迁往巴黎。

法国的革命使法国的封建制度被彻底颠覆,国王实际上也已失去了权力。这使欧洲各国的君主们都感到恐惧,他们害怕这种情况在自己的国家和自己身上发生,于是他们阴谋勾结起来共同镇压法国革命,英国、奥地利、普鲁士、俄国都准备进行武装干涉。而法国国内的王党分子也在频频活动,他们在南部掀起了反革命暴动。在国内外反革命势力的支持下,路易十六决心逃往国外借助外国的力量扑灭革命。

经过长时间的准备,1791 年 6 月 20 日午夜,路易十六带着从俄国大使馆弄到的假护照,装扮成仆人,坐着一架特制的大马车,携全家逃出了巴黎。但因为到达接应地点——发棱,比预定的时间晚了 5 小时,错过了前来接应的保王党骑哨队,结果在通过当地驿站时被驿站站长认了出来。路易十六逃跑的企图成为泡影,他和家眷又被轻骑兵押回了巴黎。

法国人民对路易十六逃跑无比愤怒,纷纷要求废黜国王,建立共和国,资产阶级民主派也揭露国王的罪行,宣传民主共和,制宪议会不得不宣布停止路易十六的职权。但是后来路易十六在制宪议会上解释说,他是被人劫持才出走的,这显然是狡辩,制宪议会却以此为理由恢复了国王的职权。群众对此十分气愤,请愿示威不断发生,资产阶级民主派的俱乐部也加紧活动,这使民主运动空前发展。

1791 年 7 月 17 日,哥德利埃俱乐部成员在马斯校场举行集会,并在祖国祭坛上对要求共和的请愿书进行签字活动,当时有 9000 工人和其他群众参加集会。此前,制宪议会为防止农民的暴动和群众的过激革命行动已颁布了戒严法,禁止农民的暴力反封建和群众的罢工、集会、游行示威,违者格杀勿论。因此,当群众在马斯校场进行集会时,制宪议会以违反戒严令为由,命令巴黎市长驱散人群。戒严令一宣布,国民自卫军立即闯入马斯校场,向手无寸铁的群众开枪射击,打死50 余人,打伤几十人,还有许多人被逮捕。哥德利埃俱乐部被关闭,许多民主派报刊也被迫停止发行。这是有名的"三色"恐怖马斯校场屠杀事件，它说明革命阵营中的君主立宪派和民主共和派已开始分裂。

1791年9月3日，讨论了两年之久的宪法草案终于在制宪议会通过。新宪法仍规定国家体制为君主立宪制；《人权宣言》、"八月法令"等其他法律、法令也都体现在新宪法中；新选举人制度规定能够缴纳直接税的公民才有选举权。草案被称为《1791年宪法》，但国王路易十六迟迟不肯签署，9月14日，国王万不得已批准了新宪法，制宪议会也就完成了它的历史使命，根据宪法的规定宣布解散，权力移交给了新选出的立法议会。

立法议会一开始就面临许多棘手问题。当时，社会动荡，经济困难，人民暴动和宗教之争引起的叛乱也时有发生，立法议会与国王的矛盾日渐突出，立法议会内部的矛盾也日益明显和激化。逃往国外的流亡者也在不断加强反革命活动，而欧洲一些反对法国革命的国家也在加紧策划对法国进行武装干涉。

1792年4月，奥地利首先打响了干涉法国革命的战争，7月普鲁士也加入战争。路易十六和王室企图通过这场战争恢复王权，他们里通外国。王后把法国的作战计划密报给了敌国，加之贵族军官的叛乱，普奥联军攻入了法国领土，法军节节败退，形势十分严峻。此时，王室里通外国的罪恶行径已经败露，人们对此义愤填膺，但是立法议会仍然站在国王的立场上说话。巴黎人民强烈要求废黜国王，他们组成了一个秘密指挥部，准备在巴黎组织暴动。

8月9日，巴黎各区人民派代表在市政厅成立了一个革命的市政府，他们称之为巴黎公社，以取代原来的市政府。人民群众已不相信立法议会，他们认为不废黜国王就不可能战胜敌国，不可能挽救法国革命。8月10日，人民群众在巴黎公社的领导下向路易十六的王宫前进，守卫王宫的国民军很快就转到了群众这方面来，只有瑞士雇佣兵加以抵抗。经过一番激烈的战斗，群众武装占领了王宫，国王及其家眷逃到了立法议会。立法议会被迫停止了路易十六的职权，但仍试图保护他，巴黎公社下令逮捕国王，并把他和王后监禁在腾普尔监狱中。立法议会不得不同意在普选的基础上召开国民公会，撤换内阁。8月10日的起义挽救了法国的革命，并结束了3年来的君主立宪政体。

此时，前线的法军仍在败退，9月19日，败退中的法军在瓦尔密高地一带摆开阵势迎战普军。这时，从巴黎赶过来了很多志愿兵，法军在数量占有了优势。20日，著名的瓦尔密战役开始。普奥联军发动了猛烈的进攻，他们以为法军又会仓皇溃退，但是法军斗志昂扬，他们高呼"民族万岁"的口号，顽强抵抗，没有一个人退缩。联军被迫停止了进攻。而此时的联军因连日大雨，很多人已染上了流行疾病,士兵大批死亡。双方经过谈判,联军不得不狼狈不堪地撤退。瓦尔密大捷后,法军开始转入反攻。

就在瓦尔密战役的当天下午,根据普选产生的国民公会在巴黎召开了第一次会议,吉伦特派在国民公会中获得多数支持,组成了吉伦特派内阁。9 月 21 日,国民公会正式开幕。9 月 22 日,国民公会宣布法兰西共和国成立,史称法兰西第一共和国。法国成为继美国革命之后的第二个无君主的民主共和制国家,国民公会是法国的最高权力机构。

10 月 11 日,巴黎公社派人到到国民公会要求审判国王,16 日,审判问题提交给法制委员会。随后,委员会进行了长时间的讨论,11 月 20 日在路易十六的王宫中发现了一个铁柜,在铁柜中发现了路易十六行贿收买议员和津贴反动贵族的账目,以及与外国交往的信件,路易十六的罪行再也无法祖护了。12 月 11 日审判开始,1793 年 1 月 14 日交由国民公会表决,最终以 387 票对 334 票的多数宣判对国王执行死刑。1 月 21 日路易十六被押上了断头台执行死刑。路易十六是继英王查理一世后,第二个被资产阶级革命处死的欧洲君主。

路易十六被处死后,1793 年 2 月,英国、奥地利、普鲁士立即组成第一次反法联盟,开始进攻法国,企图扑灭法国革命。法国的王党分子也趁机在国内到处组织叛乱,到 6 月底,大约有 60 个郡都处在叛乱之中,里昂、波尔多、马赛、土伦等城市都被叛军夺取。国民公会积极组织力量镇压叛乱,虽然这时抗击反法联盟进攻的前线正吃紧,但也不得不抽调正规军开往叛乱地区。至 12 月,国民公会的军队相继夺回了被叛军占领的马赛和土伦,拿破仑在土伦战役中担任炮兵指挥官,初步展现出了他的军事才能,率领法军收复了土伦。在这两个城市被收复后,政府采取了极其严厉的手段,王党的叛乱被镇压了下去。

1794 年春,法军投入 25 万兵力向英奥联军发动大规模进攻,取得一系列胜利。6 月 26 日,双方在比利时境内展开一场决战,经过一天的激战,法国取得了胜利,比利时获得了解放。此时欧洲政治局势发生重大变化,俄、普、奥在正在为瓜分波兰而闹不和,反法联盟面临解体,法国趁机与各国分别谈判,相继签订了合约,第一次反法联盟瓦解。

然而,就在法国取得镇压王党叛乱和打败反法联盟等一系列胜利时,国民公会内部却因派系斗争而多次发生政变。1793 年 6 月,因对制定新宪法草案的内容发生分歧,激进的雅各宾派发动政变,取代吉伦特派开始执政。雅各宾派执政后通过了《1793 年宪法》,这部宪法规定:凡满 21 岁的男子都有选举权,不受财产限制,实行直接选举,并赋予了人民最大的政治自由。雅各宾派政府实行专政政策和恐怖统治,严厉打击国内外的反革命势力,限制资产阶级的投机活动,规定物价的最高限额,在农村没收封建贵族的土地,按人口分配给农民,废除贵族的一切封建特权。但是雅各宾派的激进政策和恐怖统治也引起资产阶级反对派的强烈反对。一年后,反对派在1794年7月发动政变(因为7月是法国的热月,因此称为热月政变),逮捕了执政的雅各宾派领导人,并把他们送上了断头台。

热月党人上台后重新制定了一部新宪法,这部于1795年通过的新宪法规定:保存共和政体,但取消普选权,提高选举人资格;立法权属于上下两院组成的立法团,下院由500人组成,因此也称500人院,有立法权,上院也称元老院,由250人组成,对下院提出的法律有批准、修改和否决权;行政权属于由两院联合选出的5名督政组成的督政府,督政以3个月为期轮流担任主席。

热月党人的政变及其制定的政策引起了法国群众的不满,群众曾多次举行大规模抗议,但均被镇压。王党分子也趁机发动叛乱,但也被拿破仑等将领率兵镇压了下去。热月党人的上台标志着法国大革命的高潮已经过去,由于地处欧洲旧势力的包围之中和本身历史的复杂原因,法国的社会革命远比美国革命要复杂和艰难得多。

第一次反法联盟瓦解以后,英国和奥地利还在对法国作战。1796年3月2日,法国督政府任命拿破仑为意大利方面军的总司令,计划先攻占奥地利在意大利北部的领地,再越过阿尔卑斯山直接进军奥地利首都维也纳。拿破仑率领3.8万法军投入战斗,经蒙特诺战役和蒙多维战役消灭了9万多反法联军,5月20日包围芒图。此后,奥地利军队曾4次从阿尔卑斯山下来,企图解芒图之围均未奏效。1797年2月2日,芒图守军投降,至此,北意大利全部解决。1797年3月20日,法军开始对奥地利发动进攻,奥地利节节败退,被迫于4月18日停战议和。1797年7月,拿破仑在意大利北部建立了阿尔卑斯山南共和国,定都米兰,并颁布了类似于法兰西共和国的宪法,从而把法国资产阶级的政治制度推行到了意大利北部。10月18日,法奥订立《坎波·福米奥和约》,奥地利承认法国建立的阿尔卑斯山南共和国。

然而此时在法国国内,王党活动再度猖獗。在1797年5月的立法团选举中,王党分子展开了有组织的大规模竞选活动,并获得了多数席位,与旧王朝有直接联系的皮什格鲁竟当选为500人院议长,王党分子通过竞选控制了两院。在立法院中,王党分子指责督政府连年用兵、财政紊乱,他们主张无限制的言论自由,企图以此来煽动群众。在两院中他们匆忙制定了赦免反动教士和逃亡者的法令,逃亡贵族和反动传教士纷纷回国,还出现了对购买国有产业的资产者进行报复的活动。

在王党复辟活动猖獗的情况下,为了保护资产阶级利益,督政府不得不动用军队。7月1日,拿破仑下令军队向巴黎进发,这就破坏了军队不得进入巴黎周边60公里的规定。两院感到自身的安全受到威胁,下令组建国民自卫队。9月4日,拿破仑的军队占领了巴黎,皮什格鲁等人被捕入狱。督政府下令,凡企图复辟王朝统治者立即枪毙,还颁布了关于对流亡者和教士的镇压措施等法令。

1798年6月,督政府派拿破仑率军远征埃及,意在与英国争夺海外殖民地并控制苏伊士运河通道。法国舰队由55艘战舰组成,还有280艘运输船,远征军共5.4万人。6月6日占领了马耳他岛,7月2日攻占了亚历山大港,7月21日,法军在金字塔下击败了埃及骑兵,7月23日进入埃及首都开罗。但是,8月1日,英国海军舰队从背后袭击了阿布基尔港附近的法国舰队,并将它一举歼灭,只有两条船得以幸免。英国人从而控制了地中海,拿破仑与国内的联系被切断。英国趁机组织起了有英国、俄国、奥地利、土耳其等国参加的第二次反法联盟。

1799年3月,第二次反法联盟以优势兵力从意大利、瑞士、荷兰三个方面大举向法国进攻。此时法国国内的王党分子也猖狂活动,几乎夺取督政府。在埃及的拿破仑从其弟弟的来信中得知督政府政权不稳,他把埃及方面军的指挥权交给贝莱贝尔将军,自己乘快速三桅帆船,避开遍布在地中海上的英国舰船,于1799年10月9日秘密回到法国。在前往巴黎的路上,拿破仑受到热烈欢迎,成了资产阶级各派争取的对象。拿破仑回到巴黎后,在大资产阶级的支持下于11月9日发动了政变(雾月政变),他带领亲信驱散了立法院,并推翻了督政府,建立起了以他自己为第一执政的执政府,从此,拿破仑正式登上了法国的政治舞台。

1800年,法国在第一执政拿破仑的率领下与第二次反法联盟重新开战。这时,俄国已经退出了战争,普鲁士国王也希望与法国和解,法国在大陆上的主要对手就只剩下奥地利了,此时奥地利已重新占领了意大利北部。拿破仑让莫罗将军指挥莱茵河方面军对抗奥军,自己亲赴意大利指挥作战。占据意大利北部的奥地利元帅海拉斯拥有13万部队,拿破仑的部队不足4万人。5月初,拿破仑率军翻越过阿尔卑斯山天险圣伯纳峡谷,突然出现在奥地利军队的背后,6月2日占领了米兰。6月14日,法军与奥军在马伦哥展开决战,拿破仑大败奥军,重新占领了意大利。

12月2日,莫罗率领的莱茵河方面军在霍恩林登也击败了奥军,奥地利被迫求和。双方签订了《吕内维尔和约》,这一和约重申承认《坎波·福米奥和约》,并确认比利时和莱茵河西岸为法国领土。同时承认法国在欧洲所建立的西沙尔平、利古里亚、黑尔维谢、巴达维亚等众多附属共和国。随后法国又与那不勒斯、葡萄牙、俄国、土耳其等国相继签订和约，最后又与陷入孤立的英国签订了《亚眠和约》，第二次反法联盟瓦解。

1801 年 7 月，拿破仑还与罗马教皇签订了《教务专约》，承认罗马天主教为法国绝大多数公民的宗教；同时规定恢复天主教活动后，不归还革命时期没收的教会土地和财产，不恢复教会的什一税；大主教和主教都由第一执政提名，再由教皇授予圣职，主教委任的神父由政府批准，大主教、主教、神父的薪水由政府发放。该专约恢复了天主教在法国的地位，并使法国教会处在政府的绝对控制之下。

在一系列成功的征战、镇压和改革的过程中，拿破仑不断加强自己的权力，他的威信也与日俱增。1802 年 5 月，元老院（上院）宣布拿破仑再执政 10 年。同年 8 月又宣布：法国人民任命拿破仑·波拿巴为终身第一执政，并建立"和平塑像"，以便向后世子孙证明全国对第一执政的感戴。但是反对拿破仑的也大有人在，皮什格鲁、莫罗等人就曾密谋刺杀拿破仑，后因阴谋败露而被处死。法国的保王党人也在以英国为首的国外反法势力的怂恿和资助下阴谋活动。在这种形势下，资产阶级为了保持政权，开始酝酿建立世袭制。

1804 年 3 月，元老院宣布"修改制度"的时机已经到来。4 月，保民院（下院）同意建立世袭制。5 月，对宪法的条文进行了修改，然后以元老院决议的形式在 5 月 18 日颁布，又经公民投票批准，把"共和国政府"托付给一位世袭皇帝，法兰西第一帝国宣布成立。1804 年 12 月 2 日，在巴黎圣母院举行了盛大的皇帝和皇后的加冕礼。拿破仑宣誓忠于自由与和平，在皇帝万岁的欢呼声中，法兰西进入了第一帝国时代。法国大革命的成果就这样被拿破仑窃取，革命出现倒退。

1805 年 4 月，英、俄、奥、瑞典、那不勒斯等国组成了第三次反法联盟，欧洲战火再度燃起。出于战略考虑，拿破仑认为首要的是要打败奥地利，为此他派出法国和盟国西班牙的联合舰队进攻那不勒斯，以牵制反法联盟在意大利的军队。然而他并不知道法国的舰队已在英国舰队的封锁之中，法国舰队一出海即被英国舰队分割包围，一场激烈的海战之后，法国舰队几乎被全歼，英国牢牢掌握着海上霸权。

但是在陆地上，拿破仑却大获全胜。法军在 11 月攻下维也纳，12 月 2 日，法国皇帝拿破仑、俄国沙皇亚历山大、奥地利皇帝弗朗茨二世，各自亲率自己的军队在奥斯特里兹平原展开决战。当时俄奥联军约 9 万人，法军仅 7 万人，而普鲁士 10 万军队正在赶来。拿破仑决定采取速决战，他要在普军到来之前结束战斗。战斗打响后他令法国右翼后撤，引诱敌军出击，然后把敌军拦腰切成两段，法军从高地上顺势横扫而下,俄奥联军溃不成军,被逼到一个湖面上,法军用强大的炮火猛轰湖面,冰层破裂,敌军落入湖底无数,拿破仑大败俄奥联军。此后,俄军从奥地利撤退,普鲁士一看形势不妙,连忙把准备向法国递送的最后通牒改为祝捷词。12 月 15 日,普鲁士被迫与法国结盟,向英国宣战。12 月 16 日,奥地利被迫求和,向法国割地赔款,第三次反法联盟就此瓦解。

第三次反法同盟瓦解后,拿破仑加紧在欧洲推行自己的宏伟计划。半年后他把 16 个德意志小邦联合组成莱茵同盟,实行法国资产阶级的政治制度,自任同盟元首。1806 年 8 月,他又迫使奥地利皇帝弗朗茨二世取消"神圣罗马帝国皇帝"的称号,使建立于 962 年的神圣罗马帝国寿终正寝。拿破仑还把自己的哥哥约瑟夫·波拿巴扶上那不勒斯的王位,派弟弟路易·波拿巴去做荷兰国王。

拿破仑的这些举动令欧洲各国难以忍受,俄国沙皇亚历山大拒绝与法国媾和,俄、英同普鲁士恢复了谈判,瑞典后来也加入了谈判。到 1806 年 9 月,英、俄、普、瑞典又组成了第四次反法联盟。10 月,欧洲战争重新开始。

1806 年 10 月 1 日,普鲁士国王腓特烈·威廉三世向拿破仑发出最后通牒,要求法军撤退到莱茵河西岸。拿破仑收到这份最后通牒后决定以军事行动来回应。早在 9 月 25 日前后拿破仑就已经把主力部队集结到了纽伦堡附近,总共 6 个兵团,再加上骑兵后备队和近卫军,共约 13 万人,拿破仑决心在俄国军队到来之前击败普军。10 月 7 日,拿破仑兵分三路从莱茵河出发,穿过法兰科尼亚森林向魏玛公国推进,普鲁士以 12 万人迎战。

10 月 10 日,双方发生初次战斗,普军失利,拿破仑趁机调动大量兵力夺取了耶拿附近的阵地。10 月 13 日上午,法军开始向普军发动进攻,拿破仑命令后备军和近卫军以及骑兵一起投入战斗。14 日普军第一道防线被突破,接着第二道防线也被击溃,自此普鲁士溃不成军,几乎丢失了全部大炮,法军主力乘胜前进,经莱比锡直取柏林,10 月 25 日进入普鲁士首都。1807 年 6 月 14 日,法国在孚利德兰击溃俄军,第四次反法同盟瓦解。

同年 7 月,法国分别与俄国及普鲁士签订了《提尔西特和约》,确立三国结成同盟共同对付英国。因为无力渡海进攻英国,拿破仑在 1806 年 11 月占领柏林后,即颁布了封锁英国的《柏林敕令》,宣布:对不列颠诸岛进行封锁,禁止同英国进行任何通商和通信;在法军及其盟军占领区内的英国臣民及其财产一律俘虏和没收;来自或航经英国及其殖民地的船舶,均不得进入法国及其盟国的任何口岸。该法令是拿破仑推行大陆封锁体系的开始。法国与俄、普结成反英同盟后,1807 年 12 月,拿破仑在米兰再次颁布了更严厉封锁英国的《米兰敕令》,禁止欧洲大陆各国同英国进行贸易往来,企图从经济上搞垮英国。

但是,伊比利亚半岛上的葡萄牙却很不听话,由于英国控制了葡萄牙的工商业,葡萄牙的贸易几乎都是与英国进行的,这就使大陆封锁体系出现了一个裂口,因此,拿破仑决心征服葡萄牙。1807 年 10 月,法国与西班牙秘密签订了瓜分葡萄牙的《枫丹白露条约》,11 月,法西联军侵入葡萄牙,11 月 30 日占领葡萄牙首都里斯本,葡萄牙国王被迫逃往巴西。然而,拿破仑野心膨胀,他以西班牙没有提供应有的援助为借口,趁机占领了西班牙沿海地区的许多要塞,并进一步占领了西班牙首都马德里。西班牙国王父子都被监禁,拿破仑把自己的哥哥约瑟夫·波拿巴立为西班牙国王,使西班牙处于自己的控制之下。但是此举引起了包括西班牙和葡萄牙在内的整个伊比利亚半岛人民的反抗,半岛各地反对法国侵略的游击战争很快掀起,这些反法游击战争使 30 万法军长期陷入其中不能自拔。

趁此机会,英国一方面积极援助西班牙和葡萄牙的反法斗争,一方面又在1809 年组织起了第五次反法同盟。一直在改革军队准备复仇的奥地利也积极加入了这个同盟,1809 年 4 月 9 日,奥地利冒险对法宣战。4 月 10 日,奥地利查理大公爵率领奥军进攻巴伐利亚,拿破仑急忙引兵东来,在巴伐利亚击败了查理的军队,并在一个星期内逼他退回到维也纳。7 月 5 日拿破仑又大败奥军于瓦格拉姆,强迫奥地利在 10 月 14 日缔结了《维也纳和约》,奥地利不仅被割地赔款,并且必须把军队裁减到 15 万人,结果,第五次反法同盟又失败。

拿破仑实行大陆封锁体系后,虽然使英国的经济受到很大损失,但是贸易封锁是把双刃剑,它同样给大陆国家带来了很大的经济损失,这使许多大陆国家感到极大的不满。特别是像俄罗斯这样的农业国,由于执行大陆封锁政策,俄国商业凋敝,财政陷入困境,国内怨声载道,但却得不到任何补偿。同时,拿破仑在欧洲大陆上漫无止境的势力扩张,也令俄国沙皇亚历山大极为不满,亚历山大开始不履行大陆封锁。对于俄国蔑视大陆封锁令的"反叛"行为,拿破仑无法容忍。早在 1809 年,拿破仑因为一直梦想进入一个正统的王朝家族,重建君主政体,就曾经向沙皇亚历山大的妹妹求婚,但是被亚历山大傲慢地拒绝了。因此,拿破仑决心用帝国军队无情的铁蹄来教训俄国人的傲慢与反叛。

1812 年 6 月,拿破仑亲率 70 万大军大举入侵俄罗斯,准备速战速决,他认为只要打一场漂亮的胜仗就能迫使俄国人屈服求和。然而俄罗斯广袤的国土却使他愿望成为泡影,俄军利用国土的纵深消耗敌人的有生力量,采用焦土战术,边打边退,拿破仑不仅始终捕捉不到俄军的主力进行决战,而且补给陷入了严重的困难。9 月,法军在付出重大的代价后攻入了莫斯科,但从此却陷入了莫斯科的寒冷和俄军的袭扰之中,而恶劣的气候使法军的士气一落千丈。拿破仑再也无力向前推进。10月,拿破仑被迫下令撤退,然而在饥饿、严寒和俄军的多重打击下,法军的撤退变成了灾难性的溃退。到12月法军最终撤离俄国时,拿破仑的70万大军只剩下了区区5万人。拿破仑入侵俄国遭到惨重的失败,法国元气大伤,拿破仑的帝国步入衰退。

而此时的英国,除了继续在西班牙牵制并痛击法军外,还又一次积极地组织第六次反法联盟。在这种情况下,墙倒众人推,不仅法国原来的宿敌,而且那些看到了法国颓势的其他国家也都站到了反法联盟在一边。1813年8月,包括英、俄、普、奥、瑞典、西班牙及葡萄牙在内的第六次反法联盟形成。

面对欧洲所有的大国都加入的反法联盟,法国已经严重的兵力不足。到1813年10月双方在莱比锡平原展开决战时,拿破仑所能调集的兵力仅16万,而围攻他的盟军有32万。在这场决定拿破仑帝国生死存亡的决战中,拿破仑遭受重创,被迫向本土溃退,拿破仑帝国迅速瓦解。而在此之前,英国军队在西班牙和葡萄牙人的积极配合下,成功地将法国军队赶出了西班牙。反法联军节节推进,大举进攻法国本土,并于1814年3月底进入首都巴黎。4月6日,拿破仑被迫宣布退位,拿破仑帝国覆灭。至此,法国大革命彻底失败,被推翻的波旁王朝靠着欧洲君主们的武装干涉得以复辟。

1814年5月,时隔25年,法王路易十六的弟弟——路易十八在反法联军的帮助下回到巴黎,登上了法国王位。但是,此时的法国已不是大革命之前的法国了,革命已使法国发生了翻天覆地的变化。路易十八是个识时务者,他深知已不可能再恢复大革命之前的政治制度,因此与新兴阶级实行必要的妥协是明智的选择。为此,路易十八在进入巴黎的前一天就发表宣言,允诺制定一部自由主义宪法,而且,绝不对大革命进行秋后算账。1814年6月,路易十八签署了史称《1814年宪章》的新宪法,在它的各项条款中,既表现出了对大革命成果的让步,又反映出正统的王朝意识以及恢复旧制度的倾向。

但是,那些随着路易十八的复辟而回到巴黎的王党分子们,却不想对大革命的成果做出让步,在仇恨的驱使下,他们力图夺回自己在大革命中失去的一切。这些人的倒行逆施引起了广大人民的愤怒,波旁王朝政局出现动荡。被流放到厄尔巴岛的拿破仑得悉这些消息,经过周密的准备后,于1815年2月26日夜,率领1050人偷渡回国,3月1日在法国南部登陆。当他率领队伍向巴黎前进时,得到了痛恨波旁王朝复辟的各地城乡居民的热烈支持,波旁王朝的军队也倒戈相迎。3月20日,他不费一枪一弹到达了巴黎,路易十八和王室慌忙逃往比利时。拿破仑恢复帝位,重掌朝政。

而此时几乎所有的欧洲国家的君主或代表都还在维也纳开会,他们还在讨论:战胜拿破仑后如何恢复被拿破仑征服过的各国旧王朝和封建秩序,建立可靠的保证以防止法国恢复大革命时的政治制度和征服欧洲的企图,以及如何重新分割欧洲以满足他们各自的领土欲望。特别是在领土问题上,各国一直在讨价还价争论不休。会议将近结束时,传来了拿破仑在法国登陆,并向巴黎推进的消息。各国闻讯,扔下未解决的争端,急忙组成了第七次反法同盟。

拿破仑为争取主动,决心在反法联军全部集结以前击败联军,他迅速率领军队进军比利时,于 1815 年 6 月与以英、普为主的反法联军展开了著名的滑铁卢大战。交战的英军由著名的威灵顿元帅率领,有 6 个骑兵团,25 个步兵营,另外他还集结了 8.3 万国籍混杂的人马。普军由布吕歇尔元帅率领,有 11.3 万人马。法军只有 12 万,在人数上处于劣势。鉴于双方实力悬殊,拿破仑使用 5 万部队来牵制英军,而用 7 万主力猛攻布吕歇尔的普军。在迫使普军溃退后,命格鲁希军团尾随追击,初步实现了分割联军的目标。英军威灵顿元帅得知情况后向北退至滑铁卢,在圣让山高地修筑工事,准备与拿破仑决战。

6 月 18 日午后,滑铁卢战役正式展开。法军在使用 224 门大炮进行猛烈轰击后,向联军发起了进攻,但威灵顿元帅指挥联军顽强抵抗、始终坚守阵地,法军久攻不下。当日傍晚,布吕歇尔元帅在巧妙地摆脱了法军格鲁希军团的追击后赶到了滑铁卢,并对法军的右翼发动猛攻。拿破仑在等不到格鲁希军团增援的情况下,只得把进攻威灵顿方面的军队抽出 1.4 万人来对付普军,结果,威灵顿趁势转入反攻,法军大败。拿破仑失败后返回了巴黎,6 月 22 日宣布退位,结束了仅有百日的复辟。不久后被流放到了大西洋上的圣赫勒岛,几年后他在那里病逝。

路易十八再一次靠外国反革命势力的帮助恢复了王位,虽然他是个识时务的人,愿意对大革命的成果做出让步,但是他的继承人——他的弟弟查理十世却没有那么识时务。路易十八生前早有预感,他死前就说:"我的弟弟恐怕难以死在这张床上。"1824 年 9 月,新国王查理十世继位。他一即位就公然恢复"王位和祭坛"的神权政治。为了威慑群众和引人注目地表示旧制度已经恢复,他坚决要在兰斯教堂举行隆重的加冕典礼。消息传开,有人创造了一首《天真的查理的加冕典礼》的歌谣,以示讥讽。

查理十世对大革命极端仇视,在继位以前他就是死硬王党分子和极端派政党的首领。继位后他颁布了一系列反动法令,如《赔偿亡命者十亿法郎法令》《出版物法令》《十月敕令》等,变本加厉地恢复大革命以前的封建专制统治和贵族特权以及天主教会的统治。这不仅损害了资产阶级的利益,也使广大人民极为不满。

1830年7月26日,查理十世又以国王的名义颁布了六条非常法令,内容包括:取消出版自由,修改选举法,甚至剥夺了资产阶级的投票权。这意味着公然破坏"宪章"的原则。法国人民终于忍无可忍,巴黎的工人、小手工业者、青年学生等,当天就走上街头举行示威,抗议国王的倒行逆施。27日,抗议活动发展为起义,群众纷纷拿起武器向国王的军队发动攻击。28日,整个巴黎东部都参加了革命,巴黎圣母院的塔上升起了三色旗。29日,革命者占领了罗浮宫和杜伊勒里宫,查理十世仓皇逃往英国,革命胜利了。

然而,因为革命发生时共和派缺乏组织,由大资产阶级组成的临时政府出于自身利益和欧洲政治环境的考虑,最后却推选了奥尔良公爵路易·菲利普为国王,在法国建立起了"七月王朝"。虽然实行的是君主立宪制,但仍然戴上了君主制的标签。

在拿破仑帝国崩溃以后,以俄、奥、普为首的欧洲各国君主,为维护君主制,防止法国和欧洲各国发生改革社会制度的革命,成立了一个"神圣同盟",以镇压各国革命。七月革命的发生是对这个反革命同盟的沉重打击,它再一次在法国掀起了革命高潮,并粉碎了王党旧贵族在法国重建封建专制制度的企图。同时它也鼓舞了欧洲各国的革命者,欧洲各地也再一次掀起了此起彼伏的反封建革命高潮。

七月王朝建立后,新国王路易·菲利普清楚地知道,他这个国王是由议会选出来的而非靠世袭得来,因此,他上台伊始便以"公民国王"的面目示人,穿着举止俨然是新制度的象征。他像普通资产者那样,经常头戴礼帽,夹着雨伞,穿着胶鞋,一个保镖不带地在巴黎街头散步,面容和蔼地与人闲聊。但是真正掌握王朝政权的还是大资产阶级,而他们所依托的基础却极为狭窄,选民的资格是根据纳税额来确定的,在当时法国3000万人口中,约有100万人缴纳营业税,但其中有投票权的只有10万人。这样选出的议员自然都是富有者及其代表,但是这却是个大资产阶级非常满意的制度,为维护这个来之不易的政治成果,他们利用国民自卫队来实行严密的社会防卫,维护秩序和稳定成了政策的中心,国内政治保守而僵化。

七月王朝在对外政策上却表现得非常积极进取,从1839年开始,法国军队就在比若元帅的率领下对阿尔及利亚展开了全面的殖民征服。此外,世界上还有其他一些更远的地区也在这一时期相继落入法国人之手,成了法国的殖民地,如西非的达洛亚、印度洋上的马达加斯加、南太平洋的塔希提等等。另外,在1844年,法国还步英国人之后强迫中国清政府签订了不平等的《中法黄埔条约》。在对待英国的问题上,七月王朝奉行了以和为贵的政策,使法英关系得到了改善。

然而,在七月王朝保守而僵化的国内政治之下却蕴藏着极大的社会危机,工业资产阶级的实力日渐增长,社会主义的思想也开始在工人阶级中广泛传播。而政府反对任何改革,加之政府官吏的贪赃腐化,引起了社会各阶层的不满。从1840年以来,在巴黎和外省就出现了很多拥护改革的委员会,他们组织宴会和示威游行,要求对选举制度进行改革。

1848年1月9日,巴黎资产阶级反对派准备举行盛大宴会,发动群众展开声势浩大的选举改革运动。以基佐为首相的政府下令禁止。资产阶级反对派决定宴会改在2月22日举行,同时组织一次示威游行。政府准备用武力镇压,资产阶级反对派屈于压力退却了。但是巴黎的广大群众却不顾政府禁令,仍然按原计划冒雨走上街头,高喊"打到基佐,改革万岁!"的口号,举行大规模的示威游行。23日,人民群众夺取武器同政府军展开激烈的街垒战。有许多同情革命的政府军人也倒向了群众,革命形势迅速发生变化。

国王路易·菲利普企图以罢免首相基佐的办法来维持即将坍塌的七月王朝。资产阶级反对派闻信欣喜若狂,准备与七月王朝妥协。但是巴黎人民却高喊"打到路易·菲利普!共和国万岁!"的口号,继续战斗,并在当晚修筑起1500多个街垒,24日晨,工人已占领了巴黎的主要街道。国王使尽了一切办法来挽救七月王朝但都失败了,只得匆匆逃往英国,革命取得了胜利。24日晚成立了一个由不同阶级和派别的代表人物组成的11人临时政府,其中只有两名工人代表,资产阶级在其中占有优势。1848年2月25日,宣布成立法兰西共和国,史称法兰西第二共和国。

"二月革命"胜利后,巴黎工人把第二共和国看成是"社会共和国",以为通过它可以取得劳动权利和实行社会主义。在起义工人的压力下,2月28日临时政府成立了劳动委员会,并派临时政府中的两位工人代表出任正副主席。这样既麻痹了工人又把工人的代表挤出了临时政府。3月2日开办了国家工场。5月4日召开制宪会议,5月10日成立了5人执行委员会,组成了清一色的资产阶级共和派政府。

5月15日工人进行示威,要求工人代表参加政府,并要求成立劳动部。资产阶级立即进行了镇压,并逮捕了工人领袖,解散了劳动委员会。6月22日关闭了国家工场,致使1.7万多工人立即失业。当天巴黎工人就举行了大规模示威,提出"打到制宪会议!建立民主社会共和国!",6月23日发展成为武装起义。资产阶级临时政府派军队进行了残酷的镇压,起义者坚持战斗了4天,6月26日,"六月起义"被临时政府血腥地镇压了下去。

1848年11月4日,政府颁布了新宪法,规定:公民的一切自由都必须受国家监督;总统为国家元首统揽军政大权,但总统任期4年不得连任。12月10日进行了一人一票的总统普选,结果拿破仑的侄子——路易·波拿巴以多数票当选为总统。

路易·波拿巴曾企图恢复拿破仑的法兰西帝国,但两次武装起事都失败。被关进监狱后他写了《论消灭贫苦》一书,把自己装扮成劳动人民的代表。在竞选中他答应农民"减轻赋税"、"保护小土地私有制",因此农民投了他的票。他允诺"大赦被捕的六月起义者",因此工人也投了他的票。他答应实行"低息贷款",因此小工商业资产阶级也投了他的票。他允诺"确保社会秩序免遭一切侵害",因此大资产者也投了他的票。幻想恢复拿破仑帝国光荣的军队也投了他的票。他以四面逢迎的欺骗性演讲取得了社会各个阶层的信任。

但是,当选总统后他就开始为恢复帝制做准备。军队是恢复帝制的主要社会支柱,因此他极力在军队中扩大自己的势力。他经常举行阅兵仪式,发表煽动性演说,大摆宴席拉拢军官,并先后把陆军部长、城防司令、高级军官都换上自己的亲信。1850年5月,他利用总统职权操纵议会废除了普选制。接着,他要求立法院修改宪法取消"总统不得连任"的条款,但遭到拒绝。于是,他在1851年12月2日的拿破仑加冕纪念日发动军事政变,调动7万军队占据了巴黎的重要据点,逮捕了60多名有名望的议员,占领了议会所在地波旁宫。巴黎贴满了总统布告:宣布巴黎戒严,解散议会。1852年1月,路易·波拿巴颁布了新宪法,总统任期改为10年。同年12月2日,宣布恢复帝制,路易·波拿巴称帝,成为拿破仑三世,法兰西第二帝国宣告成立。历史再一次出现荒唐的结局,一人一票的普选,选出的却是一个独裁者,从民主到独裁只有一步之遥。

拿破仑三世的法兰西第二帝国寿命只维持了18年,应该说他的政绩还是说得过去的,他并不是像他叔叔那样的战争狂,在他执政期间,法国政局经历了一段难得的相对稳定期,法国的经济也出现了前所未有的腾飞。

在外政上,法兰西第二帝国在海外殖民地的开拓上也收获颇丰。在北非,1857年法国完成了对阿尔及利亚的占领,1859年至1869年在埃及完成了苏伊士运河工程,并获得了99年的租让权。在东亚,1857年应英国人之邀,英法两国发动了对中国的第二次鸦片战争,英法联军在北京打败了清军,洗劫了圆明园,然后通过中法《天津条约》和《北京条约》获得了在中国传教和经商的特权,同时获得了大量赔款。在东南亚,柬埔寨和越南相继成了法国的殖民地。此外,法国还在西非、东非、地中海以及大洋洲等地大肆拓殖,使法国成为仅次于英国的世界第二大殖民帝国。在欧洲事务上,拿破仑三世的目标是要打破1815年拿破仑失败后的维也纳会议形成的欧洲政治体系,使法国重新崛起成为一个欧洲强国。然而,也正是他在欧洲事务上的失误,使他的帝国轰然倒塌。

维也纳会议以后,为防止法国可能会给欧洲秩序带来的威胁,以俄、奥、普三强为首的欧洲大陆各国组成了"神圣同盟",形成了制约法国的欧洲政治体系。为打破这一格局,拿破仑三世继七月王朝之后继续与英国维持友好关系,并寻找机会打击俄、奥、普三强。

1853年,俄国为夺取黑海出海口而与土耳其爆发了克里木战争,这使法国得到了机会。法国联合英国向俄国宣战,在法、英、土联盟的打击下,克里木战争以俄国的失败告终。战后签订的《巴黎和约》规定,俄国不得在黑海保存舰队,土耳其帝国继续维持领土完整。这一结果对拿破仑三世的鼓舞是巨大的,因为俄国的势力受到了遏制,而法国在欧洲的地位却得到了极大的提高,巴黎再一次成了欧洲外交活动的中心。

接下来拿破仑三世要打击的目标就是奥地利,因为奥地利是欧洲大陆上仅次于俄国的第二大强国,其前身神圣罗马帝国是法国争霸欧洲几个世纪以来的最大障碍。因为维也纳会议后,奥地利又重新恢复了对意大利北部的统治,所以他决定以帮助意大利北部各邦摆脱奥地利统治的看似正义的方式来进行。为此他与撒丁王国首相加富尔签订了秘密协议,用战争把奥地利赶出意大利北部的伦巴底和威尼斯,并把他们并入撒丁王国,而撒丁王国以割让萨伏依和尼斯来作为回报。

1859年4月26日,法撒联军对奥地利宣战,6月底已把奥军赶出了伦巴底。但是拿破仑三世却出人意料地突然退出了战争,与奥皇签署了停战协定,把威尼斯留给了奥地利。因为他看到了另一个可怕的危险,因为加富尔和撒丁王国正在致力于整个意大利半岛的统一,而整个意大利的统一将使法国身边出现另一个强大的对手。拿破仑三世的这一举动激起意大利人的愤怒,加富尔也因此事而被迫辞职,他一度想自杀,但后来还是振作起来继续努力,终于帮助意大利实现了统一。1861年3月,以撒丁为主导,联合半岛7个邦的意大利王国宣告成立,撒丁国王被定为意大利国王,加富尔出任总理大臣。

1866年,奥地利与普鲁士发生战争,出于削弱奥地利这个更具威胁的对手的目的,法国在这场战争中支持普鲁士。意大利为了夺回威尼斯也加入到普鲁士一方对奥作战。战争的结果是意大利得到了威尼斯,普鲁士则得到了几乎整个德意志中部地区。拿破仑三世又一次犯下错误,奥地利是被削弱了,但是一个更强大的对手——普鲁士却出现了。

1870年7月,法普爆发战争。法军行动迟缓,供应极差,到7月底才在边境地区集结了22万军队。而普军却准备充分,武器精良,到7月底已在边境集结了47万军人,并于8月4日攻入法国境内。法军在被动的局面下屡战屡败,9月1日,法普两军在色当地区进行了决战,结果法军大败。9月2日,拿破仑三世率8.3万余名士兵向普军投降。消息传到巴黎,9月4日,巴黎爆发革命,法国人民推翻了第二帝国,废黜了拿破仑三世,同时宣布废除君主制,成立法兰西第三共和国。

新成立的法兰西第三共和国组建了资产阶级临时政府,临时政府向普军做出妥协,以割地赔款的方式结束了法普战争。但是临时政府的妥协政策却引起了法国人民的不满,巴黎工人阶级再次发动武装起义,占领了巴黎全市,巴黎市民成立了被称为"巴黎公社"的由工人和无产阶级组成的自治市政府,这就是后来在世界共产主义运动史中最为著名的"巴黎公社"运动。资产阶级临时政府立即调来大批军队进行镇压,在这场血腥镇压中,被杀害的起义工人多达10余万人,巴黎公社运动被镇压了下去。

1871年8月,经国民议会选举,梯也尔当选为法兰西第三共和国总统。1873年5月,梯也尔下台,麦克马洪将军当选为新总统,这时仍然有保皇派企图复辟帝制。而此时宪法草案中还一直未能明确提出国家体制问题,直到1875年,国民议会陆续通过了一系列法案,形成了第三共和国宪法,法国的共和体制才得以最终确立。

从1789年的法国大革命爆发,到1875年共和体制的确立,法国的社会体制大革命经历了80多年。这与美国的情况截然不同,而其中的主要原因是地缘环境和历史积淀的不同。首先,法国是地处君主政体强盛的欧洲大陆,处于君主势力的包围之中。法国的大革命使欧洲各国的君主们感到恐惧,他们惊呼"多么可怕的榜样啊!",必欲置之死地而后快,先后组织了7次反对法国革命的军事同盟,不遗余力地对法国进行武装干涉。在扑灭了法国革命,把路易十八扶上台后还成立了"神圣同盟",用来镇压法国和欧洲其他国家革命的发生。其次,从法国内部来说,因为历史原因,一千多年来的封建专制和绝对君主制已在法国留下厚重的历史积淀,王党势力强盛,迷恋君主制的大有人在。不光是旧贵族,即使是大资产者也对民主共和制极不信任。

美国则不同,它地处北美,欧洲国家的君主们即使想对美国进行干涉也是鞭长莫及,而且远在北美的革命对他们来说也不会感到威胁。美国是个新移民国家,历史很短,在革命前美国的土地上就没有君主,虽然说宗主国英国国王是他们名义上的君主,但是远在英国的国王在他们头脑中的权威实在有限。美国也没有由旧贵族形成的王党势力,所以美国没有历史阻力,在一个全新的国家建立一种全新的制度是一件非常自然的事情。

其实美国革命后建立民主共和制的思想理念还是来源于法国,以致有人说:法国人死后灵魂去天堂,美国人死后灵魂去法国。在欧洲近代史上,法国一直是引领风气之先,率先实行中央集权和绝对君主制,率先大兴豪华奢侈的宫廷礼仪和娱乐社交,率先刮起中国风,率先掀起思想启蒙运动。天赋人权、自由、平等、民主共和、人民主权、三权分立等等近代政治思想理念都是来源于法国的启蒙运动。在封建势力根深蒂固的欧洲和君主专制势力强大的法国,这些思想观念都难以实现,但是在君主专制势力薄弱的美国却能轻易地得以实现。当美国建立起没有君主的民主共和制国家的消息传到法国后,它反过来鼓舞了法国人民掀起了大革命。但是在君主势力强盛的欧洲,法国人民反反复复斗争了80余年,民主共和体制才最终获得确立。

法国的大革命对欧洲和世界影响巨大,法国大革命后,在与欧洲的反革命势力——反法联盟的斗争中,法国的军队一度占领了欧洲大部,推翻了那里的封建制度,把它的资本主义政治制度推行到了大半个欧洲。虽然法国军队后来被反法联盟打败,但是他们却把资本主义制度带到了欧洲各地,从此以后,欧洲各国反对封建制度的革命不断发生,并最终导致了欧洲封建制度的全面崩溃。同时,法国的大革命以及它的政治思想理念也推动了世界各国社会改革运动的蓬勃发展。

三十二 英国的工业革命和世界霸权

　　1688 年的"光荣革命"使英国建立起了君主立宪的资本主义制度。君主立宪制的建立是新兴资产阶级与保王势力的一种妥协,这样既保留了君主制,使封建旧贵族的利益得到了某种程度上的保护,又使资产阶级实际掌握了政权,资产阶级通过议会和内阁能够保护自己的利益,并实现自己的政治主张。从此,英国国内的政治斗争基本平息,对外殖民扩张,争夺商业利益,与欧洲诸强争夺海外殖民地和世界霸权,成了英国的主要目标。

　　这时,老牌殖民帝国葡萄牙和西班牙已经衰退,而荷兰执政威廉兼任英国国王,使英国和荷兰的利益趋于了一致,因此,他们在欧洲的主要竞争对手还是老冤家法国。此时的法国在"太阳王"路易十四的领导下不仅称霸欧洲,而且在海外不断地开拓殖民地,成了新的世界霸主。英国要进行殖民扩张并夺得世界霸权就必须打败法国,而法国又是英国几个世纪以来的宿敌,因此,在此后的一个多世纪里,打击法国一直是英国不变的目标。这一时期不断发生的欧洲战争中,英法之争都贯穿其中。在这些战争中,英国充分利用岛国的特点和传统的海盗力量,组成威力强大的海军,屡屡重创法国舰队,取得了海洋霸权。但是在欧洲大陆上,英国一般并不直接参战,而往往是以出钱资助的方式,巧妙地挑动欧洲各国结成同盟与法国作战,自己坐收渔利。

　　1689 年,奥格斯堡同盟战争爆发,这是英国在光荣革命后第二年即开始的,与欧洲大陆国家结盟打击法国霸权的第一次战争。在这场战争中,英荷联合舰队完全控制了海洋,法国海军被彻底打败。在大陆上,由荷兰、奥地利、巴伐利亚、勃兰登堡、瑞典等国组成的奥格斯堡同盟共同对法国作战。法国多面受敌,陷入了艰苦险恶的境地。这场战争历时 9 年,但是谁都不能取得决定性的胜利,最后精疲力竭的交战双方签订了合约。这场战争使法国在大陆上失去了部分领地,霸权扩张受到遏制。在海上,法国失去了制海权,英国舰队不仅获得了深入地中海的权利,而且在北美和印度等地的海外殖民地争夺中也取得了对法国的优势。

1701 年,围绕西班牙王位继承问题,欧洲战争又起。西班牙国王死后无嗣,法王路易十四的孙子菲利普以近亲的关系继承了西班牙王位,这意味着西班牙在欧洲大陆的领地,包括西班牙本土、意大利的大部、西属尼德兰(即今比利时),以及西班牙遍布美洲、非洲和亚洲的广阔殖民地,都有可能并入法国。而奥地利神圣罗马帝国皇帝利奥波德一世的次子——查理大公,也是有资格继承西班牙王位的人选之一。英荷无法容忍法国称霸欧洲和世界,于是联合奥地利、普鲁士等德意志诸国结成反法同盟,支持查理大公争夺西班牙王位。这是一场旷日持久的消耗战,战争波及意大利、尼德兰、德意志、西班牙、地中海地区以及北美殖民地,一直打到 1714 年才结束。

战争的结果使法国的称霸野心再次受到打击,英国成了最大的获利者。根据战后签订的合约,法国将它在北美占有的殖民地划出部分归英国,将阿卡迪亚殖民地割让给英国(英国后来将其改名为新斯科舍)。法国承认英国对纽芬兰和哈德逊湾周围地区的权利要求。英国还在西班牙得到了直布罗陀和梅诺卡岛的一部分。路易十四的孙子菲利普虽然保留了西班牙王位,但是合约规定法、西两国永远不能合并。法国还割让了一些领地给荷兰,撤回驻洛林的军队。奥地利神圣罗马帝国获得了意大利大部分领地,以及西属尼德兰和莱茵河地区的部分领地。英国通过这场战争进一步巩固了它的海上优势,扩大了海外殖民地。

1756 年爆发的欧洲"七年战争",是英国夺取法国世界霸权的一场决定性战争。英国的战争目标非常明确,即全力争夺海外殖民地。在大陆上,英国用与普鲁士结盟的方法,来抗衡法奥俄三国联盟,用普鲁士来牵制法国的兵力。英国主要在海上和海外的北美、印度等地作战,英国海军先后击败了法国的地中海舰队和大西洋舰队,法国的海上军事力量基本上被消灭。英军凭借海上优势,在北美、加勒比、印度等海外殖民地的陆战中取得了一系列胜利。到 1763 年战争结束,英国以胜利者的姿态与法国签订了《巴黎和约》,法国被迫将北美的整个加拿大和密西西比河以西的路易斯安那,以及非洲的塞内加尔都割让给英国,并且从印度撤出,只保留了 5 个商站。英国成为了最大的海外殖民国家。

然而,乐极生悲,因为长期的战争消耗给英国造成了巨大的财政困难,为解决财政危机,英国决定对殖民地增加税收,结果引起了北美殖民地人民的激烈反抗。在此之前,殖民地人民对英国的压迫和掠夺早已不满,英国不仅疯狂地从殖民地攫取财富,而且使用高压政策限制殖民地发展独立经济,禁止殖民地与英国以外的其他国家进行贸易,把殖民地当作发展英国本土工业的原料供应地和商品销售市场,使殖民地的经济发展受到严重伤害。英国增加税收的决定使英国与殖民地的矛盾进一步激化,北美的 13 个殖民地联合起来反抗英国的压迫和统治。1775年,北美独立战争爆发,法国当然不会放过这个打击和削弱英国的机会,其他的欧洲国家也不愿意看到英国独大,他们或暗中支持反英战争,或公开加入对英作战。在广泛的国际援助下,北美殖民地人民经过 8 年的艰苦战争,打败了英国军队,推翻了英国的统治,建立起了独立的美国。北美殖民地的丧失,使英国的世界霸权受到沉重的打击。

然而,北美殖民地的丧失对英国来说也是一个重大的转折点,此后,英国的经济政策和经济结构都出现了明显的改变。在此之前,英国一直奉行的是重商主义政策,重商主义者认为:只有能真正实现为货币的东西才是财富,把国家一切经济活动都归结为获得金银。为了攫取金银这种硬通货币,他们往往不择手段,对殖民地实行贪婪的掠夺性政策,并千方百计地限制殖民地发展独立经济,使殖民地只能成为英国经济发展的附庸。例如:颁布《航海条例》,规定殖民地所有的输入和输出货物都必须由英国的商船来运输,并指定有些货物只能输往英国,以保护英国的商业;颁布《制帽条例》,禁止殖民地用生产的毛皮制帽;颁布《制铁条例》,禁止殖民地建熔铁炉和制造铁器等等。在对外贸易中追求少买多卖,用限制进口增加出口的贸易保护主义政策来获取货币差额。

北美的独立使英国认识到,不可能无止境的对殖民地实行掠夺性政策和限制其经济发展。同时,贸易保护政策虽然在此前起到了保护本国幼稚工商业发展的作用,但是,它也引起其他国家的反制,而世界上其他国家也开始实行贸易保护政策后,英国的工商业产品同样也失去了大量的销售市场。而此时英国的工商业已经走出了幼稚发展阶段,其工业已经在欧洲处于领先地位,具有更强的竞争力。

所以,英国开始逐渐放弃贸易保护主义政策,转而奉行自由贸易政策,并要求别国也开放贸易。同时,在经济政策上,也从重商主义转为重工主义,重视发展工业,利用自己更强的工业实力,实行以生产工业制成品为基础的商业扩张,以商品的竞争力来实现贸易差额。英国的这些变化促进了其工业的更快发展,而广阔的海外市场促使其生产规模不断扩大,手工业化生产已不能满足要求,机器化大生产应运而生,而机器的大规模应用导致了工业革命的发生,在接下来的近一个世纪里英国迅速地走向工业化。

英国的工业是从纺织业开始发展的,最初是羊毛纺织业,在开拓了大量海外殖民地以后,又发展起了以从殖民地进口的棉花为原料的棉纺织业。在工业革命以前,因为吸收了许多来自世界各地特别是来自中国的纺织技术,英国的纺织机械已经有了很大进步。在此基础上,1733年,英国机械师凯伊发明了飞梭,大大提高了织布的效率。1765年,哈格里夫斯发明了能同时纺出10多根纱的珍妮纺纱机,使纺纱的效率也大为提高。1768年,木匠海斯发明了水力纺纱机,它以水为动力,比珍妮纺纱机更省力,效率更高。

美国宣布独立后,英国开始实行重工主义,加快了工业的发展。1779年,塞缪尔·克隆普顿结合珍妮纺纱机和水力纺纱机的优点发明了骡机,它可以同时带动300~400个纱锭,纺出的纱既细致又牢固。纺纱机的不断改进使纺纱的效率大幅提高,织布的速度就显得大大落后。1785年,埃德蒙·卡特莱特发明了水力织布机,使织布的速度一下子提高了40倍。但是,以水力作为机器的动力受到自然环境条件的局限,并不能普遍应用,因此,提供不受局限的强大机器动力成为扩大生产规模的关键。在这种情况下,蒸汽机应运而生。

蒸汽机的发明历史可以上溯到公元1世纪的埃及,当时埃及亚历山大港的希罗,发明了一个汽转球,不过它只是一个玩具,后来有人把它用作开启庙宇大门的动力。约在1679年,法国物理学家丹尼斯·巴本在观察了蒸汽逃离高压锅后,制成了第一台蒸汽机的工作模型。1712年,英国的机械师纽科门制成了第一台实用的蒸汽机,用于在煤矿里排水。但是热效率低,燃料消耗量大,只能用于煤矿等燃料充足的地方。1763年,英国格拉斯哥大学的仪器修理工詹姆斯·瓦特,对纽科门蒸汽机进行了改进,使热效率大大提高。1776年,第一批新型瓦特蒸汽机开始实用于生产,但是,因为还只能提供往复直线运动,因此主要是用在抽水泵上。在此后的几年里,瓦特又对蒸汽机进行了一系列改进,使它不仅也能产生圆周运动,而且能用于各种机器,成了万能蒸汽机。

1785年,在诺丁汉舍尔纺纱厂首次安装了经瓦特改进的万能蒸汽机。这种蒸汽机突破了用人力、畜力、风力、水力作机器动力的局限性,为人们提供了强大的可以随意控制的机器动力,并可以广泛应用于各种工作机器上。1789年,瓦特改进的万能蒸汽机获得专利,从此,蒸汽机很快普及开来,使用机器进行大规模生产的大型工厂迅速发展起来,取代了原来的手工业作坊。蒸汽机的大规模应用被认为是工业革命的标志。

到1800年,英国已拥有了321台蒸汽机。1807年,美国人富尔顿发明了蒸汽机船,1814年,英国人史蒂芬发明了蒸汽机火车。1825年,英国蒸汽机的使用量已猛增到15000台。也在这一年,英国第一条铁路试车成功。1844年,英国的铁路已长达2235英里。

蒸汽动力的使用使英国工业的生产规模和生产效率大为提高,到1850年,英国生产的棉纺织品已占世界总产量的 1/2，采煤业、冶金业、运输业、造船业、兵器制造等其他产业也都获得飞速的发展，煤产量占到世界的 2/3，铁产量占 1/2。此时英国已基本完成了工业革命，城镇里烟囱高耸，工厂里机器轰响，工业已成为国家的命脉，人们靠工业，而不靠农业生存。城市人口的总和已超过农村人口，达到 50.2%，英国已成为世界工厂。

为什么工业革命会发生在英国，而不是在世界其他的地方？许多人都提出了这个问题。比如说最早的殖民大国西班牙？最早的资本主义国家荷兰？在世界文明发展史上领先了几千年的中国？其实，决定性的原因还是地理因素。因为人类是地球上的生物，人类的衍生和进化以及文明的发展，都源于地球环境的变化。因地理位置的不同，造就了各地不同的地理环境。不同的地理位置和地理环境，决定了各地不同的文明发展进程和发展方向。

中国因为拥有优越的地理环境和自然条件，因此能够成为人类的起源地和农业文明的发源地。因为拥有广袤的大陆和优越的气候条件，因此中国拥有高度发达的农业文明。但也正是因为拥有优越的发展农业的条件，因此中国人过于重视和依赖于农业的发展，从而轻视了发展工商业，甚至反对发展商业。

西欧是个半岛，土地资源有限，而且大部分地方都气候寒冷，不利于发展农业。但海洋环绕的地理环境有利于交通运输和商业发展，海洋四通八达，海运成本低，所以西欧属于海洋性文明，适合于发展商业。而且在土地资源有限和气候不适宜于发展农业的条件下，只有向外发展商业才有出路。

在 15 世纪以前，因为航海技术的限制，西欧的商业发展都被局限在地中海和欧洲近海。虽然古代西欧也涌现出了许多商业发达的国家和民族，比如，古克里特人、古迈锡尼人、古希腊人、古罗马人、北欧海盗诺曼人等等。但因为活动范围被局限在地中海沿岸和欧洲区域内，市场空间有限，没有形成大商业，所以也没有产生大规模工业化生产的需要。

15 世纪以后，随着航海技术的发展和地理知识的增长，西欧开始探寻通过大西洋前往东方的新商道，从而发现了新大陆和新航线。新航线的发现，使欧洲的商业重心转移到了大西洋沿岸。

最先从新航线受益的是葡萄牙和西班牙，他们通过掠夺性贸易和对殖民地的疯狂掳掠获得了大量的财富。但是他们并没有把这些资金用于发展工商业上，因为西班牙和葡萄牙位于欧洲最南端的伊比利亚半岛，气候温暖湿润，是欧洲最有利于发展农业的地方。因此他们把获得的这些金钱除了用于挥霍外，主要用于添置地产，投资农业，从中他们可以获得丰厚而稳定的收入。这些地区的封建贵族生活都比较富裕,享有很高的社会地位和声望,他们看不起商人和手工业者。因此商业和手工业的发展在这些地方得不到重视。

荷兰和英国位于大西洋与北海和波罗的海的入口处,新航线的开辟和欧洲商业重心向大西洋沿岸的转移使他们大受其益。荷兰依托海上和内河的交通优势,通过转运贸易赚取了大量的金钱。因为地处西北欧,气候寒冷,而且土地匮乏,荷兰并不适宜于发展农业。同时,也因为地域狭小,荷兰缺乏发展工业的原料和矿产资源,因此只能把赚得的金钱主要用于发展商业和银行业。荷兰依靠商业和银行业的发展建立起了一个强大的商业帝国,从而成为世界上第一个资本主义国家。

英国则通过对英吉利海峡和大西洋上的过往商船进行疯狂的海盗劫掠而获得了大量财富。但是英国的气候条件更不适宜发展农业,在英国投资农业完全无利可图。因此,借助新航线带来的商业繁荣和欧洲羊毛价格上涨,英国人把海外冒险获得的金钱投资于发展羊毛生产和羊毛纺织业。

因为种植谷物无利可图,英国的封建领主们残忍地把农奴从耕地上赶走,把土地圈起来饲养绵羊,生产羊毛。英国政府为支持"圈地运动"颁布了"血腥法案",血腥镇压敢于反抗的农民。这种血腥的"圈地运动"在英国持续了300多年,它是世界工业发展史上绝无仅有的。"圈地运动"一方面为英国的毛纺织业提供了羊毛原料,另一方面也为毛纺织业提供了廉价的劳动力,它客观上促成了英国纺织工业的发展。另外,因为英国的国土面积比荷兰要大得多,并不缺乏工业原料和煤、铁等发展工业的矿产资源。因此,英国不仅能发展商业,工业也能得到顺利的发展。

英国能够成功地发生工业革命的另一个重要原因是它特殊的岛国环境。英国四面环海,这为它防御外来的侵略构成了天然的屏障,从而使它避免了战争的破坏和毁灭。而同一时期的欧洲大陆上却炮火纷飞,战争不断,欧洲大陆上的国家包括最早的资本主义国家荷兰,都不断地遭受到战争的反复蹂躏,文明发展进程不断遭到破坏,甚至毁灭。

实际上自从新航线开辟后,西班牙、葡萄牙,包括大西洋沿岸的法国、比利时等国家,工商业的发展都曾经取得非常大的成果,市场兴旺,城市繁荣,特别是法国。法国是欧洲的大国,面积比英国大2倍多,气候条件也比英国好得多,当时法国的人口是英国的3倍以上,历史上经济和文化的发展都远远领先于英国。新航线开辟后法国的工商业也都获得了飞速的发展,海外也开拓有大量的殖民地,曾经雄踞欧洲工商业和文明发展的巅峰,引领欧洲时尚之风。但是无休无止的战争破坏了法国的文明发展进程。

自从新航线开辟西班牙建立起欧洲霸权后,法国就一直在与西班牙进行霸权争夺战争。西班牙的霸权崩溃后,法国国内又开始了宗教战争。长达30年的宗教战争对法国造成的破坏,超过了此前法国与英国的"百年战争"。国内战争平息后,法国又开始了与哈布斯堡家族统治下的神圣罗马帝国的争霸战争。在这期间,法国"太阳王"路易十四在位54年,但是他的一生都是在欧洲争霸战争中度过。美国独立后,法国又爆发了大革命,从此法国又成了欧洲战争的中心。欧洲各国七次组成反法同盟,对法国革命进行围剿。为打破围剿,拿破仑则发动了征服欧洲的战争,最终拿破仑惨遭失败。这些永无休止的战争,毁灭了法国文明发展的成果,致使曾经引领欧洲文明之风的法国陷入衰败。在大革命以前的1780年,法国的铁产量是英国3倍,到拿破仑战争后的1840年,法国的铁产量已经不到英国1/3。

在法国深深陷入欧洲大陆的战争旋涡时,英国却依仗强大的海军和岛国的海防之利,拒欧洲列强于门外,并不断挑拨欧洲各国与法国互斗,从中坐收渔利,同时,趁机在世界各地争夺殖民地。在此期间英国夺取了法国在世界各地的大量殖民地,从而成为世界上最大的殖民帝国,开拓了广阔的海外贸易市场,极大地促进了英国工商业经济的发展,从而实现了对法国的超越。

英国的地理位置距离欧洲大陆并不遥远,这有利于它吸收大陆的文明发展成果,但是与大陆又有海洋相隔,这又使它避免了大陆的祸乱。因此它的文明能够不被打断地、持续地顺利发展,并且逐步取得了领先欧洲,直至领先世界的地位。

中国虽然地处大陆,土地辽阔,自然条件优越,有利于文明发展,但是事物有一利也有一弊。因为中国北部面对广袤的草原荒漠地带,那里是游牧民族的发源地,因此,中国历史上遭受到来自北方草原游牧民族的无数次侵略和蹂躏,文明发展进程不断被破坏,被打断,文明多次遭到毁灭。

实际上,中国虽然是个大陆国家,但是也有1.8万公里长的海岸线,因此也具有很大的海洋性,特别是东部和南部沿海地区。远在公元前的中国西汉时期就已建立起了南方海上丝绸之路。唐朝时中国的海洋贸易已经非常兴旺,当时在广州、泉州、扬州等沿海城市,世界各国的商人云集,仅广州就有外国商人10多万。

宋朝时中国的海上贸易得到了更大规模的发展,从东亚、东南亚、南亚、西亚、中东,直到北非和东非,有贸易往来的国家多达50多个。出口的商品有上百种,进口商品多达数百种。宋朝的工业也非常发达,大工矿雇工多达几万甚至十多万,而手工业工场和家庭作坊更是遍布城乡。宋朝的城市化程度也已经非常高,人口超过 100 万的城市有 4 个,人口超过 10 万的城市有 40 多个。而英国工业革命前人口达 10 万的城市只有两个,工业革命后也不到 10 个。宋朝的农业在国民经济中的比重已退居次位,农业税收只占国家财政的 30%,工商业税收已占到 70%,在经济发达的中部和东南部地区,人口的城市化率也已经达到 50%,这充分说明宋朝已经走出了传统的农业经济而逐步进入了工商业化和城市化。但是因遭到蒙古的入侵征服,宋朝辉煌的工商业城市文明被完全毁灭。

14 世纪中国推翻蒙古人的统治建立明朝后,工商业文明又逐渐得到恢复。1567 年,明朝正式开放海禁,中国与世界各国的贸易迅速繁荣起来。中国的生丝、绸缎、棉布、夏布、茶叶、陶器、瓷器等特产,遍销西班牙本土和它的各殖民地。在菲律宾、墨西哥等地市场上,价廉物美的中国棉布排挤掉了西班牙的产品。中国丝绸的市场价格只有西班牙产品的 1/3,因此从墨西哥、秘鲁、巴拿马到智利到处都出售和穿戴中国绸缎。中国的商品还通过与西班牙、葡萄牙和荷兰人的贸易,充斥欧洲市场。当时中国的对外贸易是大量的出超,输出的是工业品,输入的是白银,明末中国的工业产量占当时世界工业总产量的 2/3 以上,是名副其实的世界工厂。当时的世界殖民大国西班牙、葡萄牙和已经建立了资本主义制度的荷兰都无力与之竞争。而当时英国还没有发生资产阶级革命。其实,即使英国已经发生了资产阶级革命,它的工业生产能力也完全不能与明朝竞争。因此,如果不是明朝遭到满清的入侵而灭亡,英国甚至可能没有机会成为世界工厂从而首先实现工业革命。可惜中国再遭北方游牧民族的入侵,野蛮的满清人毁灭了明朝复兴的工商业文明。

正当中国遭到满清蛮族的入侵,从而坠入了黑暗的深渊时,英国发生了"光荣革命",从而走上了资本主义工商业高速发展的道路。1789 年,法国爆发了大革命,作为一个资产阶级掌握政权的国家,英国本应该支持法国的资产阶级革命,但是实际却相反,英国成了反对法国革命最坚决的国家和镇压法国革命最积极的组织者。英国先后七次在欧洲组织起反法同盟,疯狂的对法国革命进行镇压,对英国人来说,这场战争实际上是他们与法国争夺世界霸权的斗争。在这场战争中,英国的海上优势发挥了极为重要的作用,多次大败法国方面的联合舰队,粉碎了拿破仑进攻英国本土的图谋,最终彻底打败了法国。战后签订的《维也纳决议》使法国失去了许多重要的战略要地和海外殖民地,赔款 7 亿法郎,并对法国做出许多苛刻的限制。法国从此衰弱,再也没有称霸欧洲和世界的能力,英国却从此确立了世界霸主的地位。到战争结束的 1815 年,英国海军的总吨位达到 60.93 万吨,法国只有 22.83 万吨,列第三位的俄国为 16.73 万吨,第四位的西班牙不足 6

万吨。英国海军的总吨位超过了排其后三位的总和,约占当时世界海军总吨位的一半。英国的海军称霸世界海洋,无人能与之匹敌。

依仗称霸世界的强大海军,英国在世界各地进行了更大规模的殖民扩张,英国的舰队和商船队出现在世界海洋的每一个角落,在全球的各个战略要地建立海军基地,依靠这些海军基地,建立起了一个全球性的庞大殖民帝国。不过此时英国开拓殖民地的目的与此前已经有所不同,北美殖民地独立后,英国开始致力于发展工业,进入工业化以后,英国主要是商业殖民,目的是争夺贸易市场,倾销工业产品,掠夺原料和矿产资源。

英国的海外殖民活动是从17世纪初开始的,经过三个世纪的发展,到20世纪初,英国的殖民地已经遍布世界各大洲。

在亚洲:

英国在17世纪初成立东印度公司,开始从事与印度的贸易。1608年,第一批英国商船到达印度,1612年,在苏拉特建立起了第一家贸易代理机构,到17世纪中叶,已先后在孟买、加尔各答、马德拉斯等地建立起了贸易据地。在17世纪末,英国依靠东印度公司组建的军队,已经在印度开辟了大片殖民地。

当时印度次大陆正处在由蒙古人建立的莫卧儿帝国的统治之下,但是莫卧儿帝国的统治中心在北方,南方实际上都还是一些自治的小土邦,这些小土邦有数百个,它们与莫卧儿帝国维持一种附庸关系,保持着相当的独立性。在小土邦之下则是原始的氏族村社组织,这些村社靠家族和种姓制度来维系。村社每年选举出几位长者和种姓首领组成自治委员会,负责管理村社的事务。他们定期开会,来进行土地的按人口重新分配,执行地方审判,收集要上缴的赋税,组织对村社的水井、道路、灌溉设施等进行维修。村社有自己的制陶匠、木匠、铁匠、书记员、祭司、教师等等,所有的事情都能在村社解决,完全自给自足。除了要交纳赋税和服劳役外,村社的一般人员与外界几乎没有任何交往。莫卧儿帝国与地方土邦的关系非常松散,特别是进入18世纪以后莫卧儿帝国已经衰弱,又遭到波斯入侵的打击,帝国分崩离析,对地方土邦已基本失去了控制,这为欧洲殖民者对印度次大陆的土邦进行分化瓦解、各个征服提供了机会。

1757年,在欧洲发生"七年战争"的背景下,英国东印度公司与法国支持的印度土邦孟加拉王公达乌拉爆发了普拉西之战。在这场战役中,达乌拉的军队在人数和武器上都占有优势,但是英军通过成功策反达乌拉的骑兵将军贾法尔,取得了战争的胜利。战后,达乌拉被处死,贾法尔成了英国在孟加拉的傀儡王。1763年,法国在欧洲"七年战争"中战败,根据战后签订的《巴黎和约》,法国被迫从印度撤出,只留下了 5 个贸易据点。

1773 年,英国开始设立驻印度总督,然后通过由地方代征税收的方式推行永久殖民政策。进入 19 世纪后,英国开始在印度大规模扩张领地,击败了提普苏丹,吞并了印度南部的卡拉塔克邦和迈索尔,并着手铲除法国在印度的影响力。19 世纪中叶,达尔豪西任印度总督后开始了更大胆的扩张计划,吞并了信德邦,并通过 2 次锡克战争占领了旁遮普,向东又通过 3 次战争征服了缅甸。达尔豪西还推出了所谓"无嗣失权"政策,即土邦王公死后如无直系继承人,则直接把土邦纳入英国的统治之下。通过这一方法,英国接管了诸如桑巴普尔、萨塔拉、詹西、那格普尔等土邦。1856 年,印度次大陆最后一个土邦奥德被吞并。

英国的"无嗣失权"政策激起了印度土邦王公的愤怒,1857 年,印度人民发动起义反抗英国的殖民统治,土邦王公们纷纷起兵响应,他们公推莫卧儿帝国的末代皇帝巴哈杜尔·沙二世为领袖。1858 年 5 月,英国殖民者把巴哈杜尔·沙流放到缅甸,随后又处死了他家族的大部分成员,从而完成了对莫卧儿王朝的清算。1859 年,英国平息了印度人民的反叛。

英国占领了印度次大陆之后,继续向北面的中亚扩张,从而与俄罗斯向南面的扩张势力发生冲突。为缓解矛盾,英国与俄罗斯达成协议,让阿富汗保持独立,以作为两国之间的缓冲地带。另外,英国在亚洲占领的殖民地还有南亚的锡兰、阿拉伯半岛南部的亚丁、东南亚的新加坡和马来西亚等等。中国虽然在 17 世纪落入了满清蛮族的统治从而导致文明发展开始落后,但是仍然是一个中央集权的统一大国,因此,英国无法像在印度对土邦那样分化瓦解从而分别征服。为打开中国巨大的贸易市场,英国于 1840 年发动了第一次鸦片战争,但也仅仅获得了广州附近的香港,作为他们对华贸易的据点。

在大洋洲:

在英国人开始对澳大利亚进行殖民活动以前,那里还是蛮荒的石器时代。人类是从距今大约 5 万年前开始迁徙到澳大利亚去的,那时海平面很低,澳大利亚与亚洲可能有陆桥相连。但是,在距今大约 1 万多年前的地球最后一次冰河期结束后,海平面上涨,把澳大利亚与亚洲远远隔开了,从此澳大利亚与世隔绝。澳大利亚的文明发展非常落后,甚至比美洲更落后。美洲虽然仍然处于石器时代,但是已经有了陶器和金属制品,以及相当发达的农业。而澳大利亚不仅没有农业,没有金属制品,甚至连陶器制造都没有。除了少量的石器外,他们的工具主要是用木器制造,包括梭镖、飞镖等武器和篮子、碗等器皿。

澳大利亚土著居民以家族的形式结成群体,居住在一起,建有低矮的简易小棚,依靠渔猎采集生活,并在一定的地区内转徙。他们没有真正的部落,只有以不同语言和文化为标志的区域划分。但是他们也有非常复杂的社会组织、宗教礼仪和习俗规定。狩猎回来的猎人和采集归来的妇女,要按照严格的规定,将其所获分给家族所有成员。他们熟悉区域内动物和植物的种类和生长特性,并竭力维持他们赖以生存的动植物的繁殖率。

英国对澳大利亚的殖民是从 1788 年开始的,最初的目的是为了解决英国监狱人满为患的问题。圈地运动和工业化造成英国社会流浪汉和城市无产者越来越多,犯罪现象急剧增加,监狱早已爆满。1788 年 1 月 26 日,11 艘英国船在澳大利亚东部沿海的今悉尼附近靠岸,船上下来 9 名行政官员,200 余名海军陆战队官兵和 750 名男女犯人。指挥官菲利普亲手升起了英国国旗,宣布新南威尔士殖民地从此建立。这一天后来成了澳大利亚的国庆日,在此之前澳大利亚只有土著居民。此后英国船队源源不断地接踵而至,在澳大利亚沿海建立起了昆士兰、南澳大利亚、塔斯马尼亚、维多利亚、西澳大利亚等殖民地。1901 年,澳大利亚各殖民地合并为澳大利亚联邦。另外,英国在大洋洲的岛屿上还开辟了新西兰、斐济、汤加、所罗门群岛等等殖民地。

英国在对澳大利亚和大洋洲进行殖民活动时使用了极其残忍的手段,对当地土著居民进行了大肆屠杀。因为英国前期的移民主要是罪犯,他们特别凶残,比如英国对塔斯马尼亚岛的殖民:1803 年,第一批犯人登上塔斯马尼亚岛,他们像猎杀动物一样大肆屠杀当地居民,几十年后,岛上的居民已被杀戮殆尽。最后一个男人死于 1869 年,最后一个女人死于 1876 年。这位女人名叫特鲁格尼尼,她生于英国人登上该岛的 1803 年,因此她的一生跨越了其民族灭绝的整个时期。她恳求不要解剖她的尸体,但是这一可怜的要求也未能满足,她的骨骼被陈列在霍巴特博物馆。在渔猎采集的自然经济下,养活一个人大约需要 1~2 平方公里的土地,澳大利亚面积有 769 万平方公里,抛去自然条件较差的沙漠等地区,澳大利亚应该有原始土著居民 200 多万,但是到 20 世纪时,在偌大的澳大利亚大陆上仅仅剩下 4.5 万余名土著居民。

在非洲:

非洲北部是撒哈拉大沙漠,东部是高原,中部、西部,南部则主要是热带雨林。在撒哈拉以南,因为一面是大沙漠,另三面是浩瀚的大海洋,形成了一个相对孤僻与世隔绝的地域,因此文明发展比较落后。但是相比于美洲和澳大利亚,非洲的文明发展又要先进得多。早在公元前,埃及的文明就传播到了非洲东北部的努比亚(今苏丹)和埃塞俄比亚等地。这些地区有相当发达的农业,种植大麦、小麦和豆类。商业也相当发达,与北非、中东、欧洲、印度、东南亚和中国都有贸易关系。公元4世纪基督教也传播到了这些地区,这里的居民大都成了基督教信徒,教堂遍布各地。在非洲的东海岸,因为有阿拉伯、印度、东南亚以及中国商人的经常光顾,因此文明也并不落后,这里种植有从东南亚传来的水稻、甘蔗、香蕉、薯蓣等等农作物,并建立有一些大大小小的王国。

公元7世纪阿拉伯人占领北非后,他们从中亚引进了许多骆驼,在撒哈拉大沙漠中开辟了多条商道,在从事贸易的同时,他们也把文明和伊斯兰教传播到了撒哈拉以南。非洲中西部因此开始伊斯兰化,并出现了许多商业城市,而且还建立起了几个大帝国,如加纳帝国(700~1200年)、马里帝国(1200~1500年)、桑海帝国(1350~1600年)。这些帝国的财政主要依靠商业来维持,他们用黄金、象牙、鸵鸟羽毛、香料、奴隶,换取阿拉伯人的食盐、铁器、布匹、珠宝、首饰等等。但是在雨林地区却很少有人从事农业,因为那里的自然资源太丰富,各种可吃的植物、水果、蔬菜、昆虫、小动物,一年四季都有,无须进行艰苦的农耕劳动便可获得足够的食物。许多原始的热带雨林,因为太茂密,人们很难进入。

大航海时代开始后西欧国家的殖民活动是从非洲开始的,但是直到19世纪中期,西欧国家也只是在非洲沿海建立了一些贸易据点和小块殖民地。这与美洲和澳大利亚的情况大不相同。这一方面是因为非洲的文明发展程度要高于美洲和澳大利亚,另一方面,非洲毕竟与亚欧大陆有陆路相连,与亚欧国家有过长期的交往,对外部世界更了解,具有一定的抵御外来入侵的经验和能力。而美洲和澳大利亚的土著居民对外部世界一无所知,当西班牙人来到美洲时,当地印第安人在惊愕之余,竟以为他们是天神派来的使者,印第安人的国王恭恭敬敬地把这些骑着神兽(马)、手执神器(火枪)的神人迎进他们的城市和王宫,但是迎来的却是灭顶之灾。非洲人不让欧洲殖民者进入他们的领地,欧洲人与非洲人的贸易只能通过非洲商人和部落首领来代理。从这些非洲商人和部落首领那里,他们能得到黄金、象牙、香料、黑人奴隶等等他们所要的东西。另外,美洲印第安人因为与世隔绝,因此没有抵御亚欧大陆的天花、鼠疫等流行疾病的能力,以致造成疾病流行,人口大批死亡。非洲则没有这个问题,反而是非洲的疟疾等热带瘟疫,欧洲人无法抵御,以致造成进入非洲的欧洲人大量死亡。

进入19世纪中期以后,欧洲国家的经济和军事实力大为增强,开拓殖民地的经验也更加丰富,而且还发明了治疗疟疾的药物奎宁。为了争夺贸易市场,销售工业产品,掠夺原材料,欧洲列强展开了对非洲,这个地球上最后一片尚未开发的神秘土地的争夺。在这场争夺中,英国获得了博茨瓦拉、塞拉利昂、毛里求斯、尼日利亚、津巴布韦、索马里、苏丹、埃及、肯尼亚、赞比亚、南非,等等殖民地,英国夺得的殖民地大都在非洲东部,而非洲西部大都被法国占领。此外在非洲占有殖民地的还有荷兰、德国、意大利等国。

在美洲:

美国的独立虽然使英国失去了北美的 13 个殖民地,但是它还有从法国人手里夺得的加拿大。另外,它还有纽芬兰岛、安圭拉岛、巴哈马群岛、巴巴多斯岛、百慕大群岛、维尔京群岛、开曼群岛、多米尼加、特立尼达、圣卢西亚等海岛殖民地。

遍布全球的殖民地,使英国成了一个跨越全球 24 个时区的“日不落帝国”。1800 年,英帝国拥有 380 万平方公里的土地和 2000 万人口;到 1900 年,英帝国拥有了 2800 万平方公里的土地和 3.9 亿人口;到第一次世界大战爆发时,英帝国已拥有 3250 万平方公里的土地和 4.3 亿人口,约占当时全球总人口的 1/4 和全球土地总面积的 1/4。而英国本土的面积却只有区区 24 万平方公里,人口在工业革命前的 18 世纪初也只有 400 多万。

英国的成功源自于它特殊的地理位置,海洋环绕的岛国环境为他们设置了天然的安全屏障,使他们本土避免了来自欧洲大陆上的侵略和无休止的战争,而与大陆并不遥远的距离又有利于他们吸收来自大陆的文明,特殊的地理条件和不适宜农业的气候环境促成了他们发展工业并实现了工业革命。但也正是岛国的地理环境使英国的发展也受到了局限,它不能像美国那样,独立后迅速地在大陆上扩张,并发展成为一个真正的大国,更不能像俄罗斯那样扩张成为一个横跨亚欧大陆的庞然大国。因此,有人指出:“日不落帝国”只是一颗生长在花盆里的大树,根基太浅,倒塌只是迟早的事。

19 世纪被称为是英国人的世纪,然而,在人类历史的长河中一个世纪只是短短的一瞬间。英国能取得独步世界的优势地位靠的是其先发的工业化,然而当别的国家也开始工业化之时,英国的优势就开始丧失。当真正的大国也实现了工业化时,英国的优势就被超越,因地理条件的限制,它只能沦为一个二流国家。

19 世纪 20 年代法国大革命和拿破仑战争结束后,工业革命开始在欧洲大陆传播,与英国比邻的法国、比利时、德国也先后开始进入工业化,美国独立后工业也得到了迅速的发展。到了 19 世纪 70 年代,这些后起的工业化国家却率先发生了第二次工业革命。英国的工业革命是以使用蒸汽机作动力为标志,被称为第一次工业革命。第一次工业革命是以人类的技术发明为基础,参与者主要是有实践经验有技术的工匠。第一次工业革命发生后,随着工业的发展,许多科学理论的研究者也加入了工业技术的研究,从而促进了工业技术的飞速发展,由此产生了第二次工业革命。第二次工业革命是以科学发明为基础,参与者有众多的科学理论的研究者和科学家。第二次工业革命是以使用电动机作动力为标志,它无疑具有更高的科技含量,因此更先进。

在第二次工业革命发生的过程中,英国因为已经大量使用老旧设备无法及时更新而落在了后面,德国这个后起的工业化国家开始超越英国。进入20世纪后,美国因为拥有广阔的国土,不易遭受入侵的地理位置和优越的地理气候条件而迅速崛起,一举取代了英国,成为世界上实力最强大的国家。第一次世界大战后,英国失去了它的优势地位。第二次世界大战后,英国的海外殖民地纷纷独立,"日不落帝国"彻底崩溃。

三十三　满清统治下的黑暗中国

满清原来是生活在中国东北地区北部的女真人,那里的气候虽然比较寒冷,但是因为离海洋不远,气候湿润,因此森林茂密,自然资源非常丰富。当地有谚语"棒打狍子瓢舀鱼,野鸡飞到饭锅里",所以女真人无须从事艰苦的农耕劳动,即可获得充足的食物,他们以渔猎采集和放牧为生,社会发展极为落后,一直处于原始氏族部落社会状态。

明朝时期这些地区都处在明朝政府的管辖之下。当时在中国东北地区的北部有大大小小几百个部落,明朝政府在这里先后建立了几百个卫所,卫所的官员大都是由这些部落的酋长或首领担任。满清王朝的创始人努尔哈赤和他的父亲及祖父都是明朝的官员,明朝政府敕封他们为建州当地的世袭左卫都指挥使。

努尔哈赤是一个善于钻营而且极具野心的人,他极力笼络明朝官员,为了巴结明朝在东北地区的最高长官——号称"辽东太师"的李成梁,他把侄女嫁给了李成梁的儿子,与他结成姻亲关系。在李成梁的纵容下,他打着保卫塞边、管束建州的旗号,征服各女真部落,不断扩大自己的势力。而当时的蓟辽总督张国彦,辽宁巡抚顾养谦等官员,都上奏朝廷称努尔哈赤"忠于朝廷,且势力最强,能治东夷"。于是万历皇帝提升努尔哈赤为都督佥事,并表彰他"忠顺好学,看边效力"。这使他成了合法的建州女真族大首领,凌驾于其他部落首领之上。

努尔哈赤并不满足于这个官职,他频繁入京,叩拜皇帝,奉献上珍贵的贡品,以讨得皇帝的欢心。为取得万历皇帝的信任,他帮助朝廷打击蒙古人和女真人的抢劫财物和掳掠人口的行为,送还被掳掠的人口。在日本侵略朝鲜时还奏请出兵朝鲜征剿倭贼,虽然因朝鲜害怕引狼入室,拒绝了努尔哈赤出兵朝鲜,但是他愿意帮助朝廷抗倭援朝的举动还是博得了万历皇帝的欢心。万历二十三年,在李成梁等官员的帮助下,努尔哈赤终于得到了"龙虎将军"这个最高敕封。这是一个与兵部尚书同级的正二品官员,是明朝级别最高的武官。

　　凭借这个官衔,努尔哈赤大大提高了自己的地位,使他在每次出兵征服女真部落时都师出有名,而且归附者越来越多,势力越来越大。经过三十余年的征战,终于取得了从吉林到黑龙江流域直至库页岛地区的统治地位,管辖数千里的广袤土地,兵强马壮。

　　努尔哈赤已经升到了明朝武官的最高级别,已经没有了上升空间,因此他强大起来后,对明朝廷就没有那么恭顺了,他看到了明朝的颓势,开始谋反,想做盘踞一方的土皇帝。万历四十三年,明总兵张承胤派使者来索要被女真人侵占的一些土地,被努尔哈赤毫不客气地驱逐回去。万历四十四年(1616 年)努尔哈赤召集女真人八旗贝勒开会,正式宣布建立大金国(史称后金),并自称"英明汗",企图像 12 世纪的女真人那样,建立一个雄霸中国北方的金国。努尔哈赤对明朝军队发动了突然的进攻,明军猝不及防,被后金军接连攻下了抚顺、东州等五百多个卫所,获得盔甲七千副,马九千匹,掳掠人口三十万之多。女真人不会种地,他们掳掠汉族人做奴隶,役使汉人为他们开垦耕地,种植粮食作物。

　　报告传至京城,朝野震惊。明朝廷调集九万大军前往征剿,但是统帅杨镐的指挥却犯了重大错误,他兵分四路,试图分进合围后金军,结果反被努尔哈赤利用骑兵速度快机动性强的优势各个击破。明军伤亡四万五千多人,损失火器大小枪炮二万多件,后金军乘胜攻占了开原、铁岭等地。此后几年努尔哈赤抓住战机,四处出击,相继攻陷了辽阳、沈阳等大小七十余城,辽东尽被后金占领。努尔哈赤在占领区大肆屠杀有反抗能力的汉人,余下的则分配给女真族人做奴隶。

　　1626 年,明朝因陕西等省发生农民大起义,无力顾及辽东。努尔哈赤闻知统帅军队抵挡他四年的孙承宗被朝廷替换,明朝大军也撤入了关内,大喜,遂亲率六万大军进攻明军在辽西的孤城宁远。时任宁远前兵备道的袁崇焕与总兵祖大寿,率领一万多守军,凭借强大的火炮,顽强抵抗,激战三日,终于击退了后金军的进攻。后金军损失惨重,努尔哈赤也被大炮击伤,不久后死去。

　　努尔哈赤死后,依照女真部落的习俗,经八旗贝勒议定,由努尔哈赤的第八子皇太极继承了汗位。1627 年,皇太极继位后首先派大军征服了朝鲜,迫使朝鲜对后金称臣纳贡。征服朝鲜后,皇太极亲率大军进攻辽西的锦州、宁远两城,企图拔除障碍,入关掳掠。但是在袁崇焕等将领的指挥抗击下,皇太极惨败而归,明军的强大火炮使后金军伤亡惨重。

　　辽西受阻后,皇太极不得不另辟通道,他决定向蒙古进军,一方面征服尚未臣服的蒙古部落,另一方面可以避开辽西从蒙古进攻关内。1628 年,皇太极亲率大军打败了蒙古劲敌察哈尔部的林丹汗,掳获人畜无计其数,巩固了对蒙古诸部的统治。

1629年,皇太极率领大军绕开辽西从蒙古进攻关内,蒙古诸部见有机会抢劫纷纷奉命前来助战。后金大军炸毁长城而入,连破关内数城,迅速逼近北京。此时明朝的军队都在西北部镇压农民起义军,而防守后金军的重兵都在辽西,关内空虚,朝廷急调辽西袁崇焕、祖大寿回援北京。

皇太极猛攻北京城不得入,见各路援军纷纷来援,于是满载劫掠来的财物人畜,撤兵而去。临走时使了个"反间计",传出消息说与袁崇焕签订有秘密约定。明朝新继位的崇祯皇帝本来就对袁崇焕救援不力大为不满,得知袁崇焕与后金有密约,立即将袁崇焕下狱,不久后被处死。袁崇焕是个极有才能的官员,他曾订下了五年收回辽东的计划,他被冤杀,对明朝是个极大的损失。此后,因国内农民起义越演越烈,明朝对后金只能采取守势。

在接下来的几年里,皇太极一面致力于制定一些制度,巩固奴隶制政权;一面不断四处攻伐,扩大地盘。向南他继续在辽西与明朝进行争夺,向北他派兵征讨黑龙江流域还未征服的地区,向西他率兵进一步追击蒙古察哈尔残部,直至林丹汗死于青海打草滩。1636年,在诸贝勒和众大臣的劝进下,皇太极决定改尊号为"皇帝",改国号为"大清",4月11日举行了登基仪式,并把女真人改称为满洲人。

皇太极称帝后,当年就亲率大军再征朝鲜。因为朝鲜上次被征讨后并没有真正地顺服,皇太极每次出兵时向朝鲜调兵,它都借故不肯出兵。面对清军的征讨,朝鲜原希望明朝能够支援,但是明朝正陷入农民大起义的内乱中,自身难保,无力援助朝鲜。清军很快攻入了朝鲜,攻陷了京城,朝鲜国王李倧不得不称臣请罪,皇太极要求朝鲜国王和诸大臣都要送长子到满清为人质,并规定每年必须按数进贡金银等财物,以后调兵不得有误。

在征服了朝鲜,免除了后顾之忧以后,满清把主要的军事力量集中在明朝方向。对明朝的作战分为在辽西的关外之战和从蒙古入长城的入口之战。1636年,皇太极派一部分兵力在辽西进攻,以牵制明军主力的防守,然后派阿济格率领大军发动入口之战,破长城而入,在有炸药和火炮的时代,长城的防御作用已经不大。当时明朝的军队正在西北地区,陷入了与农民起义军的苦战之中,华北空虚。满清大军在关内连克十余城,虏获人口18万,财物无数,饱掠而归。

1638年8月,皇太极亲自领兵向辽西牵制明军,同时派多尔衮和岳托分率大军攻入长城,发动第二次入口之战。趁明朝军队正在与农民起义军作战,满清两路大军在华北纵横千里,山西、河北、山东均遭其蹂躏,一度攻破济南府。至第二年4月,多尔衮部虏获人口25万余人,岳托部虏获人口20万余人,财产无数,满载而归。1641 年,皇太极亲率大军在辽西发动了"松锦之战"。一举攻克了辽西军事要镇松山和锦州,从此山海关外就只有宁远这一道军事屏障了。

1642 年,皇太极发动了他有生的最后一次入口之战,派大将军阿巴泰率领大军攻入华北,长驱南下,直至山东兖州。计克 3 府,18 州,67 县,抢劫金银财物牲畜无数,掳掠人口 36.9 万。但是清军因为始终没能攻克山海关,因此他们也不能在关内久留,抢足了就撤兵回去。1643 年 8 月 9 日,皇太极在沈阳因病去世。其第九子 6 岁的福临继位,是为顺治皇帝,由他叔父睿亲王多尔衮辅佐摄政。

而此时的明朝,已经在农民起义军的打击下摇摇欲坠。朝廷几次集结重兵把农民起义军镇压了下去,但是趁朝廷分兵去抵抗满清的入侵时,农民起义军又几次东山再起。李自成已攻下西安,并在那里建立了"大顺"政权,而张献忠也已占领了四川,在成都称帝,建立了"大西"国。1644 年 2 月,李自成亲率大顺军从河北、山西分两路向北京进发,3 月 17 日两路大军包围北京。李自成派投降的太监去与崇祯皇帝谈判,想得到皇帝授封,成为西北王,但谈判破裂。19 日清晨,城内的主和派官员打开了城门,李自成农民起义军进入城内,崇祯皇帝自缢而死,明朝灭亡。

李自成的部将大都出身草莽,起义军士兵也大都是些流民和饥民,本来就没有什么纪律。虽然后来有一些投机的文人加入了起义军队伍,制定了一些纪律,使起义军纪律有所改善,但是抢劫掠夺的习性仍然未改。李自成在农民军进城后的头十来天里,还是能够约束部众,他原指望从皇宫府库里能得到大量金银钱财来赏赐部将和士卒,但是搜遍府库只得到黄金十七万两,白银十三万两,这令众将士们大失所望。于是他们开始向前朝官僚和富商下手,勒令所有官员按品级献银,一品官员必须献银数万,一品以下官员必须数千,另外还要对富有的官员"追赃"。

于是,所有的官员都遭到追查,大批的官员被关进大牢,痛快献银者,立即放人,匿银不献者,大刑伺候。一时间棍杖狂飞,酷刑滥施,北京城里明朝官员的惨嚎之声不绝于耳,仅 3 月 27 日开始的第一天就打死了 500 多名官宦。大学士魏藻德交出万两黄金还嫌不够,被拷打至死。大臣陈演交了四万两黄金,骆养性交了三万两黄金,才暂免一死。英国公张世泽因为没凑够数额,连同妻小都被打死。襄城伯李国祯受刑不过,自缢而死。

追赃的范围也越来越扩大,逐渐成了公然的勒索和抢劫,计有 1000 多名士大夫遭勒索拷打致死。起义军将领们还强占官员的妻妾美女,纵情淫乐。劫掠很快就波及平民百姓,既然将领们可以抢劫官宦,那么士兵就可以抢劫平民。士兵们搜查平民宅院,抢劫民间财物,奸淫妇女。李自成把搜刮来的金银铸成大锭,用骡马运往西安,陕西是他的故乡,也是他部下将士的故土,他们并不想待在北京,希望能够荣华富贵,衣锦还乡。

而此时明朝还有一支最精锐的军队,驻扎在山海关和宁远,防范着满清的入侵,其统帅是吴三桂。吴三桂接到了李自成劝降的诏书后,见明朝大势已去,决定投降大顺政权。但是在他应诏进京的半路上,不断有起义军残酷迫害明朝官员的消息传来,他开始犹豫,担心自己去北京是自投罗网。后来得到他父亲也被下狱和家眷遭到迫害的消息,他愤然返回了山海关。

李自成得知吴三桂不降,亲率 10 万大军前去征讨。吴三桂知道以自己的力量是无法抵抗李自成大军的,无奈之下他决定向满清借兵,决心作拼死一搏。他派部将去与清军联系,满清摄政多尔衮闻信大喜。在此之前,多尔衮听闻李自成在西安建立大顺政权,觉得有机可乘,原打算联合大顺军打败明朝廷,与李自成瓜分中原,但是被李自成拒绝。接到吴三桂的请求,多尔衮意识到机会来了,立即率领 14 万大军,迅速向山海关进军。

李自成率领 10 万大军抵达山海关后,4 月 21 日与吴三桂的 5 万明军展开激战,战至 22 日,吴三桂军已死伤过半,渐渐不支。这时满清大军已来到山海关,吴三桂急忙去见多尔衮,多尔衮提出打败大顺军后要分土割地,情急之中吴三桂只得答应。李自成军正战得人困马乏之时,满清大军突然杀出,滚滚铁骑呼啸而来,农民起义军从未见过这么强大的骑兵,立即被冲得七零八落,大败而退 20 余里。次日再战于永平,大顺军又败。

李自成带领败兵匆匆回到了北京,他立即杀掉了吴三桂一家大小 34 口人,4月 29 日在北京举行了一个登基仪式,宣布称帝,第二天即离开北京,率领大顺军回西安去了。吴三桂和多尔衮打出了征剿李自成逆贼,扶助明朝的旗号,于 5 月 2日率领明清联军进入北京,5 月 3 日为崇祯皇帝发丧,并宣布所有的明朝官员恢复原职,同时出榜安民,宣称满清入关是为了帮助明朝臣民剿灭叛逆,"逆贼不灭,誓不返辙",以稳定局势。吴三桂还发布檄文,号召剿灭贼寇、恢复明朝,各地原已归降李自成的明朝官兵这时纷纷杀死大顺官员,加入了打击农民起义军的阵营,各地乡绅也纷纷组织乡兵袭击农民起义军。因此,吴三桂和满清的联军所到之处无不势如破竹、所向披靡,许多地方甚至兵不血刃、传檄而定。

这时大顺军在河南、山西、陕西都还有着强大的实力,李自成也开始组织反击,他甚至还发布文告声称要打到辽东,消灭满清。8 月,山西的大顺军攻克井陉,陕北的大顺军直逼大同,10 月,河南的大顺军攻克怀庆。但是到了冬季,明清联军分两路发动了强大的钳形攻势。吴三桂、尚可喜和阿济格率兵经大同向榆林、延安进攻;孔有德、耿仲明和多铎率兵从河南怀庆进攻潼关。大顺军节节败退,李自成撤出西安,进驻湖北襄阳。明清联军追到襄阳,李自成退出襄阳,率部进入流动作战,次年在湖北通山县遭地方乡兵袭杀身亡。

当吴三桂带领明清联军去与大顺军激战的时候,1644 年 9 月,多尔衮把满清顺治皇帝接到了北京,10 月 1 日,祭告天地,宣布把满清的都城迁到北京。请神容易送神难,这时吴三桂已毫无办法,要满清撤出关外恢复明朝已不可能。他只能指望消灭了农民起义军后,能够与满清分土而治,自立为王。而李自成死后大顺军各部将领仍分散在各地,或据地抵抗,或游动作战,四川还有张献忠领导的农民起义军建立的大西政权,吴三桂还得率部联合清军继续征战。

满清迁都北京后,下令汉族居民一律迁居外城,内城由满洲八旗驻防。然后下令圈地,把北京附近各州县土地尽行分给入关的满清诸王、勋臣、兵丁人等。此后,随着满人的不断入关,又进行了多次圈地,把土地给予入关而来的满洲官员和生丁,圈地范围一直向外扩展到河间、滦州、遵化、顺天、保定等数十个州县。在圈占土地后,满清政权开始推行在辽东实行的"编庄制度",役使汉族人充当奴仆从事生产。汉人在满族庄头那里为奴,称为"投充",满族庄头把汉人投充为奴隶,主人可以出卖奴隶,奴隶不能离开主人。为防止奴隶逃亡,满清制定了逃人法,规定查获逃人鞭打一百,然后归还原主。隐匿逃人者从重治罪,本犯处死,家产没收,告发者给赏。后来随着占领区的扩大和入关的满族人不断增加,圈地的范围也不断扩大,遍及河北、山东、河南、山西、陕西、江苏、宁夏、四川等省,被满人圈占的土地不计其数。满清的入关把他们野蛮的奴隶制度也带入了关内,使中国沦落为了一个半奴隶制国家。

满清人在牢固的控制政权以后,见大局已定,开始露出了真面目,他们以征服者自居,下令衣冠服饰都必须遵照满清习俗,头也要剃成满族的发式,以示降服,并强制推行满清蛮族的奴隶制度和野蛮文化。明朝民众如梦初醒,原来满清不是来帮助明朝剿灭贼寇的,他们是来占领土地,把明朝的国土变为满清的领地,要毁我文化、易我风俗,把华夏变为胡虏。人们怒不可遏,奋起反抗,汉族人的传统认为"发肤父母所生,不得损伤",因此广大民众对剃头令进行了坚决的抵制,头可断,发不可剃。满清统治者毫不留情地下令"留头不留发,留发不留头",并借此大开杀戒,一场场大屠杀随之展开,血流成河,尸积成山。

满清蛮族的暴行唤醒了明朝臣民,各地人民纷纷发动起义,奋起反抗满清的暴行,但都遭到了满清的镇压而失败。在满清势力还未到达的江南地区,明朝宗亲和遗臣们建立起了南明政权,准备反抗满清的南侵。满清在稳固中国北方后,开始发动对南方的进攻,而这时的吴三桂已彻底地背叛了明朝,成为满清消灭南明政权的帮凶,并幻想与多尔衮来个分土而治,自立为王。南明对满清的南侵进行了顽强的抵抗,南方各城市的军民誓死不投降,满清在征服南方各省时采取了更残忍的手段,每攻下一座城市都要进行血腥屠城。扬州之屠、嘉定之屠、苏州之屠、南昌之屠、赣州之屠、江阴之屠、昆山之屠、嘉兴之屠、海宁之屠、金华之屠、厦门之屠、潮州之屠、沅江之屠、舟山之屠、湘潭之屠、南雄之屠……惨遭血腥屠杀的城市数不胜数。屠杀掳掠过后,清军焚毁了所有的城市,中国南方满目疮痍,一片废墟,明朝中后期兴旺发达起来的工商业文明毁灭殆尽。

吴三桂在帮助满清平定了全国后,被封为平西王,统辖西南地区,独霸一方,拥有独立的军权、行政权和财政权。但是好景不长,1673年满清统治者在巩固了政权后决定撤藩,将天下大权收归一统。吴三桂遂起兵反清,平南王尚之信在广东,靖南王耿精忠在福建,分别起兵响应,史称"三藩之乱"。全国各地也纷纷起兵响应,广西将军孙延龄及陕西提督王辅臣都起兵反清。到1675年,反清战争已遍及云南、贵州、广西、福建、四川、湖南、湖北、浙江、江西、陕西、甘肃等11个省。清康熙皇帝派出满族诸王,带领大军南下,分赴各地倾力进行镇压。

1678年3月,占领了湖南的吴三桂在衡阳建立了"周"国,自称周帝,但8月即病死。10月,他的孙子吴世璠继位。满清朝廷趁机展开了疯狂的反攻,1680年12月,吴世璠战败自杀,不久后各地的反清力量也被逐一镇压。在这场长达8年的反清战争中,又有无数的民众惨遭屠杀,特别是在湖南,以致十室九空。此后满清朝廷把满族八旗军队派驻全国各地,实行满族军事专制统治,并制定了各种措施严防汉人造反。

满清人的屠杀从入关以前就开始了,清太祖努尔哈赤入侵辽东时就开始大量屠杀辽东汉人。从那时开始到满清平定吴三桂"三藩之乱"为此的半个多世纪里,满清进行过大规模屠杀的省份计有辽宁、山东、山西、河南、江苏、安徽、江西、湖南、广东、福建、四川等地,四川的人口几乎被杀尽。少数民族地区也没能幸免,西南地区、新疆、蒙古都惨遭大屠杀,苗民被杀一百多万,回民被杀数百万,蒙古准噶尔部被灭绝。明朝末年中国人口大约有1.6亿(宋朝中国的人口已达到1.4亿)。经过明末的农民战争和满清入关后的数次大屠杀,到清朝前期全国人口只剩下5000多万,超过2/3的人口都被杀掉。

满清平定吴三桂叛乱后,开始实行更严厉的军事专制和种族统治,并制定了一系列种族隔离和种族歧视政策。满人拥有高人一等的地位,享有各种特权,满人犯法罪减一等,汉人对满人犯法则罪加一等。满汉不许通婚,满族女子不准嫁给汉人。汉人不能离开汉地去东北、西北和蒙古,蒙古人也不能入汉地。官缺分满汉,汉族官员不能任满缺,但满族官员可以任汉缺,高级官职由满族担任,汉人只能担任低级官职和一些无实权的官职,同一官职,满族官员权力大于汉族。为了维护满族人的种族统治,规定满族人必须全部从军,成为职业军人,而不从事生产、经商和任何其他职业。也就是说满族人全族皆兵,牢牢掌握刀把子,满族人的生活费用全部由国家财政供应。满清八旗军队在所驻扎的城市里另建"满城",专供八旗军队和满族人居住,任何汉人不准入内,地方官吏也无权过问满城事务。

在满清制定的军事专制政策下,满族人只从军而不从事其他职业,而处于满清压迫和奴役下的汉族人民所能从事的职业也受到了严厉的限制,只能从事农业。为了建立稳固的长久统治,满清统治者开始恢复小农经济,他们驱使人们去开荒,对那些因战争屠杀而荒无人烟的地方,有情愿居住垦荒者,将地亩永给为业。为了把人们都被束缚在土地上,还推出了"摊丁入亩"的税赋政策,把原来按人丁征收税赋的方法改为按田亩征收,以避免按人丁征税而引起的人口逃亡。但是对于从事工商业等其它行业,则实行严厉的限制。满清统治者认为,市肆中多一工商,田亩中就少一农民,将会导致天下不宁,因此"招商开厂,断不可行","矿厂除严禁外,无二议也"。

满清毕竟是个从渔猎游牧社会走出来的落后民族,认识不到工商业对发展经济的重要作用,反而认为工商业有害于农业的发展。不过禁止工商业的一个更重要原因还是害怕危及他们的统治,即所谓"天下不宁"。以区区一百多万满族人口要统治如此大的国家和如此众多的汉族人民,满清统治者如同坐在了火山口上,他们最大的心病就是如何防范汉人。把人们束缚在土地上,严密管制起来,才能保证他们统治的安宁。办厂必定要招收大量的工人,而工人聚集在一起是满清统治者最害怕的,满清规定30人以上聚集在一起将被视为谋反,一律格杀勿论。而且满人认为,"汉人一兴,满人必亡",所以绝不能让汉人经商办厂兴旺发达,只能让他们成为卑贱而穷苦的农民,才能显现出满族人的高贵和优越地位。只是,这样一来,明朝复兴起来的商品经济和发达的工商业就遭到了灭顶之灾,中国从此又回到了缺衣少食的小农经济社会。

中国的海禁起自元朝,蒙古统治者为了垄断商业贸易和压制汉人,禁止民间出海经商。汉人即使在国内因经商而致富也会被蒙古统治者借故"夺其财物,没其家产,为官捕杀,流放子孙于远方"。明朝初年承袭元制,也实行禁海政策,但是后来开始逐渐放开直至完全解禁。1647年,满清占领广东后,又开始颁布禁海令,明确规定:"广东近海,凡系漂洋私船照例严禁"。此后为防御海上反清力量,禁海令从广东全面扩展到福建、浙江、江苏、山东、天津。1661 年,为了防范以台湾为基地进行反清斗争的郑成功抗清力量,满清颁布了更野蛮的迁海令,下令沿海 50 里划为禁区,所有居民都必须迁往内地。限期一到,满清出动军队杀无赦,来不及迁走的全部都被杀掉,使沿海 50 里成了无人区,并严禁片帆寸板下海。此举造成无数的沿海人民流离失所,生活无着,既不能打鱼又不能出海经商。对于外商来华贸易,满清政府也只是在广州留了一个口岸。

1684 年,台湾郑氏后人战败投降,康熙皇帝大喜之下撤销了迁海令,居民可以回到沿海居住,贸易口岸也增加到 4 个(广东广州、福建漳州、浙江宁波、江苏云台山)。但是对开放海禁还是充满了戒心,因此对沿海居民出海打鱼和经商作了严格的限制。出海必须预先报地方官批准,登记名姓,取具保结,发给印票;只能使用单桅单帆载重量在 500 石以下的小船。但是这种小船根本无法出远海,因为它不能抵抗远海的大风大浪。即使是这样,康熙还是不放心。不仅禁止使用超过规定的大船,而且不准制造大船,如有制造者或者制造卖给外国人的,一律捉拿问罪,中国的造船业和造船技术从此一落千丈。

因为东南沿海的人民无法忍受满清统治者的民族压迫和野蛮奴役,因此很多人借出海的机会纷纷逃往海外谋生,南洋诸岛都有大量的中国移民,康熙担心这些人会在海外结成反清力量,认为"此即海贼之薮也"。同时来往于海上的外国商船队也使康熙难以安心,特别是那些在中国沿海四处游弋的西方国家的武装商船队,他们既做生意,又杀人越货,既是商人又是海盗。1716 年,已近暮年的康熙为防止来自海上的威胁,了结心头之患。下令重行海禁:禁止商船出海贸易;渔船出海每人每日只能带米一升,余米一升,如果超额,严拿治罪;禁止百姓出海谋生,如有居留不回,行文海外,解回立斩,知情同去之人也要治罪。康熙警示后人说:数百年之后西夷必成中国之患。

此后,康熙的继任者都是执行严厉的禁海政策,以防来自海外的威胁。乾隆继位后更是关闭了除广州以外的所有贸易口岸。乾隆皇帝认为:"天朝物产丰盈,无所不有,原不籍外夷货物以通有无。"确实,对于一个从穷山僻壤中走出来的野蛮落后民族,能够统治庞大而富饶的中国的确已经是进入了天堂,他们很满足于做天朝上国的统治者。作为掌控国家财富的少数满族统治者,中国的财富已使他们享用不尽,他们并不需要与海外国家进行贸易。西方世界的变化他们也毫不关心,那实在离他们太遥远。他们只需要关起门来,严防汉人造反,然后就是好好享用天朝上国无所不有的丰盈财富。

明朝中后期自开放海禁后,与世界各国的贸易迅速发展,中国的各种日用商品充斥世界市场,明末中国的工业产量占当时世界工业总产量的2/3以上。但是这一切在满清入侵后戛然而止。满清入侵时,毁灭了中国南方的城市和村庄,致使江南满目疮痍,百业俱废。而满清掌握政权后,因为思想观念的原始落后和出于防范汉人的目的,禁止经商办厂,禁止出海贸易,闭关自守。因此,经过满清近200年的统治后,到1840年鸦片战争前,中国的工业产量已经衰落到仅为世界总量的6%。

防御来自海上的威胁确实很有必要,但是满清的防御方法却非常消极。游牧民族对陌生的海洋有着天生的恐惧,当年蒙古人在陆地上所向无敌,然而在海洋上却屡战屡败,吃尽了苦头,因此满清吸收了蒙古人的教训。然而他们所采取的防御方法不是建立起强大的海军保卫海疆,而是关起门来,规避海战,采取在陆上防御的方式,以扬自己骑兵陆战之长,避海战之短。因此他们不但不建立海军,反而自废武功,禁止出海,禁止制造500石以上能出远海的大船,使中国明代如郑和船队那样的,傲视全球的造船技术从此消踪灭迹。

明朝时中国的海军非常强大,英国科技史学家李约瑟说:"明朝海军在历史上可能比任何亚洲国家都出色,甚至同时代的任何欧洲国家,以致所有欧洲国家联合起来,可以说都无法与明朝海军匹敌。"[1]明朝海军曾多次打败和歼灭葡萄牙、西班牙、荷兰等国来犯的海军舰队,把他们统统赶出了东南沿海和南中国海。只是在明末时期,明朝廷遭受农民军起义军和满清侵略军的双重打击而无暇顾及海上时,才让荷兰人乘机侵占了台湾,但是郑成功以民间的海上力量仍然能打败荷兰人夺回台湾。然而,在满清实行这种消极的陆上防御和禁海、禁止造船的政策后,中国没有了海军,没有了傲视全球的大海船,把海洋拱手让给了别人,以致后来遭受到鸦片战争的惨败,鸦片战争以后西方列强开始肆虐中国沿海。

火药、火枪、火炮等火器,本是中国人发明的热兵器,13世纪时经蒙古人传到西方。15、16世纪欧洲国家之间战争频仍,火器制造技术发展很快,到17世纪已经取得了很大的进步,但并未超过中国,不过双方在火器制造技术上已各有优点。明朝中国的热兵器种类繁多,有火枪、火炮、火箭、火雷、多管铳等数十种。明朝弘治年间还发明了开花炮弹,又称"子母炮",炮弹打出去后会在敌阵中爆炸成许多碎片,杀伤力极大。明朝军队有专门使用热兵器的"神机营",神机营又分为车炮

---

① (英)李约瑟:《中国科学技术史》,汪受琪等译,北京,科学出版社2003年版,第四卷第三分册。

营、鸟枪营和骑炮营。朝廷在北京、山东等地都设有专门的火器制造工厂。明朝军队还有来自葡萄牙的"红夷大炮"。

满清在入关前和入关之初，为了与明军及反清力量抗衡，也非常重视火器的使用。清初有个人叫戴梓，他父亲戴苍原是明朝的监军，负责火器制造，戴梓耳濡目染也成了火器专家。戴梓为清廷设计制造过许多先进火器，其中有一种"连珠铳"，铳背是弹匣，可以装28发火药弹丸，以机轮控制，可以连续发射28粒子弹，用法与现代的机枪相似，能极大地提高军队的战斗力，被认为是世界上最早的机关枪。康熙时，朝廷里有个叫南怀仁的比利时传教士，向康熙皇帝吹嘘他们国家有一种"冲天炮"，威力极大。康熙要他制造，结果造了一年也没有造出来，于是康熙要戴梓制造。其实所谓的"冲天炮"即"子母炮"，明朝在弘治年间就已经开始制造，所以戴梓只用了8天就造出来了。随后在征伐蒙古嘎尔丹部的战争中，康熙看到了子母炮的威力。炮弹在敌人骑兵阵中爆炸，不仅大量地杀伤了敌人，而且巨大的爆炸声使马受到惊吓四处奔逃，骑兵立刻溃不成军。康熙认识到这种炮是骑兵的克星，但是这也不由得使他感到恐惧。因为满清能够取得军事优势靠的就是骑兵，如果国内反清势力有了这种炮，清军将受到极大的威胁。因此在平定嘎尔丹以后，因为没有了外部的强敌，康熙把各种先进火炮和火器都封存了起来，并禁止民间使用火药、鸟枪等火器，以防汉人用来造反，戴梓也受到了迫害，并被流放到辽西。

乾隆时期有个叫高晋的总督曾上书建议武举考试鸟枪射击，乾隆皇帝认为武举考试鸟枪，武生必会时常学习打靶，民间私买火药、铅丸、鸟枪的事情就禁止不住了，天下就难管了，因此断不可行。满清维护统治的根本就是防止汉人造反，而对付手无寸铁的汉族老百姓，用他们擅长的骑射和马刀就足够了，完全用不着发展先进火器。只是这样一来中国的火器制造技术就被荒废，从此被西方国家超越，以致在后来西方列强发动侵华战争时，因火器制造技术上的差距，只能被动挨打。

"欲灭其国，先去其史"。以原始落后的渔猎游牧文明，面对博大精深的泱泱汉族文明，满清统治者的心理弱势不言而喻。虽然在入关之后通过数次大规模的屠杀，已经杀光了所有敢于反抗的汉人，但是，他们知道仅靠武力是不能完全征服和长期奴役广大汉族人民的，只有毁灭其文化，去除其文化优势，才能从精神上摧毁汉民族，只有强制推行和灌输奴化思想，才能对他们进行长期的奴役。于是禁书、毁书、阉割篡改典籍和历史、大兴文字狱迫害汉族文人等等，从精神和肉体上毁灭汉族文化的措施纷纷出台。

为了禁锢人们的思想,防止人们造反,满清统治者把除了宣传封建忠君思想以外的所有书籍都列为禁书,禁止人们阅读,违者格杀勿论。即使是被奉为官方正统的儒家学说,也被他们阉割篡改,删除了其中所有具有人格尊严、反抗强权的学说,阉割改造成了彻头彻尾的奴才学说。从此中国没有了敢于犯颜直谏的士大夫,也没有了敢于秉笔直书的文人,而只能有唯唯诺诺的奴才。

满清统治者在全国各地的府学县学里,都立有一块石碑,上面刻着几条禁令:第一,生员不得言事;第二,不得立盟结社;第三,不得刊刻文字。也就是说:一、不得有言论自由;二、不得有结社自由;三、不得有出版自由。满清统治者不允许人们议论国事。不允许人们聚合集会,规定 30 个人以上在一起聚会,将被视为谋反而全部处死。任何书籍文字都不能刊刻印刷,以防止人们的思想交流和文化传播。

文字狱,这是满清统治者禁锢人们思想并从肉体上毁灭汉文化的又一血腥手段。无数的汉族知识分子因此而惨遭迫害,其范围涉及社会各个阶层,从官员到平民,从作者到读者,甚至已经死去的人都不能幸免。以康熙五十年的戴名世案为例,戴名世是历史学家,他真实记录了南明政权的历史,从而被满清统治者认定为“大逆”之罪。其本人、兄弟、叔侄都被处斩,妻女为奴,为其书作序者处绞刑,刊印者、读过此书而未告发者,统统问罪,其中包括平日与他讨论过文章的尚书、御史等京官 32 人,将两个已死的重犯开棺戮尸,受到牵连而被下狱的族人、门生、朋友难以计数,仅被杀的就有 300 多人。在前清康熙、雍正、乾隆三代 130 多年的时间里,这样的文字狱有 160 多起,每一起都牵连数百人被杀,下狱的不计其数。而文字所涉及的内容相当广泛,从政治、伦理、文学、艺术、宗教到科技。文字狱使作为社会精英的知识分子噤若寒蝉,人人自危,有独立人格的、正直的文人从此销声匿迹,只剩下了为满清统治者歌功颂德、粉饰太平的奴性文人。

文字狱在乾隆时期达到了登峰造极的地步,在康雍乾三代的 160 多起文字狱中,乾隆朝就占了 130 起。康熙和雍正时期文字狱涉及的主要还只是社会上层的官绅和名士,而乾隆朝的文字狱有 70% 以上都是社会下层文人,可见他对人们思想的控制已达到了极端。乾隆时期被认为是中国专制政治的极致时期,专制程度达到了历史顶峰。在他的统治下,人们都被驯服成了卑贱而愚昧的奴隶。

为了彻底毁灭汉文化,巩固自己的统治,满清还疯狂地对书籍进行了销毁。乾隆三十九年至四十七年,光浙江就进行了大规模的清查和毁书 24 次。尤其是乾隆时期的所谓纂修《四库全书》,实际上是对中华文化的一次彻底清洗。其间查缴和销毁的书籍多达 15 万多部,包括大量的科技书籍。明代档案是中国数千年文明一脉相承留下来的官方档案,也被进行了彻底的清洗销毁,被销毁的档案估计多达 1000 多万份,仅留下了 3000 余件。而对于收录进《四库全书》的书籍和档案,也进行了系统全面的阉割篡改,清除了所有对满清统治不利的内容和学说。

文豪鲁迅在《病后杂谈之余》中说:"单看雍正乾隆两朝对中国人著作的手段,就足以令人惊心动魄。全毁、抽毁、剜去之类且不说,最阴险的是删改了古书的内容。乾隆朝的纂修《四库全书》,是许多人颂为一代盛业的,但他们却不但搞乱了古书的格式,还修改了古人的文章。不但藏之于内廷,还颁布于文风较盛之处,使天下士子阅读,而永不会觉得中国的作者里面,曾经有过很有骨气的人⋯⋯"[1]历史学家吴晗则惊呼:"清人纂修《四库全书》而古书亡矣!"当然,这一切都是为了他们的奴化统治。

满清不仅毁灭思想文化,禁止除忠君思想以外的所有思想文化方面的书籍,而且禁止除农业种植以外的所有的科学技术书籍,使人民愚化,实行愚民统治。康熙皇帝曾经在宫廷里向外国传教士学习天文和数学等西洋科学知识,但是他不允许把这些知识教给汉族人,而只能教给皇宫里的满清贵族子弟,他害怕汉族人掌握了这些知识他们更难管了。曾出使清廷的英国使节斯当东写道:"前往中国的国外传教士都有丰富的数学知识,但皇帝特意限制,不让这门学问在民众中普及。他们担心数学知识普及之后,民众自己能算出日食月食,制出历本,懂得天文现象等相关知识,皇帝在民众心中的威信就会降低。"[2]当然,不光是天文和数学知识,其他的科技知识被汉族群众掌握后也会令满清统治者感到害怕,只有实行愚民政策,灌输奴化思想,使汉人都成为愚昧无知的奴才,才能建立起他们的种族优越感,才便于维护他们的种族统治。

满清统治者不但禁毁科技书籍,而且还毁灭科技人才。方以智是明末的著名科学家,曾著有《物理小识》和《通雅》等科学巨著,然而却因为曾经在南明任职而被下狱,后死于押解赴岭南的途中。而且,方家也未能逃脱文字狱的迫害,因戴名世案,方家受到牵连而惨遭灭族。满清时期中国的知识分子像方家这样被迫害灭族的无计其数。

17 世纪是西方科学从古典向现代过渡的关键时期,也是世界科学技术的大发展时期,中国明代的知识分子没有辜负这个时代,他们以开放的心态迎接西学东

---

① 鲁迅:《病后杂谈之余》,古诗文网:http://www.28non.com/wenji/article30813.html,2016 年 6 月 21 日访问。

② (英)斯当东:《英使谒见乾隆纪实》,钱丽译,北京,电子工业出版社 2016 年版,第 376 页。

渐,普遍接受、研究西方科学知识,不仅翻译了大量的西方科学书籍,而且结合中国传统的科学和技术,撰写了大批具有极高水平的科学技术著作,站在了世界科学技术发展的前列。然而,自满清入关后中国就再也没有思想活跃的科学家,也再也没有科学著作面世。

康熙、雍正、乾隆三朝,是被那些为满清种族统治者歌功颂德的奴性文人吹捧为"康乾盛世"的朝代。但是实际情况怎样呢? 我们来对比一下明朝来华的外国人与清朝来华的外国人的所见所闻。明朝来华的传教士利玛窦在他的《利玛窦中国札记》中说:"这里的物质生产极为丰富,无所不有,糖比欧洲的白,布比欧洲的精美,人们衣饰华美,风度翩翩,百姓精神愉快,彬彬有礼,谈吐文雅。"然而在所谓的"康乾盛世"清朝乾隆年间来中国访问的英国使团特使马戛尔尼在他的访问日记中则写道:"遍地都是惊人的贫困……人们衣衫褴褛甚至裸体"。使团财务总管巴罗在他的《我看乾隆盛世》中写道:"我们所见到的一切,与富庶和繁荣几乎毫无关系,触目所及,无非就是落后和贫穷的景象。"可见两个朝代的反差之大。

在所谓的"康乾盛世"里,处在满清民族压迫和奴役下的广大汉族人民仍然只能生活在缺衣少食的惊人的贫困之中,能够安享盛世的只是那些满清贵族和满洲八旗子弟。满洲八旗兵因长期过着养尊处优、骄奢淫逸的生活,以致骁勇尽失、弓马荒废,完全丧失了战斗力。以前满洲八旗兵之所以能够骁勇善战,是因为所处的生活环境艰苦恶劣,从而造就了他们吃苦耐劳的精神和强健的体格、骁悍的性格。一旦脱离了那种环境,也就失去了那种精神和秉性。此时的八旗兵,久居城中,生活安逸,每天或肩鹰提鸟四处游荡,或茶馆酒肆消磨时光,或斗鸡、斗狗、斗蟋蟀,或聚赌嫖娼。射箭则虚发,骑马则坠地,久不操练,以致军营器械大多朽坏。遇有战事都是派由汉人组成的绿营兵在前面去冲杀作战,此时满清的军队已经主要依靠绿营兵来维持。

英国马戛尔尼使团是在乾隆五十九年(1793 年)来到中国的,这是英国首次派出使团访问中国。此时,已是美国独立和法国大革命之后,英国已经取代了葡萄牙、西班牙、荷兰等传统的殖民强国,成了世界海洋的霸主,并正在向工业化迈进。英国政府以祝贺乾隆皇帝 80 寿辰为名,派出以马戛尔尼为正使,斯当东为副使的使团访问中国,目的是想为英国日益增长的工业产品开拓中国市场,取得贸易上的特权。

1793 年 8 月 5 日,英国使团乘坐的"狮子"号炮舰抵达天津大沽口外,受到清朝官员的隆重迎接。礼部官员送来了大量的礼物和食品,以致船上都放不下,只能收下一部分。这样排场的见面礼令英国人大感意外。此后不必请求,大批免费供应的物质源源不断的送来。8月9日,使团离开大沽前往北京,但是沿途所见也令英国人大感意外,此前在英国人心目中,中国是个无比繁荣富裕的国度,是一个令欧洲人仰慕的地方。然而,"在舟山或在前往首都的头三天白河航行中,没有任何显示居民充足富有或者显示土地丰饶肥沃之处……实际上,迄今我们所看到的一切都显得贫穷破旧。"①

到达北京后,清朝礼部照例派官员对使团成员进行觐见皇帝的礼节训练,但双方产生分歧,按清朝的规定大臣觐见皇帝时要行三跪九叩之礼,但是英国使节认为这种礼节过于屈辱,有失尊严,要求按英国觐见英王的方式行单膝下跪礼。9月8日到达热河行宫见到理藩院尚书和坤后,经协商达成协议,双方各让一步:在英国使团单独觐见乾隆皇帝时行单膝下跪礼;在祝寿那天与各国使节一起觐见皇帝时行三跪九叩礼。

跪拜始于元朝的蒙古人,在此之前中国是没有跪拜之礼的,宋朝以前各朝代大臣上朝时或坐或站。蒙古人是奴隶制度,因此元朝实行这种屈辱的跪拜礼制,而当时中国人是亡国奴,身份是奴隶。明朝时朱元璋虽然废除了元朝的奴隶制度,但却保留了大臣上朝跪拜的礼制。满清入关前是奴隶制度,入关后更是以征服者和奴隶主自居,为了强化对汉民族的奴化统治,彰显满清皇帝高高在上的显赫地位,因此制定了三跪九叩这种烦琐隆重而带有强烈奴化性质的礼仪。其实乾隆本人对西洋人是否行三跪九叩礼并不是很在意,他曾明确表示:"若该贡使等,于进谒时行叩见之礼,该督等固不必辞却。倘伊等不行此礼,亦只可顺其国风俗,不必加以勉强。行叩见之礼,亦无足为荣,即不行叩见之礼,亦何所损。"

9月10日,英国使团在避暑山庄万树园的御幄蒙古包里觐见了乾隆皇帝,马戛尔尼单膝下跪致辞后,呈上了英国国王向乾隆皇帝祝寿的表文。9月15日,在正式举行的乾隆万寿庆典上,英国使节与各国使节依次上前进献礼物。轮到英国使团时,马戛尔尼等人依礼部规定行三跪九叩之礼,并呈上了英王送给乾隆皇帝的礼物。这些礼物是英国政府用了近一年时间精心准备的,足有600箱。其中包括:精致的钟表、地球仪、天文仪器、科学仪器、望远镜、带有减震器的马车……还有30支先进的燧发枪。但是,乾隆皇帝和满清贵族对这些礼物并不感到稀奇,因为他们思想观念落后又极为自负,对科技发展不感兴趣。而且此前别的西方国家和传教士也都进献过类似的玩意。

---

① (英)马嘎尔尼,巴罗:《马戛尔尼使团使华观感》,何高济,何毓宁译,北京,商务印书馆2013年版,第154页。

　　当然英国使团的主要目的还是希望取得贸易上的某些特权,为此马戛尔尼代表英国政府向乾隆皇帝提出了六项要求:一、开放宁波、舟山、天津等地为贸易口岸;二、允许英国在北京设常驻使节并设立使馆;三、在舟山附近划一小岛屿归英国商人使用,以便兴建设施作为存货和商人居住之用;四、允许选择广州城附近一处地方做英国商人的居留地,并允许英国商人自由出入广东;五、允许英国商船自由出入广州和澳门水道,并特别优待免税,或从宽减税;六、要求广州及其他贸易港公表税率,并不得随意乱收杂费。

　　对于这些要求乾隆皇帝回复道:"天朝物产丰盈,无所不有,原不籍外夷货物以通有无。特因天朝所产茶叶、瓷器、丝绸为西洋各国及尔国必需之物,是以加恩体恤,在澳门开设洋行,俾得日用有资并沾余润。今尔国使臣于定例之外,多有陈乞,大乖仰体天朝加惠远人抚育四夷之道。且天朝统驭万国,一视同仁,即在广东贸易者,亦不仅英吉利一国,若俱纷纷效尤,以难行之事妄行干渎,岂能曲徇所请。"①乾隆皇帝以英国的请求有违国家定例和一贯的对外政策而予以回绝。

　　乾隆皇帝还亲自给英王乔治三世写了回信,信中表达了对英王派使团来祝寿和送礼的感谢,以及对英王和英国的美好祝愿,并向英王回赠了大量礼物。因为英王在给乾隆的祝寿表文中提到了派驻使节一事,因此乾隆在回信中详细解释了派驻使节在天朝没有先例,也没有必要。因为西洋诸国甚多,英国派人留京,其他国家也将请求,则天朝百年法度就要更改。如果说派驻使节是为了照料英国商人做买卖,但是北京离广州远及万里,派人驻京又怎么能照料。况且天朝对前来贸易的外国商人无不照料周备,广州商人如有拖欠外国商人货款的,负责管理的总督都会用官库的银两先行垫付,然后再将该拖欠商人重治其罪。因此英王尽可放心,派驻使节实无必要。乾隆皇帝以委婉的方式拒绝了英王乔治三世的请求。

　　其实当时在欧洲,各国之间互相派驻使节已经是通常的规则。当然,乾隆皇帝并不了解欧洲的事情,因为满清蛮族的视野狭窄,思想有很大的局限性。在这方面,满清人比蒙古人差得太远:蒙古高原面对中亚,越过中亚就是欧洲和西亚,蒙古铁骑纵横欧洲和西亚,直至北非,眼光远大,对世界了如指掌;而满清人来自于中国东北部偏僻荒凉的原始森林,孤陋寡闻,对东亚以外的世界一无所知,入主中国后他们所关心的只是如何防范国内的汉人,自以为占领了中国就成了世界的中心,中国是天朝上国,其他国家都是不屑一顾的蛮夷之邦,完全不知道也无暇去

---

①　(英)马戛尔尼:《1793乾隆英使谒见纪》,刘半农译,天津人民出版社2005年版,第149页。

了解正在发生巨大变化的西方世界。

不过客观地讲,英国人所提的六项要求大都也是不合理的,比如:要求在舟山占用岛屿,在广州建英国商人的居留地,英国商船自由出入广州和澳门水道,特别优惠免税等。这些都涉及国家主权,即使在今天,这些要求也是有违国际法规的,遭到乾隆的拒绝也是理所当然。但是多开几个贸易口岸却是对中外都有益的事,这不但有利于外国商人扩大贸易,也有利于中国的商品经济发展。但是乾隆却认为没有必要与外国人做贸易,而且根本就不愿意与西方人来往,此次英国使团能够被清廷接待还是因为打着祝寿的旗号,否则根本不能成行。1757年乾隆关闭除广州以外的其他口岸后,1759年英国东印度公司曾派代表沿中国海岸北上天津,通过直隶总督上书朝廷,要求多开几个贸易口岸,结果被乾隆皇帝拒绝。康熙皇帝曾经说过,数百年后西夷必为中国之患。所以满清统治者出于对西夷的防范心理和实施对国内的抑商政策,对外采取了保守的闭关自守政策,减少贸易口岸,以尽量减少与西夷的来往。对内则采取关起门来,禁止出海,禁止对外贸易。

英国使团在完成了祝寿和失败的谋求获得贸易特权等外交活动后,开始了在中国各地的参观游览。从北京沿京杭大运河到杭州,再从杭州南下,从广州出境。沿途作了大量的调查,这也是英国政府交给他们此次中国之行的重要任务之一。调查的内容包括政治状况、风土民情、军事力量、海防炮台、经济、地理、植物等等,甚至包括中国民歌。通过这次访问和这些调查他们对中国的情况有了深入的了解。

马戛尔尼在他的访华日记中指出:"我们的许多书籍把他们混为一谈,把他们说成好像仅仅是一个总名中国的民族……一个半世纪也没有把乾隆变成中国人。他在当今的政治信念,和他的祖先一样是真正的鞑靼人。"①财务总管巴罗发现,圆明园内的年轻鞑靼王子们谈到汉人时总报以一种极大的蔑视。马戛尔尼也写道:"只要有人拿汉人说笑话,那些年轻的鞑靼王子们就会兴高采烈。"副使斯当东认为满清统治下的中国是"靠棍棒进行恐怖统治的东方专制主义暴政的典型。中国不是富裕的国度,而是一片贫困的土地。"马戛尔尼认为满清政府"不过是个泥足的巨人,只要轻轻一抵就可以把他打倒在地。"在英国人心目里,中国原来是一个以道德和仁慈治国,政治开明而和谐,人民优雅而文明,生活富裕、社会繁荣的强大国家,但现实将这一切击得粉碎。比经济上的贫困更令人震惊的是满清政治

---

① (英)乔治·马嘎尔尼,约翰·巴罗:《马嘎尔尼使团使华观感》,何高济,何毓宁译,北京,商务印书馆2013年版,第24~25页。

上的专制、黑暗和野蛮。可以说英国人是带着仰慕而来，怀着鄙视而去。

马戛尔尼在他的日记中进一步指出："自从北方满洲鞑靼人最后征服以来，至少在这过去的150年，没有发展和进步，甚至在后退，而在我们科技日益前进时，他们和今天的欧洲民族相比较，实际上变成了半野蛮人。"

英国是个以商业立国的海洋国家，而且正在进行工业革命，急需为工业产品开拓海外市场，所以这次英国使团谋求贸易特权的努力虽然没有实现，但是生意还得要做，好在广州还有一个贸易口岸，中英贸易还是能够进行。然而，英国的工业产品在中国的销路并不好，反倒是中国的生丝、茶叶等农产品被英国商人大量需要。英国与中国的贸易存在极大的贸易逆差，英国人只能运来整船的白银，来换取中国的生丝和茶叶等农产品。

因为英国的工业产品主要是棉毛纺织品，这些产品在英国虽然已是工业化生产，成本低廉，但是运到中国来已价格不菲。而清朝是自给自足的小农经济，农民自己种棉麻，自己织布，而且织布都是农耕之余的闲暇时间，基本不需要什么成本，因此价格更低廉。英国商人为了改变这种贸易局面，开始向中国大量的走私鸦片。

鸦片是对人身体危害极大的毒品，当时不论是在英国还是在中国都是被禁止的，清朝自雍正时期就开始禁止鸦片。但是英国商人无视这些禁令大肆进行走私，而且数量越来越大。道光元年（1820年）已达到年四千多箱，道光十八年（1838年）猛增到年四万多箱。鸦片的泛滥不仅极大地伤害了人们的身心健康，造成严重的社会问题，而且造成白银大量外流，市场上银贵钱贱，使清政府的财政也出现困难，朝廷不得不严肃对待这个问题。

1838年，朝廷在讨论鸦片问题时出现两派意见，一派主张严禁，一派主张弛禁。严禁派的代表人物是湖广总督林则徐；弛禁派的代表人物是直隶总督琦善。严禁派指出，鸦片不禁，几十年后，国家将"几无可以御敌之兵，且无可以充饷之银"。弛禁派则认为鸦片屡禁不止，不如不禁，准其自由买卖，照药材纳税。至于白银外流问题，可以放开在国内种植，国产鸦片多了，外国鸦片即可不禁自绝。

道光皇帝延续了前朝一贯的禁烟政策，采纳了严禁派的意见，并派林则徐为钦差大臣，赴广州查禁鸦片走私。林则徐于1839年3月到达广州，随即展开了严厉的禁烟运动，严查烟贩，收缴鸦片，并晓谕外国商人呈交鸦片。6月3日，林则徐把收缴的两万多箱鸦片在虎门海滩当众销毁。英国的鸦片走私商人在这次行动中受到沉重打击。

林则徐严厉的禁烟运动使英国不法商人的利益受损，引起了英国政府的不满。1840 年 4 月,英国议会通过决议,决定动用军事力量来打开中国的贸易大门。此时的英国已经不仅仅是个小岛国,它已经是殖民地遍布全球的"日不落帝国",管辖的人口已超过 3 亿,而且已经完成了工业革命,是经济和军事实力强大的世界霸主。当然,满清统治者对这些却全然不知,仍然沉浸在天朝上国的梦境中。

6 月 28 日,英军统帅兼全权代表懿律率领由 48 艘舰船和 4000 余名陆战士兵组成的首批英国舰队,从印度到达广州海面,第一次鸦片战争正式开始。英军以少量的舰船封锁广州海面,主力舰队北上进攻舟山群岛的定海县城。舟山群岛扼守钱塘江和长江的出海口,又位于广州和北京之间,是英国人觊觎已久的战略要地,马嘎尔尼使团来华时就曾提出要在这里取得一个岛屿建商业基地。而此时的清朝,甚至没有正规的海军,海防形同虚设。

7 月 5 日,英军向定海发动进攻,定海水师交战 9 分钟就覆灭了,而英军所有舰船仅中弹三发,无人伤亡。战败的原因除承平日久,武备松弛外,主要的因素就是兵器技术的差距。英军的火炮射程远,清军的火炮还打不到英舰,英军的火炮就已经将清军的舰船打沉。林则徐后来在谈及鸦片战争中英火炮的差距时说:"彼之大炮远及十里内外,我炮不能及彼,彼炮先已及我……似此之相距十里八里,彼此不见面而接仗者,未之前闻。"①7 月 6 日,英军登岛攻入定海县城,总兵张朝发战死,定海知县殉职。英军留兵驻守定海,主力继续沿中国海岸北上,一路未遇任何阻拦,直抵距京城咫尺之遥的天津。

来自穷山僻壤原始落后的满清蛮族统治者孤陋寡闻、目光短浅,看不到外部世界的变化和军事技术的飞速发展,不仅自废武功地把火器技术封存起来,导致了火炮技术的落后。而且愚蠢地奉行闭关自守的陆上防御战略,中国有 1.8 万公里长的海岸线,却不发展海军,把海洋拱手让给敌人。明朝时中国拥有世界上最强大的海军,能够轻易地打败当时的西方海洋强国葡萄牙、西班牙、荷兰的海军,并把他们驱逐出南中国海。英国科技史学家李约翰说,即使是所有欧洲国家的海军联合起来,都无法与明朝的海军相匹敌。但是现在,仅仅一个英国的海军,就能够在中国沿海通行无阻,横行无忌,如入无人之境。

定海失守的消息传到北京,京师震动。8 月 11 日英军抵达天津,直隶总督琦善与英军代表咨会后,将英军《致中国宰相书》进呈给道光皇帝。琦善本来就是反对禁烟的代表人物,正好借此机会诋毁林则徐的禁烟运动,说英国人只是为申述鸦片之怨而来。道光皇帝也不想轻起战端,认为英国人此举只是为了商业利益,

①　杨国桢辑:《林则徐书简》,福州,福建人民出版社 1985 年版,第 193 页。

于是罢免了林则徐,令琦善与英军谈判鸦片损失问题,"以折服其心",并告诉英国人允许通商。但是谈判持续了一个多月却无法取得进展,因为英国人不仅要求赔款,而且要求割让岛屿。清廷要求英军返回广州谈判,这时季风也将结束,英军必须赶在季风结束前趁风南下,于是同意返回广州。道光派琦善南下广州全权负责谈判。

11月29日琦善到达广州后,中英谈判开始,但由于双方的条件差距太大,根本无法达成协议。到12月底,道光收到琦善奏折,见谈判无望,下令备战,紧急向广州增兵,虎门兵力达到11000人。当然,英国人也没有闲着,也在不断增兵。

1841年1月7日,英军发动进攻,击溃了清军水师,并攻占了大角、沙角等炮台。清军虽进行了英勇的抵抗,但无奈火炮的射程差距太大,在英军猛烈炮击下,清军战船被击沉11艘,炮台也被完全冲塌。此役清军战死282人,受伤462人,而英军伤亡仅38人。1月8日,琦善要求重开谈判,英军同意,于是双方暂时停战,琦善迫于英军的压力,擅自与英国人草签了屈辱的《穿鼻草约》,但该草约始终未被清政府批准。

1月26日,英军强占香港,并要求割让。1月30日,道光得知虎门战事及《穿鼻草约》,大为恼火,将琦善革职抄家,派皇侄奕山为靖逆将军,南下统兵。2月26日,英军再次向虎门发动进攻,清军顽强抵抗,统军提督关天培坚守阵地直至战死,但虎门炮台仍然失守。清军伤亡惨重,而英军大都处于清军火炮的射程之外作战,伤亡轻微。

4月14日,奕山到达广州。5月21日,奕山乘夜派快船向英舰发动火攻,英军略受损。24日,英军进攻广州,至25日,英军已经占领了广州城外的炮台和主要制高点,形成了炮轰广州之势。奕山无奈向英军求和,27日与英军签订了《广州和约》,同意以支付600万两银的"赎城费"来换取英军的撤离。

但是在等待交付"赎城费"期间,29日,英军在城外三元里等村庄抢劫财物,奸淫妇女,激起村民奋起反抗,打死英军数人。30日,士绅何玉成出面联络103个乡的群众数千人,手持锄头、棍棒、刀矛、鸟枪,围困了英军盘踞的四方炮台。英军出击,群众且战且退把英军诱入牛栏岗埋伏圈。忽然战鼓齐鸣,杀声震天,几千武装农民猛冲出来。这时正好天下大雨,英军的燧发枪受潮打不响,英军拼命突围而出,被打死数十人。

31日,群众再次将四方炮台包围。广州附近几县的群众也赶来支援,包围炮台的群众增至几万。英军不敢再战,转而威胁官府,扬言炮轰广州。奕山虽然害怕英军,但是他更害怕武装起来的汉族人民群众,"防民甚于防寇",武装起来的汉族群众是满族统治者的更大危险。因此,为了防止引起民变,奕山慌忙令广州知府余保纯出城去弹压群众队伍中的士绅,要他们带领群众散去,同时加紧向城中商家勒索,得到了600万两白银,交与了英军。6月1日,畏于人民群众的威力,英军慌忙退去。这时英军中又瘟疫流行,英军舰队还遭遇到台风,英军损失惨重。奕山则在给皇帝的奏折中谎称打了大胜仗,英军已经求和。道光皇帝闻信大喜,允许英国人求和,同时命令沿海撤防。

对于三元里人民在抗击英国侵略军中的英勇表现,当时在广州直接参加抗英战争的魏源,以"同仇敌忾士心齐,呼市俄闻十万师"、"前时但说民通敌,此日翻看吏纵夷"的诗句。热情讴歌了三元里人民的抗英斗争,愤怒谴责了满清投降派"防民甚于防寇",并为英国侵略军解围的可耻行径。

道光皇帝认为《穿鼻草约》让步太多,丧权辱国。而英国政府却认为《穿鼻草约》所获权益太少。道光将琦善撤职抄家,英国也将懿律撤换。为了取得更大的权益,英国政府改派璞鼎查为全权代表来华,并进一步增加兵力,扩大侵华战争。

1841年8月10日,璞鼎查到达广州,8月22日,兵力增加的英军开始北上,先后攻陷厦门、定海(此前定海已被清军夺回),10月13日攻陷镇海(今宁波)。因遇到清军顽强抵抗,英军也遭受到很大的损失,因此攻陷镇海后,英军进入休整,等待援军。英军的目的是要重签条约,而不是占领中国建立殖民地,他们没有那个能力。中国不是印度,是一个统一的大国。而印度只是个地理概念,印度半岛上有大大小小数百个王国和土邦,历史上从未完全统一过,英国人能够轻易地将它们分别征服。

但是,英军占领镇海并未能迫使清政府与他们重新签约,因此他们决定采取更大的行动。1842年5月7日,英军撤离镇海,集结兵力准备沿长江向内地进攻。6月16日,英军的增援部队已到达,总兵力达到20000余人,英军开始向上海吴淞口发起攻击。6月19日,英军占领上海。7月5日,英军舰队从上海出发,沿长江进入内地直扑镇江。此时镇江城内仅有八旗驻军1600人,城外绿营兵2700人,并无战争准备。而英军攻城的兵力有6900人,兵力和兵器都占有绝对优势。

7月21日,英军攻陷镇江,全城惨遭英军焚掠,废墟一片。8月2日,英军离开镇江,直逼南京,以炮轰南京威胁清政府重签条约,清军无奈,只得与其重开谈判。8月29日,双方签订《南京条约》,条约主要内容有:一、开放广州、厦门、福州、宁波、上海五个口岸通商,英国有权在口岸派驻领事;二、割让香港岛;三、向英国赔款;四、英国人取得协定关税权和领事裁判权;五、取消外贸公行制度,商人自由贸易等。

9月7日，道光皇帝正式同意签约的谕旨到达南京，第一次鸦片战争结束。在清政府与英国签订了丧权辱国的《南京条约》后，美国和法国也趁机提出要求，分别与清政府签订了《望厦条约》和《黄埔条约》。

鸦片战争后英国资本家欣喜若狂，以为打开中国3亿多人口的大市场，英国的工业产品再也不愁销售，各种英国商品开始大量输往中国，对华的出口量迅速增长。然而，好景不长，仅几年后，对华的贸易逆差不降反升。因为江浙闽等华东地区是中国生丝和茶叶的主产地，从前这些产品都要经由内地翻山越岭的长途运输到广州口岸去出口，经济上极不划算。上海、宁波、福州、厦门等口岸的开通，使这些地区的产品出口更方便而且更经济。中国不仅茶叶、生丝的出口大增，而且出口商品的品种也增多了，除传统的丝绸、瓷器外，还有皮革、猪鬃、豆类、籽仁、食油、原棉以及手工艺品。英国从中国进口的茶叶和生丝年年递增，而对华出口却进展缓慢。因为英国的主要商品是棉织品和毛织品，这些产品在中国并没有竞争力。而英国生产的钟表等高档工业品中国老百姓却没有多少人买得起。

英国对华贸易逆差越来越大，从年400多万英镑增加到年800多万英镑，几乎翻了一番。英国曾加大对华的鸦片走私，从年约4万箱，增加到年约6万~7万箱。但是仍不能弥补巨大的贸易逆差，仅生丝一项就可以将鸦片的盈余抵消。而作为对华贸易第二大国的美国情况也一样，对华每年的贸易逆差也有400万~900万美元。可见开放口岸和自由贸易并非对中国不利，中国民间蕴藏着巨大的商品生产潜力。

其实满清政权的真正危机还并不是来自外部西方列强的威胁，而是它自身内部的问题。此时清朝内部有两大主要矛盾：一个是民族矛盾，满清实行民族压迫，以高压奴化政策进行统治，华夏各族人民一直在进行着不屈不挠的反满斗争；另一个是小农社会固有的周期性矛盾，即有限的土地资源与人口增长的矛盾，这一矛盾在中国历史上往往是通过大规模的农民起义和改朝换代的大规模战争来解决。明末清初的大规模战争，导致了中国人口的锐减，土地与人口的矛盾得到了解决，社会进入了一个平稳的发展期，形成了所谓的"康乾盛世"。然而到了清朝中后期，道光年间，中国的人口已接近4亿。

自从发现美洲新大陆后，从17世纪开始，美洲的耐旱、耐寒、高产粮食作物，如番薯、土豆、玉米等，开始在欧洲和亚洲大面积引种。这些粮食作物可以种植在以前不能种粮食的山地上、旱地上和寒冷地区，也可以在不同的季节与原来的粮食作物轮种，因此使得粮食产量大增。农民有这么一句话：一年红薯半年粮。可见这些农作物对解决粮食问题促进人口增长所起到的巨大作用。到19世纪中期中国的人口已将近4亿,是明朝人口的两倍多。而同时期欧洲的人口增长更大,英国本土的人口从400多万增长到了4000多万,增长了近10倍。这一时期欧洲有很多国家的人口增长都超过了10倍,而俄国的人口增长竟达到了20多倍。

虽然来自美洲的耐寒耐旱农作物解决了很大一部分粮食问题,但是清朝如此大量的人口增长还是带来了严重的社会问题。人口与土地的矛盾开始显现,饥民和流民充斥乡间和城市,农民起义不断发生。道光皇帝不仅要应付与英国人的鸦片战争,还要应付国内的反满斗争和农民起义,仅在鸦片战争前后的十年间,国内的农民起义就有100多起。

1850年,道光病逝,其第四子继位,是为咸丰皇帝。咸丰是个倒霉的皇帝,一上台就面临严重的内忧外患。就在咸丰登基的元年(1851年),清朝最大规模的农民起义——太平天国起义就爆发了。而在太平天国战争打得正激烈的时候,英国人又拉上法国人一起来趁火打劫,发动了第二次鸦片战争。

太平天国的创始人洪秀全是广东花县人,曾多次到广州应考秀才未中。1843年,他从基督教布道书《劝世良言》得到启发,他把基督教教义中的一切归公、财产平分的原始共产主义思想,与中国小农社会农民思想中的"不患贫,只患不均"的平均主义思想相结合,创立了拜上帝会。

洪秀全创立拜上帝会后自称是上帝的儿子,与同乡冯云山、族弟洪仁玕一起开始传教。因为拜上帝会迎合了广大贫苦民众财富共享的平均主义思想,因此发展很快,到1847年,已有了数千个信徒,并形成了以洪秀全为首,包括冯云山、杨秀清、萧朝贵、韦昌辉、石达开等人组成的领导核心。

1848年4月6日,杨秀清装神作法,假托天父(即上帝)附身显圣,口传圣言,并说天父命他代世人赎病。后来洪秀全不得不承认他有代天父传圣言的特权。洪秀全假托天子,杨秀清却假托天父,杨秀清天父附身时,洪秀全都要跪地听命。杨秀清取得了比洪秀全似乎还要高的地位,显然,他从一开始就有企图夺取最高领导权的野心。

1851年1月11日,拜上帝会在洪秀全生日这一天,以庆寿的名义召集信众,在广西桂平金田村正式宣布起义,组成太平军,建号"太平天国",开始了反清革命战争。9月25日,攻克广西永安州,太平军在这里进行了休整补充和制度建设。洪秀全自称天王,并发布诏令,封杨秀清为东王,萧朝贵为西王,冯云山为南王,韦昌辉为北王,石达开为翼王。同时颁布了《太平礼制》,制定了官制、礼制、军制,进行了军纪整饬,建立了财产公有制度。

1852年4月5日,太平军从永安突破清军的包围北上,进攻桂林、全州。在攻全州时,冯云山被清军炮火击中阵亡。6月12日进入湖南,发布《奉天讨胡檄》,号召人们推翻满清胡虏的妖魔统治,驱逐鞑虏,恢复中华。太平军一路势如破竹,相继攻克道州、江华、永州、郴州等地。沿途杀逐官绅地主,烧田契,散发粮食财物,穷苦民众纷纷加入,队伍不断壮大。9月,在猛攻长沙时,萧朝贵阵亡。太平军攻长沙三月不下,撤围北上。转而攻克岳州,在岳阳建立水师。1853年1月攻克武汉三镇,军威大振,人数增至50万。2月9日放弃武汉,水陆两路顺长江东下,以横扫千军之势,连破九江、安庆、芜湖、和州。3月19日太平军攻克南京,改名为天京,定为都城。

洪秀全拜上帝会的政治目标是要建立一个有田同耕、有饭同食、有衣同穿、有钱同使,无处不均匀,无人不温饱的理想社会。因此建都天京后,洪秀全开始实施他的政治理想。太平天国宣布一切土地和财富都归皇上帝所有。颁布了《天朝田亩制度》,根据"凡天下田,天下人同耕"、"无处不均匀"的原则,不论男女,按人口和年龄平均分配土地。并建立起了"圣库制度",根据一切财产归公,人人无私财的原则,要求农民把所生产的农副产品在留足口粮等自用外,全部交到圣库,百工诸匠的生产品,所有的战争缴获,都要交到圣库,然后按需分配,实行圣库供给制。鳏寡孤独残疾者,皆由圣库给养,婚丧弥月喜事等额外开支,由圣库按定制支给,俨然一个共产主义的乌托邦社会。马克思也曾认为太平天国政权是世界上第一个具有共产主义性质的政权。太平天国实行男女平等,还实行了一定的民主制度,城乡基层官员由民众选举产生。

与此同时,太平天国派出了两支军队,一支北伐,一支西征,继续向满清政权发动进攻。北伐军自扬州出发,入安徽攻下凤阳、亳州,入河南打下归德,从巩县渡过黄河攻怀庆,遇到数万清军南下防堵,遂迂回进入山西,转而向东进入直隶。北上攻下正定,占静海,进逼天津,京师震动。咸丰皇帝准备逃往热河行宫,京官和富户也纷纷出逃。清廷调集十几万军队进行围堵,北伐军受阻。北伐军向天京请求增援,但天京此时也遭到了数十万清军的包围,援军难以派出。次年,天京派出了援军,但半路受阻。因此北伐军只能孤军奋战,最终被清军消灭,北伐失败。

西征军初期也连战连捷,很快占领了安徽、江西、湖北的大片地区,实现了攻占安庆、九江、武昌的战略目标,但是在进入湖南时却遇到湖南官绅曾国藩组建的湘军的凶猛攻击,武昌、汉阳相继失守,湘军反攻九江,西征军受挫。洪秀全命石达开率师增援,石达开在湖口、九江的两次战役中大败湘军,扭转了战局。太平军再克武昌,石达开攻占江西8府50多个州县。

在稳固了西部局面后,因天京仍处于清军的包围中,石达开回师天京,参加天京解围战。1856年4月，太平军秦日纲、陈玉成等将领大败清廷钦差大臣江宁将军托阿明于扬州上桥，连破虹桥、朴树湾、三叉河的清军江北诸营，清军江北大营的120余座军营闻风溃散，太平军占领扬州。6月，太平军石达开、秦日纲所部再破清军江南大营，解除了清军对天京的三年围困。太平天国在军事上达到全盛。

然而，正当太平天国形势大好之际，内部却发生了动乱。东王杨秀清蓄谋已久，见天京解围形势大好，假托天父附身，竟公然逼洪秀全亲自到东王府来封其为"万岁"，欲夺取最高领导权的意图昭然若揭。洪秀全佯允其请，同时密令韦昌辉、石达开急速回京。9月1日深夜，韦昌辉赶回天京，次日凌晨围东王府，尽杀杨秀清全家及其亲属，杨秀清所属部众也先后被杀2万多人。

9月中旬，石达开从武昌赶回，责备韦昌辉滥杀无辜，两人起冲突。韦昌辉大怒，要杀石达开。石达开急忙逃出城，韦昌辉竟杀害了石达开全家。11月，石达开率部回来讨伐韦昌辉。此时天京城内外的太平军大多支持石达开，洪秀全为平众怒，将韦昌辉处死。石达开奉诏进京后不计私怨，追查屠杀责任时只惩首恶、不咎部属，连韦昌辉的亲属也得到了保护，人心很快安定了下来。

在石达开的部署下，太平军稳守要隘，陈玉成、李秀成等一批后起之秀也开始挑起大梁，内讧造成的不利局面得到扭转。但是天王洪秀全也开始对石达开心生疑忌，石达开为避免再一次发生内讧，于1857年5月避祸离京，前往安庆。这时，清军趁太平天国发生内乱，重新集结军队，再次对天京进行合围。天王洪秀全迫于形势的恶化，遣使请石达开回京。石达开上奏天王，表示无意回京，但会调陈玉成、李秀成等将领回援，自己将继续在外为天国作战。石达开后来转战四川时，在大渡河兵败被杀。

此时，响应太平天国反清斗争的农民起义也在全国各地兴起，北方有捻军起义，南方有天地会起义，上海有小刀会起义，西南有苗民起义，西北有回民起义。而正当满清政府焦头烂额地调兵遣将四处灭火的时候，英国人又开始趁火打劫，他们拉上法国人，发动了第二次鸦片战争。

1854年10月，英国要求修改《南京条约》，提出：开放中国全境、承认鸦片贸易合法、洋货免征一切内地税、外国公使驻京等等18项要求。以扩大他们的贸易特权，攫取更多的利益。法国和美国也乘机提出要修改《黄埔条约》和《望厦条约》，但都被清廷拒绝。1856年10月，英军进攻广州，遭到清军抵抗，英军因兵力不足被迫退去。1857年12月，英国邀请法国，集结起5600余人的英法联军再次进攻广州。清政府正全力镇压太平天国及捻军等农民起义军，无意与英法作战，给广州方面的指示是"息兵为要"，清军的兵力和战意都不足，广州因此被攻陷。英法联军集结军舰又北上天津,直逼大沽口,美国和俄国也参与进来,欲乘机渔利。清政府派出代表与他们谈判,但由于英、法并无诚意,谈判破裂。1858年5月,英法联军攻陷大沽炮台,直扑天津。清政府急忙派全权大臣到天津求和,分别与英、法、美、俄四国签订了屈辱的《天津条约》。

1859年6月,英、法公使来华换约,清政府要求他们以不超过20的人数,不携带武器,自北塘登陆入京。英法联军却要求以他们的军舰武装护送公使,从大沽口溯白河入京,遭到清政府拒绝。6月25日,英军海军司令贺布亲率12艘战舰向大沽炮台发动进攻。大沽炮台自上次被攻陷后,已重新加强了战备,清军进行了英勇的抵抗,战斗异常激烈。由于清军火力充分,战术得当,英法联军惨遭失败,损失了6艘舰船,死伤400多人,英国海军司令贺布也受到重伤,被迫撤退。这是鸦片战争以来,清军取得的最大胜利。

英法联军惨败的消息传到欧洲,英、法国内一片哗然。英、法政府当然不会甘心失败,他们决定进一步增兵,叫嚣要对中国进行大规模的报复。

1860年6月,英法组成22000余人的侵华联军,再次兵临大沽海口。美、俄公使也赶了过来,以调停的名义暗中帮助英法联军。而清政府在大沽战役获胜后一直幻想就此与英法罢兵言和,并把兵力抽调去镇压正在北方展开反清斗争的捻军。咸丰皇帝的谕旨是对英法等国"总须以抚局为要"以免"兵连祸结,迄无了期",并派大臣前去与英法谈判。

英法联军此行就是为了报复,当然不会诚心谈判,他们从美、俄公使那里得知北塘防守薄弱后,8月1日,派兵从北塘登陆,水陆并进,前后夹击大沽炮台。8月21日,大沽失守。咸丰皇帝认为英法联军不善陆战,命清军退至通州,并派出最为精锐的,由蒙古郡王僧格林沁率领的7000蒙古骑兵,准备在陆战中以己之长,制彼之短,打败英法侵略军。

9月18日,英法联军进犯通州。僧格林沁率领骑兵发动冲锋,步兵紧随其后,英法联军火炮齐发,马匹惊骇回奔,冲动步队,以致不能成列,纷纷后退。英法联军乘机发动反攻,通州失守。僧格林沁撤退后重整军势,集中一万满蒙马队死守八里桥。9月21日上午7时,英法联军从东、南、西三路对八里桥发动进攻,清军集中骑兵向英法联军正面发动反冲击,部分骑兵一度突破到距法军指挥部仅四、五十米处。但清军后队和八里桥遭到联军重炮的密集打击,清军前后脱节,前部马队又遭到据壕固守的联军炮火轰击和步兵密集火力阻击,伤亡甚重,联军趁势发动反击。八里桥之战从上午一直打到正午,战斗十分激烈,清军表现英勇。据战后英法联军说,中国军队以少有之勇敢迎头痛击联军,他们一步不退,勇敢坚持,全体就地阵亡。满蒙骑兵全军覆灭,八里桥失守。

八里桥战败,北京已无防守。22 日,咸丰皇帝留下皇弟恭亲王奕䜣"督办和局",自己以北狩为名逃往热河行宫。留守北京的亲王们为使北京不遭炮火毁灭,不战而把英法联军让进外城,与之谈判。但是英法联军的全权代表额尔金和葛罗非要咸丰皇帝出面谈判,意欲当面羞辱咸丰皇帝,但遭到拒绝。他们决定以焚毁紫禁城进行威胁,后来又觉得紫禁城是皇帝办公的地方,焚毁了咸丰更不会回来了,于是决定先烧毁皇帝的夏宫圆明园。

此前,英法联军已于 10 月 6 日和 11 日,两次对圆明园进行了洗劫,无数的艺术珍宝被劫掠一空。10 月 18 日,3500 名英法联军再次涌进圆明园,把连绵 10 公里占地 5000 亩,艺术价值无与伦比的世界顶级园林焚烧一尽。额尔金得意地宣称:"此举将使中国和欧洲震惊,其效远非万里之外的人所能想象。"但是咸丰皇帝仍然没有出面。

这时已近冬天,如果河海冰冻,英法舰队将无法撤离,届时清廷调集的援军到达,英法联军将遭全军覆没。额尔金和葛罗只好放弃了要咸丰皇帝出面的企图。在威逼恭亲王奕䜣满足他们的签约要求后,于 10 月 23 日、24 日,分别签订了《中英北京条约》和《中法北京条约》,并交换了《天津条约》。条约主要内容有:外国公使进驻北京;再开放 10 余个贸易口岸;外国商船可以自由驶入长江至内地通商;外国人可以自由到内地游历经商;外国传教士可以到内地自由传教;准许外国人在中国买卖人口;割让九龙司给英国;法国传教士可以自由租买土地,建造教堂;赔偿英、法各 800 万两白银;等等。俄国人也趁火打劫,乘机迫使清政府签订了《中俄北京条约》,割去了中国东北 100 多万平方公里土地。11 月,英法联军撤离,第二次鸦片战争结束。

圆明园是满清历代皇帝搜刮民脂民膏,经 200 多年的不断扩建而成,积聚古今珍品,园内山水亭台,庭院长廊,琼楼玉宇,极尽奢华。它既是皇帝的夏宫,也是皇族生活的地方,咸丰皇帝就是出生于那里。圆明园被烧对咸丰的打击极大,他陷入了极度痛苦之中,太平天国和捻军起义给他造成的焦虑,西方列强肆虐给他带来的羞辱,忧愤交加使他一病不起,不久后他就在忧虑和气愤中死于热河行宫。死时仅 30 岁,继位的载淳仅 6 岁。咸丰临死前招来他最亲信的 8 个大臣,托付他们辅佐载淳,执掌朝政。然而,这 8 个大臣还没来得及执政,载淳的生母慈禧太后就伙同恭亲王奕䜣发动了政变。8 个大臣或被杀,或被革职,或被充军。慈禧从此掌握了朝政,开始了清王朝最后几十年的慈禧太后专政时代。

中国民众普遍把实行种族统治的满清旗人视为异族入侵者,因此对满清入侵者与西方入侵者的战事一般持旁观的态度,反清的人们甚至希望看到对中国人民实行种族压迫的满清统治者遭到西方军队的打击。太平天国也把进攻北京满清王朝的英法联军视为盟友,在第二次鸦片战争期间,太平天国就曾经给驻华的英国人写了一封感谢信,感谢他们打击满清王朝。英国人在接到信后一度感到错愕,但是他们很快有了主意。英国人给太平天国回信说:我们可以帮助你们打击清王朝,但是打倒了清王朝后,我们要与你们平分中国,否则,我们就要帮助清王朝打你们。

太平天国接到英国人的回信后非常气愤,当然,他们绝不会为了自己眼前的利益而出卖民族利益。在此之前,太平天国一直对西方国家持友好态度,积极搞好与西方国家的关系,发展与他们的贸易往来,从西方商人那里购买枪炮,并尽量避免与西方国家发生冲突。但是英法等国在迫使清政府割地、赔款,并签订了一系列贸易特权等不平等条约后,开始帮助清政府镇压太平天国。因为他们认为,作为一个以极少数人统治绝大多数人的满清种族政府,根基不稳,软弱无能,更好对付,有利于他们从中国攫取利益。

天京变乱是太平天国由盛转衰的开始,内讧造成了太平天国的分裂和实力的损耗。清军因此得以卷土重来再次向天京进行合围。武昌等地的太平军因粮尽无援被迫撤退。曾国藩的湘军水陆并进,长驱直入兵临九江城下。1858 年 4 月,九江失陷,湘军进攻庐州和安庆,西线告急。东线清军也攻陷镇江,兵临天京城下,清军宽掘长壕,坚筑高垒,连营百里,四面合围。

为了扭转局面,太平天国决定主动进攻,洪秀全派出陈玉成、李秀成等各军主将率军出击。1858 年 9 月发动浦口战役,攻破清军江北大营,打通了天京北岸交通。10 月挥师向西,在庐州三河镇歼灭了湘军精锐的李续宾部,从而扭转了局面,稳定了形势。

1859 年 3 月,洪仁玕从香港来到天京,被洪秀全封为干王,总理朝政。洪仁玕提出了一个具有明显资本主义色彩的施政纲领《资政新篇》,建议进行社会和经济改革,效法资本主义国家发展工业、矿业、交通、兴办银行、发行纸币、兴办医院、学校、提倡科学等等。外交上主张与西方国家自由通商,进行文化交流。这是一个具有显明现代化意义的进步政治纲领,得到了洪秀全的批准,可惜太平天国后来一直陷入被清军围攻的苦战中,这些政治纲领没有机会得到有效的实施。

1859 年 12 月,浦口被清军江南大营攻陷,天京再次被包围。1860 年 2 月,太平军先派出一支轻骑军进攻杭州,待清军江南大营调精兵去救杭州时,集中兵力一举粉碎了江南大营,天京解围。太平军乘胜东进,攻克常州、苏州、嘉兴,接着又向上海进军,在青浦大败由美国人华尔组建的洋枪队。但因西线告急,旋即回师,以苏州为省会,建立了苏福省,作为天京的东南屏障和物质供应地。

正当太平军东进时,曾国藩率湘军在西线加紧进攻,围攻安庆。为解安庆之围,太平军派兵去进攻武汉,以迫使曾国藩派兵去增援。但是当太平军逼近武汉时,英国海军舰队到汉口进行干涉,太平军不愿与英国海军发生冲突,因此没有进攻武汉。1861 年 7 月,安庆被湘军攻陷,太平军退守庐州。1862 年 4 月,庐州失陷。曾国藩开始实施三面进攻太平天国的计划,他一面派曾国荃率湘军从西面进攻天京,一面派左宗棠率一部湘军从南面进攻浙江的太平军,另一面派李鸿章率领新成立的淮军去东线增援上海方面对太平军的作战。此时,太平军正在东线一路扫荡太仓、南翔、奉贤、青浦、宝山等地的清军以及那些帮助清军的英、法军队,击杀法国舰队司令卜罗德于奉贤,并把他们包围在嘉定城。

曾国荃率领湘军猛攻天京,洪秀全急忙诏令进攻上海的太平军回救天京。清军在外国帮凶军的帮助下乘机从东线发动反攻,英国军官戈登接替被击毙的美国人华尔,带领改名为常胜军的洋枪队,协助李鸿章的淮军,以上海为基地向苏州进攻。法国海军参将勒伯勒东组织的常捷军,英国人组织的定胜军、常安军,都在协助左宗棠的湘军向浙江进攻。太平军陷入多面作战。

1863 年 5 月,李鸿章所部淮军已攻陷太仓、昆山,进逼苏州。8 月,左宗棠所部湘军攻陷浙江富阳,进逼杭州。10 月,苏州失陷。这时天京已不可守,李秀成奏请洪秀全放弃天京,突围北上,前往西北,与攻克陕西汉中的太平军会合,据西北,以图中原。但洪秀全不愿放弃天京,坚持要死守。

1864 年 3 月,湘军进逼到天京城外,天京被合围,城内粮源断绝。6 月 1 日,洪秀全在多日以野草充饥后病逝,其子幼天王洪天福贵继位。7 月天京失守,李秀成带幼天王突围出逃。10 月,幼天王洪天福贵被俘后在南昌被处死,太平天国灭亡。但太平军余部仍顽强的坚持斗争,分散在全国各地转战,一直到 1868 年才被清军剿灭。

太平天国革命是一场双重革命,它既是中国人民反对满清种族压迫的民族革命,也是中国小农社会贫苦农民反对官绅地主的土地革命。太平军所到之处:在城市,则包围满城,尽杀八旗满人;在乡村,则打土豪,分土地,杀逐乡绅,烧田契,散财物。太平天国革命失败的原因是多方面的:一方面是因为国内各种反革命势力还很强大,而且还得到了外国反革命势力的帮助;另一方面太平天国本身的政治也很不成熟,所采取的政策和策略都有很大的失误,而且内部不团结,争权夺利,内讧造成了自身实力的极大削弱。

　　太平天国实行财产公有和按需分配的原始共产主义制度,迎合了中国小农社会广大下层民众的平均主义思想,因此赢得广大民众的支持,并迅速取得成功。但是它的上层政治体制仍然是中国传统的帝王专制。因此它摆脱不了专制体制的各种弊端,洪秀全与杨秀清的王权之争导致了太平天国内部的分裂和革命实力的严重消耗。太平天国的拜上帝会源自西方基督教,因此与中国的许多习俗、文化、信仰相抵触,而且拜上帝会还激烈反对中国传统的儒教,所到之处砸毁孔子牌位,烧毁四书五经,所以引起中国士大夫阶层的强烈反对,这也是太平天国政治策略的重大失误。太平天国杀逐官绅地主,烧田契,散财物,这些做法无疑会引起官绅地主阶级的激烈反抗。实际上后来打败太平天国的都是这些儒家士大夫和官绅地主所组织起来的军队,如曾国藩的湘军、李鸿章的淮军等等。满清政权已完全腐朽,满洲八旗兵已经弱不禁风,绿营兵也无法抵御太平军的打击,最后还是由这些汉族官绅组织的地方团练发展起来的汉族地方军队打败了太平天国。

　　太平天国革命虽然失败了,但是,他们给满清政权的打击仍然是致命的,在太平天国势力所控制的中国南方,以及太平天国和捻军势力所到达的北方中原地区,满族人几乎已经被杀光,满洲八旗兵也已经被全部消灭,满清王朝的统治根基已经被彻底削弱。在镇压太平天国战争中崛起的汉族官员开始掌握地方的军权和政权,满清政府不得不对他们加以重用,这为满清王朝的最后覆灭埋下了伏笔。而这些新崛起的汉族官员也为满清蛮族统治下的中国带来了一股现代化的改革新风,这些汉族官员都是来自中国南方,他们在中国南方开办现代的工厂、企业,制造军械、船舶、机器,兴办新式学校,学习中西文化和科学知识,开展洋务运动,开启了中国迈向现代化的最初进程。

三十四　从普鲁士开始崛起的德国

在欧洲的中部,自古以来生活着被称为蛮族的日耳曼人,他们大致分布在从莱茵河流域到奥得河以西,从日德兰半岛到阿尔卑斯山脉以北,以狩猎和畜牧为生。在他们的东面是以从事农业为主的斯拉夫人,南面是罗马人,西面是高卢人。公元前1世纪,高卢被罗马人征服而成了罗马帝国的一个行省,但罗马人一直无法征服日耳曼人。

公元5世纪,在匈奴西征的冲击下,欧洲发生了民族大迁移,日耳曼蛮族纷纷涌入西罗马帝国境内避难。西罗马帝国崩溃后,日耳曼人在西欧建立起了一系列的封建王国,其中以法兰克王国最为强盛。到公元9世纪,法兰克王国通过不断的战争扩张,形成了一个囊括西欧大部分领土的庞大帝国。但不久后帝国分裂,形成了西法兰克王国、中法兰克王国、东法兰克王国,这三个国家。公元919年,萨克森公爵亨利一世继承了东法兰克王国的王位,他把东法兰克王国改名为"德意志王国",意为:人民的王国。此即今天德国的前身。

德意志王国地处欧洲中部,因此它也有欧洲的"中央王国"之称。但是因为它周围都没有天然的防御屏障,而且强敌环绕,因此它极易遭受到外敌的入侵,安全环境极为恶劣。历史上它屡屡遭到来自东、西两边强邻的侵略,这也是后来统一强大起来的德国为什么总是极力对外扩张的原因,自然界和人类社会弱肉强食的丛林法则,迫使他们为了自己的生存安全而力图扩大自己的势力范围。

中世纪的欧洲处于封建社会,封建制度是一种权力分散的制度,王国内的封建领主们都享有对自己领地的自治权,在他们的领地上,他们是绝对的统治者,君王无权干涉他们的自治。在德意志王国的领地内,这种大大小小的封建领主多达一千多个,他们各自为政,实际是处于一种分裂状态,德意志国王只是他们名义上的共主。

其实国王的行动在很大程度上也受到了领主的制约,因为如果国王要发动战争,他必须取得领主们的同意,否则他将得不到领主们的物质和兵员的支持,战争无法进行。为了摆脱这种窘境,德意志王国的第二代国王奥托一世统治时,采取了向意大利扩张的政策,因为意大利是罗马帝国故地,经济发达,城市富有,占有它们可以使国库充盈,给王国提供充足的资金维持雇佣军队,从而可以避免受到封建领主们的制约。

公元951年,奥托一世征服了意大利北部的伦巴第。961年,地位虚弱的罗马教皇约翰十二世为寻求得到保护,请求奥托一世进入意大利称王。962年2月2日,教皇约翰十二世在罗马圣彼得大教堂为奥托一世加冕,并授予他"神圣罗马帝国皇帝"的称号,把他奉为罗马帝国的继承者,从此德意志王国也就成了"神圣罗马帝国"。帝国皇帝成了上帝的封臣,也成了西欧名义上的最高世俗统治者。

神圣罗马帝国皇帝与罗马教皇之间是一种互相依托互相利用的关系,教会需要利用皇帝的世俗王权来保护自己,皇帝需要借助教会的神权来彰显自己统治的合法性——君权神授,并利用教会的宗教神权来控制世俗大封建领主。为此,帝国皇帝对教会进行了大力扶植,使教会势力得到了很大的发展,教堂遍布西欧各地,而且教会被赐予了大量的封地,教会主教也成了另一种封建领主。

然而,随着教会势力的增强,罗马教廷开始加强自己的独立性和教皇的权力,并开始与世俗皇帝争夺最高统治权。公元1075年,教皇格雷戈里七世发布《教皇敕令》,宣布教皇的权力高于一切,不仅有权任命主教,而且有权干涉各国内政,废立国王和皇帝。由此引起了教皇与神圣罗马帝国皇帝亨利四世的权力斗争,这关系到是皇帝控制教会,还是教廷控制皇帝。在争夺意大利米兰大教区的控制权时,双方爆发公开冲突,教皇格雷戈里七世威胁要废黜亨利四世,亨利四世与其针锋相对。

1076年,亨利四世在沃尔姆斯召开由德意志主教和部分世俗贵族参加的宗教会议,谴责教皇滥用职权,宣布废黜教皇。一个月后,教皇在罗马召开宗教会议,宣布开除亨利四世的教籍,废黜其帝位,并再次重申了禁止皇帝和世俗王公委任主教和神职人员。但是在这场教皇神权与世俗王权的斗争中,一些大封建主为了摆脱亨利四世的控制,却纷纷支持教皇,在教皇的煽动下伺机发起叛乱。内乱使亨利四世陷入了四面楚歌的困境,最后,不得不前往罗马教廷向教皇忏悔赎罪。

这一事件标志着教廷的权力达到顶峰,皇权开始衰弱,封建领主的分裂性加剧。然而这场斗争并没有完结,亨利四世在得到赦免恢复教籍后,摆平了封建领主的叛乱。然后于1084年率军进占罗马,把教皇格雷戈里七世赶出罗马,另立新教皇,并强迫他为自己加冕称帝。

亨利四世的儿子亨利五世继位后仍然与教廷冲突不断,为迫使教廷屈服,他也曾二次进军罗马。他把教皇帕斯卡尔二世赶出了罗马,帕斯卡尔二世去世后,他又把反对他的新教皇格里高利八世废黜,另立新教皇卡立克斯特斯二世。

1122 年,亨利五世终于与他拥立的新教皇卡立克斯特斯二世达成妥协,双方在沃尔姆斯签订了宗教协议。协议规定德意志的主教和修道院长由教士组成的选举会议推选,但选举主教时,须在有皇帝或其代表在场,选举中如有意见分歧,皇帝有权作最后裁决。至此,罗马教皇与神圣罗马帝国皇帝之间的主教授任权之争暂告平息。

到公元 13 世纪,德意志皇权更加衰弱,封建诸侯们不再相信中央皇权的作用,极力阻止任何可能加强皇权的企图。1254 年,德意志皇帝康拉德四世去世,因为没有合适的继承人,在部分诸侯的拥戴下,荷兰伯爵威廉当选了皇帝。但是不久后威廉即被杀,从而致使德意志出现了长达 20 余年的皇帝"空位时期"。原来风光无限,被各大封建主殊死争当的皇帝,却没有人来当了。德意志陷入了邦国分裂状态,封建诸侯各自为政。

然而,诸侯们也感到这种分裂状态阻碍了贸易的往来和经济的发展,因此他们不得不考虑推选一个新皇帝。但是他们又担心皇帝的权力过大会危害自己的利益,所以他们采取了选举皇帝的办法来取代传统的世袭制。

1257 年,德意志的大诸侯们进行了皇帝选举,有资格参加选举的大诸侯共有七个,其中四个是世俗诸侯,三个是教会诸侯,他们被称为"选帝侯"。此后每次选举德意志皇帝时,选帝侯们总是推选势力较小,不致危害自身权利的家族代表来担当。因此,后来虽然德意志的皇帝如走马灯似的更换,但始终没有出现一个皇权强大到足以统一整个德意志的王朝,诸侯们只要感到皇帝的权力过于强大,就会策动王朝更替,以维护自己独立自治的利益。以致后来欧洲许多国家因加强中央集权而成为统一强大的民族国家时,德意志却仍然皇权衰弱,诸侯林立,四分五裂,因而饱受强国的侵略蹂躏,只能任人宰割,国土屡被侵吞。

由于得到了世俗皇权的扶植,中世纪的西欧,基督教会的势力极为强盛,而其中尤以德意志地区为甚。在德意志至少有 1/3 的土地是被基督教会占有,教会不仅享有世俗皇帝授予的免税特权,而且,民众还要向教会缴纳什一税。除此之外,教会还享有许多其他的特权。因此教会逐渐滋生了骄奢淫逸的作风,生活奢侈,排场豪华,高高在上。这引起了人们对教会的不满,而教会却利用"宗教裁判所"对怀疑基督教和不满教会的人进行残酷的迫害和极刑处罚。但是到了 14 世纪,从意大利开始的文艺复兴运动使人们的思想得到开化,宗教神学思想的禁锢开始被打破,人们对基督教的怀疑和对教会的不满加剧,这些不满终于导致了宗教改革运动的发生。

宗教改革运动首先在宗教压迫最为严重的德意志境内爆发,随后漫延至整个欧洲。公元 1517 年,维腾堡神学院教授马丁·路德在教堂的大门口贴出了著名的《95 条论纲》,对教会的许多谬误进行了批判。由于印刷术已普及,《95 条论纲》迅速传遍欧洲,引起了强烈的反响。罗马教廷指控他为异端分子,教皇颁布敕令以破门律警告路德。但路德得到了德意志境内各城市和诸侯们的广泛支持,1520 年 12 月 10 日,路德在维腾堡当众烧毁了教皇的敕令,公开与罗马教廷决裂,并创立了自己的新教会——路德会。路德会在中欧、北欧、西北欧影响很大,瑞典、丹麦、挪威、冰岛都先后把它定为国教。路德会创立后,西欧许多国家也公开与教廷决裂,并分别建立了自己的新教会,它们被统称为"新教"。

1531 年,新教徒和支持宗教改革的诸侯们组织了一个斯玛卡德同盟,而反对改革的保守派诸侯们则组织了一个纽伦堡同盟,双方展开了斗争。但是到了 1536 年,德意志的一些保守派诸侯也纷纷倒向新教,纽伦堡同盟瓦解。1546 年,反对宗教改革的神圣罗马帝国皇帝查理五世为了维护罗马教廷的权威和天主教的统治地位,决定动用军队来打击新教。但是查理五世的军队被信仰新教的诸侯联盟的军队打败,因此不得不承认了新教的合法地位,并于 1555 年签订了《奥格斯堡和约》。和约确定了"教随国定"的原则,承认各诸侯拥有决定其臣民宗教信仰的权力。

然而,进入 17 世纪以后德意志的宗教争端再度激化,神圣罗马帝国皇帝为了争取得到天主教诸侯的支持以加强皇权,再次对新教进行限制,结果造成德意志境内再次形成了对立的"天主教同盟"与"新教同盟"。神圣罗马帝国皇帝对新教的打压,终于导致"新教同盟"与"天主教同盟"之间再次爆发了激烈的战争。

战争的发展超出了德意志的范围,北欧的丹麦、瑞典等新教国家不愿意看到天主教势力出现在新教控制的德意志北部,也加入战争支持"新教同盟"。于是战争进一步发展成为了一场整个欧洲范围的新教国家与天主教国家之间的大战。英国、荷兰等新教国家纷纷加入战争支持新教同盟,而西班牙、波兰等国则支持以神圣罗马帝国为首的天主教同盟。

战争再进一步发展,最后又演变成了欧洲争霸战争,法国本是天主教国家,但是它不愿意看到神圣罗马帝国皇权的加强,担心它成为一个中央集权的强大国家,危及自己的欧洲霸权。因此在这场漫长的战争的后期,法国也加入了新教国家同盟,从而致使神圣罗马帝国最终战败。战争从 1618 年开始,历经 30 年,到

1648 年,法国和瑞典的联军攻入巴伐利亚,德皇被迫求和,战争结束后签订了《威斯特伐利亚和约》。

这场战争对德意志历史的发展产生了重大影响。根据《威斯特伐利亚和约》的规定,德意志失去了大片的领地,重要的河流入海口被瑞典控制,而法国则获得了阿尔萨斯和洛林等德意志西南大片地区,阿尔萨斯和洛林从此成了德法两国之间世代相争之地。和约还要求德皇承认德意志诸侯在他们领地内拥有独立的施政、外交、自由结盟、宣战、媾和等权力。这等于用法律形式确保了帝国的分裂状态,致使皇权更削弱,德皇从此只不过是一个拥有自己世袭领地的大诸侯。三十年宗教战争还给德意志带来了毁灭性的破坏,这里到处都遭到了最没有纪律的暴兵的践踏。战争期间德意志有 5/6 的乡村被摧毁,人口减少了 1/3 以上,工商业衰退,农民变得一无所有,在饥饿和死亡线上挣扎。

17 世纪正是新航线开辟后,欧洲商品经济高速发展的时期,城市日趋繁荣,许多国家因加强中央集权而迅速崛起成为统一强大的民族国家,德意志却因宗教战争陷入了崩溃,国家更加分裂。据统计,三十年战争后,德意志分裂为 314 个邦和 1475 个骑士庄园领,也就是说,在德意志满目疮痍的土地上,总共有 1789 个独立政权同时存在。分裂阻碍了经济的发展,工商业凋敝,经济落后,德意志更加衰弱。然而,就在这种令人绝望的情况下,一个偏远小邦却悄然崛起,并最终成为德意志统一强大的中坚力量,它就是普鲁士。

普鲁士位于德意志东北部波罗的海沿岸,原来并不属于德意志。13 世纪十字军东征时期,从中东回来的德意志条顿骑士团在普鲁士地区发动了近 200 年的东征战争,征服了普鲁士人居住的地区,并迫使他们信奉基督教,使用德语,从而使那里逐渐德意志化,在那里建立了一个德意志国家。但是,15 世纪条顿骑士团被波兰立陶宛联邦打败,被迫割让了普鲁士西部,条顿骑士团保留了普鲁士余下的领土,但成了波兰的附属国。

1512 年,来自勃兰登堡的阿尔伯特当选为骑士团的总团长,1525 年,他宣布改信路德新教,从而中断了与罗马教皇名义上的联系。随后他宣布将条顿骑士团世俗化,改为普鲁士公国。阿尔伯特自任普鲁士公爵,成为臣服于波兰王国的世俗封建君主。阿尔伯特死后由他儿子阿尔伯特·腓特烈继位。1618 年,阿尔伯特·腓特烈死后无男嗣,因此由其长女之夫——勃兰登堡选帝侯约翰·西吉斯蒙德继承了普鲁士的王位,从而把这两个地方结合成为了一体,建立起了勃兰登堡—普鲁士公国。此举为后来的普鲁士王国奠定了基础。

1640 年,腓特烈·威廉继承了勃兰登堡选帝侯位,从而成为勃兰登堡—普鲁士公国的大公。这是一位具有雄才大略的年轻君主,被后世称为"大选侯"。初登王位时,他面对的是三十年战争造成的断垣残壁和贵族领主的分离势力,同时还面临着外部强权国家的威胁。为了打破这种局面,他决心建立起一支听命于自己的具有战斗力的常备军,以加强中央集权。为此,他建立了一个稳定的官僚系统,委派官员管理城市的行政事务,还增设税务专员负责城市的税收工作。在农村,他派官员设立行政公署,对广大农村地区履行税收职能。这些官员逐步形成了一个官僚集团。

为了取得封建贵族和容克(容克原指贵族子弟,后泛指贵族)的支持,腓特烈·威廉与贵族容克达成了勃兰登堡《议会协定》,协定承认贵族容克对农奴有专门的特权。作为交换条件,容克必须同意建立一支以选帝侯为最高统帅的常备军,并允许为维持常备军而增加税收。这项协定是选帝侯与容克之间的一种妥协,使容克在政治和经济上的地位得以巩固,加之规定只有容克出身的人,才有权担任常备军军官,因此容克在军事方面具有了决定性的影响,成了勃兰登堡选帝侯实行统治的主要支柱。官僚集团加军官集团,构成了勃兰登堡—普鲁士公国加强中央集权,建立君主专制体制的基础。利用这支以容克为支柱的常备军和成功的外交手段,腓特烈·威廉不断扩张自己的势力。1660年,腓特烈·威廉利用参加瑞典与波兰的战争,取消了波兰对普鲁士的宗主权。

在经济上,腓特烈·威廉推行重商主义政策。世界贸易向大西洋和北海的扩展,使德意志这个连接东欧与西欧以及地中海与北海之间的陆上贸易通道的商业也开始繁忙,而勃兰登堡则是必经之地。腓特烈·威廉利用这种地理位置发展商业,促进经济的发展。

另外,给经济带来巨大裨益的一项重大举措是接收了大批新教徒移民,三十年宗教战争新教联盟的胜利,使勃兰登堡—普鲁士公国成了欧洲遭受天主教国家宗教迫害的新教徒的避难所。1685年,腓特烈·威廉颁布《波茨坦敕令》,准许被法国驱赶的2万多名胡格诺派新教徒居留避难。这批新教徒大部分都是有资本、有实力、有技术的人,他们把极有价值的生产经验和金融资本从经济上远为发达的法国带到了勃兰登堡,在此开办各种工场和企业。此外,其他欧洲天主教国家的新教徒也大批前来避难,这些移民极大地促进了经济发展,使国家的收入在30年内增加了七倍。

1688年,腓特烈·威廉去世,他给继位的儿子腓特烈三世留下了一个虽然领地分散,但却初具规模的国家,和一支强大的军队,其军事实力已不亚于欧洲其他强国。

1701 年，在欧洲的西班牙王位继承战争中，腓特烈三世以出兵支持奥地利神圣罗马帝国皇帝对法国宣战为条件，取得了皇帝把他的封号由选帝侯提升为国王，从而使勃兰登堡—普鲁士公国成了普鲁士王国。1 月 18 日，腓特烈三世在柯尼斯堡加冕为普鲁士国王，史称普王腓特烈一世，并由此开始了普鲁士王国 200多年的发展历史。1713 年，普王腓特烈一世去世，儿子腓特烈·威廉继位，是为普王腓特烈·威廉一世。

普王腓特烈·威廉一世致力于加强绝对君主制，并实现极端的军国主义政策，把全体居民的生活都纳入到军事化的形式中。他把全部身心都用在了加强军队的工作中，事必躬亲，经常提着棍棒亲自训练士兵，因此被称为"士兵王"。为了维持军队的开支，他执政后立即削减了王室经费的 3/4，用于军队建设。但是除了军队外，他对钱财却极为吝啬。他生活简朴，也舍不得在经济和文化建设上花钱，他父亲的加冕典礼用了 500 万个银币，而他的加冕典礼仅用了 2000 多个银币，因此他也被人们称为"乞丐国王"。

普鲁士原来是采用募兵制，使用雇佣军。腓特烈·威廉一世的雇佣军大多是靠买或者强抓来补充的，这种强制做法遭到德意志各邦的反对，因此腓特烈·威廉一世也开始学习一些欧洲强国的做法，采取使用义务兵的征兵制。1733 年，腓特烈·威廉一世发表了"征兵区条例"。条例规定了每一个农民和城市市民都有服兵役的义务，并为每一个兵团规定了一定的征兵区域，此后每个兵团都可以从自己的征兵区域补充兵员。条例仍然保留了贵族容克在军队中担任军官的权力，因此除了继承土地的贵族长子以外，其余的容克子弟几乎都参加了军队。腓特烈·威廉一世还创办了贵族士官学校，专门为军队培养富有自信心的军官。国家的财政收入也大都用在了军队方面，在腓特烈·威廉一世统治末期，国家财政收入增加到约 700 万塔勒，而其中 600 万塔勒花费在了军队上，普鲁士军队的人数也从 3.8 万增加到了 8.3 万。1740 年，腓特烈·威廉一世去世，他给继位的儿子腓特烈二世留下了一支训练有素的战斗力堪称欧洲之冠的强大军队，整个国家的生活也都纳入了军国主义轨道。

腓特烈二世被称为"腓特烈大王"，以骁勇善战著称，被誉为军事天才。他是在父亲严格而强硬的军事化教育下长大，还曾跟随当时的欧洲第一名将欧根亲王见习军事，在参加波兰王位继承战争时，他在战场上的冷静表现曾获得欧根亲王的盛赞。因此对于战争他并不陌生。他奉行"强权即公理"的准则，即位 7 个月之后就发动了对奥地利（即神圣罗马帝国）的战争，夺取了奥地利最富饶的省份西里西亚。在这次战争中腓特烈二世初次亲自领军，充分展现了他的军事才华。通过这场战争普鲁士不仅取得了西里西亚的巨额财富和众多人口,而且使普鲁士在德意志内部的地位大大加强。这场战争是普鲁士对德意志帝国皇帝的第一次军事挑战,战争的结果在德意志内部造成了普鲁士与奥地利两强争霸的局面。

其实腓特烈二世青少年时代爱好艺术,他擅长吹笛,而且善于作曲。当时在欧洲发生的启蒙运动对他的思想影响也很大,他与法国著名启蒙运动思想家伏尔泰也有过交往和书信往来。他称自己为"国家第一公仆",因此他也被认为是一位"开明君主"。在内政上,他推出了许多改革,内容包括农业、教育、法律、军事等各个方面。他强调在法律面前人人平等,并废除了酷刑和刑讯逼供。他建立了廉洁高效的公务员制度,并兴建了数以百计的学校。他曾希望彻底废除农奴制,但是在贵族地主的强烈反对下没有能实现。

西里西亚战争以后,腓特烈二世进行了军事改革。为了扩充军队,他把征兵范围从普鲁士扩展到了德意志各邦。作为当时德意志各邦中最强的军队,许多有抱负的外邦青年也被吸引到普军来服役,这种征兵方式加强了普鲁士与德意志各邦的内部联系。腓特烈二世要求军队具有铁的纪律,把严明军纪上升到军魂的高度。他培养军官的军人荣誉感,要求他们具有忠诚和服从精神,并通过他们和严厉的军法来控制军队。普军是当时欧洲效率最高的军队,被认为是最好的军队范例,受到各国的纷纷仿效。腓特烈二世在军事艺术上的最大特点是惯于以出敌不意的进攻开始作战行动,大胆实施机动,力图各个击破。

奥地利为夺回西里西亚,与强大的法国和俄罗斯结成了联盟。腓特烈二世为与之抗衡选择了与法国的宿敌——英国结成联盟。由此导致了一场波及欧洲大陆的"七年战争"(1756 年—1763 年),在这场旷日持久的欧洲战争中,腓特烈二世的国家和军队都经受住了严峻的考验。面对奥、俄、法三大欧洲强国组成的联盟,普鲁士虽然与英国结成了联盟,但是在大陆上,普鲁士几乎是单独作战。经过七年的艰苦战争,普鲁士抵抗住了三强的进攻,最终,在俄国退出战争后,普鲁士打败了奥法联军,取得了战争的胜利,保住了富饶的西里西亚,从而使普鲁士的国际威望大增。

"七年战争"以后,腓特烈二世采取了一系列措施来恢复和加强国力,包括发展经济和军事工业,并大力兴办教育。政府鼓励军工厂的发展,并给予补贴和免税。在政府的扶持下,普鲁士军工产品不仅数量大增,武器的性能也有了极大地提高。1763 年,腓特烈二世颁布《学校法规》,强制 5—14 岁的儿童必须上学,实行义务教育,并任命老兵为校长,对学生进行准军事训练。当然这也是为军队建设服务。到 1780 年,普鲁士军队人数已扩充到 24 万,平均每 32 个居民中就有一个士兵。

1789 年法国大革命爆发,欧洲各国君主对法国的革命极为恐惧,他们组成了反法同盟对法国革命进行武装干涉,普鲁士也成为其中的急先锋,积极参与反法战争。1799 年,拿破仑取得了法国的领导权,为反对外国武装干涉,他带领法国军队发动了一场更大规模的,涤荡整个欧洲的反干涉、反封建的资产阶级革命战争。拿破仑打败了反法同盟,一度占领了大半个欧洲,并在那里推行资本主义制度。

拿破仑战争对于德意志的影响是双面的,一方面,拿破仑对德意志的占领、掠夺和镇压,激起了德意志人民的民族反抗意识。另一方面,他也为德意志带来了革命性的巨变。拿破仑按照法国资产阶级大革命的模式,在德意志强制推行了一系列改革:取消神圣罗马帝国皇帝的帝位,取消教会和贵族的特权,废除农奴制,解除农民对封建领主的义务,革除古老的典章制度,取消行会法规。虽然因为忙于战争,时间较短,拿破仑的资产阶级改革没能最终完成,但是,此举已经对德意志的未来发展产生了深远的影响,正是由于拿破仑猛烈的扫除了封建割据势力,扶持起正在成长的资本主义生产关系和资本主义制度,才使德意志拥有了真正意义上的现代工业,也使德意志的民族资产阶级得到了发展,现代资本主义政治制度得以建立。

1807 年 7 月,战败的普鲁士被迫与拿破仑的法国签订了《提尔西特和约》。根据和约,普鲁士被割去了土地 16 万平方公里,几乎占普鲁士国土的一半,并赔款 1.3 亿法郎。和约签订后,面对亡国之灾,一些普鲁士的资产阶级自由派和民族主义者开始大声疾呼对旧有的封建秩序进行改革,以拯救普鲁士和德意志。

1807 年 9 月,普王腓特烈·威廉三世任命改革派政治家施泰因担任政府首席大臣,开始实行对普鲁士历史具有重大意义的改革。10 月,颁布了解放农奴的《十月敕令》,宣布取消农民的人身依附关系,农民可以自由获得土地或离开土地,可以自由选择职业和结婚。这项立法非常关键,它把原来的封建地产制转变为资本主义自由地产制,直接引发了普鲁士社会经济结构和社会性质的转变。次年 11 月颁布了《城市法规》,规定城市自治,建立市议会和市政府,使城市获得了完全的财政管理权。在国家层面则宣布设立国务院,下设内政、财政、司法、外交、军事等五个部。在经济方面颁布了新关税法,废除了普鲁士王国境内所有关卡和关税,实行对外关税统一。普鲁士从此摆脱了内部重重关税的束缚,一个统一的国内市场开始形成。军事改革的主要目的是提高士兵的地位,以激发普鲁士人民的爱国意识和民族精神,内容包括革新军官团和废除贵族特权,实行义务兵役制。

1812 年,野心膨胀的拿破仑在征服俄罗斯的战争中惨败,由此导致了拿破仑帝国的崩盘。1813 年 3 月 16 日,普鲁士再次加入欧洲反法同盟,正式对法国宣战。普王腓特烈·威廉三世发表《致人民公告》,呼吁人民参加战斗。普鲁士人民爱国热情高涨,如潮水般应征入伍,拿起武器,投入反法战争。10 月 24 日,以普、奥、俄为主的反法联军在莱比锡大败法国军队,拿破仑被迫向本土溃退。反法联军大举进攻法国本土,并于 1814 年 3 月进入首都巴黎,复辟了法国被推翻的波旁封建王朝,路易十八在反法联盟的扶持下登上王位。

被流放到厄尔巴岛的拿破仑不甘心失败,于 1815 年 2 月率领 1050 人偷渡回国,他得到了痛恨波旁王朝复辟的法国各地城乡居民的热烈支持,波旁王朝的军队也倒戈相迎。路易十八和王室慌忙逃往比利时,拿破仑恢复帝位,重掌朝政。腓特烈·威廉三世闻信急忙派普军再次进军法国,1815 年 6 月,以普鲁士和英国为主的反法联军在著名的滑铁卢战役中再次大败拿破仑,拿破仑的帝国梦想彻底破灭。普军在反法战争的突出表现极大地提高了普鲁士在德意志民族中的地位,但是战后的德意志依然是一个由 38 个小邦组成的松散联邦,普鲁士和奥地利两强争霸的局面也仍未改变。

19 世纪的欧洲已经发生了巨大的变化,英国的工业革命已经发生。在法国社会大革命和英国工业革命的推动下,德意志也开始进入现代工业发展的新时代。19 世纪 20 年代,德意志的传统工场手工业开始向大机器生产过渡。1816 年,在不莱梅建成了第一艘蒸汽动力船。30 年代,萨克森的纺织业开始进入机器化生产。1835 年,巴伐利亚首次建成了德意志境内的第一条铁路,从此在德意志兴起了修建铁路的热潮。到 50、60 年代,德意志已实现了从农业国向工业国的转变。到 1870 年,德意志联邦的煤产量达到 3400 万吨,生铁产量达到 139 万吨,铁路全长达到 2 万公里以上,超过了英法两国的铁路里程。德意志的工业化过程正好赶上第二次工业革命,因此它起点更高,因为大量采用了新式机器,它的发展也更快。到 60 年代,德意志的工业实力已接近法国。到 70 年代,德意志的机器制造业已经超过英国,位居欧洲之冠。

工业的飞速发展使德意志各邦的利益产生了越来越多的联系,但是遍布德意志境内各邦之间的关税和地区边界线,束缚了经济发展,它使交通和物流异常困难。因此德意志的统一也变得越来越重要。

早在 1819 年,来自符腾堡的年轻经济学家弗里德里希·李斯特就明确提出了建立关税同盟的建议。他认为:只有废除全德意志的内部关税,建立一个全联盟的统一税制,才能有利于民族工业和贸易的发展。他的建议遭到了以奥地利首相梅特涅为首的保守势力的反对,但是却得到了普鲁士的支持。普鲁士率先建立起了一个关税同盟,此后,周围的各邦纷纷加入。到 1834 年 1 月 1 日,"德意志关税同盟"正式宣告成立,它包括了德意志 18 个邦、2300 万人口和占德意志全部领土 3/4 的土地。关税同盟的成立不仅促进了各国的商品流通和工业发展,而且推动了德意志进一步走向统一。同时,也使普鲁士在德意志诸邦中的领导地位得到提高,在与奥地利的领导权竞争中赢得了主动。

铁路的高速发展也为德意志的统一创造了条件,它穿越了德意志各邦的边界,不仅把东部的农业区与西部的钢铁工业区紧密的连接了起来,而且还伸向了北海沿岸和南部山区。它不仅方便了人们的交通和物流,而且改变了人们的生活习俗,促使各地区之间逐渐形成了共同的经济生活,以及共同语言和共同文化,从而为德意志的政治统一奠定了基础。当时就有诗人把铁路称为"德意志统一的结婚绶带"。

1862 年,俾斯麦出任普鲁士首相。这是一位才能非凡的政治家,他认定德意志的统一已经无法阻挡,而实现德国统一的道路只有一条,那就是:"通过剑,由一个邦支配其他各邦。"他在议会的演讲中声称:"当代的重大问题不是通过演说和多数派的决议就能解决,而是要用铁和血来解决。"①因此俾斯麦也被称为"铁血宰相"。

俾斯麦出身容克贵族,在政治上是属于保守的宫廷党,所以无论是他本人还是任命他的国王威廉一世,都得不到资产阶级自由派占优势的议会的信任,议会否决了政府对军事改革所要求的全部拨款。在承受着国内反对派极大压力的情况下,俾斯麦决心用战争来提高威望,凝聚人心,用德意志的统一大业来争取支持,抗衡自由派的反对。不久,德意志与丹麦的领土纠纷给予了俾斯麦发动战争的机会。

在德意志北部和丹麦之间有两个小公国——石勒苏益格和霍尔斯坦,霍尔斯坦的居民基本都是德意志人,而石勒苏益格的南部是德意志人,北部是丹麦人。因此,1863 年 11 月,丹麦议会通过新宪法,推进合并石勒苏益格的计划,但是引起了德意志民族主义者的不满。俾斯麦以此为借口,联合奥地利,在德意志联邦议会上通过了一个决议——派遣军队进入霍尔斯坦。1864 年 1 月,普、奥两国向丹麦发出最后通牒,要求丹麦取消新宪法,遭到丹麦拒绝。于是,战争于 2 月正式爆发。普奥联军攻入丹麦,占领了日德兰半岛,迫使丹麦求和。10 月 30 日,交战双方签订了《维也纳和约》,规定由普奥两国共同管理石勒苏益格和霍尔斯坦。然

---

① 《奥托·冯·俾斯麦》,载百度百科:http://baike.baidu.com,2016 年 7 月 24 日访问。

而,这就为俾斯麦阴谋发动下一场战争留下了机会。

在两国共管的情况下,由于地理原因,普鲁士毗邻这两个公国,所以获益更多。因此奥地利提出,以放弃在这两个公国的统治权来换回西里西亚,但遭到俾斯麦的拒绝。于是双方又签订了加斯泰因协议,取消共管,改由奥地利管理霍尔斯坦,普鲁士管理石勒苏益格。在这种情况下,由于奥地利前往霍尔斯坦需要通过普鲁士等邦国,而普鲁士前往石勒苏益格也需要通过奥地利管辖的霍尔斯坦,从而为俾斯麦制造领土纠纷、发动对奥地利的战争提供了借口。

为了打败奥地利,取得由普鲁士统一德意志的主导权,俾斯麦进行了充分的外交努力。利用法、俄两大强国与奥地利的矛盾,取得了他们的支持。又和与奥地利有领土纠纷的意大利结成联盟。在完成了这些外交工作以后,俾斯麦向奥地利提出,将霍尔斯坦也交普鲁士管辖。奥地利则提议将这两个公国的前途交德意志联邦议会决定,以造成普鲁士与整个联邦为敌。俾斯麦借口奥地利破坏了加斯泰因协议,于1866年6月7日,将军队开进了霍尔斯坦。奥地利随即宣布与普鲁士断绝了外交关系,同时在德意志联邦议会上提议由联邦共同进行反对普鲁士的战争。6月14日,联邦议会通过了奥地利的建议。普鲁士则以联邦议会越权为由,宣布解散联邦。

6月15日,普奥战争正式爆发。普鲁士军队首先攻入了支持奥地利的萨克森、汉诺威、黑森等邦国,几乎在一个星期内就征服了整个德意志中部。与此同时,意大利为夺回被奥地利占领的威尼斯,也从南面发动了对奥地利的战争。7月3日,普鲁士军队在萨多瓦战役中取得了对奥地利的决定性胜利。战后,俾斯麦施展了极为灵活的政治手腕,签订了一个对奥地利较为宽容的和约,因为他看到了来自欧洲强国干涉的危险,特别是强邻法国的战争威胁,所以有必要与奥地利修复关系。而战后建立起的以普鲁士为主导的北德意志联邦,则标志着曾经由普奥共同主导德意志的时代已经结束。

法国与德意志神圣罗马帝国的争霸已经延续了几个世纪。削弱德意志帝国,维持德意志的分裂是法国的既定国策。在普奥战争前,俾斯麦为取得法国的支持,表示愿把卢森堡和莱茵河区让给法国,加之奥地利一直是德意志帝国的宗主,实力最强,是法国更希望打击的对象,所以法国在这场战争中支持了普鲁士打击奥地利。但是战争还未结束,为了防止普鲁士统一德意志,法国就出面干涉,调解双方停火。战后,由于法国的干涉,南德的四个邦也被阻挡在北德意志联邦之外。时任法国皇帝拿破仑三世甚至宣称:"德意志应划分为三块,永远不得统一。"如果把南德意志诸邦拉进北德意志联邦,那么法国的"大炮就会自动地发射"。俾斯麦也知道与法国的战争肯定会到来,他开始积极准备战争,因为要想完成德国的统一,就必须打败法国。1868年,俾斯麦通过外交努力,与俄国缔结了一项互助条约,规定两国中的任何一国如在战争中受到威胁,将互相给予支持。这无疑给普鲁士增添一个强大的后盾。此时,对俾斯麦来说,缺少的只是一个与法国开战的机会。

1870年,西班牙因为女王下台,需要重新选举国王。而普王威廉一世家族中的莱奥波德亲王是有资格的王位候选人之一,因此受到西班牙的敦请参加王位竞选。但是法国却坚决不同意这位亲王参选,担心西班牙与北德联合后,将会使法国腹背受敌。普王威廉一世慑于法国的战争威胁,在同法国驻普大使的会谈中答应劝说亲王放弃竞选,并且把此事电告当时在柏林的俾斯麦。然而,俾斯麦却有心挑起战争,他在与军方商议后,把电文稍加修改,使电文带有轻辱法国的语气,结果电文在报纸上一发表,立即在巴黎引起了愤怒。1870年7月19日,法国正式对普鲁士宣战,俾斯麦所期望的机会终于到来。狂妄自大的拿破仑三世战前吹嘘说,这只是到柏林的一次"军事散步",然而,等待他的却是一场灭顶之灾。

7月底,当拿破仑三世调集起22万大军赶到边境集结时,普鲁士装备精良的47万大军已在那里等待。8月2日,法军在萨尔布吕肯向普军首先发动进攻,但遭到普军的迎头痛击,到8月4日,普军已击溃法军,转入了反攻。与此同时,法军在其他各战场也相继失利,被迫退回境内转入防御。到8月中旬,法军已被普军一分为二,由巴赞元帅率领的莱茵军团被普军包围在麦茨要塞;而由拿破仑三世和麦克马洪元帅率领的另12万余人也被迫退守色当。9月1日,普军切断了色当法军的退路,并完成了对色当法军的包围。色当法军在数次突围失败后,9月2日,拿破仑三世率8.3万法军向普军投降。9月4日,巴黎爆发革命,法国人民废黜了拿破仑三世,推翻了法兰西第二帝国,建立起了共和制的临时国防政府。

色当战役后普鲁士军队继续长驱直入,占领了法国整个东北部,并继续向巴黎推进。革命后的巴黎人民立即武装了起来,准备反击普鲁士的入侵。但临时国防政府决定向普鲁士妥协并进行和谈,在满足了普鲁士的苛刻条件后,双方在凡尔赛签订了合约。合约规定:法国赔款50亿法郎;割让阿尔萨斯省全部和洛林省部分。普法战争的胜利,使德意志统一的外部障碍从此被清除,1870年11月,南德四邦与北德意志联邦合并成立了"德意志帝国"。至此,除奥地利之外的德意志统一大业终于完成。1871年1月18日,在法国凡尔赛宫72米长的镜厅前,普王威廉一世加冕成为了德意志帝国皇帝。铁血宰相俾斯麦正式宣告:新的德意志帝国成立了。

三十五　日本的起源与崛起

　　日本列岛与英伦诸岛非常相似,孤悬海外,与世隔绝。它们一个在亚欧大陆的东面,一个在亚欧大陆的西面。孤立而偏僻的地理位置,使它们的文明发展在古代历史上曾经长期处于落后状态。好在它们与大陆相离得也并不太遥远,而且这种地理位置也使他们既能吸收到来自大陆的先进文明,又能避免来自大陆的入侵祸害。

　　相比英国来说,日本更加与世隔绝:日本列岛距离亚洲大陆185公里,而英国距欧洲大陆只有34公里。这道天然的防御屏障使日本比英国更难于遭受外来的入侵,因此,日本在历史上从未被外族侵占过。也因此,日本古代的城市极少修建作为防御设施的城墙。而在与它一海之隔的东亚大陆上的中国,不仅早在距今6000多年前的远古时期就开始为城市修建城墙,而且为防止北方蛮族的入侵,早在公元前一千纪的西周时期就开始修建长城,在有历史记录的数千年里,北方蛮族对中国发动过的入侵数以千计。

　　虽然文明发展起步较晚,但是进入中世纪以后,英国和日本都加快了从大陆吸收先进文化,而到了近代,英国成为西方最早进入工业化的国家,日本则成为东方最早进入工业化的国家。这两个偏僻的岛国都是后来居上,这并不仅仅出于偶然,相似的地理条件是其中的重要因素。

　　在远古时期,日本列岛与东亚大陆曾经是相连的,原始人类那时可以通过陆路往来于两地。在距今1万多年前的地球最后一次冰河期结束后,由于海平面的上升,日本列岛与大陆被海洋隔开,形成了孤立状态。但是那时日本已经进入了新石器时代,并已经出现陶器,由于当时的陶器上具有绳纹,因此称为绳纹文化时代。当时还是母系氏族社会,人们以母系血缘相维系,共同居住在山洞里,集体从事采集、狩猎、捕捞等活动。后来在沿海的一些地区开始出现半竖穴上围盖草木式的居所(可能是渡海而来的大陆人所建),这种居所群落逐渐发展到距海岸较远的腹地。绳纹文化后期可能已经出现原始的种植,但始终没有出现农耕和畜牧,当时能饲养的唯一家畜是狗,人们的生活主要依靠的仍然是渔猎和采集。

因为日本文明起步较晚,直到公元5世纪才开始使用汉字,而此前日本没有文字,所以有关日本的早期历史记载只能在中国古籍中找到。据中国最早的地理古籍《山海经》记载:"倭属燕",燕是中国周朝的一个封国,倭即日本,这说明远在周朝(公元前11世纪~公元前3世纪),中国就与日本有了某种联系。

公元前3世纪后叶,日本进入弥生文化时代(公元前3世纪~公元3世纪),这一名称是以出现弥生式陶器而命名。也就是在这一时期,水稻种植和铁制工具开始在九州岛出现,并逐渐向日本列岛传播。一些原始的村落开始形成,并逐渐发展成为部落和小国家,日本开始进入农业社会。这一重大发展与大陆移民的大量迁入有关,这一时期正值中国的战国后期,秦灭六国,战败的六国贵族和人民为避难而纷纷逃亡,大批的六国难民或渡海或经朝鲜半岛来到日本。另据中国史书记载,公元前221年秦始皇统一中国后,曾派东海人徐福带领3000童男童女,以及武士和百工,携带五谷百种,渡海前来开发日本列岛。但是不久后秦朝灭亡,徐福也一去不返,后来有人报告汉朝皇帝,徐福已经在日本自立为王。现代的历史研究者认为,正是徐福的东渡促成了日本弥生文化的诞生,在那之前日本还只是一片蛮荒,没有农耕。徐福为日本带来了农耕技术和医药知识,因此,徐福也被日本人奉为"农神"和"医神"。现在在日本新宫还有徐福墓,墓中还有记载有1071个字的墓碑,而有关徐福的遗迹在日本还有50多处。也有历史研究者认为,徐福的后裔即后来的日本天皇家族。

弥生时代的生产工具仍然主要是石镐、石镰、木镐、木制杵臼之类的石器和木器,但已经有了用于制作木器的铁制工具,如刀、斧、刨等。这些铁制工具都是来自大陆,而不是在日本列岛生产的。青铜器也都是从大陆输入的刀、剑、戟之类,这些输入的青铜器都被溶毁,用来制作用于祭祀和典礼的器具。陶器仍然是最重要的生活用具,而且种类更加繁多了。土地属于氏族公社共有,收获的粮食储藏在氏族公社共有的仓库里。因为农耕比渔猎采集的生产效率高得多,产品已经有了剩余,因此,在氏族内部开始有了分工,有专门制作陶器的人、制作木器的人、制作金属器具的人,还有管理公共事务的人。社会也有了地位贵贱和贫富的分化,氏族里的族长、祭司、军事指挥者和管理公共事务的人被称为氏上、大人,他们拥有更高的地位并且拥有更多的财产。而一般的下户则被称为"氏人"。后来逐渐开始出现家族,这种家族是以家长和妻子带领家长的兄弟姊妹、父母伯叔,以及他们的子女组成的联合大家庭,氏族把公有土地适当地分配给这样的家族分别耕种。氏族与氏族之间经常会为了农耕土地发生激烈的争斗,甚至发生部落间的战争。强大的氏族部落会对弱小的氏族部落发动征服战争,征服者一般仍然会让被征服的氏族居住在原地,继续过原来的氏族生活,但必须交纳贡物,并被要求派人参加一定的劳役和兵役。

公元1世纪的中国史书《汉书》中记载:"夫乐浪,海中有倭人,分为百余国,以岁时来献见"。① 乐浪是当时中国汉朝设在朝鲜半岛北部的一个郡,倭人即日本人,"百余国"应为日本列岛上的众多氏族部落国家。当时他们每年都派使者前往汉朝乐浪郡的官衙敬献方物和拜见郡守,通过这些经济和文化往来,吸收先进文化。公元57年,倭"奴国"派使者远赴汉朝的首都洛阳,朝觐汉朝皇帝,要求臣属于汉朝。汉朝皇帝对倭奴国王给予了册封,并授予他刻有"汉委奴国王"的金印(此金印于江户时期在福冈县志贺岛发现)。"倭奴国"的国王希望借助这种臣属关系更好地吸收中国的先进文化,并借此提高自己在众倭国中的地位和权力。

公元2世纪,据中国史书记述"倭国大乱",经过这些战乱,到公元3世纪前半叶,出现了一个叫邪马台的强国。据《魏志·倭人传》记载,邪马台国是统治28个倭国的大国,原先由男王统治,后推举一名叫卑弥呼的妇女为王。女王系独身,不抛头露面,常用"鬼道"收买人心(显然是巫师或祭司),政务由其弟管理。邪马台国是由多个氏族部落组成的联盟政权,还没有建立世袭王权制度,王位的继承通常是按氏族社会的原始民主方法,由各部族长协商推举产生。

公元239年,邪马台国女王卑弥呼向当时据有中国北方和朝鲜半岛的魏国(这时中国因汉朝的崩溃而分裂进入了魏、蜀、吴三国时代)派出使臣,向魏国皇帝敬献贡物并请求册封。魏国皇帝赐给了"亲魏倭王"的称号和金印,以及丝绸、黄金、大刀、铜镜等物。利用中国皇帝的势力加强自己的王权,以取得对周围各部的权势,这是日本国家形成过程中的重要特点。邪马台国后来在与其他倭国交战时得到了魏国的援助。邪马台国原来在北九州,后东征到中部的大和地区建立了大和政权。到公元4世纪,大和国兼并了周边众多的小国,基本统一了日本中部,日本进入了大和时代(也称古坟文化时代,因发现这一时期建造的许多大型古坟而得名)。

因为汉朝的崩溃,公元3世纪以后中国陷入了长期的分裂和战乱,自此以后,又有大批的中国民众渡海来到日本列岛避难。据中国史书记载,中国汉朝最后一位皇帝汉献帝(公元220年被迫禅位给魏王曹丕)的玄孙刘阿知,为避祸乱,也率

———————
① 班固:《汉书》,卷二十八下,地理志第八下。

领其族人及昔日的皇亲国戚两千余人,于公元289年渡海来到日本。刘阿知到达日本后,因其显赫的出身和地位,受到倭奴国王的器重,被赐号东汉使主,并赐其定居于大和国高市郡(今日本奈良县桧前村)。此后刘阿知又奏请倭奴国王,派遣使者前往朝鲜半岛的高句丽、新罗、百济等地,将流落等地的许多同乡族人招至倭奴国。并派人前往中国吴地,求得兄媛、弟媛、吴织、穴织等四个技术高超的纺织工匠前来日本。刘氏的移居日本,为日本带来了大量的中国先进技术和文化,为日本的文明发展做出了巨大贡献。刘氏一族后来在日本也发展得枝繁叶茂,其族人繁衍出众多的姓氏分支,分别有大藏氏、坂上氏、原田氏、高桥氏、丹波氏、多纪氏、金保氏、秋月氏、波多江氏、原氏、三原氏、小金丸氏、平野氏等等数十个姓氏,遍布于日本各地。在今天日本的奈良县桧前村和冈山县仓敷市妙见山顶,现在仍有"阿知宫",它们是刘氏后人祭祀阿知王的场所。

公元4世纪,中国陷入大乱,北方蛮族五胡乱华,在中国北方先后建立了近20个割据政权(南方仍为较统一的汉族政权),把中国搞得四分五裂。这时朝鲜半岛也分裂成高句丽、新罗、百济以及秦韩、慕韩、任那等许多国家,而中国对朝鲜半岛也已经失去了控制。在这种群龙无首的情况下,大和国也开始向朝鲜半岛伸张势力。他们侵入朝鲜半岛南部,在任那建了一个殖民地,并以此为据点四处劫掠。

自公元1世纪倭奴国与中国皇帝建立臣属关系以来,历代日本国王都遵循这一传统,以取得中国皇帝的保护,加强自己的势力。大和国王也不例外,他努力与中国皇帝建立君臣关系,并企图借助中国皇帝的权威,在朝鲜半岛扩张势力。据中国史书记载,公元421年,倭王赞派遣使者赴中国南朝宋国(中国南方的汉族政权),取得了南朝宋国皇帝的册封。公元430年,倭王珍也遣使赴南朝宋国,提出要求得到"使持节都督倭、百济、新罗、任那、秦韩、慕韩六国军事,安东大将军,倭国王"的册封。请求宋帝授予他这个称号,意思是要宋帝授权给他掌管这六个国家的军事,而这些国家当时都臣属于南朝宋国。但宋帝只授予他"安东大将军倭国王"的称号,不许可他拥有百济等六国军事都督的称号。接下来的倭王济和倭王兴也曾经想得到这种军事都督的称号,但都未能如愿。再接下来的倭王武经过努力,终于得到了宋帝的许可,受封为"使持节都督倭、新罗、任那、加罗、秦韩、慕韩六国诸军事,安东大将军,倭王"的称号,但百济未包括进去。

有了这个称号,大和国乘机在朝鲜半岛大肆扩张,但遭到了朝鲜人民强烈反对,新罗开始对任那发动反攻,任那的一些地方豪族也起来反抗倭国的统治。百济也加入了反抗的行列,要求归还被占领的领土。大和政权陷入困境,不得不把任那的4个县归还给百济。后来大和政权为挽回颓势,曾几次派大军远征朝鲜,但都以失败告终。公元562年,大和政权在朝鲜的殖民据点任那也失去,日本被彻底赶出了朝鲜半岛。

通过涉足朝鲜半岛,日本正式进入了中华文化圈。从倭王赞与南朝宋国建立起臣属关系开始,日本加紧了对中华文化和物质文明的学习和引进,通过大量招请有技能的大陆和朝鲜移民来到日本,使中华文明在日本列岛得到广泛的传播。日本的采矿、冶铁、养蚕、丝绸、饲养牲畜,以及农耕技术和工具制作都有了飞跃式的进步。5世纪,日本已开始使用汉字,儒教、佛教也相继传入日本。中国儒学思想的传入,使日本人懂得了文明的道德准则,日本人学习中华圣人之道,开始知礼仪,悟人伦之道,弃禽兽之行。日本也因此逐渐渡过了野蛮阶段,开始进入文明社会。

这时,大和国的王位也开始成为世袭,但是还没有建立像中国那样的嫡长子继承制,而是在王的直系氏族中选一人继任。但是选谁为王,各部族长仍然有很大的发言权,他们都希望拥立对自己有利的人,因此王位继承充满了激烈的斗争,往往是你死我活的残酷争夺。而且朝廷里的各种职务也成了氏族世袭,有势力的氏族往往担任朝廷的重要职务。比如大伴氏和物部氏分担军事,中臣氏和忌部氏分担祭祀,苏我氏分担财政。势力较小的氏族族长则率领他的氏人分担各种物质的生产、管理和其他职务,这些职务也都成了世袭。

到公元6世纪,原始的氏族公社所有制关系开始瓦解,氏族公社中的大家族开始摆脱氏族的控制,形成经济上的独立。皇室为加强自己的势力也不断强占地方的土地,扩大自己的直辖领地,建立屯田。这种屯田,一般是把当地氏族居民编成田部,由朝廷提供农具、种子和口粮等,使之耕种。有时也从外地移来人民组成田部,有时也征集当地氏族居民用自己的农具耕种屯田。在手工业生产的各个领域,朝廷则建立了"部民"制度。朝廷把有技术的渡来人(大陆移民)和本地的专业人员编成"部",给予土地,他们一方面生产粮食自给,一方面世袭地从事专门的手工业生产,一切产品都归朝廷征用。这种"部"都按他们的专业给予名称,如制陶的叫土师部,制铁的叫锻冶部,制弓的叫弓削部,织锦的叫织锦部,养猪的叫豚养部,做厨事的叫膳部等等。这些"部"的部民之间虽然没有血缘关系,但是也被当作一个氏族来看待,他们的统领者被称为"伴造",其职位也是世袭,伴造成为氏上,部民成为氏人。此时,大和政权仍然是以模拟氏族制度来对他们进行统治。地方氏族里的贵族们也仿效皇室占有领地,称为"田庄",在田庄里耕作的人们被当做他们的部民。

入侵朝鲜的失败对大和政权造成了沉重的打击,朝廷威望一落千丈。民众和地方豪族则苦于兵役、拉夫、负担军粮以及其他军需物质的供应而不堪重负。不愿意去远征的士兵发生了逃亡和叛乱，地方豪族也在民众的支持下发动叛乱。国造磐井率领的叛乱队伍与朝廷对抗了一年三个月之久才被镇压下去。

但是，日本毕竟是个岛国，它具有海洋国家的特征——外向性，因为向内发展的空间和资源有限，所以，只要具备了一定的条件，它就会向外发展。公元600年，当大和国的形势稍有好转，它又一次发动对朝鲜的入侵，派出大军征伐新罗，但是被新罗打败。

这时，中国已经结束了近400年的分裂动乱，进入了统一的隋朝，经济和文化得到了迅速恢复和发展，社会空前繁荣。大和国为了从中国吸取先进文化和先进技术来提升国力，于607年派出了遣隋使团，远赴中国，建立交往，以学习先进技术、文化和制度。使团中有大批赴中国留学的学生和僧侣，使节是小野妹子。据中国史书《隋书》记载，在小野妹子携带的国书中使用了"日出处天子致书日没处天子"的称呼，意欲表示自己与中国皇帝有平等的地位。第二年，隋朝派出了答礼使节随同小野妹子一起前往日本，但隋朝的国书中仍然称倭国为臣属国。当隋朝使节回国时，小野妹子又一次随同他们来到中国。这一次携带的国书中使用了"东天皇敬西天皇"的文句，这是最早出现的称日本国王为"天皇"的文献，日本国王被称为"天皇"自此开始。大和政权曾先后4次派出"遣隋使团"到中国去交流学习，使团中每次都有大批的留学生和留学僧侣，这些留学人员中产生很多像高向玄理、南渊请安之类的优秀人物，他们在后来日本的大化革新中发挥了重要作用。

公元618年，唐灭隋朝，中国进入了更加繁荣的盛唐时期。世界各国对唐朝繁荣的经济和灿烂的文化仰慕不已，纷纷遣使来中国朝觐、学习和开展贸易。日本朝野上下对中华文化更加向往，不断派出使团赴唐朝学习，出现了全面学习模仿中国的热潮。

自5世纪以来，日本王室和王族不断利用屯田和屯仓来扩大自己的直辖领地，并利用部民制来加强对人民的统治。而地方贵族也仿效王族，利用庄田来扩大自己的领地，并大量占有部民。当然，这些领地都是强占氏族公社的共有土地，这样必然会造成普通民众失去土地，氏人大量沦为部民。这使人民的生活变得更加困苦，社会矛盾不断加剧。遇到灾荒时，更是饿殍遍野，盗贼四起。而王室和贵族们却把攫取来的财富用来营造宫室和寺院，全然不顾人民的死活。特别是不断进行的侵略朝鲜的战争，更是加重了人民的负担，人们怨声载道。而贵族们为了扩大自己的领地和占有更多的部民，也不断地发生争斗。在朝廷中掌握了大权的苏我氏为了扩张领地,甚至冒用天皇的名义,征用皇族和贵族的部民。这种对领地和部民的争夺导致了社会危机不断加深。这时,从中国留学回来的留学生和皇族中的一些有见识的人认识到,必须废除原始落后的氏族制度和模拟氏族制的部民制度,仿效繁荣强盛的中国唐朝的制度和法律进行改革,才能解决这些社会危机使国家强盛起来。

公元 645 年,中大兄皇子等人发动政变,杀死苏我入鹿,迫使苏我氏拥立的皇极天皇退位,拥立了孝德天皇,开始实行改革。孝德天皇重用从中国留学回来的高向玄理、南渊请安等人,仿照唐朝的政治制度进行改革,史称"大化改新"。大化改新的主要措施有:废除皇族和贵族以及地方豪族的一切领地和部民(但保留了手工业部民和贵族家的奴婢),把全国的土地和人民都作为天皇的公地和公民;实行以唐朝均田制为蓝本的"班田收受法"和全国统一的租、庸、调税赋制度;建立以唐朝三省六部制为蓝本的中央集权官僚体制;建立以唐朝郡县制为蓝本的国、郡、里三级行政体系;建立以唐朝府兵制为蓝本的"防人制"军事体制;制定以唐朝律令为蓝本的律令体系。日本由此而从一个原始的氏族联盟制和模拟氏族制国家一跃而成为,以天皇为核心的官僚集权制国家。

大化改新虽然全面模仿了唐朝的政治制度,但是,有一个极为关键的制度它却没有采用,那就是后来被西方国家广泛赞誉的中国的官员选拔制度——科举制(科举制度能为平民提供与贵族平等的升迁机会)。这是因为日本大化改新只是旧王朝中的统治阶级进行的一场自我改革,而不是推翻旧王朝建立新政权的革命,所以它必然会顾及旧有的统治阶级的利益。实际上改革后所任用的官员仍然是由原来的贵族、地方豪族、族长、氏上等等人物担任,而且他们的职务仍然是世袭。因此可以说,大化改新是一次并不彻底的改革,它保留了不平等的贵族制度。这也是日本的中央集权体制后来又崩溃,日本又倒退回到分权的封建制社会的原因。当然,这时日本也没有实行科举制的条件,因为日本社会的文明程度还没有达到实行科举制的水平。日本当时还没有自己的文字,而能使用汉字的也只有少数渡来人和极少数贵族。直到公元 8 世纪,在唐朝留学 17 年后回国的日本留学生吉备真备,才利用汉字偏旁创造了日本表音文字——片假名。公元 9 世纪,留学回来的僧人空海又利用汉字行书体创造了日本的行书假名——平假名,到 9 世纪后叶,日本文字才基本趋于成熟,但是在政府行文中仍然是使用汉字。

公元 7 世纪中叶,为了向朝鲜半岛扩张,日本与百济结成联盟,欲侵吞新罗。新罗较弱,只能请求唐朝援助。因为这些国家都是唐朝的臣属国,因此唐朝多次出面调解,但是无效。公元 660 年,百济又进攻新罗,新罗再次向唐朝求救,唐朝派出军队越海到半岛南部打败了百济,并留下一支军队在熊津城驻守。663年,流亡日本的百济王子在日本的支持下发动反唐,熊津驻军遭到围攻。唐朝再次派出军队越海来到百济,消灭了叛军。并在百江村海战中大败来犯的日本海军,烧毁日本战船四百余艘,歼灭日军27000多人,稳定了百济的形势。因远隔重洋,不便管理,唐朝无意长期驻军百济。在任命了百济人担任都督使其自治后,唐朝撤回了驻百济的军队,新罗乘虚进军占领了百济,统一了朝鲜半岛南部。日本势力因此被迫退出了朝鲜半岛。百江村海战是日本第一次直接与中国军队交战,惨败的结局使日本认识到,相对于中国来说,日本的力量实在是太弱小,从而使日本放弃了向大陆扩张的妄想,在此后的近千年里,日本再也没有发动对朝鲜半岛的扩张战争。

公元701年,日本颁布了《大宝律令》,从法律上肯定了大化改新的成果。《大宝律令》是以唐朝律令为蓝本而制定,被认为是日本史上第一部趋于完备的成文法典,在以后的数百年里一直得以沿用。大化改新所颁布的律令中,与唐朝律令相同和相似的有420余条。在盛唐时期的两百多年里,日本先后十几次向唐朝派出大型遣唐使团去中国学习,为保证更好地完成学习使命,遣唐使团每个成员都是经过严格选拔的当时日本各个领域最优秀的人才。这些人学成回国后都被委以重任,尽其所学,他们对日本的政治制度、法律、科技、教育、文学、艺术、宗教、历法以及衣食风俗等各方面都产生了广泛影响。

与此同时,中国的许多学者、高僧、工匠也纷纷来到日本传播中华文化和技艺。他们中最著名的是鉴真法师,他以66岁的高龄,在双目失明的情况下,几经挫折,历尽艰辛,仍然顽强地坚持东渡扶桑,给日本带去了佛教经典和汉学知识。唐朝时期中日之间的这种密切往来,使日本形成了一种模仿中国文化的唐风,日本人不仅以穿唐服、品香茶为时尚,而且热衷于唐朝人喜爱的马球、相扑、围棋等体育活动。所有这些对后来日本民族文化的形成所产生的影响是极其深远的。

把国号写作"日本"这一词,最早见于公元720年写成的历史书《日本书纪》。原来国号通常写成"倭"、"大倭"和"大和"等汉字。可能是从"日出处天子"这些文字联想而来,就用"日本"这两个汉字来代替原来的"大倭"和"大和"了。

大化改新以后,日本经历了一段天下太平、经济文化快速发展的黄金时期。政府每六年编造一次全国人民的户籍册,按人口把"口分田"分给乡户(家族)耕种,人死后口分田由国家收回。六岁以上的男人每人二反(约0.2公顷),女人按男人的1/3折算。贵族家的奴婢和家人也按1/3折算分给口分田,但是把田分给他们的主家。口分田既不能拒绝,也不能弃耕,因此,耕种口分田既是公民的权利,也是公民不可推卸的义务。同时,公民要为国家承担租、庸、调等税赋和劳役、兵役。租是缴纳谷物、庸是服徭役、调是缴纳布匹,三项税赋合算起来约为每户口分田总收入的20%,从当时的生产力水平来说这些税赋相当重。特别是繁重的劳役和兵役成为人们沉重的负担。政府每年可以使用每个正丁60日的劳役。全国的正丁按每1/3轮流服兵役,须自带武器和口粮,役期或半年,或一年,或三年。被征当兵是民众最痛苦的事,他们甚至说:"一人当兵,全家灭亡。"中央贵族和地方豪族都获得了从中央到地方的各级官位,他们按官位获得了田地和封户(享有封户的租税和劳役)。由于荫袭制等原因,这些官位、田地、封户实际上都是世袭的。所以,改革虽然把原来贵族的庄田、部民都变成了公地和公民,但仍然以另外一种形式保持了贵族们作为统治阶级的身份、地位和财产。

在大化改新后天下太平的表面繁荣下,日本社会却在逐渐发生分化。在社会下层,人民往往因为所负担的沉重税赋和徭役,或因为天灾人祸等各种原因而陷入贫困。贫困户经常在春天青黄不接时,不仅没有粮食,连稻种也吃光了。因此只能向官府或私人借贷稻谷,官方利率高达50%,私人利率更高达100%。所以人们往往因为还不起债和负担不起繁重的税赋和徭役而逃亡,被征当兵的也多有逃亡。这些人只能远逃到外乡的豪族和富户那里去当雇工。虽然法律规定不能隐藏和使用逃亡和流浪的人员,但是这些有权势的豪族并不遵守,他们尽可能地将其隐瞒。而当逃亡成风时,官府也就更难以把逃亡者追查抓回。政府于是在公元715年改法律为:令逃亡外地者加入寄居地的户籍,并课以租、庸、调等税赋和徭役。

而作为社会上层的贵族和地方豪族虽然获得了世袭官位、田地、封户,但他们并不满足,他们利用掌握的权势扩大田地,强占林野荒地进行开垦。虽然法律规定开垦的土地应该归公,但是没有人愿意把自费开垦的土地完全交给国家。因此,政府如果严格执行规定收归公有,已开垦的土地就会被荒废。政府不得不于公元723年颁布《三世一身法》,许可开垦者一代或者三代占为私有。公元743年终于颁布了《永世私财法》,许可永久私有一定限度的垦田。大化改新规定的一切土地收归公有的大原则从此被打破,贵族、寺院、地方豪族、富户们开垦的热情更加高涨,有权势的人圈占了广阔的林野,形成了大规模的私有庄园。富者愈富,贫者愈贫,随着社会分化加剧,从8世纪中叶开始,乡户(家族)逐渐分化为房户(小家庭)。而一些没落的房户们往往因债务原因,只能奴隶般的从属于豪族富户了。而那些拥有大庄园的豪族们需要大量的劳动力来开垦和耕种田地,于是大量收留逃亡的农民或利用本地的贫困农民来为他们劳动。公地公民制开始瓦解。

天皇的统治基础——军队方面,也因为士兵的大量逃亡和民众的反抗当兵而动摇。因为强制征来的这些贫苦农民士兵靠不住,公元 780 年改为由"精于弓马者"充任,这实际上废除了义务兵役制。到 9 世纪初,由征调农民组成府兵的地方军团大部分已不存在,开始出现了一些由有官职的贵族、豪族、富户们的子弟成立的,叫"健儿"或其他名称的军队。这样一来,大化改新以来的"防人制"军事体制就瓦解了,国家军事力量的基础,从征调公民的义务兵役制,改变成为依靠豪族富户子弟的募兵制了。

9 世纪以后,庄园和私有土地更为发展,这时豪族们扩张土地的方法不仅是开垦林野荒地,而且用各种方法把周围公民的口分田也占为私有。皇族、皇后、退位的太上天皇也都大量拥有自己的私有领地。这些皇室亲贵的领地,由天皇授予,称为"敕旨田",它是无须缴纳租税的无税田,利用公民的徭役进行耕种。后来到 9 世纪末,贵族和寺院的领主也仿效敕旨田,取得了不用交税的特权。而一些有势力的人也用各种方法使自己的庄园成了不交租税的土地。而地方官员都与豪族相勾结,他们往往成为豪族庄园里的"庄头",负责经营管理土地。因为大多数的良田都被豪族富户占为私有,所以,能够分给公民的口分田已都是些贫瘠的土地。这些贫瘠的土地无法维持生活,更无法负担租、庸、调等税赋。因此,公民荒废和放弃口分田成为普遍现象,而地方官员对公民这样的反抗也不追究,因为他们也希望驱使这些放弃口分田的公民去为他们的私有土地劳动。这时,班田制已很难执行下去了,到 10 世纪初,班田制已经绝迹。

班田制执行不下去了,公地公民制瓦解了,土地私有化了,政府只能改变统治方式。国家不再像以前那样编造公民的户籍,按人口征税赋。而是编造土地册,登记土地所有者的名字,按土地的多少向这些人征收税赋以及徭役。这些登记有土地的人被称为"名主",而他们名下的田被称为"名田"。而在一些大庄园里,庄园领主也把土地分租给人经营,这些租有土地者也被称为"名主",他们租有的土地也称为"名田"。庄园里的名主有大有小,既有拥有大量名田和奴婢及下人的大名主,也有只有少量名田的自己耕种的小名主。

10 世纪以后,地方上那些势力较小的豪族富户,为了取得保护和免交租税的权利,纷纷将土地"敬献"给有势力的大贵族和大豪族,而自己却当管理这些土地的"庄官"。接受土地敬献的大豪族被称为"领家",而这些大豪族如果不能保证自己的利益和免交租税的权利时,他们又投靠更有势力的高级大贵族,这些更高级的大贵族被称为"本所"。这样就逐步形成了从"本所"到"领家"到"庄官"再到"名主"的多级封建关系,本所是最高级领主,名主是最低级领主。到 10 世纪后叶,日本社会的这种封建关系就基本形成。

　　庄园虽然有不交税的特权,但庄民从身份上来说仍受朝廷统治,因此他们从法律上来说并不能逃避国家的徭役。另一方面,因为庄园经常用各种方法蚕食公家土地,因此官府经常要对庄园进行调查,收回原属公家的土地,而且用各种理由把庄园的土地也收归公家,并依法征用庄民服徭役。作为土地实际经营者的庄官和名主对此进行了强烈的反抗,他们依靠具有官员任免权的本所和领家,获得了官府权力不得进入庄园、不得向庄民课税的所谓"不入"特权。这样一来,庄园就变成了不受官府管辖的独立领地,当然,这种独立地位还要依靠在朝廷拥有势力的本所和领家来保障。

　　一些强大的庄官和名主为了反抗官府,同时也是为了互相之间领地和权势的争夺,都把自己武装起来成为武士,并把他治下的农民也武装起来成为他的部下。依靠这样的武装,他们的地位得到了提高。武士不仅在庄园里出现了,在公家领地上也出现了,这时的地方官员已不再是行政官员,他们实际上也成了公家领地的庄官。在本质上与民间庄官一样,也走上了庄官领主化和武士化的道路。而且他们的领地比民间庄官的领地更大,并拥有官府的权威,因此在武士阶层中,最有势力的人物就是在他们之中成长起来的,比如后来权倾朝野的平氏和源氏等,都是这样的人物。这时朝廷已完全丧失了统治地方豪族的力量,朝廷的军事力量也已经衰弱,每当盗贼横行或发生叛乱,都是依靠地方豪族的武士力量来进行镇压,这样就更加造成了地方武士集团的兴起,而天皇的权力更加衰弱。

　　在朝廷方面,从公元9世纪中叶起,藤原氏以外戚身份成了天皇的摄政,从而开始长达200多年的藤原氏外戚专权时代。藤原氏一族都让自己的女儿成为天皇的后妃,天皇年幼时,他们就自己充任摄政,天皇长大后就改任与摄政有一样权力的官位。这段时期也是日本宫廷斗争激烈、地方变乱不断的年代。直到公元1068年,因为藤原氏后妃连续不生男孩,与藤原氏家族全无关系的皇子继承了皇位才改变了这种局面。这时平氏和源氏两大武士集团已经崛起,朝廷利用他们来维持自己的统治,镇压反叛势力。

　　到12世纪中叶,因平氏受到朝廷的重用,势力急剧扩大,引起了源氏的不满。公元1159年,趁平清盛不在京城的机会,源义朝举兵发动政变,囚禁了天皇。平清盛闻信回京,立即扭转了局面,源义朝被杀,其13岁的儿子源赖朝被流放到伊豆。源氏势力遭到重挫,平氏达到全盛,平清盛当上了太政大臣,平氏一族都做了高官。不久后,平清盛拥立平氏女与皇族所生的儿子当天皇(高仓天皇),从而完全掌握了朝廷的大权。平清盛的官邸(幕府)在京都的六波罗,所以他的政权叫六波罗政权。

武士的首领在半个世纪以前还被贵族们认为是卑贱的乡下人,而不被当人看待,但是现在已凌驾于朝廷之上。这一事实说明,中央集权的天皇制的衰落和日本封建的"幕府制"时代的到来。而平清盛的统治方法是:任命当地豪族为地方官;对部分贵族庄园,也任命顺从平氏的武士担任"地头",让其进行管理,从而开始建立起了这种以武士阶级为基础的政权。平清盛派三百少年为密探分布于京都市内,令他们搜捕对平氏心怀不满的人。平氏一门吹嘘:"凡不属平氏一门的人,则非人。"

公元1180年,被流放到伊豆的源赖朝,在岳父北条时政的支持下举兵反对平氏。关东地区的大小武士团都纷纷投靠源赖朝,在10月的富士川一战中打败了平氏的军队。这时,各地与源氏无关的武士也纷纷起来,乘机侵夺公家领地和庄园,战乱波及全国。第二年2月,平清盛病死,平氏受到致命的打击。1183年,源氏攻入京都,平氏带领安德天皇逃避到西国。源氏拥立后鸟羽天皇在京都即位。1185年,在长门的坛浦海战中,源氏全歼了平氏的军队,安德天皇投海自杀。到1190年,源赖朝已消灭了各种反对势力,结束了十年的战乱,逐步统治了全国。1192年源赖朝当上了渴望已久的"征夷大将军"。

源赖朝在镰仓设立幕府掌握国家政权,利用天皇的精神权威号令天下。从此,在天皇政权体制仍然存在的同时,出现了一个掌握实权的武士政权,天皇政权称为"公家",武士政权称为"武家"。但实际上朝廷已经失去了权势,天皇也已成为了傀儡。幕府在各地设置了守护、地头等官员。守护负责警备、守卫、镇压反叛等任务,地头在管内有警察权、征税权和土地管理权,并领受相当的土地作为俸禄。幕府实行统治的基础是直属于征夷大将军的武士,将军保证他们领地的领有权,并根据功绩赏赐土地或者任命为庄官从而获得收入权,他们负有从军的义务,对将军尽忠。而有势力的武士本身又拥有下一级的从属武士,他们拥有广阔的领地和大量的部下。各地大大小小的领主独立统治自己领地内的领民,这种统治不受幕府和任何人的干预。幕府权力的使命是,保护各领主对领民的统治和解决各领主之间的相互纠纷,镇压领民的反抗和制止领主对别的领主的侵略。将军与武士之间以土地为媒介结成主从关系,以此构成了幕府时代日本社会的多级封建关系。

源赖朝死后,其子源赖家继任为第二代征夷大将军,但是幕府的政权却被其母,即源赖朝之妻北条政子及北条氏家族掌握。北条氏以"执权"的职位架空将军的权力,此后,镰仓幕府的政权一直被北条氏所世袭的"执权"所主持。

　　从 9 世纪末开始,中国陷入大乱。先是大规模的农民起义造成唐王朝的崩溃,然后是军阀和北方蛮族的作乱,致使中国再一次陷入分裂。日本也从公元 894 年开始,因为中国的动乱和日本政局变化皇室权力的衰弱,而停止了向中国派遣使团和留学人员。从这以后,日本开始形成有别于"唐风"的,自己的"国风"文化,用日本假名文字写作的诗歌开始流行,还出现了许多描述日本贵族生活的文学作品。

　　公元 960 年,宋朝建立以后中国重归统一,经济和文化又进入了一个高速发展的阶段,社会达到了空前的繁荣。宋朝非常重视工商业经济的发展,是中国古代商业最发达的朝代。因为宋朝北方的陆上丝绸之路被北方蛮族阻断,对外贸易主要靠南方海上丝绸之路进行,因此海上贸易非常兴旺。商船远达东南亚、南亚、西亚、中东和东非,往东则与朝鲜半岛和日本开展贸易。由此而与日本重新建立起了文化的交流。

　　日本在 10 世纪以前基本没有商业。在 7 世纪的大化改新以前,日本是氏族制和模拟氏族制社会,氏族的土地属公社共有,生产的粮食存放在共有的仓库里,氏族内有分工专业做手工业品的人,但产品也属氏族共有。因此氏族内实际上是实行分配制,完全不需要商业。大化改新后模仿唐朝的均田制实行"班田收授法",建立起来的也是那种完全自给自足的小农经济。而且吸收了中国古代传统的重农抑商思想,经商一直受到鄙视,手工业者也都是贱民身份,他们奴隶般的隶属于皇室、贵族以及大寺院,生产的产品也归皇室、贵族和寺院所有,没有专业的商人,也没有贸易集市。

　　宋朝商人的到来促进了日本的商业发展,同时也带动了中日间的文化交流。宋商来到日本大都是进行民间的私人贸易,但是与日本官方也有往来,日本在九州大宰府设有鸿胪馆,负责接待宋朝商人。中日间的文化交流也重新开始活跃,受宋朝繁荣的经济和灿烂的文化吸引,很多日本民间人士和僧侣纷纷前往宋朝求学。以程朱理学为代表的宋代儒学也在这一时期传入日本,因为程朱理学特别注重伦理道德和忠孝之类的"大义名分"之说,非常符合正在向封建制度转型的日本社会的需要,因此受到日本统治阶级的推崇,成为日本的官方意识形态,并被推广到民间。日本各地出现了众多的教授程朱理学的"藩校"机构,使程朱理学在日本得到了广泛的传播,对稳定日本的封建社会秩序发挥了重要作用。印刷术、雕刻、水墨画、戏曲、佛教禅宗等文化,以及众多的先进技术和生产工艺也在这时传入日本。

　　进入 11 世纪后,日本社会已经基本完成封建化,因此农业生产力得到了很大的提高,各种生产品也开始多了起来。特别是镰仓幕府建立后,社会物质产品更加丰富。一些豪族、庄官、地头把那些多余的物质拿去出售,许多小名主也要出售各种土产品。因此在寺社门前和交通要道处开始出现市场,这种市场从临时的集市发展到每月三次的定期集市。庄官和地头在集市上出售征自农民的实物租贡,然后把得到的货币交送本所和领家。随后,一些经办保管、出售、运输货物的"问丸"(买卖中介)开始出现,专业的商人也逐渐开始出现。

朝廷所在地京都和幕府所在地镰仓,出现了被称为"町"的商业街,集聚了来自各地庄园的年贡物品在那里进行买卖,并出现了专业的商人和手工业者。这些专业的商人和手工业者如果追溯其家身,大都与从前隶属于朝廷、贵族、大寺院的奴隶性质的贱民有联系。在地方的交通要道、港口、集市从事工商业活动的也是这种贱民,因此他们即使变为了富有者,也仍然被贵族和武士视为贱民,社会地位卑下。他们成立了叫作"座"的同业行会,向所隶属的领家和本所缴纳贡物或从事劳役,以取得在这些本所势力能达到的地区贩卖商品、收购原料和免税通关的权利。到13世纪中叶,镰仓已有7个町被指定为商业区。日本的商业发展了,日本与中国之间的商业贸易也更加发达。这时,不仅是宋朝的商船前来日本,日本也有许多的商船前往宋朝。日本输出的是铜、沙金、硫黄、木材等物资和手工艺品,输入的是锦绫、丝绸、瓷器、茶叶、香料、草药,以及文房四宝、书籍、绘画等文艺品,还有大量的铜钱。当时日本不铸造货币,而是使用从中国传入的铜钱。茶叶栽培和瓷器制作技术也在这时传入了日本。

宋朝皇帝曾经数次托宋朝商人和日本僧人带国书给日本天皇。但因天皇已经失势,而日本朝廷又担心在名分上沦为中国的臣属国,因此一直未予回复。但日本武家政权却并不重视这些名分,而是注重与宋朝进行贸易带来的经济上的实惠。平氏家族掌权时,开始打破日本严禁本国商人出海贸易的禁海令,允许商船前往宋朝进行贸易。平清盛还在日本沿海修建人工港口,以便宋朝商船的到来。镰仓幕府建立后不仅更加注重发展与宋朝的贸易,而且非常重视学习和吸收宋朝的文化。幕府执权的北条氏不仅自己大量阅读从宋朝传入的儒学经典书籍,而且提倡贵族、官员、武士、僧侣都要努力学习儒学经典。为了使初通文字的武士便于学习,他派人对书籍进行修缮,并特意在汉字的右边标以日文的假名。这种做法深受广大武士和平民的欢迎,从而使日本学习儒学经典和中国诗文的人越来越多,并出现了许多深谙中华文化的优秀学者。这些学者对儒、墨、道、法、诸子百家、中国古代哲学思想都有深刻的了解,他们也著书立说,使中华文化在日本得到了广泛的传播和发扬光大,并深深渗入了日本民族文化的血液中。

公元 1274 年,占领了中国北方和朝鲜半岛的蒙古人,派出军队入侵日本。在此之前,蒙古曾多次派使节赴日本威胁利诱,要求日本臣服。日本对自己极为崇拜和仰慕的中国都不愿意表示臣服,更何况被视为野蛮人的蛮夷之邦蒙古。因此,日本坚决地予以拒绝,并凭借自己的海防之利,做好了抵御蒙古人入侵的准备。当时蒙古大军正在与南宋对垒,因此入侵日本的蒙军是由少量的蒙古人带领朝鲜人组成。侵略军分乘 900 多艘大小船只,从朝鲜半岛南部渡海,先攻占了对马岛和壹岐岛,然后开始进攻九州。11 月 19 日,蒙古军 2 万余人在九州大宰府附近的博多港登陆,日本以 10 余万人迎战,双方排开阵势。蒙古以骑兵称雄世界,但是此次来的大都是朝鲜军,且渡海不可能携带大量马匹,所以主要是步兵,人数还处于劣势。不过在兵器上还是占有很大的优势,蒙古的强弓射程更远,特别是火炮,日本人从未见过。所以开战时火炮一响,日本人大为惊恐,马匹也惊得乱跑,蒙古军一发动冲击,日军立即败下阵来,溃退了十几里。日军伤亡惨重,余部向太宰府撤退,这时天色已晚,蒙古军退回到船上休息。不料夜里海上突然来了大风暴,船只大都在风暴中在沉没,蒙古军遭到重大损失,不得不撤退。

公元 1279 年,蒙古终于灭亡了南宋。南宋军在广东崖山对蒙古军进行了最后的抵抗,崖山战败,南宋皇帝跳海身亡。消息传到日本,日本举国感到震惊和哀伤,日本还为南宋的灭亡举行了全国的哀悼。日本人认为:"崖山之后,再无中华",中国大陆从此成了蒙古人的蛮夷之地,朝鲜也被蒙古人蛮夷化了,而没有被蒙古蛮族征服的中华文明区域只剩下日本,所以,日本认为他们成了纯正的中华文明的唯一继承者。

蒙古人在灭亡南宋后,认为足以威震日本了,所以又派出使者去威胁日本臣服,然而日本却毫不留情地把蒙古派来的使者全部杀掉了。蒙古人大怒,决定再一次出征日本。公元 1281 年,蒙古派出军队兵分两路远征日本。北路由蒙古人和朝鲜人组成,约 5 万人,从朝鲜半岛南部渡海。南路由蒙古人和汉人组成,约 10 万人,从中国东南部出发渡海。北路军在攻占了对马和壹岐几个岛屿后,按约定在那里等待南路军前来会合,然后一起进攻九州。但是等了一个多月仍然不见南路军到来,这时他们的粮草已经不多了,正当他们准备撤退时南路军来了。原来南路军正准备出发时,领军的蒙古统帅突然去世,不得不临时换帅,所以耽误了时间。

两军会合后,他们开始向九州发动进攻,但是进展并不顺利。因为日本镰仓幕府已经调集全国的力量作了充分的准备,不仅兵力增加了,兵器也有了改进,弓箭已改为射程远的长弓。而且在沿海修筑了防御设施和坚固的石墙防御工事,因此蒙古军甚至无法找到可以登陆的地方。蒙古军几次强行登陆都被击退,双方相持了十几天后,突然来了台风。猛烈的台风持续了四天,蒙古军的战船大多数都被风暴摧毁,人员也损失无数。无奈之下只得撤兵,可是这时船只已所剩无几,可怜那些在暴风雨中死里逃生爬上岸去的士兵都被遗弃。

被遗弃的士兵有数万人,日本人杀掉了所有的蒙古人、朝鲜人、北方汉人,只留下了南宋人。但是这些亡了国的南宋人也并没有获得好待遇,他们受到鄙视,被当作奴隶使用。如果说欧洲人在满清蛮族统治中国后的 18 世纪,对中国的看法从令人仰慕的文明之国,转变为令人蔑视的野蛮之邦。那么日本人早在蒙古灭亡南宋后的 13 世纪,就把中国视为令人鄙视的蛮夷之邦了。

蒙古人本来还想再征日本,但是在灭亡南宋后,蒙古远征安南(今越南)因不适应热带气候和丛林作战而失败,渡海远征东南亚诸岛也以失败告终。蒙古人终于认识到,在不能发挥骑兵作用的热带丛林作战和渡海作战中,他们没有任何军事优势。因此蒙古人最后只得放弃了远征日本的企图。而日本也断绝了与大陆和元朝(蒙古统治中国时建立的政权)的一切往来。蒙古人在中国实行的是极其野蛮黑暗的种族奴隶统治,遭到了中国人民的强烈反抗,因此他们统治的时间并不长。1368 年,中国人民推翻了蒙古人的统治,建立了明朝。明朝建立不久后,曾派出使者欲与日本建立关系,但日本误以为还是蒙古人而予以拒绝。后得知中国已推翻了蒙古人的统治而建立了明朝,才同意建立官方往来和贸易关系。

进入 14 世纪,随着日本封建社会的经济发展和人口的增长,封建领主之间的纷争加剧,战乱不断。这是封建社会的固有矛盾,在封建制度下,领主们为了扩大自己的领地,增加自己的势力,不断互相攻打,有的领主在争夺中逐渐衰败,有的领主在争夺中越来越强大。镰仓幕府已无法控制局面,统治日渐衰弱,最终被上野大族足利尊氏取代。1334 年,足利尊氏灭亡镰仓幕府后,逼迫后醍醐天皇退位,拥立光明天皇,并在京都的室町开设幕府,日本自此进入室町幕府时代。

室町幕府的建立并不能改变封建社会的固有规律,各地领主之间仍然纷争不断,战争频仍。15 世纪中叶以后,日本更加混乱,各地"大名"纷纷崛起,室町幕府权威日下,诸侯混战,战火纷飞,进入了日本史称的战国时代。战乱一直延续到 16 世纪,1573 年,在战乱中崛起的尾张大名织田信长灭亡了室町幕府。1582 年,织田信长死于部将明智光秀的叛乱,但是另一部将丰臣秀吉打败了明智光秀,从而成了织田信长势力的继承人。1590 年,丰臣秀吉经过东征西战征服了日本各地大名,平息了国内战乱,掌控了全国局面。但是因为丰臣秀吉出身卑微,因此他并没有获得朝廷授予象征武家最高权力的"征夷大将军"的封号。

丰臣秀吉为解决国内矛盾,决定发动对大陆的扩张战争,因为日本是个资源匮乏的岛国,与其在日本小岛上为争夺领地打来打去,还不如对外扩张去占领更广阔的领地,因此他带领日本人发动了侵略朝鲜的战争。1592 年,丰臣秀吉率领15 万大军出征朝鲜。久经日本内战磨炼的日军攻势凶猛,迅速占领了朝鲜大部,首都汉城和陪都平壤相继陷落,日军直抵中朝边境。当然,丰臣秀吉的目标远不止朝鲜,他还要占领中国。在他看来,蒙古能打败中国,而日本能打败蒙古,那么日本更能打败中国。丰臣秀吉攻占汉城后就开始准备进攻中国,他计划把日本朝廷迁都到北京,把北京周边的 100 个县献给天皇作皇室领地。他许诺他的部将们,每个人都可以获得 10 倍于他们已有的领地。他在给他家人的信中说,他很快就要到中国的宁波府居住了,因为他还要去征服印度,而那里离印度更近。

朝鲜国王逃到中国,向明朝政府求救。明朝派辽东总兵李如松率 4 万明军出兵朝鲜,给予了夜郎自大的日本人以迎头痛击。明军迅速进军包围了平壤,围三缺一,数百门重炮猛轰平壤城,城破,明军骑兵蜂拥入城。日军慌忙从留下的城南缺口逃出,在逃过冰封的大同江时,再遭明军炮轰,江面冰破,日军淹死无数。明军乘胜追击,包围了汉城。当时日军的军事技术还非常落后,虽然配备了火枪,但是却没有见识过重型火炮。毕竟是偏处一隅的小国,其他的军事技术也落后很多。这时,日本水师也遭到朝鲜水师的反击而被打败,使日军的海上运输补给陷入了困境。日军不敢再战,只得请求停战议和,被迫从朝鲜撤退,只留下了半岛南部沿海的几个据地。

丰臣秀吉不甘心失败,倾力重整军备,准备再战。1597 年,丰臣秀吉再次派出15 万大军入侵朝鲜,但是再次被中朝联军打败。对外战争耗尽了日本的民力和财力,日本国内怨声载道,朝廷中反对他的大臣群起指责,丰臣秀吉一病不起,于次年 8 月 18 日抑郁而死。日本也被中朝军队彻底驱逐出了朝鲜半岛。

丰臣秀吉死后,日本再一次陷入大乱,当时最强的大名德川家康利用政治手段掌控了权力,但引起了丰臣氏势力和其他大名的不满,各方战乱又起。最终德川家康打败了反对者,在江户(今东京)设置幕府,成了日本实际的统治者。1603年,天皇封他为征夷大将军,日本进入了最后一个幕府——德川幕府时代(也称江户时代)。

自从蒙古灭亡南宋后,日本就断绝了与大陆的所有关系和贸易往来,成了一个封闭的、自给自足的封建经济国家。明朝建立后,日本与中国恢复了官方关系和贸易往来。因为明朝实行的是由官方垄断的勘合贸易(朝贡贸易)制度,禁止民间商船出海,因此明朝与日本也只有官方的贸易往来。但是,实际上主要也就是日本的商船以朝贡贸易的方式前往中国。而明朝廷对日本却了解甚少,甚至不知道日本有天皇,而是把日本室町幕府的将军册封为日本国王。

然而,摆脱了蒙古野蛮统治后,明朝的经济得到了迅速的发展,沿袭自蒙古人的官方垄断贸易方式,已完全不能适应明朝经济发展的需要。因此,沿海的民间走私贸易开始大量出现,从最开始的渔船夹带,发展到大规模的走私。明朝廷对这种走私活动实行严厉禁止,并派官船缉拿,致使这些人铤而走险,成了亦商亦盗的走私犯兼海盗。在明朝廷海军追剿得厉害的时候,这些人往往会逃到日本沿海,并与一些日本海盗相勾结,结伙走私和劫掠。日本海盗从元朝就开始出没于朝鲜和中国沿海,主要由一些没落武士和浪人组成。明朝的走私犯与日本海盗相勾结后,成为出没于中国沿海的所谓"倭寇"。倭寇在中国沿海劫掠村庄和城镇,成为明朝一大祸患,直到明朝中后期,经过明朝廷派兵大力清剿,并逐步放开了民间商船出海贸易的禁令,商人可以合法地进行海外贸易,倭寇才告灭绝。明朝放开海禁后,民间商船与日本的贸易开始繁荣,促进了中日之间的经济和文化交流。

16世纪中叶,西方商人的触角也到达了这个地处东方贸易航线尽头的岛国,随着西方商船而来的还有基督教传教士。基督教在日本发展很快,到16世纪末,已有信徒15万,相当于日本总人口的1/100。传教士们为了扩大教会的影响,在日本兴办慈善和教会学校,他们给日本带来了新思想、新文化和新的科学知识,打开了日本人的眼界。因为西方人是从南面来到日本,所以被日本人称为"南蛮人",而这种新文化也被称为"南蛮文化"。

因为基督教信奉上帝是唯一的神,反对崇拜其他的神以及祖宗等偶像,因此,它对日本自己的神道信仰构成了威胁。而且基督教主张神权高于君权,这也威胁到了日本幕府和天皇的权威。基督教当时之所以在日本能得到快速的传播,是因为当时日本正处于诸侯混战的大乱之中,室町幕府已失去了权威和对各地大名的控制。因此,当丰臣秀吉平定内乱,获得了掌控全国的权威后,立即下令禁止基督教。德川家康取代丰臣氏掌握政权后,又于1612年向全国颁布了禁教令,使基督教在日本几近绝迹。

德川家康打败各种反对势力建立幕府后,采取了一系列措施来巩固自己的统治,强化封建制度。他没收那些敌对大名的领地,把其中1/4的土地划归德川氏家族,其余的3/4土地分封给自己的功臣和亲近的大名,把他们作为"亲藩",用这些分封在各地的亲藩大名来监控其他大名。并把各地重要的矿山和重要的城市、港湾划归幕府直接管辖,以此控制了全国的大部分重要财源。

为了加强对武士的统治,又于1615年颁布了《武家诸法度》,制定了封建等级森严的各种规章制度。其中的参觐交代制规定,各地大名必须一半时间住在江户,一半时间住在领地,而他们的妻子则必须常住在江户。这其实是把他们的妻子和家属当人质,使他们不敢叛乱。对皇室、朝廷、寺社也颁布了《禁中及公家诸法度》和"五山十刹"法度。同时把整个社会划分为士、农、工、商四个等级,各等级身份世袭不变,互不通婚。这样,就形成了以幕府为权力中枢,以身份制为核心,上至天皇公卿,下至各藩大名、武士、僧侣、农民、手工业者、商人,一套完整的等级森严的幕府封建体制。

在对外政策方面,因为丰臣秀吉对外扩张战争的惨败,使德川家康认识到日本的渺小,从此开始了闭关自守。出于对西方宗教和外国势力的担忧和畏惧,德川幕府从 1633 年到 1639 年,连下五道"锁国令"。不仅进一步严格了禁教,发现外国传教士和其他传播基督教惑众者立即押解下狱。而且严禁未经特许的日本船和日本人出国,甚至禁止已经到海外去了的日本人归国,违者都将被处以死刑。对外贸易也只允许中国和荷兰的商船来日本,而且只允许在大阪一个港口交易。其他任何国家的船只都不准进入日本,否则将遭到炮火驱赶。

德川幕府这一系列对内加强封建制度和对外实行闭关锁国的措施,确实取得了相当的效果,它使德川幕府的封建统治得以巩固,也使日本世外桃源般地保持了 2 个多世纪的安宁环境,避免了这一时期肆虐全球的西方殖民者的侵害。日本这时能够免遭侵害也有它的特殊原因,一是因为地处东方航线的尽头,航程遥远,西方势力难以到达,而且日本是个统一的国家,具有一定的军事和海防实力;另外,也因为日本资源匮乏,并没有什么西方特别需要的产品,一不像南亚和东南亚那样盛产西方必需的香料,二不像中国那样,拥有驰名世界的丝绸、瓷器、茶叶等高档消费品。

进入 19 世纪后,经过 2 个多世纪的发展,日本已经出现了很大的变化,德川幕府的统治已经衰弱。随着生产力的发展和人口的增长,社会出现了分化,封建制度的固有矛盾开始激化。因为德川幕府制定了划分为士、农、工、商的,等级森严的世袭身份制度,农民不能升级成为武士,所以大量失去土地的农民只能从事手工业或商业。他们促进了日本手工业和商业的繁荣,其中也产生了许多富有者。但是他们的社会地位却十分低下,经常受欺压,这使他们非常不满。农民的生活也非常艰难,他们要向领主交纳高达生产量 50% 的租贡,经常处于求生不得、求死不能的境地。而且还有许多没落的武士已经没有了主人,成为了生活无着、四处流浪的浪人,他们也是社会的不安定因素。地方各藩也对幕府的统治日益不满,纷纷要求改革幕府专权的局面。日本社会处于危机四伏的动荡之中,乡村农民的造反以及城市手工业者和商人的暴动时有发生。

1840 年，鸦片战争的炮声从中国传来，日本举国震惊。自古以来被视为中央王国的强大邻国竟被这些从海上来的蛮夷打败，被迫打开国门，这使日本不得不重新认识这些西方人。许多有识之士开始大声疾呼："鸦片战争虽为外国之事，但足为我国之戒。"两年后，幕府废除了"异国船只驱逐令"，并采纳有识之士的意见，改进炮术，加强武备，重视研究西学。此前日本为防止基督教思想的入侵，曾全面禁止西方书籍的传入，直到 18 世纪德川吉宗当政时，因认识到西医治病的功效，才部分开放了荷兰书籍，因此西学在日本被称为"兰学"。但是，对于西方国家的通商要求，日本幕府还是紧闭国门，予以拒绝。

然而，历史的潮流不可阻挡，在多次通商要求被拒绝后，美国决定借助武力打开日本的国门。1853 年 6 月 3 日，受美国政府委派，海军军官佩里率领 4 艘美国军舰闯入日本浦贺港。他在递交国书时以武力相威胁，声称若不受理国书，舰队将进军江户，不惜一战。幕府官员对这 4 艘以蒸汽为动力，冒着黑烟，浑身漆成黑色的庞然大船感到畏惧，被迫收下了国书，并应允第二年春天给予答复。此事被日本称为"黑船事件"。次年春天，佩里率领 7 艘大黑船如约而至，幕府迫于威胁，于 3 月 31 日签订了《日美亲善条约》。条约规定：日本对美国开放下田、箱馆两港口；供给美国船只淡水、燃料、食品及其他补给品；给予美国最惠国的贸易待遇。日本终于在美国炮舰的逼迫下艰难的迈出了开放国门的第一步，这一步是痛苦的，但也是日本走向现代化的重要转折点。

《日美亲善条约》签订后，英、俄、法、荷等国也竞相拥来，如法炮制了类似的"亲善条约"。1858 年，日美又签订了《日美友好通商条约》，接着荷、俄、英、法也相继与幕府签订了同样的通商条约。根据这些不平等条约的规定，西方列强获得了更多贸易特权，日本丧失了制定本国税率的自主权和独立的司法权。至此，日本国门全面打开，并且面临成为西方国家半殖民地的危险。

美国炮舰的到来，在日本激起了强烈的反响，国门已被打开，日本再不能像过去那样与世隔绝的生活了。而一系列不平等条约的签订和幕府的昏庸无能，使原本就十分严重的社会矛盾更加激化，幕府的统治已经走到尽头。面对严重的民族危机和国内矛盾，一批有志之士为了国家的前途和命运开始奔走呼号，要求改革政治，反抗外国的欺侮。他们大多来自日本政权的统治支柱——武士阶层。

日本封建社会的士、农、工、商等级排列与中国封建社会有些相似，但也有很大的不同。一是它的等级更森严，身份世袭且不能通婚。另外日本的"士"也与中国的"士"不同，中国的士族是文士，而日本的士族是武士。在日本社会中，从将军到低级武士的整个武士阶层占人口的 10%，农民占 80%，余下的是手工业者、商人和其他人。在德川幕府末期，日本的武士阶层约有 200 多万人，他们构成了日本政权的统治支柱。这也是日本后来的发展走向了军国主义的主要原因。

这些改革志士最初提出的口号是"尊王攘夷"，他们希望借助天皇的权威，改革由腐朽的德川幕府专权的政治，唤起人们抵御外侮，驱逐外国人。一些主张攘夷的藩主和志士通过对幕府不满的朝廷公卿，鼓动天皇拒不批准幕府与西方列强签订的通商条约。然而攘夷派的举动很快就遭到了幕府的镇压，1858 年 9 月，幕府采取突然行动，大肆搜捕攘夷派领袖，制造了所谓"安政大狱"。尊王攘夷运动遭到沉重打击，从而使攘夷派与幕府的斗争走向激化，攘夷派刺杀了多位参与安政大狱的官员。

改革志士主要集中在长州、萨摩、土佐、肥前等经济较发达的西南部诸藩，这些藩在他们的推动下开始改革政治，发展经济，整顿军备，迅速崛起，逐渐形成了与幕府对抗的强大力量。1862 年 12 月 12 日，激进的攘夷派志士高杉晋作、久坂玄瑞等人火烧英国公使馆，各地也陆续发生杀死杀伤外国人事件。1863 年 1 月，攘夷派策动天皇下诏，令幕府定期宣布攘夷：废约、闭港、驱逐外国人。6 月 6 日，幕府被迫答应天皇，于 6 月 25 日开始实行"攘夷"。6 月 24 日幕府通告各国公使馆将关闭港口。

6 月 25 日及 7 月 8 日和 11 日，长州藩炮台先后炮击通过下关的美国、法国、荷兰商船。7 月 16 日和 20 日，美国和法国舰队先后炮轰下关进行报复。为抵御美、法的进攻，高杉晋作在长州藩打破身份限制吸收农民，组织了称为"奇兵队"的新式军队防守下关。8 月 15 日，因有英国人在萨摩藩被杀，英国军舰炮击萨摩藩。萨摩藩鹿儿岛城损失惨重，海岸炮台和城内的新式军工厂均被摧毁，萨摩藩被迫向英国人做出赔偿。美国也联合英、法、荷三国，胁迫幕府惩罚长州藩，幕府为防止事态的发展决定镇压国内的攘夷派。9 月，幕府势力在京都发动政变，赶走三条实美等"倒幕七卿"，京都攘夷派势力遭到镇压。攘夷派志士闻信纷纷兴兵反抗，土佐藩志士吉田寅太郎在大和举兵讨伐幕府，筑前藩志士平野国臣在生野招募农民兵起义，但均遭到失败。

1864 年 8 月 19 日，久坂玄瑞率领长州藩兵进入京都，与幕府的京都守护军发生激战，久坂玄瑞战败自杀。8 月 24 日，幕府策动天皇下诏，以长州藩叛乱为由发动对长州藩的征讨。英、美、法、荷四国军队也决定利用这个机会对长州藩进行打击，于 9 月 5 日再次进攻下关。长州藩虽然进行了顽强抵抗，但三天后还是被四国联军攻陷，被迫接受列强提出的条约，并赔款 300 万美元。此后，长州藩的保守派势力掌握了藩政权,向幕府做出妥协,镇压藩内的攘夷派,高杉晋作等人被迫逃亡。各地的尊王攘夷运动也都被幕府镇压了下去。

尊王攘夷运动的失败使改革志士开始重新考虑自己的策略,他们认识到改革的最大障碍是幕府,不推翻腐朽的幕府统治和落后的封建制度是无法实行改革而强国的。尤其是在与西方列强直接的军事较量后,他们充分认识到与西方国家的差距,因此只有吸收西方文明中的先进东西,改革军事和政治,发展新式军器,振兴工商业,才能走上强国之路。为此,他们放弃了盲目排外的"攘夷"思想,把斗争的目标由原来指向外国人,改变为指向幕府,把"尊王攘夷"的口号转变为"倒幕开国"。

1864年12月,高杉晋作等潜回下关,策动伊藤博文等人组织军队,夺取了长州藩保守派的权力。高杉晋作在长州藩实行改革,打破封建等级关系,吸收农民和工商业出身的青年组成新式军队。改革军制,一律更换新式兵器,编成近代步炮兵。实行开国政策,打破幕府对外贸的垄断,不顾幕府禁令,开展对外国和西方列强的贸易。为了实行军事改革和增强军备,大量购买西洋武器。1865年春,高杉晋作打出了武装倒幕的大旗,联系西南诸藩,结成军事同盟,掀起了倒幕斗争的高潮。1866年7月,为打击倒幕势力,幕府发动了第二次征讨长州藩的战争。长州藩联合诸藩的倒幕势力英勇抗击,击败了幕府军的进攻,从此幕府的权威一落千丈。

1867年,孝明天皇去世,15岁的太子睦仁继位。倒幕派的尊王和倒幕主张得到了睦仁天皇的支持。英国也因应形势,权衡利弊,决定支持"倒幕开国"运动,并向倒幕派提供武器。法国则把赌注压在了幕府方面,支持幕府镇压倒幕派。

1868年1月3日,睦仁天皇发布《王政复古大号令》(意为恢复古代大化改新时期的中央集权制,废除封建制),宣布废除幕府政权,一切权力归天皇,并成立新的天皇政府。《大号令》的发布加速了倒幕形势的发展。1月27日,以长州、萨摩两藩为主的倒幕联军在西乡隆盛的指挥下,在京都附近与幕府军激战,大败幕府军队,取得了倒幕斗争的关键胜利。倒幕军乘胜大举东征,5月,夺取了江户,11月,平定了东北地区的诸藩。1869年春出征北海道,于6月27日攻下了幕府残余势力的最后据点五棱郭,倒幕战争胜利结束。

1868年9月8日,天皇新政府改国号为"明治",定都江户,并把江户改名称为"东京",由此开始了日本走向全面改革的明治维新时代。

倒幕战争结束后,为了废除封建领主制度,建立中央集权的统一国家,在改革派的推动下诸藩纷纷向政府"奉还版籍"(版指土地,籍指户籍人口),把藩属领地和人民的统治权交给天皇。明治政府在接受各藩奉还的版籍后,任命原藩主为藩知事管理地方事务。1871 年又"废藩置县",将全国划分为三府 302 县。并规定府、县知事均由中央政府任命,旧藩主则迁居东京,国家提供俸禄,从而彻底清除了封建旧势力对地方的控制。1872 年,明治政府实行了土地改革,使更多的农民拥有了土地,并废除了禁止土地买卖的禁令,使土地成了自由流动的商品。同时,明治政府还取消了各藩之间的关卡,统一了全国的货币。这些措施促进了日本商品经济的发展,为日本民族资产阶级的成长提供了条件。

在废除了封建幕藩制度的同时,政府也逐渐废除了士、农、工、商等封建身份等级制度。将原来的藩主、公卿等贵族改称为"华族";把大名以下的武士改称为"士族",废除武士阶层拥有的特权;其他从事农、工、商等职业的人以及贱民一律改称为"平民"。并取消在通婚、迁徙、征兵和职业选择方面的种种限制,以利于社会和经济的发展。此后华族和上层士族开始向官僚阶层和资产阶级转变,而下层士族却失去了特权,趋向没落,逐渐成为贫困的无产者。

封建等级身份制度的改革对日本社会造成了巨大的影响,但是受到冲击最大的还是武士阶层。明治维新是由武士阶层发动,因此明治维新成功后,武士的地位得到了提高,政府还为武士们提供薪俸。当时日本武士有 40 多万户,连同家属有 200 多万人,政府支付武士薪俸的费用约占财政支出的 30% ,是政府财政的沉重负担。武士阶层是封建制度的统治支柱,然而,封建制度被废除后,武士阶层也就失去了存在的价值。因此,明治政府在政权稳固后,逐步取消了武士的特权和薪俸。但是武士们既不会务农,又不会做工和经商,这使武士阶层失去了赖以生存的经济来源,损害了他们的根本利益,引起了他们的极大不满。武士们发动了多次叛乱,而且还有像西乡隆盛那样的倒幕运动的骨干和领袖人物加入其中。明治政府对这些叛乱进行了坚决镇压,政府军在平定叛乱战斗中的伤亡甚至超过了倒幕战争。改革充满了矛盾,似乎有一点讽刺,它是由武士阶层发起,而受损失最大的也是武士阶层。但是日本的武士阶层并没有因此而沉寂,为了维护他们的利益,他们与新兴的资产阶级一起推动了日本社会的进一步改革,并促使日本走上了侵略扩张的军国主义道路。

日本的文明形成和发展过程与中国完全不同,从某种意义来讲甚至可以说是相反,日本自古以来就是一个文明输入国,而中国却一直是个文明输出国。中国自古以来就一直在世界上处于文明领先的地位,并不断向世界各地输出文明,在西方近代科学产生以前,世界上的科学和技术发明大多数都是来自中国。因此古代中国人在文化上总有一种优越感,视自己为世界的中心,视外国为蛮夷之邦,并乐于向他们传播教化、输出文明,而不重视学习外邦的文化和技艺。日本则不同,日本地处偏僻的太平洋小岛,孤陋寡闻,历史上长期处于文明落后状态。因此对外面的先进文明极为仰慕,虽然偶尔也表现出自尊心和独立性,但是对学习和吸收外来先进文明却一直充满了热情和渴望。所以在美国黑船事件后,日本人虽然出于义愤而产生了攘夷的排外情绪,但很快认识到与西方国家的差距,因而产生了强烈的学习吸收西方先进文明的要求。在日本尊王攘夷运动开展时,日本就已经开始积极的学习西方文明,并开始大力兴办近代新式工厂和军事工业。倒幕战争结束后,为使国家尽快强大起来,日本在积极进行政治体制改革的同时,也加快了向西方学习的步伐。

1871年12月,明治政府派出了以太政大臣岩仓具视为全权大使的大型使节团,出访美国和欧洲。使团成员包括了政府机构的每个重要部门,其中有木户孝允、大久保利通、伊藤博文等改革的领袖人物,还有一支近60人的留学生团队。使团出访的主要目的有两方面:一是与各强国交涉修改不平等条约;二是考察各国的政治和经济情况,学习治国经验。使团先后访问了美、英、法、荷、奥、德、俄、意、瑞典等12个国家,历时22个月。对各国的情况进行详细的研究,并把收集的信息及时发回国内。使团回国后又根据资料编辑了长达2110页的《美欧回览实记》,并公开出版发行,向日本民众充分地进行宣传和介绍。

岩仓使团虽然没有达到修改不平等条约的目的,但是在考察学习治国经验方面还是收获颇丰。此行大大开阔了使团成员的眼界,使他们的思想观念发生了深刻的改变。通过在西方国家实地考察,他们学到了政治、经济、军事、法律等治国理政方面的丰富知识,为日本的改革提供了具体而实用的经验,为富国强兵寻找了切实可行的方法。

使团对德国的成功经验特别重视,德国从弱小的普鲁士,通过重武强兵的军国主义政策,使国家不断强大,最终打败了德意志诸邦的盟主奥地利和欧洲霸主法国,从而成功崛起为雄冠欧洲的德意志帝国。普王的"强权即公理"和铁血宰相俾斯麦奉行的铁血政策,使日本认识到,以实力求强权是当前国际竞争的唯一法则。

对英国的考察更使他们感触深刻,英国也是个偏处一隅的岛国,而且面积比日本还小,然而却成了殖民地遍布全球的世界霸主。由此更激发了他们奋发图强,富国强兵的雄心壮志,有朝一日一定要超过英国成为雄霸世界的强大国家。一幅侵略扩张的大业宏图在他们的心中形成,当然,他们首先的目标就是霸占近邻朝鲜和中国,陷入满清蛮族统治下的中国,这时在他们眼里已经只是一个腐朽落后的蛮夷之邦。

为使国家富强起来,赴欧美考察回来的木户孝允等人制定了"文明开化""殖产兴业""富国强兵"三大改革政策,全面学习西方,要把日本改造成近代化的资本主义强国。

所谓文明开化就是要从根本上改变日本的封闭落后状况,推行西方文明,在政治制度、思想观念、文化教育、甚至生活习惯等方面进行彻底的变革。为此,明治政府颁布了《断发脱刀令》,要求武士脱去佩刀,剪掉长发,仿照西方人的方式剪短发。宣布废除"直衣"、"狩衣"等官服,提倡穿西式服装,并改行阳历。为鼓励人民采用新发型,明治天皇带头剪发,政府官员也纷纷仿效,从而使断发逐渐被人民所接受。政府提倡官员穿西服,由于当时西服比较昂贵,一般人穿不起,所以穿西服的大都是官吏、医生、记者、资本家和商行高级职员等,西服成了身份的象征。政府还在东京建造了一座高档交际场所,举办贵族舞会、宴会等交际活动,用来招待外国宾客,希望以此来获得西方列强的尊重。

为提高国民的文化水平,明治政府设立了管理科学文化和教育事业的文部省。文部省聘请了解西方教育体制的学者制定了教育法令《学制》,撤销府县的旧式学校,参照西方国家的教育制度,建立起了近代教育体系:实行小学义务教育;开办中等教育和职业技术教育;设立大学兴办高等教育。为弥补本国高等教育资源的不足,政府还不惜重金聘请了外籍教授,这些外籍教授的工资甚至远远超过了政府大臣的薪金。为了普及义务教育一些地方政府甚至动用警察督促家长送儿童上学,到1908年,日本的小学入学率已达到了97.8%。文明开化也带动了日本新闻出版业的蓬勃发展,报纸、杂志大量涌现。明治政府对报刊的发行表示支持,并要求报刊应以开启人们的知识为目的,担任文明开化的先导。各报也为自己具有促进文明开化的功能而感到骄傲和自豪。到1897年,日本发行的报纸杂志已达745种,1912年达到2227种。出版业的繁荣,极大地推动了日本国民整体文化水平的提高。

文明开化主要是从精神层面改造日本,而殖产兴业则是要从物质层面提高日本的国力。1870年,明治政府成立了工部省,全面负责推行殖产兴业政策。工部省首先接管了幕府和各藩经营的工厂和矿山,创办国营企业,广建铁路,引进西方先进技术和设备,招揽外国技术人才,高薪聘请外国专家,同时派出留学生到国外学习工业技术。因工部省偏重于发展国营重工业,1873年,政府又设立了内务省,任命大久保利通为内务卿,伊藤博文担任他的副手,以发展农业、轻工业、产品加工、海运业等为主,与工部省共同推行殖产兴业政策。内务省利用国家资金,创办了一批近代化的轻纺织业"模范工厂",让它们起示范作用,以推动轻工业和私人资本主义企业的发展。

缺乏发展工业的资金是日本当时面临的主要问题,明治政府用于殖产兴业的资金约占财政开支的1/5,但远远不能满足需要。虽然政府采取了广设银行,发行公债、大量发行纸币等措施,但仍然不能解决问题。为了解决政府资金的不足,大久保利通建议加大对民间资本投资的鼓励和支持,政府为私营企业的发展提供补助资金,扶持私营企业的发展。

为了进一步加快工业化的进程,明治政府还于1880年发布了《官业下放令》,决定将除铁路、邮电、军工等特殊部门以外的官营企业以低价出售给私人资本,使之私营化。如三菱仅以官办投资的1/7的价格就购买了长琦造船厂,川琦仅以官办投资1/10的价格就收购了兵库造船厂。在国家的干预和扶持下,日本的私营企业得到蓬勃的发展,涌现出了许多像三井、三菱之类的知名大企业,它们成为推动日本资本主义发展和工业化的主要力量。殖产兴业政策的实施,使日本的经济得到迅速的发展,到1890年,日本已经从一个棉纺织品进口国变成了棉纱出口国。到19世纪末,日本已经成了一个资本主义的工业化国家。

无论是从精神上改造日本的文明开化,还是从物质上提升日本国力的殖产兴业,都是为了实现一个总目标——富国强兵。军队建设是日本的当务之急,从"尊王攘夷"到"倒幕开国"再到"明治维新",以日本武士为主发动的所有这些运动都是为了同一个目的——建立一个强大的军事国家。美国的"黑船"敲开了日本紧闭的国门,也深深地震撼了日本人的心,在经历了恐惧、愤怒、羡慕和妒忌的复杂心情交相煎熬后,他们对国际强权政治的现实也有了深刻的体会。日本人认识到,只有自己强大起来,才能不受强国欺压,只有比强国更强大,才能去欺压别国,去称霸世界。因此富国强兵的目的,就是为了学习西方列强的殖民开拓和侵略扩张。

日本向侵略扩张的方向发展是有它的地理和历史原因的,有它的必然性:首先,日本是个岛国,发展空间有限,资源匮乏;其次,日本是个海洋国家,倾向于向外发展,到海外去攫取资源,具有天然的外向性和侵略扩张性;第三,由于历史的原因,日本社会政治格局的决定力量是武士阶层,他们是日本国家政权的支柱,而改革使他们失去了封建特权和经济来源,但他们既不会务农又不会做工和经商,所以他们渴望战争,只有战争才能体现他们的价值,才能为他们找回尊严和经济来源。就在倒幕战争结束不久,明治维新刚刚开始,岩仓使节团访欧美还未回来,日本国内的武士就开始鼓噪着要发动侵略朝鲜的征韩战争,后因改革刚刚开始,百废待兴,国力不济,而当时朝鲜是中国的臣属国,受到中国的保护,征韩就意味着要与中朝两国作战,风险太大,因此被明治政府否决。西乡隆盛就是因为鼓吹征韩未被政府采纳而愤然辞职,后来因为改革导致武士阶层的权益受损,他转而参与发动了反政府的叛乱。

在决定暂时不征韩的同时,明治政府抓紧了实施强兵战略。鼓吹侵略扩张的领袖人物山县有朋被任命为兵部大辅,掌管军事。在认真研究对比了西方列强的兵制后,山县有朋建议政府取消兵部省,改设陆军省和海军省,并改革兵制。1873年,明治政府颁布了《征兵令》,打破封建武士垄断军事的特权,开始实行全民义务兵役制,以确保后备兵员的来源,为进一步的扩军备战打下了基础。此后,山县有朋根据德国的经验,在陆军省设立参谋本部,成为统辖军令的核心机关。参谋本部成立后所做的第一件事就是下令侦查中国的地理和军事情况,并着手为侵略战争做准备。

为了提高军人的素质,日本建立了各种军校,并聘请外国教官进行指导,为军队培养了高素质人才。在军队思想方面,军部大力提倡发扬封建武士的忠君思想,效忠天皇。山县有朋制定了《军人敕谕》,要求军人以忠节、礼仪、武勇、信义、质朴为必须遵守的道德准则,绝对服从天皇的命令。用愚忠思想来把军队打造成心甘情愿为天皇卖命的战争机器。对于购买武器装备和引进先进的军工技术,明治政府更是不惜重金。同时注重引进军工制造技术,扩大军工生产,不断提高军事装备的自主生产能力。到1883年,大阪兵工厂已实现了火炮的自主设计和生产。1885年,在法国技师的帮助下,日本建造了"严岛"、"松岛"、"桥立"等先进军舰,专门用于对付中国北洋水师从德国购买的"定远"和"镇远"这两艘当时亚洲最大的巨型战舰。

有了"强兵"作保障,日本参照西方列强通过殖民侵略、掠夺别国财富,实现本国的富强而成功崛起的经验,开始了侵略扩张的"富国"之路。日本选择先从西南方向的海岛下手。1872年,日本出兵琉球,武力强迫琉球藩属日本,并把琉球国王尚泰"册封"为琉球藩王。1874年4月,日本入侵台湾,在台湾东部偏僻的土著地区登陆,但遇到了当地土著居民的顽强抵抗。7月,日军在台湾东部以龟山为中心的占领区建立了都督府。清朝政府闻信后立即派福建船政大臣沈保桢率军直赴台湾。沈保桢到台湾后,一面与日军交涉,一面积极备战。此时日军因为不服台湾水土,瘟疫流行,士兵大批病死。见暂无获胜的希望,日本同意议和。最终,在慈禧太后执掌政权下的清朝政府为避免战争,竟以偿付50万两白银军费的方式,促成了日本从台湾撤军。当时旅居中国的一位英国人评价指出:"台湾事件的处理向全世界宣布:这里有一个富饶的帝国,它将随时自动的支付赔款而绝不进行战争,中国的命运的确是结束了。"清朝政府的软弱举动使日本看透了大清帝国外强中干的本质,助长了日本侵略扩张的野心,他们接下来的目标就是朝鲜。

1876年,日本仿效美国"黑船事件",以武力闯关敲开了朝鲜的国门,威逼朝鲜政府签订了《日朝修好条约》。条约规定:人民各自任意贸易,政府不得有任何干预和限制;日本人在朝鲜犯法,归日本官审断,等等。条约签订后日本人大量涌入朝鲜,把朝鲜当作日本发展资本主义工业的产品销售市场和原料供应地,不仅垄断了朝鲜的商业,进行掠夺式贸易,而且肆意欺压朝鲜人民,图谋控制朝鲜政府。

不堪忍受日本欺压盘剥的朝鲜人民掀起了反日斗争,1882年,朝鲜发生"壬午事变",这是一次军人政变,在事变中,愤怒的士兵和群众火烧日本公使馆,杀死了日本军训教官和亲日的官员。日本乘机派出军队开赴朝鲜,企图占领朝鲜。中国清朝政府在朝鲜方面的请求下,急令北洋水师提督丁汝昌亲率三艘军舰奔赴朝鲜。日本舰队虽然先行到达,但是实力不如北洋水师,只得暂时按兵不动,等待援军。中方也急忙增调两营陆军,由吴长庆率领,乘运兵船东渡朝鲜。吴长庆到达朝鲜后,为了使日本失去制造事端的借口,迅速羁押了发起事变的关键人物大院君李昰应,并把他送回中国幽禁起来。同时迅速率军出击,斩杀了带头兵变的军人多名,平息了事变。使朝鲜国王李熙重新回到了宫中,掌握了政权。在吴长庆处理这次朝鲜事变中,他部下一个名叫袁世凯的年轻代理营官表现出了突出的才能,他后来成了中国政坛举足轻重的人物。

壬午事变平息后,朝鲜国王李熙立意维新。他亲自到清军营去拜访吴长庆,要求借用袁世凯为军事顾问。吴长庆本不同意,后经李熙再三恳求,才同意袁世凯在担任驻朝清军参谋长的同时,兼职负责朝鲜的新军编练。袁世凯接受李熙的邀请后,为朝鲜新军选编人员,制定规章制度。鉴于朝鲜王室的地位孱弱,所以先建立起了国王的亲卫军,然后又组建起了镇抚军,以加强政府的地位。李熙对袁世凯的工作极为满意,他敦请袁世凯到朝军三军府来居住,以便就近指挥和督练朝军。

1884年12月4日,日本在朝鲜策动金玉均等亲日派发动"甲申政变",在亲日派的带领下,日军进入王宫,次日,改组政府,并准备把国王李熙劫往日本。事态危险,情况紧急,袁世凯果断决定破釜沉舟,迅速出击。他率领清军1000余人和朝鲜新军两个营向王宫闯去,日军开枪射击,袁世凯下令还击,日军败走。袁世凯把国王李熙接到清军营。甲申政变结束后,李熙回居王宫,邀请袁世凯入宫保护,居住偏殿,与国王朝夕相见,出谋划策,稳定了朝鲜局势。

然而,软弱畏战的满清慈禧政府在日本的施压下,却以擅自动兵寻衅日本的罪名,把袁世凯调回国内,听候查办。并于次年与日本签订了《中日天津条约》,条约规定,中日两国同时从朝鲜撤兵,此后如果朝鲜有事需要出兵,两国应互相通知,事定后,即撤兵,不再留防。清政府没有识破日本人的阴谋,条约签订后即从朝鲜撤回了军队,放松了对日本的戒备,并派袁世凯把大院君李昰应送回了朝鲜。但日本却在暗中加紧扩军备战,准备策动更大的阴谋——吞并朝鲜占领中国,为此,明治政府于1887年制定了所谓的"清国征讨策略"。并利用"壬午事变"和"甲申政变"大做文章,煽动对朝鲜和中国的仇恨,为进一步扩军备战制造舆论。在政府和军国主义分子的鼓动下,日本国内支持扩张战争的情绪高涨,掀起了长达十余年的以赶超中国为目标的扩军备战的狂潮。

日本社会开始变革后,产生了一大批新兴的资产阶级,他们强烈希望获得政治权利来维护他们的利益。而明治维新后,日本武士的封建特权被废除,俸禄也被逐步削减并最终取消,利益受到极大的损失,这使他们非常不满,特别是中下层武士。日本武士在发动一系列叛乱被镇压后,他们也开始寻求别的方式来维护自己的政治权益。这时,随着西方文化的传入,西方资本主义国家的议会制为他们提供了争取政治权利的机会。

1874年,因主张征韩未被采纳而退出政府的板垣退助等人,提出了《设立民选议院建议书》,要求设立国会。随后又领导成立了全国性民权组织"爱国社"和"国会期成同盟",号召群众以向天皇请愿的方式要求开设国会。当时,由上层武士组成的明治政府虽然对民权运动感到担心,但迫于形势的发展又不得不顺应历史潮流。如外务卿井上馨所言:"为了摆脱政府不能威服人心的危机,必须开设国会。"而天皇本就只是一个因倒幕的需要而被武士捧上台来的傀儡,既然上层武士和下层武士都认为有开设国会的必要,他也绝不敢反对,因此被迫于1881年10月下诏,宣布将于1890年以前,开设国会,颁布宪法。

为了在1890年之前开设国会,明治政府派遣伊藤博文率领"宪法考察团"再次前往欧洲,对欧洲列强的政治制度进行了又一次考察研究。通过对各国政治体制的研究对比,他们认为"可效法者,当以德国为最"。因为德国是一个后起的资本主义国家,封建制度瓦解得比较晚,在成为近代君主立宪制国家之前,它是个封建骑士国家,这与日本的封建武士国家非常相似。德国君主立宪制政体保留了很大的君主专制成分,德国的君主亲掌立法行动大权,以及德国的贵族制度和尚武的骑士精神,这正是日本武士所需要的。他们希望在建立近代立宪体制的同时,保留中央集权的君主专制和上层武士的贵族特权。这种体制有利于集中国家的权力、财力和人力进行扩军备战,发动对外的侵略扩张战争。德国和日本后来都走上了军国主义的道路。

经过长达一年半的考察后,伊藤博文决定以德国为样板,建立起中央集权的君主立宪制政体。为此,他专门聘请了德国的法学专家担任顾问,指导第一部宪法的起草工作。为避免立宪后议会制危及君主专制,明治政府采取了一系列措施来提高天皇的权威。在经济上,大量增加皇室的财产,明治天皇即位时仅继承了约 10 万日元的财产,到 1889 年宪法颁布时,他拥有的财产总数已达 1000 万日元。皇室土地也从 1872 年的 1000 町步,增加到 1885 年的 3.2 万町步,1894 年更激增到 365.3 万町步。

在制定的宪法中,第一章就明文规定:天皇神圣不可侵犯。天皇乃国家之元首,总揽统治权。并把行政、司法、立法和军事统帅等大权都集于天皇一身。宪法第二章规定了臣民的权利和义务。宪法将日本国民称为臣民,突显了天皇与国民的君臣关系。宪法第三章是有关议会的内容,规定议会分为贵族院和众议院。贵族院由皇族、华族和天皇任命的特殊议员组成;众议院由选举产生,但对选举人的资格有严格的限制,只有缴纳直接税 15 日元以上且期满一年,超过 25 岁的男子才有选举权。按照这一规定,能够获得选举权的仅有 45 万人,占日本总人口的 1.24%,这显然是为社会上层和有产者服务的议会制度。

美国的日本学家赖肖尔在评论明治宪法时指出:"宪法自然是以天皇及其权威为中心的,因为推翻德川幕府的理由就是要恢复天皇的直接统治。但是,实际上大家并不是想让天皇统治,而只是要他使大臣们的决定生效而已。"[①]一语道破了日本宪法和天皇制的本质——天皇只不过是日本武士集团的工具。明治宪法规定,天皇总揽统帅权,直接领导军队,凡有军事问题,可以不经过内阁直接上奏天皇,由天皇裁决。但是实际上,天皇很少亲政,即使是在御前会议上裁决争端,也多是只听不答。所以军部实际上无所约束,在天皇权威的名义下,军部才是真正的权力中心。

1890 年,在日本第一届议会上,担任首相的山县有朋推出了他的"利益线"理论,认为国家利益有两条线:一为主权线;二为利益线。他公开鼓吹:仅仅保卫主权线还不够,必须要在与国家利益密切相关的地区处于优势地位。青木外相也在《东亚列国之权衡》中公开提出,要在近期内抢先占领朝鲜、满洲和俄国滨海地区。

①　(美)赖肖尔:《日本人》上海译文出版社 1980 年版,第 89 页。

根据山县首相和青木外相的这些建议,日本立宪后的第一届内阁提出了对邻国外交的总方针。根据这一方针,日本制定了所谓的"大陆政策",其第一步是占领台湾,第二步是吞并朝鲜,第三步是进军满蒙,第四步是灭亡中国,第五步是征服亚洲称霸世界。

到1894年,日本已基本完成了发动战争的准备。这时,日本已建立了一支拥有6.3万常备兵,23万预备兵的陆军。海军已拥有31艘炮舰,24艘水雷艇,总排水量达7.2万吨,大大超过了中国北洋舰队的2.7万吨。为了降低战争的风险,日本寻求得到英、美等西方列强的默许或支持。而这时,西方列强也正好希望利用日本来制约宿敌俄国在远东地区的势力扩张,双方达成默契。日本乘机提出了修改不平等条约的要求,得到了英国的同意,1894年7月,日英双方签订了5年之后废止两国间不平等条约的《日英新约》。也就在《日英新约》签订后的第9天,即7月25日,日本对中国和朝鲜不宣而战,打响了蓄谋已久的"日清战争"(中日甲午战争),而中国清政府对日本的侵略图谋毫无戒备。

1894年3月,朝鲜东学党人发动农民起义,政府军节节败退,国王李熙被迫向清政府求援。清政府根据《中日天津条约》通知日本政府,日本正想找一个出兵的借口,立即表示赞成中国出兵。清政府派直隶总督叶志超率兵2500人赴朝鲜,于6月6日在牙山登陆,准备前去镇压起义。东学党人听闻清军到来,不战而怯,于6月11日与朝鲜政府达成和议。清军未经战斗,起义就被平息下去了。

日本得知中国出兵的消息欣喜若狂,立即设立了有参谋总长、参谋次长、陆军大臣、海军军令部长等组成的战时大本营,6月8日,先派出了一支700人的先遣队,以保护使馆和侨民的名义在朝鲜仁川登陆,进驻首都汉城。

朝鲜为防止不测,以东学党起义已被平息为由,要求中日两国都撤兵,清军派驻朝公使袁世凯与日本驻朝公使协商两国同时撤兵,日本公使以口头表示同意撤兵来拖延时间,实际上却抓紧向朝鲜增兵,兵力很快就达到了10000多人。待清军再去交涉,日本提出中日都留兵,两国共同帮助朝鲜"改革内政",这当然遭到了朝鲜政府和清政府的严词拒绝。7月23日,日本军队突然袭击朝鲜王宫,囚禁国王李熙,扶植大院君李昰应上台摄政,并成立以金弘集为首的亲日政府。清政府见情况突变,赶紧向朝鲜增兵,7月24日,牙山清军增至3880人。日本控制了朝鲜政府后,要求朝鲜政府断绝与清政府的关系,驱逐清军。7月25日清晨,日本不宣而战,三艘日本巡洋舰突然袭击了牙山湾口丰岛海面的清军运兵船,击沉舰船两艘,700多清军殉难。与此同时,4000多日军也向驻牙山清军发动了进攻,清军被迫北撤至平壤。8月1日中日双方互相宣战,中日甲午战争由此爆发。

此时,清政府虽然也在向朝鲜增兵,但却并不真正想开战,自第二次鸦片战争满清朝廷最精锐的满蒙骑兵,在京郊被使用现代枪炮的英法联军打败后,满清贵族的自信心由此丧失殆尽,从此对外一味忍辱退让,只求一时苟安。特别是慈禧太后当政后,畏外媚洋,"量中国之物力,结与国之欢心"(慈禧语),宁可纳银割地,也决不愿与外国交战。她更担心的是战事会引起国内反对满清种族统治的"民变"或"兵变",从而导致满族人统治权力的丧失,她需要保留满清有限的军事力量,用于威慑和镇压国内的汉族人民和反满"民变"。向外国列强割地赔款失去的只是局部利益,而丧失了种族统治权,他们就丧失了一切。更为荒谬的是,当时朝廷中的许多满清贵族和满清大臣并不希望这些清军能打胜仗。因为自从太平天国战争以后,汉人在军队中的地位得到了极大的提高,直隶以外的清军大都是由汉族将领率领汉族士兵组成,如果打了胜仗,汉人和汉族将领的地位将会更加提高,如果战事不利或打了败仗,他们就能趁机打击和铲除这些汉族将领,因此他们不但不支持这些将领的工作,而且经常暗中作梗。而此时慈禧太后正在筹备60寿辰大庆,也不愿意朝鲜的战事搅了她的庆典,前方清军得到的指示是"静守勿动"。

9月7日,日军分四路向平壤进军,清军固守平壤,消极避战。9月14日,日军16000多人完成了对平壤的包围,这时驻守平壤的清军也有17000余人,双方兵力相当。15日清晨3时,日军开始向清军发动进攻。但是,因为平壤城防坚固,清军防守顽强,日军猛攻一天,伤亡惨重,却毫无进展。入夜,日军将领召开会议。会上有人认为,日军长途进军,运输跟不上,弹药已不足,而平壤清军防守坚固,难以攻下,日军伤亡太大,主张撤兵。也有人主张继续攻城,双方争执良久。正在这时,意想不到的事情发生了,清军不知道是得到了什么指示,在统帅叶志超的率领下突然打开城门,主动放弃平壤,趁夜往北撤去。日军统帅立即下令组织部队追击。清军撤出平壤后,6天狂奔了五百里,放弃了朝鲜,撤回了中国境内,满清政府无意为了朝鲜而与日本作战,清军撤回到中朝边境的鸭绿江防线。

就在日本陆军北上进攻平壤的同时,日本海军联合舰队也在海上寻找清军舰队作战。平壤失陷的第三天,即9月17日中午,日本联合舰队在鸭绿江口大东沟附近的黄海海面发现了清军北洋舰队。此时北洋舰队正在护送运兵船往鸭绿江中国一侧运送清军布防,返航时遭到日本舰队的突然袭击,一场激烈的海战随即展开。

这是世界近代史上第一次大规模的铁甲舰艇的海战,因此这场海战后来引起了各海军强国的关注。参战的日军联合舰队有舰艇12艘,清军北洋舰队有舰艇

10 艘。因为北洋舰队在 1888 年成军后再未购置新舰,而日军的主力战舰都是 1888 年以后,专门为打败清朝海军而购置的,所以性能更先进。其中的吉野号等几艘主力战舰,原本是清政府在英国定做的,但后来因为海军经费被慈禧太后挪用去修颐和园,无钱购买,被日本抢先买去。这是当时最先进的军舰,不仅航速更快,而且装备了速射火炮,火力更猛。日舰的速射火炮每分钟能发射 10 余发炮弹,而北洋舰队的舰炮每发射一发炮弹要 3 ~ 4 分钟。而且日舰用的都是杀伤力巨大的开花炮弹,而北洋舰队用的大都还是实心炮弹。但是北洋舰队有两艘购自德国的主力舰定远号和镇远号,是当时亚洲排水量最大,铁甲最厚的军舰。

海战开始不久,北洋舰队的旗舰定远号即被炮火击中,主帅丁汝昌受伤,帅旗也被击落。致远号舰长邓世昌以为丁汝昌阵亡,当即升起帅旗来振奋军心,指挥各舰奋勇向日舰发动猛攻。日舰随即集中火力炮击致远舰,致远舰多次被炮弹击中,损伤惨重,邓世昌仍然率舰英勇向敌舰冲去,但不幸被鱼雷击中。邓世昌见致远舰将沉,不肯独生,拒绝救生船的救护,愤而与致远舰一同沉海殉职。

致远舰沉没后,定远舰打出旗语,告知各舰丁汝昌仍然在指挥战斗,并下令集中火力攻击日军旗舰松岛号。各舰见此军心大振,与日舰展开了更猛烈的战斗。下午 3 时,日军旗舰松岛号在被镇远舰的重炮多次击中后,发生大爆炸,松岛号已百孔千疮,舰身倾斜,吉野舰也受重伤。而定远和镇远虽然也屡被击中,但因为铁甲厚,日舰炮火无法击穿。正当双方陷入苦战之时,北洋舰队又有几艘巡洋舰和鱼雷艇闻信从大东沟赶过来参加战斗,日舰队司令见情况不妙,下令撤退,北洋舰队展开追击。因日舰速度快,下午 5 时 30 分,日舰远去,北洋舰队停止了追击。

这场历时 5 小时的激烈海战,北洋舰队损失了 5 艘军舰。日军联合舰队也有 5 艘舰艇遭受重创完全丧失了战斗力,其他舰艇也受损严重。日舰队被迫逃离战场,应该说北洋舰队是以胜利的姿态结束战斗。但是畏战的慈禧太后仍然希望能够避免战争,清政府命令北洋舰队退回威海港内,不准出海迎敌,把黄海的制海权拱手让给了日本。慈禧太后寄希望于西方列强出面干涉日本停止战争。

9 月底,慈禧太后重新起用被她废黜多年的恭亲王奕訢主持总理衙门,由恭亲王奕訢亲自出面,请求英国和美、俄、德等列强共同调停中日战争。由于列强各有各的打算,英国于 10 月 6 日提出的调停建议没有获得任何结果。

日本陆军在占领平壤后士气高昂,野心勃勃,决心直捣北京。10 月 24 日夜里,日军在虎山附近的鸭绿江中偷偷架起了浮桥,25 日凌晨,日军越过浮桥,向虎山清军阵地发动了进攻。虎山守军势单力薄,伤亡惨重,被迫撤出阵地。虎山失陷后,清军其他各部不战而逃,鸭绿江防线全线崩溃。3 万多日军在山县有朋的亲自率领下长驱直入,接连占领了安东县、凤凰城、海城等地。

就在山县有朋率领日军第一军越过鸭绿江的同一天,大山岩大将指挥的日军第二军二万五千人在日舰的掩护下,开始在辽东半岛的花园口登陆。清军在此竟没有设防,日军登陆活动历时 12 天,只有当地的农民自发地抗击日军,暂时拖住了日军的行动。

日军展开了政治攻势,对中国进行分化瓦解,日本发布了《开诚忠告十八省之豪杰》檄文,号召中国人"驱逐鞑虏,恢复中华",推翻满族人的统治。日本人的这一招还是产生了一定的效果,战区有些受蒙蔽的民众甚至因此还支持日军。这一招更是击中了满清的要害,这正是满清统治者最害怕的,慈禧太后更加惶恐不安,她唯一指望的就是依靠西方列强的调停,尽快使日本人停止战争。

11 月初,对日本大举入侵感到恐慌的慈禧太后,又派奕䜣去转而请求美国驻华公使田贝出面与日本疏通,并委派任职天津税务司的德国人德璀琳作为清廷代表到日本去探商议和的条件,但日本正在大举进攻,他们以德璀琳资格不足为借口拒绝谈判,并告诉美国人要求清政府派出"具有正式资格的全权代表"。

11 月 6 日,在花园口登陆的日军进占金州。7 日,日军向大连湾进攻,大连湾守军闻风而逃,日军不战而得大连湾。日军在大连湾休整 10 天后向旅顺进逼,21 日,向旅顺发动总攻,经过激战,次日,被称为"东亚第一要塞"的旅顺陷入日军之手。旅顺陷落后,日军在旅顺进行了大屠杀,旅顺全城 2 万多居民被杀戮殆尽,只留下了 36 人掩埋尸体。

1895 年 1 月 14 日,清政府正式派户部侍郎张荫桓,湖南巡抚邵友濂为全权代表,并聘请美国国务卿科士达为顾问,赴日求和。此时,日本因为军事上的胜利,气焰极为嚣张,正在谋划扩大侵略战果,他们觉得迫使清政府无条件投降的时机还未到来,因此借口全权不足,将清政府这两位全权代表羞辱一番,驱逐回国。

这时,清军北洋舰队各种舰艇共 26 艘在清廷的命令下,还龟缩在威海卫港内的刘公岛海军基地,不准出海,因此它成了日军围歼的首要目标。1 月 20 日,大山岩大将率领日军 25000 人,在日舰的掩护下开始在荣成湾登陆,23 日登陆完毕。30 日,日军集中兵力进攻威海卫南岸炮台。驻守南岸炮台的清军仅 3000 人,他们进行了拼死的抵抗,日军死伤累累,其左翼司令官大寺安纯少将也被打死,但因兵力悬殊,南岸炮台还是被日军占领。到 2 月 3 日,威海卫城和北岸炮台也已被日军攻占,日海军联合舰队则封锁了外海,完成了对北洋舰队海军基地刘公岛的包围。2 月 4 日开始,日军从海上和岸上用重炮展开了对北洋舰队的围歼。舰队提督丁汝昌指挥各舰用火炮奋勇反击,但是到 2 月 11 日,北洋舰队包括旗舰"定远"

号在内的大部分舰艇已被击毁。

当晚,丁汝昌接到来自烟台的信函,他高兴极了,以为援兵有了指望,但打开信一看,上面寥寥数字:"顷接李大臣电:全力冲出。"丁汝昌长叹一声,知道援兵无望。他自思:外海倭舰密布,北洋舰队已遭重创,根本无法冲出去,唯有一死殉国。这时,北洋舰队的外籍顾问和洋员们策动清军官员要求投降,丁汝昌不愿投降,为保忠节自杀身亡,随后又有几位舰长也自杀身亡。12日,美籍洋员浩威起草了投降书,拟就后伪托丁汝昌的名义译成中文,由广丙舰管带程璧光送至日旗舰。14日,与日军签订了《威海降约》,规定:基地内的所有舰艇、刘公岛上的炮台以及一切军械物质都交归日军。17日,日军在刘公岛登陆,北洋舰队所剩的10艘军舰全交由日本所有,编入日海军联合舰队,北洋舰队全军覆没。

这时在辽东方面的战事还在进行,清军正调集兵力阻挡从朝鲜入侵的日军。2月2日,日本向清政府提出了和谈条件,指定要李鸿章充当全权代表,并公开要求清政府必须以割地、赔款为议和条件,否则就无须派代表前往日本谈判。慈禧太后非常害怕战争继续打下去,为了求得停战,不惜割地赔款。

3月,慈禧太后改派李鸿章为全权大臣,带着美国前国务卿科士达为顾问,前往日本马关与日本首相伊藤博文进行谈判。3月20日,双方正式开始了和谈。此时辽东战场激战正酣,李鸿章要求立即停战,日方则提出了包括占领天津等地的四项苛刻停战条件。24日会议后,李鸿章在回使馆的路上突然遭到日本暴徒开枪射杀击中头部,遭受重伤。消息传出,日本人暗杀全权大臣的暴行遭到了世界各国的严厉谴责,日本担心引起西方列强的干涉,于是承诺休战。4月1日,日本提出了包括割让台湾、辽东半岛、赔款3亿两白银等等蛮横要求的议和条款,李鸿章一再要求降低条件,但均遭到拒绝。4月10日,伊藤博文提出了日方的最后修正案,只是把赔款白银减少到2亿两,并对李鸿章说:但只有同意、不同意两句话而已。慈禧太后和满清贵族急于停战,至于土地和白银他们并不吝惜,因为这些东西他们也是从汉族人手里掠夺来的,他们关心的只是满族的统治能否维持。在得到日本人保证不推翻满族人的统治后,4月14日,慈禧太后电令李鸿章,遵旨定约。17日,李鸿章代表满清政府与日本签订了丧权辱国的《马关条约》。

马关条约中有关割让辽东半岛的条款,引起了俄国的强烈不满,俄国觊觎中国东北地区已经很久,特别是辽东半岛和旅顺的不冻港。法国当时是俄国的盟国,而德国为减轻俄国对自己边境的军事压力也希望把俄国的军力引向东方,因此俄国联合法、德两国以武力威胁对日本进行干涉,迫使日本退还辽东半岛。在他们的干涉下,最终是由清政府再出3000万两白银"赎回"辽东半岛。因此日本在甲午战争后一共从中国勒索了 2 亿 3000 万两白银。

俄国人的干涉还辽,使日本在中国的扩张势头遭到意外的打击,而且,俄国的势力也在向朝鲜扩张,日本吞并朝鲜的企图也遭到了打击,因此俄国成了日本人的眼中钉。为了实现吞并朝鲜和占领中国的"大陆政策",日本只有先打败俄国,为此,日本制定了针对俄国的战争计划,卧薪尝胆,重新开始了更疯狂的扩军备战。

甲午战争的胜利使日本尝到了战争的甜头,2 亿 3000 万两白银的赔款加上战利品和其他战争掠夺,日本总获利达到 3 亿 5000 万两白银,相当于日本年度财政总收入的 6.4 倍。当时的日本外相陆奥宗光兴奋地说:"一想到 3 亿 5000 万两白银滚滚而来,无论政府还是私人都顿觉无比的富裕。"因此,更加激起了日本人发动侵略掠夺和扩张战争的欲望,日本的国力已今非昔比,用于军事的开支也变本加厉。战后,日本每年直接军费开支占财政预算的一半以上。为完成对俄国的战争准备,日本制定了一项总耗资达 5.16 亿日元的陆海军军备计划和铁路修建计划,这项计划到 1901 年时基本完成。到 1903 年,日本的兵力已达到 40 万人,海军舰艇总吨位已达到 26 万多吨。日本已完成了战争准备,并决定抢在俄国西伯利亚远东大铁路尚未建成之前尽快发动对俄战争。

俄国要实现在远东的扩张和吞并中国东北就必须修建西伯利亚大铁路,这项工程已于 1891 年开始。俄国财政大臣谢尔盖·维特说,这条铁路修成将使"俄国能在任何时间内,在最短的路上把自己的军事力量运至海参崴并集中于满洲、黄海海岸及离中国首都的近距离处。"在干涉日本还辽后,俄国凭借干涉还辽有功,乘机对清政府进行勒索,1896 年,诱使清政府签订了《中俄密约》,随即索取了在满洲修筑中东铁路及其支线的特权。1897 年底,俄国舰队擅自闯入旅顺口,翌年 3 月,沙皇政府以军事压力为后盾,强迫清政府"租借"旅顺、大连及附近海域,霸占了整个辽东半岛,从而取得了梦寐以求的远东不冻港。1900 年,八国联军侵略中国,俄国乘机大举入侵中国东北。当八国联军各国的侵略军都从北京撤军后,俄军仍然赖在东北不走。1902 年,俄国政府被迫同意分三期撤军,一年半撤完,但是,1903 年 8 月,俄又悍然成立以旅顺为中心的远东总督区,接着又重占奉天,实际上把东北当成了俄国的领土。为防止日本人发动夺取东北的战争,俄国不仅在辽东重镇修筑了大量防御设施和军事要塞,而且把在中国东北地区的俄军增加到了 24 万人。俄海军太平洋舰队也进驻到朝鲜仁川和中国旅顺,舰艇总吨位也达到 19 万多吨。但他们始终对日本抱有轻视的态度,认为日本只是个蕞尔小邦,不堪一击,"丢个帽子就可以把它压倒"。

对于不断升温的日俄矛盾,英美等国选择了支持日本,以遏制他们的宿敌俄国。他们不仅为日本提供了4.1亿美元的贷款,而且还帮助日本购买了急需的舰艇等武器装备。而法国虽然仍然忠于法俄同盟,但并不希望俄国把更多的兵力投向远东,因为这样会削弱在欧洲对他们的宿敌德国的军事压力。德国则继续推行支持俄国向远东用兵的政策。

1904年,经过长期准备的日本决定乘西伯利亚铁路还未修通,俄国战争准备不足之机发动对俄战争。2月8日夜,日本联合舰队兵分两路,同时向位于朝鲜仁川和中国旅顺的俄军太平洋舰队发动袭击,给毫无戒备的俄国舰队造成重大损伤。此仗不仅打击了俄海军的士气,而且改变了日俄海军的力量平衡,从而夺得了制海权。此后俄太平洋舰队一直处于被动状态,在日本海军的压制下基本无所作为,这就为日军开辟陆上战场创造了条件。

3月21日,日陆军第一军在朝鲜登陆北进,4月中旬,日军未遇抵抗就到达了鸭绿江边。4月30日夜间,日军发动进攻,5月1日在九连城与俄军展开激战。日军兵力占优势,俄军怕被包围,向辽阳撤退,日军立即向辽阳进军。

5月初,日陆军第二军在辽东半岛东南部登陆,接连攻占了金州和大连,并向旅顺进逼。旅顺是俄太平洋舰队的最大基地,也是俄军在中国东北的最重要军事据点,因此俄国花费巨资在旅顺修建了一整套最坚固的防御工事。旅顺之战是日俄战争的关键点,因为只要旅顺掌握在俄国人手里,不仅它的舰队可能威胁到日军的海上运输线,而且它的驻军还会威胁到在辽阳方面作战的日军。因此,为了攻下旅顺,日军投入了重兵,不惜任何代价,组织敢死队发动一次又一次的进攻。为了这场战役,日军投入13万兵力,组织了5万人的敢死队,在经历了155天,尸横遍野,血流成河的惨烈战斗后,日军终于拿下了旅顺。旅顺拿下后,俄太平洋舰队也被全歼,日军不仅完全解除了海上威胁,而且腾出了兵力用于辽阳方面作战。此后日军集中兵力于辽阳战场,并一举攻下了俄军重要据点奉天,俄军向北退守四平。

在日军联合舰队偷袭仁川和旅顺俄海军基地,造成俄太平洋舰队重大损失从而失去制海权后,俄国政府紧急抽调波罗的海舰队和黑海舰队的舰艇,组成太平洋第二分舰队,开往远东增援。这支仓促拼凑的舰队由38艘战舰和20艘辅助船组成,其中一些舰船甚至还没有完全建造成就出海了,边航行边安装,舰上的官兵技术水平低,缺乏起码的训练。原定于7月出发,但因为准备工作跟不上,推迟到10月。航行路线是由大西洋绕过非洲南端的好望角,然后经印度洋、马六甲海峡、南中国海,前往黄海和海参崴。全程3万多公里,中途一个基地也没有。按国际法,交战国军舰不能在中立国港口停泊,这给俄舰队造成了巨大的困难。直到1905 年 4 月 8 日,舰队才到达新加坡。

这时,旅顺基地早已失陷,俄舰队决定北上海参崴。而日本舰队却早已做好了充分的迎战准备,在俄舰队可能经过的海上通道布好了水雷,并组织了一个庞大的监视预报网,严密监视俄舰的动向。5 月 27 日,俄舰队驶入对马海峡,进入了日军 100 多艘舰艇的包围圈。俄舰队经过 220 天,3 万多公里的航行,已经疲惫不堪,更糟糕的是,对敌情一无所知。俄舰队希望硬闯过日舰队的包围,尽快逃入海参崴,但是开战半小时后,俄舰队司令的旗舰即被击伤退出了战斗。此后其他几艘旗舰也相继被击沉击伤,俄舰队失去了指挥,陷入混乱。最终,除了少数舰船掉头南下逃往了上海、菲律宾的马尼拉、马达加斯加等中立国的港口外,只有三艘到达了海参崴,其余均被日舰击沉或俘虏,俄舰队几遭全军覆没。

日俄战争期间,日本特工明石元二郎在欧洲资助列宁等俄国革命党人发动了俄国 1905 年革命,把俄国闹得个天翻地覆,俄国统治集团面临国内极大的反战压力。对马海战后,俄国政府失去了赢得战争的希望。日本方面也因为人力物力的巨大消耗而无力再打下去。在美国的斡旋下,俄国被迫于 1905 年 9 月 5 日在朴次茅斯与日本签订了和议。和议规定:俄国承认日本在朝鲜享有的利益,并不得干涉和妨碍日本对朝鲜的任何措置;俄国将旅顺口、大连湾,以及附近的领土领水之租借权和其他特权,均移让给日本;俄国将长春至旅顺口之铁路及一切支线,以及附属之一切权利、财产和煤矿,均转让给日本;条约还规定将库页岛南部及其附近一切岛屿永远让与日本。

应该指出的是,日俄战争是在中国的领土上进行的,而交战的双方完全无视这片土地的主人——中国的权益。而腐朽的满清政府竟然荒唐地宣布"局外中立",划辽河以东地区为日俄两国的"交战区",任由日俄两军的铁蹄野蛮蹂躏中国的山河土地,还严令地方军政长官对人民群众"加意严防"、"切实弹压",致使当地人民蒙受了极大的灾难。城市被炮轰,村庄被摧毁,就连寺庙都未能幸免,流离失所的难民有几十万。日俄两军都是实行残暴的因粮于民的政策,所过之地,粮食被抢光,牲畜被夺尽,庄稼被用作马料,纵横千里,几同赤地。日俄两军都野蛮地强征中国老百姓为他们运送弹药,充当劳役,无数的中国人民冤死在两国侵略军的炮火之下,更有成批的中国平民被日俄双方当作"间谍",惨遭杀害。战后,日俄两国竟然公开地在中国的土地上划分势力范围,完全没有把满清政府放在眼里。腐朽的满清政府已成了任人宰割的羔羊。

日俄战争以日本的胜利而告终,一个东方的弹丸小国竟然打败了俄罗斯这个连西方强国都畏惧的庞然大国,这令世界各国对日本刮目相看。日本从此跻身于世界强国之列,这更加助长了日本侵略扩张,侵吞亚洲,争霸世界的野心。

三十六　清朝的灭亡与中华民国的建立

　　中国知识分子提出向西方学习的变法自强活动其实比日本开始得更早。早在第一次鸦片战争结束后，一些有识的汉族士大夫如林则徐、魏源等，就提出了"师夷长技以制夷"的变法自强思想，呼吁清政府进行改革。魏源强调："天下无数百年不弊之法，无穷极不变之法，无不除弊而能兴利之法，无不易简而能变通之法。"认为："变古愈尽，便民愈利。"为了变法自强，这一时期在汉族士子中出现了学习和研究西方文化和先进技术的风气，并出现了一大批介绍世界知识和西方文化以及研究先进技术和新式武器的著作，如林则徐的《四洲志》、魏源的《海国图志》、郑复光的《火轮船图说》、江伸洋的《铸炮说·附台炮》、丁振辰的《演炮图说》、丁守存的《西洋自来火铳制法》、黄冕的《炮台旁设重险说》等等，但是这些呼吁并没有得到腐朽的满清统治者的重视。愚蠢顽固的满清守旧派视这些先进技术为"奇技淫巧"，并认为"立国之道，尚礼义不尚权谋，根本之图，在人心不在技艺"，对于变法的要求，更是以"祖宗之法不可变"予以拒绝。直到太平天国运动和第二次鸦片战争发生后，才使情况发生改变。

　　太平天国起义军在南京建都后，与洋人发展贸易关系，并大量购买和使用洋枪洋炮，使太平军的战斗力大增，屡屡大败满清朝廷的八旗军和绿营军。在镇压太平天国的战争中，一些汉族地方官绅组建起汉族地方武装，为了与太平军对抗，他们也大量购买和使用新式枪炮，从而成了镇压太平军的主要力量。最后，成功地完成对太平天国镇压的，也是这些汉族地方武装。因此，在太平天国被镇压后，他们中的领导人如曾国藩、左宗棠、李鸿章等，开始受到朝廷的重用。这些人继承了林则徐、魏源等人的变法思想，清醒地看到中国面临"数千年未有之变局"，他们向朝廷提出了引进和仿制西洋武器装备，编练新式军队，学习西洋科学技术，兴办近代工厂企业等等改革主张，这些人被称为"洋务派"。

　　满清政府在经历了第二次鸦片战争北京失陷的惨痛打击后，朝廷中一些重要官员如恭亲王奕䜣等人,也认识到与西方列强在军事技术和武器制造上的差距。因此,他们也支持洋务派开展一些改进军事技术和兴办近代军事工业的改革活动,以应对日益严重的西方势力的威胁和国内的人民造反。洋务派开展的这一系列改革自强活动,史称:"洋务运动"。洋务派官员主要来自于南方,所以,洋务运动也主要是在中国南方展开。

1861 年,两江总督曾国藩在安徽安庆创设了中国第一家制造近代武器的军工厂——安庆内军械所,主要制造子弹、炮弹、枪炮等军械。该军械所的徐寿和华蘅芳共同设计制造了中国第一台蒸汽机和第一艘木壳轮船。这一军工厂的创立,标志着中国近代工业和洋务运动的开始兴起。

但是洋务运动的大力开展还是在剿灭太平天国之后。1864 年,清军攻陷太平天国都城南京后,安庆内军械所迁往南京,改名为金陵机械制造局。1865 年,在曾国藩的支持下,李鸿章在上海创办江南制造局,该局的技术和机器设备主要来自国外,除制造枪炮弹药外,也制造机器和轮船,经不断扩充,后来成为清政府官办的最大军工厂。

1866 年,左宗棠在福建马尾创办了福州船政局,该局是清政府官办的设备最齐全的新式造船厂,主要制造军用船只。船政局由铁厂、船厂和海军学堂组成,聘请外国人担任技师和讲师。随后,全国许多省份,包括广东、福建、湖南、湖北、江苏、浙江、安徽、四川、云南、台湾等,以及北方的山东、山西、陕西等,也都以机器局、制造局之类的名义相继建立军工厂,它们都是由各省督抚动用官资兴办的。

在军事工业建立起来后,洋务派还在求富的口号下开始兴办民用近代工业。为弥补官资的不足,洋务派采取了官督商办和官商合办等方式,开办了轮船招商局、开平矿务所、天津电报局、唐山胥各庄铁路、上海机器织布局、兰州织呢局等民用工厂和企业。这些工矿企业进一步带动了民间的商办近代工厂的发展,催生了中国的民族资本主义工业。一些旧式手工业工场开始采用机器生产,更有一些乡绅、富商直接投资兴办新式工厂。如 1869 年,上海发昌机器厂开始使用车床;1872 年,南洋华侨商人陈启源在广东南海县开办的昌隆蒸汽螺丝厂。至 1894 年,民办的近代企业已达到一百多家,大部分集中在纺织工业。在上海、广州、武汉等地也有几家民营的船舶修造厂,其中以上海均昌船厂规模为最大,能制造汽船。这些民用企业,在与外国商人的经济竞争中不落下风。比如 1872 年,李鸿章创办的轮船招商局,在与外国轮船的竞争中,三年多时间里,使外轮损失 1300 多万两银,美国的旗昌轮船行因不堪赔累,被中国轮船招商局归并。湖北织布局创办后,江汉口岸进口洋布每年减少了十万多匹。

　　教育方面,鉴于第二次鸦片战争在与外国谈判订立和约时,连一个懂外文的人都找不到,1862 年,清政府在北京设立了一所培养外文人才的"京师同文馆",学习英、法、俄、德、日等外文,聘请外籍教师任教。同文馆最初只招收满洲八旗子弟,后来也招收汉族学生。学习内容也由外文扩展到算学、天文、化学、物理、万国公法、外国史地、医学生理等。自同文馆设立后,洋务派先后在各地创办了 30 多所近代新式学校,用来培养科技、军事、翻译人才。其中重要的有:1863 年,李鸿章在上海设立的上海方言馆,1864 年又设立了广州同文馆;1866 年,左宗棠在福州创建的中国第一所海军学校——福州船政学堂,学习造船技术和航海技术;1880年,李鸿章在天津设立的天津水师学堂,主要讲授驾驶和管轮。另外,1872 年至1875 年间,清政府每年向美国派遣 30 名幼童留学,这些留学生很多后来都成了中国的重要人才,如铁路专家詹天佑、民国内阁总理唐绍仪等等。

　　军事方面,除了自己建立军工厂制造新式枪炮外,同时大量购买外国枪炮装备军队,使军队从主要使用冷兵器和抬枪、火铳,转变为主要使用新式枪炮。如李鸿章的淮军,1864 年时使用洋枪就已达到 80%,5 万人的军队约有洋枪 4 万支,另外还有 4 个炮兵营。1874 年,清政府开始筹建新式海军,计划建设一支有 12500名海员,下分 5 个军的水师。预期 10 年建成,由于财力有限,1875 年 5 月决定先建北洋水师,首先保卫首都北京。

　　巧合的是,中国的洋务运动与日本的明治维新都是在发生了一场革命之后开始的,时间上也相差不远。中国发生的是太平天国革命,日本发生的是推翻德川幕府的革命。中国是在 1864 年平息太平天国革命后展开了洋务运动,日本是在1868 年推翻德川幕府后开始了明治维新。但不同的是,中国的太平天国革命是以失败告终,而日本的倒幕开国革命却是以胜利结束。因此,革命造成的影响和产生的效果也大相径庭,截然不同。

　　因为太平天国革命的失败,因此中国的洋务运动只能在腐朽的旧体制下,由体制内的改革派,在不触动统治集团根本利益的情况下,进行一些局部的肤浅的改革,改革的目的是为了巩固腐朽的旧体制和满清的种族统治。但是任何在旧体制内进行的改革所能取得的成果都将是非常有限的,因为改革必然会触动既得利益集团和满清统治集团的利益,因此也必然会招致他们的坚决反对。而日本则完全打倒了腐朽的德川幕府,彻底推翻了旧的封建体制,建立起了全新的资本主义体制,因此明治维新能够在政治制度、思想文化、军事技术和经济发展等各方面进行全面而彻底的改革。改革的目的是为了顺应新兴的资产阶级和走上了军国主义道路的武士阶级的需要——富国强兵,进而实行侵略扩张。因为洋务运动只是在旧体制下进行的一些小改良,而明治维新则是推翻旧体制后进行的一次彻底的革命,所以两者完全不能同日而语。

中国的洋务运动和日本的明治维新都是在遭受到西方强国的入侵威胁后发生的,但是中国的国情与日本完全不同,产生的影响也完全不同。日本国土狭小,因此几艘美国黑船的威胁就可以对整个日本造成极大的惊恐,消息传遍全国,举国为之震动。而且日本民族单一,国情较简单,容易形成统一的忧患意识和举国一致的改革要求。中国地处大陆,国土辽阔,因此即使是西方强国倾力发动的两次大规模鸦片战争,也只是对中国沿海部分地区造成了影响,内地大部分民众对西方列强的威胁并无感受,真正感到威胁的是满清统治集团。而且此时中国还存在一个民族问题,统治国家的是人口处于少数的满族,他们实行的是种族隔离和种族压迫政策,这不仅使他们自己处于孤立状态,而且长期处于民族反抗的危机之中。他们不信任广大民众并时刻防范着人民造反,"防民甚于防寇",而广大处于种族奴役下的各族民众也并没有把满人建立的大清国视为自己的国家,而是把他们视为入侵者和异族统治者,对他们与外国列强之间的冲突以旁观者的态度来看待,即使是在英法联军进攻北京城时,汉族民众也只是在城外围观,因为北京城是满清的总巢穴,当年满清入关时把汉族人都从城里赶走,供满族人居住,因此城内居住的大都是平日里骑在汉族民众头上作威作福的满族人和满清贵族,汉族民众希望看到他们被打倒。所以在满清统治下的中国当时并没有产生全民一致的抵御外侮的忧患意识。

因为洋务派改革自强的目的还是为了维护现有的旧体制,所以洋务运动只能进行一些军事和经济方面的小改革,政治体制的改革必然会涉及统治集团的利益,实行西方国家的民主政治制度就意味着满族统治特权的丧失。在思想文化上他们也绝不会学习西方,因为满清实行民族奴役和专制统治依靠的就是奴化思想和忠君之类的封建文化,西方资本主义的自由平等思想将使他们失去统治的思想根本。因此,洋务运动只能舍本逐末,学一些武器和工业制造技术这些西方先进文明的毛皮,而拒绝了政治制度和思想文化这些先进文明的根本。实际上,因为统治集团中守旧派反对改革的阻力太大,洋务派所能进行的军事和经济方面的改革也非常有限,自强的目标也并未能实现。如洋务派的重要人物李鸿章所说,淮军遇到"内地贼匪",自信能取胜,遇到外国进攻,"胜负即不可知"。洋务大员丁日昌说得更明白,他的船炮"可以靖内匪,不可御外侮"。

自从 1861 年咸丰皇帝病逝,6 岁的载淳继位成为同治皇帝后,他的生母慈禧太后就掌握了朝政。从此,慈禧太后就成了保守派和守旧势力的总代表。支持改革的恭亲王奕䜣屡屡遭到她的打击。1865年4月,慈禧太后借一份弹劾奕䜣的奏折,突然罢免了奕䜣的议政王以及一切其他职务。虽然在朝廷众多大臣的请求和英国等在华的外交使节的劝说下,慈禧太后随后又恢复了奕䜣的职务,但是他的议政王称号还是被取消了。1874年8月,慈禧太后以奕䜣"召对失仪"的罪名,把他降为郡王,并夺去了他长子的贝勒爵位,但是第二天又恢复如故。这种如同儿戏的做法无非就是要打击教训奕䜣,警告他必须服从自己。奕䜣从此以后只能对慈禧太后小心翼翼,处理政务不再敢提出自己的意见。

左宗棠于1866年创办的福州船政局是当时远东最大的造船厂,船厂聘用了法国人日意格、德克碑担任正副监督,总揽一切船政事务,并聘请了数十名法国技师。船政局附设的船政学堂分为制造和航海两班,前者学习造船技术,由法国人任教;后者学习航海技术,由英国人任教。1869年6月10日,船局第一艘木壳轮船"万年青"号下水。到1874年2月,共造木壳轮船15艘。至此,日意格、德克碑和其他数十名法国技师的合同到期,因此从船厂撤离,厂务和技术由船政学堂培养的学生接管。此后,船厂开始制造铁胁木壳船,1877年5月,第一艘排水量1258吨的铁胁木壳兵船下水,由于经费短缺,每年只能大约制造一艘。但是1884年突然爆发的中法战争,使福州船政局遭到沉重的打击,造船厂几乎被法国远东舰队完全摧毁。

中法战争的起因在越南。法国从19世纪50年代开始入侵越南,意图把越南据为法国的殖民地。1860年第二次鸦片战争结束后,侵略中国的法国军队乘势入侵越南南部,先后占领了嘉定、边和、定祥、永隆等省和昆仑岛。1862年6月,越南阮朝政府被迫与法国签订了第一次《西贡条约》,将西贡一带地区割让给法国。1873年11月,法国驻西贡总督杜白蕾派安邺率军进攻越南北部,先后攻占了河内以及海阳、宁平、南定等城。越南原来是中国的臣属国,因此越南国王阮福时请求当时驻扎在中越边境地区的中国军队(刘永福率领的黑旗军)帮助抵抗法国军队的侵略。黑旗军在河内大败法军,安邺也被击毙,法军被迫退回越南南部。阮福时任命刘永福为"三宣副提督",管理宣光、兴化、山西三省,以阻止法国侵略军北上。1874年3月,法国强迫越南签订了第二次《西贡条约》,给予法国在越南北部通商等多种权益。

1879年6月,法国驻越南海防领事土尔克称:"法国必须占领北圻(北越)……因为它是一个理想的军事基地,有了这个基地,一旦欧洲各强国企图瓜分中国时,我们将是一些最先在中国腹地的人。"[1]1881年7月,法国议会通过了用

---

[1]　韦福安:《近代法国的环北部湾战略布局探析》,载《学术论坛》2008年第1期,第63页。

于越南的 240 万法郎的军费拨款。1882 年 3 月,法国政府命令驻越南海军司令李维业率领数千法军再次侵入越南北部,4 月占领河内。次年 3 月,又攻占了产煤基地鸿基和军事要地南定。阮福时再次请求刘永福出兵。5 月 19 日,刘永福率黑旗军在怀德府纸桥大败法军,杀死法军数百人,李维业和 30 余名法军军官也都被击毙,残余法军只能死守河内。刘永福被提升为"三宣正提督"。

法国马上任命驻西贡法军司令波滑为北圻法军统帅,率领法军沿红河进攻黑旗军,但再次被黑旗军打败,法军损失惨重,波滑本人则被撤职遣返巴黎。法国转而派北圻舰队海军少将孤拔率领海军进攻位于越南中部的首都顺化。孤拔率军攻入顺化,越南国王阮福时病死,继位的阮福升被迫与法国签订了《顺化条约》,承认了法国对越南的"保护权"。

《顺化条约》签订后,中国军队成了法国占有越南的唯一障碍。为了消除这个障碍,法国通过外交途径向清政府施压,要求清政府撤出驻越南的中国军队,承认法国对越南的殖民统治。鉴于越南与中国的特殊关系和法国侵越对中国造成的严重威胁,清政府拒绝了这一要求。左宗棠、曾国荃等,在镇压太平天国战争中成长起来的湘军将领都力主朝廷抗击法国的侵略,但是清政府自第二次鸦片战争以后就一直害怕与外国列强交战,因此,一方面派出军队出关援助越南,一方面又再三训令清军不得主动向法军出击,企图通过外交谈判和第三国的调停来解决问题。

1883 年 10 月,法国任命孤拔为北圻法军统帅,孤拔率军向驻扎在红河三角洲的中国军队发动进攻,中国驻军被迫进行了军事抵抗,法军进军受阻。1884 年 2 月,法国改任米乐为北圻法军统帅,增兵至 16000 人。3 月,米乐率领法军再次发动进攻,因为清政府畏手畏足并无抗战的决心,清军也无斗志,法军相继攻下了北宁、太原、兴化。

清廷在得知前线战败的消息后,为掩盖败绩、推卸责任,慈禧太后以恭亲王奕䜣为替罪羊,趁机把奕䜣的势力从军机处和总理衙门全部清洗出去,任命自己的亲信掌管了军机处和总理衙门。慈禧授权自己的亲信,一贯崇洋媚外的李鸿章去与法国人议和,5 月 11 日,李鸿章与法国代表福禄诺在天津签订了《中法会议简明条约》。条约的主要内容有:承认法国对越南的保护权;将驻北圻的清军调回边界;同意中越边界开放通商;本约签订 3 个月内双方派代表议订详细条款。5 月 17 日,福禄诺通知李鸿章法国已派巴德诺为全权公使谈判详细条款,并单方面提出了在越南北部向中国驻军"接防"的日期,但李鸿章未同意。

6 月 23 日,侵越法军突然到谅山附近的观音桥接防,要求清军立即退回中国境内。但是中国驻军没有接到清政府撤军的命令,不敢擅自撤军,要求法军稍事等待。法军强行前进,打死清军代表,炮击清军阵地,清军被迫进行还击,冲突随即爆发。这场冲突持续了两天,法军死伤近百,清军伤亡更重。法国以此为扩大战争的借口,照会清政府,要求通饬中方驻越军队立即撤退,并赔偿法国军费 2.5 亿法郎(约合白银 3800 万两),并威胁说,法国将占领中国的一两个海口作为赔款抵押。这显然是无理要求,清政府无法同意,但还是派两江总督曾国荃于 7 月下旬在上海与巴德诺谈判,以求解决争端。

与此同时,为胁迫清政府接受条件,法国将它在中国和越南的舰队合并为远东舰队,任命孤拔为统帅,分别进攻台湾基隆和福建福州。8 月 5 日,法国舰队炮击基隆,并强行登陆,企图占领基隆。清军在台湾事务大臣刘铭传的统率下顽强抵抗,击退了法军的进攻,法军被迫退回海上,图谋未能得逞。法国政府于是拟定新条件,要求清政府赔款 8000 万法郎,十年付清。但是谈判仍无结果,法国决定发动新的军事行动来施压。

早在 7 月中旬,法国舰队就已侵入福州马江,停泊在马尾港罗星塔附近,准备攻击清军福建水师,战争一触即发。钦差大臣张佩纶、福建船政大臣何如璋、福州将军穆图善等,多次致电清廷询问应对之策,清廷指示"彼若不动,我亦不发",于是他们命令福建水师"无旨不得先行开炮,必待敌船开火,始准还击,违者虽胜尤斩"。有官员上书要求北洋大臣李鸿章派北洋水师增援,李鸿章却执意求和,不准抵抗,更拒绝增援。何如璋等也怕影响和谈,命令福建水师都避入马尾港内,各舰不准发给子弹,不准无命令自行起锚。

8 月 19 日,法国向清政府发出同意赔款条件的最后通牒,清政府仍未同意。8 月 22 日,法国政府电令孤拔消灭福建水师。23 日下午,孤拔趁退潮的有利时机指挥法国舰队向停泊在马尾港内的福建水师发动猛烈进攻。福建水师毫无战斗准备,被打了个措手不及,舰船还未起锚就被法国舰队第一排炮弹击沉 2 艘,重创多艘。慌乱中的水师官兵奋起反击,旗舰"扬武"号,砍断锚链,还来不及调转船头,就用尾炮反击,第一炮就打中了孤拔的旗舰"窝尔达"号的舰桥。孤拔指挥法国舰队集中火力攻击"扬武"号,"扬武"号被鱼雷击中沉没。法国军舰吨位大,舰炮射速高,火力强,还装备了当时的新式武器机关炮和鱼雷,福建水师无法与之抗衡。半个小时后,福建水师 11 艘兵船,9 艘沉没,2 艘重伤,几乎全军覆没,官兵阵亡 521 人。法国舰队也有两艘舰艇受重伤,孤拔本人也受伤,不久后死于台湾。第二天上午,法国舰队趁涨潮向上驶至福州造船厂,用大炮把它轰成了一片废墟。然后顺江而下,炮轰沿途岸防设施、运输船、民房,最后出闽江口而去。

8月26日,清廷颁发上谕,谴责法国"横索无名兵费","先起兵端",令陆路各军迅速进兵,沿海各地严防法军入侵。此举表示清廷正式对法国侵略军宣战。

10月初,法国舰队分头进犯台湾基隆和淡水。刘铭传鉴于兵力不足,放弃基隆,坚守淡水。法军占领基隆后进攻淡水,但是被击退。法国舰队转而对台湾海峡和大陆沿海进行海上封锁,并占领了澎湖岛。

1885年2月,驻越法军进攻谅山,清军退守镇南关。两广总督张之洞急调广西提督冯子材赴镇南关指挥。冯子材整顿军务,并在镇南关选择险要地势修建长墙,深掘堑壕,构筑起坚固的防御工事。3月23日,法军从谅山出发直扑镇南关,在关前遭到清军的伏击,进攻受阻。24日,法军分三路向镇南关发动猛攻,并一度跃上长墙,70岁的老将冯子材身先士卒,率众冲向敌人展开肉搏,击退了法军的进攻。经过两天激战,法国溃退,清军乘胜追击,26日攻克文渊、28日攻克驱驴、29日攻克谅山、31日攻克屯梅、观音桥,4月2日攻克谷松,法军统帅尼格里受重伤。正当冯子材集结军队准备进攻河内之际,清廷突然下令撤军,并于4月4日就立即与法方签订了停战协议。法军战败的消息传至巴黎,引起大噪,法国议会否决了对侵华战争的追加拨款,茹费理内阁也因此倒台,法国已无力再战。

法国发动侵华战争后,清政府与法方围绕战与和的谈判和外交活动就没有停止过。镇南关大捷本来使中国处于有利的谈判地位,但清政府在整个中法战争期间,即使被迫宣战,也一直担心"兵连祸结"会引起"民变"或"兵变",危及满清的种族统治,因此始终或明或暗向法国侵略者求和。在洋务大员中李鸿章是最得慈禧太后信任的,他是慈禧太后媚外求和政策的忠实执行者。李鸿章把镇南关大捷看作是一个绝好的求和机会,建议清政府立即与法国签订合约。清廷即令批准《中法会议简明条约》,并下令驻北越清军分期撤回国内。法国也解除了对台湾海峡的封锁,中法战争至此停止,慈禧太后颁布了停战诏令。

5月13日,清政府任命李鸿章为谈判代表,与法国政府代表巴德诺在天津开始谈判中法正式条约。6月9日双方签订了《中法会订越南条约》,主要内容有:承认法国对越南的殖民统治;开放中越边境贸易口岸;中国军队撤出越南,法军撤出台湾和澎湖;给予法国在云南、广西等地贸易、税收、修铁路等方面一系列特权,等等。左宗棠对李鸿章在中法战争中的妥协求和态度和所签订的条约十分不满,他气愤地说:"对中国而言,十个法国将军,也比不上一个李鸿章坏事。"

中法战争中福建水师的战败,制海权的丧失和福州船厂被摧毁,对洋务派的自强运动是一次沉重的打击。海战暴露出武器装备和造船技术都还远远落后于西方,李鸿章因此提出造船不如买船。战后,清政府开始重视海防的建设,斥巨资购买西方国家的先进军舰和大炮,组建起当时亚洲最大最先进的海军舰队——北洋舰队。

在法国舰队发动的马江和台湾海战中,一直在图谋侵略中国的日本,派海军军官东乡平八郎一直跟随法国舰队考察战况,为日后日本发动侵华战争提供经验。同时,日本一直在抓紧准备侵华战争。1888年,清朝购买西方舰船组建的北洋舰队成军后,日本专门针对北洋舰队组建起了更为强大的舰队,并购买了更先进的舰艇。而清廷却对日本疏于防备,而且北洋舰队成军后,海军的军费即被挪用于给慈禧太后修建颐和园去了,以致北洋舰队后来再未添置新舰和新武器。1894年,完成了战争准备的日本,利用朝鲜国内发生东学党叛乱之机出兵占领了朝鲜,继而发动了侵略中国的甲午战争。

日本在朝鲜挑起战争后,清政府一味消极避战,李鸿章训令驻朝鲜的清军"静守勿动",并请求西方各国干涉,幻想西方列强会制止日本的侵略。在日军攻陷平壤,直逼中朝边境后,清政府仍然寄希望于西方国家干涉日本停止战争。1894年9月17日,日本舰队在黄海对护送运输船的北洋舰队发动突然袭击,北洋舰队仓促应战。经5个小激战,双方均有重大损伤,日本舰队并未赢得胜利,被迫悻悻逃离战场。然而黄海海战后,李鸿章却命令北洋舰队退回威海卫港内,不准出海作战。慈禧太后起用被她废黜多年的恭亲王奕䜣,要他出面请求英、美、俄、德等列强调停中日战争,但是毫无结果。清政府的妥协畏战使日本的侵略气焰更加嚣张,日本海军封锁住出海口,把龟缩在威海卫港内的北洋舰队予以全歼。日本陆军越过中朝边界,攻占辽东半岛,直逼满清统治者的老巢奉天(今沈阳)。并扬言要打到北京去,推翻满族人的统治,活捉满清皇帝。在慈禧太后百般委屈求和下,日本提出了苛刻的停战条件。慈禧太后在得到日本答应不推翻满族人的统治后,同意了日本的所有苛刻条件,命令李鸿章签订了丧权辱国的《马关条约》。慈禧太后以割让台湾、辽东半岛,赔款2亿两白银的代价,暂时满足了日本的侵略胃口,得到了苟且的安宁。

《马关条约》使慈禧太后得到了安宁,但是却深深刺痛了汉族知识分子的心,泱泱大国竟被日本这个千百年来不屑一顾的弹丸岛国打败,中国已贫弱到了这种地步,再不变法图强,亡国之灾迫在眉睫。1895年4月17日李鸿章在日本签订了丧权辱国的《马关条约》后,消息传到北京,引起群情激奋。5月2日,正在北京应试的1300余名举人联名上书光绪皇帝,要求变法图强。因为进京应试的举人要由各省派公车送去,举人也被俗称为"公车",因此史称"公车上书"。正在参加会试的康有为等人连夜起草万言书,痛陈国家危亡的严峻形势,提出拒和、迁都、练兵、变法的政治主张,请求光绪皇帝采取"下诏鼓天下之气""迁都定天下之本""练兵强天下之势""变法成天下之治"等措施,"改变祖宗成法"以图国家富强。"公车上书"揭开了中国近代维新变法运动的序幕。

慈禧的儿子同治皇帝于1875年病逝,死时19岁,无子嗣。慈禧选择了自己妹妹的儿子——年仅4岁的载湉作养子,让他继承皇位,是为光绪皇帝。光绪的一生都生活在慈禧的淫威和阴影下,郁郁寡欢,身不由己。虽然名义上是皇帝,实际上只是一个傀儡,慈禧心狠手辣,牢牢掌控着生杀大权。到1895年,光绪皇帝已经是个24岁的青年,正是年轻气盛的年龄,甲午战败和马关条约的签订使他深感耻辱。目睹日本人的猖狂,国家的衰败,他也想励精图治,不愿做一个亡国之君,无奈并无实权,事事都不能做主。

"公车上书"并没有触动腐朽的满清政府,甚至上书都未能上呈送到光绪皇帝之手。康有为等维新派人士为加强舆论宣传扩大影响,开始在北京和全国各地创办报刊、组织学社、开设学堂、编译著作,广泛进行维新变法的宣传鼓动。1895年8月,康有为、梁启超等在北京创办了《中外记闻》,报道时事、鼓动变法,并组织成立了"强学会",主办讲演、印刷刊物、介绍西学。随后又在上海成立强学会分会,出版强学报。1896年8月,《时务报》在上海创刊,梁启超任主笔,每期行销万余份,成为维新派宣传变法的舆论中心。1897年冬,严复在天津主编《国闻报》,成为与《时务报》齐名的在北方宣传维新变法的重要阵地。1898年2月,谭嗣同等人在湖南成立了南学会,创办《湘报》。在康有为、梁启超等维新志士的宣传、组织和影响下,全国议论时政的风气逐渐形成。到1897年底,各地已建立了以变法自强为宗旨的学会33个,新式学堂17所,出版刊物19种。到1898年,全国各种学会、学堂、报馆共计有300家以上。

甲午战争清政府的懦弱表现,使世界各强国瓜分中国的野心大长,掀起了一股瓜分中国的狂潮。1895年,俄国为争夺中国东北,联合法、德两国干涉日本退还辽东半岛,最终以清政府再增加赔款3000万两白银将辽东半岛"赎回"。俄国紧接着就以干涉还辽有功,强迫清政府签订《中俄密约》,获得了在黑龙江、吉林修筑东清铁路及驻军护路、采矿、垦荒的特权;1898年又强租旅顺和大连,并取得了从哈尔滨到大连的东清铁路支线的修筑权和管辖权,从而把整个东北纳入了它的势力范围。德国在俄国的支持下,借口两个传教士在山东曹州被杀,于1897年11月出兵强占山东胶州湾(今青岛)。法国则将海南岛划为它的势力范围,于1897年3月强迫清政府同意"永不将海南岛让与任何他国",并于1898年4月强行租借广州湾(今广东湛江),租期99年。英国早已把长江流域作为了它的势力范围,1898

年2月,它也仿效法国,强迫清政府同意不得将长江流域各省"让与他国",1898年6月,又强迫清政府签订了《展拓香港界址专条》,强租九龙半岛99年,还强租威海卫25年。法国紧接着又要求清政府不得把云南、广西、广东"让与他国"。德国则把山东半岛划为它的势力范围,要求清政府不得"让与他国"。日本除已霸占台湾外,还把福建划为它的势力范围,要求清政府不得"让与他国"。这一时期瓜分中国已成了世界列强的口头禅,他们毫不掩饰对中国的轻视和侮辱,开始把中国称为"东亚病夫",说这个国家"正躺在死亡之榻上",要把瓜分中国的问题提上议事日程。

康有为早在1888年10月赴京参加顺天乡试时,就曾写成5000多字的《上清帝第一书》,痛陈国家危亡,批评因循守旧,要求变法维新,那是他首次上书光绪皇帝。1895年5月进京参加会试时正遇甲午战败,清政府签订《马关条约》,他带头发起"公车上书",这是他第二次上书。这次科举会试他中了进士,被任命为工部主事。此后他又多次上书,但因他官品太低,无权直接上书皇帝,加上保守派官员的阻碍,这些上书都未能送达光绪皇帝。康有为在北京和上海等地组织的"强学会",也因批评了清政府中投降派的卖国行径而惹怒了李鸿章等保守派,他们下令封闭了这些学会。1897年11月,德国出兵强占胶州湾,引起全国人心激愤,12月,康有为再次上书,这是他第五次上书。

面对世界列强瓜分中国的狂潮,光绪皇帝也很焦急,在一些维新派人士的影响下,他也希望变法图强。光绪向慈禧太后提出要求改革朝政,得到了慈禧表面上的同意。康有为极力鼓动变法,在社会上的名声很大,因此光绪准备召见康有为。1898年1月24日,光绪命令总理衙门接见康有为询问变法事宜,康有为被接到了总理衙门,接受李鸿章、荣禄、翁同龢等大员的问话。康有为向他们申述了自己的主张,认为在当前的形势下决不能一成不变的照行"祖宗成法",必须酌情改变,实行新政。李鸿章、荣禄等人反对他的主张,只有光绪的老师翁同龢采取了同情的态度,他向光绪报告了谈话的情况。在翁同龢的推荐下,光绪晓谕总署,以后康有为如有条陈,即日呈递,不许阻隔。

1月29日,康有为的第六次上书《应诏统筹全局折》终于上呈到了光绪皇帝面前。康有为又向光绪呈送了他所著的《日本变政考》《俄罗斯大彼得变政记》以及英国传教士李提摩太的《泰西新史揽要》和其他有关欧洲各国政治变革的书。3月,康有为在北京组织成立保国会,为变法维新作直接准备。保国会很快发展到数百人,这引起了保守派的恐惧,有人上书大骂保国会是"名为保国,势必乱国",有人上书弹劾,准备对康有为进行查究。但是光绪皇帝说"会为保国,岂不甚善",

此事才算作罢。6月8日,康有为拟就《请明定国是疏》由徐致靖上奏光绪皇帝,请求正式改变旧法,实施新政。6月10日,光绪命翁同龢起草《定国是诏》,11日,光绪颁布上谕《定国是诏》,表明了实行变法的决定,维新变法正式开始。

正当光绪正式开始准备变法时,慈禧太后也开始布置她的一系列反制措施。6月15日,慈禧要求光绪连下三道"上谕":一、下令免去帝师翁同龢的协办大学士、军机大臣等职务,逐回原籍;二、凡授任新职的二品以上大臣,须到慈禧太后面前谢恩;三、任命慈禧亲信的荣禄为直隶总督,掌管北京周边地区的军政大权。从6月16日到24日,慈禧又要求光绪任命崇礼为步兵统领,刚毅掌管健锐营,怀塔布掌管鸟枪营及圆明园八旗官兵。慈禧太后布置自己亲信的满清贵族牢牢掌握了京畿地区的军队,为随时镇压维新变法派做好了准备。

6月16日,光绪第一次召见康有为,商讨变法的措施和步骤。光绪特许康有为专折奏章,调任他为总理衙门京章上行走,参议新政。随后又召见梁启超,并委派他出任办理译书局事务。其后又启用谭嗣同、扬锐、林旭、刘光第等人协助维新。康有为主张不但要学习西方的先进技术,而且要学习西方的政治制度和经济制度。在政治上要引进西方民主制度,召开国会,制定宪法,实行君主立宪制;在经济上要改变中国传统的重农轻商思想,强调中国必须以工商业立国,才能够富国养民,因为官办企业多弊病,故应着重鼓励民办企业。在康有为等人的建议下,光绪颁布了一系列变法诏书和谕令,进行广泛的变法。

经济方面:设立工商总局,路矿总局,并在各地设立分局;提倡开办实业,在各地开设工厂,修筑铁路,开采矿藏,设立邮局,颁布制器及振兴工艺给奖章程;在各省设立商务局、商会,保护商务,推广口岸商埠;开设农会,刊印农报,购买农具,奖励学艺,编译外国农业书籍;改革财政,编制国家预算。

政治方面:裁撤闲散衙门,裁汰冗官冗员;准许满族旗人学习士农工商自谋生计;广开言路,集思广益,允许地方官和士民上书言事;开放新闻自由,准许自由开办报馆、学会。

教育方面:废除八股取士,改试策论;所有的书院、社学、义学一律改为兼学中西的学堂,创办京师大学堂,各省会设高等学堂,郡城设中等学堂,州县设小学,鼓励私人开办学堂;派皇室宗亲出国游历,挑选学生出国留学;设立翻译局,颁布著书及发明给奖章程,保荐格致人才。

军事方面:改用西法练军,使用枪炮,改练洋操;武科停试弓马骑射,改试枪炮;裁汰绿营,举办民兵,遣散老弱残兵,消减军饷开支,实行团练;筹备武备大学堂,颁布兴造枪炮特赏章程。

这些变法措施在短短的近百天时间里，一个接一个地快速推出，在社会上引起了极大震动。康有为的最终目标是建立君主立宪制，他还有好多变法主张，如：制定宪法、召开国会、满汉平等、尊孔教为国教、断发易服、迁都上海、皇帝亲自统帅陆海军等等，都还未来得及推出。然而，保守派对他的变法早已无法忍受，裁撤闲散衙门和冗员使大批官员利益受损。特别是涉及满族的变法，如"准许满族旗人学习士农工商自谋生计"，因为此前满族旗人都是由国家俸禄供养，不需从事任何职业做任何事，只需在有战事时能够从军打仗就行。而此举则意味着旗人由国家俸养的特权将被逐步取消，以后将要自谋生计，因此满族人大为不满，一时间谣言四起。满汉平等，君主立宪制，更是涉及去除满族的统治特权。满族统治集团很快意识到，无论变法能给中国带来多大的好处，满族人都要付出沉重的代价，不但将丧失自己的特权，更有可能丧失两百多年来一直把持的政权。变法有利于中国，却不利于满人，中国兴而满人亡。

新政诏谕频频颁发，守旧派却推宕拖延，极力阻挠，新政无法实施，诏谕成为空文。守旧派依靠慈禧太后，被称为所谓"后党"，而维新派依靠着并无实权的光绪皇帝，被称为所谓"帝党"，两派形同水火，势不两立。以满清亲贵礼亲王世铎、刚毅为首的军机处大臣，在 6 月 11 日至 9 月 20 日期间向慈禧太后呈送了折、片、呈、书等，共计 462 件，最多的一天呈送了 29 件。刚毅甚至到颐和园向慈禧哭诉，要求慈禧太后重新训政。

9 月 1 日，礼部主事王照上疏建议光绪出国游历，以考察西方各国情况。怀塔布等礼部官员蓄意阻碍，不肯代奏。9 月 4 日，光绪下令将怀塔布等阻碍变法的礼部六堂官革职。怀塔布的老婆与慈禧太后有亲戚关系，他们又到慈禧处哭诉。

9 月 13 日，光绪拟开懋勤殿，设顾问官，慈禧太后不允许。光绪意识到将会有变故，自己已处于危险地位，颁密诏给扬锐，嘱咐维新派妥筹良策，推进变法。密诏中说："朕位且不能保，何况其他？"流露出焦躁的心情，要康有为等维新派人士筹商对策。

9 月 17 日，又由林旭带出光绪第二次密诏，令康有为"汝可迅速出外，不可迟延"，光绪已感觉到形势的危急，要康有为等人赶快出逃。康有为、梁启超、林旭、谭嗣同等维新派核心人物跪诵密诏，痛哭失声，誓死搭救皇帝。为保护皇帝，拯救变法，康有为等人决定设法实行兵变，包围颐和园，迫使慈禧太后交出政权。

9 月 18 日，谭嗣同夜访负责训练新军的直隶按察使袁世凯，透露出慈禧太后联同直隶总督荣禄，要废黜光绪皇帝，希望袁世凯能起兵勤王，诛杀荣禄，包围颐和园。袁世凯闻此言大惊，推说自己此时手中并无兵权，无法起事，并认为此事不可操之过急,如能得到光绪皇帝的手谕,他可于以后相机行事。

9月19日,慈禧太后突然离开颐和园返回宫中,下令将光绪皇帝带往中南海瀛台软禁,那里四面环水,只有一道浮桥与岸上相通,便于看守。次日,荣禄派兵进入京城,为慈禧发动政变提供军事支持。

9月21日,慈禧太后以光绪皇帝的名义发布谕旨,宣布:由今日始,恳请慈禧太后训政。同时,命令步兵统领衙门逮捕康有为和他的弟弟康广仁,罪名是"结党营私,莠言乱政"。至此,正式公布了光绪皇帝和维新派失势的消息,接着,所有的新政,除京师大学堂外,一律被废止,维新变法宣告失败。这场变法从6月11日开始,至9月21日结束,历时103天,史称"百日维新"。因发生在农历戊戌年,亦称"戊戌变法"。

此后,袁世凯见维新派大势已去,为求自保,向荣禄揭发了维新派欲发动兵变包围颐和园的计划。荣禄将这一消息转告慈禧,慈禧大为震怒。9月24日,清廷发布上谕捉拿维新党人。这时,康有为早已离京,后得到英国人的帮助逃到香港。梁启超逃入了日本大使馆,其他数十名维新派人士被捕。9月28日,谭嗣同、林旭、刘光第、杨锐、杨深秀、康广仁等"戊戌六君子"被斩于北京菜市口。其他维新派人士也都遭到残酷迫害。

戊戌变法的最终政治目标是建立君主立宪制,但是却失败了。而日本的明治维新也进行了君主立宪制改革,却能顺利地取得成功。究其原因,还是在于国情的不同。

首先,中国有满清的种族统治问题,这是日本没有的。反对变法最激烈的就是处于统治地位的满族旗人。新政主张满汉平等,主张旗人学习士农工商自谋生计,致使满清旗人大为不满,这意味着他们将失去高人一等的社会地位和由国家俸禄供养的特权。召开国会,制定宪法,实行君主立宪的民主制度,这必然会导致满族统治特权的丧失。满清贵族虽然昏庸无知,但是他们对权力的变化却极为敏感,很快就意识到改革将使他们丧失把持了两百多年的政权,因此,这是他们绝对不能容忍的,必然会导致他们强烈地反对。所以,中国要改革政治体制,首先必须推翻满清的种族统治。

其次,中国是个官僚集权的君主专制国家,即所谓的绝对君主制。而日本是封建制国家,封建制是一种分权制,各级领主都有自治权,权力是分散的,君主拥有的权力有限,而且受到制约。因此比较容易接受君主立宪制,因为君主立宪制也是分权制,它也是使君主的权力受到制约。明治天皇是日本武士阶层通过倒幕运动推上台面的,其实并无实权,实行君主立宪制对他的权力并无多大影响。但是在官僚集权的君主专制制度下,权力是高度集中的,统治者拥有不受制约的绝对权力,因此要用君主立宪制对他们的权力进行制约是绝对难以接受的。慈禧太后是一个极端的专制统治者,以她为首的满清统治集团对权力高度敏感,任何有损他们权力的变法都会引起他们激烈的反应。

从世界历史来看,为什么君主立宪制和民主共和制等近代民主制度能够首先在欧洲出现,当然,一个主要的原因是欧洲有议会民主制的传统,但另一个不可忽视的原因是,当近代工商业资产阶级走上历史舞台时,欧洲绝大多数国家都还处于分权制的封建社会中,只有法国等极少数国家进入了或正在进入专制集权的绝对君主制。比如说世界上第一个建立资产阶级共和国的荷兰,就是一个商业资本非常发达的封建制国家,它没有专制集权的君主,因此在摆脱宗主国西班牙的统治后,封建贵族和资产阶级能够非常自然地建立起了世界上第一个资本主义的共和制国家。

世界上第二个资本主义国家是英国,但是英国发生资产阶级革命时,国家正处于从封建制向绝对君主制的过渡中,英国国王已经相当集权专制。因此英国的革命非常困难,几经反复,从 1637 年的新教革命到 1688 年的光荣革命,前后历经 51 年,最后还是在荷兰资本主义政权的武装干涉下才完成了革命,英国资产阶级建立的也只是君主立宪制。

世界上第三个资本主义国家是美国,而美国发生革命时,还只是一个由 13 个独立自治的殖民地组成的松散联盟,连君主都没有,因此美国能够顺理成章的组建成一个没有国王的民主共和国。

法国则比较惨,法国是西欧集权制度最发达的绝对君主制国家,因此法国的革命经历了更多的反复,从 1789 年法国发生大革命建立君主立宪制开始,到 1792 年废除君主制建立法兰西第一共和国,然后又经历了拿破仑称帝,波旁王朝复辟,法兰西第二共和国,路易·波拿巴称帝,1870 年建立法兰西第三共和国后仍然有旧势力图谋复辟帝制,直到 1875 年,民主共和制才得到真正确立,前后经历了 86 年。

德国是个典型的封建制国家,诸侯林立,德意志皇帝由选帝侯选举产生,由普鲁士发展而来的德国也是由众多的封建诸侯国合并而成,因此德国实行君主立宪制很顺利。

俄国有较长时间的专制集权传统,而且因为它紧靠东方,它的专制制度还带有浓厚的东方色彩。因此在欧洲社会发生大变革时,沙皇俄国虽然在经济、文化、科技、军事等方面都向西方学习,但是在政治体制上却顽固地坚持君主专制,以致在法国大革命后,拿破仑领导的资产阶级军队横扫欧洲的封建国家时,俄国被认为是欧洲君主专制制度的最后堡垒。即使是后来推翻了沙皇的统治,建立起了共产主义的苏联政权,它的新统治者斯大林仍然实行的是极端的专制统治,甚至比帝制有过之无不及。

中国是世界上最早建立专制集权制度的国家,从秦朝开始,已有漫长的两千多年官僚集权制历史,在官僚集权制度下,每一级官僚都是他所管辖地域上的专制君主,官僚帝制思想已经根深蒂固的渗透到了中国社会每一个角落和每一个人的心灵。因此,要在中国建立近代民主政治绝非易事,它必然要经历一个更漫长的过程,后来的事实也证明了这一点。

维新变法是在世界列强侵略和瓜分中国的狂潮下,中国的士大夫阶层奋起要求清政府变法图强的自救运动。中国的知识分子非常理性,没有排外情绪,而是采取向西方学习的态度,吸收和接纳国外的先进东西。然而,面对外国列强瓜分中国的狂潮,在中国社会的底层也激起了强烈的反应,但是,就并不是那么理性了。当维新变法运动在社会上层发生的同时,中国社会下层的民众为抵御外侮,也发起了一场轰轰烈烈的,具有强烈排外情绪的义和团运动。这场运动对外国侵略者和满清统治者带来的冲击远远超过了戊戌变法。

在清朝,中国民间长期存在着许多如白莲教、八卦教、大刀会、义和拳之类的秘密帮会,他们大多都以反对满族的统治为宗旨,以"反清复明"为口号,但有的也带有邪教和黑道的性质。满清统治者长期对他们进行清剿镇压,但是始终剿而不绝。

自第二次鸦片战争后,西方列强与清政府签订了一系列不平等条约,不仅取得了割地、赔款,开放沿海和内河通商口岸等各种贸易特权,还取得了在中国自由经商游历、自由传教、自由租买土地、自由买卖人口,以及不受中国法律管辖的"治外法权"。在这些特权的保护下,西方商人、冒险家、传教士,纷纷涌入中国,把中国当成了冒险家的乐园。特别是西方传教士,广泛深入内地各省到处强租土地修建教堂,并采用各种手段发展信徒。因为一些基督徒和传教士不尊重中国的风俗和文化,贬低和歧视中国的宗教和文化信仰,有的甚至破坏中国的风俗,因此造成了很多中国人的不满。

在明朝时,基督教也曾经在中国取得很大的发展,但清初康熙年间因发生康熙皇帝与罗马教皇的"中国礼仪之争",导致基督教被清廷禁止。后来基督教在中国的教堂大多被没收充公,这些房产早已翻拆改建,挪作他用,有的更是已经多次易手。但是第二次鸦片战争取得传教自由后,外国传教士仗着清廷的上谕和外国公使的庇护,往往不顾实际情况,任意索要民众所尊崇的公所、会馆、书院、寺庙等,迫令退还,到后来发展到强迫买卖土地,低价勒索甚至霸占田地,激起了人们的义愤。在治外法权下,不仅教会的西方神职人员不受清政府官员的管辖,中国的基督教信徒也获得西方教会的庇护,部分不良教民仗势欺压当地民众,而地方官府却往往惧于治外法权而不能秉公处理,因此造成教案和中外矛盾的加剧。

甲午战争后,日本从清政府手中获得了大量的割地和赔款,从而刺激起西方列强掀起了瓜分中国的狂潮,列强在中国划分势力范围,并纷纷派出军队侵占中国土地,激起了中国人民的极大愤怒。1897年,德国出兵强占山东胶州湾,强迫清政府签订了《胶澳租界条约》,强租胶州湾99年,同时获得了修筑胶济铁路,以及沿线30里内地区的采矿特权,并把整个山东都划为它的势力范围。在这种国家危亡的形势下,在山东活动的义和拳等民间秘密反清组织,把他们的斗争目标从反对满清的民族压迫转向了反对外国列强的侵略势力。他们反洋教、烧教堂、拆毁铁路、拔除电线杆,反对所有与外国有关的事物,甚至信洋教的、说洋语的、用洋货的中国人也都在反对之列,对这些人轻则辱骂殴打,重则遭到杀身之祸。这些排外活动最初在山东冠县兴起,很快波及山东全省。

清政府最初把这些人称为"拳匪",对他们实行坚决的镇压。但是在戊戌变法以后,清政府中的保守派官员,包括一贯媚外的慈禧太后,对外国列强的态度开始发生微妙的变化。原因是外国列强大都支持维新派人士和光绪皇帝的变法,在清廷后党发动戊戌政变镇压维新党人时,外国公使馆为维新派人士提供保护,慈禧欲废黜光绪皇帝时,英国等外国公使还出面干涉。因此慈禧太后和清廷中的那些顽固守旧的满清贵族都对外国列强极为不满。他们可以忍受割地赔款,可以"量中国之物力,结与国之欢心","宁与友邦,勿与家奴",但绝不能忍受维新变法,因为一旦实行变法,满族就将失去对整个中国的统治。

1899年4月,因山东巡抚张汝梅对义和拳清剿不力,清廷调旗人毓贤出任山东巡抚。毓贤非常仇视外国势力,他认为义和拳的排外情绪可以利用,因此对义和拳采用安抚的办法,将其招安纳入民团。于是义和拳就变成了"义和团",其口号也由"反清复明"变成了"扶清灭洋"。毓贤纵容义和团的排外行为,然而一旦闹出大事,又拿义和团问罪。1899年12月,山东肥城发生英国传教士卜克斯被杀案件,遭到英国公使的强烈抗议。毓贤亲自带兵平乱,把暴乱的义和团首领朱红灯、心诚和尚擒拿斩杀,其他暴乱参与者或被下狱或被处斩,并将暴乱所在地的村保、里正,执行连坐处罚,各打300大板。但是外国公使仍然认为毓贤是纵容排外的罪魁祸首,在多国公使的抗议下,毓贤还是被清廷免职。毓贤离职后到北京觐见慈禧太后,向她提出招安义和团的建议,后获调任山西巡抚,到山西后又变本加厉的纵容义和团排外。而新任山东巡抚袁世凯带领北洋新军在山东大力清剿义和团,平息了山东拳民的暴乱。

1900 年 1 月,慈禧把端郡王载漪(慈禧的侄女婿)的儿子 15 岁的溥儁诏入宫,封为大阿哥(太子),准备废黜光绪把溥儁封为皇帝,但外国公使均表示反对拒不承认。慈禧对此极为气愤,与外国关系更加趋于紧张,为了表达她的不满,她不顾外国公使的抗议,发布了维护义和团的诏令。直隶总督裕禄因此把原来的剿灭义和团,转变为扶助义和团。于是,山东的拳民涌入直隶、烧教堂、杀教徒、拆铁路、拔电杆。

5 月 27 日,3 万多义和团拳民占领了涿州。6 月 6 日,慈禧派军机大臣刚毅到涿州调查,义和团首领向刚毅表示,只反洋人,不反朝廷,刚毅回京后向慈禧报告"拳民忠贞,神术可用"。朝廷中庄亲王载勋,端郡王载漪,辅国公载澜等满族亲贵也都主张招抚义和团,向洋人开战。载漪甚至认为,只要义和团能把外国人赶出去,他儿子溥儁就能当皇帝。满清统治者一直把汉人的反满情绪和民间的反清秘密组织视为心腹大患,"反清复明"一直是他们挥之不去的噩梦,现在忽然听到"扶清灭洋"的口号,不由得高兴得忘乎所以。当时的《中外日报》对此评论道:"忽闻助清美名,灭洋快事,满朝心醉,举国皆狂,则斯时非惟纵之,且或煽之。"由此,一场无政府状态的排外闹剧在直隶疯狂掀起。

6 月 10 日,慈禧委派载漪出任总理衙门大臣,于是义和团开始大举进入北京,是日起,北京东交民巷的外国使馆区对外通讯被断绝。此前,英国公使窦纳乐感到使馆区有危险,已要求停泊在大沽的 17 艘外国战舰派来了 400 多人的军队保护使馆区。6 月 11 日,驻天津的各国领使又组织了一支 2000 多人的联军,乘火车增援北京使馆区。但因为铁路被拳民破坏,联军受阻于廊坊一带,联军与清军及义和团发生了战斗,但交战失利,退回了天津。该战事被清政府和义和团认为是一重大胜利,称之为"廊坊大捷"。

6 月 13 日,义和团进入北京内城,当天即烧毁了内城中的 11 所教堂。2000 多名基督教徒逃入了东交民巷的使馆区,3200 多名天主教徒逃入了有法国兵保护的天主教北堂。

6 月 16 日,义和团烧毁了前门老德记西药房,附近千余家店铺都遭到大火波及而烧成废墟。正阳门楼的北京 24 家铸银厂也遭烧毁。涌入北京的拳民多达 10 多万,他们四处破坏教堂攻击教民,庄王府前的大院成了大屠杀的刑场。除了屠杀教民外,混乱的拳民还大肆洗劫商铺和平民,滥杀无辜,奸淫妇女,并将抢劫来的财物公开拍卖。乱民所至,连当时的权贵之家也不能幸免,很多当朝官员的家都遭到洗劫,更有乘机报私仇者。是日,慈禧召开御前会议,一度发出勒令解散拳民的上谕。

6月17日,由英、法、日、俄、德、美、意、奥八国组成的联军攻陷了大沽口。此时,慈禧对义和团还是举棋不定。兵部尚书徐用仪、户部尚书立山等大臣主张清剿义和团,以免引起与外国列强的争端。而载漪、刚毅等满清王公大臣则主张"招抚"利用义和团,载漪说:"义和团都是出万死而不顾一生,以赴国难之义民。"当然,他的目的还是想让他儿子当上皇帝。为了实现这个目的,载漪指使军机章京连文冲伪造了一份外国列强给清廷的照会,照会上提出4条要求:一、指明一地给光绪居住;二、代清政府收取各种钱粮;三、代清政府掌管全国军队;四、要求慈禧把政权归还给光绪皇帝。慈禧看见后当即气得失去了理智。慈禧可以容忍割地赔款,可以在其他所有的事情上对洋人妥协,但绝不能容忍干涉她在宫廷中的权力,这是她最后的底线,她认为让谁当皇帝是她的家事,她是这个皇室家族的主人。她立即召开御前会议,在朝会上她泪流满面,像一个受尽委屈的小媳妇,一反往日的盛气凌人,哭哭啼啼地向大臣们诉苦,要求大臣们支持她反对洋人。对义和团的态度也立刻发生了改变,转为支持义和团向洋人开战,命刚毅、载漪、载勋、载濂、载澜统领义和团。载漪几兄弟还一度带领60多人直奔瀛台欲杀光绪皇帝,但被慈禧太后阻止而未果。而反对义和团的主和大臣如徐用仪、立山、联元、许景澄、袁昶等,都先后遭到处死。

6月21日,慈禧以光绪皇帝的名义发布诏令,向"彼等"外国"宣战"。清廷同时宣布悬赏捕杀洋人,杀一洋人赏银50两,洋妇40两,洋孩30两。义和团和清军开始围攻各国在北京的使馆。使馆区被围人员约有3000人,其中约2000是逃入使馆区寻求保护的中国教民。400多名先期进入使馆区的各国士兵在英国公使窦纳乐的指挥下,筑起了防御工事进行抵抗。武器装备有3挺机关枪和4门小口径火炮。至此,事件终于演变成了国际军事冲突,八国联军集结了约45000人的军队开始进军北京。

当朝廷中的满族王公大臣丧失理智的时候,在地方上掌权的各地汉族官员们却十分清醒。在清廷还未向各国宣战时,两江总督刘坤一、湖广总督张之洞、两广总督李鸿章、闽浙总督许应骙、铁路大臣盛宣怀、山东巡抚袁世凯等,即在商议如何保持东南各省的稳定,避免列强有借口入侵。同时密议如果北京失守而朝廷不测,当由李鸿章做总统支撑局面。清廷向外国列强宣战后,刘坤一、张之洞、李鸿章、袁世凯,以及四川总督奎俊,就与外国列强达成了地方上的协议,称为"东南互保"。他们称朝廷诏令是被义和团胁持下的"矫诏、乱命",东南各省拒不执行支持义和团的命令。

被气得失去理智的慈禧太后几天以后也慢慢清醒过来了,而且她还知道了所谓各国要求她把权力移交给光绪的照会是虚假消息。可是宣战诏令已颁布,事态已无法挽回,为了给事情留点余地,她只好暗中派人对使馆区加以保护,并派人秘密给因被义和团包围而断绝了外界物资供应的使馆区,送去粮食、蔬菜、水果等生活物资。

7月14日,八国联军攻占天津,直隶总督裕禄兵败后自杀。8月4日,联军开始向北京进犯,沿途虽然不断有义和团对他们进行阻击,但那都是些装备原始,缺乏训练的乌合之众,对装备精良,训练有素的八国正规军队并不能形成真正有效的抵抗。清廷曾传旨令袁世凯带领新军进京勤王,但袁世凯借故拖延,拒不出兵。8月14日,八国联军抵达北京城外,15日即攻入城内,16日已基本上占领了北京全城。慈禧太后和皇室在15日北京陷落之前,微服出德胜门,仓皇逃往西安。

八国联军进城后对北京进行了大肆烧杀掳掠,皇宫、王府、官府、商铺、民宅皆被洗劫一空。天主教士们竟公然发出布告,下令天主教徒抢劫,规定抢劫不满50两银的不用上交,超过50两的应归公集中均分。法国报纸曾刊登回国士兵的陈述:"从北堂我们开向皇宫,修士们跟着我们去……他们怂恿我们屠杀、抢劫……我们行抢都是为教士干的。我们奉命在城中为所欲为3天,爱杀就杀,爱拿就拿,实际抢劫了8天。"八国联军占领北京后曾特许军队公开抢劫三天,侵略军疯狂地烧杀掳掠,把昔日金碧辉煌的北京城变成了到处是断壁残垣,满目疮痍的废墟。

此后,侵略军陆续增至10万,继续扩大侵略战争,他们首先在京津附近地区到处进行劫掠烧杀。接着又以讨伐义和团的名义在河北、山西等省到处肆虐,整个华北地区都惨遭侵略军蹂躏。教会也乘机进行疯狂的报复,如在河北任丘县,美国基督教传教士梅子明(Willim Ament)以"用人头抵人头"为口号,杀害了中国农民680人。八国联军中的德、俄两军被认为最野蛮凶悍,军纪最差。德军因其凶悍还被冠以绰号"匈奴"。而俄国除了随八国联军进攻北京外,更是另派20万大军侵入中国东北,乘机占领了东北全境。

清廷皇室在逃往西安的途中发布上谕,称:"此案初起,义和团实为肇祸之由,今欲拔本塞源,非痛加铲除不可。"命令各地官兵剿灭义和团。同时派庆亲王奕劻和李鸿章为全权特使,与各国议和。在列强的压力下,那些主张招抚义和团对外国开战的王公大臣如刚毅、载漪、毓贤等,或遭处死或遭流放,均受到严惩。

1900年10月,李鸿章抵达北京与各国代表开始谈判。李鸿章从国际法上提出,义和团为叛乱,皇室之前的宣战诏书是在被迫之下发出的,不承认是中国与十一国交战,因此各国并无割地的理据,外国出兵只认为是助剿叛乱,而中国只有赔偿军费的义务。12月22日,英、俄、美、德、法、日、意、奥、比、西、荷11国以公使照会形式将他们议定的"议和大纲"12条交给清廷代表,李鸿章等当即电告西安。慈禧求和心急,当日即复电表示"所有12条大纲,应即照允",只是要求"竭力磋商"详细条目,补救一分是一分。

1901年9月7日,奕劻、李鸿章与11国代表签署了《辛丑条约》,其主要内容有:中国赔款4.5亿两白银,分39年还清,年息4厘,本息共计9.8亿两,以关税和盐税为抵押;将北京东交民巷划为外国使馆区界,由各国驻军管理,"中国民人,慨不能在界内居住";拆毁大沽炮台及北京到渤海口的所有防御炮台,而外国有权在北京至山海关的12个据点驻扎军队;永远禁止中国人成立或加入任何反对外国的组织,违者处死;责成清政府惩办"纵信"义和团而开罪外国人的官员100多人;等等。这个条约不仅使中国蒙受到巨大的经济损失,而且表明满清统治者已沦为外国列强和帝国主义者统治中国的工具。清廷已没有了自主权,事事听命于洋人,成了"洋人的朝廷"。实际上,满清统治者自第二次鸦片战争后,就一直是依靠出卖国家主权和中华民族的利益来维持他们苟延残喘的统治了。

义和团运动是甲午战争后,面对帝国主义者侵略和瓜分中国的狂潮,中国民间自发掀起的反抗侵略,抵御外侮的大规模群众运动。正像所有自发性的大规模群众运动一样,它表现出来的是一种无政府状态,混乱、暴力、极端、愚昧、甚至罪恶都混杂其中,因为在这种情况下往往是鱼龙混杂,各种不法分子也混迹其中乱中取栗。虽然义和团运动对社会造成了极大的破坏,但它仍不失反抗侵略,反抗民族压迫的正面意义。时任美国驻华特使柔克义在给友人的信中也说道:"义和团起义是中国摆脱外国人的束缚,争取民族解放的爱国运动。"义和团运动虽然没有到达驱逐外国侵略者的目的,但是它也给予了外国势力以沉重的打击,给予了帝国主义者以严厉的教训。面对义和团运动所显示出的热情和能量,八国联军司令德国人瓦德西将军感慨万端:"中国群众含有无限蓬勃生气……无论欧美日本各国,均无此脑力与兵力,可以统治此天下生灵四分之一。"

满清统治集团对待义和团的态度是矛盾的,他们一方面想利用义和团抵御外侮,一方面又害怕义和团的兴起会危及自己的统治地位。因此在处理义和团问题上是左右摇摆,前后矛盾,昏招频出,以致酿成大祸。而就全国各级政府来说,对待义和团更是完全不统一,甚至可以说是处于对立状态。处于朝廷中央权力机构的满族亲贵和王公大臣们,主张利用义和团反对外国,而地方绝大多数汉族官员却坚决反对利用义和团排外,以致造成朝廷向外国宣战,而地方政府却拒不执行,反而与外国列强签订"东南互保"协议。地方上的汉族官员之所以敢于拒不执行朝廷的诏令,是因为他们看到了满清的统治已经难以为继,行将就木。而满族统治集团利用义和团,也只是他们穷途末路上的垂死挣扎。

实际上自太平天国革命和第二次鸦片战争后,满清的统治基础就已经崩溃,太平军和捻军把中国南方和中原地区的满洲八旗军队已全部消灭,而卫戍京畿地区的满蒙精锐骑兵也被英法联军消灭,满清赖以维持其统治的基础——强大的满洲八旗军队已基本消失,全国各地的政权都已经是靠汉族军队来维持,地方政权也大多落到了汉族官员手里。因此,无论是汉族官员还是满清统治者都知道,满清种族统治的崩溃和清朝的灭亡只是时间问题。在平息太平天国革命运动后,曾国藩的幕僚曾劝曾国藩趁势推翻满清的种族统治,恢复汉族政权。但是曾国藩没有答应,他已经功成名就,不愿意再担这个风险。因此,完成中国反对满清种族统治的民族革命还有待来人。

义和团运动最终被外国列强联合镇压下去了,但是它对满清统治者造成的打击仍然是致命的,因为它的结果之一是,朝廷中的大批满族王公大臣和顽固守旧的保守派官员被清除,在外国列强的强烈要求下他们遭到了处死、流放或罢官。这就造成政治权力进一步向汉族官员和地方政府转移,各地督抚已经出现不受清廷控制的动向,满清的统治开始解体。与此同时,在国内国外的双重压力下,清廷不得不重新起用戊戌变法的改革和新政,1901 年 1 月,避乱西安的慈禧太后和光绪皇帝颁布了"预约变法"的上谕,宣布"维新"。但是,此时的小改小革已满足不了国人的需要和形势的发展,以孙中山为代表的革命党人已在南方悄然兴起,一场更激烈更彻底的革命正在酝酿,他们要的已不是改良主义的君主立宪制,而是没有帝王的民主共和制。

孙中山原名孙文,少年时曾跟随其长兄孙眉远赴美国夏威夷的檀香山求学 5 年,后入香港西医学院学习西医,毕业后在澳门和广州等地行医。在海外和香港求学时期,形成了他的民主共和政治思想。1894 年 6 月,孙中山拟就《上李鸿章书》,并远赴天津求见李鸿章,欲施展自己的政治抱负,但不获接见。失望之余,他远赴檀香山,在兄长孙眉的帮助下,发动华侨,创建了第一个民主革命团体——兴中会。他在该会的誓词中鲜明地提出了"驱逐鞑虏,恢复中华,创立合众政府"的主张,并积极筹措资金,准备发动武装起义,推翻满清的种族统治。

1895 年初,孙中山回到香港,组织成立了香港兴中会。并与香港有革命倾向的组织"辅仁文社"接洽,"辅仁文社"的领导人扬衢云等人欣然同意举全社并入香港兴中会。2月21日，香港兴中会总会正式成立，与会者以"驱逐鞑虏、恢复中华、建立民国、平均地权"为誓，选出扬衢云为会办，孙中山为秘书。3月16日召开的首次干部会决定先攻取广州作为根据地。随后孙中山进入广州，以创办的农学会为机关，广征同志，准备发动起义。

4月17日，因甲午战败，清廷被迫签订《马关条约》，举国悲愤。兴中会决定于10月26日举行起义，但因事先泄密，这次起义失败，孙中山被清廷通缉，遭香港当局驱逐出境，流亡海外。此后，孙中山一直在南洋、日本、北美、欧洲等地华侨中宣传革命，发展兴中会，筹措资金，开展革命活动。在英国伦敦时曾遭清廷特务缉捕入驻英使馆，后被华侨营救。

1900年，中国发生义和团运动和八国联军侵华，孙中山回国乘机联系时任两广总督的李鸿章，希望能策划南方各省独立，成立类似美国的合众国政府，但未能如愿。遂策划在广东惠州三洲田发动了起义，但起义失败，孙中山遂避往海外继续开展革命活动。同年7月，谭嗣同的挚友唐才常组织自立军，拟在长江沿岸五地同时发动起义。事败，唐才常等12位起义领导人在汉口被捕，遭杀害。

1901年，清政府迫于国内外的压力开始推行新政，进行政治、军事、经济各方面的改革。其中军事上决定在全国编练新式陆军36镇，以取代八旗、绿营及地方防营。由袁世凯编练的"武卫右军"扩编而成的北洋新军6镇直属朝廷。为了培养新军的军官，各地办了许多新军学堂。部分地方新军大量启用留学生为军官，这些留学生大多具有革命思想，他们在新军中广泛传播新思想，为日后新军参与武装起义打下了基础。

1903年，邹容、章炳麟、陈天华等杰出的民主革命思想家纷纷发表著作，鼓吹革命。5月，留日学生邹容在上海发表震动一时的《革命军》一书。该书印行20多次，行销达百万册，被誉为中国的"人权宣言"。他指出："我中国欲摆脱满洲人之羁缚，不可不革命。我中国欲独立，不可不革命。我中国欲与世界列强并雄，不可不革命。"他鼓吹资产阶级自由平等观念，主张永远根绝专制君主体制，建立"中华共和国"。6月，章炳麟写了《驳康有为论革命书》，以犀利的文笔痛斥康有为散布的"民智未开，中国只能立宪，不可革命"的谬论。他指出，要立宪必须经过革命，不革命就无法立宪，革命是"启迪民智，除旧布新"的良药。同年秋冬，留日学生陈天华所著《猛回头》《警世钟》两书在东京出版。陈天华在两书中以激昂的爱国热情，用通俗流畅的文字，写出了民族危机和亡国沉痛，呼吁人们警醒，反对帝国主义，推翻"洋人的朝廷"，建立民主共和国。两书一再重刊，同邹容的《革命军》一样，被争相传阅，影响极大。与此同时，各种革命团体在各地纷纷出现，如在华南开展活动的兴中会,在湖南开展活动的华兴会,在浙江、江苏、上海开展活动的光复会,在长江流域开展活动的共进会等等。

1905 年 7 月,孙中山从欧洲到达日本,经过与华兴会的领导人黄兴、宋教仁,以及其他革命团体的领导人磋商,决定以兴中会、华兴会为基础,联合光复会、青年会、爱国学社等其他革命团体,组成统一的革命组织。7 月 30 日,各革命团体的代表和 10 省部分留学生共 70 多人召开了筹组会议,决定统一的组织定名为中国同盟会。孙中山被推举为总理,黄兴被推举为执行部庶务长,总理不在时由他主持会务。同盟会再次将"驱逐鞑虏、恢复中华、建立民国、平均地权"确定为革命纲领。并在国内各省设立分部,发展会员,不到一年入会者已逾万人。

同盟会把华兴会机关刊物《二十世纪之支那》改组成为同盟会机关报《民报》。是年 11 月 26 日,《民报》创刊号发行,公开提出了"三民主义",并对以康有为和梁启超的保皇会为代表的改良派进行批判,从而展开了一场空前规模的大论战。改良派以梁启超的《新民丛报》为主要阵地。这场论战不仅在国内展开,双方的报刊还在海外的华侨聚居地区展开论战。争论的观点主要有:一、反满的民族革命是否有必要? 二、是民主共和还是君主立宪? 三、是维护现有的土地制度,还是应将土地收归国有平均地权? 四、革命是否会引起国内暴动,招致外国干涉,以致亡国? 在整个论战中,虽然革命派对改良派的驳斥并不彻底,但是论战的结果还是革命派的主张取得了胜利,因为革命的潮流已是大势所趋,人心所向。论战使同盟会的纲领和民主共和的革命思想得到了广泛传播。

1906 年 9 月 1 日,清廷颁布上谕,宣布"仿行宪政",称"大权统归朝廷,庶政公诸舆论",至于立宪实行之期限之远近,当视民智之进步迟速而定。改良派立刻表示欢迎,一时,各种立宪团体在各省纷纷成立。上海成立预备立宪公会,湖北成立立宪筹备会,湖南成立立宪政公会……远在海外的康有为、梁启超也将保皇会易名为国民宪政会。梁启超还在日本组织政闻社,为立宪造舆论。立宪派还多次向清政府请愿,乞求清政府迅速召开国会,实行君主立宪。

而同盟会则从 1906 年开始,连续在国内策动武装起义。1906 年 3 月,同盟会在湖南醴陵、浏阳、萍乡等地区策动会党和矿工武装起义,起义总人数达 3 万多。起义时以"中华国民军华南革命先锋队"的名义发出檄文,提出"驱逐鞑虏,恢复中华"和"建立共和国"的口号。起义群众与清军奋战近月,因寡不敌众而失败。1907 年 3 月,孙中山在越南河内建立起义领导机关,从当年 5 月至 1908 年 4 月,在广东潮州黄冈、惠州七女湖,广西钦州、镇南关,云南河口等地,连续发动了 6 次武装起义,但均未获得成功。与此同时,光复会的徐锡麟、秋瑾,于 1907 年 7 月在浙江、安徽先后发动起义,均遭到镇压,徐锡麟、秋瑾遭到杀害。1908 年 11 月,熊成基策动安徽安庆新军 1000 余人起义,也遭失败。

1908 年 1 月 14 日,自幼生活在慈禧太后淫威下的光绪皇帝病逝于瀛台,终年 38 岁,无子嗣。慈禧一直压着光绪,跟光绪较着劲,终于熬到了光绪死在她前头。但是光绪一死,慈禧紧绷的神经也立刻松开了,第二天,她也倒下了,结束了她长达 48 年的独裁统治。临死前她把光绪的弟弟醇亲王载沣的儿子——4 岁的溥仪立为皇帝,是为宣统帝,并授载沣为摄政王监国,嗣后所有的军国政事均由摄政王裁定。

1909 年 10 月,清廷颁布资政院议员选举章程,规定议员共 200 人:钦选 100 人,由皇帝委派王公、世爵、宗亲、各部院衙门七品以上官员、硕学通儒者和多额纳税者担任;民选 100 人,由各省谘议局选举产生,但须由督抚圈定批准。资政院职权为:议定国家预算、决算、税法、公债、制定法规、弹劾大臣、及奉特旨交议等事项。议决事项须具奏请旨决定可否。资政院实为清廷御用机关。10 月 3 日,中央资政院举行开院礼,摄政王载沣临院宣布训辞。10 月 14 日,为预备立宪而设的各省谘议局正式成立,并召开第一届会议。

但是,清廷的改革已无法挽回它即将灭亡的命运。清朝的各种社会矛盾正在加剧,广大人民群众日益陷入饥饿和破产的境地,人们反饥饿、反对苛捐杂税的斗争此起彼伏。1909 年民众暴动有 130 多起,1910 年猛增到 290 多起。饥民的抢米风潮和农民的抗捐抗税成为最重要的斗争形式。1910 年 4 月,湖南长沙爆发抢米风潮,迫使清政府罢免巡抚,允许平粜。同年,山东莱阳县数万乡民围困县城,要求清算被官绅侵吞的备荒积谷,引发多次激烈战斗。

与此同时,革命党人也在抓紧斗争。1910 年 2 月,倪映典在广州发动新军起义,遭到失败。1910 年 11 月,孙中山在海外召集会议,决定发动广州起义,会后由黄兴、赵声在香港组织统筹部,派同盟会员在新军、巡防营和会党中活动,选拔 800 人组成"先锋队",在广州设秘密据点 38 处。1911 年 4 月 23 日,黄兴由香港潜入广州,建立起义指挥部。但因内奸告密,起义部署被打乱。两广总督张鸣岐到处搜捕革命党人,黄兴不得不于 4 月 27 日提前发动起义。黄兴率领敢死队 120 多人攻入总督府,张鸣岐逃走。起义军与大队清军激烈巷战,奋战一昼夜,终因伤亡重大,寡不敌众被清军击败。黄兴受伤仍然坚持战斗,直到剩下一个人才逃往香港。事后,广州人民收殓烈士遗骸 72 具,合葬于城郊黄花岗,因此,这次起义也被称为"黄花岗起义"。

1911 年 5 月 8 日,清廷宣布任命新内阁。新内阁大臣共 13 人,其中满人皇族宗室占6人,一般满族官员占3人。主要位置如内阁总理大臣、度支部大臣、陆军大臣、海军大臣,以及协理大臣多是满人,而且多是皇族,所以人们称之为"皇族内阁"。这种做法受到全国舆论的谴责,也使清廷更加失去人心。皇族内阁的设立使立宪派也感到失望,他们以谘议局联合会的名义请督察院代奏说:"以皇族组织内阁,不合君主立宪公例,请另检大员,组织内阁。"但遭到清廷的申斥:"黜陟百司,系君上大权,议员不得妄行干涉。"于是立宪派大失所望。

1911年4月,清政府宣布铁路国有政策,将铁路干线均收归国有。4月22日,清政府与英、法、美、德四国银行订立《粤汉川汉铁路借款合同》,将路权交与国外资本,引发民众的强烈抗议,湘、鄂、川、粤四省爆发保路运动。川汉、粤汉铁路原为官督商办,四川、湖南、湖北、广东四省铁路公司已募集民间资金4000万两银,除广东全部为商股外,其他三省则募集了大量的民股。所谓民股,即由地方政府在税收项目下附抽米捐股、盐捐股、房捐股等,特别是四川、湖南两省,地方政府还"按亩派捐",使广大人民负担沉重。因此路权的得失,涉及这四省持有股票的社会各阶层民众的利益,致使这四省民众爆发了激烈的反清保路斗争。

保路运动首先在湖南爆发,粤、鄂两省响应。5月,四川省股东在成都开会,成立四川保路同志会,要求"拒借洋款,废约保路"。同志会四处演讲,张贴文告,甚至上京请愿。保路运动的迅速扩大,引起全国瞩目。8月,在成都召开了川汉铁路股东特别大会,在股东会议的号召下,群众开展了罢市罢课和抗粮抗捐活动。清政府命令四川总督赵尔丰解散同志会。赵尔丰诱捕同志会领导人,封闭了铁路公司和同志会,结果激起大批群众到四川总督衙门请愿。赵尔丰下令清军开枪镇压,打死30余名请愿群众,酿成"成都惨案"。9月,成都附近农民在同盟会和哥老会的领导下组成保路同志军,围攻省城,与清军交战。附近州县群众纷纷响应,几天内队伍发展到20多万。清政府得知激起民变成都被围后,非常惊恐,忙将赵尔丰解职,另任端方署理四川总督,并调湖北新军由端方率领入川。

湖北新军大部分都被调入四川后,武汉的防务非常空虚,革命党人认为这是个非常好的机会,湖北的两个革命团体共进会和文学社的负责人接受同盟会中部总会的建议,决定乘机发动起义。1911年9月24日,共进会与文学社双方负责人和新军代表共60余人在武汉召开联席会议。会上组建了起义总指挥部,文学社负责人蒋翊武被推举为总指挥,共进会负责人孙武被推举为参谋长,彭楚藩、刘复基为军事筹备员。并派人赴上海邀请黄兴、宋教仁前来主持大计。起义日期原定为10月6日,后因准备不足推迟至10月16日。

10月9日,孙武在俄租界秘密制造炸弹时发生爆炸,孙武被炸伤,俄国巡捕前来搜查,孙武等人逃走,但起义的文件和旗帜等被搜走。湖广总督瑞澂闻信后下令全城戒严,搜捕革命党人。起义总指挥蒋翊武闻信逃脱,其他起义领导人彭楚藩、刘复基、杨宏胜被捕,于10月10日清晨被斩首。新军工程营后队正目熊秉坤等人决定提前起义,并拉来队官吴兆麟作起义军临时总指挥,熊秉坤为参谋长。1911年10月10日晚8时许,熊秉坤打响了武昌起义第一枪。起义军首先攻占了军械库,武昌新军其他标营的士兵积极响应,经过一夜激战,到次日黎明前,起义军已攻下了总督府,湖广总督瑞澂逃走。

10月11日黎明,起义军领导人在湖北谘议局大楼会议厅召集会议,商讨组建军政府和推举都督人选。会议除十余名革命党人外,还邀请了谘议局议长汤化龙及议员参加,由汤化龙主持会议。吴兆麟提议由新军21混成协统领黎元洪担任都督,立宪派议员一致同意。革命党人也因黄兴、宋教仁不在武昌,起义领导人蒋翊武等被迫逃走,没有更好人选而表示同意。因此,会议通过了以黎元洪为都督,汤化龙为民政总长。11日上午,武昌全部光复,当晚,宣布成立中华民国湖北军政府。军政府设立司令部、参谋部、军务部、政务部,以谘议局大楼为办公地,并发布政府檄文和《安民告示》,以及《布告全国电》《通告各省文》等文告,通电全国,声讨满清政府,号召各省起义。

10月12日,革命党人在汉阳发动起义,光复汉阳,随后起义军攻占汉口。至此,武汉三镇全部光复。10月22日,湖南革命党人焦达峰和陈作新领导长沙城外的新军士兵武装起义,攻占了长沙,成立了中华民国军政府湖南都督府。全国各地也纷纷响应,到11月中旬,在不足两个月的时间里,已有湖南、陕西、江西、贵州、山西、云南、上海、浙江、江苏、广西、安徽、福建、四川、奉天等省市,相继宣布脱离满清政府的统治而"独立"。满清王朝已经处于土崩瓦解之中。

10月14日,经内阁总理大臣奕劻等人保举,摄政王载沣任命两年前被罢黜,现在河南彰德养病的袁世凯为湖广总督,袁世凯托病不就。清军进攻武汉受挫,10月27日,载沣再次任命袁世凯为钦差大臣,统帅北洋军进攻武汉。袁世凯督师到鄂,驻节孝感。此时,山西的革命军与石家庄的革命军联合,组成燕晋联军,准备进攻北京。资政院也出来要求废除皇族内阁,速开国会,组织新内阁。内阁总理大臣奕劻也称病上奏辞职。在这种情况下,摄政王载沣被迫于11月1日解散皇族内阁,任命袁世凯为内阁总理大臣,负责组织新内阁。11月2日,袁世凯指挥北洋军攻下汉口,然后按兵不动,开始暗自与南方革命军议和。11月6日,载沣被迫以宣统帝的名义下"罪己诏",称"统治乏术,用人无方"。11月13日袁世凯带卫队抵京就任内阁总理大臣,16日组成袁世凯内阁。

11月10日,湖北军政府都督黎元洪发出通电,请宣布独立的各省派代表来武汉筹组临时中央政府。11月30日,各省代表齐聚武汉召开会议,会议通过了两项决议,一项是《中华民国临时政府组织大纲》;另一项是"如果袁世凯反正,当公举为临时大总统"。此时正值汉阳失守,武昌遭炮火轰击,但获悉黄兴已率革命军光复南京,于是决定以南京为临时政府所在地,代表们转移至南京开会。12月12日各省代表在南京继续开会,但是对临时大总统的人选发生分歧,有的主张黎元洪,有的主张黄兴,于是会议决定暂缓选举临时大总统。

武昌起义时,孙中山正在欧洲,12月25日,孙中山从法国回到上海,因为他在革命团体中有较高的威望,因此成为众望所归的总统人选。立宪派和其他势力也认为他是在争取袁世凯反正之前的最佳人选。12月29日,各省代表在南京谘议局会议厅召开选举临时总统大会,根据《中华民国临时政府组织大纲》第一条:"临时大总统,由各省都督代表选举之;以得票三分之二以上者当选;代表选举权,每省以一票为限。"参加选举的有17省代表,孙中山获得17张有效选票中的16张,当选为第一任中华民国临时大总统。1912年1月1日,孙中山正式宣布中华民国成立,并宣誓就任临时大总统。

1月3日,清政府驻外国各使节电请清帝退位。1月7日,清军第一军总参赞官靳云鹏自汉口到北京,联合各军要求共和。1月20日,南京临时政府向袁世凯正式提出清皇室退位优待条件。1月22日,孙中山发表声明,只要袁世凯赞成清帝退位,自己即行辞职,让位于袁世凯。袁世凯得到这个保证后,便加紧了逼迫清室退位。此时,国内国外皆认为袁世凯是总统的最佳人选。英国公使朱尔典也会同法、俄、日等国公使发表声明,赞成清室退位。1月26日,段祺瑞等47位北洋军将领联名致电内阁和各王公大臣,要求立定共和政体。1月29日,清廷召开御前会议,会上决定退位,以取得革命党人的优待条件。随后,隆裕太后授予袁世凯全权与南京临时政府商定清室退位条件。2月12日,隆裕太后接受南京临时政府的《清室优待条件》,发布《逊位诏书》,宣布清宣统帝退位。至此,统治中国268年的满清王朝正式宣告灭亡,在中国延续了2000多年的帝制也同时宣告终结。

武昌起义发生在中国农历辛亥年,故称之为"辛亥革命"。辛亥革命是一次双元革命,它既是一场种族革命,也是一场政治体制的革命。种族革命指的是"驱逐鞑虏,恢复中华",推翻满清的种族统治,摆脱亡国奴的地位。这一革命圆满地完成了,中国人民延续了268年的反满斗争终于取得了彻底的胜利。然而作为种族革命的外延——整个中华民族的民族革命来说,它的使命还并没有完成,因为外国殖民主义者、帝国主义列强对中华民族的民族压迫仍然存在,他们不仅与中国还签订有大量的不平等条约,而且企图瓜分中国,中国仍然存在亡国的危险。但是,推翻了以出卖国家主权和中华民族利益来维持其种族统治的满清政权,为中华民族同心同德的反对殖民主义国家的民族压迫打下了基础。帝国主义列强再也不能利用满清政权这个"洋人的朝廷"来瓜分中国了。

政治体制革命指的是推翻君主专制制度,建立民主共和制。这一革命目标只能说是在形式上实现了,实质上还没有实现。因为,此后数十年的执政者,无论是袁世凯、还是蒋介石等人,都是在民主共和的外衣下,或明或暗的实行着独裁和帝制统治。袁世凯当上中华民国总统几年后,当他自认为已牢牢掌控了全国政权,随即公然复辟帝制当皇帝。结果仅仅百余天后,就在各省的武装倒袁运动和举国的唾骂声中,狼狈地宣布取消帝制,不久即忧惧而死。蒋介石执掌中华民国大权后,虽然形式上没有称过帝,但是他宣称"一个主义,一个政党,一个领袖",实质上也是在实行独裁专制统治,蒋介石死后还依照专制君主的世袭方式,把统治权传给了他的儿子。

但是,这些人走上帝制和独裁的道路,并非完全是个人原因,而是有着极为深厚的历史原因和社会基础。中国是个大陆性的农业国家,自古以来就是以家族和家庭为单位进行生产和生活的小农经济。但是小农经济其实很脆弱,稍遇天灾人祸就会陷入家破人亡的困境。而且小农家庭势单力薄,极易遭到强暴势力和野蛮民族的侵害,因此他们特别希望能够得到强大的权威力量保护。在氏族社会里,他们可以得到以氏族领袖为首的氏族力量的保护。但是在氏族社会瓦解进入封建社会后,他们就失去了以血缘关系相维系的氏族力量的保护,转而依靠封建君主的保护,因此他们也不得不接受封建君主的统治和压迫。进入官僚集权的绝对君主制社会后,官僚和皇帝就取代了封建君主,成了他们所依赖的保护者,同时也是他们的统治者和压迫者。人们虽然不满统治者的压迫,但是也不愿失去统治者的保护,因此,象征权威力量的皇帝也就被认为是不可或缺的。

君主制在中国已实行了5000多年,秦代以后更是进入了绝对君主制,因此它在中国的传统中被认为是不可改变的,无论朝代如何变更,国不可一日无君,人们不可想象没有皇帝的情况,只是寄希望于皇帝能够仁慈一些。因此,即使是在辛亥革命后,迷恋君主制的仍然大有人在,而且大多数中国老百姓,甚至知识分子和政府官员,都自觉或不自觉地把国家的最高执政者当作皇帝来看待。或认同他称帝,或不自觉地认同他像君主一样专制的执掌政权。所以,民主共和制度要在中国真正的得以实现,还有待中国人民思想观念的彻底转变,这可能需要几代人的时间。从世界历史来看,绝对君主制越发达的国家,进行民主共和制转型越困难。因此,中国要实现真正的民主共和制度可能还需要100多年的努力。

三十七　第一次世界大战

　　到了 20 世纪,世界进入了帝国主义国家的争霸时代,帝国主义国家群雄并起,展开了更加激烈的争夺和瓜分世界的战争。但是,世界已经基本被老牌殖民帝国瓜分完毕,因此,老牌帝国主义国家力图巩固和扩大自己的势力范围,而新兴帝国主义国家则力图重新瓜分世界。为此它们结成各种军事同盟,企图借此在瓜分世界的战争中获得更大的利益。

　　1870 年的普法战争,普鲁士大获全胜。法国这个昔日欧洲大陆的老霸主,被迅速崛起的普鲁士打败,普鲁士从此建立起了德意志帝国。这是一个新兴的强大帝国,然而它在海外却没有什么殖民地。新兴的德意志帝国工业得到了迅猛发展,很快就成了傲视群雄的工业强国。但是它的海外市场和原料供应地却非常贫乏,因此它开始在海外疯狂地争夺殖民地和贸易市场。这就必然会触犯到老牌殖民帝国的利益,引起它们的恐慌和仇恨,因此,导致了帝国主义国家之间矛盾的加剧。

　　而在普法战争中战败的法国,却遭受了空前的屈辱,不仅被迫割让了阿尔萨斯和洛林两省给德国,而且还要赔偿 50 亿法郎的巨款。这在两国之间埋下了仇恨的种子,法国人一直在寻找机会复仇,他们要夺回被割去的土地。当然,德国人对此心知肚明,为了防止法国人的报复,他们采取了结盟政策,与奥匈帝国和沙皇俄国结成三国军事同盟,被称为“三皇同盟”,以此来对法国进行围堵。

　　然而世事难料,在 1878 年的柏林会议上,因为巴尔干半岛问题,俄国与奥匈帝国发生冲突。巴尔干地区大多为斯拉夫人国家,俄国一贯视之为自己的势力范围,但奥匈帝国不断向巴尔干地区扩张,这引起了俄国的强烈不满。俄国以支持塞尔维亚来对抗奥匈帝国的扩张,“三皇同盟”出现分裂,德国选择了奥匈帝国作为盟友,与之秘密缔结成德奥同盟。1881 年,德国又把因北非殖民地问题而与法国发生冲突的意大利拉了进来,结成了德奥意“三国同盟”。而法国则乘隙而入,向俄国提供财政帮助,支持俄国的工业化,并进而于1894年与俄国结成了"法俄同盟",以此来抗衡德奥意的三国同盟。

1888年,德皇腓特列二世去世,威廉二世继承了德国皇位。这位新皇帝虽然勤勉、具有爱国心,但却爱慕虚荣,理想多于实际,且性情冲动,向来以独裁者自居。他即位不久就宣布:"这个国家只有一个主人,那就是我。"他希望成为德国的"凯撒大帝",他的许多荒谬言论使他在国际政治中成了一只斑蝥(一种有毒的昆虫)。1895年,威廉二世在建国25周年纪念会上发表演说,宣称:德意志帝国不能仅限于欧洲,而是要成为世界帝国。

从1870年至1895年,德国的人口已从4100万增加至5500万,其粮食供应已经要依赖国外贸易。而统一后的德国,紧紧抓住由电动机的发明而带来的第二次工业革命的契机,经过20多年的跳跃式发展,已成为了欧洲一流的工业强国,拥有超强的经济实力,迫切需要海外市场。这个后起的现代化工业强国,不能容忍老牌殖民帝国给它留下的一点残羹剩饭,不断有人叫嚷"领土太小""缺乏空间",要求重新瓜分世界市场和殖民地。德国外交大臣比洛就公开宣称:"德国占有陆地,让邻居拥有海洋的时代已经过去。"为保障德皇的扩张政策,德国议会通过议案,决定扩充海军,把海军的编制扩充为战列舰38艘,装甲巡洋舰20艘,每艘船每25年更新一次。

从1894年至1904年,德国的贸易总额增加了近一倍,从3.65亿镑增加到6.1亿镑;商船吨位更是增加234%。这种海外贸易的巨大扩张和商业船队的不断扩大,使英国人感受到了极大的威胁,德国的商业船队逐渐抢走了英国的生意,而德国的工业也已经超过了英国。1907年,美国驻意大利大使亨利·怀特受美国政府指派,到伦敦去探询英国政府对第一次海牙会议的意见,以下是他与英国外长巴福尔的谈话记录:

巴福尔:"我们真是呆子,因为在德国建造了许多船只和抢夺了我们的商业之后,我们竟找不到一个理由向德国宣战。"

怀特:"在私生活中你是个心灵非常高尚的人,你为什么会想到这种政治上不合道义的事,向一个完全无害的国家挑战?德国不是和英国一样有理由发展海军吗?如果想与德国在贸易上竞争,你们就应该更加努力地工作。"

巴福尔:"那就是说要降低我们的生活水准,或许对我们而言,还是发动战争比较简单。"

怀特:"你居然会有这样的思想,真使我大吃一惊。"

巴福尔:"这是一个'是非'的问题吗?也许只是如何保持我们优势的问题。"

从这段对话可以看出,英国人已经准备为他们传统的海上霸权和商业利益向德国开战了,英国开始在欧洲大陆寻求盟友。1904 年,英国终于与它的老对手法国解决了两国有关殖民地问题的纠纷,签订了《英法协约》。受到法国的鼓励,英俄两国也于 1907 年结束了其殖民地的纠纷,签订了《英俄条约》。同年,英国、法国、俄国有感于德国的扩张威胁,组成了"三国协约"。至此,欧洲分成了两大阵营,因此,只要有任何风吹草动,都有可能演变成两大敌对阵营间的世界大战。

两大军事集团开始进行激烈的军备竞赛,英国为保持其海上军事优势,在 1905 年开始建造最先进的无畏舰,并在德国于 1907 年开始建造无畏舰时,采取二对一的军事政策,即保持自己的无畏舰数是德国的两倍来应对。同时还联合法俄两国实施三国海军联防,即英国在北海,法国在地中海,俄国在波罗的海,分别对付德、奥、意三国海军。在陆军方面,到 1913 年,德国的陆军已从 42 万扩充至 87 万,法国则从 50 万扩充至 80 万,俄国更是从 80 万扩充至 140 万,为欧洲陆军之最。奥匈帝国也从 27 万扩充到了 80 万,意大利从 20 万扩充到了 35 万。美国也因应欧洲的紧张局势把军队从原来的 3.5 万扩充至 16 万。两大军事集团之间的战争一触即发。最终,巴尔干问题成了战争爆发的导火索。

1912 年 3 月至 1913 年 6 月,巴尔干半岛国家之间发生过两次战争,在这两次战争中塞尔维亚获利很大,领土得到了扩张。这引起了奥匈帝国的强烈反对,因为威胁到了它在巴尔干半岛的地位。而俄国则借助塞尔维亚插手巴尔干事务从中获利,这更导致了俄奥之间的冲突加剧。1914 年 6 月 28 日,这天是塞尔维亚的国庆日,奥匈帝国皇储费迪南大公夫妻在塞尔维亚首府萨拉热窝访问时,被塞尔维亚反奥组织的青年学生普林西普刺杀。奥匈帝国以此为借口,在得到德国的支持后,出兵进攻塞尔维亚,从而引发了第一次世界大战。

1914 年 7 月 28 日,奥匈帝国向塞尔维亚宣战。7 月 30 日,俄国开始总动员,出兵援助塞尔维亚。8 月 1 日,德国向俄国宣战,并向法国发出最后通牒,要求其在德俄发生战争时保持中立。法国拒绝了德国的最后通牒,并进入全国总动员。8 月 3 日,德国向法国宣战。8 月 4 日,英国向德国宣战。8 月 6 日,奥匈帝国向俄国宣战。8 月 12 日,英国向奥匈帝国宣战。第一次世界大战正式爆发。

战争爆发之初,德军总参谋长施里芬制定了速战速决的作战计划:利用德国发达的铁路网,先在西线集中优势兵力,计划六个星期内打败法国,然后将部队调往东线进攻俄国。与此相对应,法国也制定了以两个集团军齐头并进、一举收复阿尔萨斯和洛林两省的作战计划。但战争的发展却出乎这些军事家们的预料,使这两个计划都未能实现。

8 月 2 日,德军出兵卢森堡,以取得卢森堡的铁路网。8 月 3 日,德国对比利时不宣而战,至 9 日,德军已占领比利时全境,比利时境内的法军被迫退回法国境内。8 月 21 日,德军分五路进攻法国北部,法军失守,被迫后退。9 月 3 日,德军进逼巴黎,法国政府被迫撤退至波尔多。9 月 5 日至 12 日,德军与英法联军在巴黎近郊马恩河至凡尔登一线爆发马恩河战役。结果两败俱伤,德军只得转入战略防御,固守安纳河一线,战斗开始变为阵地战。接着双方爆发了奔向海边的运动战,英法联军被打败,德军成功夺取了法国东北部的广阔地区。随后双方又爆发了佛兰德会战,但双方均不能取得重大成果,战争进入胶着对峙状态。

东线,俄国趁德军集中兵力在西线之际,从东线向德国发动进攻,并在南线进攻奥匈帝国,屡次击败奥匈帝国的军队。8 月下旬俄军攻入东普鲁士,并向德国心脏地带进逼,德军被迫从西线调兵回援。德国援军很快抵达东线,并于科穆辛森林附近消灭了数万俄军,控制了东线的战局。9 月 11 日,俄国第一集团军再度被击败,德军进逼至俄国境内,俄军共损失了 25 万人。随后,德军向奥匈帝国提供支援,结果至 12 月中旬,东线战局亦进入了胶着状态。

进入 1915 年,英法联军趁德军主力集中在东线作战,发动了香巴尼和阿杜瓦两轮攻势,但都被德军成功抵挡,英法联军伤亡惨重。到 4 月,德军发动反击,并首次使用毒气,使双方的伤亡更为惨重。结果 1915 年的西线战事英法联军死伤过百万,德军也死伤达 61 万,但战事仍然呈胶着状态。

因为在西线无法取得进展,德国决定先集中兵力击溃俄国,迫使俄国停战,从而避免陷入两线作战的困局。1915 年 5 月,德奥联军以 18 个师分两路进击俄军,计划消灭俄军主力。双方交战 8 个月,俄军共死伤达 170 多万人,被迫撤退至里加湾和德涅斯特河一线。德军虽获大胜,但己方也损失极大,而且并未消灭俄军主力,结果并未能迫使俄国投降。

与此同时,其他欧洲国家也被卷入战争。德国为牵制俄国,许诺向土耳其提供一亿法郎的贷款,土耳其本来就与俄罗斯是宿敌,于是土耳其于 1914 年 10 月 29 日正式参战,与俄国在高加索地区发生战斗。俄军初战时不利,但于 1915 年 1 月发动反击,歼灭了土耳其的第九集团军,土军损失达 7 万余人。意大利在战争初起时宣布中立,1915 年 5 月,因为英法答应其在战后可分得阜姆和达尔马提亚,于是投向协约国一方,对同盟国宣战。意军虽然实力较弱,交战初期就损失了近 30 万人,但却成功拖住了奥匈帝国 40 个师的兵力,缓解了法军和俄军的压力。1915 年 9 月,保加利亚加入同盟国,并出兵 30 万,配合德奥联军攻击塞尔维亚,结果同盟国很快就占领了塞尔维亚全境,塞尔维亚政府和军队被迫撤退到希腊的克基拉岛。

协约国为了配合俄军解除被土耳其牵制的困局,决定联合进攻土耳其的首都伊斯坦布尔。1915 年初开始,协约国先后有 50 余万士兵远渡重洋来到土耳其加里波利半岛,投入加里波利之战。在近 11 个月的激战中,共约有 13 万人死亡,约26 万人受伤,结果是被迫撤退。这是第一次世界大战中最著名的、也是最大的一次海上登陆作战。

1916 年 2 月,东线战事的压力稍为降低,德军主力再次移师西线,与法军爆发了凡尔登会战。但是在激战了 7 个月后,仍然不能攻取凡尔登。而英法联军为了制衡德军,于该年 7 月在索姆河一线发动索姆河战役。该仗战况更为惨烈,英国在这次战役中首次使用了坦克,双方伤亡共约 120 万人。战事持续到该年 11 月,但仍未有重大突破,双方仍然呈胶着状态,不过协约国开始掌握了战争的主导权。

1916 年春,俄国调集 3 个方面军共 200 万人,向德奥联军发动反攻。在激战一轮后,双方各损失百万兵力,但俄军兵力较多,因此逼退德奥联军,并乘胜攻入加里西亚东部地区。罗马尼亚也于该年 8 月向同盟国宣战,德奥联军于是决定先攻取罗马尼亚,以夺取石油和粮食补给。罗马尼亚首都布加勒斯特很快就被攻陷,德奥军队占领了大部分罗马尼亚国土。

在海战方面,虽然英国和德国在战前争建无畏舰,但是在第一次世界大战中却只有一次大规模海上舰队决战。德国少数部署在海外殖民地的巡洋舰队,在开战的头一年即遭英国优势海军的肃清,德军主力舰队则被英国海军封锁在了波罗的海内。1916 年,德国海军意图突破封锁,因而爆发了英德之间唯一的舰队决战——日德兰海战。这场战役的结果比较特别:一方面,德国大洋舰队以相对较少吨位的舰船损失,击沉了更多的英国舰船,从而取得了战术上的胜利;另一方面,英国主力舰队成功地把德国海军封锁在港口内,使得其在战争后期几乎毫无作为,从而取得了战略上的胜利。

在战争初期,德国主要依靠无限制潜艇战来阻止其他国家对英国的物质援助,即:凡是在英国海域的船只,不论是敌方的或中立国的,都将可能被其击沉。后因为美国的抗议而一度中止。但是当德国海军的情势越来越差,国内的经济形势也日趋恶化,德国在 1917 年 1 月决定恢复无限制潜艇战。这大大影响了美国商船的航行,而且亦有美国的商船被击沉,因此美德关系日益恶化,美国意欲对德宣战。

1917 年 2 月 24 日,美国得到来自德国的消息称:如果墨西哥对美国宣战,德国将协助墨西哥夺回被美国侵占的美国西南部地区。于是美国以此为借口向德国宣战。

1917年4月,法军在西线发动春季攻势,与德军在兰斯和苏瓦松之间展开会战,战事历时一个月,法军伤亡10多万人,但仍然无法取得进展。此后,法军士兵因厌战发生骚动,只得由英军负责西线防御。到该年下半年,美国提供的装备到达欧洲,英军于是在西线再次展开猛攻,但损失了100多万人后,仍然无法改变战事的胶着状态。

长期的战争给各参战国造成巨大的损失,不仅人员大量死亡,而且导致各国经济不堪重负。俄国是农奴制经济,承受能力更差,持续的战事导致其国内经济的崩溃,军火补给极度困难。俄国在战争中伤亡和被俘的人数高达550万,士兵极其厌战,民众反战情绪激烈。

1917年3月(俄历二月)俄国爆发"二月革命",愤怒的士兵和工人们把沙皇尼古拉二世赶下了台,工人和各社会主义政党的代表们成立了苏维埃代表会议,宣布废除旧政权,建立新政权。3月15日,各党派联合组建了临时政府,但新组成的临时政府仍然坚持参加战争,因此也引起了士兵和民众的不满。德国为促使俄国退出战争,把流亡国外由列宁领导的反战的布尔什维克革命党人,秘密送回俄国。1917年11月(俄历十月),列宁领导布尔什维克党人发动又一次革命,即"十月革命",武力推翻了临时政府,建立起了以布尔什维克为主导的苏维埃政府。12月16日,苏维埃政府与德国签署了《布列斯特—立托夫斯克和约》,宣布退出第一次世界大战。

俄国退出战争后,德国立即集中兵力于西线,意图在美军到达欧洲之前打败英法两国,以扭转局势。1918年3月~7月,德军接连在西线发动了五次大规模攻势。头两次攻势在损兵10万后并无收获,而美军这时已经到达欧洲,使协约国的兵力大增。5月底,德军发动第三次攻势,这次成功突破了法军防线,进逼至距巴黎仅37公里处,但并不能歼灭英法联军的主力,自身则再损失10余万人。6月9日~13日,德军发动第四次攻势,企图把德军在亚眠和马恩河之间的两个突出点连接起来,以集中兵力攻击巴黎,但未能成功。7月15日,德军发动第五次攻势,但在损失15个师后仍无所获,己方兵力反而消耗殆尽,只好撤退至兴登堡防线,从此只能作消极防御。

1918年8月~9月间,随着美军的大批到来(美国在欧洲投入的总兵力达400万),协约国不断发动进攻,德军在西线的军事形势已岌岌可危。不断传来的军事失败消息使德国国内矛盾加剧,反战情绪高涨,革命运动暗流涌动。德国的盟国奥匈帝国、土耳其、保加利亚等,也因持续作战,致使经济崩溃,国内发生起义,无力再战,相继向协约国求和。10月3日,德国新任总理巴登向美国总统威尔逊提出停火协议,但德军的最高统帅部仍不死心,意图用德国大洋舰队与英国海军进行最后的决战。结果水兵们因不愿意送死而在威廉港发生起义,起义于 11 月 3 日爆发,迅速蔓延至整个海军以至全国,士兵和工人们仿照俄国的十月革命,建立起士兵和工人代表苏维埃,革命红旗在许多城市的上空飘扬。

11 月 9 日,德国首都柏林爆发了十一月革命,德皇威廉二世不得不宣布退位,仓皇逃亡往荷兰。总理巴登在办公室把权力移交给了德国社会民主党主席艾伯特。当天下午 4 时,德国共产主义政党领导人李卜克内西在柏林城市宫殿的阳台上宣布:"自由的社会主义德意志共和国诞生了。"次日,一个称为人民代表议会的临时革命政府成立。11 月 11 日,德国临时政府代表与协约国代表在法国的贡比涅签订了《贡比涅森林停战协议》,德国投降,第一次世界大战以协约国的胜利而告终。

在欧洲之外,日本在第一次世界大战中为夺取德国在中国山东的权益,加入协约国向德国宣战,并趁德国在欧洲战败之机,出兵占领了青岛。

中东地区的阿拉伯人也在协约国的支持下,发动了反对土耳其人统治的民族独立战争,并得到了英国军队的支持,从而打败了土耳其,建立起了多个阿拉伯民族国家。

中国在要不要参加第一次世界大战并对德国宣战的问题上,当时执政的北洋军政府内部意见不一,斗争激烈。袁世凯死后,继任的总统是黎元洪,当时黎元洪反对参战,而总理段祺瑞主张参战。段祺瑞出身北洋军,握有军权,为达到参战的目的,段祺瑞把手下的十几个督军叫到北京,对黎元洪施加压力,但未获成功。1917 年 3 月初,黎段矛盾加剧,段祺瑞要黎元洪在对德国绝交咨文上盖章交国会通过,遭黎元洪拒绝。段祺瑞当晚即宣布辞职以示抗议,并离开北京去天津,黎元洪不得已只好派副总统冯国璋请段祺瑞回来复职。

5 月 23 日,黎元洪乘段祺瑞遭到国会反对的机会,罢免了他的国务院总理和陆军总长职务。段祺瑞称其无权罢免,并退居天津,在天津设立"军务总参谋处",扬言要进兵北京武装倒黎。黎元洪无力与掌握着军队的段祺瑞抗衡,于是求助于愿意入京调解的长江巡阅使张勋。张勋是个极端守旧的保皇派,清朝灭亡 5 年了他还留着满清时的长辫子。张勋率领他的 3000 辫子兵北上,先到天津会见段祺瑞与之达成默契,6 月 14 日入京,逼迫黎元洪辞去总统职务。黎元洪任命副总统冯国璋代行总统职务,并重新任命段祺瑞为国务院总理,然后避入外国使馆区。7 月 1 日,张勋和康有为等保皇党人演出了一出闹剧,扶持清朝末代皇帝——宣统帝溥仪,在紫禁城复辟帝制,但立即遭到全国人民的反对。段祺瑞见利用张勋驱逐黎元洪的目的已达到,乘机出来讨伐张勋复辟帝制的倒行逆施行为。7 月 12

日,段祺瑞的"讨逆军"攻入北京,张勋、康有为逃入外国使馆,溥仪再次宣布退位,为期 12 天的复辟闹剧就此收场。在段祺瑞掌控下的北洋军政府,加入了协约国,并于 1917 年 8 月 14 日,宣布对同盟国作战。另外,第一次世界大战期间,中国有 14 万华工应招远赴欧洲,为协约国方面从事战事的后勤工作,担任运输军需物质,搬运炮弹,挖掘战壕,修理军械,承担战地工程建设等任务,他们为英法美等协约国战胜同盟国做出了重要的贡献。

拉丁美洲诸国在美国参战后,亦跟随美国向同盟国宣战,但这些国家大多是在名义上参战,并未实际投入战斗。

战后各参战国在巴黎凡尔赛宫召开了"巴黎和平会议",会议由美国总统威尔逊、英国首相乔治、法国总理克列孟梭主持。会上,美国总统威尔逊主张宽大地对待德国;英国因为与德国有许多经济利益往来,也主张不太苛刻地对待德国;法国却因为以前普法战争战败曾遭到德国的苛刻对待,因此复仇心理作祟,主张严惩德国。最后,各国与德国签订的《凡尔赛和约》,因应法国的要求加入了极其苛刻的条款。德国被割去了 13% 的国土,并被强加了数额巨大的赔款,还被解除了武装,限制其发展军备。这些条款对德国造成了极大的损害,引起德国民众的强烈不满和抵触,以致形成了民族复仇主义情绪,结果为德国在 20 年后挑起更大的第二次世界大战埋下了祸根。

其他战败国也被迫签订了条件苛刻的和约:奥匈帝国被分割为多个民族国家;保加利亚失去了爱琴海的出海口,并赔偿 4.45 亿美元;匈牙利领土大幅减少;土耳其的领土被彻底瓜分。但是中国作为战胜国在巴黎和会上提出的,废除外国在华势力范围,撤退外国在华驻军,归还德国在中国山东占有的各种权益(这些权益被划给了日本)等等合理要求却遭到拒绝。因此引发了中国民众的强烈抗议,并爆发了"五四爱国运动",广大市民游行、示威、请愿、罢市、罢工、罢课。中国代表也因此拒绝在巴黎和约上签字。

第一次世界大战是一次帝国主义国家争夺利益和世界霸权的战争,战争造成了巨大的灾难,双方共约有 6500 万人参战,死亡的人数约有 1000 万,受伤的约有 2000 万人,经济损失更是无法计算。但是这次战争实际上也造成了在世界范围内帝制的更加衰弱,民主共和制度得到了进一步发展。战争导致了强大的沙俄帝国、德意志帝国、奥匈帝国、奥斯曼土耳其帝国等四大帝国的灭亡。奥匈帝国和奥斯曼帝国都被瓦解为多个民族国家,从此在世界政治中销声匿迹;德意志帝国的帝制也从此被废除,从而成了一个共和制国家;沙俄帝国也结束了沙皇的统治,十月革命后,俄国成为世界上第一个社会主义国家。

三十八　第二次世界大战

　　在第一次世界大战即将结束的 1918 年 11 月,德国柏林爆发了"十一月革命",德皇威廉二世被迫退位,帝制被废除,艾伯特领导的温和的社会民主党与激进的左派政党领导人组成了临时革命政府,随后,临时革命政府与协约国签订了停战协议,从而结束了第一次世界大战。为了能控制柏林混乱的局势,临时政府领导人艾伯特与军方达成协议,协议承诺:只要军方保护政府,政府就不会改革军队。此后,应艾伯特的要求,陆军统帅部派国防军镇压了柏林左派士兵的兵变,从而导致了左派政党与社会民主党的决裂。左派政党认为临时政府背叛了革命,因此退出了临时政府。

　　12 月,左派在巴伐利亚邦的慕尼黑成立了苏维埃共和国,但是迅速被国防军和由志愿军人组成的右派半军事组织自由军团镇压。12 月 16 日至 18 日,临时政府召开了国民会议,艾伯特领导的社会民主党在议会中夺得了大多数议席,因此他的领导地位得以巩固,而左派在议会的势力被削弱。1919 年 1 月,数个左派政党和团体联合组建了德国共产党,准备用激进的方法建立苏维埃共和国。共产党领导人李卜克内西号召柏林左派军队和工人阶级拿起武器举行起义,起义的左派军队占领了报社,但很快就被镇压下去了。不久,共产党领袖李卜克内西和罗莎·卢森堡也遭到了暗杀。艾伯特谴责了共产党的主张,他说:"布尔什维克意味着和平的灭亡,也意味着自由的灭亡。"1919 年 2 月,国民议会的议员们避开纷乱的柏林来到安静的文化城市魏玛召开会议,会议选举艾伯特为新共和国总统,从而开启了德国的"魏玛共和国"时代。

　　1919 年 6 月 28 日,魏玛政府在巴黎和会上签订了《凡尔赛和约》。巴黎和会把第一次世界大战的罪责归咎于德国,在法国的坚持下,对德国进行了严厉的惩罚,迫使其签订了苛刻的条约:德国不仅被割去了 13% 的国土,还被剥夺了它所有的海外殖民地;被强加的战争赔款高达 2260 亿金马克,数额如此巨大的赔款德国根本就无法还清；德国还被最大限度地解除了武装，所有的潜艇和军舰被没收，停止所有的军事工业，国防军被限制为 10 万人，不允许发展空军。签订条约的消息传回国内后，德国民众纷纷涌上街头抗议，学生放火焚烧法国国旗。海军官兵们宁可自己把军舰弄沉，也不愿意把它们拱手送给协约国。

战后的德国陷入了经济危机，工业出口量大幅下降，原材料和食品也因为国土和殖民地被割去而减少，军事工业完全停止运作，从前线回来的军人大批失业，全国失业人数高达 1000 万。再加上巨额的战争赔款（德国被要求在 1921 年 5 月 1 日以前首先赔偿 200 亿金马克），从而造成了双重经济危机，德国人民生活窘迫。魏玛政府从一开始就危机四伏，因为在耻辱的《凡尔赛和约》上签了字，他们被右派视为"民族的叛徒"。另一方面，因为他们坚决反对在德国建立苏维埃俄国式的无产阶级专政，并将德国共产党领袖李卜克内西和罗莎·卢森堡杀害，因此被左派认为是"革命的叛徒"。而包括军方在内的一些顽固旧势力，则反对民主制，要求返回帝制，重造昔日帝国的辉煌，他们把德国的战败归咎于革命，认为德国并没有被战争打败，而是革命在背后捅了他们一刀，是革命政府出卖了德国。1920 年 3 月 13 日，自由军团发动政变占领了柏林，并推举右派记者卡普为总理。魏玛政府撤退到斯图加特，并号召举行大罢工，罢工使经济陷入瘫痪，卡普政府 4 天后即宣告崩溃。罢工也触发了共产主义革命，鲁尔区 5 万工人组成红军，企图控制该区，但是被国防军和自由军团在没有政府命令的情况下将其镇压。德国处在一片风雨飘摇之中，在这种纷乱的形势下，一个极端的民族主义政党——德国民族社会主义工人党开始崛起，并把德国带向了法西斯道路。

德国民族社会主义工人党的前身是德国工人党，它由慕尼黑铁路工人安东·德莱克斯于 1919 年 1 月创建。同年 9 月，军方派阿道夫·希特勒去调查该党的情况。希特勒是奥地利人，父亲是公务员，14 岁那年，他父亲去世，18 岁那年，母亲也去世，希特勒成了孤儿。开始时他靠孤儿费和干点零活维持生活，因擅长绘画，后来以卖画为生。一战前他来到德国巴伐利亚邦的慕尼黑谋生，一战中加入德军。战后，他成了军队的一名政治特工，负责监视部队中的党派活动和社会上工人组织的政治颠覆活动。

这次，希特勒奉命前去侦查德国工人党的情况，但是在旁听这个只有 54 人的小党开会发言时，他忍不住痛斥了一个主张将巴伐利亚脱离德国并入奥地利的言论，因此引起了与会者的注意。两天后他收到一个通知，邀请他加入德国工人党。开始他觉得又好气又好笑，但经过一番思考以后，他觉得可以通过加入该党来施展自己的政治抱负。于是希特勒成了该党的第 55 名成员，并担任了该党主席团的第七名委员。

希特勒加入德国工人党后,在履行他的侦查职责的同时,满腔热情地投入到了该党的工作中。他开展多方面的社会交际,组织群众集会,在报刊上刊登党的启事,竭力扩大党的影响。希特勒发挥他的演讲才能,在集会上向市民、学生、军人、小业主,煽动对凡尔赛和约、十一月罪人以及对犹太人的仇恨。他的语言才华、演讲的内容、雄辩的论据,很快就吸引了大批的追随者加入该党。因此党内顿时对他刮目相看,任命他为宣传部长。

1920 年 2 月,希特勒和党主席德莱克斯合作为该党起草了党纲《二十五条纲领》,基调是民族主义、社会主义和反犹太主义。3 月,希特勒领到了 50 马克的复员费后解除了军职,从此,他把全部精力投入到该党的工作中。德国当时盛行民族主义和社会主义两股潮流,因此他把德国工人党更名为德国民族社会主义工人党,德文缩写:Nazi(即"纳粹")。随后希特勒又在赞助者的支持下买下了慕尼黑的《人民观察家报》,使党有了自己的机关报。在此期间,有大批为希特勒的惊人口才、学识和胆量所折服的各方面人士加入到纳粹党的队伍中来,使纳粹党的能量一下子增加了许多。由于希特勒的积极活动,纳粹党迅速壮大起来。1921 年 7 月,希特勒成了纳粹党的主席,随后,他对党章进行了修改,取消了党的委员会,废除了选举制,实行"领袖原则",确立了自己的权威领导地位。11 月,希特勒组建起纳粹党的冲锋队,以作为纳粹党保卫自己和打击政治对手的一支准军事性质的武装队伍。

1923 年 1 月,因为德国未能按期偿付战争赔款,法国和比利时依据凡尔赛条约出兵占领了德国的鲁尔地区。德国采取了消极抵抗政策,号召占领区工人罢工,企业停产。鲁尔地区是德国的重要工业区,罢工使德国工业生产迅速下降,经济陷入混乱,马克贬值,物价暴涨。到 6 月 5 日,德国国家银行行长公开承认马克已支撑无望。德国经济濒临崩溃,饥饿在全国蔓延,愤怒的人们开始进行暴力活动,以抗议物价飞涨。在萨克森、图林根等地,左派社会民主党和共产党发动革命,组成了工人政府,汉堡也发生了工人武装起义。萨克森国防军司令部派 6 万国防军开进萨克森境内,解散了工人战斗队和工人政府。5 月 1 日,希特勒也组织 2 万名纳粹党员进行了武装游行。希特勒本想伺机发动政变,但纳粹党徒被巴伐利亚邦警察和国防军解除了武装,于是希特勒只好把这次行动改成了一次游行和集会。

1923 年 11 月 8 日晚,希特勒在一战时任德军总参谋长的鲁登道夫的支持下,率领武装的冲锋队员包围了慕尼黑郊外正在举行集会的比格布劳凯勒啤酒馆。

当时巴伐利亚邦总理冯·卡尔和邦政府的主要首脑正在向3000多名听众发表讲话。希特勒率领冲锋队强行冲进会场,他首先朝天花板开了一枪,致使会场一片骚乱,然后在随从的簇拥下登上讲台,大喊:"国民革命已经开始了,现在大厅已被包围,任何人不准离开一步。"随后,希特勒扣留了邦总理卡尔、驻军司令洛索、警察局长泽塞尔,向他们宣布巴伐利亚邦政府已被推翻,他自己将出任德国政府总理,鲁登道夫将担任全国军队的统帅,并威逼他们三人分别担任巴伐利亚邦的总理、陆军部长和公安部长。然后,他登上讲台,向群众宣布说,这三人已同意和他组织新政府,并将组织对柏林的进军,以"拯救德国人民"。这时,希特勒的武装人员与国防军发生冲突,希特勒前去处理,卡尔等三人趁机溜走,希特勒的图谋失败。但希特勒并不死心,次日,希特勒和鲁登道夫率领大约3000名冲锋队员从啤酒馆向慕尼黑市中心进发,但遭到严阵以待的警察部队的阻击,16名纳粹党徒被当场打死,队伍一片混乱,希特勒慌忙逃离了现场。两天后他被捕入狱,政府下令禁止纳粹党,封闭纳粹党报。希特勒精心策划的"向柏林进军"、武装夺取政权的图谋以失败告终。

希特勒发动政变失败后,由于审判法官在"民族主义"的思想上与希特勒并无不同,因此只判了他5年监禁。但是,实际上他只在监狱里待了8个月就被释放了。在监狱里他还受到特别优待,不仅获准享有特别的伙食,还可以自由通信,自由接待亲友。在这8个月里,由人代笔,他口述了他的著作《我的奋斗》。该书集种族主义、反犹主义、复仇主义、帝国主义和反民主思想于一体,认为犹太人和斯拉夫人都是劣等民族,而日耳曼人是优等人种,应该统治其他民族。希特勒声称,凡尔赛和约所加给德国的耻辱和仇恨已深深印入了6000万德国人民的心坎,必须撕毁凡尔赛和约,必须与德国人民不共戴天的死敌——法国算总账。宣传帝国主义和对外扩张是该书的另一个主题,争夺生存空间,扩张领土,征服世界。他宣称:"要把目光投向东方的那个国家(暗指俄国)……不能用和平方法取得的东西,就要用拳头来夺取。"希特勒还在该书中攻击议会民主制度,宣传独裁统治,反对马克思主义,宣传法西斯理论。《我的奋斗》一书被认为是纳粹党法西斯主义(法西斯即:权柄,象征强权政治)的理论和行动纲领,后来成了纳粹党的圣经。

通过啤酒馆事件,希特勒认识到,不能用武装政变的方法去夺取政权,但可以充分利用共和国的宪法和议会民主制度所提供的一切合法手段去取得权力。因此,出狱后他去拜会了巴伐利亚邦总理,承认啤酒馆政变是一个错误,并保证以后遵纪守法,用合法的手段来取得政治权力,邦政府于是撤销了对纳粹党及其机关报《人民观察家报》的禁令。1925年2月26日,《人民观察家报》正式复刊,2月27

日,纳粹党正式重建,但希特勒还是被禁止在公开场合演讲。希特勒并不气馁,在这段不能公开演讲的时期,他充分施展自己的组织才干,在纳粹党内建立起各种组织机构。为了扩大影响,还陆续建立起了一批外围群众组织。希特勒事必躬亲,过问党的所有细小决定。到 1928 年,纳粹党已逐渐成了一个"拥有一批具有接管政府事务能力干部的政党"。希特勒还把冲锋队改组成了一个拥有几十万队员的武装团体,它的任务是保护纳粹党举行的集会,捣乱其他政党的集会,恫吓那些反对希特勒的人。另外,希特勒还建立了精锐的党卫队,并要求他们宣誓效忠自己。

1929 年 10 月,一场经济危机从美国华尔街开始爆发,并且迅速蔓延至世界各地,导致了一场灾难性的世界经济危机。美国有 6000 家银行倒闭,14 万家企业破产。而失去了全部殖民地又要连年付出巨额战争赔款的德国,受到的打击更为严重。德国的工业生产下降了 42%,贸易减少了 60%,大批工商企业倒闭,失业人数直线上升,最高时达 600 万。1930 年 3 月,魏玛政府内阁因各党在如何平衡国库亏空问题上意见分歧而垮台,政府不得不由所谓的"总统内阁"来治理。经济危机使社会矛盾更加激化,资产阶级对魏玛政府和议会制度非常失望,认为议会民主是个无聊的玩意,希望能建立一个强有力的政府。而人民群众也对魏玛政府极为不满,强烈要求建立一个能拯救德意志民族,能给人民带来幸福的新政府。

这场危机为希特勒提供了绝好的机会,他通过纳粹党的宣传机器为国家社会主义展开强大的宣传,对各阶层人民不断的做出符合其愿望的许诺,并宣称纳粹党不是一个阶级政党,而是一个"大众党",以争取得到各阶层人民的支持。这种宣传打动了处在绝望中的德国人民,他们相信希特勒的承诺能够兑现,因而纷纷聚集在纳粹党的旗帜下。危机前,纳粹党党员人数只有 10 多万,到 1932 年,人数已超过了 100 万。从 1930 年开始,纳粹党在国会选举中不断的获胜。在 1932 年的德国总统选举中,纳粹党倾巢出动参加竞选,希特勒到处演讲,甚至乘飞机一天跑十几个地方进行"飞行演讲"。结果两轮投票希特勒的得票率均超过了 35%,但是仍然败给了时任总统兴登堡。1932 年 7 月 31 日举行的国会选举,纳粹党获得了 230 个席位,占总数的 37.3%,成为议会的第一大党。1933 年 1 月 30 日,兴登堡总统正式授权希特勒组阁,从此,希特勒登上了总理的宝座,离权力之巅已只有一步之遥。

为了实现独裁统治,希特勒当上总理的第三天,即 2 月 1 日就发布了第一号文告,声称兴登堡总统宣布解散国会,定于 3 月 5 日举行新的国会选举。希特勒认为他能在选举中稳操胜券,这样就能排斥联合政府中的其他政党,确立一党统治的政治体制。为了赢得选举,2月4日,他又颁布了《保护德国人民法》,广泛限制反对党的活动,特别是限制德国共产党和社会民主党在竞选中的宣传活动。为了彻底打垮国会第二大党——德国共产党,2月27日,纳粹党暗中派人在国会大厦纵火,然后嫁祸于德国共产党,制造了震惊国内外的国会大厦纵火案。纳粹党借此掀起了大规模的反共浪潮,几千名德共干部被捕,德共的机构被全部摧毁,被迫转入了地下活动。在这一事件中被捕的人员还有社会民主党人和其他的著名人士。事件后,希特勒又颁布了《保护人民和国家法》,授权政府接管德国各邦的权力,在冲锋队和党卫队的参与下,对那些不在纳粹党掌握之中的邦,进行自上而下的夺权。从此,各邦都被纳入纳粹党的一体化统治,希特勒的一党统治基础得以基本建立。

3月5日的国会大选,纳粹党获得了43.8%的选票,但是没有获得2/3的多数,因此并无法保证通过对他们极为重要的立法。然而希特勒把国会和议员撤到了一边,又颁布了一系列法规。他通过撤销邦一级的行政区,取缔除纳粹党以外的政治组织,解散全国的工会,打击纳粹党内部的反对派,控制经济和文化,使各个领域进一步实行一体化。在上台一年多的时间里,他基本完成了从上到下的夺权活动,建立起了纳粹党一党专政的法西斯极权统治。

恰在这时,德国年迈的总统兴登堡于1934年8月2日去世了,这给希特勒提供了最后将所有权力集中在自己手里的绝好机会。在兴登堡去世的当天,希特勒即通过内阁颁布一项法案,决定将总统和总理的职务合并为一,由希特勒担任,并改称为"元首"。8月中旬对这一决定进行了全民公决,结果希特勒获得了3800万张赞成票,占总数的89%,从此,希特勒就通过民主而成了合法的德国独裁者。

希特勒成为德国元首之后,把德国改称为德意志第三帝国,并解散国会,取缔其他一切政党,迫害天主教、民主党、共产党和犹太人,宣布纳粹党和德意志第三帝国合为一体,实行一党专政。在经济上,他承诺"让德国每一户家庭的餐桌上都有牛奶和面包",他通过开展大规模的工程建设来消除失业,大力兴建高速公路、铁路、水坝以及大型宏伟建筑。他不顾各国的抗议,宣布德国暂时不偿还所有中期和长期的战争赔款和债务。他把犹太人的资产全部强行收归国有,并进一步加强国家所有制,还提出了工人分享企业利润,在农村实行了土地改革。短短几年间,德国经济有了飞速的发展,国民收入增加一倍,失业率降至1.2%,人们的生活水平有了显著的提高,希特勒因此赢得了更多国民的拥护。1936年,尽管有20余国抵制,德国还是成功地举办了第11届国际奥林匹克运动会。

在大力发展国家经济的同时,希特勒也开始了他的复仇主义、种族主义和争夺生存空间、征服世界的计划。根据达尔文优胜劣汰的进化论和法国人戈比诺的优生学,希特勒推出了被称为T—4行动的德国种族净化法令,对所有生理残疾者和患有精神病、癫痫、舞蹈病、白痴或有遗传性疾病的男女施行绝育手术,并无情地对犹太人、吉卜赛人和斯拉夫人进行排斥和迫害。早在1933年2月,刚当上总理的希特勒即与德国军方领导层会晤,提出了征服东方的生存空间,并加以无情的德意志化的终极对外目标。3月,又与外交部长讨论了包括德奥合并、反对凡尔赛和约、恢复1914年的边界、拿回失去的殖民地以及德国在东欧的势力范围等问题。同年10月,希特勒决定退出国际联盟及世界裁军会议。

1935年3月,希特勒无视凡尔赛和约对德国军备的限制,把德国陆军扩大到60万人,6倍于凡尔赛和约规定的数量,同时扩充海军并建立了空军。虽然法国、英国、意大利以及国际联盟对德国的这一行为进行了谴责,但并没有采取任何实际行动。

面对军国主义复活的法西斯德国,法国与苏联(苏维埃俄国)都感到了日益严重的战争威胁,1935年5月2日,两国签订了《法苏互助条约》,对德国形成两面牵制。同年6月18日,英国与德国签署了海军协议,允许德国海军的总吨位为英国海军的45%,英国企图以此来维持对德国海军的优势。但该协议签署前并没有知会法国及国际联盟,而且该协议明文破坏了凡尔赛和约的规定。

1936年3月7日,希特勒开始了他的第一次军事冒险,他无视凡尔赛和约的规定,悍然派出3.5万全副武装的德国军队进驻莱茵河沿岸非军事区,并在德法边界开始修建被称为齐格菲防线的坚固防御工事。出兵前希特勒曾密令德军,如遇法军抵抗立即撤回,但是对希特勒公然破坏凡尔赛和约的行为,各国竟然未能做出任何军事反应。

1936年7月,在法西斯德国的支持下,西班牙法西斯主义者发动叛乱,应叛军首领弗朗哥将军的要求,德国和另一个法西斯国家——意大利,分别派出5万和15万军队参加西班牙内战,帮助弗朗哥推翻了西班牙共和政府,在那里建立起了法西斯独裁统治。

1936年10月25日,法西斯德国与法西斯意大利达成协调外交政策的同盟条约,建立了柏林罗马轴心。1个月后,德国与同样奉行法西斯主义的日本签署了反共产国际协定,其目的是利用日本形成对苏联的两面夹击。意大利也于1937年9月加入反共产国际协定,从而正式形成了德、意、日三国法西斯轴心。希特勒征服世界的计划开始进入实施阶段。1937年11月5日,希特勒召集他的国防部长、三军总司令和外交部长等高官,向他们宣布最迟要在1943至1945年之间解决德国的生存空间问题,要占领与德国直接接壤的居住空间和原料基地,而并吞奥地利是他扩张计划的第一步。

　　奥地利人与德国人操同一语言,同属德意志民族,因此希特勒计划首先将奥地利并入德国。1938 年 2 月 12 日,迫于德国的压力,奥地利总理许士尼格在德国与希特勒会晤,希特勒要求奥地利开放对政党的限制,释放被关押的纳粹党员并让他们参与政府,否则将采取军事行动。许士尼格被迫答应让奥地利纳粹党领袖赛斯·英夸特等人加入内阁,同时,许士尼格准备用公民投票来挽救危局。3 月10 日,希特勒宣称公民投票是一场骗局,且德国不会承认。次日,希特勒对许士尼格发出最后通牒,并命令德国军队进入奥地利。许士尼格最后只能向国外求援,但英法皆无任何动作,当天晚上许士尼格辞去了总理职务。最初,奥地利总统威廉·米克拉斯拒绝任命奥地利纳粹党领袖赛斯·英夸特为总理,但维也纳的纳粹党人开始攻击并囚禁政府官员,米克拉斯只好任命英夸特为政府总理。3 月 12日,德国军队跨越德奥边界,14 日进入维也纳。次日,希特勒到达维也纳并受到奥地利民众的热烈欢迎,他宣布:"这个日耳曼人的古老土地成了德国最新的一部分。"

　　在成功并吞了奥地利以后,捷克斯洛伐克成了希特勒的第二个目标。捷克斯洛伐克的苏台德地区大部分是操德语的德意志族人,这为希特勒提供了吞并它的借口。1938 年 3 月 28 日,希特勒在柏林密会了苏台德地区的德裔政党"家乡前线党",鼓励他们暴动,然后以苏台德人与捷克当局的纠纷作为侵略的理由。4 月,希特勒命令德军最高统帅部开始谋划侵略捷克斯洛伐克的"绿色方案",战争即将爆发。为避免战争,英国首相内维尔·张伯伦采取绥靖政策,他与希特勒就苏台德问题进行了会谈。9 月,英国、法国、德国、意大利在德国慕尼黑签订了关于将捷克斯洛伐克的苏台德地区割让给德国的《慕尼黑协定》,德国不费一枪一弹即越过了德捷边境占领了苏台德地区。张伯伦以为这样就可以满足希特勒的要求从而避免战争的发生,但是他完全错误地估计了形势。1939 年 3 月,希特勒邀请捷克斯洛伐克总统伊米尔·哈克前往柏林会谈,在 3 月 15 日凌晨会见并告知总统哈克,德军在几小时后将进入捷克。清晨 4 时,哈克被迫将捷克交给希特勒治理,当天早上,德军进入并占领了捷克斯洛伐克全境。英国首相张伯伦闻信后大为吃惊,深感受到了希特勒的欺骗和愚弄,因此他开始防止希特勒的侵略扩张,3 月 31日,宣布英法将支持并保护波兰、比利时、罗马尼亚、希腊及土耳其的独立。

　　希特勒的下一个目标是波兰。波兰人属于斯拉夫民族,在古代欧洲,以奥得河为界,以东是斯拉夫人,以西是日耳曼人。在 12 世纪教皇发动的十字军对中东伊斯兰教东征时期,西欧骑士团是东征中的重要军事力量。13世纪骑士团被迫从中东撤回欧洲后,德意志条顿骑士团就把东征的目标转向了东欧的斯拉夫人,经过近百年的长期征战,占领了波兰的普鲁士地区,并建立了普鲁士公国。条顿骑士团强迫普鲁士人使用德语,改信基督教,使这些地区逐渐德意志化了。1466年,条顿骑士团被波兰打败,被迫与波兰签订了合约。普鲁士公国只保留了东普鲁士的残余领土,并且表示效忠波兰国王,成了波兰的附庸国。而包括但泽市在内的普鲁士西部地区则归波兰王室所有。因为但泽(波兰语称:格但斯克)是位于普鲁士维斯瓦拉河出海口的一个繁荣的商业城市,因此但泽还是享有广泛的自治权。

　　普鲁士公国后来与勃兰登堡合并为普鲁士王国,波兰在1772年~1795年的一系列战争后,被普鲁士王国、俄国和奥地利瓜分。普鲁士王国获得了包括西普鲁士在内的波兰大片领土,普鲁士统一德国后,这些领土也就成了德国的一部分。第一次世界大战后,协约国同意波兰复国,但如果完全按照民族分布来划分国界的话,新成立的波兰只能是个内陆国家,这对它的发展十分不利,波兰人希望拥有但泽这个天然的出海口。波兰的这个要求得到了协约国的支持,然而,但泽市人口的95%是德意志人,最终各方妥协的结果是,在东西普鲁士之间给波兰留下一条狭长的走廊通往波罗的海,而但泽却成为一个半独立的自由市,市政由以德意志人为主的市民管理,外交权由波兰控制。但是这样的安排,无论波兰还是德国都不满意,因为但泽自由市的存在,实际上不利于波兰的贸易;而对于德国来说,失去了但泽和波兰走廊,东普鲁士就被从德国的领土上割断了。1938年时,希特勒即要求波兰归还但泽市,并要求开辟一条通往东普鲁士的享有治外法权的通道,但遭到波兰的拒绝。

　　1939年3月15日德国并吞捷克斯洛伐克后,4月6日,为防止德国的入侵,波兰与英国签订了英波军事同盟条约。4月28日,希特勒宣布废除此前签订的德波互不侵犯条约,并宣布废除德英海军协定,同时命令统帅部秘密制定了一个进攻波兰的"白色方案"。为避免入侵波兰引起苏联参战而导致德国两面受敌,希特勒派人与斯大林秘密谈判。8月23日,德国与苏联签订了互不侵犯条约。这是一个德国与苏联瓜分东欧的秘密条约,斯大林希望通过与德国建立合作关系使德国这股祸水流向西方。形势日益紧张,8月25日,波兰与法国也签订共同防御军事同盟条约。

　　9月1日凌晨4时,德军发动了"闪电战"。希特勒集中了62个师,2800辆坦克,2000架飞机,6000门火炮,兵分三路向波兰发动了突袭,力争在半个月内结束战争。波兰政府虽然制定了对德作战计划,但仍然对德军的攻势估计不足,此时,波军的主力还布置在波苏边界,他们以为德军主力受到英法的牵制,能够进攻波兰的兵力不会超过 25 个师。德军不到两天即突破了波军的防线,随即快速向波兰腹地推进。法国和英国立即向德国发出最后通牒:"终止一切对波兰的侵略行为,并从波兰领土上撤出军队,否则,法国和英国将履行我们的义务。"德军继续向波兰深入,9 月 3 日,英国和法国向德国宣战,第二次世界大战正式爆发。

英国的第一次进攻是在 9 月 4 日进行的,英国空军在德国基尔运河的入海口处轰炸了一支德国舰队,多艘德国船只被炸毁。德国则对英国发动潜艇战,封锁英国的贸易通道,击毁了许多英国商船。9 月 5 日,美国总统罗斯福宣布:美国在欧战中保持中立。拉美国家也表示保持中立,巴尔干国家和意大利也宣布保持中立。法国动员了 800 万军人,但只对德军采取了象征性的军事进攻,9 月 7 日法军在莱茵河谷开始进攻,向前推进了几公里,还没有推进到德军齐格菲防线前即停止了前进。德军也没有发动反攻,只是利用广播发动政治攻势,呼吁法军士兵"不要为资本家卖命"。9 月 12 日法军奉命撤回到他们的马其诺防线军营。德国的军事部署并没有受到影响,德军仍集中在东线征服波兰。

9 月 17 日凌晨,苏联红军兵分 6 路越过苏波边界,占领了波兰东部的领土。苏联将波兰东部地区称为"西乌克兰"和"西白俄罗斯",因为 18 世纪沙皇俄国在参与瓜分波兰时占领过这些地区。当天,苏联政府向波兰驻苏大使递交的一份声明中说:"波兰政府已经崩溃且已无生命迹象,这就是说,实际上波兰国家和政府已不复存在。因此,苏波之间缔结的条约已经无效……苏联政府对居住在波兰境内的同胞——乌克兰人和白俄罗斯人的命运不能采取漠不关心的态度,不能让这些同胞被抛弃,任人摆布而毫无保障……鉴于这种形势,苏联政府命令红军总司令部所属部队越过国界,去把西乌克兰和西白俄罗斯居民的生命财产置于自己的保护之下。"苏联这次出兵不仅占领了西白俄罗斯和西乌克兰,而且占领了"寇松线"以西的比亚威斯托克等地。苏联占领波兰这些地区的面积为 7.76 万平方英里,而德国占领的波兰地区面积为 7.28 万平方英里。战事结束后,9 月 28 日,苏德签订了边境友好条约,重新划定了苏德边界,波兰东部归苏联,西部归德国,波兰再一次遭到瓜分。

也就在条约签订的当天,苏联出兵占领了立陶宛、爱沙尼亚、拉脱维亚这三个波罗的海国家,并把它们强行并入苏联。紧接着,11 月 30 日,又发动了对芬兰的进攻,但遭到芬兰的顽强抵抗。芬兰的抗苏战争赢得了当时国际社会的广泛同情,许多国家的志愿者纷纷组织志愿军,奔赴芬兰参加对苏作战。经过 3 个多月的苦战,苏军损失惨重,1940 年 3 月,在芬兰同意割让 10% 的领土后,苏联结束了对芬兰的战争。此外,苏联还占领了罗马尼亚的比萨拉比亚和北布科维纳。苏联把它的国境线全面向西推进了300~400公里,为防范德国,苏联建立了一条从波罗的海一直延伸到黑海的"东方战线"。

德国占领波兰后,希特勒一面向英法施放和平烟幕,一面暗中抓紧时间把德军从东线调往西线。在完成军事部署后,1940年5月9日,希特勒突然出兵占领了丹麦和挪威,德国人声称此举只是为了保护德国从瑞典进口铁矿石的道路。5月10日凌晨,上百架德国轰炸机对荷兰和比利时的城市和机场发动了猛烈的袭击,紧接着,德国伞兵从天而降,陆军也快速越过边境发动进攻。当天,英国首相张伯伦因绥靖政策彻底失败而引咎辞职,时年65岁的丘吉尔被英王任命为英国的战时首相。当时,法国统帅部认为他们的马其诺防线是不可攻破的,但是,他们错误地判断了德军的进攻方向。

5月13日,德军兵分三路,绕过马其诺防线,从荷兰、比利时和卢森堡向法国发动了闪电突袭。德国A集团军通过防守薄弱的阿登森林进入法国,强渡缪斯河,当天即攻陷了法国北部战略要地色当。德国B集团军迅速进入荷兰和比利时,以此来吸引和牵制英法盟军的主力部队,从而使A集团军能够更加顺利地从法国北部通过英法盟军的侧翼而构成大包围。5月21日,德军装甲师已穿过法国北部抵达了英吉利海峡沿岸,从背后切断了盟军的退路。这时,德军已将英法联军的约40个师包围在比法边界的敦刻尔克地区,联军三面受敌,唯一的生路是从海上撤退。5月26日,英国海军开始执行从敦刻尔克撤退的"发动机"计划,8500艘各类船只全速赶至敦刻尔克参加撤退盟军。至6月4日,共运走英军22万人,法军8万余人及少量比利时军队。英国被迫丢弃了2400门大炮、700辆坦克、8000挺机关枪。德军随即占领了敦刻尔克,并俘虏了4万法军。

6月5日拂晓,德军以143个师的兵力对法国发动了大规模进攻,仅用了3天时间即突破了法军仓促构筑的"魏刚防线",进攻矛头直指巴黎。正当德军快速向巴黎推进时,一直宣称中立的意大利也开始趁火打劫,于6月10日出动了32个师,越过阿尔卑斯山侵入法国,从背后给了法国一刀。面对险恶的形势,法国政府已无意抵抗,6月11日,法国政府迁都图尔,并宣布巴黎为"不设防城市",6月13日,法国政府向德国提出停战请求,6月14日,德军兵不血刃占领了巴黎。同日,法军的马其诺防线也被突破,6月17日,德军攻占了斯特拉斯堡,近50万法军被围,除少数逃至瑞士外,其余全部被歼。法国政府再次从图尔迁都至波尔多,总理雷诺辞职,由投降派贝当元帅接任总理。

6月20日,贝当政府正式向德国求降,两天后,在希特勒指定的地点——法国贡比涅森林的一节火车车厢里，即第一次世界大战德国向协约国投降时签署停战协议的同一地点，法国全权代表查理·亨茨格和德国最高统帅部参谋长凯特尔在停战协定上签了字。法国被迫接受了德国提出的苛刻条件，根据停战协定的条款：德国将占领法国北半部和法国的大西洋沿岸地区；法国军队将被解除武装并予以遣散；法国将支付德国占领军的费用；法国将所有的德国政治难民还给德国。7月1日，法国政府再次迁都至维希，法国总统勒布伦辞去总统职务，参众两院决定宪法暂停实施，并选举贝当为国家元首。于是，法兰西共和国成了一个法西斯主义的国家，贝当则成了法西斯德国的傀儡。

法国投降后，希特勒下一个目标是打败英国，并为此制定了入侵英国的"海狮计划"。但是，要把大规模的陆军部队渡海运到英国登陆，首先必须取得绝对的空中优势，为此，希特勒决定先用空军对英国进行毁灭性打击，消灭掉英国的空军力量。德国空军元帅戈林向希特勒保证，将在四天内摧毁英国南部的空中防御，四周内将把英国空军赶出英国领空。戈林之所以敢如此说，是因为德国空军在数量上占有绝对优势，在空战前夕，德国拥有1500多架轰炸机和1300多架战斗机，而英国只有450架轰炸机和600架战斗机。然而，英国的防空力量却有它的优势，英国在沿海地带建立了一系列先进的雷达站，敌机一有动静，英军就能做出反应。而且英国空军已采用无线电通信技术，能够从地面指挥作战，更有效地打击敌人。

1940年7月10日，德国对英国的空中打击正式开始，先集中轰炸了英吉利海峡的军舰和商船，接着又大规模轰炸英国的机场、海军基地和雷达站，但是并没有能摧毁英国的空军。8月15日，德国空军倾巢而出，共出动了1790架次，其中战斗机1270架次，轰炸机520架次，想吸引英国空军全部出动以便在空战中一举歼灭。但英国空军不为所动，采取机动灵活的战术与之周旋，结果德国损失了75架飞机，而英国只损失34架。

由于消灭英国空军的计划不能如期实现，希特勒决定对英国伦敦等重要城市进行恐怖空袭，狂轰滥炸，企图打垮英国人的信心，迫使英国迅速投降。轰炸对英国造成了严重损失，许多城市被夷为平地。但是这也为英国空军留下了喘息的机会，英国空军利用这一时机得到休整，扭转了局势。

希特勒原定9月21日为登陆英国的最后期限，因此，9月14日，希特勒在柏林召集会议，会议决定9月15日对英国空军再进行一次毁灭性的打击，摧毁英国的空军力量，以便实施登陆。然而德国参谋部的密码被英国情报部门破译，丘吉尔得到消息后，于15日凌晨即亲临空军指挥部来指挥这场战斗。戈林计划用1000架次轰炸机和700架次战斗机进行袭击，但是德国第一批飞机飞临伦敦上空即遭到了英国空军的迎头痛击。空战一直持续到下午 5 点,德国的计划以失败告终。由于消灭英国空军的计划无法如期实现,而恶劣的天气即将来临,希特勒决定把"海狮计划"无限期延后。

实际上,希特勒已经在秘密着手准备对苏作战,8 月 1 日,德军统帅部根据希特勒的命令,已开始制定进攻苏联的作战方案。占领苏联,那才是希特勒一生真正追求的最大目标,那里有着最广阔的生存空间和丰富的矿产资源。而占领英国这个小岛对他来说意义并不大,打败英国只是为了免除后顾之忧,而且,英国已经被赶出了欧洲大陆,他认为不再会对德国构成多大的威胁。

1940 年 9 月 27 日,德、意、日三国在柏林签订了酝酿已久的军事同盟条约。条约的主要内容为:日本承认德国和意大利在欧洲建立新秩序的领导权;德国和意大利承认日本在大东亚建立新秩序的领导权;德国、意大利和日本同意遵循上述方针努力合作;三国承诺如果三缔约国之一受到它国攻击时,应以一切政治、经济和军事手段给予相助。这是一个瓜分世界的条约,三缔约国各怀目的。德国的目标是霸占整个欧洲大陆和苏联;意大利的目标是统治地中海,重温古罗马的美梦;日本的目标是占领整个亚洲大陆,并成为太平洋的霸主。从 1936 年签订反共产国际协定,到 1940 年签订法西斯轴心国军事同盟条约,德、意、日三个法西斯国家从政治联盟一步步走到军事同盟。

意大利首相墨索里尼是最早提出法西斯主义的人,第一次世界大战结束后的 1919 年 3 月,墨索里尼即在意大利的米兰发起成立了"战斗的法西斯"组织,鼓吹民族主义和强权暴力。1921 年,该组织改称"意大利国家法西斯党",他成为该党的领袖。1922 年,他指挥该党的军事组织"黑衫军"发起暴动,从米兰进军罗马。意大利国王伊曼纽尔三世做出妥协,召请他组织内阁,任命他为内阁总理,墨索里尼从而成功掌握了政权。1928 年,墨索里尼强行终止议会制度,建立起了法西斯独裁统治。对内取缔一切政党和政治团体,对外煽动民族沙文主义,推行军国主义扩张政策。1935 年 10 月发动征服埃塞俄比亚的战争,1936 年 5 月把埃塞俄比亚并入了意大利。同年 7 月伙同德国参与西班牙内战,帮助西班牙的法西斯主义者发动叛乱夺取了西班牙政权。随后,意大利与德国结成了"柏林罗马轴心"。1939 年 4 月侵占阿尔巴尼亚。1940 年 5 月德国发动入侵法国的战争后,他宣布出任意大利战时统帅部最高统帅。6 月 10 日对英法宣战,出兵占领法国南部,并趁机向英属殖民地索马里、肯尼亚、埃及和苏丹发动进攻。9 月与德、日结成法西斯三国军事同盟后,10 月派兵入侵希腊,企图建立像古罗马帝国那样的环地中海帝国。

向亚洲大陆扩张一直是岛国日本的武士们千百年来的梦想，但限于实力，他们的侵略扩张一直止步于朝鲜半岛。16世纪末，日本的战争狂人丰臣秀吉一度率军打到了中朝边界的鸭绿江边，但很快被明朝派出的援朝军队打得惨败，丰臣秀吉抑郁而死，此后，日本武士一度梦想破灭，收起了侵略扩张的野心。19世纪日本明治维新后国力大增，工业实力和军事实力都雄踞亚洲，日本武士们的梦想又死灰复活，陆续侵占并吞了琉球王国、朝鲜半岛、中国台湾和俄国的库页岛南部。第一次世界大战中日本趁火打劫，又攫取了德国在中国山东的各项特权。一战后，趁俄国发生十月革命国内大乱之际出兵西伯利亚，企图占领俄国的远东地区，但后来被苏维埃俄国的红军打败。此后，日本一直在疯狂地扩充军备，等待时机，准备发动更大的侵略扩张战争。

在中国，因为袁世凯死后，原来他领导的北洋军分裂为了几部军阀，这些军阀和北方的其他军阀为争夺对北京政府的控制权，互相争战，闹得中国四分五裂，人民不得安宁。因此，在没有北洋军阀势力的中国南方，革命党派组织起了反对北洋军阀的革命军队。1927年，中国国民党与中国共产党合作组织的革命军队发动北伐战争，推翻了北洋军政府，建立了南京国民政府。但是，正当北伐战争取得胜利之时，国民党与共产党却因政治分歧而发生冲突。北伐军总司令——国民党领袖蒋介石，为了实现"一个主义、一个政党、一个领袖"的独裁统治，突然展开了对共产党的大捕杀，企图消灭共产党。结果导致两党的武装对抗，中国又陷入了国民党与共产党的长期内战。

1931年9月18日，日本趁国共两党忙于内战，东北军被蒋介石调入关内打内战的机会，发动"九·一八事变"，占领了中国东北地区。致力于内战的国民党南京政府总裁蒋介石认为"攘外必先安内"，竟然奉行不抵抗政策，拱手把东北让于了日本。日本在东北建立起了伪满洲国傀儡政权，并开始了对东北地区的大规模殖民。大批携带枪支的日本农民在日本军队的保护下，在东北把中国农民赶走，霸占他们的土地和良田，建立起一个又一个的殖民村庄。失去了田地的中国农民被驱赶到土地贫瘠的荒凉地方，这些地方被围了起来，被称为"部落"，日本人派兵把守，"部落"里任何人不得随便外出。这些贫瘠的土地根本不能生产出足够的粮食，因此中国农民在这些"部落"里只能自生自灭。

日本时任驻华大使重光葵对此说道："当时日本人对国家和民族的将来，具有非常的神经质。日本作为一个小岛国，当然耕地狭小，其他矿物资源也不足。甲午日中战争时期日本有三千余万人口，其后30年增加了一倍达到六千万，每年人口增加近百万。如何保养这样众多的人口，这是可以动摇日本国策根基的大问题……因此,满洲问题在日本人生活中的重要性日益增大,日本人的勤奋不是为了提高生活水准,而只是为了生存。"

但是日本人的目标并不仅仅是满洲。紧接着日本又于1932年1月28日制造了震惊中外的"一·二八事变",日本海军陆战队在飞机的配合下,发动对上海的进攻。日军扬言"4个钟头占领上海",但遭到驻防上海的第十九路军官兵3万余人的顽强抵抗,第十九路军军长蔡廷锴不顾蒋介石下达的撤退命令,率军奋起反击日军。中国军队的英勇抗战得到了上海民众的热烈支援。日军陆续增兵至10万,耗时30余天,三易其帅,仍不能取得进展。5月5日,忙于内战的国民党政府采取妥协政策,与日本签订了丧权辱国的《淞沪停战协议》,协议规定:第十九路军撤离上海;日军撤至公共租界及虹口一带,并可在这些地区附近驻军;中国军队留驻昆山及苏州一带,浦东及苏州河南岸中国不得驻军。

日本人在中国北方的行动也并未停止,1933年1月1日,日本关东军侵入山海关,开始了对中国华北地区的蚕食进攻。2月下旬,日本10万大军分三路进攻热河,占领了热河全省。日军继续向长城一线推进,遭到中国军队的奋勇抵抗。日军受挫后改由山海关突进滦东,占领秦皇岛、抚宁、昌黎等地,长城各口中国守军腹背受敌,因此相继奉命放弃一线阵地后撤,日军占领了察哈尔省东部。已经解甲归田的中国西北军阀旧帅冯玉祥,联络西北军阀旧部和地方武装,成立了察哈尔民众抗日同盟军,不到一个月队伍迅速扩大到10余万人。冯玉祥带领队伍兵分三路北上,相继收复了康保、宝昌、沽源、多伦等地,把日军赶出了察哈尔省,阻止了日军的进一步入侵。但是南京政府再次实行妥协退让政策,与日本签订了《塘沽协定》,并强行解散了察哈尔民众抗日同盟军。

1935年5月,日本为了取得对华北地区的控制权,对南京国民政府提出了华北五省自治的无理要求,并调关东军入关进行威胁。南京政府再次妥协退让,与日方签订《何梅协定》,其内容有:撤退驻河北省的中国军队;撤换河北省主席和北平、天津两市市长;取缔一切反日的团体和活动。察哈尔省代理主席秦德纯也奉命与日方代表土肥原贤二签订了《秦土协议》,协议规定:中国方面担保日本人今后在察哈尔省自由往来无阻;中国军队从该地区撤退;成立察东非军事区;察哈尔省主席宋哲元撤职;等等。日本不战而取得了河北和察哈尔两省的控制权,至此,华北门户大开。

1935年10月,日本内阁会议通过了"鼓励华北自治案",意图进一步取得对整个华北地区(河北、察哈尔、绥远、山西、山东)的控制权。蒋介石一心打内战,继续对日本采取妥协退让政策,11月26日,南京政府决定撤销北平军分会,其职责由军委会处理。12月11日又明令设置冀察政务委员会,指派宋哲元为委员长,容纳日本推荐的多名汉奸为委员。冀察政务委员会名义上隶属于南京政府,实际上是一个具有相当独立性的半自治政权。

蒋介石的不抵抗政策终于激起了国人的愤怒,1936年12月12日,中国爆发了西安事变,奉命在陕西围剿共产党红军的东北军司令张学良和西北军司令杨虎城,率所部发动"兵谏",毅然拘捕正坐镇西安指挥围剿的蒋介石,逼迫蒋介石停止内战一致抗日。张、杨当天通电全国,提出了八项主张:一、改组南京政府,容纳各党各派共同抗日救国;二、停止一切内战;三、立即释放上海被捕的爱国领袖;四、释放全国一切政治犯;五、开放民众爱国运动;六、保障人民集会结社和一切政治自由;七、确实遵循孙中山的遗嘱;八、立即召开救国会议。张、杨同时电请中国共产党派代表共商抗日救国大计,中共方面在权衡利弊后主张和平解决西安事变,并派周恩来等人前往西安参与谈判。

12月23日,经南京、西安、中共三方的谈判达成六项协议:一、改组南京政府,驱逐亲日派,容纳抗日分子;二、释放上海被捕的爱国领袖,释放一切政治犯,保障一切政治自由;三、停止"剿共"政策,联合红军抗日;四、召集救国会议,决定抗日救国方针;五、与同情中国抗日的国家建立合作关系;六、其他具体的救国办法。蒋介石被迫表示承诺达成的协议,西安事变和平解决。至此,国共两党长达十年的内战基本结束,形成了全国一致的抗日局面,红军也被改编为国军第十八路军。

日本方面:1936年2月26日,1500名少壮派军官法西斯分子发动兵变,要求建立法西斯军人内阁。虽然兵变很快被平息,但军部的势力却得到了增强,成立了以法西斯分子广田弘毅为首的新政府,内阁从此被军部控制。8月,广田弘毅召开会议,制定了新的《国策大纲》,提出以"确保帝国在东亚大陆的地位,同时向南方海洋发展"为日本的根本国策。11月,与法西斯德国签订了《反共产国际同盟条约》,以此联手对抗苏联。

完成了法西斯化的日本加快了侵略扩张的步伐。1937年7月7日,驻华日军在北平郊区卢沟桥发动"七·七事变",开始从华北大举进攻中国,扬言三个月内灭亡中国。停止了内战的南京国民政府,领导中国人民奋起抗击日军的侵略,抗日战争全面展开。

7月28日、30日,日军相继占领了北平、天津,中国军队退守保定一线。占领平津以后,日军制定了在华北决战的作战计划,但为了解除对日军后方及满洲境内的威胁,日军决定先消灭察哈尔和绥远省内的中国军队。日军派出一部主力沿平绥铁路向察哈尔、绥远和山西北部发动进攻,中国军队进行了顽强抵抗,但未能抑制日军的攻势。8月下旬,怀来、延庆、南口、张家口相继失守,防御平绥铁路的中国军队面临被夹击的危险,遂分头撤退。9月13日,日军攻占山西大同,10月,日军又相继攻陷了绥远省会归远和重镇包头,平绥铁路作战至此结束,日军解除了进攻华北的后方威胁。

为了分散日军在华北的兵力,以避免在地势平坦的华北平原与日军决战,蒋介石决定开辟华东战场。因为华北平原无险可守,装备优越的日军机械化部队可以通行无阻,而山川河流密布的华东地区有利于中国的轻武器部队作战。8月13日,中国军队进入上海市区,与驻扎在上海的日军发生冲突,中日淞沪会战爆发。蒋介石派出了他的嫡系精锐部队,决心固守上海牵制日军兵力,战区司令长官先是冯玉祥,后由蒋介石亲自兼任。

8月14日凌晨,中国空军轰炸了驻上海的日本第三舰队及在杨树浦码头登陆的日军。下午,日军出动13架重型轰炸机欲轰炸杭州机场,中国空军果断出击,双方进行了首次空战,中国空军表现出色,击落敌机6架,自己无一伤亡。次日,日军出动60架飞机进行报复,又被中国空军击落17架。在上海街头进行的头几天激烈巷战中,中国军队把日本海军陆战队逼退到了码头的日军阵地。日军紧急增兵,三个月内增兵到50万人,而中国军队也陆续增兵到70万。双方在上海血战了三个多月之久,日军三个月内灭亡中国的企图破灭。到11月20日,因为军事装备上的差距,中国军队已伤亡了25万人,而其中伤亡最大的是蒋介石的嫡系部队,蒋介石不愿意自己精锐的嫡系部队在这次战役中消耗殆尽,为保存实力,蒋介石下令撤退,上海沦陷。

华北方面:日军陆续增兵至37万。9月,为确保华北战场主力部队侧翼的安全,日军派出两个师团从北面进攻山西。9月中旬,日军逼近长城。负责山西防御的中国第二战区司令长官阎锡山,在雁门关和平型关一线组织防御,第十八路军派遣林彪率领的115师和贺龙率领的120师支援第二战区作战。9月25日,林彪115师在平型关附近设伏,歼灭了日军坂田师团的一支1000余人的部队,此仗大涨了中国军队的士气。10月,第十四路军从河北前往山西增援,与处于日军后方的第十八路军配合,多次给日军以重创。10月19日,第十八路军129师派出部队夜袭日军在阳明堡的飞机场,一举击毁日机24架,沉重打击了日军的嚣张气焰。日军在晋北陷入苦战。10月21日,日军派第20师团从河北增援山西,10月30日占领了晋东的阳泉,与晋北的日军形成对山西省会太原的夹击之势。11月5日,日军从东、北两面逼近太原城郊,9日,太原陷落。

华东方面:在下令军队从上海撤退的同时,国民政府宣布把首都从南京迁往重庆,但此举引起了慌乱,于是撤退变成了溃退。日军趁机大举进攻,12 月 13 日,日军攻占了南京。占领了中国首都南京后,日军以杀人来庆祝他们的胜利,对无辜的南京市民进行了血腥的大屠杀。他们把活人浇上汽油焚烧来取乐,把婴幼儿用刺刀挑起来玩耍,妇女则被先强奸后杀害。一些军士还举行了杀人比赛,在南京城里到处肆意屠杀中国民众,有两个举行杀人比赛的日军少尉,一天内就各用军刀杀掉了一百多个无辜平民。这两个日军少尉一个叫向井敏明,一个叫野田毅,他们杀人比赛的事迹,还被作为英雄行为刊登在当时日本出版的《东京日日新闻》报上。在攻占南京后日军进行了长达 6 周的烧杀掳掠,共杀害了 30 余万人。

占领南京后,华东的日军开始北上,与南下的华北日军前后夹击防守华北的中国军队,徐州会战于是爆发。1938 年 3 月,第五战区司令长官李宗仁,命令川军王铭章师长率所部防守徐州外围的藤县,王率部死守,因无援兵,王铭章师长战死殉国,藤县失守。李宗仁派第二十六路军死守徐州北面的台儿庄,并派中央军汤恩伯军团向进攻台儿庄日军的侧后运动。第二十六路军与日军在台儿庄展开了血战,日军数次攻入城内夺取了阵地,但又被二十六路军夺回。在坚持了 5 昼夜后,汤恩伯部完成了对日军的包围,一举歼灭日军 12000 余人,取得了抗战开始以来最大的一次胜利。但是这次胜利并不能阻止日军的攻势,日军不断地从南北两面增兵,对徐州形成了合围之势。为保存实力,中国军队撤出了徐州,5 月 19 日,日军占领了徐州。为阻挡日军南下,6 月 9 日,蒋介石下令在花园口炸开了黄河南岸大堤。黄河大水虽然暂时阻挡了日军的南下,但造成了黄河下游 44 个县的大规模水灾,1250 万人受灾,390 万人逃离家园,上百万民众因水灾和灾后的饥荒而死亡。

1938 年 6 月,日军从北面和东面向武汉发动进攻,武汉会战爆发。武汉会战是抗日战争中规模最大的一次会战,参战的日军有 35 万人,中国军队有 70 万人。会战持续了 4 个多月,最后,为保存实力蒋介石命令中国军队撤出了武汉。日军虽然占领了武汉,但是损失惨重,伤亡了十几万人,日军实力大损,已成强弩之末。

日军继续南下,企图进攻长沙,但在湘北遭到了中国军队的阻击,第九战区司令长官薛岳率军进行了坚决的抵抗。蒋介石准备实行焦土战术,命令薛岳率军撤退,决定烧毁长沙。但是薛岳拒不执行撤退命令,反而打退了日军的进攻。结果日军没有打过来,长沙却被蒋介石下令烧毁了,大火烧了几天,长沙几乎成了一片焦土。蒋介石仍不甘心,又派身边两位高级官员前去劝说薛岳率军撤退。薛岳要这两位官员回去告诉蒋介石,长沙能够守住,丢掉了长沙我提脑袋来见。日军进攻长沙失败后,再也无力南下。

在中国南方,1938年10月21日,日军在大亚湾登陆占领了广州,中国军队退到粤北,但日军无力继续北上。在日军占领的华北地区,共产党领导的第十八路军化整为零深入敌占区,发动群众开展游击战,袭击日军,破坏交通线,牵制了大量的日军力量,抗日战争进入了相持阶段。在此后的几年里,日军曾经三次集中兵力发动对长沙的进攻,企图打通粤汉铁路,但都以失败告终。中国军队在抗日名将薛岳的指挥下,在这三次长沙会战中,使用天炉战法(即诱敌深入,断其后路,然后包围歼灭),给日军以沉重打击,歼灭了大量日军,粉碎了日军的狂妄企图。

在中国战场陷入了相持阶段的时候,1939年,日本与苏联在满洲与蒙古之间的诺门坎地区也爆发了一场战争。战事由边界争端引起,5月4日,蒙古边境警备队的牧马人从哈拉哈河西岸涉水到东岸牧马,被伪满锡林陶拉盖哨所的骑兵开枪赶回。蒙军随即出动50名骑兵攻占了设在争议地区的锡林陶拉盖哨所。5月14日,日本关东军驻海拉尔的第23师团的骑兵联队和装甲部队,在5架飞机的配合下,向蒙军哈拉哈河以东的472高地发动进攻。蒙军处于劣势,撤退到河西。驻蒙古的苏联军队根据《苏蒙互助协定》立即介入,苏军将第11坦克旅开往哈拉哈河地区,同时命令第36摩托化步兵师向哈拉哈河集结,苏军飞机也开始向战事地区集结。蒙古第6骑兵师又渡过了哈拉哈河,并架起了浮桥。5月28日,日军两个联队和伪满一个骑兵队,分三路围攻渡过河的蒙军,结果反被苏军坦克和摩托化部队包围而遭到全军覆没。

战争由此升级,双方不断调兵遣将,扩大战争规模。苏军统帅部任命朱可夫为战区总指挥,朱可夫是苏军装甲兵集团纵深进攻军事理论的创始人,这种理论是建立在拥有大量的飞机、火炮和机械化装备部队的基础上,集中摩托化装甲部队进行纵深突破进攻。而此前的军事理论都是把坦克和装甲分散到步兵部队,配合步兵作战。朱可夫一到战区即开始增调机械化部队,储运军需,开辟野战机场。日军也吸取了上次没有装甲兵的教训,增派装甲部队,增强火炮支援,并调来大批飞机参战。

6月22日,苏军出动150架飞机袭击日军的集结地和野战机场,日军飞机也倾巢出动与苏军展开空战,双方在诺门坎上空大战三天,数十架飞机被击落在草原上。此后,苏军飞机不断增多,而且还有新型战机不断出现,日军则逐渐丧失主动权,处于被动挨打的地位。在地面战斗中,双方也是军事装备和装甲部队的较量。但因为苏联当时是世界第二大工业国(当时美国第一,德国第三),工业制造能力强于日本,因此,苏军的装甲部队也占尽优势。日军虽然作战很顽强,但诺门坎地区宽阔的草原非常有利于坦克和装甲部队作战,飞机对地面目标更是一览无遗。日军曾三次增兵向苏军发动进攻,欲夺回争议地区,但都以惨败告终。8月下旬,苏军从南北两翼在诺门坎合围,日军关东军两个师团主力被围,朱可夫在日军拒绝投降后,以飞机和火炮集中歼灭了被围的日军。

此时欧洲形势发生急剧变化,德国正在进攻波兰,苏联也正准备入侵波兰。所以苏军虽然取得了胜利,但无意继续扩大战果,在日本妥协承认现存边界后,9月15日,双方签订了停战协议。协议签订后第二天,苏联即出兵波兰,与德国一起瓜分了波兰领土。

诺门坎战役历时135天,双方投入战场的兵力共达20余万人,飞机900余架,大炮500余门,坦克、装甲车上千辆,死亡6万余人。在诺门坎战役前,日本存在"北进"和"南进"的策略争论。日本陆军有个"北进计划",准备向苏联西伯利亚发动进攻,目标是进攻至贝加尔湖一带。而"南进计划"则是以海军为主,主张向太平洋地区和东南亚进攻,夺取东南亚丰富的橡胶、石油等资源。诺门坎的战败,说明苏军的实力比日本陆军更强大,至此,日本放弃了"北进"的企图,倾向于采用"南进"的战略目标,其结果是最终导致日本发动太平洋战争,偷袭美国珍珠港。而苏联方面也通过这次战役检验了朱可夫的装甲兵集团纵深进攻理论,在后来的对德作战中,朱可夫指挥的西伯利亚装甲部队发挥了关键作用,成功地发动战略反攻,最终击败了德军。

欧洲方面:1940年,德国在占领法国后,开始把目标转向了东方的苏联。1940年9月27日,德、意、日三个法西斯轴心国结成了军事同盟。随后,意大利于10月28日进攻希腊,但是遇到希腊的顽强抵抗,迟迟不能占领希腊。1941年4月6日,德国介入希腊战事。希腊虽然有英国支援作战,但还是不能挽救被占领的命运,4月27日,德国军队进入希腊首都雅典,随后南斯拉夫也被德军占领。在巴尔干半岛也落入了法西斯势力手里后,希特勒终于可以无所顾忌地进攻他蓄谋已久的征服目标——苏联了。

1941年6月22日,希特勒集结了前所未有的巨大兵力,包括其仆从国在内的190个师、3712辆坦克、7184门火炮、4950架飞机和60万辆运输车,共计550万人,发动了对苏联的突然袭击。苏联虽然对德国的进攻早有防范,但由于斯大林对德国发动战争的时间和进攻方向估计错误,还是对希特勒的闪电战猝不及防,导致苏军损失惨重。战前苦心建立的"东方战线"被德军坦克一碾而过,德军长驱直入,明斯克、基辅、斯摩棱斯克等大城市相继被攻克。值得一提是基辅保卫战,这一战役苏军被大规模包围,仅被俘的苏军就达60万。德军虽然大获全胜,但是基辅之战也拖延了德军进攻的时间。最终广袤的国土拯救了苏联,当德国人攻到莫斯科城下时,已经是 11 月,这时苏联的严寒气候成了德军的致命敌人。德军缺乏冬季装备,而漫长的战线使德军的后勤补给无法跟上。另外,苏军撤退时采取了焦土政策,坚壁清野,再加上苏联游击队不断的破坏交通线,因此,冬季来临后大批的德军士兵死于严寒。至此,德军虽然包围了莫斯科和列宁格勒,但不得不因天气寒冷和物资短缺而停止了进攻。苏联战场进入了相持阶段。

亚洲方面:1937 年~1941 年,日本在中国战场陷入了泥沼,4 年来消耗大量资源却无法取得进展。为寻求新的资源,日本趁德国占领法国之机,于 1940 年 7 月占领了法国在东南亚的越南、柬埔寨等殖民地。这使美国、英国、荷兰等在东南亚也有殖民地的国家感到了威胁。美国要求日本从这些地区撤出,并于 7 月 26 日下令禁止向日本出口钢铁、石油等多项战略物资。英国和在东南亚殖民地的荷兰流亡政府也跟进美国的禁令。这使日本的战略资源更加缺乏,因此日本决定实施蓄谋已久的"南进计划",占领西太平洋的群岛和东南亚地区以获得战略物资。为防止美国出兵阻挠,日本决定先消灭美国的海军以解后顾之忧。

1941 年 12 月 7 日,日本以 6 艘航空母舰、300 多架飞机、5 艘潜艇,突然袭击了美国夏威夷的海军基地珍珠港,重创了美国太平洋舰队,太平洋战争由此全面爆发。随后,日本发动了对美国的殖民地菲律宾(美国于 1898 年从西班牙人手里夺得了菲律宾)和马来半岛的进攻。美国在损失大量军舰后,正式向日本宣战,并与中国和英国结成同盟。中国战区由蒋介石任统帅,美国派史迪威将军出任参谋长,英国开放滇缅公路向中国补给军需物资。

太平洋战争爆发四天后,法西斯轴心国的德国和意大利也向美国宣战。美国和英国都不得不两线作战,由于欧洲战事的拖累,盟军无法在亚洲对日本的进攻实施有效的抵抗。12 月 10 日,英军在新加坡和马来亚的两艘军舰被日军击沉,12 月 25 日,英国的殖民地香港也被日本占领。与此同时,美国在关岛和威克岛的基地也被日本攻占。次年 1 月,日本开始进攻缅甸、所罗门群岛、荷属东印度和新几内亚。日军攻势凌厉,进军神速,到 1942 年 5 月,新加坡、巴厘岛、帝汶、爪哇、仰光、曼德勒都相继被日军占领。日本空军也完全控制了这些地区的上空,英美的飞机被赶出了这一地区。日军还对澳大利亚北部发起了进攻,日本海军扫荡东印度洋,把英国舰队赶出了锡兰。

1942 年 4 月 18 日,美国飞机空袭了东京,这虽然只是象征性的行动,但却产生了很大的影响。日本为了避免本土遭受攻击,决定发动中途岛海战,以求歼灭美国的太平洋舰队。但是在 6 月进行的中途岛海战中,因为美军事先破译了日军的电报并作好了准备,日本海军遭到决定性的打击,参战的 4 艘航母全都被击毁,损失飞机 400 余架。从此，日本再也没有能力在太平洋发动大规模的进攻了，美国海军开始掌握主动，太平洋战争出现了转折点。

日本海军联合舰队司令山本五十六曾对日本首相说："凭日本的工业，根本不能与美国为敌同其抗衡。如果非打不可，在开始的当年和一年中可以奋战一番，并有信心争取打胜。但战争如果持续下去，以至拖到二年三年，那就毫无把握了。"但日本仍然不自量力地发动了这场战争。

北非战场：1940 年 6 月，意大利出兵北非，进攻英属埃及和索马里，企图控制苏伊士运河。12 月，英国军队成功的阻遏了意大利军队在北非的攻势，并开始转守为攻。英军利用坦克部队突破意军的防线，意军被迫向利比亚境内撤退。1941 年 1 月 22 日，英国和澳大利亚联军突破托布鲁克防线，占领了利比亚北部的这个重要港口城市。在索马里，意大利军队也节节败退。

为挽救一败涂地的意大利军队，希特勒任命隆美尔为德国非洲军团最高统帅。2 月 14 日，隆美尔率领两个装甲师抵达利比亚，形势为之逆转。隆美尔指挥德意联军冒着沙漠风暴向英军发动反攻，英军节节败退。4 月 11 日，隆美尔第一次进攻托布鲁克受阻，4 月 12 日，隆美尔绕过托布鲁克攻占利比亚东部，并进攻到埃及境内，直逼亚历山大和苏伊士。但因为德军被苏联战场牵制，希特勒不肯增兵北非，隆美尔不得不停止了进攻，在阿莱曼一线进行防守。不久，英国向北非大举增兵，1941 年 11 月，拥有 10 万兵员和 750 多辆坦克的英国第 8 集团军，对德军发动大规模反攻。隆美尔不敌英军的进攻撤退到托布鲁克以西。12 月撤离了昔兰尼加半岛。1942 年 1 月，隆美尔得到了 150 辆坦克的补充，开始发动反攻，不久，夺回了昔兰尼加。6 月，德军攻克托布鲁克。7 月，德军受阻于埃及北部的阿莱曼防线，双方在阿莱曼展开争夺，进入相持状态。由于英国海军控制了地中海，切断了德军的补给线，形势开始向有利于英军的方向发展。

苏联战场：德军在熬过了 1941 年末至 1942 年初的严寒后，开始准备进一步的进攻。因为石油资源不足，油料缺乏，于是把原本进攻莫斯科的计划改为先攻下斯大林格勒，以获得高加索的油田。但是苏军顽强的抵抗使斯大林格勒成为了德军的噩梦。斯大林格勒战役以历史上最血腥的战役载入史册，双方损失都很惨重，大约有 200 万人死亡，其中 50 万是平民。当苏军发动反攻时，20 个师的德军被切断退路，德国第 6 集团军被完全包围。随着食品、燃料、弹药的消耗，包围圈越来越小，直到最后一部分德军在 1943 年初投降。结果德军不但没能攻下斯大林格勒，还造成了几十万德军被歼灭。斯大林格勒战役是第二次世界大战的欧洲战场的转折点。

北非战场:1942年8月,英国名将蒙哥马利到达埃及,接任英国第8集团军司令。蒙哥马利在对英军进行整顿后,于10月23日开始大举进攻。这时,英军有20余万人,1000辆坦克;德意联军有10余万人,500辆坦克。一个星期后,德意军队损失过半,隆美尔被迫撤退,11月8日,德军撤出埃及。英军追击,德军从利比亚一直撤退到突尼斯。与此同时,由艾森豪威尔将军率领的美军开始在突尼斯登陆,希特勒也在西北非成立第5装甲军团准备抢占突尼斯。1943年1月25日,德军第5装甲军团进入突尼斯,2月14日,隆美尔率德军向艾森豪威尔的美军发起进攻,使美军遭到重创。3月6日,英军和美军的联军与德国和意大利的联军在突尼斯中部的梅德林进行激战,德意军队战败。3月9日,隆美尔离开非洲,5月13日,突尼斯的25万德意军队投降,北非战事基本结束。

苏联战场:斯大林格勒战役后,德军渐渐失去了战场的主动权,苏军开始掌握主动。1943年夏,双方集中兵力于库尔斯克,为挽回颓势,德军由冯·曼施坦因将军指挥准备发动攻势,苏军由著名将领朱可夫元帅指挥迎战。库尔斯克战役是德军在东线发动的最后一次大规模攻势,也是历史上最大规模的坦克会战,双方投入的兵力超过250万,坦克6000多辆。战役从7月5日开始,德军发动猛攻,虽然给苏军造成了很大的伤亡,但源源不断前来增援的苏军,使德军并没能前进多少。战至7月中旬,德军仅向前推进了10余公里。这时,已结束北非作战的英国第8集团军和美国第7集团军,在蒙哥马利将军和巴顿将军的分别率领下,同时在意大利的西西里岛东西两地实施登陆作战。意军无法抵挡同盟国的攻势,意大利的形势出现危机。在看到库尔斯克战役无法取得进展的情况下,希特勒决定停止进攻,抽调兵力去意大利。7月17日,德军开始后撤,到23日,基本恢复了交战前的阵势。

与此同时,苏军开始在库尔斯克北部对德军在奥廖尔突出部的阵地发动进攻。为避免被包围,德军放弃了奥廖尔。8月5日苏军攻占奥廖尔并继续追击撤退中的德军,10日解放了霍特涅茨,15日进入卡拉切夫,至16日,苏军的进攻基本结束。在奥廖尔战役中,苏军歼敌20余万人,摧毁坦克1044辆,向西推进了150公里,拉平了库尔斯克防线。但是苏军的损失也是巨大的,伤亡约43万人,损失坦克2584辆,飞机1104架。

在库尔斯克南线,苏军于8月3日也开始发动攻势,在近万门大炮猛烈轰击了两个多小时后,苏军坦克和步兵开始发动攻击,在炮击中幸存的德军士兵无力抵挡苏军的攻势,德军第一道防线很快被突破。苏军第一天即推进了10多公里,在随后的几天里,苏军继续快速向前推进。但由于坦克部队推进得太快,与后面的部队出现脱节,德军抓住机会对苏军突前的第一坦克军团进行包抄围歼。幸亏苏军第5坦克近卫军团及时赶到,才避免了第一坦克军团的全军覆没。12日,在德军的反击下,苏军被迫后退,随后,苏军第6集团军的坦克军团也在14日被德军包围而损失惨重。战斗到17日,双方都遭受巨大损失,德军的反击虽然给苏军以重创,但却没有力量扩大战果。而苏军在数量上的优势起到了决定性的作用,源源不断赶到的苏军再次发动进攻,此后德军的反攻再也没能给苏军造成威胁。20日,苏军强渡乌德河,开始攻打哈尔科夫,22日德军开始撤出哈尔科夫,退往第聂伯河的防线,23日苏军收复了哈尔科夫。

库尔斯克会战中,德军30个精锐师包括7个坦克师被击溃,损失兵力30多万,会战的失利使纳粹德国从此丧失了战场的主动权,再也没有能力在东线发起有威胁的进攻。但苏军也付出了惨重的代价,损失兵力80多万,坦克6000多辆。此次会战显示出,德军的素质要高于苏军,苏军损失的人员、坦克、飞机都要高于德军,坦克的损失更是超过德军的4倍。但苏联毕竟是个超级大国,不论是人口、资源、还是工业生产能力都远高于德国。俄国在18世纪初彼得大帝改革后就开始发展工业,斯大林统治时期更是大力发展重工业,二战前已经是世界第二大工业国。在德国发动闪电攻势占领苏联西部后,苏联将工业转移到了远东并迅速恢复了生产,军事装备和战略物资源源不断地从远东输往前线。而且苏联地大物博,资源丰富,人口的优势使它的兵源补充远超过德国。反观德国,国土狭小,资源匮乏,有限的人口使它的兵源补充受到限制,而且还要应付双线作战。因此,如果德国不能利用闪电战在短期内结束战争,它的失败就是注定了的。库尔斯克会战后,苏军已完全掌握了战场的主动权,此后苏军开始向德军发起连续的攻势,德军节节败退。

意大利方面:同盟国结束北非战事后,开始进攻意大利。就在德军发动库尔斯克战役几天后,1943年7月10日,美英联军在意大利的西西里岛开始了登陆战。战场的失败使意大利国内对墨索里尼的法西斯独裁和侵略扩张政策极为不满,连法西斯党内也开始反对他。7月25日,意大利法西斯党最高委员会通过决议要求恢复君主立宪制,当天晚上墨索里尼被国王召见,他达到皇宫后被解除了所有职务,随即遭到软禁。国王任命巴多格利奥元帅接任了政府总理。

与此同时,由蒙哥马利率领的英国第8集团军和由巴顿将军率领的美国第7集团军,完成了对西西里岛的占领。9月3日,盟军开始在意大利本土登陆,意大利政府决定投降,9月8日,巴多格利奥总理与盟军达成了停火协议。德国得知墨索里尼垮台后立即出兵意大利,并在意大利北部建立起一道防线。德国一支特种部队救出了墨索里尼,并在意大利北部建立起意大利社会共和国,安排墨索里尼出任社会共和国元首。

欧洲西线:1940年9月,希特勒终止了登陆英国的"海狮计划",而把战略进攻的目标转向苏联后,英国空军一直在对德国的战略目标、工厂和城市进行轰炸。美国宣布参战后,也从1942年开始参加对德国的轰炸。这些轰炸不仅给德国的军需生产和运输能力造成很大的破坏,而且迫使德国空军把在东线战场的飞机调往西线,从而减轻了苏联空军的压力。德国空军的实力在战略轰炸中也受到无可挽回的重创,直至最终失去对整个西线和部分东线的制空权。

西线另一个战场是对大西洋运输线的争夺。英国的工业生产能力在德军的轰炸中受到严重损失,因此,战略物资主要依靠世界第一大工业国美国的供给。而德国则看到了英国是个岛国,无论是经济或军需物资都必须通过海运来进行,切断了它的海上运输也就切断了它的命脉,所以力图利用潜艇战来切断大西洋运输线。从1939年9月英国向德国宣战开始,德国的潜艇部队就悄悄地杀奔大西洋航线,其中的U型潜艇和"群狼战术"一度令英国人束手无策,大量的商船被击沉,大西洋运输线几近瘫痪。

德国潜艇战的成功,促使英国开始组织大型护航舰队对商船队进行护航,但直到1941年潜艇探测器的发明,才使情况得到改善。潜艇探测器使护航队能准确地计算出潜艇到达的时间,护航队向德国潜艇发动反击,3月到10月他们击沉了17艘U型潜艇。美国参战后,德国实行无限制潜艇战,作战范围扩大到大西洋西岸的北美和巴西沿海。英国依托大西洋上的海军基地,组成7—8个以航空母舰为核心的搜索舰队,美国也组成了几个以航母为核心的,包括战列舰、巡洋舰和潜艇的特遣舰队,分布在大西洋海域保护交通。1942年7月,盟军海军开始装备机载搜索雷达、磁探器、新式声呐、深水炸弹等新式武器装备,反潜作战能力大大提高,使德军潜艇遭受到沉重的打击。到1943年5月,德军被迫将剩余的潜艇撤出了大西洋。

德国为改变大西洋上的不利态势,加紧研制新式潜艇和水下武器,并将原有潜艇进行改造,然后再次派出潜艇群进入大西洋和印度洋。但随着美国强大的工业生产能力进入战时轨道,源源不断地生产出大量军舰、飞机和军械,盟军已经可以装备更多的海军和空军投入大西洋战斗。到1944年,美国的航空母舰已发展到125艘(包括主力航母、护航航母、水上飞机航母),英国也有40艘,使猖獗一时的德国潜艇遭受到巨大的打击,大西洋的制海权和制空权已基本被盟军所掌握。而盟军对德国工业尤其是潜艇制造基地的轰炸,使德国的军工制造能力受到严重破坏,损失的潜艇难以得到补充。在大西洋海战中,德国共投入潜艇 1160 艘,被击沉 780 艘,大西洋海战以德国的失败而告终。

　　进入 1944 年,世界反法西斯战争的形势已经发生了根本的变化。在东欧,从 1 月起,苏军在北起巴伦兹海,南至里海的约 4500 公里的整个东部战线上,连续发动了 10 次大规模突击战,歼灭了大批德军,解放了苏联西部和罗马尼亚、保加利亚、南斯拉夫、捷克斯洛伐克、波兰、匈牙利等东欧国家,把战线推进到德国境内。在南欧,1 月 17 日开始,盟军在意大利再次对德军坚固的"古斯塔夫防线"发动进攻,并派出部队在防线以北 100 公里的安齐奥登陆,从侧后夹击古斯塔夫防线。激战至 5 月,德军坚不可摧的古斯塔夫防线终于被攻破,6 月 4 日,盟军占领罗马,德军退守"哥特防线"。在西欧,6 月 6 日,盟军开始在法国北部的诺曼底实施大规模登陆战,突破了德军的防守,有近 300 万军队从这里登陆西欧,开辟了西线战场。在法国南部,8 月 15 日,盟军也成功实施了代号"龙骑兵"的登陆行动,8 月 25 日,盟军进入巴黎。9 月 15 日,盟军突破了德国边境号称坚不可摧的齐格菲防线,把西部战线也推进到了德国境内。

　　9 月 25 日,德国元首希特勒发布公告,规定凡是 16 岁以上至 60 岁尚未服役的男子,都要参加保国卫民的战斗,但这并不能避免纳粹德国行将灭亡的命运。10 月 21 日,盟军占领了西线第一座德国重要城市亚琛,11 月 24 日,盟军攻入了德国第二大工业区——萨尔河流域。为挽救颓势,12 月,希特勒亲自策划发动了一场大规模的反击,企图打破盟军的进攻计划。德军在阿登地区集中了 25 个师,2600 门火炮,900 辆坦克,800 架飞机,于 12 月 16 日拂晓发动反击,在盟军的防线上打开了一个大缺口,12 月 22 日推进到了马斯河。盟军为阻止德军越过马斯河,迅速在阿登地区加强了防守力量,并对德军进行大规模空袭,终于阻止了德军的推进。德军受阻后,继续调集兵力发动新的攻势。为彻底击退德军的反扑,盟军于 1945 年 1 月 3 日开始发动反击。与此同时,英国首相丘吉尔致电斯大林,希望苏军在东线发动大规模进攻相配合。苏军于 1 月 12 日开始,在北起波罗的海,南至喀尔巴阡山的 1200 公里长的战线上,对德军发起强大攻势。希特勒不得不从西线抽调兵力去东线作战,盟军乘机迅速推进,于 1 月底把德军赶回了反扑前的阵地。至此,法西斯德国彻底丧失了反攻能力,纳粹的灭亡进入了倒计时。

　　1945 年 1 月 31 日,铺天盖地的暴风雪没有能够阻止苏军向德国首都柏林进攻的步伐,朱可夫元帅率领的第一军离这座城市最近,他们占领了离柏林仅 67 英里的拜尔斯道夫镇。朱可夫稳稳地驻扎在柏林城边缘的东北部,其他苏军部队则迂回到几百公里外的东部和南部,对德军进行分割包围,攻城略地。

　　1945 年 2 月 4 日至 11 日,为了加快取得反法西斯战争的最后胜利,并协商解决战后的重大问题,美国、英国、苏联三国首脑罗斯福、丘吉尔、斯大林,在苏联的雅尔塔召开了会议。会议的主要议题有:如何处理德国问题、波兰问题、南斯拉夫问题、远东问题、对日作战问题、战争赔偿问题,遣送战俘问题以及创建联合国的问题等等。雅尔塔会议对加速第二次世界大战的进程和战后世界秩序的形成具有重大影响。

　　1945 年 3 月 22 日,在消灭了莱茵河西岸的所有德军后,盟军开始横渡莱茵河,继续向东挺进。4 月,苏军在几无休止的炮击和飞机轰炸的掩护下,步步紧逼,包围了整座柏林。苏军表示,如果柏林德军困兽犹斗,继续作于事无补的抵抗,苏军将铲平这座城市。4 月 27 日,在德国中心地带的易北河,美国第一军与乌克兰第一军胜利会师。4 月 30 日,纳粹德国元首希特勒在柏林的地下室里自杀身亡,这个自认为是优等民族,应该统治世界,并挑起第二次世界大战的战争恶魔,结束了他罪恶的生命。5 月 7 日凌晨 2 时 41 分,德国按同盟国的要求在一个仪式上宣布投降,欧洲战事结束。

　　在亚洲和太平洋战场:美国从中途岛海战后,开始在太平洋上发动反攻,夺取日本侵占的岛屿。其中仅 1942 年 8 月开始的瓜达卡纳尔群岛战役,就历时 6 个月,进行大小海战 30 余次。美国伤亡一万余人,损失舰船 27 艘,飞机 250 架。日军伤亡约五万人,损失舰船 40 艘,飞机 892 架。1943 年 11 月,美国总统罗斯福、英国首相丘吉尔、中国总统蒋介石,在开罗举行了会议,并签订了《开罗宣言》。会议决定三国共同对日作战,将日本驱逐出以暴力或贪欲所攫取的所有土地。《开罗宣言》后来成为战后处理对日关系的重要国际文件。

　　进入 1944 年后,美军加强了夺岛攻势,为进攻菲律宾和日本本土扫清道路。其中于 1944 年 10 月进行的莱特湾大海战是世界战争史上规模最大的一次海战,美军参战的仅航空母舰就有 16 艘,飞机近 2000 架。此战日军损失航空母舰 4 艘,其他舰艇约 30 艘,伤亡约一万人。美国损失航空母舰 3 艘,其他舰艇约 10 艘,另有 6 艘航空母舰受伤,伤亡 2800 人。经此一战,日本海军遭到了毁灭性的打击,再也不能对美国海军构成威胁。

　　中国战场:在陷入相持态势后,日军曾于 1939 年至 1942 年期间三次发动对长沙的进攻,企图打通粤汉铁路,但都遭到失败。这三次战役沉重打击了日本法西斯的嚣张气焰,提高了中国在世界反法西斯战争中的影响和地位。特别是第三次长沙会战,当时正值太平洋战争爆发,日军在太平洋和东南亚战场势如破竹,同盟国节节败退溃不成军,中国军队却不仅粉碎了日军的进攻,而且取得了歼灭日军

5.6万多人的重大胜利。在此战中,第九战区司令薛岳使用天炉战法,指挥中国军队且战且退,诱敌深入,然后令地方部队和民兵游击队破坏公路,切断日军的运输线。待日军包围早已层层布防的长沙城后,薛岳调动大部队从长沙外围将日军反包围,日军前后受敌,军需被切断,弹尽粮绝,遭到围歼。此战极大鼓舞了世界反法西斯同盟国的士气。战后不久,美、英等国就主动提出,要废除自鸦片战争以来西方列强与中国签订的一系列不平等条约。同时,在美国华盛顿举行的世界26国反法西斯大会上,中国也一举成了与美国、英国、苏联比肩的世界反法西斯同盟四大强国之一。

在正面战场出现长期的相持态势下,中国共产党领导的八路军、新四军和抗日游击队在华北和华东的敌后迅速发展,到1944年,中共已有正规军90余万,民兵游击队200余万,收复了95万平方公里的国土,建立了19个解放区,人口达9000多万,形成了对日军占领的城市和主要交通线的围困。日军在华北地区的资源生产遭到民兵和八路军连续不断袭扰,绝大多数地区都丧失了生产能力。但是要想取得东南亚地区的资源供应,日军就必须打通南方铁路线。为挽救颓势,1944年春,日军集中兵力,甚至不惜调动驻守在中国东北边境防御苏联军队进攻的日本最精锐部队——关东军入关南下,孤注一掷,发动了"一号作战",在击败河南战区的汤伯恩部打通平汉铁路后,日军乘胜南下,发动了第四次长沙会战。

此时中国政府已抽调40万精锐部队赴东南亚支援盟军作战,正在发动滇西缅北大反攻,长沙防守兵力有所空虚。6月16日,36万日军扑向长沙,对长沙发动了猛烈的进攻。6月19日,为保存实力,中国守军撤出了长沙。占领长沙后,日军继续南下进攻衡阳,但是却遭到了顽强的抵抗,衡阳之战是日军侵华战争损失最惨重的一次城市争夺战。

当时守卫衡阳的是第九战区的第十军,军长是方先觉,兵力只有1.7万人,而进攻衡阳的日军却有11万人。日军将衡阳从四面包围,计划用3天打下衡阳,然后7天内打通粤汉铁路。但是日军在使用出了所有的手段,包括飞机的狂轰滥炸,敢死队的集团冲锋,甚至使用毒气,并付出了伤亡惨重的代价后,仍然长时间无法攻下衡阳。蒋介石给方先觉的任务是坚守衡阳10天,但是方先觉实际上坚守了48天,远远超额完成了任务。最后在全军作战人员非死即伤、弹尽粮绝的情况下,为保护城中军民不遭日军杀害,方先觉派出代表与日军谈判。在日军不得不答应代表提出的不杀害城中剩余军民的要求后,方先觉才同意停止抵抗,衡阳陷落。但是日军进城后仍然野蛮地进行了烧杀抢掠。此战中国守军伤亡共约1.5万人,其中阵亡6000余人。而日军的伤亡竟高达7万多人,死亡约3万人。

这是日本在其侵华战史中所记载的日军伤亡人数超过中国军队最多的一次重要
战例。此战的失利在日本国内引起极大的震动,日本首相兼陆军大臣东条英机也
因战事的失利被迫下台。方先觉后来得到救助成功逃出,为表彰他的功绩,蒋介
石授予他象征军人最高荣誉的青天白日勋章。

衡阳保卫战给日军造成了沉重的打击,日军遭到重挫,战后 40 多天日军只能
休整,重新调整军力部署,未能发动新的进攻。这就给中国军队赢得了 3 个多月
的时间,为中国军队完善战略布局赢得了机会。

此后日军虽然打通了粤汉铁路,然而却并不能挽救日本侵略军的命运,因为
日军并不能保证交通线的畅通,反而拉长了战线,分散了日军早已兵源枯竭的兵
力。而中国军队已经取得了滇西缅北大反攻的胜利,打通了滇缅公路,大量的美
式军事装备经滇缅公路源源不断地输送到了中国,使国民政府军的实力得到了极
大的加强。盟军也已经在太平洋战场展开了大反攻,中国战场的大反攻也即将
开始。

1945 年 1 月,美军在菲律宾登陆,2 月,美军发动硫磺岛战役,3 月,美军发动
冲绳岛战役,逼近了日本本土。5 月,德国无条件投降,欧洲战事结束。在反法西
斯战争大好形势的鼓舞下,中国战场也开始了大反攻。5 月至 7 月,国民政府军相
继收复了广西的南宁、柳州、桂林,广东的化县、南雄,湖南的永兴、新宁,江西的信
丰、南康、赣州、宜丰、上饶,福建的长汀、连江,浙江的永嘉,河南的内乡,内蒙古的
包头、归绥。中国共产党领导的抗日军队也四处出击,扩大解放区。

7 月 26 日,中英美三国政府首脑发表《波茨坦公告》,促令日本无条件投降,
但日本拒绝接受。这时,美国已成功研制出了原子弹,8 月 6 日,美国将第一颗原
子弹投到了日本广岛,造成了 10 多万日本人的伤亡。8 月 8 日,苏联对日宣战,并
出动 157 万大军、3400 多架飞机、5500 多辆坦克,分三路攻入中国东北。8 月 9
日,美国在日本长崎投下了第二颗原子弹。8 月 10 日,日本政府决定接受《波茨坦
公告》,并通过中立国通知同盟国。8 月 15 日,日本天皇宣布无条件投降。世界反
法西斯战争取得了完全胜利,第二次世界大战结束。

第二次世界大战总共造成了全球约 7000 万人的死亡。苏联死亡人数最多,
约 2600 万,而其中的大多数约 1700 万都是平民,因为纳粹德国认为犹太人和斯拉
夫人都是劣等人种,对他们实行了血腥的种族大屠杀。中国约死亡 2000 万人;法
国约 80 万;美国约 42 万;英国约 40 万。另外受伤的人数更多,共约有 1.3 亿,因
此全球死伤的人数合计约有 2 亿。其中苏联伤亡的人数共约 6000 万,中国伤亡
人数共约 3500 万。日本在侵略中国的过程中也是残忍地对中国平民进行大肆屠

杀,日军还惨无人道地使用细菌战来消灭中国人口,在很多地区投放生化细菌,造成人口的大批死伤。轴心国方面,德国约有2800万人死伤,日本约有690万人死伤,意大利约有70万人死伤。

第二次世界大战使英、法、荷、德、意等西方殖民帝国的实力大为削弱,他们已无力控制昔日的殖民地,因此,各殖民地人民通过斗争纷纷取得了独立,西方地理大发现以来建立的殖民体系彻底瓦解,国际关系从此进入了一个全新的时代。而美、苏两国凭借其强大的军事和工业实力成了主宰世界的超级大国,他们分别代表着两种不同的意识形态和社会制度,国际社会也因此而分裂为两大新的敌对阵营:以美国为首的资本主义阵营;以苏联为首的社会主义阵营。双方为维护各自的政治观念和社会制度展开了长期的斗争。

中国在抗日战争胜利后本来有机会实现国民党和共产党的和解,从而进入和平建设阶段。但是蒋介石决心要实现他的"一个主义,一个政党,一个领袖"的独裁统治,坚持要消灭共产党,结果导致国共两党又重新开始打内战。蒋介石的独裁专制统治遭到了广大中国人民的反对,而共产党却利用在农村开展土地革命,打土豪,分田地,实行耕者有其田,从而获得了广大贫苦农民的支持。毛泽东是一位伟大的农民土地革命家,正是在他的领导下,中国共产党通过土地革命发动农民,最终打败了国民党蒋介石,夺取了中国政权,建立了中华人民共和国。同时,中国也成了社会主义阵营的一员。

为了维护世界和平,战后,以美国、苏联、中国、英国和法国为首的同盟国发起成立了处理国际问题的国际组织——联合国,美、苏、中、英、法五个主要的战胜国也成了联合国安理会的常任理事国。但是,目前联合国的机制还不健全,作用还非常有限,而国际间不同的意识形态和宗教信仰之争又限制了联合国作用的发挥。某些政治势力还利用对联合国的操纵,作为他们谋取政治利益甚至发动战争的工具。但人们相信随着联合国机制的不断改革,它必将在维护世界和平的事业中发挥越来越大的作用。

后记：敢问路在何方

  第二次世界大战后，世界上形成了资本主义国家与社会主义国家两大敌对阵营，所幸的是两大阵营的对抗一直是以冷战的形式进行，虽然世界上仍然不断有局部战争发生，但始终没有爆发成新的世界大战。而两种政治思想和两种社会制度之间也展开了一场表面上和平的激烈竞争，在这场竞争中，以苏联为首的社会主义国家因为实行的是高度集权的专制制度，在这种僵化的制度下，执政者拥有绝对的权威和权力，他们可以随心所欲地做出武断的决定，因此往往会导致出现一些错误的政策。而人们却不能对这些专制的执政者的错误政策进行批评和反对，因此这些错误政策往往会对社会造成了极大的破坏。另外，因为这些社会主义国家奉行的是极端教条的苏联共产主义模式，强制实行公有制经济，限制私有财产，禁止发展私营工商企业和私营经济，因此压抑了人们创造财富的积极性，制约了社会生产力的发展，最终造成了社会生产力低下，物质产品匮乏，人民生活困苦，引起了人民极大的不满，社会主义阵营也因此而在1990年以后陷入崩溃。

  而以美国为首的资本主义国家，因为实行的是三权分立的议会民主制度，执政者的权力受到限制，而且在民主制度下，人们可以自由地对执政者的政策提出批评和反对意见，所以政策中的错误往往能够得到纠正，因此避免了对社会造成较大的伤害。另外，资本主义社会保护私有财产和私有经济的制度也有利于发挥人们创造财富的积极性，从而促进了社会生产力的发展。因此，资本主义国家往往经济发达，物质产品丰富。当然，这种依靠私人资本来运作的自由经济也有它的弊端，因为私人资本具有极端的无限制的逐利性，往往会造成社会经济失衡，最终导致经济危机的发生，从而对社会造成极大的破坏。

  资本主义国家为了防止劳动人民的不满和造反，不得不给工人不断地提高工资和福利待遇，参与竞选的政治家为了取得民众的支持也不得不做出更高的承诺，因此他们当政后也只能不断地提高社会福利，以致这种福利高到了国家财政无法承受的地步，最终导致了这些高福利的西方发达国家纷纷出现国家财政危机。为了解决这种危机，这些国家往往是用发行债券的方法向国内和国外借债，这种债务往往会越来越高以致高到无法偿还，从而导致国家陷入债务危机，甚至经济崩溃。显然，这种做法是不可持续的。

另外，为解决国内工人工资不断提高所造成的工厂利润锐减，发达国家纷纷把工厂开到贫困的不发达国家，利用不发达国家的低工资来赚取高额利润，以此来维持发达国家人民的高消费和高福利。当然，这种方法也不可能永远维持下去，因为不发达国家也会逐渐发展起来，他们的工资和生活水平也会逐渐提高，当他们的工资提高到一定程度，这种方式就无以为继了。同时，这种做法也会造成发达国家的失业率上升和经济发展失衡。

第二次世界大战后，中国共产党在毛泽东的领导下夺取了全国政权，建立了新中国。新中国加入了社会主义阵营，开始全面学习苏联，追随苏联的政治模式。因此，在完成土地革命后，新政府立即开始对全国的工商企业实行社会主义改造，把全国所有的私营和民营工商企业都改造为公有。紧接着又开始在中国推行共产主义制度，大刮共产风，要求实现大跃进，跑步进入共产主义，结果给中国造成了一场巨大的灾难，人民公社制度在农村的推行更是造成了连续三年的全国性大饥荒，因饥荒而饿死的人难以计数。毛泽东还运用马克思主义的阶级斗争学说和无产阶级专政理论，发动一场接一场的政治运动，实行无产阶级专政下的继续革命。特别是文化大革命运动，使中国遭受了一场空前的政治浩劫，从国家领导人到平民，无数的人遭到政治迫害，社会发展停滞，经济几近崩溃。

1976年毛泽东去世后，邓小平同志成为中国第二代领导人的核心。在邓小平的领导下，中国政府拨乱反正，摆脱了极端僵化的共产主义思想，抛弃了"苏联模式"。邓小平提出了"改革开放"的政策，要走有中国特色的社会主义道路。为避免无谓的意识形态争议，邓小平还提出了著名的猫论："不管白猫、黑猫，抓到老鼠就是好猫。"并放开了私营和民营工商企业在中国的合法经营和发展，使中国民间被压抑的巨大生产力得到了释放，从而走上了高速发展的道路，仅仅用了30余年的时间，就使中国成为了仅次于美国的世界第二经济大国。其实从人类发展的历史来看，只要中国能正常地发展，成为世界第一经济大国是必然的事。在有史记载的数千年里，中国的经济总量在绝大多数时间里一直是世界第一，只是在近代，因为遭到了野蛮民族的入侵征服和黑暗统治才陷入了衰落。

"改革开放"已经给中国带来了巨大的进步，中国还将继续实行"改革开放"，改革不合理的社会制度，以开放的态度吸收世界各国包括美国的发展经验。美国的社会制度虽然有其优点,但是它的弊端也是显而易见,因此中国不会照搬"美国模式",而会汲取它的优点,规避它的弊端,寻找适合自己的发展道路。实际上任何社会制度都不会一成不变,美国也一直在不断改革,否则它早已被历史淘汰。人类已经经历了原始氏族社会、奴隶社会、封建社会、官僚集权社会、资本主义社会、社会主义社会,将来还会经历什么社会制度人们难以预测,但将来的社会制度必定会越来越文明,越来越科学合理。科学技术在进步,人类文明在发展,人类的社会制度也会随着文明的进程不断地改革演变,只要人类没有灭亡,这种变革就永远不会停止。路漫漫其修远兮,吾将上下而求索。

纵观人类历史中各民族和国家间的战争,大都是因为争夺土地和生活资源而引起。人类毕竟也是自然界的生物,因此也必然会遵循物竞天择适者生存的自然规律和弱肉强食的丛林法则。为应对生存竞争,自古以来人们都希望自己能够更强大,而要更强大就必须拥有更多的人口,因此人们都希望尽可能地多生育人口。而有了更多的人口就必须拥有更多的土地和生活资源,于是就有了争夺土地和生活资源扩大生存空间的战争。匈奴人的战争、蒙古人的战争、纳粹德国的战争、日本侵华战争,莫不是如此。但是近代文明的发展已经使人们的观念有了改变,人们已经认识到地球上土地和资源的有限性,无止境地增加人口将给人类带来巨大的灾难,为了提高人类的生活水平,必须有计划地控制人口的增长。

现在世界上大多数人口稠密的国家和地区已经能够控制人口的增长了,有的地区甚至出现了负增长。因此,为争夺土地而发生战争的基础已经削弱,虽然因历史遗留的边界问题而发生的局部冲突仍然很多,但是为扩大生存空间而发生大规模侵略战争的可能性已经很小。而且随着全球贸易的高度发达,各种物质资源也完全可以通过商业贸易和互惠合作的方式而获得,已经没有必要付诸战争。反倒是因政治偏见和宗教分歧而引发的战争和威胁在现代国际社会有所增加,所以我们有必要在国际社会上淡化意识形态之争,淡化宗教意识,使世界更和谐,使人类能够共同走向繁荣。

在人类文明发展的历程中,因为地理和历史的原因,形成了三个主要的文化圈,即:以西欧、美洲为主的基督教文化圈,以中东为主的伊斯兰教文化圈,以中国为主的儒教文化圈。基督教和伊斯兰教都是一神教,具有唯一性和排他性。儒教是非神教,不具排他性,而且儒家思想主张"以和为贵"和"和而不同",具有极大的包容性。因为基督教和伊斯兰教都具有排他性,因此历史上他们一直处于互相排斥、互相对抗之中,把对方视为异教徒,企图消灭对方实现自己的一神世界。因为儒教文化不具排他性和对抗性,而且中华文明自远古以来就一直在世界上处于领先地位,因此中国一直是以怀柔远人的友善方式对待世界各民族,并不断向世界各国输出科技发明,传播先进文化。然而13世纪以后,因为相继遭到蒙古和满清蛮族的入侵征服和长期统治,中华文明遭到摧残,儒教文化因此衰落。

16世纪以后,因为新航线的发现,西欧开始在世界各地大肆扩张,从而取得了对伊斯兰教的优势。在随后的几个世纪里,西方在科学技术、政治经济和工业化的发展上都取得了长足的进展,从而在世界文明的发展中取得了领先的地位。

但是随着人类文明和全球化的发展,承认文化的多元性,尊重不同文化,促进不同文化的融合及和谐相处已经成为世界各国的共识,因为它是世界和平和人类共同繁荣的基本保障。因此,摒弃排他性思想,淡化宗教意识,是人类社会文明发展的必然趋势。

然而世界上仍然还有许多人固持排他性的极端宗教思想,一些伊斯兰教的宗教极端分子也不甘于伊斯兰教的势弱,他们不断发动圣战,企图建立一教独尊的极端宗教政权。在世界上处于优势地位的西方国家虽然也承认文化的多元性,但因为基督教文化具有先天的排他性,因此有些西方国家仍然习惯于在国际关系中奉行排他性的对抗政策,从而导致了地区冲突和国际矛盾的加剧。

而随着中国的重新崛起,儒家文化也开始复兴,今天的中国继承了传统的儒家文化,正在秉持儒家文化中"以和为贵"的和平思想,和"和而不同"的包容理念,在世界上架设友谊的桥梁,在世界各国之间铺设合作共赢,共同繁荣的丝绸之路。儒家思想给世界带来了和谐文化,和平崛起的中国正在改变世界。

在全球化高度发展的今天,人们已经可以越来越自由地在世界各国之间迁徙往来,去学习、去游览、去工作、去生活。交通的便捷,互联网信息技术和网上跨境电子商务的发展,已经使世界变得越来越扁平,国籍和国界的概念也越来越淡薄,大地和海洋是人类的共同财产,地球是我们共同的家园,我们应该共同来维护,共同来建设。